Haciendo las cosas preciosas simples

Volumen 6

Guía de Estudio de la Historia de la Iglesia parte 3

Los profetas desde 1847

(3.ª edición)

Randal S. Chase

Traducción española de
Susana Passeron

Haciendo Simples las Cosas Preciosas, Vol. 6:
Guía de Estudio de la Historia de la Iglesia, parte 3
Los profetas desde 1847
(3.ª edición)

Envíe sus preguntas a:
Plain and Precious Publishing
3378 E. Sweetwater Springs Drive
Washington, UT 84780

Envíe su correo electrónico a: info@latterdaygospelsource.com

Para obtener más copias visite: www.latterdaygospelsource.com

Para ver una lista de todos los productos de Plain & Precious Publishing
visite: www.latterdaygospelsource.com
o llame al número: 435–275–8005.

Impreso en Los Estados Unidos de América

ISBN: 978-1-951210-46-5

Fotografía de Portada: El templo de Salt Lake en la noche, fotografía tomada del piso superior del Edificio Conmemorativo de José Smith.

Haciendo las cosas preciosas simples
Volumen 6
Guía de Estudio de la Historia de la Iglesia, Pt. 3 (3.ª edición)
Profetas desde 1847

Tabla de Contenidos

Cap. N°	Título del Capítulo	Escritura asociada	Página
SECCION V: LA ERA DE BRIGHAM YOUNG (Continuado)			**1**
35.	La Ardua Caminata a Utah y un Lugar de Refugio (1847–1848)	D. y C. 136	3
36a.	Colonización y Pioneros de Carros de Mano (1848–1857)		19
36b.	La Guerra de Utah y la Guerra Civil (1857–1869)		41
36c.	El presidente Brigham Young: La Década Final (1868–1877)		63
SECCION VI: PROFETAS DE FINALES DEL SIGLO DIECINUEVE			**79**
37.	El Presidente John Taylor: Fidelidad en la Persecución (1877–1887)		83
38.	El Presidente Wilford Woodruff: Una Época de Reconciliación (1887–1898)	O.D. 1	99
39.	El Presidente Lorenzo Snow: El Diezmo y el Cambio de Siglo (1898–1901)		121
SECCION VII: PROFETAS DEL SIGLO VEINTE			**153**
40.	El Presidente Joseph F. Smith: Ligazón al Pasado y Visión del Mundo Espiritual (1901–1918)	D. y C. 138	159
41.	El Presidente Heber J. Grant: Perseverancia, Bienestar y Guerra (1918–1945)		185
42.	El Presidente George Albert Smith: Perdonar y Sanar (1945–1951)		205
43.	El Presidente David O. McKay: Liderando una Iglesia Mundial (1951–1970)		219
44.	El Presidente Joseph Fielding Smith: Sana Doctrina e Innovación (1970–1972)		245
45.	El Presidente Harold B. Lee: Visión, Correlación, y Consolidación (1972–1973)		259
46.	El Presidente Spencer W. Kimball: Extendiendo los Avances y el Sacerdocio (1973–1985)	O.D. 2	275
47.	El Presidente Ezra Taft Benson: Libertad, Orgullo, y el Libro de Mormón (1985–1994)		299
48.	El Presidente Howard W. Hunter: Cristo y la Dignidad (1994–1995)		313
49a.	El Presidente Gordon B. Hinckley, Pt. 1: Familia y Administración de Medios (1995–1999)		331
SECCIÓN VIII: EL SIGLO VEINTIUNO Y MÁS ALLÁ			**351**
49b.	El Presidente Gordon B. Hinckley, Parte 2: Templos y Educación Perpetua (2000–2008)		353
50.	El Presidente Thomas S. Monson: Crecimiento de la Iglesia y el Destino de Sión (2008–2018)		369
	Acerca del autor		397

Agradecimientos

Este libro está dedicado a miembros de la Iglesia de todo el mundo que tienen hambre y sed de la comprensión de las Escrituras. Ha sido mi privilegio de enseñar literalmente miles de tales almas en las clases del Evangelio, así como en las clases CES Instituto y de educación para adultos, en los últimos años. Todos ellos han me inspiró con su dedicación a la lectura, reflexión, y la fiesta en la palabra de Dios. He aprendido mucho de ellos en el proceso.

Reconozco la ayuda y el aliento de mi dulce esposa Deborah, que me ha ayudado en todos mis esfuerzos para enseñar y escribir cuanto al evangelio de Jesucristo. Reconozco el estímulo de muchos amigos y estudiantes a escribir estas guías de estudio, el paciente y la asistencia minuciosa de mi editor e hijo, Michael Chase, que ha colaborado en este trabajo, y otros estudiosos de la Iglesia que me han proporcionado un sólido consejo sobre su forma y contenido, y que me han ofrecido una visión muy valiosa sobre muchos temas.

Y agradezco a otros estudiosos del evangelio conocedores y sabios y maestros que han escrito guías de estudio similares en el pasado, y que he citado una y otra vez en este volumen:

Historia de la Iglesia en el Cumplimiento de los Tiempos [Manual del Sistema Educativo de la Iglesia (1993] es una herramienta invaluable para todos los estudiantes de la Doctrina y Convenios y la Historia de la Iglesia, y muchas de las ideas culturales y otras que se presentan en este documento se obtuvieron en primer lugar de este manual.

Robert L. Millet y Kent P. Jackson editaron *Estudios en las Escrituras, vol. 1: La Doctrina y Convenios* (1989]. Este volumen contiene los capítulos de una amplia variedad de eruditos del Evangelio, y fue una inspiración constante para mí para preparar mis clases en la Doctrina y Convenios y la Historia de la Iglesia. Me encantan sus discusiones a fondo de los hechos y doctrinas históricas, que eran académica suficiente para ser confiable, pero por escrito de una manera refrescante y accesible que los estudiantes del Evangelio a todos los niveles puedan entender.

El élder Elder Joseph Fielding Smith escribió los 4 volúmenes de la clásica *Historia de la Iglesia y Apocalipsis Moderno* (1946–1949), que ofrece muchas ideas valiosas sobre la doctrina y la historia de la Iglesia primitiva. También escribió los 5 volúmenes de *Respuestas a Preguntas sobre el Evangelio* (1957–1966), y los 3 volúmenes de *Doctrina de Salvación*, editado por El élder Bruce R. McConkie (1954–1956]. Todo esto ha sido de gran interés y ayudar para mí a lo largo de los años.

Daniel H. Ludlow escribió dos volúmenes de *Un Compañero de su Estudio de la Doctrina y Convenios* (1978), como parte de una serie de dicho compañeros en nuestro estudio de todas las escrituras. Estos tal vez se acercan más al espíritu de lo que trata este libro hacer simples la historia y las revelaciones para aquellos que sólo necesitan un poco de ayuda con sus estudios del Evangelio. He tenido a parte de la familia del hermano Ludlow en mis clases, y atesoro una copia firmada personalmente de sus Escritos Selectos libro que me dio hace unos años.

La mayoría, si no todos, de los volúmenes antes mencionados están ahora fuera de impresión. Tengo la esperanza que las partes que he citado en este volumen seguirán difundiendo sus puntos de vista en los años venideros.

Prefacio

El profeta José Smith dijo: "Las generaciones aún no nacidas morarán con peculiar deleite sobre las escenas por las que hemos pasado, las privaciones que hemos soportado… para sentar las bases de una obra que llevó a la gloria y la alabanza de la cual se darán cuenta."[1]

He reflexionado sobre esta profecía tantas veces como he estudiado y enseñado la Historia de la Iglesia y Doctrina y Convenios. Cada aspecto del cual se ha cumplido. Como pueblo, tenemos especial deleite en los actos heroicos de los antepasados y los fundadores de la Iglesia. Leemos acerca de ellos viajamos y visitamos las escenas por las que pasaron en Nueva Inglaterra, Nueva York, Ohio, Missouri, Illinois, y por el recorrido pionero oeste a Utah. Nos maravillamos de su fidelidad a través de una gran persecución y dificultad. Los honramos para sentar las bases de la mayor dispensación en la historia—la última dispensación de la tierra de la plenitud de los tiempos. Y cosechamos los beneficios—la "gloria y la alabanza" de su sacrificio, mientras nos reunimos en las congregaciones de todo el mundo y recibimos pactos y enseñanzas que ellos nos transmitieron.

Creo que tenemos la obligación de actuar sobre las circunstancias favorables de nuestro nacimiento. Tenemos que hacer algo más que reconocer el sacrificio de los Santos que nos precedieron. Debemos estudiar fielmente las revelaciones que recibieron y comprender plenamente las circunstancias en las que se les dieron. Por esta razón, en esta guía de estudio estudiamos juntos la Historia de la Iglesia y Doctrina y Convenios, no como temas separados. Y luego, por supuesto, debemos entonces actuar sobre ese conocimiento y entendimiento para llevar adelante y transmitir a las generaciones futuras el rico legado que hemos heredado.

Doctrina y Convenios es a la vez Historia y Revelación

La pregunta que podríamos hacer, "¿Doctrina y Convenios es historia o revelación?" La historia es el registro realizado por los hombres de los acontecimientos pasados. Revelación es el conocimiento dado al hombre de Dios. Con estas definiciones, la mayor parte de Doctrina y Convenios es revelación. Sin embargo, algunas partes de Doctrina y Convenios son historia.

El estudio de la Doctrina y Convenios es un buen ejemplo de cómo la historia y la revelación pueden complementarse y ayudar a la comprensión de cada una de ellas. Muchas de las revelaciones que se encuentran en Doctrina y Convenios se comprenderán mejor cuando se ubican en su contexto histórico. Por ejemplo, muchos de los primeros conversos a la Iglesia previamente habían sido bautizados en otras iglesias. Muchas iglesias no creían que la autoridad fuera necesaria para que las ordenanzas sean aceptables. Muchas de las iglesias enseñaban que el bautismo era sólo el signo externo de un cambio interno, y a menudo un bautismo en una iglesia era aceptado como válido cuando una persona se unía a otra. Por tanto, no es difícil ver por qué algunos conversas se opondrían a ser re-bautizados. Cuando se ve en ese marco histórico, Doctrina y Convenios 22 se vuelve mucho más significativo.

Por otro lado, en algunos casos los acontecimientos históricos se comprenden mejor a la luz de la revelación. Por ejemplo, en el invierno de 1833 y 1834, los santos experimentaron terribles penurias en Missouri. Habían sido expulsados del condado de Jackson, el lugar previamente designado como sede de la ciudad de Sión (D. y C. 57:1–3). Los cultivos habían sido quemados, las casas saqueadas, y las vidas amenazadas. Algunos historiadores tratan de explicar por qué los mormones encontraron tanta adversidad en Missouri; han sugerido causas tales como la cuestión de la esclavitud, la exclusividad Mormona, la doctrina de Sión, y así sucesivamente. Pero el Señor explicó las persecuciones en una revelación:

"De cierto os digo que en cuanto a vuestros hermanos que han sido afligidos, y perseguidos, y echados fuera de la tierra de su heredad, "Yo, el Señor, he sufrido la aflicción que ha caído sobre ellos, con que han sido humillados, como consecuencia de sus transgresiones;… "He aquí, os digo que hubo riñas, y disputas, y envidias, y contiendas, y deseos sensuales y codiciosos entre ellos; por lo tanto, por estas cosas, profanaron sus heredades" (D. y C. 101:1, 2, 6).

Así, podemos ver que el estudio adecuado de la Doctrina y Convenios incluye ambos, el estudio de la historia y la revelación. Debido a que ha pasado un relativamente corto tiempo desde que se recibieron las revelaciones en la Doctrina y Convenios y debido a que los primeros Santos eran conscientes de la importancia de mantener registros, sabemos mucho más acerca de los escenarios históricos de estas revelaciones que sobre los la mayoría de otras escrituras. Este conocimiento nos brinda la oportunidad de utilizar la información histórica y biográfica para ayudarnos a entender mejor las revelaciones.

Como Utilizar Este Libro

Para facilitar el aprendizaje, los estudiantes y los profesores pueden utilizar esta guía de estudio en una variedad de maneras. Abajo, he sugerido dos, sin ningún orden de preferencia en particular,. Elija el método que mejor funcione para usted, pero sea cual sea el método que elija, complete la lectura de las Escrituras asignada para la lección de cada semana antes de ir a clase.

Opción 1. Con espíritu de oración leer las Escrituras relacionadas con la lección presente primero y, a continuación, leer el capítulo de este libro que se corresponde con las Escrituras.

Opción 2. Cuidadosamente y en oración leer las escrituras relacionadas con la lección presente, utilizando esta guía como referencia para ayudarle a entender el contexto y las consecuencias de las Escrituras mientras usted las está leyendo. Para ello, debe mantener este libro abierto y lo utiliza como una guía y comentario junto a sus escrituras.

Esta guía de estudio comenta la mayoría, pero no todas, de las escrituras en las secciones correspondientes a Doctrina y Convenios. En lugar de un análisis versículo por versículo, he proporcionado una nueva exposición resumida de los acontecimientos, dividida en bloques de escrituras con explicaciones y citas adjuntas. Un ejemplo de cómo están organizados estos bloques de escrituras y comentarios se muestra a continuación:

● **Historia–JS 1:33 Las profecías de Moroni relativas a José Smith mismo.** El ángel llamó a José Smith por su nombre y dijo que "él era un mensajero enviado de la presencia de Dios para mí, y que se llamaba Moroni; que Dios tenía una obra para que yo hiciera; y que mi nombre debía ser para bien y para mal entre todas las naciones, tribus y lenguas, o que debía ser bueno y blasfemado entre todas las personas."

El élder Elder Neal A. Maxwell dijo: "A lo largo de la extensión de la historia humana, ningún profeta ha escudriñado de manera sostenida, en mayor escala, o por un período tan largo de tiempo, como la capacidad de comunicación de José Smith, hijo. La capacidad de comunicación de esta era y el impacto global de su obra así se han asegurado. Al joven José se le dijo que su nombre sería asociado a hablar del "bien y del mal habla 'por todo el mundo. ¡Excepto por su fuente divina, qué audaz declaración! Sin embargo, sus líderes religiosos contemporáneos, entonces mucho mejor conocidos que José, se han desvanecido en notas al pie de historias, mientras que la obra de José Smith crece constantemente y en todo el mundo."[2]

Algunos Capítulos son Temáticos, no Cronológicos

Aunque el orden de presentación de los capítulos en Doctrina y Convenios e Historia de la Iglesia es más o menos cronológico, no es estrictamente así. Hay una serie de capítulos "temáticos" que combinan eventos y revelaciones de varios períodos de tiempo, como las secciones de Doctrina y Convenios en el Salvador, el día de reposo, y los templos. Cada vez que esto ocurre, he tratado de explicar todos los ajustes históricos relevantes que contribuyeron a ese tema para que el lector pueda entender claramente todas las circunstancias de donde surgieron estas revelaciones.

En cada capítulo, he proporcionado el marco histórico de las revelaciones discutidas. También he incluido libremente otras referencias bíblicas que proporcionan más luz sobre el tema. Al final, la comprensión de la doctrina es más importante que la historia, aunque creo que es posible entender ambas, y es mejor si lo hacemos.

Nota para los Maestros

Para comodidad de los lectores, los capítulos de esta guía de estudio están organizados en torno a los temas de las lecciones para las clases de Doctrina del Evangelio de la Iglesia. Sin embargo, los profesores deben recordar que esta guía no pretende ser un sustituto de los manuales oficiales de lecciones de la Iglesia. Sus lecciones deben seguir con precisión la organización que se encuentra en el manual de lecciones, y deben centrarse en las escrituras asignadas para cada lección. Los profesores deben leer primero los manuales de lecciones y tomar nota de los principales puntos doctrinales que aparecen allí. Después de hacer esto, los profesores pueden utilizar este libro como una forma de mejorar su propia comprensión personal de los hechos y las escrituras cubiertos en una lección en particular, al igual que lo haría cualquier otro estudioso del evangelio. Pero nunca se debe usar este libro como una guía para la enseñanza de las lecciones.

Notas: (Todas las referencias son de las versiones en idioma inglés de los textos que se citan.)

1. *Historia de la Iglesia*, 4:609–610.
2. En Reporte de La Conferencia, octubre de 1983; o revista *Liahona*, noviembre de 1983, pág. 54

La Era de Brigham Young (Continuado)

[1844–1877]

Capítulo 35

La Ardua Caminata a Utah y un Lugar de Refugio

(D. y C. 136) [1847–1848]

LA ARDUA CAMINATA A UTAH

Preparación para la Caminata

Durante el otoño de 1846 se establecieron los planes para la caminata hacia el oeste. Se decidió que una parte relativamente pequeña parte debe hacer el cruce inicial de las llanuras para abrir un camino.

Se construyeron los carros y se equiparon, se reunieron caballos y bueyes lo suficientemente resistentes como para soportar el riguroso viaje de 1000 millas, se adquirieron, alimentos y otros suministros, y se organizó el sustento y la protección para los que se quedaban atrás.

Los líderes buscaron información sobre las regiones en gran medida inexploradas al Oeste en busca de comerciantes y tramperos. El Padre Pierre Jean DeSmet, un cura católico y misionero entre los indios de la región de Oregón llegó al campamento en camino a San Luis. Había visitado el Gran Lago Salado. Los hermanos le preguntaron con cuidadosamente.

El "Campamento de Israel"

El president Brigham Young recibió la revelación contenida en D. y C. 136 en enero de 1847. A continuación, envió delegaciones a cada campamento a lo largo del sendero a través de Iowa para leer la revelación y hacer un llamado a los hombres que el presidente Young quería que acompañara a la empresa pionera original (el "Campo de Israel ") y cada una de las empresas que seguirían. El "Campamento de Israel" iba a ser el primero o el avance de la compañía, encabezada por el presidente Young.

El "Campamento de Israel" era un nombre muy simbólico, utilizado originalmente por los israelitas que siguieron a Moisés en el desierto. Planeaban tener 144 hombres en esta compañía y doce por cada una de las doce tribus de Israel, pero como se vio después hubo 143 hombres (entre ellos tres miembros de esclavos del sur), tres mujeres (las esposas de los presidentes Young, Heber C. Kimball y Lorenzo D. Young), y sus dos hijos.

Ocho de los miembros de esta compañía eran Apóstoles, y varios de ellos habían estado con el Campamento de Sión.

En conjunto tenían una variedad de talentos y habilidades pioneras, mecánicos, camioneros, cazadores, hombres de frontera, carpinteros, marineros, soldados, contadores, albañiles, herreros, fabricantes de carros, madereros, carpinteros, lecheros, ganaderos, molineros, e ingenieros. El equipamiento de la compañía incluía un barco, un cañón, setenta carros y carruajes, noventa y tres caballos, cincuenta y dos mulas, sesenta y seis bueyes, diecinueve vacas, diecisiete perros, y algunos pollos.[1]

UNA REVELACIÓN A LOS PIONEROS

(D. y C. 136)

George Miller, líder testarudo, discutió con El president Brigham Young sobre los planes de viaje e instalación. Miller no estuvo de acuerdo en que los Doce Apóstoles tuvieran la autoridad suprema de la Iglesia, y tomó un pequeño grupo de Santos para vivir entre los indios Ponca en el norte de Nebraska. El presidente Young buscó la voluntad del Señor sobre cómo tratar con Miller y sus seguidores.

George Miller

El 11 de enero de 1847, relató un sueño que tuvo la noche anterior donde analizó con José Smith el mejor método de organizar las compañías. Tres días más tarde, el 14 de enero, presentó a la Iglesia "la Palabra y la Voluntad del Señor en cuanto al Campamento de Israel en sus viajes al Oeste" (D. y C. 136:1).

- **D. y C. 136:1–4 El Señor requiere que su pueblo guarde sus mandamientos y estatutos.** La revelación comienza con un título: "La Palabra y la Voluntad del Señor en cuanto al Campamento de Israel en su jornada hacia el oeste" (v. 1). Se pidió a los Santos "Organícense en compañías, con el convenio y la promesa de guardar todos los mandamientos y los estatutos del Señor nuestro Dios" (v. 2). Este no iba a ser un grupo común de pioneros. Eran Santos de Dios, cuya alianza era "Andar en todas las ordenanzas del Señor" (v. 4).

- **D. y C. 136:5 Los campamentos que viajan de Sion deben ser organizados.** La preparación era esencial. El Señor mandó "Provéase cada compañía con el mayor número posible de tiros de animales, carros, provisiones, ropa y otras cosas necesarias para el viaje."

- **D. y C. 136:6–7 El Señor ordena a los campamentos ir hacia el oeste "en la próxima primavera."** Cuando estuvieron organizados, el Señor mandó a los "capitanes y presidentes" decidir cuántos Santos irían hacia el oeste en la primavera siguiente, y luego enviar "un número suficiente de hombres fuertes y hábiles para llevar tiros de animales, semillas e implementos de agricultura, y para ir a la vanguardia a preparar la siembra primaveral" (v. 7).

- **D. y C. 136:8–9 Cada compañía recibía su parte de la carga de "los pobres,** las viudas, los huérfanos y las familias" de los hombres que se habían alistado en el ejército (v. 8). Y aquellos que se quedaban atrás "prepare casas, y terrenos para el cultivo de granos" (v. 9).

Convenios del Campamento de Israel

Los campamentos de Israel debían guardar los mandamientos y ordenanzas del Señor (D. y C. 136:19–42). Algunos de los requisitos específicos de sus convenios fueron los siguientes:

- **D. y C. 136:19 Sed humilde—buscad el consejo del Señor.** "Y si un hombre procura elevarse a sí mismo,… él no tendrá poder, y su insensatez se hará manifiesta." Esta hace referencia a George Miller y otros como él que eran obstinados y no podían aceptar el consejo de los líderes ungidos del Señor.

- **D. y C. 136:20 Mantén las promesas a vuestros semejantes.** "Procurad cumplir con todas vuestras promesas el uno con el otro," ha mandado el Señor.

- **D. y C. 136:20 No codiciarás los bienes o propiedad de otros.** En una situación en la que algunos estaban mejor preparados y equipados para el viaje, habría sido fácil llegar a estar celoso o codicioso de aquellos que tenían más de lo lograsteis vos. Mas el Señor mandó a los Santos "no codiciéis lo que pertenece a vuestro hermano."

- **D. y C. 136:21 Mantén sagrado nombre del Señor.** Las risotadas, un comportamiento bullicioso, y un lenguaje grosero eran comunes en la frontera occidental. El Señor esperaba algo mejor de Sus Santos. "Guardaos del pecado de tomar el nombre del Señor en vano, porque soy el Señor vuestro Dios, sí, el Dios de vuestros padres, el Dios de Abrahán, de Isaac y de Jacob."

- **D. y C. 136:23 Ama a tu prójimo y controla tus sentimientos.** "Cesad de contender unos con otros; cesad de hablar mal el uno contra el otro."

- **D. y C. 136:24 Guarda la Palabra de Sabiduría.** "Cesad la ebriedad," dijo el Señor. El abuso del alcohol era otra maldición común entre los que estaban migrando hacia el oeste. Pero entre los Santos, no habría nada de esto.

- **D. y C. 136:24 Usa el lenguaje edificante.** Confrontar,, disputar, y buscar un culpable son fáciles de hacer cuando estamos bajo estrés y somos perjudicados por los actos de los demás. Pero el Señor dijo, en cambio "tiendan vuestras palabras a edificaros unos a otros."

- **D. y C. 136:25–26 Se honesto con los vecinos.** "Si pides prestado a tu vecino, le devolverás lo que te haya prestado; y si no puedes devolvérselo, ve luego y díselo, no sea que te condene" (v. 25). Y "si encuentras lo que tu vecino ha perdido, indagarás diligentemente hasta que se lo entregues" (v. 26).

- **D. y C. 136:27 Se un mayordomo sabio de las pertenencias personales.** "Serás diligente en preservar lo que tengas, para que seas mayordomo sabio," dijo el Señor, "porque es el don gratuito del Señor tu Dios, y tú eres su mayordomo."

- **D. y C. 136:28 Alaba al Señor en todas las actividades.** "Si te sientes alegre, alaba al Señor con cantos, con música, con baile y con oración de alabanza y acción de gracias."

Smith y Sjodahl escribieron:

> El Señor sabía que los miembros de la Iglesia estarían cansados y desanimados a medida que viajaban partieron, y por lo tanto Él les dio un remedio por el cual su desaliento y desánimo podrían superarse. Debían "alabar al Señor con cantos, con música, con baile," con oración y acción de gracias. Este consejo fue seguido, y después que el campamento estaba listo para la noche, con frecuencia alguien con un violín tocaba música para bailar y para cantar los himnos favoritos y melodías familiares al grupo, y así revivieron sus espíritus.[2]

- **D. y C. 136:29 Busca el consuelo del Señor cuando estés apenado.** "Si estás triste, clama al Señor tu Dios con súplicas, a fin de que tu alma se regocije."

- **D. y C. 136:30 Deja a tus enemigos en las manos del Señor.** "No temas a tus enemigos, porque están en mis manos y cumpliré mi voluntad con ellos."

"Mi Pueblo Debe Ser Probados en Todas las Cosas"

Los siguientes versículos de esta revelación explican la necesidad absoluta que la fe se los Santos del Señor sea probada. "Es preciso que los de mi pueblo sean probados en todas las cosas, a fin de que estén preparados para recibir la gloria que tengo para ellos, sí, la gloria de Sion; y el que no aguanta la disciplina, no es digno de mi reino," dijo el Señor (v. 31).

No debemos pensar que porque estamos tratando de ser fieles y guardamos los mandamientos estaremos protegidos de todas las dificultades en esta vida. El mundo está lleno oscuridad y egoísmo y odio, y algo de esto afectará inevitablemente el bienestar de nosotros mismos y nuestras familias. Las cosas no siempre parecerán tener sentido. No siempre vamos a entender la razón o el significado de las cosas que acontezcan. Pero si podemos darnos cuenta que todas estas cosas se "nos darán experiencia… y… son para nuestro bien" (D. y C. 122:7), entonces podemos elevarnos por encima de ellas y soportarlas victorioso hasta el fin.

Cuando no entendemos, entonces debemos "humillarnos y llamarzo de… al Señor… paraqué nuestros ojos sean abiertos, para que podamos ver, y nuestros oídos destapados para que podamos escuchar" (v. 32). "Porque se envía mi Espíritu al mundo para iluminar a los humildes y contritos, y para la condenación de los impíos" (v. 33).

Yo personalmente he encontrado que el Señor hace que sepamos el propósito de las cosas, pero no siempre de forma inmediata. Algunas cosas pueden tomar semanas, meses o incluso años. Mientras tanto, tomo un libro en mi estante de "cosas que no entiendo." Estoy completamente seguro que, algún día, voy a tener esas preguntas contestadas. Mientras tanto, no voy a dejar las cosas que no entiendo en el camino de las cosas que sé. El testimonio triunfa sobre la prueba.

En Cuanto al Martirio de José y Hyrum Smith

En este punto de la historia de los Santos, sólo habían pasado dos años desde que su amado Profeta José y su hermano Hyrum fueron asesinados brutalmente. Nadie había tenido que rendir cuentas ante la ley de esos crímenes. Y los Santos ahora estaban desprovistos de todos sus bienes terrenales y seguridad, vagando hacia el oeste, en busca de un lugar de refugio de las turbas. Sin duda hubiera sido comprensible que algunos de ellos se preguntara que había sucedido y por qué. Aquí el Señor explica Sus razones.

José Smith sentó las bases "y fue fiel; y lo tomé para mí. Muchos se han maravillado a causa de su muerte; mas fue menester que él sellara su testimonio con su sangre, a fin de que a él se le honrara, y los inicuos fueran condenados" (vv. 38–39).

El Presidente George Albert Smith dijo:

> Bajo la dirección del Señor, él [José Smith] organizó la Iglesia de Cristo, con apóstoles, profetas, pastores, maestros, evangelistas, etc., ya que la Iglesia debe ser organizada, para continuar así hasta todos procedan a una unidad de la fe. El ministró al pueblo, sanó a los enfermos; amó las almas de los hijos de los hombres. Pero, tal como había sido el caso de los profetas a quienes el Señor había levantado antes, en este caso parecía necesario que el testimonio de Su siervo debía ser sellado con la sangre de su vida.[3]

Las Promesas del Señor

Después de haber establecido las responsabilidades de los Santos bajo su pacto con el Señor, el Señor a continuación declaró Su parte del convenio en la forma de ciertas promesas a los Santos:

- **D. y C. 136:10–11 Las necesidades de la vida.** La obediencia a la ley del Señor resultaría en tener suficiente de los bienes del mundo para proveer a sus necesidades. La riqueza no estaba implicada en esta promesa, pero lo adecuado estaba asegurado. Y estaban obligados a sacrificar lo que fuera necesario para el establecimiento de Sión.

- **D. y C. 136:17 Protección de los enemigos.** El Señor les dijo a los Santos que no había necesidad de temer a sus enemigos. La obra del Señor prevalecerá, y "no tendrán poder para detener mi trabajo."

- **D. y C. 136:18 Redención de Sión.** "Sion [en Missouri] será rescatado a mi propio y debido tiempo." Esta revelación estaba dirigida a los Santos que iban hacia el oeste en un viaje que los llevaría aún más allá del lugar designado para la ciudad de Sion. Sin embargo, el Señor reafirmó Su intención y prometió a los Santos que todavía redimiría a Sión y cumpliría Su palabra concerniente a ese lugar.

- **D. y C. 136:37 La gloria de Dios.** Las personas que mantienen sus convenios con el Señor son puras de corazón. A dichas personas se les promete que si se mantenían puros aún contemplarían la gloria de Dios, al igual que lo hicieron sus antiguos profetas y tal como lo hizo el Profeta José Smith, a quien el Señor "llamó por mis ángeles, mis siervos ministrantes, y por mi propia voz de los cielos, para dar a luz mi obra."

Hoy, en retrospectiva, vemos que el Señor ha cumplido Sus promesas. Los Santos están prosperando; sus enemigos no han prevalecido. Los lugares asolados de Sión están siendo reconstruidos con barrios y estacas y templos. Y los Santos están avanzando hacia su exaltación y la preparación para el reino de paz para cuando vuelva el Señor.

La Voluntad de Hierro y el Corazón Blando de Brigham

Cuando el campamento de Israel se preparaba para dejar Winter Quarters en la primavera de 1847, Parley Pratt llegó de su misión en Inglaterra. Siguió El Presidente John Taylor, trayendo regalos de los Santos Británicos, el diezmo de dinero e instrumentos científicos para ayudar a planificar su viaje y aprender sobre su entorno. La primera compañía, dirigida por el presidente Young, partió el 15 de abril de 1847. Mil cien millas se extendían ante ellos, a medida que hacían su camino hacia el oeste al valle del Lago Salado.

No había un mejor hombre para dirigir a los Santos al oeste que El president Brigham Young. Tenía una voluntad de hierro y no era tolerante con la desobediencia, sin embargo, los Santos le querían por su preocupación sin fin por ellos. Por ejemplo, en un lugar de parada en las llanuras llamadas Hickory Grove, se pasó todo el día bajo la lluvia, organizando los carros, ayudando con las tiendas de campaña, cortando leña, y haciendo todo lo posible para que los Santos estuvieran lo más cómodos posible. Y en Utah, él personalmente esperaba a cada vagón de tren o carretilla de la compañía que llegaba, y no se iba hasta que cada familia tuviera un lugar para alojarse y una asignación de trabajo para garantizarle la seguridad económica.

Brigham Young a los 50 años

La Ruta Mormona

Su ruta les llevó a lo largo de la ribera norte del Río Platte 600 millas a Fort Laramie, Wyoming. Otros pioneros tendían a viajar por la ribera sur del río, pero por razones de seguridad y también porque había comida más abundante para sus animales, los mormones optaron por viajar por la ribera norte. La vasta extensión de praderas contaba con grandes manadas de búfalos, una vista maravillosa en sí misma, pero también una fuente de carne y de combustible (empanadas secas de excrementos de búfalo que se queman fácilmente).

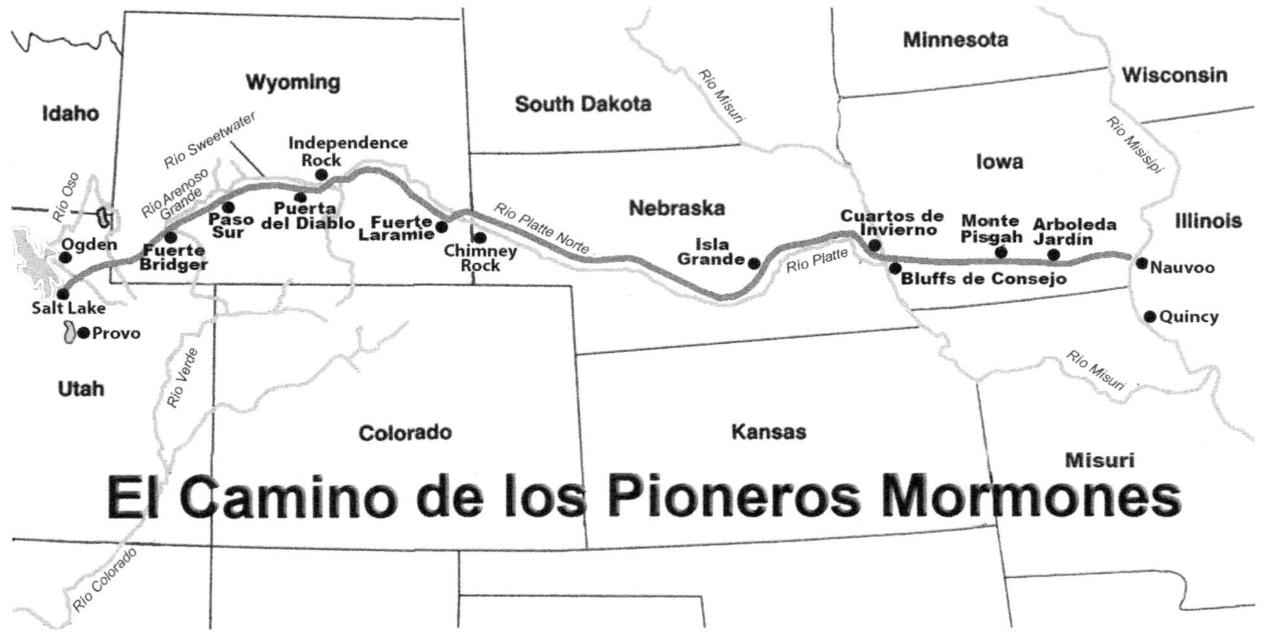

El Camino de los Pioneros Mormones

William Clayton, que era el historiador oficial del campamento, registró distancia en millas exacta para que la usaran emigrantes posteriores. Inicialmente, lo hacía contando las revoluciones de las ruedas de los carros para calcular las millas recorridas cada día. Aburrido de esta tarea monótona, sugirió la construcción de un odómetro mecánico, Orson Pratt diseñó uno, y Appleton Harmon, un carpintero experimentado, lo construyó. Se instaló el 16 de mayo de 1847, a medio camino entre council Bluffs y Fort Laramie, y podía contabilizar diez millas antes de tener que empezar de nuevo. Una versión posterior, que se utilizó en el viaje de regreso a Winter Quarters(Cuarteles de Invierno) , podía contar hasta mil millas a la vez, la distancia completa desde el Valle del Lago Salado hasta Winter Quarters (Cuarteles de Invierno). La información recogida por William Clayton fue utilizada para publicar la "Guía de SUD Inmigrantes" para ayudar a los muchos pioneros que llegaron a lo largo después.[4]

El 26 de mayo, la compañía pasó Chimney Rock, un punto de referencia a medio camino a lo largo del camino a Utah. A continuación, el presidente Young y Heber C. Kimball expresaron su preocupación por el comportamiento poco serio de algunos miembros del campamento que estaban usando malas palabras, llevando a cabo simulacros de juicios y elecciones, jugando a las cartas, e incluso a juegos de azar.

El presidente Brigham Young llamó a los hombres del campamento al arrepentimiento:

Chimney Rock, Nebraska

> Dadme al hombre de oraciones, dadme al hombre de fe, dadme al hombre de meditación, un hombre de mente sobria, y mi gustaría ir entre los salvajes con seis u ocho de tales hombres que confíen en mí con el conjunto de este campamento con el espíritu que ahora poseenero de… ¿Por qué vamos a suponer que tendremos un hogar para los Santos, un lugar de descanso, un lugar de paz donde puedan

edificar el reino y dar una bienvenida a las naciones, con este espíritu pobre, sucio, insignificante, codicioso, malvado que habita en nuestros pechos? ¡Es vano!…

Si [los hermanos] no van a entrar en un pacto para sacar su maldad y volverse al Señor y servirle y reconocerle y honrar Su nombre, quiero que tomen sus carros y retrocedan, porque no voy a ir más lejos bajo este estado de cosas. Si no nos arrepentimos y dejamos nuestra maldad, vamos a tener más obstáculos de los que hemos tenido, y enfrentaremos peores tormentas.[5]

"Al día siguiente, domingo, El presidente Brigham Young convocó a una reunión especial de los líderes. Se fueron a los acantilados, se vistieron con sus ropas del templo, y formaron un círculo de oración. William Clayton dijo que "ellos ofrecían una oración a Dios por ellos mismos, este campamento y todo lo relacionado con él, los hermanos en el ejército, nuestras familias y todos los Santos." A partir de entonces el comportamiento de los Santos en el campo mejoró."[6]

El Campamento de Israel llegó a Fuerte Laramie, Wyoming, el 1 de junio y se detuvo para hacer reparaciones. A ellos se unieron allí los "Santos de Pueblo", los miembros del "desprendimiento enfermo" del Batallón Mormón y la Compañía de Mississippi, que había pasado el invierno con ellos en Pueblo Colorado. Una vez allí, El president Brigham Young celebró su cumpleaños número 46.

Luego toda la compañía cruzó hacia el lado sur del río Platte y siguió la ruta de Oregón 400 millas hasta Fort Bridger.

Partiendo de Independence Rock, la ruta de Oregón sigue una ruta de 96 millas a lo largo del Río Sweetwater Wyoming y cruza la divisoria continental, justo al oeste de Independence Rock en South Pass.

Al suroeste de Independence Rock, se reunieron con Jim Bridger, quien expresó sus dudas que pudieran plantar y crecer los cultivos con éxito en el Valle del Lago Salado.[7] Llegaron a Fuerte Bridger el 7 de julio de 1847. Entonces, de allí, siguieron el sendero de Reed-Donner al sur-oeste hacia el Valle del Lago Salado.

"Este es el Lugar Correcto"

Durante la parte final de la caminata hacia el oeste, a través de las montañas de Wasatch, El president Brigham Young se enfermó de "fiebre de las montañas" (muy probablemente contraída de las garrapatas de la artemisia) y la compañía se dividió en tres grupos, la vanguardia, la compañía principal, y la retaguardia con El president Brigham Young.

Fuerte Laramie, Wyoming, en 1847

Independence Rock, Wyoming

La vanguardia, bajo la dirección de Orson Pratt, se movió por delante del campamento de Israel, preparando un camino a través de lo que posteriormente se conoció como Cañón Emigración. Mientras hacía esto, el lunes 19 de julio de 1847, Orson Pratt y John Brown vieron el Gran Valle del Lago Salado por primera vez.

El miércoles, 21 de julio de Orson Pratt y Erastus Snow entraron en el Valle Lago Salado a través de la boca del Cañón Emigración. Sabiendo que este iba a ser el nuevo hogar de los Santos, levantaron sus sombreros hacia el cielo, y se regocijaron. Entonces, después de hacer un viaje de 12 millas alrededor porciones del valle, regresaron al campamento.

La totalidad de su compañía de pioneros entró en el Valle del Lago Salado el jueves 22 de julio de 1847. Orson Pratt dedicó la tierra y estableció un sistema de riego crudo, inundó la tierra, y preparó el terreno para la siembra. El viernes 23 de julio, la compañía entró en el valle principal. Entonces, finalmente, el sábado 24 de julio de 1847, El president Brigham Young y la compañía trasera llegaron a la boca del Cañón Emigración, que domina el valle. Brigham tenía 46 años.

El president Wilford Woodruff condujo al aún convaleciente presidente Young en su carro hacia la boca del cañón y giró el carro de manera que Brigham pudiera ver todo el valle.

El presidente Wilford Woodruff dijo:

> Mientras contemplábamos la escena delante nuestro, él se envolvió en una visión durante varios minutos. Había visto el valle antes de la visión, y en esa ocasión vio la gloria futura de Sion y de Israel, como sería, plantado en los valles de esas montañas. Cuando hubo pasado la visión, dijo, "Es suficiente. Este es el lugar correcto. Vayamos allí."[8] Pensamientos de meditaciones agradables corrieron en rápida sucesión por nuestras mentes mientras contemplábamos el lugar que no dentro de muchos años se levantará sobre la parte superior de las montañas la casa de Dios, mientras que los valles se convertirían en huertos, viñedos, jardines y campos por los habitantes de Sión y el estándar sería desplegado para que las naciones se reunieran allí. El presidente Brigham Young dijo que estaba satisfecho con el aspecto del valle como un "lugar de descanso para los Santos" y que con creces había valido el viaje.[9]

*Monumento de Este
es el Lugar*

Estableciéndose en el Valle del Lago Salado

El domingo 25 de julio de 1847, fue un día de culto y acción de gracias por los Santos Pioneros. Los miembros de los Doce hablaron durante los servicios de la Iglesia, tanto en la mañana como por la tarde, haciendo hincapié en la importancia del trabajo duro y la justicia cuando se enfrentaran a las muchas tareas por delante.

Algunos hombres pasaron los primeros días en el valle explorando el mejor lugar para establecerse. Para el 28 de julio El president Brigham Young designó el lugar de la ciudad entre las dos horquillas de City Creek. También designó el lugar donde se elevaría el templo. La ciudad se distribuiría de manera uniforme y en cuadrados perfectos desde la esquina sureste del lote del templo, de acuerdo con el patrón de la ciudad de Sion que fue revelado a José Smith en Misuri.

El presidente Young y los Doce treparon a un pequeño monte en la parte superior de un promontorio al norte de la ciudad, al que llamaron Pico Insignia en honor a una profecía de Isaías que habla de elevar una bandera en los últimos días en los que se re-unirá Israel (véase Isaías 11). Allí, hicieron ondear una humilde bandera y profetizaron sobre el futuro de Sion.

Pico de la Bandera

En una semana, estuvo en marzo dea, un estudio de la zona y los hombres no adscritos a la agricultura comenzaron a hacer adobes par un fuerte provisorio que serviría de protección contra los indios y animales salvajes. Los Santos de Pueblo llegaron al valle poco después, y construyeron una enramada para las reuniones públicas en la manzana del templo (el original "tabernáculo" en el desierto).

Durante los próximos días y semanas, se enviaron expediciones para explorar los valles al norte, sur y oeste del Valle de l. Tenían la experiencia única de flotar en el Gran Lago Salado, y también se bañaron en las aguas sulfurosas calientes que fueron descubiertas al norte de la ciudad.

Vuelta a Winter Quarters

Para el presidente Young, los Doce, y más de 100 otros hombres, la estancia inicial en el valle del Lago Salado fue de corta duración. Pasaron sólo 33 días allí antes de regresar a Winter Quarters el 16 de agosto de 1847. Sus familias habían quedado atrás cuando llegaron al valle, y tenían que estar preparadas para viajar al oeste al año siguiente. En su camino de regreso, se encontraron con1553 Santos que estaban en su camino hacia el valle.

En septiembre y octubre de 1847, diez de dichas compañías de Santos llegaron al Valle del Lago Salado. Estas compañías pioneras posteriores pudieron viajar mucho más rápido debido a la información proporcionada por el campamento de Israel, y también porque las aprovisiones eran más pequeñas y más livianas que las del grupo original. Cuando llegaron al valle, fueron conducidos por John Smith, que había sido nombrado presidente de Estaca del Lago Salado por El president Brigham Young.

La partida de Young que regresaba llegó a Winter Quarters el 31 de octubre 1847.

Cuando los pioneros se fueron del valle, los restantes Santos que quedaron detrás construyeron un asentamiento más grande y más estable en El lado de Iowa (al oeste) del río Misuri. Nombraron a la comunidad Kanesville en honor a Thomas L. Kane, un coronel del ejército que se había hecho amigo de los Santos durante algunos de sus días más difíciles. La decisión de construir esta comunidad debió en parte a los problemas de salud en Winter Quarters y también porque los Santos habían prometido a los indios que saldrían de sus tierras en el lado oeste del río dentro de los dos años. En el momento en que Brigham y su compañía habían regresado, la mayor parte de los Santos ya se había trasladado a Kanesville ya otros asentamientos circundantes de Iowa. El élder Orson Hyde presidía allí.

LA REORGANIZACIÓN DE LA PRIMERA PRESIDENCIA

El 30 de noviembre, un mes después de regresar, Brigham planteó "el tema de nombrar tres de los Doce como Presidencia de la Iglesia", lo que sugiere que tal curso liberaría al resto del Quórum de "ir a las naciones de la tierra para predicar el evangelio," que era la principal responsabilidad del sacerdocio de los Doce (véase D. y C. 107:23; 112:1, 16 (19, 28).[10]

Kanesville, Iowa

Cinco días más tarde, el 5 de diciembre de 1847, el presidente Young convocó a una reunión del Quórum de los Doce Apóstoles en la casa de Orson Hyde en Kanesville y dijo que el Espíritu del Señor había sido una pesada carga en su mente con respecto a la reorganización de la Primera Presidencia. Pidió a los nueve miembros del actual quórum que expresaran sus opiniones sobre el tema (Parley Pratt y El president John Taylor estaban en el valle de Lago Salado, y Lyman Wight estaba en Texas).

Después que discutieron, Orson Hyde hizo una moción para que El presidente Brigham Young fuera apoyado como Presidente de La Iglesia de Jesucristo de los Santos de los Últimos Días, y que, junto con dos asesores que ellos debían nombrar, tenía que organizarse una nueva Primera Presidencia. La moción fue secundada por El president Wilford Woodruff y aprobada por unanimidad. El presidente Young luego nominó a Heber C. Kimball y Willard Richards como sus consejeros y también fueron aprobados por unanimidad para servir con él.

El tabernáculo de Kanesville

Tres semanas más tarde, el 27 de diciembre de 1847, en un tabernáculo de leños que se había construido en Kanesville, durante una conferencia general, el asunto se planteó ante 1000 miembros de la Iglesia. El presidente Young explicó la necesidad de una organización completa de la Iglesia, para incluir una Primera Presidencia, el Quórum de los Doce Apóstoles, un quórum de setenta y un Patriarca de la Iglesia.

Orson Pratt presentó a continuación a El president Brigham Young como el propuesto nuevo Presidente de la Iglesia, y los Santos lo apoyaron. El presidente Young presentó a continuación los nombres de sus consejeros, que también fueron apoyados. John Smith, un tío del Profeta José Smith, y recientemente—nombrado presidente de la Estaca del Lago Salado, fue apoyado como el Patriarca de la Iglesia. Todos estos oficiales fueron apoyados nuevamente en el Valle del Lago Salado en octubre de 1848.

UN LUGAR DE REFUGIO

Visión de Isaías de los Últimos Días de Israel

- **Isaías 35:1–10 Visión de Isaías de los pioneros que llegan al Valle del Lago Salado.** Hablando de Israel en los últimos días, dijo Isaías, "El desierto y la soledad se alegrarán por ellos; el yermo se gozará y florecerá como la rosa." Sin embargo, van a estar cansados del viaje y de la persecución, y van a estar necesitados de aliento

(v. 1):" Reforzad vuestras manos cansadas, y afirmad las débiles rodillas. Decidles que son de corazón temeroso: Esforzaos, no temáis; he aquí que vuestro Dios vendrá con venganza sí Dios os recompensará; él vendrá y os salvará" (vv. 3–4).

Grandes milagros los asistirán: "Se abrirán los ojos de los ciegos, y los oídos de los sordos se abrirán…. El cojo saltará como un ciervo, y la lengua del mudo cantará" (vv. 5–6). Estas bendiciones serán tanto literales como figuradas. Las personas serán sanadas de enfermedades físicas. Pero también, los espiritualmente sordos y ciegos escuchará la verdad. E Israel, largamente cautivo y sin voz, de nuevo se deleitará y cantará.

Aunque ubicado en un desierto," en el yermo brotarán aguas, y torrentes en el desierto. El lugar seco se convertirá en estanque, y el sequedal en manaderos de aguas; en la morada de chacales, en su guarida, será lugar de cañas y juncos" (vv. 6–7).

Isaías vio un templo ("autopista") en medio del Israel de los últimos días. "Allí habrá un camino empedrado, y será llamado Camino de Santidad; no pasará por allí nada impuro, si alguien pasa por este camino, no se extraviará, por más torpe que sea" (v. 8). Dentro de sus muros habrá seguridad y paz, no habrá "leones… ni ninguna bestia fiera", y "para que los redimidos puedan transitarlo" (vv. 8–9).

Israel será congregado en ese lugar: "Y los redimidos del Señor volverán. Vendrán a Sión entre gritos de infinita alegría. Cada uno de ellos tendrá gozo y alegría, y desaparecerán el llanto y la tristeza" (v. 10).

El Primer Año en el Valle del Lago Salado

El área alrededor del Gran Lago Salado estaba aislada y árida, y parecía tener poca madera y animales comestibles. Pero los Santos se alegraron de estar aislados de sus enemigos, con el poderoso Wasatch Range rodeándolos, y ellos creían que podían construir el reino de Dios allí en paz y seguridad. El president Brigham Young dijo a los miembros de la compañía pionera original (el "Campamento de Israel") el 24 de julio de 1847, "Si el pueblo de los Estados Unidos nos dejan solos durante diez años, no vamos a pedirles ninguna ventaja."[11] Sin embargo , hacer habitable este lugar requeriría una considerable fe y esfuerzo, y sólo con la ayuda de Dios podrían tener éxito.

El president Brigham Young identificó el lugar donde se elevaría un nuevo templo, y toda la zona estaba distribuida en manzanas de diez acres en la ciudad que se centraban en la esquina sureste de la manzana del templo. Por razones de seguridad, los pioneros erigieron un fuerte de una sola manzana con muros de adobe en agosto de 1847, tres cuadras al sur y tres cuadras al oeste de la manzana del templo. Más tarde se añadieron dos manzanas más al fuerte con el fin de dar cabida a los recién llegados.

Desde el principio, los Santos no estuvieron solos en el valle. Aproximadamente 12000 indios americanos vivían en toda la Gran Cuenca en 1847 y algunos de ellos vivían en el valle del Lago Salado. En el otoño de 1847, un grupo de indios Ute llegó a la fortaleza, ofreciendo la venta de dos jóvenes indios que habían sido capturados en una incursión a una tribu rival. Los indios amenazaron con matar a los niños si los Santos no compraban. Cuando los Santos dudaron en hacer esto, los indios mataron a uno de los niños. Entonces Charles Decker, cuñado de El president Brigham Young, compró a la otra y se la dio a la Joven Lucy Decker para levantarla. Esta práctica se hizo muy común en los asentamientos, con un número de jóvenes indios adoptadas para salvar sus vidas. Mis propios antepasados en el condado de Sanpete más tarde adoptaron a un joven indio para salvar su vida, a quien llamaron Jim Indio. Él fue el primero lamanita en recibir sus dotaciones en el Templo de Manti, después de su finalización.

Como lo habían hecho en Winter Quarters, los Santos organizaron un sumo consejo municipal a fin de elaborar y hacer cumplir las leyes, repartir la tierra, y emitir de derechos de agua y madera a los colonos. Se construyeron carreteras y puentes junto con 450 cabañas de madera. Después, se construyó alrededor de toda la ciudad una cerca para ayudar a contener y proteger su ganado.

Con la vista puesta en la supervivencia, los Santos establecieron el "campo grande", un área de 5133 acres, de los cuales sembraron y plantaron 872 acres con trigo de invierno. Después el capitán James Brown llegó desde California, algunos de los del Batallón Mormón, con pagos de casi $ 5000 fueron designados para ser llevados hasta el sur de California para comprar ganado, trigo y semillas. Otros $ 1950 se destinaron a comprar el rancho y puesto comercial Miles Goodyear en el río Weber, 35 millas al norte del Lago Salado en la zona que con el tiempo se convirtió en la ciudad de Ogdenero de

Afortunadamente, el primer invierno en el valle del Lago Salado fue suave. Pero no fue nada confortable. Lobos, zorros y otros depredadores constantemente aullaban y apresaban de su ganado. Enjambres de ratones de campo también crearon una molestia y eran un atentado contra la salud. Los gatos eran una preciada posesión en el fuerte. Innovadoras y trampas ratones proporcionaron un alivio adicional.

Experimentar la primera "Primavera India", algo común en el valle del Lago Salado hasta hoy, los pioneros fueron sorprendidos en marzo y abril, cuando la nieve pesada de primavera y la lluvia cayeron sobre el valle. Sus cabañas tenían techos planos de paja, que dejaban pasar el agua cuando llovía o se derretía la nieve. La comida tenía que ser cubierta con pieles de búfalo para protegerla del agua que goteaba. "No era nada raro ver a una mujer sosteniendo un paraguas mientras atendía a sus tareas de la casa."[12]

CONGREGÁNDOSE EN SIÓN

Trece Compañías Pioneras en 1847

Cuando El president Brigham Young y un centenar de otros abandonaron el valle del Lago Salado en 1847 para volver a Winter Quarters, aproximadamente 1500 Santos en 10 compañías diferentes ya estaban en las llanuras en ruta hacia el valle. Otras tres personas llegaron más tarde ese mismo año.

Compañía	Número de personas
Brigham Young	148
Mississippi	47
Batallón Mormón	210
Daniel Spencer	204
Parley Pratt	798
Abrahán O. Smoot	139
Charles C. Rich	130
George B. Wallace	198
Edward Hunter	155
Joseph Horne	197
Joseph B. Noble	171
Willard Nieve	148
Jedediah M. Grant	150
Total	2,095

A diferencia del campamento de Israel, que estaba constituido principalmente de hombres, las otras diez compañías de pioneras mormonas que viajaron al Valle del Lago Salado en 1847 estaba constituidas principalmente por las familias. Durante las próximas dos décadas, casi 62.000 conversos se reunieron en Sion desde todas partes de América y de muchas naciones. Cruzaron las praderas en carretones y carros de mano, a caballo ya pie, para unirse con los Santos en sus casas en las montañas rocosas. Muchos fueron ayudados por equipos de bueyes, pero algunos hombres y mujeres, y también algunos niños, hicieron todo el camino a pie, sufriendo de fatiga severa, hambre, e incluso la muerte.

Inspiradoras Historias de Sacrificios

Cruzarlas llanuras era difícil, especialmente para gente acostumbrada a vivir siempre en la ciudad, como los Santos de los Últimos Días. Familias enteras hicieron el viaje juntas, y muchos de ellas no fueron capaces de soportar el arduo viaje y murieron en las llanuras.

Jedediah M. Grant, un miembro del Primer Consejo de los Setenta y capitán de la tercera compañía, perdió a su esposa, Caroline, y a su pequeña hija, Margaret, que, como muchos otros, contrajo el cólera en el río Sweetwater. Caroline murió cuatro días después que su hija. Antes de su muerte, pidió que sus cuerpos fueran enterrados en el valle, pero Jedediah se vio obligado a enterrar al bebé en una tumba poco profunda y continuar hasta el Valle del Lago Salado donde enterró a su esposa. Después, él y su amigo Joseph Bates Noble volvió a las llanuras de Wyoming para exhumar el cuerpo de Margaret, sólo para encontrar que los lobos habían encontrado la tumba primero.

Jedediah M. Grant

Jedediah le dijo a su amigo Bates, antes de llegar a la tumba, que el Espíritu de Dios ya lo había consolado. "Bates, Dios me lo manifestó. La alegría del paraíso donde mi esposa y la bebé están juntos, parece ser sobre mí esta noche. Por algún sabio propósito han sido liberadas de las luchas de la tierra en las vos y yo estamos inmersos. Están muchísimo más felices de lo que posiblemente podremos estar aquí.[13]

Tristes por no poder cumplir con su promesa, regresaron a Lago Salado. Jedediah M. Grant fue uno de los grandes misioneros de la Iglesia, sirvió en el Campamento de Sión, trabajó en el Templo de Kirtland, y durante el período de Nauvoo fue llamado como uno de los siete presidentes de los Setenta. Con el tiempo se convirtió en el primer alcalde de la Ciudad del Lago Salado. Los dos últimos años de su vida sirvió en la Primera Presidencia de la Iglesia como segundo consejero de El president Brigham Young.

Con el tiempo, se le permitió a Jedediah ver a su esposa e hija en el mundo de los espíritus. Justo antes de morir, en una ocasión, en la cual el presidente Heber C. Kimball le dio la bendición, relató una visión que había recibido.

Heber C. Kimball dijo: "Vio a los justos congregados en el mundo de los espíritus, y no había espíritus malignos entre ellos. Vio a su esposa; ella fue la primera persona en acercarse a él. Vio a muchos a quienes conocía, pero no tuvo ninguna conversación con ninguno a excepción de su esposa Caroline. Ella vino a él, y le dijo que se la veía hermosa y tenía a su pequeño hija, que murió en las llanuras en sus brazos, y dijo: "Sr. Grant, aquí está la pequeña Margaret; vos sabeis que los lobos se la comieron, pero no le hicieron daño; aquí está bienero de'"[14]

Eliza R. Snow

Eliza R. Snow dijo: "Muchas de nuestras hermanas caminaron todo el día, con lluvia o sol, y por la noche cenas preparadas por sus familias, sin tiendas de campaña que albergan; y luego hizo sus camas en y debajo de los vagones que contenían su todo terrenal. ¿Con qué frecuencia, con una intensa simpatía y admiración, vi a la madre, cuando, olvidándose de su propia fatiga y la miseria, ella se esforzó incansables para arreglar, en la forma más agradable al paladar, la porción asignada de la comida."[15]

Mary Fielding Smith, viuda del martirizado patriarca Hyrum Smith, proporcionó un ejemplo de la valentía de estas mujeres pioneras:

> No fue fácil para Mary y su hermano reunir un equipo. Once de los trece caballos de Mary murieron en Winter Quarters, haciendo necesario el uso de bueyes salvajes, vacas y bueyes a medio crecer para tirar de los carros. Los indios habían robado la mayor parte de su ganado…. El capitán Lott no se iría sin ella, aunque ella continuó retrasándose…. Cuando Mary y su grupo finalmente alcanzaron al capitán Lott, en un punto de encuentro, él miró su traje y sacudió la cabeza. Era una locura para ella iniciar bajo tales condiciones. Ella no lo haría sin una considerable ayuda, haciendo de ella una carga para toda la compañía…. Mary se sintió herida, pero determinada. Con tan sólo un momento de reflexión, le dijo al capitán que lo batiría en llegar al valle, y sin pedirle ninguna ayuda. Y lo hizo.[16]

La familia Crandall ofrece otro ejemplo: El 23 de junio de 1850 eran quine. Pero a finales de esa semana siete habían muerto de cólera. Otros cinco miembros de la familia murieron en los próximos días, quedando sólo tres. Luego, el 30 de junio, la Hermana Crandall murió en el parto junto con su bebé recién nacido. Sólo quedaban dos hijos de la familia original. Sin embargo, el "fuego del convenio" ardía dentro de la mayoría de los corazones de los Pioneros, y presionaban para seguir adelante hacia su Sion, confiando plenamente en el Señor y Sus siervos.

Mis propios tatarabuelos estaban entre el grupo de los Santos que sufrían. Uno de ellos, William Draper Hijo, salió de 13 hogares durante el tiempo de su membresía en la Iglesia, cada vez siendo impulsado por las turbas o sacrificando todo por el bien del Reino. Durante un momento particularmente débil de mi propia vida, cuando había decidido que las dificultades de la vida no eran consistentes con la idea de un amoroso Padre Celestial, este antepasado me visitó en un sueño, acompañado de otro antepasado, John Darwin Chase. Mientras me estaban mirando, pude escuchar que decían en mi mente, "¿Eso es todo lo que necesitas, Randal? Es que todo lo que necesitas para o llevar este Reino después de todo lo que hicimos para sentar las bases de la mismo? "Me dio vergüenza. Y desde entonces he tratado de ser digno de su sacrificio y continuar con la obra de la cual ellos sentaron las bases.

William Draper, Jr.

Las palabras de un himno favorito vienen a la mente cuando pienso en esta experiencia:

Himno N° 254: "creced en la fe"   *[Coro]*

¿Fallará en la defensa	Fiel a la fe que nuestros padres acariciaron,
de Sión la juventud?	Fiel a la verdad por la cual los mártires perecieron
Al llegar el enemigo,	Al mandato de Dios,
¿huiremos sin luchar?	Alma, corazón y manos,
¡No!	Fieles y verdaderos siempre estaremos[17]

PRIMERAS EXPLORACIONES Y COLONIZACIÓN

Desde el principio, los líderes de la Iglesia buscaron otros lugares de asentamientos alrededor de la Gran Cuenca. Cualquier lugar con un suministro adecuado de agua, fertilidad del suelo, y disponibilidad de madera y otros materiales de construcción fue considerado. En julio y agosto de 1847, los hombres exploraron el sur en el Valle del Lago Salado, hacia el norte a lo largo del Río Bear, y hacia el este del Valle Cache. En diciembre de 1847, Parley Pratt dirigió un partida de exploradores de una semana que fue al sur del Gran Lago Utah de agua dulce y luego re volvió a casa a través de los valles Cedar y Tooele al oeste de la cordillera Oquirrh al oeste del valle del Lago Salado.

La Gran Cuenca (en ese momento llamada "Alta California") cubre un área aproximadamente del tamaño de Texas. Se extendía desde las Montañas Rocosas al este de la Sierra Nevada en el oeste, con el río Columbia en el norte y el río Colorado en el sur. En toda esta vasta área, los Santos eran casi los únicos colonos blancos en 1847.

El president Brigham Young tenía intención de colonizar toda la Gran Cuenca. Él dijo a los Santos sólo cuatro días después de llegar al Valle del Lago Salado que "tenía la intención de tener conocida por nosotros cada hoyo y rincón desde la Bahía de [San] Francisco hasta la bahía de Hudson y que nuestro pueblo estaría conectado con todas las tribus de indios en toda América."[18] Llamó a la región" "Deseret ", una palabra en lengua adánica que aparentemente se encuentra en el libro de Mormón, que significa" abeja melífera" (Éter 2:3). Él deseaba que los Santos fueran tan laborioso como abejas alrededor de su colmena, y adoptó el símbolo de una colmena para representar esta idea.

Nuevas Rutas a California. Durante el otoño de 1847, dos rutas a California fueron atravesadas por compañías mormonas. El capitán James Brown acompañó a Samuel Brannan lo largo del sendero norte de vuelta a su colonia en San Francisco. Jefferson Hunt, alto miembro de la Iglesia capitán del Batallón Mormón, llevó a un grupo de diez y ocho hombres al sur de California para asegurar el ganado y otros suministros necesarios.

Viaje por Marzo de Aunque la mayoría de los Santos llegaron a las Montañas Rocosas por tierra, algunos Santos del este de Estados Unidos viajaron por marzo de El 4 de febrero 1846, el mismo día en que se inició el éxodo de Nauvoo—70 hombres, 68 mujeres y 100 niños abordaron el barco Brooklyn y zarparon del puerto de Nueva York en un viaje de 17000 millas por mar a California.

El grupo llevaba con ellos herramientas suficientes para 800 personas, la imprenta del periódico de New York El Profeta, libros de texto, y provisiones suficientes para un viaje de seis o siete meses. Durante su viaje, 12 personas murieron y nacieron dos niños, llamados Atlántico y el Pacífico, en honor de los dos grandes océanos por los cuales navegaban. Llegaron a San Francisco el 31 de julio 1846.

Samuel Brannan, el capitán del barco, fundó una colonia más hacia el interior, a la que llamaron Nueva Esperanza en previsión de que podría convertirse en el lugar de reunión central de los Santos en el Oeste, sin saber que los Santos estaban planeando instalarse en la Gran Cuenca. En enero de 1847 publicó la Estrella de California, el segundo periódico Inglés en California.

La Gran Cuenca, Alta California, y Deseret en un mapa temprano

El "Corredor Mormón" a California

En abril de 1847, Samuel Brannan se dirigió hacia el este para encontrarse con el cuerpo principal de la Iglesia que viajaba al oeste, y ofrecerse para guiarlos a California. Se reunió con el presidente Young y el campamento de Israel en junio en Green River, Wyoming. Fue enviado a Laramie con Thomas S. Williams para guiar a los miembros del "PuebloSantos" Pueblo al Valle del Lago Salado.

Después de pasar unos días en el Valle del Lago Salado con elpresidente Young y los Santos, Brannan volvió a California, desencantado con la decisión de Young no de no establecer la sede de la Iglesia en California. Él y algunos de los Santos de Brooklyn, finalmente, apostataron. Fue el primero en dar a conocer noticias sobre la fiebre del oro de California y se convirtió en un millonario, pero con el tiempo perdió su fortuna por malas inversiones y murió en la miseria.[19]

Samuel Brannan

Notas:

1. El élder Orson F. Whitney, *Historia Popular de Utah* (1916), pág. 29.
2. Hyrum M. Smith y Janne M. Sjodahl, *Comentario de Doctrina y Convenios* (1972), pág. 860.
3. En Reporte de La Conferencia, abril de 1904, pág. 63.
4. Allen y Leonard, *La Historia de los Santos de los Últimos Días* (1976), págs. 242–44.
5. *Diario de William Clayton*, págs. 191, 194, 197.
6. *Diario de William Clayton*, págs. 202–3.
7. *Historia de la Iglesia en el Cumplimiento de los Tiempos*, Manual del Estudiante del Sistema Educativo de la Iglesia (2003), págs. 323–336.
8. "Día de los Pioneros", *Deseret Evening News*, 26 de julio de 1880, pág. 2.
9. *Diarios del presidente Wilford Woodruff*, 24 de julio de 1847, Departamento Histórico de los SUD, Salt Lake City.
10. *Diarios del presidente Wilford Woodruff*, 30 de noviembre 1847; mayúscula estandarizada.
11. En *Diario de Discursos*, 5:226.
12. Inicio, "Reminiscencias de Pioneras," *Diario de una Joven Mujer*, julio de 1902, pág. 294.
13. Carter E. Grant, "Robado por los Lobos: Una Historia Verdadera", *Revista de la Sociedad de Socorro*, julio de 1928, págs. 363–64.
14. En *Diario de Discursos*, 4:136.
15. Keith y Ann Terry, *Eliza: Una Biografía de Eliza R. Snow* (1990), pág. 80.
16. Arrington, Madsen y Jones, *Madres de los Profetas*, págs. 104–5.
17. *Himnos de La Iglesia de Jesucristo de los Santos de los Últimos Días*, N°. 254.
18. *Diarios del presidente Wilford Woodruff*, 28 de julio de 1847, Departamento Histórico de los SUD, Salt Lake City.
19. *Historia de la Iglesia en el Cumplimiento de los Tiempos*, págs. 323–336.

Colonización y Pioneros de Carros de Mano

[1848–1857]

SE EXPANDE LA COLONIZACIÓN

El president Brigham Young y otros líderes de la Iglesia volvieron a Valle del Lago Salado en septiembre de 1848. Al final del año, se habían reunido en el valle cerca de 3000 Santos adicionales, incluidos los miembros del Batallón Mormón. Esto significa que alrededor del 25% de los exiliados de Nauvoo ahora había hecho su camino a su nuevo hogar en el oeste. El president Brigham Young escribió a aquellos en Iowa, "[Los Santos han encontrado] un refugio de descanso, un lugar para nuestras almas, un lugar en que habitemos en condiciones de seguridad." Esta fue una feliz noticia para los refugiados que habían sido expulsados de sus hogares más de una vez. También afirmó que "una vez más levantarían un templo en nombre, honor y gloria [de Dios]."[1]

Métodos de Asentamiento y Principios[2]

Cuando los inmigrantes llegaban a Salt Lake City, generalmente se encontraban cuando salían del Cañón de la Emigración y los escoltaban hasta una cuadra de la ciudad llamada Plaza de la Emigración. El president Brigham Young o algún otro líder de la Iglesia les daban la bienvenida, y luego las salas en la ciudad los invitaban a una celebración y un banquete. Después de unos días de atención por los miembros locales de la Iglesia, los recién llegados recibían tierra y empleo en el valle del Lago Salado o eran enviados a otros lugares asignados.

Durante la próxima década (1847–1857), alrededor de 100 comunidades más pequeñas fueron colonizadas de esta manera a lo largo del "Corredor Mormón", que se desarrollaron a lo largo de la línea de montañas que conducen del suroeste al sur de California.

Las comunidades mormonas fueron únicas en muchos sentidos. Hicieron hincapié en la distribución equitativa de la tierra, las granjas y rebaños de la comunidad, proyectos de obras públicas, y el uso compartido de los recursos naturales como el agua y la madera. También tenían calles inusualmente amplias, suficientemente anchas como para que un carro de heno pudiera dar la vuelta en ellas sin dificultad.

Las comunidades a lo largo del "Corredor Mormón"

Las comunidades rara vez eran fundadas por personas o grupos por mutuo acuerdo. La mayoría de los sitios eran preseleccionados por las autoridades de la Iglesia sobre la base de la disponibilidad adecuada de agua, suelo fértil, acceso a otros recursos importantes, y seguridad. Hombres capaces serían llamados a dirigir dichas colonias. Obispos, élders presidentes, y presidentes de estaca eran más que consejeros espirituales. También dirigían la construcción de ciudades y pueblos y también actuaron como funcionarios civiles. Dichos hombres eran tan vitales para el éxito de la comunidad que muchos de ellos sirvieron durante varias décadas en sus posiciones de liderazgo.

Las comunidades fueron pobladas por los miles de inmigrantes que llegaban a Utah cada año. En la primera década, casi 40000 de dichos Santos emigraron a Utah. El president Brigham Young designaba nuevos lugares para las colonias, seleccionaba las familias de estos asentamientos y, a continuación, anunciaba las nuevas colonias y las familias en la conferencia general. A veces, solamente los líderes serían designados, y luego, a su vez, ellos podrían contratar o asignar a las familias para ir con ellos. Algunos podían no estar contentos con sus tareas, pero rara vez las rechazaron. Aceptar este tipo de llamado era visto como una prueba de su fe y compromiso.

Las nuevas ciudades requerían una amplia variedad de habilidades para ser exitosas. Los agricultores eran los principales proveedores de alimentos y caballos de fuerza (literalmente caballos). Pero las ciudades también necesitaban carpinteros, mecánicos, yeseros, pintores, fabricantes de ladrillos, albañiles, constructores de represas, tejedores, sastres, curtidores, topógrafos, carniceros, panaderos, maestros, músicos y fabricantes de carros, sólo por nombrar unos pocos. Las personas eran asignadas a las comunidades en función de sus capacidades y las necesidades de la comunidad.

Con frecuencia, los colonos también eran elegidos en base a su etnia. Suizos, Dinamarqueses, Ingleses, y otros grupos a menudo serían asignados a comunidades particulares donde podían sentirse a gusto entre sus compatriotas. Los asentamientos fueron cuidadosamente diseñados para fomentar una vida social muy unida y la actividad religiosa. Un centro de reuniones se construiría en el centro de la comunidad, que se utilizó para actividades tanto religiosas como civiles, incluyendo la escuela. A partir de ahí, las comunidades se disponían en manzanas cuadradas separadas por amplias calles, al igual que se había hecho en Salt Lake City. Cada familia recibía una superficie cultivable en la ciudad para sus casas, un jardín, un pequeño huerto, un cobertizo para aves de corral y el ganado. Sin embargo, la principal siembra y cosecha de los cultivos y el pastoreo de ganado tuvieron lugar fuera del casco urbano en grandes explotaciones.

La mayoría de las comunidades tenían un número aproximadamente igual de hombres y mujeres. Las mujeres eran resistentes y muy trabajadoras, haciendo frente a insectos, roedores, serpientes, coyotes y muchos otros intrusos desagradables. Estaban encargadas de las tareas domésticas convencionales: la cocción y enlatado, el secado de la fruta, la molienda de trigo, lavado, planchado, tejer acolchados, costura, zurcido, hilado, tejido, fabricación de jabón y azúcar, la preparación para bodas y funerales, el cuidado de sus hogares, criando a los hijos, y atendiendo a todos sus deberes en la Iglesia.

Las mujeres también ayudaban en muchas tareas de orientación típicamente masculinas: construcción de viviendas, tapando y grietas en casas de adobe y leños, enyesado y pintura. Las mujeres también ayudaban a cavar zanjas de irrigación, arado, siembra, cosecha, cortar leña, apilar heno, y el pastoreo y ordeñe de vacas. Las mujeres mormonas llevaban una carga adicional de responsabilidad cuando sus maridos, hijos y hermanos eran llamados a misiones. Cuando sucedía esto, las mujeres tenían que tomar la responsabilidad principal de la granja de la familia, así como el hogar, además de la gestión de los recursos familiares lo mejor que podían. Los niños también ayudaban en muchas de estas actividades.

Algunas mujeres se dedicaban a la fabricación en el hogar, para ayudar a mantener a sus familias económicamente. Cosían, tejían, lavaban la ropa, hacían mantequilla y queso, frutos secos, tejían alfombras, y hacían zapatos, sombreros, hilos, telas, pabilos, y velas. Otros enseñaban en la escuela o eran parteras. En todas estas cosas, las hermanas cooperaban entre sí en las comunidades, ya que pocos hogares eran totalmente autosuficientes.

1848

SUPERVIVENCIA EN EL SEGUNDO AÑO

El 24 de enero de 1848, miembros del Batallón Mormón participaban en el descubrimiento de oro en California. Esto puso en marzo dea una loca carrera a California por los orientales que buscaban fortuna en las minas de oro.

Mientras tanto, al comienzo de la primavera de 1848, las provisiones en Utah eran escasas, mientras esperaban levantar sus primeras cosechas. También carecían zapatos y ropa adecuada. El sumo consejo municipal en el Valle del Lago Salado se encargaba de las raciones los Santos, alrededor de media libra de harina por día por persona. También comían cuervos, las puntas de cardos, cortezas, raíces y bulbos de lirio sego.

Priddy Meeks describió los intentos de su familia por encontrar alimentos:

> Cuando mi familia se iba por varios meses sin una buena provisión de vituallas, a veces me iba hasta un milla del Jordán a un parche de rosas silvestres para obtener bayas para comer, que volvería a comer rápidamente como un cerdo, con tallos y todo. Tiraba a halcones y cuervos y también los comía. También iba a buscar en los agujeros de la turberas para encontrar el ganado muerto y le sacaba toda la carne que podía y me la comía. Utilizábamos carne de lobo, la cual pensé que era buena.

> Hice algunas palas de madera para cavar en busca deseagoes [lirios de sego], pero no podíamos suministrar nuestros deseos.... Ojalá hubiera tenido una azada y un saco y empezar a la salida del sol, creo que unas seis millas antes de llegar a donde crecían las raíces de cardo, y el tiempo para llegar a casa donde me gustaría tener celemín y a veces más s raíces de cardo. Y los comeríamos crudos. Me gustaría cavar hasta sentirme débil y desmayado y sentarme a comer una raíz, y luego comenzar de nuevo.[3]

Lirios de Sego

El Milagro de las Gaviotas

Las heladas tardías de primavera golpearon el valle en mayo y junio de 1848. Estas fueron seguidas por una sequía, que destruyó gran parte de lo que quedaba de trigo y hortalizas. Entonces, cuando parecía que las cosas podrían ir peor, grandes enjambres de grillos descendieron de las colinas y comenzaron a devorar lo que quedaba de sus cultivos.

Todos, hombres, mujeres, y niños, se enfrentaron a los insectos con palos, escobas y palas. Intentaron quemar algunos campos para destruir a los invasores, y también excavaron trincheras de agua para atrapar y ahogar cuando intentaban cruzarlas. La lucha continuó durante unas dos semanas, pero nada era eficaz contra las hordas de insectos.

Las malas cosechas significarían un desastre seguro para los que ya estaban en el valle y no habría comida para los más de dos mil Santos que se esperaba que llegaran ese año.

Finalmente un día Sábado (de reposo), mientras que los Santos estaban en el culto y orando por alivio, gaviotas del Gran lago Salado descendieron sobre el campo y comenzaron a devorar los grillos. Este no fue un fenómeno temporario. Las gaviotas continuaron su trabajo durante más de dos semanas, y los grillos fueron eliminados de manera efectiva. Muchos de los cultivos de los Santos se salvaron. En honor a este milagro, la gaviota es honrada hoy como el pájaro del estado de Utah, y un monumento al milagro se encuentra en la plaza del templo en Salt Lake City.

Los cultivos restantes maduraron durante el verano de 1848 y el 10 de agosto, los Santos celebraron un banquete por la cosecha. El élder Parley Pratt dijo: "Las grandes gavillas de trigo, centeno, cebada, avena y otras producciones fueron izadas en los postes para exposición pública, y hubo oración y acción de gracias, felicitaciones, canciones, discursos, música, baile, rostros sonrientes y corazones alegres. En resumen, fue un gran día para la gente de estos valles, y mucho tiempo para recordarlo por aquellos que habían sufrido y esperado con ansiedad los resultados de un primer esfuerzo para rescatar los desiertos interiores de América, y para hacer que sus hasta ahora desconocidas soledades 'florecieran como la rosa.'"[4]

ORGANIZACIÓN DEL TERRITORIO DE UTAH

Con la llegada de muchos más Santos en el otoño de 1848, gobierno cívico pasó del sumo consejo municipal a un Consejo general de Cincuenta, presidido por la Primera Presidencia. Dado que todos los residentes eran Santos de los Últimos Días, no había separación de iglesia y estado en ese momento. Este gobierno temporario continuó hasta diseñar la ciudad en expansión, asignando lotes a cualquiera que quisiera y pudiera aceptar una mayordomía para el cuidado de su propiedad. La ciudad fue dividida en diecinueve "barrios" cada uno de nueve manzanas de tamaño. Se colocaron obispos sobre cada barrio y, bajo su supervisión, se construyeron cercas y zanjas, y se plantaron árboles a lo largo de los bancos de la zanja.

El president Brigham Young no creía que la tierra y los recursos debe ser monopolizado por los primeros colonos. Él buscaba garantizar que la tierra se utilizara de manera productiva y justa por todos los que se congregaran en Sion, y siempre por el bien de la comunidad. No había propiedad privada de los recursos naturales como el agua y la madera. Los Santos construyeron sistemas de riego y caminos comunes a los cañones, de donde se podía obtener madera. Las familias recibieron derechos del uso del agua y la madera en proporción al trabajo que ponían en construcción y mantenimiento de estos sistemas públicos.

Otras obras públicas incluían la construcción de un muro alrededor de la manzana del templo, una casa de diezmo, la Casa del Consejo (utilizada para las reuniones públicas y políticas), un pequeño edificio de oficinas de la iglesia de adobe, una casa de baños públicos en los manantiales calientes justo al norte de la ciudad, un arsenal y una enramada en la Manzana del Templo (el "Tabernáculo" original) para ser utilizado como un lugar de encuentro. También construyeron una curtiduría, molinos de granos, aserraderos, y una fundición de metal.

Al principio, todo el comercio se realizaba por medio del trueque, el intercambio de bienes y servicios por otros bienes y servicios. El dinero como medio de cambio no apareció hasta después que miles de dólares en el polvo de oro fueran traídos de California por miembros del Batallón Mormón. El polvo de oro fue acuñado en monedas, a partir de septiembre de 1849, y el papel moneda también se imprimió en base al suministro de oro de la Iglesia.

Volviendo a la Unión

Los Santos habían llegado a la gran cuenca para escapar de la persecución de ciudadanos de los Estados Unidos que no les concederían la libertad religiosa y los habían perseguido, expulsados, y asesinado en varias ubicaciones. Ellos eligieron a propósito el territorio de la Alta California ya que no estaba en los Estados Unidos en ese momento; pertenecía a México. Sin embargo, después de la guerra entre México y la firma del Tratado de Guadalupe Hidalgo el 2 de febrero de 1848, los Estados Unidos adquirieron la totalidad del territorio de California, Nevada, Utah, la mayor parte de Nueva México y Arizona, y partes de Wyoming y Colorado. Por lo tanto, los Santos se encontraron de nuevo viviendo en el territorio de los Estados Unidos.

Solicitud de Condición de Estado

Ante esta nueva realidad, los líderes de la iglesia comenzaron a planificar en 1848 negociar con el gobierno de los Estados Unidos, ya sea para condición de estado o el status territorial. En marzo de 1849 se llevó a cabo una elección para ratificar a las autoridades para el territorio propuesto, y para principios de mayo una petición de veintidós pies de largo conteniendo 2270 firmas estaba en camino a Washington, DC.

El territorio propuesto incluía la totalidad de lo que hoy es Utah y Nevada, porciones de Arizona, Nueva México, Colorado, Wyoming y Oregón, y un tercio de California, incluyendo una estrecha franja en la costa del Pacífico tomando la ciudad portuaria de San Diego.

Un año antes, a petición de El president Brigham Young, Thomas L. Kane había estado en Washington y había hablado con el presidente James K. Polk y otros altos funcionarios acerca de un gobierno territorial de Deseret. Encontró poca simpatía por los mormones en Washington y, por tanto, recomendó que Deseret solicitara la condición de estado en lugar de convertirse en un territorio.

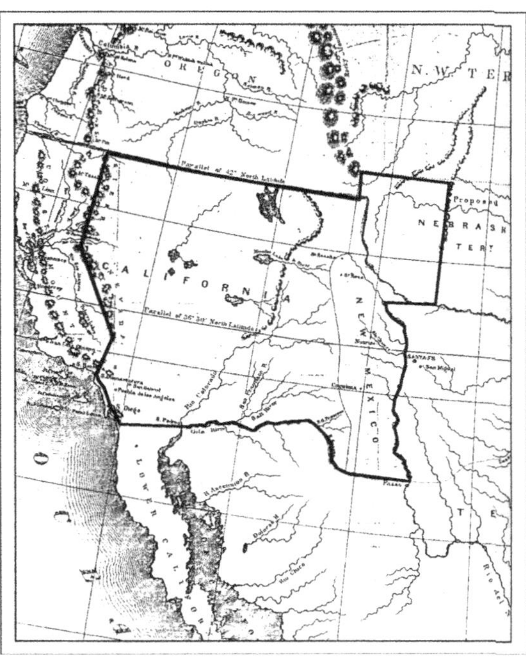

Primer mapa del Estado de Deseret propuesto

Funcionarios de la Iglesia en Salt Lake City también habían llegado a la conclusión que también debían dirigir su capacidad de presión a convertirse en un estado, y elaboraron una constitución formal para el Estado de Deseret, con los funcionarios necesarios electos. Almon W. Babbitt fue seleccionado como delegado al Congreso, y se fue en julio con un borrador de la constitución.

Por desgracia, no se le dio una seria consideración a la solicitud de Deseret para la estadidad, debido a la preocupación del Congreso en las discusiones entre los estados del norte y del sur sobre el tema de la esclavitud.

"Aquí Nos Vamos a Quedar"

En contraste con el suave invierno anterior, el invierno de 1848 a 1849 fue severo. Nevó en gran medida y, con frecuencia, con la nieve permaneciendo en el suelo durante todo el invierno. Esto hizo que fuera dificultoso para que el ganado se alimentar y para la gente recoger leña de los cañones. Hacía mucho frío, con fuertes vientos de invierno con frecuencia haciendo la vida imposible. La comida empezó a escasear de nuevo, y el pueblo comía lobos, halcones, cuervos, perros, e incluso las carcasas de los animales que habían muerto hacía un tiempo. El Consejo estableció el racionamiento voluntario, basado en un sistema de almacén comunitario gestionado por los obispos. Se les pidió a los que tenían excedentes de alimentos donarlos a la bodega de manera que pudiera ser compartida con los necesitados.

Debido a la dureza del invierno y otra magra cosecha, algunos Santos se volvieron descontentos con la Gran Cuenca. La "Fiebre de California" provocó que algunos colonos cargaran sus carros y se prepararan para irse en primavera. Los Santos estaban en la pobreza y desanimados, con las cosas apareciendo muy sombrías. En medio de este desánimo, "Heber Kimball profetizó que las mercancías se vendenderían tan baratas en Salt Lake City como en Nueva York. Después se sentó, le dijo a El president Brigham Young, 'Bueno, Hermano Brigham, lo he hecho ahora.' El Hermano Brigham dijo: 'No importa, Heber, deja que se vayan' No lo hicieron, ni uno solo, créanlo de. Después que levantó la sesión, el Apóstol Charles C. Rich, me han dicho, se acercó a Heber C. Kimball, y él dijo:'. Heber, no creo una palabra de lo que has dicho Heber dijo: Yo tampoco… pero Dios ha habaldo. "Poco tiempo después, la profecía se cumplió literalmente."[5]

Heber C. Kimball

El president Brigham Young dijo a los Santos en ese momento:

> Dios ha designado este lugar para la congregación de Sus Santos, y lo harán mejor aquí de lo que lo harán yendo a las minas de oro…. Hemos sido pateados de la sartén al fuego, del fuego al piso, y aquí estamos y aquí nos vamos a quedar…. Cuando los Santos se reúnan aquí y lo sean lo suficientemente fuertes como para poseer la tierra, Dios va a moderar el clima, y vamos a construir una ciudad y un templo al Dios Más Alto en este lugar. Vamos a ampliar nuestros asentamientos al este y al oeste, al norte y al sur, y vamos a construir pueblos y ciudades con los cientos y miles de Santos que se congregarán desde las naciones de la tierra.
>
> … Tenemos el mejor clima, la mejor agua, y el aire más puro que se puede encontrar en la tierra; no hay clima más saludable en ningún lugar. En cuanto al oro y la plata, y los ricos minerales de la tierra, no hay ningún otro país que sea igual a este; pero dejémoslos solos; dejad que otros los buscan, y vamos a cultivar la tierra.[6]

Aunque algunos todavía partieron para California, la mayoría de los Santos creyeron en la palabra de Brigham, se quedaron en el valle, y plantaron sus semillas. El Señor atemperó los elementos, y disfrutaron de una generosa cosecha—suficiente para alimentar a todos los 5000 Santos todavía en el valle y a 1400 más que llegaron en el verano de 1849.

También se cumplió la profecía de Heber C. Kimball. Cerca de 15000 buscadores de oro pasaron a través de Salt Lake City, entre 1849–1850, corriendo tras los campos de oro de California. Partidas con carros vacíos fueron enviadas al este de Salt Lake para recoger objetos valiosos desechados a lo largo del sendero por algunos que habían aligerado su carga para que pudieran moverse más rápido hacia el oro en California. John D. Lee, que había pasado varios días en busca de una cocina para su familia, finalmente, "encontró una de su gusto, una hermosa Premium Range Nº 3, que habría costado más de cincuenta dólares comprarla. En el camino de regreso la comenzó a cargar con polvo y plomo, utensilios de cocina, tabaco, clavos, herramientas, tocino, café, azúcar, baúles de prendas de vestir, hachas, y un arnés."[7]

También a lo largo del sendero al oeste, los Santos establecieron transbordadores en el cruce superior del Platte Norte, y en los ríos Verde y Oso. Cuando los buscadores de oro llegaron a Salt Lake City, algunos de sus carros recitaban servicios o y re-equipamiento, que proporcionaron empleo a herreros, carreteros mormones y más. También, los comerciantes que transportaban mercancías para vender en California cuando llegaron a Salt Lake City se dieron cuenta que, alimentos, ropa, implementos y herramientas enviadas por barco ya habían llegado al mercado. Ellos vendieron sus mercancías a los Santos a precios devaluados en lugar de seguir para transportarlas a California.

EMIGRACIÓN, EPÍSTOLAS, Y EDUCACIÓN

Difundir el Evangelio Alrededor de la Tierra

En febrero de 1849, la Primera Presidencia llenó cuatro vacantes en el Quórum de los Doce, que habían sido creadas por la formación de la Primera Presidencia y la apostasía de Lyman Wight. Charles C. Rich, El president Lorenzo Snow, Erastus Snow, y Franklin D. Richards fueron llamados para servir como Apóstoles.

Charles C. Rich

Lorenzo Snow

Erastus Snow

Franklin D. Richards

Muchos de los Doce fueron designados para llevar el mensaje del evangelio a las naciones de la tierra, acompañados de misioneros que sirvieron bajo su dirección. El alcance y la diversidad de estas misiones es impresionante, incluso para los estándares modernos. El Evangelio fue llevado literalmente a cada rincón de la tierra.

Inglaterra. Franklin D. Richards fue llamado a servir en una misión en Inglaterra, en octubre de 1849. oficialmente reemplazó a Orson Pratt como presidente de misión en Inglaterra el 1 de enero 1851.

La Perla de Gran Precio. Tanto Orson Pratt como Franklin D. Richards publicaron numerosos tratados durante su servicio en Inglaterra, que en gran medida ayudaron al esfuerzo misionero. La publicación más importante, sin embargo, fue una compilación de varias revelaciones y libros de Escrituras traducidas por el Profeta José Smith, que los Santos ingleses no habían visto anteriormente. El élder Richards llamó esta nueva compilación la Perla de Gran Precio. Publicada por primera vez en 1851, se convirtió en la base para un libro de escrituras del mismo nombre que fue aceptado como un estándar de trabajo de la Iglesia en 1880.

Francia y Alemania. El president John Taylor inició y supervisó la primera actividad misionera en Francia en 1849 y en Alemania en 1850. Publicó el Libro de Mormón en francés y alemán, y estableció una rama de la Iglesia en Hamburgo, Alemania.

Italia, Malta, y la India. El president Lorenzo Snow llevó el Evangelio a Italia, llegando a la región de Piamonte, en junio de 1850. Dispuso la traducción del Libro de Mormón al italiano y también envió los primeros misioneros a Malta y la India.

Suiza. El élder T. B. H. Stenhouse intrudujo el Evangelio en Suiza en diciembre de 1850. En febrero de 1851, El president Lorenzo Snow dedicó a Suiza para la predicación del Evangelio. El trabajo progresó lentamente pero de manera constante durante la década de 1850, pero con el tiempo Suiza se convirtió en la tercera misión más productiva de la Iglesia en Europa después de Inglaterra y Dinamarca.

Dinamarca, Noruega, Suecia e Islandia. Erastus Snow llevó el evangelio a Dinamarca, que tenía fuertes garantías constitucionales de libertad religiosa. Llegó en 1850 y tuvo un éxito casi inmediato. Apartó a 150 misioneros nativos, que a su vez llevaron el mensaje del evangelio a Noruega, Suecia e Islandia. Escandinavia contribuyó con miles de Santos a la congregación de Sión durante los siguientes cincuenta años.

<u>China, Australia y Nueva Zelanda</u>. Parley Pratt fue asignado para dirigir la Misión en el Pacífico y envió misioneros a China, Hawai, Australia y Nueva Zelanda. En 1851 se fue a Chile, pero una revolución impidió que tuviera mucho éxito. Uno de sus hijos murió y fue enterrado en esa tierra. Oseas Stout fue enviado a China, pero la Rebelión de el Tai-ping impidió que tuviera mucho éxito allí. Los misioneros enviados a Australia y Nueva Zelanda tuvieron cierto éxito, y algunos inmigrantes de esas tierras llegaron a Salt Lake City en la década de 1850.

<u>Hawai</u>. La Misión a Hawai disfrutó del mayor éxito en la región del Pacífico. George Q. Cannon abrió la misión en 1850 y tuvo la impresión de llevar el Evangelio a los isleños nativos en lugar de sólo a los europeos y americanos que vivían allí. Aprendió y enseñó en la lengua hawaiana, facilitando mucho la eficacia de la labor allí. Los misioneros finalmente encontraron a miles listos para aceptar el Evangelio.

El presidente Spencer W. Kimball dijo:

> Cuando leo la historia de la Iglesia, estoy sorprendido por la audacia de los primeros hermanos en su salida hacia el mundo. Parecían encontrar un camino. Incluso en la persecución y la dificultad, fueron y abrieron puertas que evidentemente cedieron en sus bisagras y muchas de ellas cerraron. Recuerdo que estos hombres valientes estaban enseñando el Evangelio en tierras de los indios aun antes que se organizara totalmente la Iglesia. Ya en 1837 los Doce estaban en Inglaterra luchando contra Satanás, en Tahití en 1844, en Australia en 1851, en Islandia en 1853, en Italia en 1850, y también en Suiza, Alemania, Tonga, Turquía, México, Japón, Checoslovaquia, China, Samoa, Nueva Zelanda , América del Sur, Francia y Hawai en 1850…. Gran parte de este temprano proselitismo fue hecho al momento en que los líderes estaban subiendo las Montañas Rocosas y plantando céspeD. y C.omenzando sus hogares. Es la fe y la súper fe.[8]

El Estado Provisional de Deseret

En marzo de 1849, el Consejo de los Cincuenta estableció formalmente un Estado provisional de Deseret con El president Brigham Young como gobernador, Willard Richards como secretario de Estado, Heber C. Kimball como presidente del Tribunal Supremo, Newel K. Whitney y El president John Taylor como jueces asociados, y Daniel H. Wells sirvió como fiscal general. Los miembros de la "legislatura estatal" fueron seleccionados por El president Brigham Young y ratificados por los votantes. Este gobierno temporario funcionó bien hasta que el Congreso de los Estados Unidos estableció formalmente el territorio de Utah en septiembre de 1850.

La Primera Epístola Universal

Entre 1849 y 1856, catorce "Epístolas Generales" fueron emitidas por la Primera Presidencia. Estas epístolas informaban a los Santos "dispersos" de la evolución de la Iglesia (principalmente en el territorio de Utah)—los acontecimientos históricos y los acontecimientos actuales que habían transcurrido desde la epístola anterior. También dieron a "dicho consejo" como indicaba el Espíritu Santo. Ellos proporcionan un excelente comentario sobre el progreso de la Iglesia en aquellos años.

La Primer Epístola General fue escrita el 4 de abril de 1849. Entre otras cosas, decía: "Han ocurrido muchos interesantes eventos, en su naturaleza como perteneciente al avance de la Iglesia en preparación para la venida del Hijo del Hombre; y nosotros con regocijo [incluimos] esto, la primera oportunidad de comunicaros una breve historia de estos eventos, junto con el consejo como lo indicará el Espíritu Santo."[9]

<h1 style="text-align:center">El Fondo Perpetuo para la Emigración</h1>

Durante la temprana exploración y colonización del estado de Deseret, la Primera Presidencia desarrolló planes para reunir a los restantes 10000 Santos, la mayoría de los cuales eran bastante pobres, de los campamentos de Iowa cerca del río Misuri, centenares aun en ramas esparcidas por los estados del este y los 30000 miembros de la Iglesia en Inglaterra.

En el otoño de 1849 los Hermanos pusieron en marzo dea el Fondo Perpetuo para la Emigración. Su propósito era solicitar contribuciones en Deseret y utilizar esos fondos para equipar a los Santos que aún no había sido capaz de reunirse. Después, cuando los inmigrantes llegaran al valle, se esperaba que trabajaran en las obras públicas o pagaran su deuda, haciendo de ello un fondo "perpetuo." Ellos reunieron $ 6000 el primer otoño, y el obispo Edward Hunter fue nombrado como representante para ir a Iowa y comprar carros, animales de granja, y las provisiones para equipar a los Santos para que pudieran congregarse en Sión. Alrededor de 2500 personas emigraron a Deseret en 1850 y otras 2500 en 1851, dejando todavía en Iowa aproximadamente a 8000 Santos.

Durante ese período, la mayoría de los Santos vendieron sus tierras y mejoras en Iowa y emigraron a Utah. Veintiún compañías, con un promedio de más de 60 carros cada una, emigraron a la Gran Cuenca en 1852. Sólo un fuerza de esqueleto se dejó en el río Misuri para ayudar a los futuros emigrantes.

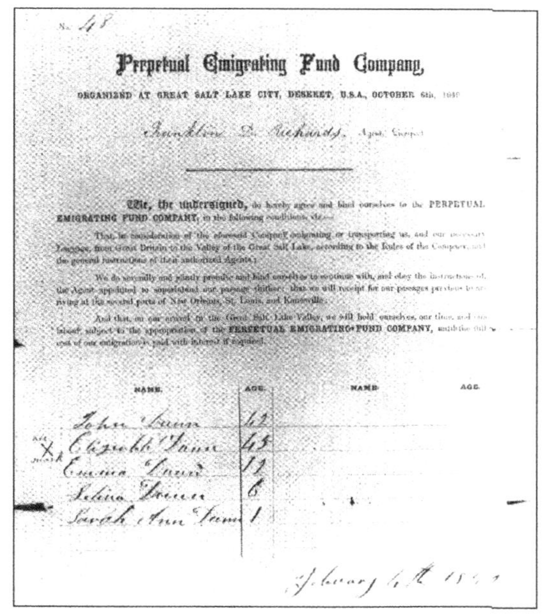

Contrato perpetuo del Fondo Emigrante

Asentamientos Adicionales

<u>Condados de Davis y Weber</u>. A mediados de 1848, se habían asentado una serie de pequeños pueblos que eventualmente se convirtieron en los condados de Davis y Weber al norte de Salt Lake City. Uno de ellos, Brownsville, llamado así en honor de James Brown, se convirtió en la segunda ciudad de Utah. La ciudad fue más tarde renombrada Ogden en honor a Peter Skeen Ogden, un cazador de pieles. Allí, los colonos plantaron con éxito trigo, maíz, repollo, nabos, patatas, y sandías con semillas traídas de California. También mantenían 25 vacas de leche y fueron los primeros mormones en producir queso, el cual ayudó a los Santos de sobrevivir la hambruna en 1848–1849.

<u>Fuerte Utah en el río Provo</u>. El atractivo y fértil valle inmediatamente al sur del valle de Salt Lake fue nombrado Valle de Utah por los indios Ute que vivían allí. Debido a sus amplias praderas, los líderes de la Iglesia propusieron por primera vez de usarlas como un rancho de ganado. El gran lago Utah también constituía una atractiva fuente de peces de agua dulce para los Santos de Salt Lake. Sin embargo, los problemas potenciales con los indios hizo que en cambio establecieran un asentamiento fortificado. El 1 de abril de 1849 treinta y tres familias,—unas 150 personas, llegaron al río Provo alrededor de 1 ½ millas al este del Lago Utah y construyeron el Fuerte de Utah (posteriormente llamado Fuerte Provo por un primer trampero francés), y comenzaron a cultivar las ricas tierras del fondo del río. Sin embargo, en septiembre de 1849, El president Brigham Young visitó el fuerte y recomendó que la ciudad se trasladara a un terreno más alto al este.

<u>Otras Comunidades del Valle de Utah</u> también se establecieron, incluyendo Lehi, Alpine, American Fork, Pleasant Grove, Springville, Spanish Fork, Salem, Santaquin, y Payson. Estos asentamientos se encuentran al lado de cada cadena de montañas y situados de tal forma que las granjas periféricas y ejidos de cada

comunidad bordearían la siguiente comunidad, consistente con el patrón para las ciudades de Sion revelado por José Smith. Tal separación también preveía lugares cercanos de refugio si algún asentamiento se encontrara en peligro.

Valle de Tooele. El valle inmediatamente al oeste del valle de Salt Lake también fue colonizada en 1849. Sentado en el otro lado de las montañas que bordeaban el valle de Salt Lake en el oeste, que disfrutó muy cerca de Salt Lake, sino también un sentido de independencia y por sus granjas comunidades establecidas a lo largo de los arroyos de montaña en esa zona.

Valle de Sanpete y Manti. En noviembre de 1849, Isaac Morley llevó a 225 colonos del Valle de Sanpete, alrededor de 100 millas al sur y al este de Salt Lake City. Pasaron un invierno frío y difícil en refugios en la colina donde el Templo de Manti se construyera más tarde. Al año siguiente El élder Morley y sus asociados establecieron relaciones amistosas con el jefe de los Ute Wakara y su gente, que habían invitado a los colonos a establecerse cerca de ellos. Algunos de mis propios antepasados—los Bartons y, finalmente, los Drapers— estuvieron entre los que se establecieron en esa zona. Ellos experimentaron algunas estaciones de gran peligro y malas cosechas, pero con el tiempo establecieron una próspera comunidad grande y lo suficientemente fuerte como para justificar que se construyera un templo en ese lugar.

Valle de Juab, Nefi, y Levan. Parley Pratt formó una partida de exploración de 50 hombres el 23 de noviembre de 1849, con el fin de elegir los lugares para las colonias adicionales al sur del valle de Salt Lake. Visitaron el asentamiento en Provo, y luego continuaron hacia el sur por el condado de Juab y luego hacia el este a través de las montañas al valle de Sanpete. En el distrito de Juab, se estableció la ciudad de Nefi, mi hogar de la infancia, en la boca del cañón a través del cual los viajeros tenían que pasar en su camino hacia Manti. Esta preciosa pequeña ciudad se asentó a los pies del Monte Nebo, el pico más alto del Rancho Wasatch. A unas pocas millas al sur de Nefi se estableció la pequeña comunidad de Levan, llamada así porque es la palabra "ombligo" en inglés "navel" al revés, aproximadamente en el centro del estado de Utah. Mi padre, mi abuelo, y muchos tíos operaban un pequeño rancho en las tierras de cultivo al sur de Levan.

Dixie de Utah. El 10 de diciembre de 1849, estando en el río Sevier, a 200 millas al sur de Salt Lake City, el termómetro de la compañía de Parley Pratt registró 23 grados Fahrenheit bajo cero, típica para el invierno en los valles de las montañas del centro de Utah en ese momento. Pero después de viajar a 100 millas más lejos, su partida cruzó el borde de la Gran Cuenca y cayeron en lo que luego sería conocido como Dixie de Utah. Cuando hicieron esto, se dieron cuenta de un marcado cambio en el clima y la topografía, temperaturas mucho más cálidas y hermosas formaciones de piedra roja. Para el Día de Año Nuevo 1850 habían llegado al lugar actual de St. George. El nombre de "Dixie" vino del hecho de que el clima en esta zona permitía el cultivo de algodón, y muchos Santos del sur fueron enviados allí para plantar y cosechar este cultivo vital.

Fillmore y el "Campamento Resurrección." Los indios de la zona de Dixie le dijeron a Pratt que el territorio al sur de allí era muy solitario, por lo que decidieron regresar al norte. Volviendo a través de Mountain Meadows y el Valle Pahvant, tuvieron que parar en Chalk Creek (ahora Fillmore), debido a las fuertes nevadas. Sólo había suficientes suministros para que pasara el invierno la mitad de la compañía, por lo que decidieron que la mitad de la compañía siguiera a Provo. La otra mitad se quedó en Chalk Creek hasta la primavera. Pratt registró que en una noche, en la que el campamento se movía hacia el norte, quedó enterrado por completo por la nieve. Cuando Pratt se levantó a la mañana siguiente, le gritó a sus compañeros dormidos. "Alcé mi voz como una trompeta, y les ordené que se levantaran; cuando de repente se produjo una sacudida entre los montones de nieve, ¡se abrieron los sepulcros, y todos salieron! Lo llamamos Campamento Resurrección."[10]

Un acontecimiento más de importancia duradera ocurrió el 9 de diciembre de 1849, cuando la escuela dominical fue organizada oficialmente por Richard Ballantyne en Salt Lake City.

1850

Congregándose de Ultramar

En aquellos días el objetivo de la Iglesia era reunir a todos los miembros en Occidente. La obra misionera fue tan exitosa por primera vez en Gran Bretaña y luego en varias partes del continente europeo, que a principios de la década de 1850 los miembros de la Iglesia allí superaban en número a los de Utah, por ejemplo, 30.47 Santos de los Últimos Días en las Islas Británicas en 1850 y solamente 11380 en Utah. Como el éxito misionero continuaba, se convirtió en una enorme tarea el organizar la emigración de tantas personas, sobre todo porque la mayoría eran muy pobres. Por lo tanto, el Fondo Perpetuo para la Emigración fue llamado para ayudarlos a congregarse en Sion.

Los líderes de la Iglesia animaban a los amigos y familiares a contribuir en efectivo o con artículos que podrían ser convertidos en dinero en efectivo, a la oficina del Fondo Perpetuo para la Emigración en Salt Lake City. Después, los agentes del fondo en el extranjero podrían utilizar los fondos para traer a las personas nombradas en la donación a Sion. La mayoría de los inmigrantes tenían por lo menos algunos recursos propios, y su necesidad de fondos del FPE fue sólo parcial. Pero aumentó considerablemente el número de emigrantes.

Originalmente, los emigrantes de Gran Bretaña zarparon de Liverpool a Nueva Orleans, y luego hasta el río Mississippi a San Luis. A partir de allí, viajaron por el río Misuri hasta un puesto de aprovisionamiento, donde se prepararon para el viaje por tierra final a Utah. En 1855 la ruta Nueva Orleans—Río Mississippi fue abandonada por razones de salud a favor de la entrada a los Estados Unidos por Filadelfia, Nueva York, o Boston. A partir de allí, los inmigrantes viajaron por ferrocarril a San Luis o de otro puesto de aprovisionamiento para la caminata por tierra a Salt Lake City. Por cualquiera de los caminos, todo el viaje por lo general requería de ocho a nueve meses.

El *Deseret News* (*Noticias de Deseret*)

Un hito importante se produjo el 15 de junio de 1850, cuando el Deseret News (Noticias de Deseret) comenzó a publicarse en Salt Lake City. El nombre del periódico refleja la idea de que sería la "voz" del Estado de Deseret entonces propuesto. En su forma original era un periódico semanal. Se convirtió en semi—semanal en octubre de 1865, cuando se hizo conocida como Noticias de la Noche de Deseret. Hoy en día se sigue publicando como un periódico matutino todos los días bajo el nombre Deseret Morning News (Noticias de ma Mañana de Deseret). Es el periódico más antiguo de Utah que se ha venido publicando continuamente.

Se Crea el Territorio de Utah

El 9 de septiembre de 1850, el Territorio de Utah fue creado oficialmente cuando el presidente Millard Fillmore firmó un proyecto de ley aprobado por el Congreso y nombró al presidente El president Brigham Young como su gobernador. Este proyecto de ley, el Acuerdo de 1850, admitía a California como estado libre de la Unión y se designó a Utah y Nueva México como territorios con derecho a decidir por votación popular si a la larga serían estados esclavos o libres.

Este compromiso fue posible después que el senador Stephen A. Douglas, de Illinois, se había hecho amigo de José Smith y los Santos en Nauvoo y fuera presidente del comité del Senado sobre los territorios, se reunió con el agente de la Iglesia El doctor Bernhisel y se comprometió a ayudarlo a llevar la petición a través de la proceso legislativo. Douglas solicitó estatus territorial en lugar de la condición de Estado, para apaciguar a los legisladores del Sur, que no aceptaría más senadores de los estados "libres." También cambió el nombre de Deseret por Utah (por los indios Ute) para apaciguar al senador Thomas Benton, de Misuri, quien pensaba que Deseret sonaba demasiado parecido a desierto.

La educación siguió siendo una prioridad entre los Santos. Durante el primer invierno en Salt Lake City, una sola clase de la escuela para niños se enseñaba en una tienda de campaña. Los Los líderes de la iglesia después ordenaron que en cada sala en la Iglesia se estableciera una escuela, haciendo de la educación primaria en gran medida un fenómeno de barrio. Los hijos del presidente Young y algunos otros de la vecindad inmediata asistieron a la escuela de El president Brigham Young, situada al este de la Casa de la Colmena. Los estudios universitarios se hicieron posibles cuando se creó la Universidad de Deseret (más tarde la Universidad de Utah) por la legislatura del estado provisional de Deseret en 1850.

Drama, las artes y la cultura también fueron importantes entre los Santos. En 1850 se organizó la Asociación dramática de Deseret para preparar y llevar a cabo varias obras de teatro al año. Al igual que con la educación, la vida social se centraba alrededor de cada barrio, cada uno de los cuales patrocinaba reuniones sociales regulares, bailes, dramas y clubes que estimularon a la cultura y el arte.

Las asociaciones empresariales y profesionales también se desarrollaron en la década de 1850, incluyendo entre otras la Sociedad Agrícola y de Manufacturas de Deseret, la Asociación Teológica Deseret, y la Sociedad Hortícola.

*1853-54 Deseret Alfabeto
Basado en la fonética*

1851–1855

<u>Parowan</u>. En 1851, se establecieron las primeras comunidades en el Condado de Iron al sur de Utah. El primero de ellos fue Parowan. El 13 de enero de 1851, el Apóstol mormón George A. Smith y un grupo de 120 hombres, 30 mujeres y 18 niños llegaron a Center Creek. Establecieron el Fuerte Louisa, que más tarde fue llamado Parowan (un nombre indio Piute que significa "agua mala" debido al cercano Little Salt Lake, Pequeño Lago Salado).

<u>Cedar City y la Misión de Hierro</u>. Algunos colonos de Parowan más adelante se asentaron enCedar City, que se convirtió en la sede de la "misión de hierro." Llegaron el 11 de noviembre de 1851, y se instalaron en un sitio cerca de Coal Creek como un lugar ideal para algunos trabajos en hierro, convenientemente situado entre los depósitos de hierro al oeste, los depósitos de carbón y la madera hacia el este, y el agua. Originalmente llamado Little Muddy, a luego, Coal Creek, Cedar City fue llamado por los árboles cedro (en realidad enebro) de la zona. Originalmente se establecieron en el lado norte de la ciudad actual, moviendo su ubicación dos veces antes de su ubicación actual. Los asentamientos en esta zona fueron llamados la "Misión de Hierro" porque sus colonos fueron llamados por los líderes de la Iglesia para producir hierro para el crecimiento de la población mormona en el Estado de Deseret.

<u>San Bernardino</u>. En el sur de California, San Bernardino fue fundada en el verano de 1851 por los colonos bajo la dirección de David Seely, Jefferson Hunt, y Andrew Lytle, que estuvieron acompañados por los Apóstoles Amasa M. Lyman y Charles C. Rich. La comunidad fue diseñada para ser una base para la recepción y almacenamiento de los suministros de los Santos después de su llegada a cualquier puerto del Pacífico cercano. Esta colonia creció hasta tener 7000 habitantes en 1857.

Los "Funcionarios Fugitivos" Dejan Utah

Los "funcionarios fugitivos" eran un grupo de tres agentes federales, el juez Perry Brocchus, el juez Lemuel Brandenbury, y el secretario territorial Broughton Harris, que fueron nombrados en sus posiciones en el territorio de Utah por el presidente Millard Fillmore en 1851. Llegaron a Utah en el verano de ese año, y aunque fueron recibidos cordialmente, pronto entraron en conflicto con los Santos de los Últimos Días. El enfrentamiento se centró en el matrimonio plural, que esos funcionarios vocalmente y públicamente denigraban, y también por sus desacuerdos sobre la administración territorial con el gobernador El president Brigham Young.

En septiembre de 1851, estos "funcionarios" fugitivos abandonaron el territorio de Utah para ir hacia el Este y sus posiciones quedaron vacías durante los siguientes dos años. Este fue el primero de una serie de desacuerdos entre los mormones y el gobierno de los Estados Unidos que finalmente dieron lugar a la Guerra de Utah de 1857 a 1858. Vamos a discutir esos desarrollos en el capítulo siguiente.

Establecimiento de la Capital de Utah

Durante este periodo, el negocio territorial continuó. En honor del presidente Millard Fillmore, que había firmado el proyecto de ley creando el territorio, la legislatura de Utah creó el Condado de Millard, e hizo de la comunidad de Fillmore el asiento del condado. Luego, en octubre de 1851 Fillmore fue designada como la capital territorial. Esto tiene sentido ya que estaba más o menos en el centro del estado, con el mismo tiempo de viaje requerido del norte, sur y este. El edificio del capitolio, diseñado por Truman O. Angell, se inició en diciembre de 1851, pero teniendo en cuenta las dificultades que pronto habrían de surgir, sólo se completaría el ala sur, y esto no se logró hasta marzo de 1857.

1852

El antiguo Tabernáculo fue dedicado el 6 de abril de 1852, por el presidente Willard Richards. Era el sitio de conferencias generales, celebradas cada seis meses, para asistir a las cuales algunos Santos viajaban cientos de millas. También fue utilizada para los servicios regulares del domingo atendidos por El president Brigham Young y otros líderes de la Iglesia.

Las conferencias eran un tiempo de reunión y socialización con los amigos que se habían asentado en el resto del territorio, así como para alimento espiritual de los líderes de la Iglesia. Los sermones pronunciados en las conferencias y las reuniones del domingo se registraban en el diario oficial de la Iglesia, el Deseret News, y muchos de ellos, a partir de 1854, fueron compilados anualmente en Inglaterra en el multi-volumen *Diario de Discursos*.

En cada asentamiento se construyeron casas de diezmo y almacenes del obispo como parte del programa de El president Brigham Young de autosuficiencia de los Santos. Estos edificios fueron las fuentes de suministro para la mayoría de los bienes necesarios para los Santos, no sólo para los necesitados. El diezmo se hizo de varias formas. Muchas personas donaban un día de trabajo de cada diez para diversos proyectos de la Iglesia. Sin embargo, la mayor parte del diezmo, se pagaba "en especies." Los agricultores traían a la casa del diezmo local, animales, huevos y productos para el hogar fabricados en el hogar. Cerca de 2/3 de estas donaciones eran enviadas a la oficina general del diezmo en Salt Lake City para las necesidades generales de la Iglesia. El otro tercio se utilizaba para ayudar a los necesitados en el área local.

Edificio Cooperativo de Brigham City, 1856

Cada asentamiento tenía al menos una sala, que era presidida por un obispo. El obispo supervisaba las actividades temporales y espirituales de la comunidad.Los servicios religiosos dominicales semanales ofrecían predicación tradicional por los líderes de la Iglesia. Las reuniones de ayuno se llevaban a cabo un jueves de cada mes, y se les pedía a los miembros que contribuyera con dinero o comida que habían ahorrado por el ayuno. La manzana de la enseñanza fue inaugurada durante este período, realizada por los titulares del sacerdocio Aarónico y de Melquisedec en el espíritu de su asignación en la sección 20 de la Doctrina y Convenios "visitad la casa de cada miembro" y exhortadlos a la justicia.

Tabernáculo de San Jorge, 1863

Ese mismo año, El president Lorenzo Snow organizó la Sociedad Polisófica para animar a las personas de todas las edades a seguir estudiando y aprendiendo y a desarrollarse en todos los campos del pensamiento y toda buena obra. Él creó la palabra "polysofica" cuando no podía pensar en un título adecuado para la organización. "La sociedad se reunía semanalmente en la casa de Lorenzo, donde los miembros eran invitados a una tarifa de amplio alcance intelectual que incluía comentarios sobre temas científicos y filosóficos intercalados con selecciones de música instrumental y vocal, lecturas, poemas y ensayos. Tampoco era raro que parte de los programas se presentarán en idiomas distintos del Inglés."[11]

El Anuncio del Matrimonio Plural

El 29 de agosto de 1852, el matrimonio plural fue anunciado públicamente por primera vez. Esta práctica, común en todo el mundo durante siglos, era rechazado con vehemencia por la América "iluminada." Se había practicado de forma privada entre algunos miembros de la Iglesia durante unos nueve años, pero nunca fue reconocida públicamente hasta 1852. Aun así, había sido conocida por muchos, tanto dentro como fuera de la Iglesia, en Nauvoo, y fue una de las causas principales de las violentas reacciones que condujeron al martirio de José y Hyrum Smith en junio de 1844.

Un comunicado oficial de la Iglesia en relación con la poligamia, que hoy puede encontrarse en Internet, explica estos desarrollos de la siguiente manera:

> Una vez que los Santos dejaron Nauvoo, el matrimonio plural se practicó abiertamente. En Winter Quarters, por ejemplo, la discusión del principio era un "secreto a voces" y las familias plurales fueron reconocidas. Ya en 1847, los visitantes de Utah se referían a la práctica. Aun así, algunos nuevos matrimonios plurales fueron autorizados en Utah antes de la finalización de la casa de Dotación en Salt Lake City en 1855.

> Con los Santos firmemente establecidos en la Gran Cuenca, El president Brigham Young anunció públicamente la práctica y publicó la revelación sobre el matrimonio eterno. Bajo su dirección, el domingo 29 de agosto de 1852, El élder Orson Pratt discutió públicamente y defendió la práctica del matrimonio plural en la Iglesia. Después de examinar los precedentes bíblicos (Abrahán, Jacob, David, y otros), El élder Pratt argumentó que la Iglesia, como heredera de las llaves requeridas en la antigüedad para que los matrimonios plurales fueran sancionado por Dios, se requería llevar a cabo este tipo de matrimonios como parte de la restauración. Se dieron razones para la práctica y se discutieron varios beneficios posibles (véase En *Diarios de Discursos* 1:53–66), un precedente seguido más tarde por otros. Pero estas discusiones ocurrieron después de los hechos y no la justificación de los mismos. Los Santos de los Últimos Días practicaron el matrimonio plural porque creían que Dios les ordenaba hacerlo.

Generalmente, el matrimonio plural involucraba sólo dos esposas y rara vez más de tres; familias más grandes, como las de El president Brigham Young o Heber C. Kimball fueron excepciones. A veces las mujeres simplemente compartían las casas, cada una con su propio dormitorio, o vivían en una disposición de "doble cara,", cada una con una medio imagen especular de la mitad de la casa. En otros casos, los maridos establecían casas separadas para sus esposas, a veces en ciudades separadas. A pesar de las circunstancias y la mecánica de la vida familiar varaban, en general, el estilo de vida era simplemente una adaptación de la familia americana del siglo XIX. Los matrimonios polígamos eran similares a las normas nacionales en materia de fecundidad y las tasas de divorcio también. Las esposas de un marido a menudo desarrollaban fuertes lazos de amor fraternal; sin embargo, también podían surgir fuertes antipatías entre las esposas.[12]

William "Doc" Draper y las tres esposas

El anuncio público de la práctica de la poligamia en Utah le dio a los enemigos de la Iglesia una potente arma contra la Iglesia. Fue utilizado para retrasar la condición de Estado de Utah hasta 1896. Y una dura legislación anti—poligamia en los años siguientes despojó a Santos de los Últimos Días de sus derechos como ciudadanos, des—incorporando a la Iglesia, y permitió la incautación de los bienes de la Iglesia. Sólo el Manifiesto de 1890 puso fin a estas dificultades.

1853

El 6 de abril de 1853, El president Brigham Young puso la primera piedra sudeste del Templo de Salt Lake. En esa ocasión, dijo lo siguiente, entre otras cosas:

> Esta mañana nos hemos reunido en una de las ocasiones más solemnes, interesantes, alegres y gloriosas, que nunca habían ocurrido o iban a ocurrir entre los hijos de los hombres, mientras la tierra continúa en su organización actual, y está ocupada para su propósitos actuales. Y felicito a mis hermanos y hermanas que es nuestro privilegio indescriptible el estar aquí el día de hoy, y ministrar ante el Señor en una ocasión que ha provocado que las lenguas

Construcción del Templo de Salt Lake en la década de 1850

> y plumas de Profetas hablen y escriban por muchas decenas de siglos que han pasado…. que han pasado….

> Son pocos, muy pocos los Élderes de Israel, ahora en la tierra, que saben el significado de la palabra dotación. Para conocerla, tienen que experimentar; y para experimentar debe construirse un Templo.

> Permitidme que os de la definición breve. Vuestra dotación consiste en recibir todas aquellas ordenanzas en la Casa del Señor, que son necesarias para que vosotros después de haber partido de esta vida, podáis volver a la presencia del Padre, pasando a los ángeles que están de pie como centinelas, siendo habilitados para darles las palabras claves, los signos y señales, pertenecientes al Santo Sacerdocio, y ganar vuestra exaltación eterna a pesar de la tierra y el infierno.

¿Quién ha recibido y comprende una dotación tal, en esta asamblea? Vosotros no tenéis que contestar. Vuestras voces serían pocas y distantes entre sí, sin embargo, las claves de estas dotaciones están entre vosotros, y miles las han recibido, por lo que el diablo, con todos sus ayudantes, no tiene por qué suponer que él puede volver a destruir al Santo Sacerdocio de la tierra, matando a unos pocos, porque no puede hacerlo. Dios ha puesto Su mano, por última vez, para redimir a su pueblo, los de corazón sincero, y Lucifer no lo puede impedir.

Dedicamos esta, la Piedra Fundamental de la esquina sudeste de este Templo, al Altísimo Dios. Que ella pueda permanecer en paz hasta que ha hecho su obra, y hasta Él que ha inspirado nuestros corazones para cumplir las profecías de sus Santos Profetas, si la Casa del Señor debe ser levantada en las "Cimas de las Montañas," quedará satisfecho , y dice: "Es suficiente."[13]

<h2 style="text-align:center">1854</h2>

En 1854, los jóvenes comenzaron a recibir el Sacerdocio Aarónico. Los jóvenes en el pasado por lo general no habían sido ordenados para el Sacerdocio Aarónico, pero enero de 1854, El president Wilford Woodruff escribió, "Ahora estamos empezando a ordenar nuestros jóvenes hijos al sacerdocio menor aquí en Sion."[14] Este patrón ha continuado hasta la actualidad.

En 1854, la Iglesia vio la expansión de los asentamientos a lo largo de los Ríos Santa Clara y Virgin al sur de Utah y Nevada. Poco después de la fundación de Cedar City, se habían enviado grupos a explorar estas regiones, y en 1854 se enviaron a los hombres a trabajar allí entre los indios. Al igual que con las misiones indias que seguirían en 1855, estos misioneros enseñaron a los indios el Evangelio y también les ayudaron a construir casas y aprender mejores métodos agrícolas.

Más Problemas con los Funcionarios Federales

Estos mismos problemas de tiempo se desarrollaron en Utah entre los Santos y algunos funcionarios territoriales descontentos que tomaron sobre sí mismos el tratar de cambiar el modo de vida de los Santos de los Últimos Días. Al igual que los "funcionarios fugitivos" de 1851, estos funcionarios, el inspector general, los tres agentes indios, dos jueces del Tribunal Supremo, y el ex contratista de correo de los Estados Unidos, proporcionaron cartas e informes verbales en Washington, DC, que envenenaron la mente de los políticos del este en contra de la Iglesia.

El peor daño fue causado por el Juez Asociado William W. Drummond, que entró en conflicto con los Santos tan pronto como llegó a Utah en 1854.

— Atacó a la jurisdicción de las cortes de pruebas, que los habitantes de Utah consideraban su defensa legal más importante contra las agresiones enemigas.
— También era un hombre sin principios que trajo de Washington, DC a Utah a una prostituta como su amante. A veces la hacías sentarse en el banco con él mientras arengaba a los Santos por su falta de moral. Más tarde se supo que había abandonado a su esposa e hijos en el Este.
— Cuando Levi Abraháns, un judío convertido al mormonismo, hizo un comentario creíble sobre el carácter del juez, Drummond envió a su criado a Fillmore para que le azotaran.
— Tanto el juez como su sirviente fueron detenidos por asalto y agresión con intención de cometer un asesinato. Drummond huyó tranquilamente a California y luego a Nueva Orleans, donde se hizo pública una carta de renuncia que había escrito a la administración de Buchanan.
— Alegaba que los mormones habían destruido los registros territoriales de la corte suprema, sus líderes tenían una falta de respeto por las autoridades federales, una banda, secreta juramentada operaba en Utah, y en Utah existía un estado de rebelión.

Las Vegas, Nevada. En conferencia de abril de 1855, "un gran número de misioneros fueron llamados a diferentes partes del mundo." Entre ellos había 30 hombres "enviados para localizar un asentamiento en Las Vegas, que en ese momento pertenecía a Nuevo México."[15] El grupo llegó a Salt Lake el 14 de junio. Su tarea consistía en convertir al mormonismo a los indios Paiute nómadas del sur y enseñarles nuevas técnicas de cultivo. El Valle Las Vegas ("los manantiales") era un oasis en el desierto, a medio camino entre Salt Lake City y la costa del Pacífico. También estaba a medio camino entre los asentamientos mormones al sur de Utah y la misión de San Bernardino establecidas en 1851 en California del Sur.[16]

Moab. Los misioneros indios también fueron enviados a Elk Mountain en el Río Colorado cerca de la actual Moab, Utah. Esta ubicación servía como un punto de cruce y puesto comercial en el río, donde con frecuencia cruzarían los viajeros. Después de repetidos ataques de los indios, el fuerte de Elk Mountain fue abandonado a finales de 1855, pero los nuevos colonos llegaron para quedarse en 1878.

Salmon, Idaho. Por último, los misioneros indios fueron enviados a Fort Lemhi, en el Río color Salmon en el centro de Idaho. La expedición de Lewis y Clark había cruzado la línea divisoria continental por el paso de Lemhi, a sólo 30 millas al sureste de la actual ciudad de Salmon, Idaho, en 1805, luego siguió el río hacia el norte en Montana. Fort Lemhi estaba en medio de territorio indio Shoshone.

Wyoming. La Iglesia estableció dos puestos comerciales en Wyoming, cerca de donde los sonderos a Oregon y mormones se dividían. Estos puestos controlaban el acceso a Utah desde el este y también servían como estaciones de suministro para los inmigrantes que se dirigían hacia el oeste. Una vez allí, también hacían trabajo misionero entre los indios. En 1855, la Iglesia compró Fort Bridger a Jim Bridger y Louis Vásquez, y lo utilizó para proporcionar suministros tanto a los viajeros mormones como no-mormones.

Carson Valley, Nevada. Un asentamiento periférico final se estableció en el valle de Carson en el actual oeste de Nevada. En la década de 1850 todavía formaba parte del territorio de Utah. El president Brigham Young envió al El élder Orson Hyde allí en 1855 para actuar como juez de pruebas y para organizar un gobierno del condado. En 1856, unas 250 personas fueron llamadas para colonizar el hermoso valle y para proselitar y civilizar a los indios.

En el verano de 1855, una sequía estival y una plaga de saltamontes perjudicaron gravemente la economía de Utah. Las cosechas de 1854 y 1855 fracasaron debido a los estragos de los saltamontes, y en 1855 a esta se sumó una sequía. El invierno siguiente (1855–1856) fue muy severo, y miles de ovejas y ganado murió a causa de la exposición. Tal como lo habían sido en la plaga de cricket siete años antes, los Santos tenían que depender de las raíces como alimento. Finalmente fueron salvados de morir de hambre por la abundancia de truchas en el Lago Utah.

En diciembre de 1855, la legislatura territorial se reunió por primera vez en el edificio del capitolio completado parcialmente en Fillmore, Utah. Sin embargo, esa fue la primera y única sesión, celebrada en Fillmore. La legislatura decidió celebrar las sesiones legislativas en Salt Lake City hasta que el gobierno federal pudiera proveer suficientes fondos para completar la construcción.

1856

MIGRACIONES CON CARROS DE MANO

La Necesidad de un Transporte Más Barato

Debido a la fiebre del oro, la tierra libre en Oregón, y otras presiones hacia el movimiento hacia el oeste, en 1856, el coste de equipar un equipo, un carro, y las provisiones para un viaje a través de Estados Unidos subió a más del doble. Como resultado de ello, el presidente Young sugirió que los Santos a inmigrantes comenzaran a viajar a través de las llanuras tirando de carros de mano. Viajar de esta manera permitió que los viajes fueran menos costosos.

El president Brigham Young escribió a Franklin Richards, presidente de la misión europea, en septiembre de 1855: "No podemos darnos el lujo de comprar carros y equipos como en los tiempos pasados, en consecuencia me estoy echando atrás de mi viejo plan, para hacer carros de mano, y dejar que la emigración camine, y darles los suministros necesarios, una vaca o dos por cada diez. Ellos pueden venir igual de rápido, si no más rápido, y mucho más barato, pueden empezar antes y escapar de la enfermedad prevaleciente que anualmente echa al polvo a tantos de nuestros hermanos."[17]

Monumento a Pioneers de Carros de Mano

Una epístola general de la Primera Presidencia dando instrucciones detalladas sobre los viajes en carretilla fue leída en la conferencia general de octubre de 1855, pero no se actuó hasta 1856. Se estima que usando carros de mano reduciría los costos de emigración de un tercio a la mitad para cada persona.

En consecuencia muchas más personas podrían venir a Sión con los recursos del Fondo Perpetuo para la Emigración disponibles.

La inmigración durante 1856 fue inusualmente grande. Al llegar a los puertos del este de los Estados Unidos, se abrían paso por el carril a Iowa City, Iowa. Allí agentes arreglaban la preparación de carros de mano diseñados ya sea para empujar o tirar de una carga de cien a quinientas libras de alimentos y ropa.

La primera compañía de carros de mano salió de Iowa City el 9 de junio de 1856, y llegó a Salt Lake City el 26 de septiembre. Tres más compañías de carros de mano siguieron ese año sin incidentes. Y en total, entre 1856 y 1860, diez compañías de carros de mano viajaron a Utah, ocho de las cuales llegaron al Valle del Lago Salado con éxito.

Líder	Año en que Cruzaron las Llanuras
Edmund L. Ellsworth	1856
Daniel D. McArthur	1856
Edward Bunker	1856
James G. Willie	1856
Edward Martin	1857
Israel Evans	1857
Christian Christiansen	1859
George Rowley	1860
Daniel Robinson	1860
Oscar O. Stoddard	1856

Las Tragedias de los Carros de Mano de Willie y Martin

No todas estas compañías fueron tan bendecidas. Las compañías de carros de mano de Willie y Martin habían salido tarde de Liverpool y se retrasaron aún más en Iowa City esperando la construcción de carros de mano. Debido a que la madera para estos carros no estaba bien estacionada, se necesitaron grandes reparaciones en Florencia, Nebraska, lo que retrasó aún más su salida. Uno de sus líderes, Levi Savage, instó a los Santos a permanecer en Winter Quarters hasta la primavera, pero su moción fue rechazada por los entusiastas pero ingenuos inmigrantes.

Levi Savage declaró: "Hermanos y hermanas, lo que os he dicho yo sé que es verdad; pero viendo que vosotros queréis seguir hacia adelante, voy a ir con vosotros, os ayudaré en todo lo que pueda, voy a trabajar con vosotros, descansaré con vosotros, voy a sufrir con vosotros, y si es necesario voy a morir con vosotros. Que Dios en su misericordia nos bendiga y nos guarde."[18] En octubre de 1856, se encontraron atrapados en una tormenta de nieve de invierno a principios de los altos llanos de Wyoming, y muchos de ellos murieron.

Cuando los Santos se preparaban para la conferencia general en Salt Lake City en octubre de 1856, todo el mundo suponía que la llegada de la tercera compañía de carros de mano había puesto fin a la inmigración de ese año. Pero Franklin D. Richards, que había entrado en el valle dos días antes de la conferencia, anunció que estas dos compañías de carros de mano y dos trenes con suministro de carreta de bueyes estaban todavía en las llanuras y necesitaban desesperadamente alimentos y ropa para terminar el viaje.

Cuando El president Brigham Young supo que estas compañías todavía estaban en las llanuras, habló a los Santos que se habían reunido para la conferencia general. Brigham dijo: "El texto será, 'para conseguirlos aquí'.… Voy a pedir a los obispos en el día de hoy, no voy a esperar hasta mañana, ni hasta el día siguiente, 60 buenos equipos de mulas y 12 o 15 vagones.… Os diré toda vuestra fe, religión, y la profesión de la religión, nunca salvará un alma de vosotros en el reino celestial de nuestro Dios, a menos que pongáis en práctica estos principios que les estoy enseñando. Id y traed a esa gente que ahora está en las llanuras."[19]

La respuesta fue impresionante. Dieciséis vagones con alimentos y suministros se ensamblaron rápidamente; y en la mañana del 7 de octubre, dieciséis buenos equipos de cuatro mulas y veinte y siete fuertes hombres jóvenes (conocidos como "Los Hombres del Minuto" de El president Brigham Young) se dirigieron hacia el este, con las primeras provisiones. Se solicitó y obtuvo más ayuda de todas partes del territorio. A finales de octubre doscientos cincuenta equipos estaban en el camino para proporcionarles alivio.

Las partidas de alivio finalmente encontraron la Compañía de Willie el 19 de octubre, a unas pocas millas al este de South Pass, y la Compañía de Martin 9 días más tarde, más atrás, cerca de la última travesía del río North Platte. Algunos equipos de rescate en busca de la Compañía Martín había vuelto pensando que los inmigrantes debían haber encontrado algún tipo de cuarteles de invierno. Los Santos en ambas compañías estaban helados, apáticos, y cerca de la inanición. Decenas de ellos ya estaban muertos, e incluso después de que llegara la ayuda, murieron casi 100 más.

Uno de los primeros en encontrar a la desesperada Compañía de Martin fue el endurecido Ephraim Hanks, que había matado y descuartizado a un búfalo en su camino. Hanks recordó: "Llegué al tren siniestrado justo cuando los inmigrantes estaban acampando para pasar la noche. Lo que vieron mis ojos cuando entré en su campamento nunca podrá ser borrado de mi memoria. Las formas famélicas y rostros demacrados de los pobres enfermos, que se movían lentamente, temblando de frío, para preparar su escasa cena fue suficiente para tocar el corazón más valiente. Cuando me vieron llegar, me saludaron con gozo inefable, y cuando vieron el suministro de carne fresca que traía al campamento, su reconocimiento no tuvo límites."[20]

Rescatar a estos Santos sufrientes y llevarlos al valle fue difícil. Había muchas viudas y niños huérfanos. Algunos no podían caminar debido a los pies y las piernas congeladas. Los zapatos y las medias se les congelaban en la piel, y cuando fueron a sacárselas de los pies a Maggie Pucell de 14 años y su hermana Ellen, de 10 años, la piel se desprendió también. Ellos tuvieron que raspar la carne muerta de los pies de Maggie, y los de Ellen estaban congelados tan mal que tuvieron que amputarle las piernas justo por debajo de sus rodillas.

La Compañía de Willie llegó a Salt Lake City el 9 de noviembre, y la Compañía Martin fue arrastrada a la ciudad frente a Santos gozosos el 30 de noviembre. En diciembre, los miembros de los trenes de carros independientes, que habían descansado en Fort Bridger, llegaron al valle.

Más de 200 desafortunados miembros de las dos compañías de carros de mano murieron antes de que pudieran llegar a Sion. Murieron más personas en estas dos compañías que en cualquier otro grupo de inmigrantes en los Estados Unidos. La culpa no estuvo en el medio de transporte, sino que en gran medida fue el resultado de una combinación de muchas circunstancias extraordinarias e imprevistas.

A pesar de las tragedias de las compañías de carros de mano de Willie y de Martin, la migración con carros de mano continuó. En los años siguientes la Iglesia patrocinó 5 más compañías de carros de mano, y cada una de ellas llegó al valle sin excesiva dificultad.

"Nellie Pucell, pionero en una de estas empresas malogradas, cumplió diez años en las llanuras. Sus padres murieron durante el viaje. A medida que el grupo se acercaba a las montañas, el tiempo era extremadamente frío, las raciones se agotaban, y los Santos estaban demasiado débiles por el hambre para seguir adelante. Nellie y su hermana se derrumbaron. Cuando casi habían perdido la esperanza, el líder de la compañía llegó hasta el ellos en un carro. Colocó a Nellie en el carro y le dijo a Maggie que caminara a su lado, aferrándose para no perder el equilibrio. Maggie fue afortunada porque el movimiento forzado la salvó de congelarse.

"Cuando llegaron a Salt Lake City y le quitaron las medias y zapatos a Nellie, que había llevado a través de las llanuras, la piel se desprendió con ellos como resultado de la congelación. Los pies de esta valiente chica fueron dolorosamente amputados y ella caminó sobre sus rodillas el resto de su vida. Más tarde se casó y dio a luz a seis hijos, manteniendo su propia casa y criando una hermosa posteridad."[21]

William Palmer cruzó las llanuras en la compañía de carros de mano de Martin, y después vivió en Utah durante muchos años. Un día ya como un anciano, mientras escuchaba a un grupo de personas criticar fuertemente a los líderes de la Iglesia por permitir que los Santos cruzaran las llanuras en carros de mano con tan pocos suministros y poca protección, se levantó y dijo a los negativistas con gran emoción:

> Yo estaba en esa compañía y mi esposa estaba en ella…. Hemos sufrido más allá de lo que se pueda imaginar y muchos murieron de frío y hambre, pero ¿alguna vez oímos un sobreviviente de esa compañía pronunciar una palabra de crítica?… Seguimos adelante con el conocimiento absoluto de que Dios vive para que nos familiaricemos con Él en nuestras extremidades.

> He tirado de mi carro de mano cuando estaba tan débil y cansado por la enfermedad y la falta de alimentos que casi no podía poner un pie delante del otro. He mirado hacia adelante y veía un trocito de arena o una cuesta de una colina y me he dicho, sólo puedo llegar tan lejos y no tengo que renunciar, porque no puedo tirar de la carga a través de ella…. He andado sobre arena y al llegar a ella, el carro empezó a empujarme. He mirado hacia atrás varias veces para ver quién estaba empujando el carro, pero no vi a nadie. Entonces supe que los ángeles de Dios estaban allí.

> ¿Me lamento por haber elegido venir con carros de mano? No. Ni entonces ni en ningún minuto de mi vida desde entonces. El precio que pagamos para tener el conocimiento de Dios era un privilegio pagarlo, y estoy agradecido de que tuve el privilegio de venir con la Compañía de carros de mano de Martin.[22]

En general, la migración con carros de mano fue un éxito. Entre 1856 y 1860 2962 inmigrantes que viajaban en 10 compañías hicieron el viaje sin más tragedias.

SE PRESENTA UNA NUEVA SOLICITUD PARA LA CONDICIÓN DE ESTADO

Cuando Utah volvió a solicitar la condición de Estado en 1856 y se encontró con una fuerte oposición, la "cuestión mormona" entró en la política nacional.

— El partido republicano se fundó en 1854 como un partido radicalmente anti-esclavitud y envió su primer candidato presidencial en 1856.

— Su plataforma instó al Congreso a prohibir en los territorios las reliquias gemelas del barbarismo,—la poligamia y la esclavitud.

— Los demócratas, que no quería dar el apoyo implícito a la poligamia por su apoyo a la esclavitud, denunciaron a los mormones tan vehementemente como lo hicieron los republicanos.

— El exitoso candidato demócrata James Buchanan prometió durante su campaña presidencial que si era elegido reemplazaría El president Brigham Young como gobernador de Utah.

FIN DE LAS EPÍSTOLAS GENERALES

La Decimocuarta Epístola General

La decimocuarta y última epístola general de la Iglesia fue publicada en el Deseret News el 10 de diciembre de 1856. Entre otras cosas, decía: "Sintiéndonos impulsados por el Espíritu de nuestro Dios para escribir a vosotros en relación con las cosas del reino, y teniendo una mayor audacia en razón de la fe y el testimonio del Señor Jesús y el Espíritu Santo, del cual hemos recibido y damos testimonio a todo el mundo, procedemos a manifestar a vosotros tales intimaciones del Espíritu pertenecientes a la Iglesia y reino de Dios como son o pueden presentarse a nosotros, confiando en que puedan ser instructivas y beneficiosas a los Santos."[23]

LA REFORMA DE 1856–1857

Las duras realidades de la vida en un paisaje árido pueden opacar nuestras sensibilidades espirituales. Este fue el caso de algunos de los primeros colonizadores de Utah cuando muchos caían en la apatía espiritual. Preocupados por este desarrollo, los líderes de la Iglesia viajaron por todo el territorio predicando el arrepentimiento y el compromiso con los convenios. Bloques de maestros (los predecesores de los maestros de hoy en día) llevaron una lista de preguntas sobre el comportamiento moral en los hogares, preguntando acerca de la oración y la conducta cristiana. Y los líderes pidieron a los Santos de todas partes consagrarse de nuevo al Señor y a Sus mandamientos a través del re-bautismo. Los líderes de la iglesia abrieron el camino al hacerlo ellos mismos.

El llamado a la reforma tuvo un efecto positivo en muchos Santos. El president Wilford Woodruff dijo: "El espíritu de Dios es como una llama entre los Líderes de este pueblo y ellos están lanzando las flechas del Todopoderoso en el pueblo. [Jedediah M.] Grant está podando con una espada de doble filo afilada y llamando a gritos a la gente a despertar y arrepentirse de sus pecados. Los Élderes que han regresado están llenos del Espíritu Santo y el poder de Dios."[24]

Notas:

1. En James R. Clark, compilado por *Mensajes de la Primera Presidencia de la Iglesia de Jesucristo de los Santos de los Últimos Días*, 6 volúmenes (1965–1975), 1:341.

2. Uno de los resúmenes más útiles de la colonización de Utah es un pequeño folleto titulado *Nuestra Herencia*. Publicado por la Iglesia, que se utiliza para complementar el estudio de la Doctrina y Convenios y la Historia de la Iglesia, cada cuatro años,

cuando ése es el tema de las clases de Doctrina del Evangelio en toda la Iglesia. Este capítulo cita y resume en gran medida a partir de ese folleto así como del Manual de Sistema Educativo de la Iglesia del Instituto titulado *Historia de la Iglesia en el Cumplimiento de los Tiempos*. Se trata de textos que utilizo regularmente en mis clases patrocinadas del Sistema Educativo de la Iglesia— y yo agradecidamente reconocer su contribución a este libro.

3. "Diario de Priddy Meeks," *Historia Trimestral de Utah* (1942), pág. 163.

4. *Autobiografía de Parley Pratt*, pág. 335.

5. J. Golden Kimball, en Thomas E. Chaney, *El Legado de Oro`*, pág. 13.

6. James S. Brown, *Gigante del Señor: La vida de un Pionero*, págs. 132–33.

7. Juanita Brooks, *John Doyle Lee: Fanático—Pionero Constructor—Chivo Expiatorio*, págs. 48–49.

8. "Cuando el Mundo se Haya Convertido, Revista *Liahona*, octubre de 1974, pág. 6.

9. *De la Primera Epístola General 4*, Abril de 1849, en Clark, *Mensajes de la Primera Presidencia*, 1:350.

10. *Autobiografía de Parley Pratt*, pág. 340.

11. Francis M. Gibbons, *El president Lorenzo Snow: Gigante Espiritual, Profeta de Dios*, pág. 73.

12. "Matrimonio Plural," LDS FAQ: Preguntas más frecuentes sobre la Iglesia de Jesucristo de los Santos de los Últimos Días, http://ldsfaq.byu.edu/viewEM.aspx?number=145, visitada por este autor el 12 de diciembre 2012.

13. "Necesidad de Construir Templos—La Dotación", en *Diario de Discursos*, 2:29–33.

14. *Diarios de El president Wilford Woodruff*, 31 de enero 1854.

15. "Historia de la Misión de Las Vegas," Andrew Jensen (comp.), revisado y copiado en octubre de 1926 a partir de los *Documentos de la Sociedad Histórica del Estado de Nevada*, vol. V (1925–1926), págs. 117–284.

16. En "El Viejo Fuerte Mormón: Lugar de nacimiento de Las Vegas, Nevada," *Plan de Lecciones Enseñando con Lugares Históricos*, National Park Service, Departamento del Interior de EE.UU.

17. "Correspondencia de Asuntos Exteriores," *Estrella Milenaria*, 22 de diciembre de 1855, pág. 813.

18. Hafen y Hafen, *Carros de Mano a Sion*, págs. 96–97.

19. "Observaciones", *Deseret News*, 15 de octubre de 1856, pág. 252.

20. *Carros de Manos a Sion*, pág. 135.

21. "Historia de Nellie Unthank Pucell," *El Corazón Vibra del Oeste*, compilado por Kate B. Carter, 12 volúmenes (1939–1951), 9:418–20.

22. Citado en El president David O. McKay, "Mujeres Pioneras", *Revista de la Sociedad de Socorro*, enero 1948, pág. 8.

23. *De la Epístola Decimocuarta General*, 10 de diciembre de 1856, en Clark, *Mensajes de la Primera Presidencia*, 2:193.

24. *Diarios de El president Wilford Woodruff*, 9 Octubre de 1856.

La Guerra de Utah y la Guerra Civil

[1857–1869]

1857

LA GUERRA DE UTAH

El 24 de julio de 1857, El presidente Brigham Young y los Santos se reunieron en la cima del Cañón Big Cottonwood en el campamento de Brighton (ahora una estación de esquí), para celebrar el 10 aniversario de la llegada de los pioneros al Valle de Salt Lake. Fue una ocasión feliz, y un tiempo para reflexionar sobre lo lejos que habían llegado desde entonces. Pero sus celebraciones fueron interrumpidas por las noticias del valle.

El Presidente Buchanan había organizado la expedición a Utah, una incursión militar, y la envió hacia Utah para sofocar la "rebelión mormona." Por supuesto, no existía ninguna "rebelión" en Utah. Pero las acusaciones salvajes de funcionarios federales deshonestos habían convencido al presidente que se necesitaría una fuerza armada. El president Brigham Young entonces tenía 56 años.

Brigham Young en 1857

Las Razones de los Conflictos con el Gobierno EE.UU

Dos cuestiones se encontraban en el centro del conflicto de la Iglesia con el gobierno federal:

— La práctica de los Santos del matrimonio plural
— El control de la Iglesia sobre el gobierno territorial de Utah.

Funcionarios federales descontentos habían dejado Utah decididos a derribar a El president Brigham Young y a los mormones debido a sus extrañas prácticas y a su impenetrable unidad. Estas incluían los "Funcionarios fugitivos" de 1851, y más recientemente, un inspector general, tres agentes indios, dos jueces del Tribunal Supremo, y el ex contratista del correo de los Estados Unidos. Estos hombres proporcionaron cartas e informes verbales a Washington, DC, que envenenaron la mente de los políticos del este contra la Iglesia. El peor daño fue causado por el Juez Asociado William W. Drummond, que entró en conflicto con los Santos tan pronto como llegó a Utah en 1854. Volvió al este con historias increíblemente absurdas sobre lo que estaba ocurriendo en Utah. Un público intolerante y desinformado estaba más que dispuesto a creer lo que escuchaban, y exigían la acción del presidente Buchanan.

Cuando Utah volvió a solicitar la condición de Estado en 1856 la propuesta se topó con una fuerte oposición, y la "cuestión mormona" entró en la política nacional.

— El partido republicano se fundó en 1854 como un partido radicalmente anti—esclavitud y lanzó su primer candidato presidencial en 1856.

— Su plataforma urgió al Congreso a prohibir en los territorios las reliquias gemelas del barbarismo, la poligamia y la esclavitud.

— Los demócratas, no queriendo dar a entender el apoyo de la poligamia por su apoyo a la esclavitud, denunciaron a los mormones tan vehementemente como lo hicieron los republicanos.

— El exitoso candidato demócrata James Buchanan prometió durante su campaña presidencial que, de ser elegido, sustituiría a El president Brigham Young como gobernador de Utah.

Buchanan Envía un Ejército

El Presidente James Buchanan

Cuando Drummond envió al Presidente Buchanan su carta conteniendo acusaciones sin fundamento, el Presidente le creyó. Y así, poco después de recibir la carta, y sin más investigación sobre lo que estaba ocurriendo en Utah, el presidente Buchanan nombró a Alfred Cumming de Georgia para sustituir a El president Brigham Young como gobernador y ordenó una escolta militar de 2500 hombres para acompañarlo a Salt Lake City.

A lo largo del verano de 1857 muchos políticos de los dos grandes partidos se pronunciaron en contra de los Santos de los Últimos Días, entre ellos el senador Stephen A. Douglas, que estaba tratando de aumentar su popularidad en su estado natal de Illinois. Incluso diez años después que los mormones habían salido del estado, había fuertes sentimientos anti—mormones allí. La nueva actitud de Douglas fue particularmente preocupante para los Santos, ya que siempre lo habían considerado como un amigo leal. Publicaron una profecía dada por José Smith a Douglas en 1843 y se imprimió en el *Deseret News*. El Profeta predijo que Douglas algún día aspiraría a la presidencia de los Estados Unidos, pero que si alguna vez levantaba su mano contra los Santos de los Últimos Días, "iba a sentir el peso de la mano del Todopoderoso sobre vosotros."[1] Douglas se convirtió en el candidato demócrata a la presidencia en 1860, pero fue derrotado por Abrahán Lincoln.

La Iglesia Responde

El 1 de julio de 1857, tres funcionarios de la empresa de entrega de correo de El president Brigham Young se detuvieron en la oficina federal de correos en Independence, Misuri, para recoger el correo. Vieron varios trenes de suministro que se dirigían al oeste, y se enteraron que el gobierno había cancelado de manera simultánea el contrato de correo con ellos y enviaba una expedición de tropas federales a Utah. Los trenes de suministro eran para esas tropas.

Esos tres funcionarios, Abrahán O. Smoot, Porter Rockwell, y Judson Stoddard, retornaron lo más rápidamente posible a Salt Lake City con la noticia, llegando el 23 de julio. Se abrieron paso entre la celebración de la fiesta en Brighton y retransmitieron las noticias a El president Brigham Young. No queriendo desanimar los espíritus de los que se habían reunido allí, El president Brigham Young esperó hasta la noche para anunciar que se acercaban tropas federales.

Tales acontecimientos no eran nuevos para los Santos. Habían sido atacados y vilipendiados en cuatro estados antes de venir a Utah. Pero también habían demostrado ser ciudadanos leales por sus servicios en el Batallón Mormón. Se sorprendieron y se decepcionaron al saber que un gran ejército estaba en camino hacia el oeste para sofocar una "rebelión mormona." Los líderes de la Iglesia, así como sus miembros estaban decididos a no quedarse de brazos cruzados y ser arrojados de nuevo de sus hogares. Se prepararon para defenderse.

Los líderes de la Iglesia declararon a principios de agosto a los ciudadanos de Utah:

Estamos invadidos por una fuerza hostil, que, evidentemente, nos atacarán para lograr nuestra caída y destrucción.… El gobierno no ha condescendido a formar un comité de investigación, o a enviar a otras personas para investigar y determinar la verdad, como es habitual en estos casos.… La cuestión que así nos ha sido impuesta, nos obliga a recurrir a la gran primera ley de la auto—conservación y a ponernos de pie en nuestra propia defensa y derechos, garantizados a nosotros por el genio de las instituciones de nuestro país, y en las que se basa el gobierno. Nuestros deberes para con nosotros y nuestras familias requieren que no nos presentemos mansamente para ser rechazados y destruidos, sin un intento de preservarnos a nosotros mismos. Nuestro deber hacia nuestro país, nuestra santa religión, nuestro Dios, la libertad, exigen que no nos quedemos de pie en silencio.[2]

Este anuncio proclamaba tres intenciones:

— Prohibir a todas las fuerzas armadas entrar en el territorio de Utah con cualquier pretensión.
— Mantener todas las fuerzas en Utah en buena disposición para repeler cualquier invasión.
— Declarar la ley marcial en el territorio.

El president Brigham Young reunió la milicia territorial y…

— Ordenó que ningún grano u otro elemento básico fuera vendido a los inmigrantes de paso o a los especuladores.
— Ordenó la construcción de fortificaciones.
— Ordenó partidas de ataque seleccionadas para hostigar a los trenes del ejército y suministros.
— Envió un grupo conocido como la Expedición Montaña Blanca para encontrar otro lugar adecuado. para establecerse, si los Santos tenían que abandonar sus hogares.
— Llamó a misioneros locales y pobladores de las colonias distantes para ayudar en la defensa.
— Guió a compañías de inmigrantes en las llanuras hacia el valle.
— Canceló todos los planes de emigración para la próxima temporada.

Llegan las Tropas Federales

El 7 de septiembre de 1857 el capitán Stewart Van Vliet llegó a Salt Lake City para obtener alimentos y suministros para el ejército. Él aseguró a los líderes de la Iglesia de las intenciones pacíficas del ejército, y como resultado fue tratado con amabilidad y respeto. Se entrevistó con líderes de la Iglesia, inspeccionó sus medidas de resistencia, y asistió a una reunión pública en el Antiguo Tabernáculo donde escuchó acerca de las persecuciones en Misuri e Illinois. Los oradores en la reunión insistieron en que la gente quemaría sus casas, destruiría sus cultivos, y acosaría a las tropas antes d que permitirles entrar en el valle. Los Santos asistentes se comprometieron apoyar unánimemente la política de resistencia de El president Brigham Young.

Van Vliet se convenció que los mormones no estaban en rebelión contra la autoridad de los Estados Unidos. Podía ver que se sentían justificados en prepararse para defenderse de una invasión militar innecesaria. La guerra y el derramamiento de sangre no eran necesarios para nada, y se convirtió en un firme defensor de la reconciliación pacífica.

Mientras tanto, y hasta que fuera evidente que las tropas federales no los invadirían, El president Brigham Young siguió adelante con sus planes. El 15 de septiembre de 1857 proclamó la ley marcial en el territorio y prohibió la entrada de las fuerzas armadas. Ordenó a la legión de Nauvoo que se preparara para defenderse de la invasión. En todo el territorio, los preparativos para la defensa se hicieron de prisa. En el caso que comenzaran las hostilidades, dio instrucciones a los obispos en todas las comunidades para quemar todo antes que rendirse a las tropas federales.

Stewart Van Vliet

La Masacre de Mountain Meadows

En medio de estas amenazas militares, con los nervios de punta y los Santos decididos a no ser asesinados nuevamente, se produjo una de las mayores tragedias de Utah al suroeste de Cedar City, cerca de la actual ciudad de Empresa. Mountain Meadows era una parada de agua favorita a lo largo del Viejo Camino Español, que estaba asentada sobre bienes de propiedad de Jacob Hamblin (que no estaba allí en ese momento). La Masacre de Mountain Meadows tuvo lugar el 11 de septiembre de 1857, la misma semana en que el capitán Van Vliet llegó al Valle del Lago Salado.

George A. Smith

El Apóstol George A. Smith, que fue responsable de los asentamientos del sur, viajó al sur de Utah para ayudar a movilizar la milicia y poner a las personas en estado de alerta de guerra. Casi al mismo tiempo el tren de Fancher, una compañía de familias emigrantes de Arkansas, acompañada por s jinetes que se hacían llamar los Gatos Montesas de Misuri, se abrió paso lentamente por el centro de Utah, tomando la ruta del sur de California.

Utah estaba bajo estado de sitio, por lo cual la partida no había podido comprar grano y materiales a las comunidades cercanas. Empezaron a robar a los agricultores locales y a desahogar su frustración con una charla provocativa y salvaje. Algunos afirmaron que habían participado en la masacre del molino de Haun, el asesinato de José Smith, y otras acciones de la mafia en contra de los mormones, tanto en Misuri como en Illinois. Probablemente esto no era cierto, pero ciertamente era insultante y alarmante para la ciudadanía local. Se exacerbó aún más por las reivindicaciones de algunos participantes de la partida de Fancher que iban a California para levantar un ejército que atacaría a los Santos desde el sur, mientras que las tropas federales los barrerían desde el norte.

El Apóstol Parley Pratt había sido recientemente brutalmente asesinado en Arkansas. Algunos de los Santos creían que esta partida de Arkansas sin duda debía contener a algunos que eran responsables de su muerte. Se imaginaban que esta partida podría ser un grupo de exploración de avanzada del ejército federal. Había un montón de gente que hablaba por hablar y airadas acusaciones de ambos lados. Nadie estuvo libre de culpa de lo ocurrido como resultado. Pero los Santos, en particular, deberían haber controlado su ira. Ellos conocían mejor la regla de dejar que la rabia gobernara sobre la razón.

Las relaciones con los indio en el sur de Utah contribuyeron a la tragedia. Viviendo entre ellos, los Santos buscaban relaciones pacíficas con los indios, dándoles comida y comerciando con ellos. Por lo tanto, los indios distinguían entre los algo arrogantes "Mericats" (estadounidenses que viajan a través de Utah, que se consideraban indios salvajes), y los "Mormones", los cuales por lo general les gustaban. El martes, 7 de septiembre de 1857, una banda de indios atacaron el tren Fancher, que estaba acampado a 35 millas al suroeste de Cedar City, cerca de la actual ciudad de Enterprise. Los emigrantes, que estaban bien armados, obligaron a los indios a retirarse.

Mientras tanto, algunos de los habitantes de Parowan, Cedar City, y [Nueva] Harmony se reunieron para discutir qué hacer con el tren Fancher. Algunos pocos con mal genio argumentaron que los emigrantes eran una amenaza y debían ser destruidos. Ellos creían que tenían intenciones de unirse a un ejército con sede en California y volver para luchar contra los Santos.

Se decidió enviar un mensajero, James Haslam, a buscar consejo de El president Brigham Young. Viajando a gran velocidad, con muy poco descanso o sueño, llegó a Salt Lake City en sólo 3 días. Brigham estaba comprensiblemente preocupado por el ejército federal en Salt Lake, pero se tomó tiempo para escribir una carta a los Santos del sur de Utah, instándoles a dejar que los emigrantes se fueran en paz. Le dijo a Haslam cuando se disponía a volver al sur, "Ve a la mayor brevedad, no escatimes carne de caballo. Los emigrantes no deben ser molestados, aunque les tome todo el condado de Iron para evitarlo. Deben irse libres y sin ser molestados."[3] Haslam viajó lo más rápido que pudo a Cedar City, llegando el domingo, 13 de septiembre. Por desgracia, llegó dos días más tarde.

Durante su ausencia, los indios permanecieron en un estado de gran excitación, después de haber sido rechazados en su ataque inicial al tren Fancher y todavía teniendo al grupo Fancher en estado de sitio. Un líder mormón, John D. Lee, fue enviado a calmar a los indios, y llegó poco después de la primera escaramuza. Los indios estaban enojados y Lee fue el único hombre presente blanco. Les prometió a los indios que iban a conseguir su venganza, y sólo entonces se le permitió irse.

Volvió a Cedar City. Más tarde esa noche del 10 de septiembre, los indios y unos pocos hombres blancos de Cedar City, St. George, y las comunidades circundantes se reunieron en el campamento. Pergeñaron un malvado plan para limpiar conjuntamente el tren Fancher. Esto se hizo en parte para aplacar a los indios y en parte para aplacar a los ciudadanos enojados que buscaban venganza por las atrocidades del pasado.

Al día siguiente, en la mañana del 11 de septiembre los blancos se acercaron a los emigrantes Fancher y les prometieron protección de los indios si deponían sus armas. Después que lo hicieron, fueron alineados y salieron a la luz, donde los miembros de la milicia y los indios cayeron sobre la partida ahora—desarmada y mataron a casi todos ellos.

La milicia del condado Iron, actuando bajo las órdenes de sus comandantes locales y algunos líderes de la Iglesia, mató a los hombres, mientras que los indios mataron a las mujeres y los niños más grandes. Aproximadamente 120 personas fueron asesinadas, con' sólo 18 niños muy pequeños a salvo. Los llevaron de nuevo a Cedar City, donde fueron "adoptados" y cuidados por los ciudadanos locales (más tarde fueron devueltos a sus familiares que exigían su custodia). Enterraron a los muertos en tumbas poco profundas en el lugar de la matanza.

Los conspiradores sej uramentaron mantener el secreto.[4] Sin embargo, dándose cuenta de que el ataque se haría conocido, también hicieron un plan para culpar enteramente a los indios. John D. Lee, uno de los líderes de la milicia, fue enviado a Salt Lake City cerca de dos semanas más tarde para reportar el incidente a El president Brigham Young, y, de hecho, culpó a los indios. Por supuesto, esto no era cierto, y Brigham pronto se dio cuenta que los miembros de la milicia del condado de Iron habían participado en pleno del ataque. Ofreció apoyo total al gobernador Alfred Cumming en una investigación, pero nada se llevó a cabo en el momento.

John D. Lee

Cuando los comenzaron los procesamientos, muchos de los participantes se escondieron y fueron protegidos por otros de ser detenidos.

Los rumores y acusaciones continuaron circulando, y finalmente, dos décadas más tarde, en la década de 1870, el caso llegó a juicio. John D. Lee, un participante clave, pero ciertamente no el único oficial responsable del hecho, fue el único miembro de la Iglesia acusado. Seis meses más tarde, el 7 de noviembre 1874 Lee fue detenido en Panguitch y llevado a Fort Cameron en Beaver, Utah, para el juicio. El juicio se prolongó, sin testigos en buenas relaciones con la Iglesia dispuestos a comparecer. Al término de la prueba, el jurado se dividió, la mitad por la absolución, y la mitad por la pena de muerte. Se ordenó un nuevo juicio.

El segundo juicio anduvo más rápido. Otros participantes en la matanza subieron al estrado como testigos del estado a cambio de inmunidad. Y los hombres de buena reputación en la Iglesia ahora estaban dispuestos a declarar sobre lo que habían oído. Los abogados del estado hicieron preguntas acerca de la participación de Lee sin incriminar a nadie más. Y en apenas una semana, un jurado totalmente mormón encontró culpable a Lee por unanimidad. Entre el momento de su condena y su ejecución, se hizo circular una petición en su nombre. La firmaron más de ochocientos habitantes de las comunidades Beaver y Panguitch. Pero todo fue en vano.

El 28 de marzo de 1877, John D. Lee fue ejecutado en el sitio de la masacre de Mountain Meadows. A pesar de que no era el único hombre involucrado, fue el único hombre condenado por el delito, y pagó por ello con su propia vida. Proclamó su inocencia hasta el final, diciendo que estaba siendo un chivo expiatorio por otros. Entonces, sentado en su propio ataúd, con los ojos vendados, fue muerto a tiros por un pelotón de cinco hombres. Fue enterrado en Panguitch, Utah.

Con los años, se ha hablado mucho acerca de lo que sucedió en Mountain Meadows, y mucho de ello es egoísta y sólo parcialmente cierto. Yo mismo viviendo en

Lee sentado en su ataúd antes de su ejecución

el sur de Utah mismo hoy (me mudé aquí hace varios años), he oído posturas y acusaciones que siguen yendo y viniendo más de 150 años más tarde. Santurrones anti—mormones se deleitan calumniando a una religión entera sobre los horrendos actos de unos pocos. Y algunos descendientes de los que participaron se niegan a admitir alguna culpabilidad de sus antepasados. Creo que es hora de dejar de lado la intolerancia y las excusas y decir la verdad.

Es cierto que los Fanchers eran culpables de hablar por hablar y de amenazas violentas. No hay ninguna excusa que puede borrar este hecho. Sus alardes eran espantosos e insultantes para un grupo de personas cuyos mismos antepasados habían sido brutalmente asesinados por las turbas. Pero también es cierto que algunos Santos del sur de Utah, dirigidos por un presidente de estaca, al menos un obispo, y otros con autoridad sobre la milicia local, conspiraron abiertamente para atacar y destruir a los emigrantes, entre ellos mujeres y niños. Y por este delito, sólo una persona, John D. Lee, fue condenado y castigado. Algunos de los otros indiscutibles miembros de este plan de asesinatos, fueron acusados en 1874, pero nunca llevados a juicio, incluidos:[5]

— Isaac C. Haight, Alcalde de Cedar City y Presidente de Estaca Parowan, que autorizó la matanza de todos los emigrantes de edad suficiente para hablar sobre el ataque.
— John M. Higbee, 1er Consejero de la Presidencia de estaca, quien inició la matanza final.
— Philip Klingensmith, Obispo de Cedar City, que se ganó la inmunidad por testificar en contra de Lee.
— Ira Hatch, especialista mormón indio, que rastreó y mató a algunos de los que escapaban.
— Los indios Paiute, que mataron a las mujeres y los niños.
— Nefi Johnson, segundo teniente de la la compañía D, que dio la orden a los indios para atacar.

Estos hombres y muchos otros no esperaron por palabra de El president Brigham Young. Actuaron precipitadamente y violentamente, en una atmósfera de ira por justicia propia. Hombres desarmados e inocentes, mujeres y niños fueron asesinados, y ninguna justificación puede borrar estos hechos.

El president Brigham Young ni ordenó ni alentó el ataque. Los detractores se deleitan en decir que él debería haber sabido, o que porque era Presidente de la Iglesia todavía era responsable. Pero el calendario está claro, y también lo es la redacción de su carta, diciendo a la milicia que no atacara. El mismo espíritu de intolerancia que produjo los ataques sigue vivo en las mentes de aquellos que usarían el ataque para sus propios fines anti—mormones.

A través de los años, se ha escrito mucho acerca de este evento, mucho de ello de un solo lado y escasamente investigado. Incluso los líderes de la Iglesia a veces se dedicaron a poner excusas y señalar con el dedo. Pero en 2008, con el estímulo y el apoyo de las autoridades de la Iglesia, Ronald W. Walker, Richard E. Turley Hijo y Glen M. Leonard escribieron Masacre de Mountain Meadows, que fue aclamado por un historiador como "un modelo de cómo los historiadores deben hacer su trabajo… escrupulosamente investigado, enriquecido con ilustraciones contemporáneas, e informado con las lecciones de las atrocidades más recientes."[6] Otro historiador dijo:" Los autores cuentan bien la historia y logran la historia correcta, en gran parte debido a el patrocinio de la Iglesia SUD que suscribió un nivel de personal profesional y de investigación que es imposible, incluso inimaginable, al más diligente de los escritor solitarios."[7] La Iglesia se había comprometido a contar toda la historia, y este libro fue el resultado.

Con el mismo espíritu de la reconciliación, El presidente Gordon B. Hinckley regresó al lugar de la masacre de Mountain Meadows en 1999. Asistieron los descendientes de la partida Fancher, junto con las autoridades locales y generales de la Iglesia. El presidente Hinckley dedicó un monumento a los que murieron allí y ofreció una disculpa oficial en nombre de la Iglesia por los errores que cometieron, diciendo: "Expresamos nuestro pesar por lo que ocurrió allí, y todos tenemos que dejar esto atrás…. Tenemos que transmitir un espíritu de reconciliación y de paz. Tenemos que eliminar el odio."

Luego, en el año 2007 con motivo del 150 aniversario de la matanza, en una ceremonia patrocinada por tres organizaciones que reunió a los descendientes de familias que murieron allí, dijo El presidente Henry B. Eyring, "Expresamos nuestro profundo pesar por la matanza llevada a cabo en este valle hace 150 años hoy y por el sufrimiento indebido y no contado experimentado por las víctimas y luego por sus parientes hasta el momento actual"[8] y aunque no todo el mundo estuvo satisfecho con estas declaraciones, el día de las excusas y acusaciones mutuas claramente había pasado.

1858

SE EVITA LA GUERRA

Al momento de la masacre de Mountain Meadows el ejército de los Estados Unidos se acercaba a la zona conocida como Paso del Sur en lo que ahora es Wyoming. Los exploradores mormones observaban los movimientos de las tropas a lo largo de toda su marzo dea.

El general Daniel H. Wells de la Legión de Nauvoo envió unos 1100 hombres al este del Cañadón Echo, la ruta a través de las montañas a Salt Lake City. Estos soldados construyeron muros y cavaron zanjas desde las que podían actuar como francotiradores. También aflojaron enormes rocas que podrían ser fácilmente enviadas para estrellarse abajo sobre las columnas móviles, y construyeron acequias y presas que podían abrir para inundar el camino del enemigo. Además, 44 "asaltantes mormones," una unidad de la Legión de

Lot Smith

Nauvoo, bajo la dirección del Mayor Lote Smith, fueron enviados al este de Utah (ahora al oeste de Wyoming) para hostigar a las tropas federales a medida que pasaban a través.

Se les instruyó, entre otras cosas: "En averiguar la localidad o la ruta de las tropas, proceder de inmediato a fastidiarlos de todas las maneras posibles. Utilizar cada esfuerzo en espantar sus animales, y prenderle fuego a sus trenes. Quemar todo el país ante ellos y en sus flancos. Evitar que duerman por la noche sorprenderlos…. No tomar ninguna vida, sino destruir sus trenes, y espantar o ahuyentar a sus animales, en cada oportunidad."[9]

Las tropas del capitán Smith quemaron tres trenes de suministro del gobierno y ahuyentaron 1400 cabezas de ganado. Estos fueron expulsados hacia abajo al valle de Salt Lake, y más tarde volvieron al gobierno. En total, los asaltantes quemaron 74 vagones, que conteniendo suministros suficientes para sostener un gran ejército durante tres meses. Estas tácticas tuvieron tanto éxito en retrasar al ejército que cuando su oficial al mando, coronel Albert Sidney Johnston, finalmente se unió a sus tropas a principios de noviembre, claramente era demasiado tarde en la estación para llegar a Salt Lake City.

Al ejército le tomó 15 días hacerse camino las 35 millas a través de tormentas y temperaturas bajo cero al destruido Fort Bridger. Alrededor de 2500 soldados y varios centenares de funcionarios civiles (entre ellos el gobernador Cumming y su esposa), cargueros, y seguidores del campamento pasaron un invierno desgraciado en el oeste de Wyoming en una ciudad de tiendas de campaña y refugios improvisados.

Se Establece la Paz

A principios de ese invierno de 1857–58, tres hombres influyentes, el capitán Stewart Van Vliet, el delegado al Congreso de Utah John M. Bernhisel y el coronel Thomas L. Kane, visitaron al presidente Buchanan en Washington y lo urgieron a enviar una comisión de investigación a Utah. Aún no estaba dispuesto a hacerlo, pero dio una aprobación no oficial para que el coronel Kane fuera a Salt Lake City para tratar de lograr una solución pacífica. Kane llegó a Salt Lake City el 25 de febrero enmascarando su identificación como una prueba de si los Santos serían tan amables con un desconocido como lo habían sido con él 10 años antes en Winter Quarters. Se sintió complacido cuando lo recibieron cordialmente. Entonces reveló su identidad

El president Brigham Young y otros líderes de la Iglesia creían que Dios había enviado a Kane para ayudarlos, y después de varias reuniones durante varios meses Kane los convenció para que permitieran que el nuevo gobernador, Alfred Cumming, entrara en el territorio de Utah en paz. Kane regresó a Wyoming y se reunió con el gobernador Cumming, asegurándole que sería aceptada por la población de Utah como su nuevo gobernador y que no estaban en un estado de rebelión contra el gobierno. Pero también dejó en claro que los mormones no permitirían que el ejército entrara con él o permaneciera en el Valle de Salt Lake.

El Movimiento al Sur

Antes que Kane o Cumming hubieran llegado a Salt Lake City, los líderes de la Iglesia habían decidido que los Santos en el norte de Utah podrían evacuar sus hogares y trasladarse al sur para evitar conflictos con el ejército cuando llegara más tarde en la estación. El president Brigham Young dijo: "En lugar de ver a mis esposas e hijas violadas y contaminadas, y las semillas de la corrupción sembradas en los corazones de mis hijos por una soldadesca brutal, dejaría mi casa en cenizas, mis jardines y huertos en soledad, y subsistiría de las raíces y hierbas, un vagabundo andando por estas montañas durante el resto de mi vida natural."[10]

Durante marzo a mayo de 1858, la Iglesia se dividió en tres grupos, cada uno con una misión específica con respecto al desplazamiento hacia el sur:

(1) Los que vivían en el sur de Utah no se moverían, pero fueron instruidos para enviar vagones, equipos y carreteros hasta el norte de Utah para ayudar en el movimiento.

(2) Los jóvenes y vigorosos Santos que vivían en el norte de Utah permanecerían atrás para regar los cultivos y jardines, vigilar la propiedad, y prender fuego a las casas llenas de paja si fuera necesario.

(3) 35.000 Santos que vivían al norte de Valle de Utah eran realmente los que harían el movimiento. A cada barrio se le asignó una franja de tierra en uno de los cuatro condados alsur del condado de Salt Lake. Las provisiones tuvieron que ser trasladadas primero y luego las familias.

Al igual que con el antiguo Israel y también con el Campamento de Brigham de Israel que vino del oeste de Nauvoo, las personas fueron organizadas por salas de 10s, 50s y 100s, con un capitán al mando de cada una. Se esperaba que las familias transportaran sus propios muebles, además de los alimentos y la ropa. Si se hacía necesario, iban a prender fuego a sus casas. Ellos no las dejarían atrás para ser tomadas sin compensación como se había hecho en Misuri e Illinois.

Una adolescente registró: "Empacamos todo lo que teníamos en un vagón de padre y esperamos la orden de partir. Por la noche nos acostamos a dormir, sin saber cuándo vendría palabra del ejército, pensábamos que iba a venir a destruirnos…. Una mañana padre nos dijo que debíamos partir a la tarde con una gran compañía…. A lo largo de la mitad del día padre esparció hojas y paja en todas las habitaciones y le oí decir: 'No importa, mi pequeña hija, esta casa nos ha cobijado, nunca les dará refugio a ellos.'"[11]

Hulda Cordelia Thurston, una jovencita que vivía en Centerville, Utah, recordó:

En la primavera de 1858 nos trasladamos en el momento del gran éxodo mormón. Fuimos hasta el sur de Spanish Fork, y en las partes inferiores de Spanish Fork había buena comida para nuestro ganado y un montón de peces en el río. En ese momento todas las personas que vivían al norte del Valle de Utah se trasladaron al sur partiendo de sus casas con muebles, aperos de labranza, de hecho, todo lo que poseían, no sabiendo a dónde iban ni cuál sería su destino….

Durante ese éxodo Nunca olvidaré la angustia y la pobreza de la gente. He visto hombres vestidos con pantalones hechos de la alfombras, sus pies envueltos en arpillera o trapos. Las mujeres cosían telas juntas y hacía mocasines para sus pies. Muchas mujeres y niños estaban descalzos. Una buena hermana, un vecino que tenía una familia de siete años, le dijo a mi madre que, aparte de la ropa en sus cuerpos, ella podía atar en un pañuelo bandana común cada prenda de ropa que poseían. Ella pondría a los niños a la cama temprano la noche del sábado y repararía, lavaría y plancharía su ropa en preparación para el domingo. Prácticamente toda la gente era pobre ya que habíamos tenido varios años de gran escasez de cultivos debido a los saltamontes.[12]

El movimiento al Sur tomó casi dos meses para llevarse a cabo, habiéndose completado a mediados de mayo. En promedio, 600 vagones pasaban a través de Salt Lake City cada día durante las dos primeras semanas de mayo. Un total estimado de 30000 Santos abandonaron sus hogares en Salt Lake y los asentamientos del norte.

Después de llegar a sus destinos asignados, las familias vivieron humildemente: en las cajas de sus carros cubiertos, en tiendas de lona, en refugios subterráneos, en chabolas de mesa temporarias, o en cabinas. Fue un momento de gran incertidumbre y sacrificio. Pero eran obedientes a su Profeta—líder y confiaban en Dios para librarlos de peligros.

Los registros de la iglesia y de los activos también fueron retirados o enterrados. Un grupo enterró la base para el Templo de Salt Lake y aró el bloque para que se viera como un campo. Escondieron toda la piedra cortada para el templo, pusieron en cajas todo el grano del diezmo y las guardaron en contenedores, y transportaron 20.000 toneladas a graneros que levantaron en Provo. Varias caravanas de carretas llevaron maquinaria y equipo a almacenes y cobertizos construidos rápidamente en lugares al sur de Salt Lake City.

El gobernador Cumming y su esposa llegaron al Valle de Salt Lake en abril y fueron muy bien recibidos. El president Brigham Young entregó el sello y los registros de la gobernación a Cumming, que actuó con tacto y respeto hacia los Santos y por lo tanto fue fácilmente aceptado como su nuevo gobernador.

Un movimiento al sur sería un signo visible y dramático de la desconfianza de los Santos hacia los funcionarios federales. Por lo tanto, el gobernador Cumming y su esposa rogaron a los miembros de la Iglesia que no dejaran sus casas. Para su decepción, optaron por obedecer a su Profeta. Y como él temía, el espectáculo del éxodo de tantas personas en todo el mundo provocó repulsión. El London Times informó:" Se nos dice que ellos se han embarcado en un viaje de más de quinientas millas por un desierto no demarcado" El New York Times declaró: "Creemos que no sería prudente tratar el mormonismo como una molestia a ser abatido por un pelotón comitatus." [Un pelotón de Comitatus es un grupo organizado para mantener la paz pública, por lo general en emergencias.][13]

Governor Alfred Cumming

Así, el movimiento puso al gobierno de los Estados Unidos en una situación desfavorable, con el ejército presentado como perseguidores de un pueblo inocente y pacífico. Como resultado, a principios de 1858, el Presidente Buchanan envió una comisión de paz a Utah. Ellos ofrecieron un perdón para los Santos e si iban a reafirmar su lealtad al gobierno. Los líderes de la Iglesia acordaron que el ejército podía entrar tranquilamente la ciudad, pero tenían que establecer su campamento militar al menos a 40 millas de distancia tanto de Salt Lake City como de Provo.

El Ejército de Ocupación

El 26 de junio de 1858, el ejército entró en Salt Lake City, cantando mientras marzo deaban, "El Tuerto Riley", una grosera canción cuartelera con palabras muy ofensivas.

La ciudad estaba casi desierta. Sólo unos pocos Santos de los Últimos Días se quedaron atrás para prender fuego a la ciudad si el ejército no respetaba su promesa de abandonar sus propiedades solamente. El Teniente Coronel Philip Cooke mantuvo su sombrero sobre su corazón, por respeto a los soldados locales que había conducido previamente en el Batallón Mormón.

El General Johnston llevó a sus tropas a Cedar Valley, al oeste de Lago Utah, y estableció el Campamento Floyd, llamado así por el Secretario de Guerra. Y el 1 de julio, El president Brigham Young autorizó el regreso de los Santos exiliados a sus hogares.

Existía una comprensible tensión entre los soldados y los Santos, pero no se desarrolló ningún conflicto serio. El General Johnston mostró gran moderación a pesar de que él tenía poca afición a los Santos de los Últimos Días que habían acosado a sus tropas en su camino hacia la ciudad. Se las arregló para mantener el orden entre sus soldados, y esto mantuvo la paz. Unos pocos soldados investigaron la religión de los Santos de los Últimos Días y se unieron a la Iglesia.

Por otro lado, el ejército también trajo vicios al territorio. Peleas callejeras entre los jugadores y los camioneros se produjeron en varios pueblos cercanos. Se originaron salones y casas de prostitución.

Incluso la Calle Principal en Salt Lake City fue apodada durante un corto tiempo "Calle del whisky." Nada de esto fue bien recibido por los ciudadanos respetuosos de la ley. Un periódico amargamente anti—mormón llamado el Valley Tan comenzó a publicarse en noviembre de 1858 y continuó durante los siguientes 16 meses. Distribuido principalmente en el Campamento Floyd, tildó al pueblo Utah de asesinos y traidores.

Algunos comerciantes locales se beneficiaron de la presencia de un grupo tan grande de hombres, que necesitaban comida, ropa y materiales de construcción. Una pequeña comunidad llamada Fairfield, originalmente establecida en 1855 por John Carson y ubicada junto al Campamento Floyd, creció hasta una población de 7000 habitantes. Cuando el ejército finalmente abandonó el fuerte en el verano de 1861, unos $ 4 millones de dólares en bienes excedentes se vendieron por una fracción de su valor, enriqueciendo enormemente la economía local.

El Coronel Cooke presentó el asta de la bandera de campo como regalo a El president Brigham Young el 27 de julio 1861.

El presidente Young puso el asta de la bandera en la ladera este de la Casa del León, y la bandera de Estados Unidos voló sobre ella durante muchos años.

1860

El Crecimiento en Salt Lake City

En 1860 había 8200 personas en Salt Lake City. En 1870 había 12800. Casi el 65 por ciento de esta población había nacido en el extranjero, n su mayor parte en las Islas Británicas y Escandinavia. Estos inmigrantes proporcionaron una gran fuerza de trabajo que se utilizó para construir algunos edificios importantes de la ciudad.

— Durante la década de 1850 se construyeron la Cámara de Consejo, el Salón Social, la Casa de Investiduras, y una tienda de diezmo.
— En la década de 1860 fueron construidos el Teatro del Lago Salado, el ayuntamiento, un arsenal, la Casa de la Colmena, la Casa del León, y el Tabernáculo de Salt Lake.

Un Nuevo Tabernáculo

Cuando los Santos llegaron por primera vez al valle, utilizaron un "santuario" a cielo abierto que proporcionaba sombra del sol ardiente, pero no muchas otras comodidades. Más tarde, un se edificó un edificio rectangular al lado del abovedado original. Creyendo que los Santos se verían fortalecidos espiritualmente si tuvieran un edificio adecuado donde pudieran reunirse para rendir culto y recibir instrucción, el presidente Young hizo planes para un nuevo tabernáculo.

Tuvo la visión de una casa grande, en forma de cúpula de culto. Con la ayuda de Henry Grow, un constructor de puentes, William H. Folsom, arquitecto de la Iglesia en el momento, y Truman O. Angell, en gran parte responsable del interior, propuso la construcción de un edificio muy singular.

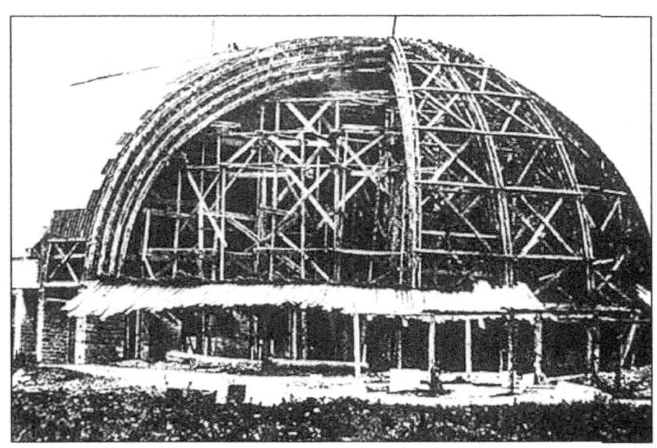

— Tenía 150 pies de ancho, 250 pies de largo y 80 pies de altura.
— Una gigantesca órgano fue construido por Joseph H. Cantos, un convertido de Australia.

— La madera para el órgano llegó a Pine Valley en el sur de Utah, a 300 millas de distancia. Fue transportada por 20 equipos de carro a Salt Lake City.

— El edificio fue terminado a tiempo para la conferencia general de octubre de 1867.

— En un principio la acústica fue un problema en el tabernáculo, pero después del agregado de un balcón en 1870, podía acomodar 8000 personas sentadas, y se convirtió en un lugar ideal para grandes reuniones.

El Pony Express

La comunicación con el mundo exterior mejoró con el establecimiento del Pony Express en abril de 1860. Ochenta jinetes a caballo rápido retransmitían el correo de St. Joseph, Misuri, a Sacramento, California, cerca de 2000 millas en tan sólo 10 días. Los jinetes cambiaban caballos aproximadamente cada 10 millas, en 320 estaciones, para lograrlo. Debido a que la ruta del Pony Express cruzaba Utah, muchos hombres mormones participaron en este proyecto, que duró unos 18 meses.

Carreteros y Caravanas

En el otoño de 1860, John W. Young trajo inmigrantes por medio de yuntas de bueyes desde el río Misuri después de haber tomado un tren de buey de los productos a Oriente para venderlos con el fin de proveer a los inmigrantes. Su aventura fue tan exitosa que se le pidió que hablara de ello en la conferencia general de octubre.

El president Brigham Young, a partir de entonces llamó a misioneros para viajar al este con harina y otras provisiones de Utah para venderlas en los mercados del este, y para traer con ellos a los inmigrantes en sus viajes de regreso en el otoño.

En su mayoría fueron llamados como misioneros hombres jóvenes para ser carreteros para estos "trenes de la Iglesia." Los Santos proporcionaron los equipos, mano de obra y suministros, de esta manera menos suministro tendrían que ser comprados a extraños. Entre 1861 y 1868, más de 16000 europeos llegaron a Utah de este modo a un coste muy reducido. En 1861, 293 hombres en 200 vagones fueron al este en diez compañías diferentes. Volvían en el otoño con los inmigrantes Santos que deseaban venir a Sion ese año. En 1863, otros 488 hombres con 384 vagones y 118 toneladas de harina fueron al este y trajeron los inmigrantes al oeste.

Camareros en Echo Canyon, 1866

Esto efectivamente puso fin a los viajes con carros de mano. La última compañía de carros de mano partió de Winter Quarters el 10 de julio de 1860, y llegó a Salt Lake City el 24 de septiembre.

También en 1860, la Primera Presidencia envió a tres miembros del Consejo de los Doce—Amasa M. Lyman, Charles C. Rich, y George Q. Cannon a presidir sobre las misiones británicas y europeas. Al usar de misioneros británicos y escandinavos nativos cada vez élders americanos no estaban disponibles, estos apóstoles aceleraron el número de conversiones y el recogimiento de Israel en las Islas Británicas y en el continente europeo. La Iglesia se estaba expandiendo rápidamente.

Algunos visitantes importantes vinieron a Utah durante este periodo, y se quedaron impresionados con lo que vieron:

— Jules Remy, un botánico francés, llegó a Salt Lake City en 1855 y permaneció un mes. Publicó sus observaciones en Europa en 1860, describiendo a los Santos como un pueblo industrioso y honorable. Esto ayudó a cambiar algunas de las percepciones negativas que los europeos tenían de la Iglesia.

— Horace Greeley, editor del New York Tribune y uno de los más destacados periodistas de América, visitó Utah en 1859. También transmitió una impresión más equilibrada de El president Brigham Young y los mormones a la nación.

— Richard Burton, un famoso viajero del mundo, ofreció sus observaciones después de visitar Utah en 1860. Más tarde publicó un libro más profundo de los mormones, La Ciudad de los Santos, que fue muy leído.

1861

El Telégrafo Transcontinental

Las mejoras en los viajes fueron igualadas a las mejoras en la comunicación. El 16 de octubre de 1861, el telégrafo transcontinental llegó a Utah, mejorando enormemente la capacidad de comunicarse con las ciudades y pueblos distantes. Esto puso fin a la necesidad del Pony Express. También puso fin a la capacidad de los enemigos de difundir información falsa, estando sus mentiras protegidas de la responsabilidad por la distancia y el tiempo.

El president Brigham Young envió el primer mensaje a través de la nueva línea de telégrafo. Telegrafió sus felicitaciones al Honorable J. H. Wade, presidente de la Pacific Telegraph Company en Cleveland, Ohio. También dijo, "Utah no se ha separado, sino que está firme por la Constitución y las leyes de nuestro país, una vez feliz; y está cálidamente interesado en este tipo de empresas útiles como el que ahora se ha completado."[14]

Terminando el telégrafo transcontinental

Al ver los beneficios de esta nueva tecnología, El president Brigham Young hizo inmediatamente planes para una línea de telégrafo local para conectar a todos los asentamientos. También estableció una escuela de telegrafía en Salt Lake City. Ordenó cables, baterías, aisladores, enviando y recibiendo conjuntos, y otros equipos, pero a causa de la Guerra Civil, éstos no pudieron ser obtenidos hasta 1866. En 1867, a 500 millas de la línea se completaron a casi todos los asentamientos mormones, incluidos los de Idaho y el norte de Arizona. En 1880 se habían instalado más de 1000 millas de la línea.

Se Reinicia El Templo De Salt Lake

Los trabajos en el Templo de Salt Lake se re-instituyeron en 1860, pero en 1861 los líderes de la Iglesia llegaron a la conclusión que las bases eran defectuosas. El president Brigham Young ordenó una nueva fundación, que se haría en su totalidad de granito extraído de las montañas cercanas. Con el fin de llevar el peso masivo del templo propuesto, las nuevas zapatas tendrían que tener diez y seis pies de espesor. "Quiero que este templo esté de pie a través del Milenio", declaró El president Brigham Young, "y quiero que así sea construido para sea aceptable al Señor."[15] El trabajo de reconstrucción de la base fue lenta, y los muros no llegaron al nivel del suelo hasta 1867.

LA GUERRA CIVIL DE LOS ESTADOS UNIDOS

El 12 de abril de 1861, la guerra civil americana comenzó cuando se efectuaron disparos en el Fuerte Sumter, Carolina del Sur. Varios estados del sur se habían separado la Unión después que Abrahán Lincoln fuera elegido presidente. Cuando Lincoln intentó bloquear la secesión por la fuerza, se produjo un sangriento conflicto.

Durante los próximos cuatro años, 602.000 personas perdieron la vida y muchas ciudades, particularmente en el sur, fueron destruidas. Mientras tanto, como el Señor había prometido, los Santos de los Últimos Días vivían en relativa paz en el aislado Utah.

Profecías de la Guerra Civil

- **(1832) D. y C. 87:1, 3 La "revelación y profecía sobre la guerra"** fue recibida por el Profeta José Smith el 25 de diciembre de 1832. Por lo tanto, casi 30 años antes del estallido de la Guerra Civil, el profeta predijo su ocurrencia.

  — **La rebelión de Carolina del Sur.** "Las guerras.... pronto acaecerán…, comenzando por la rebelión de Carolina del Sur, de las cuales finalmente resultarán la muerte y la miseria de muchas almas" (v. 1). Más de 602.000 murieron como resultado de este conflicto.

  — **Los Estados del Sur contra los Estados del Norte.** "Los Estados del Sur estarán dividido contra los Estados del Norte, y los Estados del Sur llamarán a otras naciones, aun la nación de Gran Bretaña" (v. 3). Esto, de hecho, fue así como fue profetizado.

  — **Llegan guerras mundiales.** "Ellos también llamarán a otras naciones, con el fin de defenderse de otras naciones; y luego la guerra será derramada sobre todas las naciones" (v. 3). Las guerras internacionales, con los aliados de naciones enfrentados a otros aliados de naciones, ocurrieron dos veces en los próximos 100 años.

Fort Sumter, Carolina del Sur

- **(1834) D. y C. 103:1–3 La ira del Señor derramada "sin medida."** Los Santos habían sido "expulsados y heridos por las manos de mis enemigos" en todo Estados Unidos desde Nueva York a Ohio de Misuri a Illinois (v. 2). Y ahora el Señor "derramará [Su] ira sin medida en mi propio tiempo" (v. 2). El Señor "los ha tolerado hasta ahora para que llegue al colmo la medida de sus iniquidades y se llene su copa" (v. 3). Ahora que los santos estaban a salvo fuera del camino, el Señor dijo que Él "derramaría mi ira sin medida" en un día a venir sobre aquellos que habían perseguido a los Santos de Misuri y en otros lugares. Es interesante notar que ningún estado sufrió más terrible destrucción que Misuri, donde los que habían perseguido y expulsado a los Santos ahora expulsados ellos mismos y sus bienes destruidos.

- **(1836) D. y C. 109:43–47 Los Santos se salvarán de la destrucción de la Guerra Civil.** En la dedicación del Templo de Kirtland, el Profeta José Smith oró para que los Santos pudieran estar protegidos contra estas calamidades cuando se derramara sobre sus enemigos. "Oh Señor, no nos deleitamos en la destrucción de nuestros semejantes; preciosas son sus almas ante ti; pero tiene que cumplirse tu palabra…. Sea hecha tu voluntad, oh Señor, y no la nuestra" (vv. 43–44). "Sabemos que por boca de tus profetas tú has decretado cosas terribles concernientes a los malvados en los últimos días, y que derramarás tus juicios sin medida; por tanto, oh Señor, salva a tu pueblo de las calamidades de los inicuos; habilita a tus siervos para sellar la ley y atar el testimonio, a fin de que queden preparados para el día del fuego" (vv. 45–46). "Te rogamos, Padre Santo, que te acuerdes de los que han sido expulsados de la tierra de su herencia por los habitantes del condado de Jackson, Misuri. Quita, oh Señor, este yugo de aflicción que se les ha impuesto" (v. 47).

El cumplimiento de esta oración se ilustra con el caso de mi propio tatarabuelo John Darwin Chase. Cuando los Santos llegaron al oeste, Priscila su mujer se negó a ir con él, estando preocupada por la poligamia y no dispuesta a seguir El president Brigham Young. Tenían dos hijos, James y Amos, y cada uno tomó un hijo cuando se separaron. John se llevó a Amos, que vino a ser mi bisabuelo, al oeste de Utah. Priscila se llevó a James y terminaron en Wisconsin. John y Amos escaparon de la guerra civil. James no. Sufría mucho de una enfermedad de los pies contraída en la batalla y murió como resultado.

- **(1843) D. y C. 130:13 La Guerra Civil planteará el problema de los esclavos.** El Profeta había declarado 11 años antes que el derramamiento de sangre se iniciaría en Carolina del Sur. Ahora, todavía 18 años antes que comenzara el conflicto, el Profeta añadió que la Guerra Civil "probablemente surgirá a causa del problema de los esclavos. Esto me lo declaró una voz mientras oraba sinceramente en cuanto al asunto, el 25 de diciembre de 1832."

- **(1844) Escenas de "sangre y el dolor," "devastación y sufrimiento."** En junio de 1844, mientras estaba prisionero en Cartago, y pocos días antes de su propio martirio, el Profeta José Smith fue visitado por algunos curiosos oficiales de la milicia.

El General Smith les preguntó si había algo en su aspecto que indicaba que fuera el personaje desesperado que sus enemigos representaban que era…. La respuesta fue "No, señor, su apariencia indicaría lo contrario, general Smith; pero no podemos ver lo que está en su corazón, ni podemos saber cuáles son sus intenciones."

El Profeta José Smith dijo: "Muy cierto, caballeros, no podéis ver lo que está en mi corazón, y por lo tanto sois incapaces de juzgarme a mí o a mis intenciones; pero puedo ver lo que está en vuestros corazones, y os diré lo que veo. Puedo ver vuestra sed de sangre, y nada más que mi sangre os va a satisfacer. No es por ningún crimen, de ninguna clase que yo y mis hermanos somos así perseguidos y acosados continuamente por nuestros enemigos, sino que hay otros motivos… En lo que corresponde a mí mismo; "Y en tanto que vosotros y la gente tengáis sed de sangre, Profetizo, en el nombre del Señor, que seréis testigos de escenas de sangre y dolor… y muchos de los que ahora están presentes tendrán la oportunidad de enfrentarse a la boca del cañón de fuentes que no piensan; y

Guerra civil muerta en Antietam

aquellas personas que desean este mal tan grande sobre mí y mis hermanos, estarán llenos de pesar y dolor debido a las escenas de desolación y angustia que les esperan. Ellos buscarán la paz, y no serán capaz de encontrarla. Caballeros, encontrareis lo que lo que os he dicho es verdad."[16]

Los Santos y la Guerra Civil

Los Santos tenían sentimientos encontrados acerca de la guerra. Amaban la Constitución y no veían con buenos ojos la disolución de la Unión. Sin embargo, también consideran el derramamiento de sangre y la devastación de la guerra como un juicio sobre la nación por el asesinato de José y Hyrum Smith y por las injusticias no—constitucionales que sufrieron los Santos en Misuri e Illinois.

El president John Taylor dijo: "Hemos sido expulsados de una ciudad a otra, de un estado a otro sin justa causa de queja. Hemos sido expulsados de los límites de lo que se denomina la civilización, y obligados a hacer una casa en los desiertos…. Vamos a formar parte del Norte para luchar contra el Sur? ¡No!… ¿Por qué? Ellos, como se vio, los trajeron sobre sí mismos, y nosotros no hemos tenido nada que ver en el asunto…. No conocemos ningún Norte, ningún Sur, ningún Este, ningún Oeste; nos atenemos estrictamente y de manera positiva a la Constitución."[17]

El president Brigham Young reconoció lo mismo. "Si no hubiéramos sido perseguidos, ahora estaríamos en medio de las guerras y derramamiento de sangre que están asolando la nación, en lugar de donde estamos, cómodamente ubicados en nuestras moradas pacíficas en este silencio, lejos las montañas y valles. En lugar de ver a mis hermanos cómodamente sentados alrededor mío hoy, muchos de ellos se encontrarían en las primeras filas en el campo de batalla. Me doy cuenta de las bendiciones de Dios en nuestra presente seguridad. Hemos sido bendecidos en gran medida, en gran medida favorecidos y en gran medida exaltados, mientras que nuestros enemigos, que trataron de destruirnos, están siendo humillados."[18]

Los líderes de la iglesia en general apoyaron la Unión por sobre la Confederación. Cuando el presidente Abrahán Lincoln les pidió soldados para vigilar la líneas de telégrafos transcontinental y las rutas de transporte, lo hicieron. También pagaron un impuesto de guerra anual de $ 26,982 impuesto sobre el territorio de Utah por el Congreso de los Estados Unidos.

1862

Otro Intento de Estadidad

En 1862 los ciudadanos de Utah hicieron un tercer intento de obtener la condición de Estado. Los Santos redactaron una constitución para el Estado de Deseret propuesto y eligieron una lista completa de funcionarios con El president Brigham Young como gobernador. Pero su petición fue denegada, sobre todo debido a la poligamia, que determinó que el gobernante Partido Republicano se opusiera. Consideraban el matrimonio plural como uno de los dos grandes males de la época, junto con la esclavitud.

La Ley Morrill Anti-Bigamia

El Acta Morrill contra la bigamia se convirtió en ley el 8 de julio de 1862. Patrocinada por Justin Smith Morrill de Vermont, prohibía la bigamia y limitaba a la iglesia y la propiedad sin ánimo de lucro en cualquier territorio de los Estados Unidos a $ 50.000. Se dirigía específicamente contra los Santos de los Últimos Días, haciendo ilegal el matrimonio plural y tratando de acabar con el dominio de la propiedad por la Iglesia en el territorio de Utah.

Debido a que la medida no asignaba fondos para su aplicación tuvo poco efecto. Aunque el presidente Lincoln había firmado la presente ley, optó por no cumplirla, y el General Patrick Edward Connor, comandante de las fuerzas federales en el Fuerte Douglas, fue instruido de manera explícita para no enfrentar a los mormones sobre este o cualquier otro asunto.

El Presidente Lincoln fue imparcial respecto a la cuestión mormona y estaba más preocupado por la rebelión sureña que sobre la poligamia. Lincoln dijo al editor asistente del Deseret News T. B. H. Stenhouse: "Stenhouse, cuando yo era niño en la granja de Illinois había una gran cantidad de madera en las granjas que teníamos que limpiar. De vez en cuando nos encontrábamos con un tronco que había caído. Era demasiado difícil de dividir, estaba demasiado húmedo para quemar y demasiado pesado para moverlo, por lo que arábamos su alrededor. Eso es lo que pretendo hacer con los mormones. Vuelva y dígale a El president Brigham Young que si él me va a dejar solo, voy a dejarlo solo."[19]

Presidente Abrahán Lincoln

El Caso Morrisita

Durante el verano de 1862, Utah experimentó la Guerra Morrisita. Los Morrisitas eran un grupo apóstata dirigido por el ex converso inglés Joseph Morris. Ellos establecieron un asentamiento en South Weber conocido como Fort Kington, 35 millas al norte de Salt Lake City. Morris había estado reclamando desde 1857 que él era el profeta, vidente y revelador. En 1860 había atraído a unos pocos seguidores, incluyendo el obispo de South Weber y algunos de su congregación. En febrero de 1861, el presidente Young envió a los Apóstoles Juan Taylor y El president Wilford Woodruff a South Weber para investigar. Ellos excomulgaron dieciséis miembros del barrio, entre ellos el obispo que se negó a apoyar El president Brigham Young y quien sostuvo que Joseph Morris era el profeta.

Los Morrisitas consagraban todas sus pertenencias a un fondo común y esperaban la inminente venida de Cristo como se describen en las "revelaciones" Morris. A principios de 1862, algunos de los seguidores de Morris se desilusionaron después que varios de sus profecías sobre la Segunda Venida no se cumplieron. Ellos querían dejar la secta y recuperar algunos de los bienes que habían consagrado. Tres de los disidentes que intentaron escapar fueron encarcelados por Morris, haciendo que sus esposas apelaran a las autoridades legales para obtener asistencia.

En la disputa legal que siguió, el Presidente del Tribunal Supremo Kinney dictó un auto el 22 de mayo para la liberación de los presos y la detención de Morris y algunos de sus principales líderes. También pidió al gobernador interino Frank Fuller que llamara a la milicia para hacer cumplir las órdenes judiciales. Cuando lo hicieron, se produjo un enfrentamiento en el que murieron dos mujeres y una niña fue gravemente herida. En total, 10 Morrisitas y dos miembros de la pandilla de Utah murieron durante esos tres días de combates.

En la acción legal posterior, 90 hombres Morrisitas fueron acusados de asesinato y resistir el debido proceso legal. Siete fueron condenados, pero fueron indultados por el gobernador Harding. Esos Morrisitas restantes que deseaban salir de Utah fueron escoltados por el ejército de Connor a Soda Springs en el Territorio de Idaho.

1864

Dificultades en Hawái

Mientras tanto, en Hawái, surgió otro apóstata llamado Walter Murray Gibson. Había defendido en nombre de la Iglesia, en Washington, DC, durante la Guerra de Utah y llegó a Salt Lake City para aprender más acerca de los Santos. Entró en contacto con numerosos líderes de la Iglesia, se dirigió a grandes multitudes, y fue bautizado por Heber C. Kimball el 15 de enero 1860.

El presidente Young rechazó la propuesta de Gibson que los Santos se trasladaran a las islas de las Indias Orientales, pero llamó a Gibson a una misión en el este de Estados Unidos. Después de servir sólo seis meses, convenció a los Santos de Nueva York que se lo necesitaba en Salt Lake City de inmediato, y ellos generosamente consiguieron los fondos para su viaje de regreso.

En noviembre de 1860 fue llamado por El president Brigham Young para hacer obra misionera en el Pacífico. Al llegar a Hawái en el verano de 1861, Gibson comenzó a mezclar las tradiciones nativas con las enseñanzas del Evangelio, ganando el apoyo de muchos Santos de Hawái.

Debido a que los misioneros habían sido llamados su hogar durante la guerra de Utah, no había nadie allí para desafiar las enseñanzas o procedimientos de Gibson. Se proclamó "Presidente Jefe de las islas del mar, y de las islas de Hawái, para la Iglesia de los Santos de los Últimos Días."

Convenció a los miembros de Hawái para que le entregaran todos sus bienes a él. Ordenó doce apóstoles, cobrándoles a cada uno de ellos $150 por su cargo. También cobró por todos los otros cargos del sacerdocio. Instaló arzobispos y obispos de menor importancia. Llevó a cabo los servicios religiosos con gran pompa y ceremonia, vestido con túnicas y exigió a los miembros a inclinarse en su presencia. El designo final de Gibson era construir un ejército, unir a todas las islas de Hawái en un imperio, y proclamarse rey.

Finalmente, en 1864, los Santos nativos preocupados escribieron a Salt Lake City sobre la situación. El presidente Young envió a los Apóstoles Esdras T. Benson y El president Lorenzo Snow, junto con El president Joseph F. Smith, Alma Smith y William Cluff, todos los cuales habían trabajado en Hawái como misioneros, para hacerse cargo del problema. Pusieron la Iglesia en orden y luego dejaron a El president Joseph F. Smith y a dos de sus compañeros a cargo de la misión. Una vez allí, El president Joseph F. Smith obtuvo y comenzó a desarrollar una plantación en Laie, que se convirtió en la sede de la misión y el hogar de muchos Santos de Hawái. En el siglo 20 en este sitio se convirtió en la ubicación del Templo de Laie, Universidad El president Brigham Young—Hawái, y el Centro Cultural de la Polinesia.

Se Establecen Más Colonias

A pesar de todos estos problemas y la guerra civil, los líderes de la Iglesia siguieron centrándose en la expansión de Sión. Se establecieron alrededor de 50 nuevos asentamientos, incluyendo:

- San Jorge, en el sur de Utah, que fue parte de la "misión algodón," que comenzó cuando los suministros no podían ser obtenidos de América del Sur.
- Pipe Springs en el norte de Arizona.
- Monroe, Salina, y Richfield en el centro de Utah.
- Laketown, París, y Montpellier en el condado Bear Lake de Utah e Idaho.

A principios de la década de 1860, la minería se convirtió en un gran negocio en Colorado, Montana, Idaho y Nevada. Como lo habían hecho enviando trigo hacia el este en las caravanas de carretas, los Santos empezaron a enviar para la venta, harina, granos y otros productos agrícolas a los campos mineros en los estados vecinos. Esto ayudó a fortalecer todos los asentamientos y fue beneficioso para las personas que habían sufrido recientemente por la guerra de Utah y el movimiento al sur.

En 1864, se estableció una cooperativa en Brigham City. Tenía las características de una tienda cooperativa mercantil que era una parte importante de la Orden Unida. Más tarde se agregaron otras industrias. La Cooperativa de Brigham City fue la más exitosa de todos los primeros emprendimientos cooperativos de los mormones. En 1876, las dificultades económicas obligaron a la cooperativa a comenzar a vender algunos de sus negocios, y se cierran por completo en 1895.

1865

Los Asentamientos de Muddy River

En 1865, los Santos establecieron una colonia a lo largo del Río Muddy en Nevada. Muy altas temperaturas y frecuentes riadas hicieron el asentamiento en ese valle extremadamente difícil. Muchos no se quedaron y muchos murieron. Sin embargo, algunas almas resistentes lograron raspar una comunidad juntos en esa zona aislada, y hoy en día las comunidades de Logandale y Overton permanecen como testigos de sus esfuerzos. Gracias a las presas y sistemas de riego, el valle se había convertido en un hermoso oasis verde en el desierto.

Termina la Guerra Civil de los Estados Unidos

La Guerra Civil de Estados Unidos terminó oficialmente con la rendición del Ejército de Virginia del Norte del General Lee, el 9 de abril de 1865. aisladas escaramuzas continuaron en mayo. Pero la pesadilla de la nación estaba terminada. Durante la guerra civil, prácticamente ninguna actividad misionera se produjo en América del Norte. Pero la obra misionera se fortaleció en toda Europa.

Se Completa el Tabernáculo de Salt Lake

El 6 de octubre de 1867, el Tabernáculo de Salt Lake terminado acogió a la conferencia general por primera vez. Había tomado más de tres años completar el edificio. La estructura fue una maravilla arquitectónica en su día. Un escritor de la revista Scientific American comentó sobre "las dificultades mecánicas de asistir a la construcción de tan pesado techo."[20] Algunos de los visitantes en la primera parte del siglo 20 lo criticaron como "una prodigiosa tortuga que ha perdido su camino" o "la Iglesia de la Santa Tortuga." Pero Frank Lloyd Wright apodó al tabernáculo "una de las obras maestras arquitectónicas del país y quizás del mundo."[21]

En aquellos días, no había electrónica o amplificadores de audio. La acústica del edificio tenía que servir al propósito de llevar las palabras de los oradores a toda la sala. Por lo tanto, el techo se construyó como una elipse tridimensional con el púlpito en uno de los focos de la elipse. El concepto elíptico vino de El president Brigham

Tabernáculo y Piedras del Templo de Salt Lake

Young, quien según los informes, dijo que se debía replicar la acústica de la boca humana. El diseño elíptico hace que el sonido del extremo del púlpito del edificio sea proyectado al foco del extremo opuesto del edificio. Además, el techo descansa sobre pilares de piedra arenisca alrededor del exterior, eliminando cualquier soporte interior que pueda interferir con las ondas sonoras.

Varios años más tarde, le pidieron a Truman O. Angell que mejorara aún más los sobresalientes aspectos acústicos del edificio. En 1870 le agregó un balcón que resolvió los problemas acústicos y proporcionó asientos adicionales. Hoy, tiene una reputación internacional como un edificio con una acústica casi perfecta. Hoy, los guías turísticos con frecuencia demuestran sus propiedades acústicas dejando caer un alfiler en el púlpito, que puede ser claramente escuchado en todo el edificio.

SE ESTABLECEN AUXILIARES DE LA IGLESIA

La Escuela Dominical

El 11 de noviembre de 1867, La Unión de Padres de la Escuela Dominical fue organizada por El presidente Brigham Young, Daniel H. Wells, George A. Smith, El president Wilford Woodruff, George Cannon, y El president Brigham Young Hijo. Este fue el primer intento de organizar una Escuela Dominical para toda la Iglesia.

Cierta forma de escuela dominical se había celebrado en Kirtland, Ohio y Nauvoo, Illinois en los años 1830 y 1840. Pero las reuniones no estaban formalmente organizadas. La primera escuela dominical formal, tuvo lugar el 9 de diciembre de 1849 en Salt Lake City bajo la dirección de Richard Ballantyne, un ex maestro de escuela dominical en la Iglesia Presbiteriana. Sin edificio para la escuela, Ballantyne invitó a sus 33 estudiantes a su propia casa. Tenían edades comprendidas entre 8 a 13 años. La Decimocuarta Sala de Salt Lake City, a la que pertenecía Ballantyne, entonces adoptó la escuela dominical de Ballantyne como parte de sus reuniones dominicales. Otras salas le siguieron, basadas en el modelo de Ballantyne. Con el tiempo, se organizaron más de 200 escuelas dominicales de este tipo. Pero todo esto se hizo a nivel de sala, bajo la dirección del obispo.

Los líderes de la iglesia estaban ansiosos de intentar cierto tipo de estructura y organización para las Escuelas Dominicales. El presidente Young nombró al Apóstol George Q. Cannon como el primer superintendente general de la Escuela Dominical, una posición que mantuvo hasta su muerte en 1901. En 1872, la organización de la Escuela Dominical se renombró Escuela Dominical de Deseret.

La escuela dominical organizada tenía temas para las lecciones y materiales de fuente oficial. Utilizaron y enseñaron himnos y canciones compuestos por miembros de la Iglesia. Registraba la asistencia y calificaban el trabajo. Crearon bibliotecas y ofrecían premios y recompensas. El *Instructor Juvenil*, la revista de la escuela dominical, comenzó a publicarse con la organización de la escuela dominical. En 1930 se convirtió en El instructor, que dejó de publicarse en 1970. Hasta principios de 1900, la escuela dominical sólo enseñaba a niños. Con el tiempo, se añadieron clases para jóvenes, y en 1904, se crearon en la escuela dominical clases para adultos.

La Sociedad de Socorro

Eliza R. Snow

En diciembre de 1867, se reorganizó la Sociedad de Socorro. Originalmente fue organizada en Nauvoo por el Profeta José Smith el 17 de marzo de 1842, con Emma Smith como presidente. Ellas adoptaron el lema "caridad nunca falláis" y se centró en ministrar a los necesitados y los enfermos. Pero José Smith amplió la visión que tenían de la organización diciéndoles "provocad a vuestros maridos a la justicia,", y dedicad vuestro tiempo a la enseñanza y otros deberes cívicos y de la Iglesia.

Cuando los Santos llegaron al oeste en 1846, Eliza R. Snow trajo con ella los registros de la Sociedad de Socorro. Las hermanas continuaron reuniéndose informalmente al comienzo de Utah, atendiendo a los necesitados. En junio de 1854, El president Brigham Young instó a las hermanas a organizar sociedades en sus salas individuales. Pero estas no estaban conectadas entre sí de ninguna manera oficial.

El president Brigham Young nombró a Eliza R. Snow como presidente general de la Sociedad de Socorro en 1866. En diciembre de 1867, el presidente Young llamó a la reorganización de la Sociedad de Socorro en cada sala. Antes de 1888, había más de 22.000 miembros en 400 salas.

Hoy, la Sociedad de Socorro es la organización de mujeres más grande del mundo, con más de 6 millones de miembros.

La Escuela de los Profetas

También en diciembre de 1867, se reorganizó la Escuela de los Profetas en Salt Lake City. La escuela original de los Profetas se organizó en Kirtland, Ohio, el 23 de enero de 1833. Esto se produjo en respuesta a D. y C. 88:119–133, que encomendaba a la Iglesia preparar a los miembros de ésta para llevar el Evangelio al mundo. Por lo tanto, se trataba de una especie de centro de entrenamiento misionero, donde se llevaba cabo el aprendizaje tanto secular como espiritual. Este se ocupaba del lavado de pies y una derramamiento de dones espirituales.

Ahora, en diciembre de 1867, El presidente Brigham Young reorganizó la Escuela de los Profetas en relación con la Universidad de Deseret. La Primera Presidencia de la Iglesia la presidía. Una vez más, sirvió como una reunión de funcionarios de la Iglesia y otros poseedores del sacerdocio seleccionados para discutir cuestiones tanto temporales como espirituales que enfrentaba la Iglesia. Más tarde la clase se separó de la Universidad. Debido a que este tipo de entrenamiento era necesario en todas partes en la Iglesia, las clases de rama se establecieron en comunidades periféricas. Con el tiempo, más de 1000 miembros asistían a estas escuelas. Las reuniones siempre eran confidenciales, y la admisión era sólo por medio de entradas dadas a aquellos invitados a asistir.

El presidente Young finalmente disolvió las ramas periféricas de las Escuelas de los Profetas a finales de verano de 1872. Luego, en noviembre de 1872, reorganizó en Salt Lake City una Escuela de los Profetas para las Autoridades Generales y otros líderes del sacerdocio invitados.

Notas:

1. "Historia de José Smith," *Deseret News*, 24 de septiembre de 1856, pág. 225.
2. "Los ciudadanos de Utah", *Pionero y Demócrata*, 1 de enero de 1858, pág. 2.
3. El élder B. H. Roberts, *Historia Integral de la Iglesia*, 4:150.
4. Sherman L. Fleek, "La Iglesia y la Guerra de Utah, 1857–1858", en el *Siglo Diecinueve los Santos en Guerra*, Robert C. Freeman (ed). (2006), págs. 81–106.
5. *Masacre en Mountain Meadows*, Ronald W. Walker, Richard E. Turley, y Glen M Leonard (2008), Apéndice C.
6. 6. Daniel Walker Howe, Premio Pulitzer autor ganador de, *Lo Que Ha Hecho Dios: La Transformación de América*, 1815–1848, en el sitio web mountainmeadowsmassacre.org/appendices/appendix-c- the-militiamen, visitado el 16 de diciembre de 2012.
7. Kathleen Flake, autor de *La política de la identidad religiosa de América*, citado en el sitio web antes citado.
8. "Actualizarse", Revista *Piedra del Sol*, octubre de 2007, págs. 74–75.
9. Leonard Arrington, *El president Brigham Young: El Moisés Americano*, pág. 255.
10. Carta de El president Brigham Young al El élder W. I. Appleby, 6 de enero de 1858, en *Cuadernos de Tipografía de El president Brigham Young*, mecanografiado, Departamento Histórico de los SUD, Salt Lake City.
11. E. Cecil McGavin, *Soldados Estadounidenses Invaden Utah*, pág. 216.
12. Hulda Cordelia Thurston Smith, "Bosquejo de la vida de Jefferson Thurston," julio de 1921, mecanografiado, *Hijas del Museo de los Pioneros de Utah*, Salt Lake City, págs. 17–18.
13. Bancroft, *Historia de Utah*, pág. 536.
14. "La finalización del Telégrafo," *Deseret News*, 23 de octubre de 1861, pág. 189.
15. El president Wilford Woodruff, *Diario Privado del Historiador* 1858, entrada el 22 de agosto de 1862, Departamento Histórico de los SUD, Salt Lake City.
16. *Historia de la Iglesia*, 6:566.
17. "Ceremonias en el Bowery," *Deseret News*, 10 de Julio de 1861, pág. 152.
18. En *Diario de Discursos*, 10:38–39.
19. Preston Nibley, *El president Brigham Young: El Hombre y Su Obra*, pág. 369.
20. "El Gran Tabernáculo Mormón en Salt Lake", *Scientific American*, 8 de Junio de 1867.
21. Citado en Moore, Carrie A. (27 Marzo de 2007). "¿Qué ha cambiado en el Tabernáculo?" *Deseret Morning News*. Recobrado el 28 de enero de 2010.

El presidente Brigham Young: La Década Final

[1868–1877]

¿Quién puede resumir adecuadamente los logros de El president Brigham Young? Este hombre, un gigante espiritual y temporal, guió a la Iglesia a través de su período más difícil. Mantuvo a los fieles de la Iglesia juntos después de la muerte de su fundante profeta dispensacional, José Smith. En toda ocasión y siempre fue discípulo de José, buscando solo llevar a cabo esas cosas que él (José) había comenzado.Brigham era un hombre sensato con una voluntad de hierro para hacer lo correcto, no importa cuáles fueran los desafíos o la oposición. Tal vez su nombre es aun mejor conocido en todo el mundo que el de José Smith, tanto para bien como para mal. Pero aquelllos de nosotros que lo consideran como el hombre ungido para ejercer las llaves del sacerdocio durante más de 30 años, fue simplemente esto: el profeta de Dios, y la salvación de los Santos.

Entramos ahora el capítulo final de su vida, los últimos diez años, con algunos de los principales acontecimientos que han marcado esta década. A continuación, vamos a recurrir a un resumen de su grandeza y sus logros.

1868

ZCMI

En mayo de 1868, la Institución Cooperativa Mercantil de Sión, más conocido como ZCMI (por sus siglas en inglés), abrió oficialmente sus puertas como uno de los grandes almacenes más antiguos de los Estados Unidos. El president Brigham Young fundó ZCMI en parte debido a la inminente terminación del ferrocarril, y en parte para crear un ambiente de negocios más justo. Dado que los comerciantes no mormones cobraban más si sabían que estaban haciendo negocios con un mormón, El president Brigham Young instó a las empresas mormonas a unirse bajo un mismo techo. Poniendo en común sus recursos, pudieron hacer grandes pedidos a los proveedores y asegurarse fuentes exclusivas de materiales y mercancías. Para lanzar el proceso, la Iglesia adquirió el Emporio Águila, un conglomerado de empresas mercantiles propiedad de William Jennings. Luego, con el tiempo, todos estos negocios independientes que se especializaban en un tipo de mercadería o servicio convergieron en lo que se verdaderamente fue "La Primera Tienda de Departamentos de América."

Finalmente ZCMI fabricó su propia línea de zapatos y botas, y una línea de ropa de trabajo. También vendía todo lo que una familia pudiera necesitar, desde materiales de construcción como madera y clavos hasta las necesidades básicas del hogar, tales como telas, agujas, hilo, alimentos, muebles y cortinas, e incluso algunos productos de belleza. Con sede en Salt Lake City, ZCMI se convirtió en un nombre muy conocido en la comunidad. La Iglesia siguió teniendo una influencia significativa en la empresa, reteniendo un interés mayoritario hasta su eventual venta.

VIAJAR POR FERROCARRIL

En 1868, el ferrocarril Union Pacific había llegado tan lejos al oeste como Laramie, Wyoming. Ese año, el Fondo Perpetuo para la Emigración juntó $ 70.000 y envió hombres y equipos a Laramie. Otros 4000 inmigrantes llegaron al oeste en los carros que regresaban.

Tienda ZCMI en Salt Lake City

1869

El 8 de marzo de 1869, el ferrocarril Union Pacific llegó a Ogden, Utah, poniendo fin a la necesidad de las caravanas de carretas de la Iglesia para traer inmigrantes a Utah. Esto terminó formalmente el período pionero de la historia de la Iglesia.

El 10 de mayo de 1869, la terminación del ferrocarril transcontinental se consumó en la Cima delPromontorio, al oeste de Utah con la conducción de una espiga de oro por Leland Stanford.Esto unió los rieles del Ferrocarril Central Pacific y los del Ferrocarril Union Pacific, haciendo una vía de tren continua de este a oeste a través de los Estados Unidos.

Exactamente a las 24:47, Stanford utilizó un mazo con espiga de plata para conducir la espiga al empalme. La sola palabra "hecho" se dirigió por telégrafo atodo el país, haciendo de este uno de los primeros eventos de medios de comunicación a nivel nacional en los Estados Unidos. Las locomotoras semovieron hacia delante hasta que sus "barrederas" se juntaron, y luego se tomaron fotografías (véase más arriba).

Conducción en el Spike de Oro

Inmediatamente después, la espiga de oro y el lazo de laurel se retiraron por temor a que pudieran ser robados. Fueron reemplazados con una espiga de hierro comun y una unión normal. La Espiga de Oro fue donada al Museo de Stanford (ahora el Centro de Artes Cantor) en 1898. El último lazo de laurel fue destruido en los incendios causados por el terremoto de 1906 en San Francisco.[1]

La Organización de Jóvenes Mujeres

El 28 de noviembre de 1869, El president Brigham Young organizó la Asociación Cooperativa de Moderación de Jóvenes Mujeres (más tarde llamada YWMIA, y ahora la de Mujeres Jóvenes). En la fundación de la organización, Brigham expuso su visión de las mujeres jóvenes de la Iglesia:

"Deseo que hagan economía de extravagancias en el vestir, en el comer y aun en el habla. Ha llegado el momento en que las hermanas deben estar de acuerdo… para dar un ejemplo digno de ser imitado ante los pueblos del mundo…. Se necesita que jóvenes hijas de Israel den un testimonio vivo de la verdad…. Estamos por organizar una Asociación de moderación de gastos, a la cual quiero que todas vosotras se unan, y quiero que voten por moderarse enero de… todo lo que no es bueno y ni bello, no para haceros a vosotras mismas infelices, sino para vivir para lo que puede ser verdaderamente feliz en esta vida y en la vida futura."[2]

De 1869 a 1880, la organización de Jóvenes Mujeres funcionó a nivel local de barrio, sin una presidencia general. Sufrió varios cambios durante la administración del presidente John Taylor, incluyendo convertirse en una amplia organización de la Iglesia el 19 de junio 1880.

1870

Sufragio y Defensa de la Mujer

El 12 de febrero de 1870, la ley del sufragio femenino se promulgó en Utah, dando a las mujeres el voto por primera vez. Esto fue décadas antes de la estadidad. Entre todos los estados de Estados Unidos, solamente Wyoming concedió el sufragio a las mujeres antes que Utah. Sin embargo, en 1887 la Ley Edmunds—Tucker fue aprobada por el Congreso en un esfuerzo por reducir la influencia mormona en el gobierno territorial. Este acto anulaba el derecho al voto de la mayoría de los residentes del estado, incluidas las mujeres. El voto total para las mujeres no fue devuelto hasta que Utah fue admitido en la Unión en 1896.

Godbeitas y el "Partido Liberal"

En 1870 se organizó una facción apóstata, los Godbeitas, o Nuevo Movimiento. William S. Godbe trató de reformar la Iglesia SUD. y C.reía que rompiendo el control de El president Brigham Young sobre asuntos seculares en el territorio también impulsaría una reforma religiosa. El movimiento tuvo dos elementos, uno político y otro religioso.

El movimiento político se inició en 1870 con la formación del "Partido Liberal", que creía que el futuro de Utah estaba en la minería. Los mineros de Utah, tipicamente no mormones, se convirtieron en miembros clave del partido. El gobierno de oposición del Partido Liberal estaba controlado por grupos religiosos organizados. Aunque ampliamente superados en número, ganó varias elecciones locales. Su antimormonismo siguió siendo un tema central del partido hasta que se disolvió en 1893.

Godbe y otros comerciantes mormones asociados con el movimiento liberal comenzaron a criticar las demandas económicas y políticas de El president Brigham Young en el Utah Magazine de Godbe, una publicación periódica que con el tiempo se convirtió en The Salt Lake Tribune. Cuando aparecieron condenas cada vez más duras dirigidas a los líderes de SUD, la Iglesia excomulgó a Godbe y algunos de sus líderes clave el 25 de octubre 1869.

En respuesta, en 1870 Godbe formó la Iglesia Godbeita, cuyo nombre oficial es la Iglesia de Sion. Profesaban para abarcar todos los sistemas de creencias, pero se vieron particularmente conocidos por su misticismo. Se

William S. Godbe

abstuvieron de criticar a la Iglesia por la poligamia, ya que varios Godbeitas mismos practicaban la poligamia. Su iglesia se extinguió para 1873.

La publicación de Godbe se convirtió en la voz de todos los anti-mormones en Utah, incluyendo pero no limitado a los Godbeitas. En respuesta, los Santos formaron el Partido Popular, un título seleccionado para sugerir popularidad. Santos de los Últimos Días previamente habían ganado elecciones indiscutidas, pero ahora enfrentaban un desafío organizado por el Partido Liberal. El Deseret Evening News, propiedad de la Iglesia, sirvió como periódico del Partido Popular, y regularmente denunciaba al Partido Liberal en sus páginas.

Los Godbeitas trataron de influir en los habitantes de Utah y la Iglesia SUD a adoptar políticas políticamente más progresistas, pero el elemento no mormón del partido tomó una línea más contradictoriia. Los partidarios de los no mormones, especialmente los mineros y los trabajadores ferroviarios, cada vez dominaron más la dirección del partido. Ellos crecieron menos apaciguando alos Godbeitas y más abiertamente siendo anti-Mormonicos y anti-poligamia. La facción Godbeita del partido se extinguió haciar la década de 1870.

1872

El Exponente de la Mujer

El Exponente de la Mujer comenzó a publicarse en 1872 para elevar y fortalecer a las mujeres de Utah. También trató de educar a los de la fe no mormona acerca de las mujeres que pertenecían a la Iglesia. Aunque no era una publicación oficial de la Iglesia, que estaba estrechamente ligada a la Sociedad de Socorro. Las mujeres de la Sociedad de Socorro fue alentada activamente a suscribirse, así como a contribuir con el papel.

Alrededor del 10% de los miembros de la Sociedad de Socorro se suscribieron a la misma. Sin embargo, su influencia fue mucho más extendida, ya que se convirtió en un lugar para la discusión periódica sobre temas de la mujer en Utah. Fue una voz fuerte en apoyo del voto femenino. También apoyó activamente el matrimonio plural. El hogar y los roles generales de las mujeres también fueron discutidos con frecuencia. Además, el Exponente publicó poemas, cuentos, humor, algo de sabiduría y noticias de actualidad.

La primera editora del periódico fue Louisa Lula Greene, quien aceptó el cargo con la aprobación de su gran tío, El president Brigham Young. En 1877, ella tuvo éxito como editora por Emmeline B. Wells, quien más tarde se convirtió en presidenta general de la Sociedad de Socorro. Se desempeñó como editora de la publicación durante 37 años. Wells trató de persuadir a la Iglesia a adoptar el periódico como su publicación oficial, pero cuando se negaron, el periódico se vio obligado a cerrar en 1914. La Revista de la Sociedad de Socorro, una publicación independiente y oficial de la Iglesia, comenzó su publicación en enero de 1915.

UN FERROCARRIL ACELERA LA CONSTRUCCIÓN DEL TEMPLO

Durante muchos años, los avances en la construcción del Templo de Salt Lake se habían visto obstaculizados por el lento proceso de transportar bloques de granito de Little Cottonwood Canyon al lugar del templo en Salt Lake City. Pero este proceso se aceleró en 1872, cuando el ferrocarril a Little Cottonwood Canyon Comenzó su actividad. En lugar de días en carros tirados por mulas o bueyes, ahora las piedras podían ser entregadas en un día.

1873

Cooperativas: la Búsqueda de la Unidad EconómicaEl éxito del movimiento cooperativo en Brigham City y de ZCMI en Salt Lake City comenzó a extenderse a otras comunidades en el año 1873. Estas cooperativas se establecieron para ofrecer precios justos y razonables y puestos de trabajo a los mormones de la comunidad. Los mismos bienes, si se vendían a los no mormones, costarían más. La mayoría de las cooperativas eran sociedades anónimas, organizadas y en parte propiedad de la Iglesia, pero también con una amplia base de propiedad pública y apoyo.Las cooperativas proporcionan el poder de compra que mantenía bajos los costos de los bienes. Pero también estaban motivadss por el bienestar de los pobres, una versión del "almacén del obispo." El Patronazgo se consideraba un acto de lealtad religiosa.

"Este movimiento cooperativo", dijo El president Brigham Young en 1869 ", sólo es un trampolín para lo que se llama la Orden de Enoc,… que es, en realidad, el orden de los cielos."[3]

1874

La Orden Unida de EnochEn febrero de 1874, la Iglesia puso en marzo dea oficialmente la Orden Unida de Enoc. Comenzando tan temprano como 1869 y continuando durante varios años sucesivos, sermón tras sermón por el presidente Young se había centrado en la necesidad de unificar y extender el principio de cooperación para cada fase de la vida. Ahora esos esfuerzos se organizaron oficialmente.

"Se agruparon los recursos de los miembros del barrio, y se hizo un intento bajo el aura de una sanción religiosa, para erradicar a los individualistas con fines de lucro y comercio y lograr el bendito estado de opulencia, autosuficiencia e igualdad. Esta nuevo orden, reconocida como algo diferente de la ley de consagración y administración, fue llamada "La Orden Unida de Enoch", una idea tomada de la ciudad de Sión en la Perla de Gran Precio.[4]

Dado que estas órdenes se desarrollaron por separado, surgieron 4 diferentes tipos de órdenes.

El modelo de San Jorge, en el cual personas de la comunidad contribuían con todos sus bienes a la Orden y recibían salarios y dividendos diferenciales en función de su trabajo y de los bienes con que contribuyeron. Las ganancias se lograban mediante el aumento de la especialización del trabajo y la mejora de la agricultura a través de cooperativas agrícolas. Sin embargo, en la mayoría de estas comunidades algunos residentes no pudieron unirse a ellas, y esto causó algunos problemas prácticos que no siempre se resolvieron satisfactoriamente.

El modelo de Brigham City, que no implicaba la consagración de todos los bienes o el trabajo de uno, pero ofrecía un aumento dela propiedad comunitaria y el funcionamiento de las empresas cooperativas. Este se introdujo en las comunidades donde el sistema cooperativo ya estaba muy extendido. Por lo tanto, la orden unida se utilizó simplemente como un instrumento para reforzar y ampliar la red de cooperativas ya existentes.

Una modificación del modelo de Brigham City, diseñada para las salas en las ciudades más grandes del territorio, de Salt Lake, Ogden, Provo, y Logan. Una sola cooperativa o corporación se organizó en cada sala para promover alguna empresa necesaria. Se lepidió a todos los miembros de sala participar en su financiación. Las salas contribuyeron a la autosuficiencia territorial mediante el inicio de una industria cuyos productos habían sido previamente importados. Los ejemplos de los tipos de industrias que surgieron incluyen:

— Una fábrica de sombreros
— Una sastrería
— Una fábrica de jabón
— Una tienda de zapatos y botas
— Una gran fundición

— Un taller de máquinas
— Fabricación de herramientas agrícolas

Un plan comunal, a veces llamado el Plan Evangelio. Los colonos contribuíancon todos sus bienes a la comunidad de Orden Unida, no había propiedad privada, compartían más o menos equitativamente los productos comunes, y vivían y comían juntos como una familia bien establecida. El más conocido de ellos fue establecido en Orderville, Utah, pero otros funcionaron en Price, Springdale, y Kingston, Utah; Bunkerville, Nevada; y en una serie de asentamientos rcientemens creados en Arizona.[5]

1875–1876

Los Hombres Jóvenes

El 10 de junio de 1875, El presidente Brigham Young estableció la Asociación de Mejoramiento Mutuo de los Hombres Jóvenes (más adelante el YMMIA ([por sus sigles en inglés: Young Men's Mutual Improvement Association], ahora Hombres jóvenes). Tenía la intención que esta organización actuara como un equivalente masculino a la Asociación de Moderación Cooperativa de Mujeres Jóvenes, organizada seis años antes. El propósito de esta organización era el de "ayudar a los hombres jóvenes a desarrollar sus dones, para pararse y hablar, y para dar testimonio."[6]

Un comité central de la YMMIA, dirigido por Junius F. Wells, proporcionó el liderazgo a la organización, condujo la obra misionera y emitió instrucciones generales. El Presidente de la Iglesia El president John Taylor en 1880 formó una Superintendencia General dela YMMIA (más tarde rebautizada "presidencia" en general).

Academias de Estaca

"Entre 1875 y 1910, la Iglesia SUD patrocinó treinta y tres academias para la enseñanza secundaria en siete estados del oeste, Canadá y México. Los factores que contribuyeron al desarrollo del sistema de la Academia fueron (1) la falta de instalaciones educativas públicas en Utah antes de 1900; (2) la afluencia de una población no-mormana con el establecimiento de acompañamiento simultáneode academias para otras denominaciones, escuelas que atrajeron a muchos jóvenes SUD; y (3) la necesidad de proporcionar escuelas alas zonas recién colonizadas en el marco del programa de colonización que la Iglesia llevaba a cabo en el oeste de Estados Unidos, México y Canadá.

"Una academia típica experimentaba tres fases de desarrollo curricular. Hasta 1900, predominaron las materias elementales, con algunas adiciones parciales de cursos secundarios y normales (de formación de maestros). El plan de estudios proporcionaba las materias académicas básicas con énfasis en campos profesionales y culturales, incluyendo las habilidades mecánicas y agrícolas, gimnasia, ama de casa, l música vocal, y arte."[7]

Academia de la Estaca Oneida

Conocidas como "academias de estaca," estas escuelas proporcionaban educación secundaria a finales del siglo XIX y principios del XX en un momento en que las escuelas públicas eran escasas. Algunas de estas academias eventualmente se convirtieron en colegios universitariox o universidades. Sin embargo, a mayoría se cerró con la aparición de los distritos escolares públicos.

Una lista de ejemplos de estas escuelas incluye:

— Academia de Estaca Bannock	Rexburg, Idaho	Actualmente BYU-Idaho
— Academia de EstacaSan José	Gila, Arizona	Actualmente Eastern Arizona College
— Academia de Estaca St. George	St. George, Utah	Actualmente Dixie State College
— Academia de Brigham Young	Provo, Utah	Actualmente Universidad del Brigham Young
— Academia de Estaca Cassia	Oakley, Idaho	Actualmente cerrada
— Academia de Estaca Oneida	Preston, Idaho	Actualmente cerrada
— Academia de Estaca Wber	Ogden, Utah	Actualmente Universidad Estatal Weber

La Iglesia también estableció colegiosuniversitarios y universidades formales:

— Universidad de Deseret	Salt Lake City	Actualmente Universidad de Utah
— Universidad de los Santos de los Últimos Días	Salt Lake City	Actualmente Cologio de los SUD
— Colegio Universitario El president Brigham Young	Logan, Utah	Actualmente cerrado
— Colegio Universitario de la Iglesis deNueva Zelanda		Cerrado desde noviembre 2009

Mis propios padres fueron educados en el sistema de academia de estacao. Ambos se graduaron en la Academia de Estaca Oneida, en Preston, Idaho en la década de 1920. El presidente Ezra Taft Benson también asistió y se graduó en la Academia Oneida. Mi tío, Daryl Chase, fue instructor en la Academia Oneida quien más tarde enseñó en el Instituto de Religión en la Universidad del Estado de Utah, se desempeñó como Presidente del Colegio Universitario Southern de Utah (actualmente Universidad de Southern Utah Utah), y luego como presidente de la Universidad Estatal de Utah en Logan, Utah.

1877

Se Dedica el Templo de San Jorge

El 6 de abril de 1877, Daniel H. Wells dedicó el Templo de St. George en St. George, Utah. Este fue el primer templo completado y dedicado desde éxodo forzado de los Santos de Nauvoo. Hoy es el templo más antiguo que todavía se utiliza de forma activa por la Iglesia para la obra del templo.

El president Brigham Young seleccionó una parcela de 6 acres para el lugar del templo. Sin embargo, los constructores encontraron que el lugar era pantanoso y tenía numerosas corrientes subterráneas. Cuando se le preguntó el presidente Young acerca de cómo mover el lugar, se mantuvo firme en cuanto a la ubicación, que había sido dedicada por los profetas antiguos para tal fin.[8]

Construyendo el Templo de San Jorge

Los trabajadores crearon drenajes para eliminar tanta agua como fuera posible, y trajeron en roca de lava, que trituraban en la grava, para crear una base seca para el templo. Triturar esta roca fue un reto, pero se llevó a cabo mediante el uso de un viejo cañón como un martinete para compactar la roca lava y la tierra para crear una base firme.

Más Reorganización de la Iglesia

A principios de ese mismo año de 1877, el presidente Young reorganizó todos los quórums del sacerdocio y publicó instrucciones para los mismos. Entendió así las revelaciones sobre el sacerdocio dada a José Smith, pero esas revelaciones generalmente definían qué hacer y no siempre cómo hacerlo. La Iglesia entonces, como ahora, tuvo que adaptarse a las circunstancias cambiantes.

El élder Orson Pratt dijo en 1877:

> Decir que habrá un tiempo establecido en la historia de esta Iglesia en sus imperfecciones y debilidades, cuando la organización será perfecta, y que no habrá ninguna otra prórroga o adición a la organización sería un error. La Organización es seguir, paso a paso, de un grado a otro, al igual que las personas aumentan y crecen en el conocimiento de los principios y las leyes del Reino de Dios, y como se extenderán sus fronteras.[9]

El president Brigham Young sintió urgencia en relación a la reorganización del sacerdocio, sabiendo que pronto podría morir. En abril de ese año, dijo, "muchas veces siento que no podría vivir una hora más." Había iniciado el proceso en junio de 1875 asignando una prioridad adecuada a los miembros del Quórum de los Doce. El president John Taylor llegó a ser Presidente de ese quórum en lugar de Orson Hyde. En 1876 dio un paso más, dejando claro que la Estaca de Salt Lake no tenía autoridad "centro de estaca" sobre otras estacas; todas iban a ser iguales una con respecto a otra. Algunos miembros de los Doce que entonces servían como presidentes de estaca fueron liberados de estos llamados locales para volver a sus funciones generales de liderazgo.

Durante el mandato de El president Brigham Young como Presidente de la Iglesia, los miembros habían crecido de 12.000 a más de 100.000. Las estacas en las zonas periféricas no siempre estaban siguiendo las revelaciones en sus organizaciones del sacerdocio. Algunos presidentes de estaca estaban sirviendo sin consejeros. Otros no estaban debidamente ordenados y fueron apartados. Algunas estacas carecían de altos consejos. Algunas no tenían funcionando ningún quórum de élderes. Y otros no estaban celebrando conferencias periódicas de estaca. A nivel de barrio, algunos tenían presidentes en lugar de obispos. Y otros carecían de consejeros y/o la ordenación adecuada. Los quórum del Sacerdocio Aarónico también estaban en desorden. El registro de membresías no se mantenía en las salas, dejando a algunos miembros, según El president Brigham Young, como "ovejas dispersas que no conocen ningún redil en particular." Todo esto necesitaba corrección.

Brigham trabajó sin descanso para reorganizar las estacas y los quórums del sacerdocio antes de su muerte. Debían realizarse veinte diferentes conferencias de estaca para poner las cosas en el orden correcto. Tuvieron que crearse siete nuevas estacas. Hombres capaces fueron trasladados de una asignación a otra. Se llamaron a los consejeros y se seleccionaron líderes de estaca y de quórums locales. Brigham no sólo tenía que hacer estas cosas, sino también escribir los procedimientos para beneficio de las futuras unidades de la Iglesia. Esta reorganización fue el último gran logro del presidente Young, y continúa bendiciendo la Iglesia hasta el día de hoy.

La Muerte de El president Brigham Young

Durante la última semana de agosto de 1877, el presidente Young se enfermó gravemente de "cólera morbus e inflamación de los intestinos."[10] Se cree que murió de peritonitis de una ruptura apéndice.[11] A pesar de la atención de un médico, murió en una la semana el 29 de agosto de 1877, a las 16: horas.[12]

Los que estuvieron presentes a su muerte dicen que sus últimas palabras fueron: "José, José…" ya que al parecer fue visitado a la hora de su muerte por el Profeta al que había durante servido tanto tiempo. El 2 de septiembre de 1877, tuvo lugar su funeral en el Tabernáculo de Salt Lake con una asistencia estimada en 12.000 a 15.000 personas.[13] Fue enterrado en los terrenos de su propiedad en Salt Lake City. El lugar de su tumba hoy se encuentra en el cementerio de Mormón Memorial Pionero en el centro de Salt Lake City, justo al este de la cuadra del edificio de la Administración Iglesia.

HOMENAJES Y LOGROS

Logros de El president Brigham Young

Hay muchos resúmenes de la vida de El president Brigham Young. La mayoría de ellos no son de gran amplitud, tratando un aspecto u otro de sus logros. Me he esforzado para proporcionar una cronología detallada de los acontecimientos de su vida en la introducción a esta sección de este libro. Voy a resumir sus principales logros aquí, extraídos de fuentes como la de Leonard Arrington *El president Brigham Young: El Moisés Americano* (1986), *León del Señor* de Stanley Hirshson(1969), *Historia de la Iglesia en la plenitud de los tiempos* (2003), *Presidentes de la Iglesia* (1989, 2003, 2005), y *Mi Reino ha de Rodar* (1980). Agradezco a estas fuentes de las que gran parte se resumen a continuación. Pero incluso con todas estas fuentes, este tipo de esfuerzo está condenado a ser inadecuado por omisión. Simplemente hay mucho que decir acerca de este gran profeta-líder y no hay suficiente espacio o el tiempo para decirlo todo.

Brigham Young en 1851

- **Crecimiento de la Iglesia:** La membresía a su muerte era 115.006; Estacas:20; Templos:1; Misiones:8; Misioneros:250.

- **Migración Pionera:** Entre 1847 y 1869, un estimado de 70.000 pioneros hicieron el viaje a Utah. Brigham también organizó el éxodo de los Santos de Misuri a Illinois, y participó en el Campamento de Sión.

- **Colonización:** Organizó 360 aldeas, pueblos y ciudades en Utah, Arizona, Idaho, Nevada, Wyoming y California.

- **Infraestructura:** Estableció escuelas, dirigió empresas de fabricación y construyó casas para reuniones, pabellones, templos, hospitales, carreteras, fábricas, teatros, y ferrocarriles.

- **Industrias:** Alentó a los miembros a organizar muchas nuevas industrias, como la fabricación de papel, hierro, seda, porcelana, cerámica, y azúcar de remolacha, y la producción de productos de lana, algodón y telas de algodón, cuero y productos de cuero.

- **Tecnología: Reconoció la ventaja de los ferrocarriles y trajo el servicio ferroviario a muchas de las comunidades mormonas de Utah y Idaho.** El ferrocarril también ayudó a los viajes misioneros y la emigración de conversos. El ferrocarril central de Utah, creado en gran medida por el presidente Young, transportó grandes bloques de granito al lugar del Templo de Salt Lake. Los ferrocarriles establecidos por el presidente Young mejoraron los estándares de vida de los Santos como muebles, maquinaria, y otras materias primas podrían obtenerse más rápidamente y más baratos.[14]

También reconoció la importancia del telégrafo, adoptándolo como una nueva forma vital para comunicarse con las comunidades mormonas en toda la región Inter—montañas.

- **Orden Social:** Pensó hacer Utah auto—sostenible y crear un orden económico y social en las comunidades de los Santos de los Últimos Días.

Leonard J. Arrington escribió:

Los logros más evidentes de Brigham fueron el producto de su talento de toda la vida para tomar decisiones prácticas. Él instituyó patrones de gobierno de la Iglesia que persisten hasta nuestros días. Cuando condujo a los Santos través de las llanuras de Iowa, emitió i detalladas instrucciones que fueron seguidas por los cientos de compañías que atravesaron las llanuras del valle de Salt Lake en los años siguientes. En la Gran Cuenca dirigió la organización de… asentamientos SUD; estableció varios cientos de empresas cooperativas al por menor, al por mayor y de fabricación; e inició la construcción de centros de reuniones, tabernáculos y templos. Mientras hacía todo esto, llevó a cabo una batalla permanente con el gobierno [EE.UU.] para preservar el… de vida de los Santos de los Últimos Días. Su principal preocupación fue construir sobre el fundamento iniciado por José Smith para establecer una comunidad en el desierto, donde su gente pudiera vivir el Evangelio de Jesucristo en paz, mejorando así sus posibilidades en esta vida y en la próxima. Amaba la Gran Cuenca, porque su dureza y aislamiento hacían que fuera un lugar ideal para "hacer Santos."[15]

- Organización de la Iglesia: El president Brigham Young estableció todas las unidades de estaca y barrio de la Iglesia después de 1844. Además, justo antes de su muerte, se llevó a cabo una importante reorganización de las unidades de estaca y de barrio locales para poner las cosas en el orden correcto de acuerdo con las revelaciones y para asegurar que la Iglesia creciera y prosperara de una manera ordenada.

William G. Hartley escribió:

El presidente Young inauguró cambios que afectaron directamente al funcionamiento de la Iglesia en el ámbito local. Liberó a los miembros del Consejo de los Doce de presidir las unidades locales, las estacas reorganizadas, definió los deberes de los Apóstoles, el mandato que un obispado consiste de sacerdotes, y extendió sistemáticamente el sacerdocio Aarónico a los adolescentes. En 1877, la Primera Presidencia emitió una guía codificando los principios del sacerdocio necesarios para las estacas en funcionamiento, los barrios y al quórum. Fue la declaración de política más completa acerca de las prácticas del sacerdocio desde la publicación de la Doctrina y Convenios y sirvió como el primer manual general de instrucciones.[16]

Carácter y Valores de El president Brigham Young

El president Brigham Young fue un excelente juez de carácter. Su estilo sensato ofendió a algunos, pero inspiró a otros. Años de guiar a la Iglesia a través de sus días más difíciles le dejaron capacidad de discernimiento en asuntos temporales y espirituales.

El doctor Hugh Nibley escribió:

Un gran sillón de cuero negro estaba en su oficina [su] dela la Casa del León… daba a la ventana en la pared opuesta y el escritorio del Presidente en el centro de la habitación. Los que visitaban la oficina por primera eran invitados a sentarse en ese sillón, de frente a la fuerte luz del día y los calmos ojos azules del Hermano Brigham, que estaba sentado en su escritorio, de espaldas a la ventana, esperando en silencio que su huésped dijera algo. Después de todo, el hombre había venido a verlo, y era justo dejarlo exponer su negocio: el presidente Young… nunca

Brigham Young, de 75 años, en 1876

decía una palabra durante los primeros tres minutos. Y al final de los primeros tres minutos siempre sabía exactamente la clase de hombre al que estaba tratando, y la naturaleza, codiciosa, benigna, o siniestra, de su negocio. "¡Y nunca… tuvo que cambiar sus técnicas psicoanalíticas!," el sofá de cuero negro y todo, estaban en un lugar extremadamente preciso, y siempre lo puso en la cima de la situación. El presidente Brigham

Young solía decir que a ningún hombre a quien se le permitiera hablar, posiblemente podría ocultar su verdadero carácter, "Porque de la abundancia del corazón habla la lengua."'[17]

- Alentó la excelencia y el refinamiento en todos los aspectos de la vida de sus seguidores:

    — Alentó las artes y fundó el Teatro de Salt Lake.
    — Promovió la artesanía fina de templos, tabernáculos, edificios públicos y hogares.
    — Fundó la Universidad de Deseret en Salt Lake City en 1850 (más tarde la Universidad de Utah).
    — Fundó el presidente Brigham Young Academy en Provo en 1875 (más tarde Brigham Young University).
    — Fundó el presidente Brigham Young College en Logan, Utah, en 1876.
    — Fundó la Academia de Estaca Salt Lake (más tarde Colegio Universitario de los Santos de los Últimos Días; actualmente Colegio Universitario de Negocios SUD).

Teatro de Salt Lake (establecimiento 1861)

- Disfrutaba de la recreación:

    — Participó en una dramática producción en Nauvoo.
    — Le gustaba bailar porque, dijo: "Me deshago de ellos [problemas personales y los de otros] por patadas de los dedos de los pies."
    — Participó en todo tipo de celebraciones públicas: desfiles y picnics del 24 de julio, excursiones a los cañones, ejercicios de milicias, cenas y visitas de amigos.
    — Viajó extensivamente por todo el asentamiento mormón con partidos compuestos de parientes, otras Autoridades Generales y asociados cercanos.
    — Estas excursiones eran una combinación de negocios y placer ya que se reunía con los Santos locales, observaba las condiciones, renovaba amistades, y daba las necesarias instrucciones.

En el río Colorado, 1870

- Pronunció cientos de sermones y discursos sobre una amplia gama de temas, muchos de ellos capturados en el *Diario de Discursos*, 1854–89] (véase el volumen 1 tapa de la derecha).

    — Ampliando nuestros talentos.
    — La Expiación de Cristo.
    — Modas de las mujeres.
    — Recuerdos de José Smith.
    — La relación adecuada entre la iglesia y el estado.
    — Cómo formar una sociedad justa.
    — La naturaleza de la Trinidad.
    — La importancia de la cooperación.
    — Cómo volver a la presencia de Dios.
    — Optimistas y alentadores en lugar de culposos o amenazantes, sus discursos eran motivados constantemente por el deseo de inspirar a los Santos a vivir su religión.

- Proporcionó un significativo estímulo a las mujeres:

  — Las desafió a establecer y mantener estándares de calidad como amas de casa y madres.
  — Invitaba activamente a las mujeres a desarrollar sus talentos en medicina, educación, periodismo, derecho, telegrafía, merchandising, y contabilidad.

  Jill Mulvay Derr, un historiador investigador de la Universidad El president Brigham Young, escribió: "La situación de la mujer había mejorado decididamente durante la administración del presidente Brigham Young. Su reorganización de la Sociedad de Socorro inició a las mujeres en una época de actividad pública que las involucró en negocios y les dio nueva situación económica en una comunidad que estaba preocupada por su identidad económica."[18]

Mujer pionera

- Mostró un gran interés y preocupación por los lamanitas:

  — Animó a los Santos a tratarlos con paciencia y tolerancia.
  — Se reunió en varias ocasiones con jefes y les animó a pensar en él como su amigo.
  — Les proporcionó generosamente regalos, ropa, mantas, fusiles, y bueyes.
  — Llamó a misioneros para supervisar las granjas donde los indios podían aprender los principios agrícolas.
  — Tomó huérfanos indios en su casa.
  — Buscó hacer a los indios más civilizados, lo cual incluía,
  — además de la agricultura y la religión, vivir en casas, alfabetización, pagar por lo que recibían, y adoptar la moral cristiana.[19]

- El doctor Hugh W. Nibley resumió los logros de El president Brigham Young:

  La verdadera estatura del presidente Brigham Young surge si uno busca componer una lista de sus pares. Dirigió una banda andrajosa y empobrecida, prácticamente despojada de todos sus bienes terrenos, en un territorio desconocido. Sus críticos y biógrafos señalan que fue un hombre único entre los líderes de la historia moderna, porque él solo, sin ningún tipo de apoyo político y financiero, estableció de cero en el desierto una sociedad ordenada y laboriosa, que no tenía otra autoridad que el sacerdocio y la fuerza espiritual con la que él entregaba sus enseñanzas. Por medio de constantes exhortaciones e instrucciones, sacó a su pueblo y les inspiró a llevar a cabo el mandato divino de edificar el reino de Dios en la tierra.[20]

La Vida de Hogar de El president Brigham Young

- **Las esposas de El president Brigham Young:** El president Brigham Young se casó con 27 mujeres, 16 de las cuales dieron a luz un total de 57 hijos. La esposa de Brigham Mary Ann Angell, tuvo problemas con su reacción inicial con la poligamia, pero después de aceptarla como un principio de Dios, dio su pleno consentimiento a otros matrimonios de Brigham y dio la bienvenida a estas mujeres en la familia.[21]

  No todas sus esposas e hijos vivían en su residencia oficial (la Casa del León y Colmena House), pero alrededor de 12 de ellas lo hicieron. Se aseguró que las mujeres y los niños que vivían en la ciudad en otros lugares recibieran lo que necesitaban en términos de alimentos, ropa, y suministros. A pesar de los rumores en sentido contrario, no tenía una esposa favorita; era amable y atento con todas ellas.

Su hija Clarissa Young rindió homenaje al tratamiento de su padre para con sus esposas:

> [Su] ingenio… en mantener contentas y felices más de doce esposas bajo un mismo techo. Porque realmente eran felices. Sin lugar a dudas, a veces hubo pequeñas fricciones y celos, pero muy rara vez se mostraron en la superficie, y nuestra casa era tan tranquila y serena como cualquier otra casa. Ellas cuidaban de los hijos de las otras se reunían para coser trapos para la alfombra que una de ellas podría necesitar, compartieron sus penas y alegrías entre sí. Donde una era débil, la otra era fuerte y con mucho gusto le daba de su fuerza a la más débil…. Todas las esposas tenían los mismos derechos y privilegios y cada una, a su vez, esperaba que hiciera su parte para mantener el establecimiento funcionando sin problemas.[22]

- **Los hijos de El president Brigham Young:** Como se mencionó anteriormente, fue padre de 57 hijos, y disfrutó enormemente su asociación con ellos. Siempre estuvo preocupado por su felicidad personal, y su puerta siempre estuvo abierta para sus hijos para comunicarle sus preocupaciones y problemas. Algunos de los hijos preferían ir a él con sus problemas (en lugar de a sus madres), debido a su gran ternura con ellos.

Susa Young Gates recordó que disciplinaba a los hijos cuando lo necesitaban. "Nunca les dio la humillación de corregirlos o castigarlos a ellos frente a los otros hijos o frente a la familia o a extraños. Los llevaba a un lado, entonces o después, y en su forma, amable y paternal les decía lo que sentía que habría de legarles como forma de corrección o disciplina…. Una de sus prácticas fue: 'Ningún niño debe ser castigado, mientras que el padre esté enojado.'"[23]

Veintiuna de las esposas de Brigham Young

Diez de las hijas de Brigham en 1865

Aseguró la educación de todos sus hijos, contrató de tutores para instruirlos en música, idiomas, estenografía, y dibujo. Hizo hincapié en la vida saludable, especialmente para las niñas, incluida la comida sana, un gran cantidad de "cultura física" (ejercicios), y dormir en los porches al aire libre durante los meses más benignos. Los niños tenían un gimnasio con barras horizontales, cuerdas de saltar, patines de ruedas, pesas, pelotas grandes para patear y rodar. También recibieron instrucción en gimnasia, esgrima, y baile en solitario, y tenía una pequeña plataforma construida para los juegos de la familia.

La oración familiar, una parte importante de la agenda del día, se celebraba en la Casa del León alrededor de las 19: cada noche. Los niños se juntaban rápidamente cuando sonaba una campana especial que guardaba en la sala. Además de la lectura de las Escrituras y las oraciones, A veces, Brigham mantenía consejos de familia, hablaba sobre los acontecimientos actuales con esposas e hijos, o le pedía un número musical a una de sus hijas.

El Testimonio de El president Brigham Young

Cualesquiera fuese los otros reconocimientos dados a El president Brigham Young, lo más importante que se puede decir es que él fue un Profeta de Dios para Su pueblo durante 30 años de los retos más difíciles con los alguna vez esta Iglesia se ha enfrentado. Permaneció fuerte contra el mal y la persecución, tanto antes como después que se convirtiera en Presidente de la Iglesia. José Smith dijo una vez que durante las dificultades en Kirtland, solamente El president Brigham Young y Heber C. Kimball no vacilaron. Brigham estuvo de pie en el Templo de Kirtland y dio solemne testimonio que José Smith era un Profeta de Dios; su comportamiento estuvo a punto de costarle la vida. Pero ese testimonio que nunca vaciló durante los próximos 40 años de su vida. Cerramos este capítulo con su testimonio de la verdad de la obra a la que tanto él como nosotros estamos dedicados:

El presidente Brigham Young en 1864.

> Doy testimonio de que hay un Dios, y que Jesucristo vive y que Él es el Salvador del mundo. ¿Habéis estado en el cielo y aprendido lo contrario? Yo sé que José Smith fue un Profeta de Dios, y que tuvo muchas revelaciones. ¿Quién puede refutar este testimonio? Cualquier persona puede ponerlo en duda. He tenido muchas revelaciones; He visto y oído por mí mismo, y sé que estas cosas son verdaderas, y nadie en la tierra puede refutarlas. El ojo, el oído, la mano, todos los sentidos puede ser engañados, pero que el Espíritu de Dios no puede ser engañado. Cuando están inspirados con ese Espíritu todo hombre o mujer está lleno de conocimiento, que puede ver con un ojo espiritual, y él sabe que está más allá del poder del hombre controvertirlo. Lo que yo sé acerca de Dios, en relación con la tierra, en relación con el gobierno, lo he recibido de los cielos, no solo a través de mi habilidad natural, y doy a Dios la gloria y la alabanza. Los hombres hablan de lo que se ha realizado bajo mi dirección, y lo atribuyen a mi sabiduría y capacidad; pero todo es por el poder de Dios, y por la inteligencia recibida de Él."[24]

Notas:

1. Bowman, J. N. "Conduciendo la Última Espiga en Promontorio, 1869," *California Sociedad Histórica Trimestral, vol. XXXVI*, No. 2 (junio de 1957), págs. 96–106, y *Vol. XXXVI*, No. 3, (septiembre de 1957), págs. 263–74.
2. Citado en Janet Peterson y LaRene Gaunt, *Guardianes de la Llama: Presidentes de las Mujeres Jóvenes* (1993), pág. xi.
3. Ver los sermones de El president Brigham Young, en *Revista de Historia* 6 de octubre 1850 8 de octubre 1855.
4. Leonard Arrington, *Reino de la Gran Cuenca Unido: Una Historia Económica de los Santos de los* Últimos Días, 1830–1900 (1993), pág. 324.
5. Asuntos Mormones: http://mormonmatters.org/2010/06/15/united-order-vs-consecration/
6. Véase la Introducción a los Hombres Jóvenes en el sitio web de la Iglesia. https://www.lds.org/callings/aaronic-priesthood/getting-started
7. "Academias", Harold R. Laycock, en *Enciclopedia del Mormonismo*, Daniel H. Ludldow (ed.), 5 volúmenes (1992), 1:11.
8. "El lugar para el templo de St. George era pantanoso, pero El president Brigham Young insistió en que se construyera allí porque el lugar había sido dedicado por el Libro de los Antiguos Profetas Mormones" (declaración por David H. Cannon Hijo. 14 de octubre 1942, citado en Kirk M. Curtis, *Historia del Templo de St. George*) tesis de maestría, Universidad El president Brigham Young (1964), págs. 24–25;. también en *Enciclopedia del Mormonismo*, 4 vols, Daniel H. Ludlow [1992], pág. 1452.
9. Sermón de Orson Pratt, el 20 de mayo de 1877; publicado en *Deseret News Semanal*, 18 de julio de 1877.
10. "La Salud de El president Brigham Young," *The New York Times*, 29 de agosto 1877.
11. "Biografía de El president Brigham Young," Universidad del Brigham Young. Obtenido 4 de Octubre de 2010.
12. "La Muerte de El president Brigham Young," *The New York Times*, 30 de agosto 1877.

13. "Los Funerales de El president Brigham Young," *The New York Times*, 3 de septiembre 1877.

14. John J. Stewart, "El Constructor de Ferrocarriles," en *León del Señor*, pág. 289.

15. "El presidente Brigham Young," en Daniel H. Ludlow, editado por, *Enciclopedia del Mormonismo*, 5 volúmenes (1992), 4:1609.

16. "La Reorganización del Sacerdocio 1877: Última Logro del presidente Brigham Young," *Estudios de la Universidad del Brigham Young* (1979), otoño de 1979, págs. 20–21.

17. "Educando a los Santos—Un Mosaico El president Brigham Young," *Estudios del Universidad del Brigham Young, 11* (1970), núm. , otoño de 1970, pág. 61.

18. Stanley Hirshson, *León del Señor* (1969), págs. 330–31.

19. Leonard Arrington, *El president Brigham Young: El Moisés Americano* (1986), pág. 220.

20. "Enseñanzas de El president Brigham Young," en *Enciclopedia del Mormonismo*, 4:1611.

21. Spencer, Clarissa Young, *El president Brigham Young en el Hogar*, pág. 68.

22. Spencer, *El president Brigham Young en el Hogar*, pág. 64.

23. Leah D. Widstoe citando a su madre, Susa Young Gates, revista *Improvement Era*, junio de 1961, pág. 449.

24. En *Diario de Discursos*, 16:46.

Profetas de Finales del Siglo Diecinueve

[1877–1901]

President Brigham Young lideró la Iglesia durante más de 33 años, de 1844 a 1877. Durante el resto del siglo 19, la Iglesia tuvo tres diferentes profetas cuya tenencia colectiva fue sólo de 24 años. Sin embargo, estos tres hombres fueron gigantes espirituales por su propio derecho, hombres que conocieron personalmente al Profeta José Smith y que condujeron la Iglesia con experiencia y sabiduría. Los siguientes son breves resúmenes de sus logros.

PROFETAS DE ESTE PERÍODO

John Taylor

Nacido: 1808, 1 de noviembre, en Milnthorpe, Westmoreland, Inglaterra

Bautizado: 1836, 9 de mayo, por Parley Pratt en Canadá (27 años).

Apóstol: 1838, 19 de diciembre (29 años)

Presidente: 1877, 29 de agosto, el apóstol más antiguo a la muerte de B. Young (68 años)

1880, 10 de octubre, Presidente de la Iglesia (71 años).

Murió: 1887, 25 de julio, en Kaysville, Utah, mientras estaba en el exilio por agentes federales

Sirvió durante 10 años como líder de la Iglesia

Misiones:
1839–1841   (Inglaterra)
1846–1847   (Inglaterra)
1849–1852   (Francia y Alemania)

Otros:
1842–1846, Editor, *Tiempos y Estaciones* periódico de Nauvoo
1844, 27 de junio, herido en el martirio de José Smith
1854–1857, Editor, el periódico *Mormón* en la ciudad de Nueva York
1857–1876, Miembro de la legislatura territorial de Utah

Templos: 1884, 17 de mayo, dedicó el Templo de Logan, Utah.

Revelaciones:
1877/1878   Visión de destrucciones (autenticidad puesta en duda).
1880 24 de julio   Vienen días de persecución para los Santos.
1882 junio/julio   Son definidos el Reino y la Iglesia
        junio 25–26   El matrimonio celestial es sólo para los elegidos
        27 de junio   Deberes de aquellos que poseen las llaves del sacerdocio
        13 de octubre   Llamado a G. Teasdale y H. J. Grant como Apóstoles
1883 14 de abril   La voluntad del Señor con respecto a los Setenta
        28 de abril   Sin deudas para la 1ª Presidencia; Escuela de Profetas
1884 17 de mayo   Una revelación sobre la obra del templo en el templo de Logan
        de diciembre   Las familias puestas en orden; juicio de los impíos
1886 26–27 de sept   Centerville. Pactos eternos; albedrío. Vino después de su muerte; rechazado por los Doce.

Wilford Woodruff

Nacido:	1807, 1 de marzo, en Farmington, condado de Hartford, Connecticut
Bautizado:	1833, 31 de diciembre, Richland, NY (26 años)
Apóstol:	1839, 26 de abril, Ordenado por President Brigham Young (32 años)
Presidente:	1887, 25 de julio, Apóstol más antiguo a la muerte de J. Taylor (80 años).
	1889, 7 de abril, Presidente de la Iglesia (82 años)
Murió:	1898, 2 de septiembre, en San Francisco (91 años). Sirvió durante 11 años como líder de la Iglesia.
Misiones:	1834, abril-junio, marcha del Campamento de Sión
	1835–1836, Arkansas, Tennessee y Kentucky
	1837, Islas Fox frente a la costa de Maine.
	1839–1841, Inglaterra, bautizó a miles de conversos.
	1844–1846, Misión Europea, presidente
Otros:	1851–1854, miembro de la legislatura territorial de Utah (21 términos)
	1890, 24 septiembre, Recibió una revelación que terminó con el matrimonio plural.
	1896, 4 de enero, Utah fue admitido como estado de la Unión
Templos:	1888, 17 de mayo, dedicó el templo de Manti privadamente
	1893, 6 de abril, dedicó el Templo de Salt Lake

Revelaciones	1839		Visión del Templo de Salt Lake en las Montañas Rocosas
	1840	2 de octubre	Dirigiéndose a la granja de Benbow (1.000 bautizados).
	1877	enero	Fundadores de EE UU/otros piden la obra del templo,
		26 de febrero	Trabajos a realizar para las esposas muertas de Woodruff
	1880	26 de enero	El futuro de la nación y de la Iglesia
		25-26 de diciembre	Dos visiones mientras está en Sunset, Arizona
	1889	7 de de abril	Deben apoyar inmediatamente Presidentes de la Iglesia
		24 de Noviembre	Ninguna concesión al gobierno en ese momento
	1890	24 de septiembre	Manifiesto terminando la poligamia en la Iglesia
	1894	abril	La genealogía familiar y del templo
	1896	noviembre	Visiones de José Smith y President Brigham Young

Lorenzo Snow

Nacido:	1814, 3 de abril, en Mantua, Condado de Portage, Ohio.
Bautizado:	1836, 19 de junio, en Kirtland, Ohio (22 años)
Apóstol:	1849, 12 de febrero, ordenado por Heber C. Kimball (34 años)
Presidente:	1889, 7 de abril, Presidente del Quórum de los Doce (75 años).
	1898, 2 de septiembre, Apóstol más antiguo a la muerte de W. Woodruff
	1898, 13 de septiembre, Presidente de la Iglesia (84 años).
Murió:	1901, 10 de octubre, en Salt Lake City, Utah (87 años). Sirvió durante 3 años como Presidente de la Iglesia.

Misiones: 1837–1838, Ohio (sin bolsa ni alforja).
1838–1839, Misuri, Illinois y Kentucky
1839–1843, Inglaterra (presidió en Londres).
1849–1852, Inglaterra, Italia, Suiza y Malta
1864, Enviado a Hawai para restaurar el orden después de la apostasía de Gibson
1872, Palestina ha de volver a dedicar la tierra para el retorno de los judíos
1885, Misión de Nativa americana en el noroeste del Pacífico

Otros: 1846–1848, Presidió en el monte Pisga, Iowa
1853, Fundó Brigham City, Utah y vivió allí durante 40 años
1855–1884, Sirvió en la legislatura de Utah
1888, Enviado a Rexburg, Idaho; formó la academia que más tarde se convirtió en UBY-Idaho

Templos: 1888, 21 de mayo, Dedicó públicamente el Templo de Manti
1893–1898, Presidente del Templo de Salt Lake

Revelaciones:	1836	junio	Testimonio del Espíritu dado de manera dramática. Ohio. Visión de las turbas que se preparan para atacarlo.
	1840		"Como el hombre es Dios una vez fue; como Dios es hombre puede ser"
	1894		Se muestra otro niño que va a nacer a 42 años de edad, esposa
	1898	2 de de sept.	Vision del Salvador en el Templo de Salt Lake
	1899	17 de de mayo	Revelación sobre el diezmo en St. George Tabernacle
	1900	5 de abril	Aclaración sobre la antigüedad de los miembros de los Doce
	1901	julio-agosto	Apertura obra misionera en América del Sur, Austria, Rusia, México y Japón.
		6 de octubre	Doce no para servir como líderes de la estaca más

Cronologías Separadas para Cada Profeta

A partir de este punto en adelante en este libro, se les proporcionará una cronología separada de los acontecimientos clave de la vida para cada profeta al principio de cada capítulo. Mientras que algunas partes de estas cronologías son contemporáneas con las cronologías de los profetas anteriores y posteriores, yo les proporcionaré por separado para que el lector pueda entender la vida y el ministerio de cada hombre en su totalidad. Comenzamos en el siguiente capítulo con la vida de President John Taylor, tercer Presidente y Profeta de la Iglesia.

Capítulo 37

El Presidente John Taylor: Fidelidad en la Persecución

[1877–1887]

PRIMEROS AÑOS DEL JOHN TAYLOR

John Taylor nació en Milnthorpe, Inglaterra, el 1 de noviembre de 1808, de James y Agnes Taylor. Fue un niño espiritual sensible. Aun niño, experimentó sueños y visiones. El élder B. H. Roberts escribió: "'A menudo, cuando está solo,' dijo, 'y, a veces en compañía, oía una música dulce, suave, melodiosa, como si viera de seres angelicales o sobrenaturales." Cuando todavía era un niño pequeño él vio en visión un ángel en el cielo, sosteniendo una trompeta en la boca, sonando un mensaje a las naciones. La importancia de esta visión no la entendió hasta más tarde en la vida."[1]

Trabajó en Inglaterra como tonelero, fabricando barriles. A medida que creció, se fue sintiendo descontento con los credos de la cristiandad y anhelaba una verdad más grande. En la mitad de su adolescencia, se afilió a la Iglesia Metodista y comenzó a unirse a sus amigos en oración y otras actividades religiosas. John era inteligente y un escritor y orador dotado, y esto se hizo evidente al principio de su vida. Debido a su conocimiento y habilidad para predicar el Evangelio, en 1826, a la edad de 17 años, fue nombrado predicador laico para los metodistas.

El lugar de nacimiento de John Taylor en Milnthorpe, Inglaterra

John también era receptivo al Espíritu Santo. Un día, mientras se dirigía a una cita, fue superado por el Espíritu y le dijo a su amigo: "¡tengo una fuerte impresión en mi mente que tengo que ir a América a predicar el evangelio!"[2] Obediente a esta incitación, en 1832, a los 23 años, emigró a Toronto, Canadá.

Abordó un barco con destino a América, pero mientras que su barco aún estaba en el Canal Inglés, el tiempo se puso tan feo que varios barcos alrededor del suyo fueron destruidos. Pero él se mantuvo en calma. B. H. Roberts escribió: "La voz del Espíritu todavía le decía en su interior, «Aun así tienes que ir a América y predicar el Evangelio. ◊ Tan confiado estaba yo de mi destino, «comentó,» que subí a la cubierta a la medianoche y en medio de los elementos enfurecidos, me sentí tan tranquilo como si estuviera sentado en un salón en casa. Yo creía que debía llegar a América y hacer mi trabajo."[3]

John Taylor, 1834

Conversión y Bautismo

Llegado a Canadá, John continuó sirviendo como ministro laico en la iglesia metodista. Luego, el 28 de enero de 1833, a la edad de 24 años, se casó con Leonora Cannon, que era 12 años mayor que él. Su matrimonio duró 35 años hasta su muerte en 1868. Los Taylor eran devotos, y se juntaban regularmente con otros creyentes en reuniones para discutir el Evangelio.

John Taylor dijo:

> No estando familiarizados con esta Iglesia [SUD], algunos de nosotros nos reunimos con el propósito de investigar las Escrituras; y hemos encontrado que ciertas doctrinas fueron enseñadas por Jesús y los Apóstoles, que no nos enseñaron ni los metodistas, ni los bautistas, ni los presbiterianos, ni los episcopales, ni ninguna de las sectas religiosas; y llegamos a la conclusión que si la Biblia era cierta, las doctrinas de la cristiandad moderna no eran ciertas;

John Taylor, 1837

o revista si eran ciertas, la Biblia era falsa.… Además… oramos y ayunamos delante de Dios; y la sustancia de nuestras oraciones era que si Él tenía un pueblo sobre la tierra en cualquier lugar, y los ministros estaban autorizados a predicar el Evangelio, Él nos enviaría uno. Esta era la condición en la que estábamos.[4]

En la primavera de 1836, Parley Pratt dejó Kirtland en una misión en el este de Canadá. Cuando llegó a Toronto, el 18 de abril, conoció y enseñó el Evangelio Restaurado a John Taylor, que todavía estaba sirviendo como predicador laico metodista. Durante tres semanas, John Taylor no se perdió un sermón dado por El élder Pratt. Los escribió, los comparó con las Escrituras, oró por la Iglesia, y se convirtió.

Los Taylor fueron bautizados el 9 de mayo de 1836, en Black Creek, Georgetown, Ontario, Canadá. Más tarde ese año fue llamado a presidir la Iglesia en la parte este de Canadá.

PERÍODO DE KIRTLAND Y MISURI

John Taylor visitó Kirtland brevemente durante los oscuros días de la apostasía y defendió a José Smith de los apóstatas que amenazaban con matar a quien lo hiciera. Uno de los que estuvieron flaqueando durante este período fue Parley Pratt, que lo había convertido.

John Taylor respondió:

> Estoy sorprendido de oírte hablar así, Hermano Parley. Antes de salir de Canadá llevabas un fuerte testimonio de que José Smith es un Profeta de Dios y de la verdad de la obra que él ha inaugurado; y tú dijiste que sabías estas cosas por revelación, y el don del Espíritu Santo. Me diste una orden estricta en el sentido de que a pesar de tú o un ángel del cielo fueran declarar cualquier otra cosa, yo no la iba a creer. Ahora Hermano Parley, no es el hombre a quien estoy siguiendo, sino al Señor. Los principios que me enseñaste me llevaron a Él, y ahora tengo el mismo testimonio del cual una vez te regocijaste Si la obra era cierta hace seis meses, es cierta hoy; si José Smith era un profeta entonces, es un profeta ahora.[5]

El élder Taylor después dijo del élder Pratt, "Él como muchos otros… estuvieron pasando debajo de una nube oscura; al poco tiempo se puso de acuerdo con el Profeta José, y fue restaurado a la plena comunión."[6]

Taylor regresó a Canadá, donde predicó y organizó las ramas de la Iglesia. En 1838, a los 29 años, respondió a un llamado del Profeta para unirse a los Santos de Misuri, a donde llegó después de un difícil viaje de alrededor de 2000 millas.

En Misuri, John Taylor experimentó días oscuros; los fieles que habían sido expulsados de Ohio ahora estaban siendo expulsados de Misuri. Su devoción y liderazgo fueron esenciales en ese momento crítico. Ayudó a El president Brigham Young a sacar a los Santos de Misuri a Illinois y finalmente, a Nauvoo. Durante ese período, en diciembre de 1838, a los 30 años, fue ordenado Apóstol por El presidente Brigham Young y Heber C. Kimball en Far West, Misuri.

En 1838, El élder Taylor fue llamado, junto con el resto de los Doce, para servir en una misión en Inglaterra. Antes de partir, junto con los otros miembros de los Doce, hizo su camino de regreso a Misuri para que pudieran partir a sus misiones desde el lugar del templo en Far West, en obediencia al mandato del Señor (D. y C. 118:5).

Piedra angular del Sureste de la que partieron

Primera Misión a Inglaterra

John Taylor regresó a Nauvoo y se preparó para partir. Luego, durante 2 años, de 1839 a 1841, sirvió en su primera misión a Inglaterra junto con otros miembros de los Doce. Se marzo deó en el verano de 1839, dejando a su familia en la pobreza y muy enferma. Aunque esto era difícil, estaba decidido a obedecer el mandato del Señor.

John Taylor escribió acerca de sus sentimientos encontrados:

> El pensamiento de las penurias que acababan de soportar,… la incertidumbre de si continuarían en la casa que ocupaban entonces—y que era una sola habitación solitaria, la prevalencia de enfermedades, la pobreza de los hermanos, su inseguridad frente a las turbas, junto con la incertidumbre de lo que podría pasar durante mi ausencia, me producían sentimientos para nada de carácter ordinario.… Pero la idea de seguir adelante a la orden del Dios de Israel para volver a mi tierra natal, para develar los principios de la verdad eterna y dar a conocer las cosas que Dios había revelado para la salvación del mundo, superó todos los demás sentimientos.[7]

Él mismo no tenía un centavo, pero no estaba enfermo cuando dejó Nauvoo. Sin embargo, se enfermó y casi se muere, cuando viajaban a la ciudad de Nueva York. Al llegar a Inglaterra, le asignaron, junto con Joseph Fielding, predicar en Liverpool, mientras que otros Apóstoles fueron a otras grandes ciudades y al campo. Sus esfuerzos produjeron un gran éxito.

El presidente Harold B. Lee dijo:

> En un año, de 1840 a 1841, un año y catorce días, para ser exacto, nueve miembros de los doce fueron llamados a trabajar en la Misión Británica. Si recuerdan la historia [en Nauvoo], esos años marcaron el período de algunas de las persecuciones más severas a las que iba a ser sometida la Iglesia en esta dispensación. En aquel año y catorce días, los nueve miembros de los doce, con sus asociados, establecieron iglesias en cada pueblo conocido y ciudad en el reino de Gran Bretaña. Bautizaron entre 7000 y 8000 conversos. Imprimieron 5000 ejemplares del Libro de Mormón, 3000 libros de himnos, y 50.000 extensiones,… y emigraron 1000 almas a América.[8]

Se podría argumentar que esta misión salvó a la Iglesia. Había casi tantos miembros de la Iglesia en Inglaterra, como los que había en Nauvoo. Estos conversos, después que emigraron a Nauvoo y, más tarde, a Salt Lake City, proporcionaron algunos de los Santos más valientes y dotados en la Iglesia. Ellos soportaron las penurias de la caminata al oeste, y fueron residentes clave en las muchas comunidades establecidas a lo largo de Mountain West.

Administración Pública en Nauvoo

A su regreso de su misión en Inglaterra en 1841, John Taylor fue designado para peticionar al Congreso por reparación de las injusticias cometidas a los Santos de Misuri. También fue designado como un auditor de guerra y coronel de la Legión de Nauvoo. Fue elegido para ser miembro del consejo de la ciudad de Nauvoo. Y lo nombraron como regente de la Universidad de Nauvoo.

Durante cuatro años, de 1842–46, editó los periódicos *Tiempos y Estaciones* y el *Vecino de Nauvoo*. Como tal, escribió audaces defensas de las enseñanzas y prácticas de los Santos contra las viles acusaciones de sus enemigos en Illinois.

A principios de 1844, después que los dos principales partidos políticos se volvieran contra los Santos, John Taylor nominó José Smith para ser candidato a presidente de los Estados Unidos.

John Taylor estuvo presente cuando el Profeta José Smith confirió las llaves del reino a los Doce Apóstoles y puso la responsabilidad de dirigir la Iglesia sobre sus hombros. Fue uno de los dos Apóstoles que permanecían en Nauvoo durante los últimos días de la vida de José Smith.

Casi un Mártir en Cartago

El 27 de junio de 1844, a los 35 años, fue herido por la turba en la cárcel de Cartago, al mismo tiempo que José y Hyrum eran asesinados. Fue a John Taylor, a quien, en el calor sofocante de la tarde, le pidieron que cantara "Un Pobre Forastero," no una, sino dos veces para calmar los nervios alterados de los mártires. Cuando comenzó el ataque, hizo todo lo posible para frustrar el ataque de la turba, pero le dispararon varias veces en el intento. Un tiro, disparado desde debajo de la ventana, dirigido al corazón de John Taylor, dio en su reloj, congelando las agujas a las 17:16, hora en que se produjo el ataque. Rodó debajo de una cama, y, aunque gravemente herido, sobrevivió al asalto. Franklin Richards llevó a su amigo herido de nuevo a Nauvoo, donde John Taylor escribió un homenaje al Profeta que hoy está incluido como la Sección 135 de la Doctrina y Convenios.

John Taylor casa e imprenta en Nauvoo

PIONERO Y MISIONERO

Ayuda en la Ruta hacia el Oeste

John Taylor sostuvo a El president Brigham Young como Presidente del Quórum de los Doce cuando llegó el momento de elegir quién dirigiría la Iglesia después del martirio. Después él ayudó en el éxodo de los Santos al Oeste. Ayudó a organizar el Batallón Mormón en Winter Quarters. En la primavera de 1847, llevó una gran compañía de pioneros al Valle del Lago Salado. Después que los Santos se habían establecido en el valle de Salt Lake, se desempeñó como juez asociado del Tribunal Supremo del estado provisional de Deseret.

Misiones a Inglaterra, Francia y Alemania

De 1846 a 1847, John Taylor sirvió en una segunda misión en Inglaterra. Luego, durante tres años más, a partir de octubre 1849 a agosto 1852, se desempeñó en una misión a Francia y Alemania. Una vez allí, publicó el Libro de Mormón en francés y alemán. También escribió y publicó su primer gran libro doctrinal, *El Gobierno de Dios*.

El Matrimonio Plural Anunciado Públicamente

La mayor parte de la persecución que hubo contra la Iglesia se centró en torno a la práctica del matrimonio plural. Esta ley fue revelada al Profeta José Smith en 1831, pero la mencionó sólo a unos pocos amigos de confianza. Después de un estricto mandamiento de Dios para obedecer la ley, el Profeta comenzó a instruir a otros en la práctica en 1841. La revelación fue escrita por primera vez cuando el Profeta la dictó a William Clayton en 1843.

Nueve años más tarde, en agosto de 1852, la revelación fue leída en la conferencia general y se publicó. En la misma conferencia, 100 misioneros fueron llamados a los Estados Unidos, Australia, India, China y las islas del marzo de La conferencia tuvo lugar antes de lo habitual, 28–29 de agosto, así los misioneros podía cruzar los llanos antes que llegara el tiempo frío n. En el segundo día de la conferencia, Orson Pratt anunció que la Iglesia estaba practicando el matrimonio plural.

Orson Pratt dijo:

Orson Pratt

> La constitución da el privilegio de todos los habitantes de este país, del libre ejercicio de sus ideas religiosas y la libertad de la fe y la práctica de la misma. Entonces, si puede ser probada una demostración que los Santos de los Últimos Días realmente han abrazado como una parte y porción de su religión, la doctrina de la pluralidad de esposas es constitucional. Y si acaso hubiera leyes promulgadas por este gobierno que los restrinjan del libre ejercicio de esta parte de su religión, dichas leyes deben ser inconstitucionales.[9]

El élder Pratt dijo que a través del matrimonio plural los dignos poseedores del sacerdocio podrían levantar una numerosa posteridad justa para el Señor. Luego, El president Brigham Young, hizo una breve historia de la revelación sobre el matrimonio celestial. A continuación, Thomas Bullock leyó la revelación a la congregación de, y recibió un voto de apoyo.

John Taylor estaba entre los líderes de la Iglesia que apoyaron esta declaración y doctrina. Y resultó ser el problema más difícil más tarde en su Presidencia. Murió en el exilio obligado a esconderse de los agentes federales que buscaban su detención por prácticar de este principio.

Presidente en los Estados del Este

De 1854 a 1857, John Taylor presidió la Misión de los Estados del Este en la ciudad de Nueva York. Mientras estuvo allí, en la capital de los periódicos del país, también publicó el periódico El Mormón. El encabezado grande (½ página) y audaz del periódico declaraba el lema: "Métete en tus propios asuntos" Un periódico semanal, que salió por primera vez el 17 de febrero

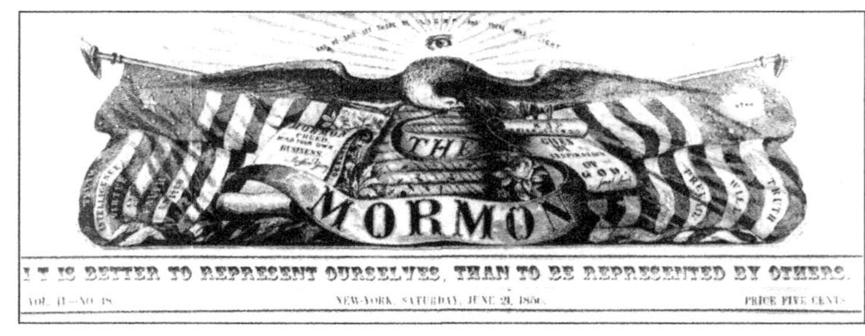

de 1855 y continuó hasta septiembre de 1857. Durante ese período, los líderes de la Iglesia iniciaron cuatro periódicos mormones en los medios de las principales ciudades:

— Washington, DC, *el Vidente*, editado por Orson Pratt.
— En la ciudad de Nueva York, *El Mormón*, editado por John Taylor.
— En San Luis, la *Luminaria de Saint Louis*, editado por Erasto Snow.
— En San Francisco, el *Western Standard*, editado por George Q. Cannon.

Todo esto se hizo para dar respuestas articuladas a las críticas a la Iglesia y a la poligamia. John Taylor defendió la Iglesia en una editorial de el *Mormón*:

> Él desafió a los enemigos de la Iglesia a que demostraran que el "mormonismo" es menos moral, bíblico, filosófico; o revista que hay menos patriotismo en Utah que en cualquier otra parte de los Estados Unidos.

Hacemos un llamado para lo prueben; traigan vuestra razones, caballeros, si es que tenéis alguna; no esquivamos la investigación, y atrévanse al encuentro.10

Administración Pública en Utah

Durante 19 años, desde 1857 hasta 1876, John Taylor sirvió como miembro de la Legislatura Territorial de Utah. También presidió como juez de pruebas en el Condado de Utah. Y fue superintendente territorial de las escuelas de Utah.

AÑOS DE SEVERA PERSECUCIÓN

Surge una Cruzada Contra la Poligamia

A pesar de los esfuerzos de relaciones públicas de la Iglesia, ciertos grupos comenzaron a presionar al gobierno para aprobar leyes contra los Santos. Los Santos habían proclamado que la práctica del matrimonio plural era su derecho religioso y moral. Pero los misioneros en Inglaterra y otras partes de Europa a menudo eran acosados por este asunto. En los Estados Unidos, dos misioneros perdieron la vida en Tennessee. Una inundación de literatura anti-poligamia retrataba la degradación de la mujer bajo la poligamia. Los escritores y editores de estas historias, por lo general, nunca vinieron a Utah para ver por sí mismos.

La Ley Morrill Anti-Bigamia

El 3 de junio de 1862, el presidente Lincoln firmó el proyecto de ley contra la bigamia conocida como la Ley Morrill—la primera ley contra la poligamia, que también limitaba los derechos de la Iglesia a la propiedad. Esta ley prohibía el matrimonio plural en los territorios, desincorporaban a la Iglesia, y limitaban la propiedad de los bienes de la Iglesia a $ 50.000. Sin embargo, debido a que la nación estaba en medio de la Guerra Civil, la ley nunca entró en vigencia.

Los Santos creían que la ley era inconstitucional y la ignoraron hasta que se probara que era constitucional. En los años siguientes, varios proyectos de ley pretendieron reforzar las leyes contra la bigamia, pero no lograron pasar por el Congreso. La mayoría de estos proyectos de ley se originaban en los hombres que estaban en o habían estado en Utah y que se oponían encarnizadamente a la Iglesia. Los Santos trabajaron sin descanso en todo el territorio para derrotar a todos los proyectos de ley locales.

Las mujeres de la Iglesia llevaron a cabo reuniones de masivas en todo el territorio en enero de 1870 para oponerse a los proyectos de ley. La Dra. Ellis Shipp, ella misma una esposa plural, defendió la poligamia vigorosamente. Ella creía que sin ella nunca podría haber tenido tiempo ni habría sido capaz de dejar a sus hijos para perseguir su título de médica. Una médica muy conocida y querida, dio a luz a más de 6000 bebés en 60 años. También se desempeñó como miembro de la junta general de la Sociedad de Socorro de 1898 a 1907.

El élder B. H. Roberts escribió:

> Si bien se oponían todas las características de la legislación anti "mormona", su acción era principalmente en protesta contra las medidas y las observaciones de los aspirantes a reformadores, en las cuales se hablaba de las mujeres de la Iglesia como estando "oprimidas "y" degradadas" por sus opresores—esposos. La oposición de las mujeres de los Santos de los Últimos Días fue una gran sorpresa para los políticos y sufragistas que las veían como el epítome del sufrimiento y la servidumbre. Los periódicos en el este también se opusieron al proyecto de ley debido a sus características militares. El presidente de los Estados Unidos tendría poder de enviar un ejército a Utah para ejecutar las disposiciones de la ley. El Mundial de Nueva York, dijo: "Su ejecución seguramente será seguida por la guerra."11

Muere la Esposa de El president John Taylor

En 1868, durante ese tiempo tan difícil en la historia de la Iglesia, murió la primera esposa de El president John Taylor, Leonora Cannon. Habían estado casados durante 35 años. En todos los aspectos de su vida, y a lo largo de todas las pruebas y días de separación, mientras El president John Taylor servía al Señor, Leonora se mantuvo fiel. Ella fue una de las grandes mujeres nobles de la Iglesia temprana.

La Ley Poland

En junio de 1874, la Ley Poland pasó por el Congreso y se convirtió en ley. Se desmanteló el sistema judicial de Utah, dando a las cortes de distrito de Estados Unidos (controladas por agentes federales no-mormones) jurisdicción civil y criminal exclusiva. Ahora, los individuos podían ser llevados a juicio por violar la Ley Morrill, que había sido, antes de este momento, ignorada en gran medida. Los enemigos de la Iglesia vieron su oportunidad de castigar y destruir el mormonismo.

El procurador de Estados Unidos trató de llevar a juicio a los principales funcionarios de la Iglesia pero experimentaron problemas. Muchos se habían casado antes de que se aprobara la ley en 1862 y no podía ser juzgados después del hecho. Además, las esposas no podían ser obligadas a declarar contra sus maridos. Y, por último, los registros de matrimonio plural, mantenidos en privado en la Casa de Investiduras, no eran registros públicos.

George Reynolds—Un "Caso de Prueba"

George Reynolds

La Iglesia quería un "caso de prueba" en el Tribunal Supremo para determinar la constitucionalidad de las leyes. El procurador de EE.UU. William Carey se comprometió a dejar de acusar a las Autoridades Generales durante el caso de prueba. Los Hermanos eligieron a George Reynolds, de 32 años de edad, un secretario del Presidente, para su test. Reynolds voluntariamente proporcionó testigos que testificarían estar casados con dos esposas. William Carey no cumplió con su promesa y detuvo al presidente George Q. Cannon. A partir de entonces, los líderes de la iglesia se negaron a cooperar con el fiscal de EE.UU.

En 1875 Reynolds fue declarado culpable y condenado a 2 años de prisión y una multa de $500. En 1876 el Tribunal Supremo del Territorio de Utah confirmó la condena. En 1878 su recurso llegó al Tribunal Supremo de los Estados Unidos. En 1879 la Corte resolvió que la legislación contra la poligamia era constitucional y confirmó la condena de Reynold. Luego, en diciembre de 1879, el presidente Garfield se dirigió al Congreso sobre la "cuestión mormona."

George Reynolds cumplió 18 meses de su condena de 2 años y fue puesto en libertad en enero de 1881. Durante su estancia en la cárcel, fue profesor de lectura, escritura, aritmética, gramática y geografía a otros prisioneros. También compiló *Una Concordancia Completa del Libro de Mormón*, que más tarde se publicó.

TERCER PRESIDENTE DE LA IGLESIA

Liderazgo Apostólico

En medio de esos años difíciles, el 29 de agosto de 1877, El presidente Brigham Young murió en Salt Lake City. El president John Taylor, a la edad de 68 años, comenzó a dirigir la Iglesia como Presidente del Quórum de los Doce. En la próxima conferencia general, el 6 de octubre de 1877, se celebró una asamblea solemne del sacerdocio, donde los Santos votaron unánimemente por quórums para sostener a El presidente John Taylor como Presidente del Quórum de los Doce y "los Doce Apóstoles como el quórum presidente… de la Iglesia."

De 1876 a 1879, se establecieron más de 100 asentamientos adicionales en Utah, Wyoming, Nevada y Arizona. Estos se extendían desde el Valle Star al oeste de Wyoming, a través del Valle Castle en el este de Utah, la región escarpada del río San Juan, en el sureste de Utah, el territorio Río de la Virgen en el sur de Nevada, y en el norte de Arizona.

El 11 de agosto de 1878, Aurelia S. Rogers organizó la primera Escuela Primaria en Farmington, Utah. La Iglesia adoptaría más adelante este programa como su programa oficial y en toda la Iglesia para niños pequeños.

Ese mismo mes, agosto de 1878, la Iglesia siguió haciendo hincapié en la unidad económica:

John Taylor a las 68

— Se organizó la Junta Central de Comercio de Sión para reemplazar a las órdenes unidas.
— Se crearon juntas de comercio en cada estaca y fueron coordinadas por una organización central.
— Ellas promovieron actividades comerciales, nuevos mercados, e información para los agricultores y manufactureros.
— También impidieron la competencia perjudicial, y a veces salarios y precios regulados.

Nuevas Publicaciones y Escrituras Importantes

Durante la administración del presidente Taylor varias publicaciones de la Iglesia fueron publicados o reeditadas. A partir de 1879, Junius F. Wells publicó el Contribuidor mensual, la publicación oficial de las Asociaciones de Mejoramiento Mutuo para los hombres y mujeres jóvenes. Andrew Jenson, historiador asistente de la Iglesia, publicó *el Registro Histórico de la Iglesia*. En 1881, el presidente Taylor publicó un folleto titulado "Artículos sobre el Sacerdocio", un manual del sacerdocio que instruyó a los poseedores del sacerdocio, especialmente los hombres jóvenes, en los deberes del sacerdocio.

El Libro de Mormón y la Doctrina y Convenios se reeditaron en 1879 con extensas referencias cruzadas y notas explicativas escritas por Orson Pratt. La Perla de Gran Precio, publicada originalmente en 1878, había sido previamente un folleto misional. Fue canonizado como escritura en la conferencia general de octubre de 1880, y se publicó por primera vez como parte de los libros canónicos de la Iglesia.

Un Misionero Mártir

El 21 de julio de 1879, los Élderes Joseph Standing y Rudger Clawson se dirigieron a una conferencia en Roma, Georgia. Fueron rodeados por una docena de hombres armados que los amenazaron y los llevaron a un bosque. Fueron objeto de insultos hasta que El élder Standing se puso de pie y gritó, "¡Nos rendimos!" Un hombre disparó su arma, golpeando al El élder Standing en el rostro. Se le permitió al El élder Clawson ir en busca de ayuda, pero al regresar se encontró con El élder Standing muerto, después que le dispararon varias veces en la cabeza y el cuello a quemarropa. El élder Clawson llevó el cuerpo del élder Standing a Salt Lake City, donde fue honrado por los Santos como un mártir. Mientras tanto, sus asesinos fueron absueltos de todos los cargos.

Joseph Standing

1880–Un año de Jubileo

En la conferencia de abril de 1880, la Iglesia celebró su 50 aniversario. Apoyándose en una costumbre del Antiguo Testamento (véase Levítico 29), el Presidente Taylor declaró el año un "año de jubileo." La Iglesia perdonó la mitad de las deudas ($ 802.000) en poder de la Compañía de Fondos Perpetuos para la Emigración. Entre los necesitados, también se distribuyeron 1000 vacas y 5000 ovejas. Se aconsejó a los Santos a ser caritativos y liberales en su trato con los demás. La mitad de la cantidad debida en carácter de diezmo, $ 75.899, se les perdonó a los Santos que no podían pagarlo. Y la Sociedad de Socorro prestó a los agricultores que padecían por la sequía 34,761 celemines de trigo.

El 24 de julio, El presidente John Taylor recibió una revelación en cuanto a próximas dificultades que los santos debían padecer, y la declaró a los miembros de la Iglesia.

Una Nueva Primera Presidencia

El 10 de octubre de 1880, tres años después de la muerte de El president Brigham Young, se creó una nueva Primera Presidencia. El presidente Taylor fue sostenido como Presidente de la Iglesia, y escogió a George Q. Cannon y al presidente José Smith como sus consejeros. En la misma conferencia, la Perla de Gran Precio fue aceptada como escritura.

Durante el año siguiente, 1881, el trabajo misionero siguió creciendo. El élder Moses Thatcher enviado a México para predicar el Evangelio. Y el trabajo misionero también comenzó entre el pueblo maorí en Nueva Zelanda.

Llamado a Nuevos Apóstoles

El presidente Taylor menudo escribió y publicó la inspiración que le dio el Señor. En octubre de 1882, un tal revelación se recibió tan sólo unos días después de la conferencia general, en la que el Señor le dio instrucciones para llamar a nuevos apóstoles. Orson Pratt, el último superviviente de los doce apóstoles originales, había muerto un año antes, el 3 de octubre de 1881. Por lo tanto, desde hacía bastante tiempo, el Quórum de los Doce tenía sólo 10 miembros, que pesaba fuertemente en su mente.

El 13 de octubre de 1882, recibió una revelación llamando a George Teasdale y El president Heber J. Grant como Apóstoles. Además, la revelación llamaba a Seymour B. Young al Primer Consejo de los Setenta. También llamó a aumentar la obra misionera entre los lamanitas Y los poseedores del sacerdocio fueron llamados a una mayor justicia, al igual que todos los Santos. Tres días más tarde, el 16 de octubre de 1882, fueron ordenados los dos nuevos Apóstoles.

AUMENTA LA PERSECUCIÓN

El Acta Edmunds

El 16 de febrero de 1882, el Congreso aprobó la Ley Edmunds, por la cual quedaba fuera de la ley la "cohabitación ilegal", que se definía como el mantenimiento y cuidado de más de una mujer. Ya no era necesaria la prueba de un segundo matrimonio. Aquellos que creían en el matrimonio plural, lo practicaran o no, fueron descalificados de los jurados. La ley también privaba de sus derechos a los polígamos, haciéndolos inelegibles para un cargo público, negando así el derecho de auto—gobierno local a los ciudadanos de Utah. El 22 de marzo de 1882, el Presidente firmó el Acta Edmunds transformándola en ley.

En la conferencia de abril de 1882, el Presidente Taylor habló sobre la obediencia a la letra de la ley, pero no ceder sin desafiar legalmente a estas "leyes inconstitucionales."

El élder B. H. Roberts citó al presidente Taylor:

> [Él] les advirtió que se avecinaba una tormenta, y que en su furia rompería sobre ellos. "Vamos a tratarla," dijo, mitad en broma, "lo mismo que lo hemos hecho esta mañana al venir a través de la tormenta de nieve, subiéndonos el cuello de nuestros abrigos (Uniendo la acción a la palabra) y esperar hasta que la tormenta se calme. Después de la tormenta viene el sol. Mientras dure la tormenta es inútil razonar con el mundo; cuando este se desplome podemos hablar con ellos."12 Al día siguiente dijo a los Santos "lucharemos palmo a palmo "por sus libertades y derechos.

El 18 de agosto de 1882, todos los funcionarios para el registro y la elección en el Territorio de Utah habían sido despedidos y reemplazados por una junta de 5 comisionados, nombrados por el Presidente para administrar las elecciones Utah.

— Los polígamos fueron privados de sus derechos civiles por funcionarios federales enviados para registrar a los votantes.
— Se instigó a un "juramento probatorio" por el cual los votantes tenían que comprobar que no eran polígamos antes de que pudieran registrarse para votar.
— Aun sin convivencia, los hombres vistos con, o que mantenían otras mujeres fueron condenados.
— La persecución se hizo implacable; los hombres fueron llevados a la corte e insultado; Se pidió a las mujeres que declararan contra sus maridos y a los hijos contra sus padres.
— Las mujeres eran enviadas a prisión por "desacato al tribunal" si no testificaban contra maridos.
— Cientos de casas fueron rotas mientras esposos y esposas eran enviados a la cárcel.

A pesar de estas dificultades, la obra del reino continuó. Ese mismo año de 1882, el Presidente Taylor publicó su libro Mediación y Expiación, una colección de escrituras con el comentario relativo a la expiación del Salvador. En 1882–1883, los setenta quórums de la Iglesia fueronn reestructurados y revitalizados.

Dedicación del Templo Logan

Luego, el 17 de mayo de 1884, el Presidente Taylor dedicó el Templo Logan, recientemente terminado. Este fue el cuarto templo en la Iglesia y el segundo que se completó en Utah.

La noche antes, el presidente Taylor preguntó al Señor en oración, si el edificio era aceptable. El Señor respondió a su oración con una revelación:

El Templo de Logan

> En estas casas que se han construido a mí, y, las que se construirán, voy a revelar la abundancia de esas cosas pertenecientes al pasado, al presente y al futuro, a la vida presente, y de la vida que está por venir , perteneciente a la ley, el orden, la regla, el dominio y gobierno, a las cosas que afectan a esta nación y a otras naciones; las leyes de los cuerpos celestiales en sus tiempos y estaciones, y los principios o leyes por las que son gobernados.13

La dedicación al día siguiente fue un evento muy espiritual para todos los Santos que estaban allí.

Pese al aumento de la persecución, la obra misionera continuó expandiéndose:

— En 1884 Jacob Spori abrió la Misión d Turca, que más tarde se amplió para incluir a Palestina.
— Llevado por una visión recibida en Constantinopla, encontró conversos entre los alemanes en Haifa.
— La obra misionera continuó en las Islas Británicas, Escandinavia, Suiza, Holanda y Alemania.
— En Los Estados Unidos, John Morgan fue llevado por un sueño a una pequeña comunidad de Georgia, donde enseñó el Evangelio y bautizó a casi todo el mundo que vivía allí.

El 16 de marzo de 1884, el Salt Lake Tribune publicó una historia falsa sobre "el Obispo del Oeste de Juab." En agosto, la historia del "Obispo del Oeste" estaba circulando en Cane Creek, Condado de Lewis, Tennessee. El 10 de agosto de 1884, una turba atacó una reunión del Sábado (de reposo) de los Santos en la casa de James Condor y comenzó a disparar. Cinco personas murieron: dos misioneros, John H. Gibbs y William S. Berry, dos miembros de la familia Cóndor, y el líder de la mafia.

Con el presidente de la misión temporariamente ausente, un joven El élder H. B. Roberts se disfrazó y arriesgó su vida para ir a Cane Creek, a exhumar los cuerpos de los élderes, y devolverlos a Utah para el entierro. El 24 de agosto de 1884, los servicios funerarios públicos se hicieron en Utah en honor a los misioneros asesinados. Mientras tanto, los asesinos fueron juzgados y absueltos.

AÑOS DE EXILIO

Pasaje a la Clandestinidad y al Otro Lado de la Frontera

El 14 de octubre de 1884, Rudger Clawson fue declarado culpable de poligamia por la Justicia Zane y condenado a 4 años de prisión. La cumplió hasta el 12 de diciembre de 1887, un poco más de 3 años, y luego fue indultado por el presidente Grover Cleveland. Muchos hombres condenados cumplieron su pena en la penitenciaría local en la zona de Sugarhouse de Salt Lake City. Algunos fueron enviados hasta el este de Detroit a cumplir sus penas sin el beneficio de las visitas de amigos y familiares en Utah.

La Penitenciaría de Sugarhouse

Muchos hombres Santos de los Últimos Días, y algunas mujeres, fueron a la "clandestinidad" para evitar ser detenidos. Para evitar a los alguaciles, se trasladaban de un lugar a otro, escondiéndose en cañones, graneros, campos y bodegas. Se desarrollaron códigos secretos para advertir a los polígamos de la proximidad de los agentes federales. Enviadas por telégrafo, estas advertencias no tenían ningún significado para las autoridades federales si no conocían los nombres en código utilizados en ellas.

A finales de 1885, cientos de colonos de Arizona y Nueva México huyeron a través de la frontera para construir a toda prisa asentamientos mexicanos. En 1886, Charles Ora Card aseguró tierra a través de la frontera con Canadá, fundando lo que hoy se conoce como Cardston, Alberta, Canadá.

Alguaciles demasiado entusiastas siguieron acosando y persiguiendo a los Santos, utilizando todos los trucos concebibles.

— Se arrastraban debajo de las casas e irrumpieron en las casas por la noche para capturar a los polígamos.
— Se hacían pasar por vendedores ambulantes o trabajadores del censo para tener acceso a los hogares.

— Allanaron casas, invadiendo la privacidad y maltratando a mujeres e hijos.
— Ofrecieron recompensas de $ 10 a $ 20 por cada Santo de los Últimos Días, cantidades mucho más grandes por una Autoridad General.

El 1 de febrero de 1885, El presidente John Taylor pronunció su último discurso público a los Santos. A continuación, pasó "bajo tierra" moverse periódicamente. El 22 de noviembre 1886 se trasladó a la casa de Thomas F. Rouche en Kaysville, Utah.

En ese lugar agradable, continuó la comunicación con los Santos por medio de las epístolas generales. Los mensajes

Casa de Rouche en Kaysville, Utah

fueron transmitidos por caballo y el coche bajo vigilancia y en el manto de la oscuridad. Con estas instrucciones, el presidente George Q. Cannon maneja la mayor parte de los negocios de la Iglesia, a pesar de que también estaba en la clandestinidad. El Segundo Consejero Presidente El president Joseph F. Smith fue tan buscado que se fue en una misión en Hawái.

El Acta Edmunds–Tucker

El 17 de febrero de 1887, el Acta Edmunds—Tucker se convirtió en ley. Se desincorporó a la Iglesia, por lo haciendo de ella una entidad legal inexistente. El fiscal general de EE.UU. fue instruído para tomar el título a todos los bienes de la Iglesia superiores a $ 50,000, incluyendo el templo. Se disolvió la Compañía de Fondos Perpetuo para la Emigración y se apoderaron de sus fondos. Se disolvió la legión de Nauvoo. Se abolió el sufragio femenino (voto). Se estableció un sistema de educación pública para sustituir a escuelas de la Iglesia.

Aquellos encontrados culpables de poligamia ahora enfrentaban cadena perpetua. Las esposas eran obligadas por ley a declarar contra su marido, y todos los matrimonios se registraron públicamente. Todos los jueces de sucesiones del condado tenían que ser designados por el Presidente de los Estados Unidos.

El espíritu de todo este anti-mormonismo era vengativo y autosuficiente. Los derechos de los Santos de los Últimos Días a votar habían sido rescindidos sin el debido proceso. La Iglesia fue despojada de su propiedad, incluyendo los templos. Los tribunales locales habían sido anulados en cualquier jurisdicción, y fueron reemplazados por jueces federales en todos los niveles, designados por y entre los más virulentos anti-mormones en el Este. Los fiscales rompieron sus acuerdos fuera de la corte para llegar a altos oficiales de la Iglesia.

El Profeta Muere en el Exilio

De abril a junio de ese año (1887), el profeta estaba frecuentemente enfermo. A finales de junio de 1887, su salud comenzó a fallar de forma permanente. Al comer poco, perdía el conocimiento durante largos períodos de tiempo. Por último, en la tarde del 25 de julio de 1887, después de las 2 ½ años en el exilio, falleció calladamente.

Su cuerpo fue devuelto a la Casa Gardo en Salt Lake City, donde fue preparado para el entierro. El 29 de julio de 1887, su cuerpo fue llevado al Tabernáculo para yacer en el estado. Los alguaciles estuvieron presentes en su funeral, pero no hubo detenciones.

Casa del Gardo

Fue un tiempo que puso a prueba los Santos en su esencia misma, ya que trataron de vivir el mandamiento de Dios en medio de una nación que se oponía violentamente a ello. Su campeón y defensor de la fe, El presidente John Taylor, ahora se había ido.

El presidente Wilford Woodruff, que ahora presidía la Iglesia, también estaba en la clandestinidad.

CONCLUSIONES ACERCA DE EL PRESIDENT JOHN TAYLOR

Preservado para un Propósito

El presidente John Taylor fue preservado de la muerte en la cárcel de Cartago para que pudiera llevar a la Iglesia a través de una década de grandes crisis.

El Señor le dijo al presidente El president Wilford Woodruff, en enero de 1880:

> Yo el Señor he levantado a mi siervo sobre vosotros, El presidente John Taylor, para presidir y ser un dador de leyes a mi iglesia. Él ha mezclado su sangre con la de los profetas martirizados. Sin embargo, mientras que yo he llevado a mis siervos José y Hyrum Smith hacia mí mismo, he preservado a mi siervo Presidente El president John Taylor para un sabio propósito en mí.[14]

Defensor de la Fe

John Taylor defendió al Profeta José Smith en octubre de 1849, mientras cumplía su misión en Francia:

> Doy testimonio que yo conocí a José Smith durante años. He viajado con él; He estado con él en privado y en público; He estado asociado con él en consejos de todo tipo; He escuchado cientos de veces sus enseñanzas públicas, y su consejo a sus amigos y asociados de la más privada naturaleza. Yo he estado en su casa y he visto su conducta en familia. Lo he visto citado ante los tribunales de su país, y lo ve visto honorablemente absuelto y liberado de la respiración perniciosa de la calumnia y las maquinaciones y falsedades de hombres malvados y corruptos. Yo estuve viviendo con él, y con él cuando murió; cuando fue asesinado en la cárcel de Cartago por una turba implacable con sus caras pintadas, y dirigida por un ministro metodista, llamado Williams, yo estuve allí, y estuve yo mismo herido. Yo, en ese momento, recibí cuatro balas en mi cuerpo.
>
> Yo lo he visto, pues, bajo estas diversas circunstancias, y he dado testimonio ante Dios, los ángeles y los hombres, que fue un hombre bueno, honrado, virtuoso, que sus doctrinas fueron buenas, bíblicas y saludables, que sus preceptos fueron tales que se convirtió en un hombre de Dios, que su carácter privado y público fue irreprochable, y que vivió y murió como un hombre de Dios y un caballero. Este es mi testimonio; si es discutido, traedme una persona autorizada para recibir una declaración jurada, y yo haré una a este efecto.[15]

Defendió el mormonismo en la edición inicial del *Mormón*, el 17 de febrero 1855:

> Somos mormones… dentro y fuera; en el país o en el extranjero, en público y en privado en todo el mundo. Somos así, sin embargo, desde el principio. Somos tales, no porque creamos que es más popular y lucrativo, u honorable (como el mundo lo tiene); sino porque creemos que es cierto, y más razonable y bíblico, moral y filosófico; porque a conciencia creemos que está más calculado para promover la felicidad y el bienestar de la humanidad, en el tiempo y por toda la eternidad, que cualquier otro sistema que hayamos conocido.

Algunos números más tarde emitió este desafío en el periódico *El Mormón*:

> Lo hemos dicho antes y lo decimos ahora, que desafiamos a todos los editores y escritores en los Estados Unidos a demostrar que el mormonismo es menos moral, bíblico, filosófico; o revista que hay menos patriotismo en Utah que en cualquier otra parte de los Estados Unidos. Llamamos a probarlo; traed vuestras

razones, caballeros, si tenéis alguna; no nos retraemos de la investigación, y atreveros a el encuentro. Si no lo hacéis, y publicáis más de vuestras cosas, los marcaremos como pobres, mediocres, cobardemente mentirosos; como hombres que publican falsedades sabiendo que lo son, y que se retraen de la luz de la verdad e investigación.[16]

Defensor de la Libertad

Dijo al proponer a José Smith para ser Presidente de los Estados Unidos:

Ciertamente, si alguna persona debe inmiscuirse en los asuntos políticos, debe ser de aquellos cuyas mentes y los juicios son influenciados por los principios religiosos correctos, así como políticos; de lo contrario las personas que profesan la religión tendrían que ser gobernados por aquellos que no tienen profesiones; estando sujetos a sus reglas; ellos tienen la ley y la palabra de Dios pisoteada debajo de sus pies, y llegan a ser tan malvados como Sodoma y tan corruptos como Gomorra, y estar preparados para la destrucción final. Se nos dice que "cuando domina el impío el pueblo llora" [D. y C. 98:9]. Esto lo hemos demostrado abundantemente en el estado de Misuri, y habiendo tenido los dedos una vez quemados, tememos al fuego. La causa de la humanidad, la causa de la justicia, la causa de la libertad, la causa del patriotismo, y la causa de Dios que Él requiere de nosotros para usar nuestros esfuerzos para poner gobernantes justos. Nuestras revelaciones nos dicen buscar con diligencia por el bien y por los hombres sabios [D. y C. 98:10].[17]

En medio de la opresión inconstitucional en Utah, el presidente Taylor dijo lo siguiente:

No queremos situarnos en un estado de antagonismo, ni actuar desafiantemente hacia este gobierno. Vamos a cumplir con la letra, siempre que sea posible, de esa injusta, inhumana, inconstitucional y opresiva ley, en la medida en que podamos, sin violar principios; pero no podemos sacrificar todo principio de derecho humano, a instancias de hombres corruptos, irracionales y malvados; no podemos violar los principios más altos y más nobles de la naturaleza humana y hacer parias y desposeídas a mujeres honorables magnánimas y virtuosas, ¡ni sacrificar al santuario del clamor popular los principios más altos y más nobles de la humanidad!

Vamos a cumplir todas las leyes constitucionales, como siempre lo hemos hecho; pero mientras estemos temerosos de Dios y respetuosos de la ley y el respeto a todos los hombres y funcionarios honorables, no somos siervos cobardes, y no hemos aprendido a lamer los pies de los opresores, ni a inclinarnos en sumisión fundándonos en clamor irracional. Vamos a luchar, pulgada a pulgada, legal y constitucionalmente, por nuestros derechos como ciudadanos americanos, y por los derechos universales del hombre universal. Estamos de pie orgullosamente erectos en la conciencia de nuestros derechos como ciudadanos americanos, y nos plantamos firmemente sobre las sagradas garantías de la Constitución; y dicho instrumento, al tiempo que define los poderes y privilegios del presidente, el Congreso y el poder judicial, también proporciona directamente "los poderes no delegados a los Estados Unidos por la Constitución, ni prohibidos por ella a los Estados, están reservados a los respectivos Estados o al pueblo."[18]

Confiar en Dios

El presidente John Taylor advirtió a los Santos de su época (y hoy) a confiar en Dios y a ser fieles:

Hay eventos en el futuro, y no muy lejos por delante, que requerirán toda nuestra fe, toda nuestra energía, toda nuestra confianza, todo nuestro crédito en Dios, para permitirnos resistir a las influencias que se podrá en juego en contra de nosotros.… No podemos confiar en nuestra inteligencia; no podemos confiar en nuestra riqueza; no podemos confiar en que cualquier circunstancia que rodee con la que estamos envueltos; debemos confiar solo en el Dios vivo para guiarnos, para dirigirnos, para enseñarnos y para instruirnos.[19]

Notas:

1. Uno de los resúmenes más útiles de la vida de El president John Taylor es *La vida del John Taylor: Tercer Presidente de La Iglesia de Jesucristo de los Santos de los Últimos Días* de B. H. Roberts, (1892). Esta cita es de las páginas 27-28. Este capítulo cita de y resumen en gran medida de ese libro, así como del Manual del Instituto CES titulado *Historia de la Iglesia en el Cumplimiento de los Tiempos* (2003). Agradecidamente reconozco sus contribuciones a este capítulo.

2. *La Vida del John Taylor*, pág. 28.

3. *La Vida del John Taylor*, pág. 29.

4. En *Diario de Discursos*, 23:30.

5. *La Vida del John Taylor*, pág. 40.

6. *La Vida del John Taylor*, pág. 40.

7. *La Vida del John Taylor*, págs. 67–68.

8. En Reporte de La Conferencia, abril de 1960, pág. 108; o revista *Improvement Era*, junio de 1960, págs. 433–34.

9. *Estrella Milenaria, Suplemento*, 1853, pág. 18.

10. El élder B. H. Roberts, *Una Historia Completa de la Iglesia*, 6 volúmenes (1930), 4:63.

11. *Una Historia Completa de la Iglesia*, 5:314.

12. *La Vida del John Taylor*, págs. 360, 362.

13. Paul Thomas Smith, "John Taylor," en Leonard J. Arrington, editado por, *Los Presidentes de la Iglesia* (1986), págs. 110–11.

14. *Diario de El president Wilford Woodruff*, sin fecha de entrada después de su resumen de 1880, pág. 8, *Biblioteca Históricade la Iglesia*.

15. *La Vida del John Taylor*, págs. 213–14.

16. *La Vida del John Taylor*, pág. 249.

17. *Tiempos y Estaciones*, 15 de Marzo de 1844, págs. 370–71.

18. En *Diario de Discursos*, 23:67.

19. El élder Joseph Fielding Smith, *Elementos de la Historia de la Iglesia* (1950), pág. 479.

CAPÍTULO 38

El Presidente Wilford Woodruff: Una Época de Reconciliación

[1887–1898]

PRIMEROS AÑOS DEL WILFORD WOODRUFF

Wilford Woodruff nació el 1 de marzo de 1807, en Farmington, Condado de Hartford, Connecticut, de Afec y Beulah Thompson Woodruff. Fue uno de los nueve hijos. La madre de Wilford Beulah murió de la fiebre maculosa en 1808 a los 26 años, cuando Wilford tenía sólo 15 meses de edad.

Comenzó a trabajar en 1821 a la edad de 14 años, en un aserradero y un molino harinero propiedad de su padre en el oeste de Avon, Connecticut. Durante esos años, y durante toda su vida, el Señor protegió en repetidas ocasiones la vida de Wilford Woodruff de una manera milagrosa.

El aserradero en West Avon, Connecticut

El presidente Wilford Woodruff escribió:

> Un resumen de lo que está dado aquí puede explicarse brevemente así: Me he roto las dos piernas, una de ellas en dos lugares; ambos brazos, ambos tobillos, el esternón, y tres costillas; He estado escaldado, congelado, y ahogado; He estado en dos ruedas de agua mientras gira bajo una cabeza llena; He pasado por un récord de otros escapes por un pelo. Las liberaciones repetidas de todos estos peligros notables yo las atribuyo a la merced de mi Padre Celestial. Al evocarlas en la mente siempre me siento impresionado por el reconocimiento de mi corazón, con agradecimiento y alegría, al Señor. Oro para que el resto de mis días los pueda pasar a Su servicio, en la edificación de Su reino.[1]

Un Buscador de la Verdad

Hambriento de justicia, en su juventud, Wilford Woodruff fue un devoto estudiante de la Biblia y quería conocer y hacer la voluntad del Señor. En 1817, a los 10 años, asistía a una Escuela Protestante dominical donde aprendió acerca de apóstoles y profetas. Esa noche, ofreció una sencilla oración de un chico para que pudiera vivir lo suficiente para ver de nuevo apóstoles y profetas en la tierra.

Wilford Woodruff dijo:

> Mi alma se me salía en estas cosas. En mi primera juventud oraba día y noche a fin de vivir para ver un profeta. Me hubiera ido a mil millas para poder ver un profeta, o un hombre que me pudiera enseñar a las cosas que leo en la Biblia. No podía unirme a ninguna iglesia, porque en ese tiempo no podía encontrar ninguna iglesia que abogara por estos principios. Pasé muchas horas de la medianoche, al lado del río, en la montaña, y en mi molino… invocando a Dios a fin de vivir para ver un profeta o un hombre que me enseñaría de las cosas del reino de Dios como las leo.[2]

Continuó buscando su retorno y el restablecimiento nuevamente de la Iglesia del Señor en la tierra.

No he podido encontrar ninguna confesión cuyas doctrinas, fe o prácticas, estén de acuerdo con el Evangelio de Jesucristo, o las ordenanzas y los dones que enseñaron los Apóstoles. A pesar de que los ministros de la época enseñaron que la fe, dones, gracias, milagros y ordenanzas, de las que se regocijaron los antiguos los Santos, se realizaron hace mucho y ya no se necesitan más, yo no creía que fuera cierto, sólo se habían retirado a causa de la incredulidad de los hijos de los hombres. Yo creía que los mismos dones, gracias, milagros y poder se manifestarían en una edad del mundo como la otra, cuando Dios tenía una Iglesia sobre la tierra, y esa Iglesia de Dios se restablecería sobre la tierra, y que debería vivir para verla. Estos principios fueron remachados en mi mente de la lectura del Antiguo y Nuevo Testamento.[3]

En 1830, a los 23 años, aprendí de Robert Mason, de una visión que Robert había recibido relativa a la restauración del Evangelio. Él dijo a Wilford que él (Robert) no viviría para verla, pero que lo haría Wilford. Wilford nunca olvidó al anciano caballero, y después que fueron restauradas las llaves de la obra para la muerte, primer bautismo de Wilford en nombre de los fallecidos fue para Robert Mason.

Wilford siguió buscando el Evangelio restaurado, pero mientras tanto sintió un intenso deseo de ser bautizado ya que la Biblia enseña claramente que es necesario para la salvación. Encontró un ministro Bautista el 5 de mayo de 1831, y le pidió que lo bautizara.

Wilford Woodruff escribió:

> En mi afán de promover el bien, organicé reuniones de oración en nuestro pueblo y oré por la luz y el conocimiento. Era mi deseo recibir las ordenanzas del Evangelio, como pude ver claramente por la lectura de la Biblia que el bautismo por inmersión era una ordenanza sagrada. En mi afán, sin embargo, siendo ignorante del santo sacerdocio y de la verdadera autoridad para oficiar en las ordenanzas de la vida eterna, solicité al ministro Bautista que me bautizara. Al principio se negó porque yo le dije que no iba a unirme a su iglesia, ya que no armonizaba con la iglesia apostólica que estableció nuestro Salvador. Finalmente, después de varias conversaciones, me bautizó el 5 de mayo de 1831. También bautizó a mi hermano Asael. Esta fue la primera y única ordenanza del Evangelio que busqué hasta que me uní a la Iglesia de Jesucristo de los Santos de los Últimos Días.[4]

Wilford continuó buscando la verdadera Iglesia de Jesucristo:

> En una ocasión, después de rezar con la mayor diligencia para saber acerca del pueblo del Señor, si tal pueblo existía en la tierra, él [El presidente Wilford Woodruff] dice: "El Espíritu del Señor me dijo: 'Ve por mi Palabra y yo allí te mostraré mi voluntad y responderé a tu oración." Abrí la Biblia promiscuamente, rogando al Señor que me dirija a la porción de su Palabra que respondería a mi oración. Abrí el capítulo 56 de Isaías. Me quedé satisfecho, era en respuesta a mi oración. Sentí que la salvación de Dios estaba a punto de ser revelada y que saldría Su justicia. También estaba convencido que debía vivir para ver al pueblo de Dios congregado. A partir de entonces hasta que el Evangelio me encontró, yo estuve contento y sentí que no debería preocupar más acerca de las Iglesias y ministros."[5]

En 1832, Wilford leyó del mormonismo en un artículo de un periódico. Buscó a misioneros de la fe y escuchó con atención a sus enseñanzas. Reconoció en ellos las cosas precisas que había estado buscando, incluyendo el envío de Dios de apóstoles y profetas de nuevo a la tierra.

El 31 de diciembre de 1833, Wilford Woodruff fue bautizado en un arroyo helado cerca de Richland, Nueva York.

Wilford Woodruff escribió acerca de sus sentimientos:

> Sentí que realmente podía exclamar con el profeta de Dios, "yo más bien había sido un encargado de la puerta—en la casa de mi Dios que habita en las tiendas de impiedad." La plenitud del evangelio eterno había llegado al fin. Mi corazón se llenó con gran alegría. Se sentaron las bases de una obra más grande y más gloriosa de lo que esperaba ver en esta vida. Ruego a Dios en el nombre de Jesucristo que

Puesta de sol en Richland, Nueva York

guie mi vida futura, para que yo viva para Su honra y gloria, y sea bendecido para mis semejantes, y al final sea salvo en su reino celestial, que así sea, Amén.[6]

Como prueba de su compromiso, Wilford Woodruff escribió la siguiente declaración jurada cuando entró en la Ley de Consagración:

Que se sepa que yo, El presidente Wilford Woodruff, hago libremente convenio con mi Dios, para que libremente me consagre y dedique, junto con todas mis propiedades y efectos al Señor, a fin de ayudar en la edificación de Su Reino y Su Sión sobre la tierra, para que pueda guardar Su ley. Pongo todo ante el obispo de Su Iglesia, para que pueda ser un legítimo heredero al reino celestial de Dios.[7]

Buscando mantenerse fiel en todas las cosas hasta el final de su vida, y mostrando la dedicación absoluta de un hombre consagrado, se hizo conocido entre los miembros como "Wilford el fiel."

"WILFORD EL FIEL"

Su Participación en el Campamento de Sión

En 1834, después de sólo 6 meses en la Iglesia, Wilford Woodruff participó en la marzo dea del Campamento de Sión hacia Misuri. Durante ese viaje, estaba preparado para los muchos acontecimientos de su vida que yacían en el futuro.

Wilford Woodruff relató 36 años más tarde, en Salt Lake City:

Cuando los miembros del Campamento de Sión fueron llamados, muchos de nosotros nunca habíamos visto los rostros de los demás; éramos extraños entre nosotros y muchos nunca habían visto el profeta. Nos habían dispersado en el extranjero, como el maíz tamizado en un cedazo, por toda la nación. Éramos hombres jóvenes, y estábamos llamados en ese día temprano para ir hacia a y redimir a Sión, y lo que tuvimos que hacer lo teníamos que hacer por la fe. Nos habíamos congregado de los diversos estados en Kirtland y subimos a redimir a Sión, en cumplimiento del mandamiento de Dios para nosotros.

Dios aceptó nuestras obras como lo hizo con las obras de Abrahán. Hemos logrado mucho, aunque apóstatas y no creyentes muchas veces hacían la pregunta: "¿Qué habéis hecho?" Hemos ganado una experiencia que nunca hubiéramos podido obtener de ninguna otra manera. Hemos tenido el privilegio de contemplar el rostro del profeta, y tuvimos el privilegio de viajar mil millas con él, y ver las obras del Espíritu de Dios con él, y las revelaciones de Jesucristo a él y el cumplimiento de las revelaciones. Y la reunión de unos doscientos élderes de todo el país en ese día temprano y nos envió a difundir al mundo a predicar el Evangelio de Jesucristo. No habiendo subido con el Campamento de Sión no debería haber estado aquí hoy, y supongo que habría sido el caso de muchos otros en este Territorio.[8]

Wilford Comienza Su Diarios

De 1834 a 1836, Wilford cumplió una misión en el sur de Estados Unidos. Durante ese período de su vida comenzó a registrar los acontecimientos diarios en un diario. Esto continuó hasta su muerte en 1898, convirtiéndose en el escritor de diarios más prolífico en la historia de la Iglesia. Mientras que el Señor había animado a todos los primeros líderes a llevar diarios, solamente Wilford Woodruff lo hizo sobre una base diaria. Sus diarios se han convertido en un tesoro para la Iglesia, con todos los detalles de los eventos que no se pueden encontrar en ningún otro lugar en el registro histórico.

Wilford Woodruff escribió el 17 de marzo 1857:

> Nunca he gastado algo de mi tiempo de manera más rentable para beneficio de la humanidad que en escribir mi diario.… Algunos de las más glorioso sermones del evangelio, verdades y revelaciones que fueron dados por Dios a este pueblo a través de la boca de los Profetas José, Brigham, Heber, y los Doce no se podían encontrar sobre la tierra en expedientes, sólo en mis diarios, y ellos están compilados en la historia de la Iglesia y transmitidos a los Santos de Dios en todas las generaciones futuras. ¿Esto no me paga por mi trabajo? Lo hace.[9]

Wilford Woodruff escribió en su diario el 5 de julio 1877:

> Voy a decir aquí que Dios me ha inspirado a escribir un diario y escribir la historia de esta Iglesia, y advertir a los futuros historiadores para dar crédito a la historia; porque mi testimonio es verdadero, y la verdad de su registro será manifestada en el mundo por venir. Todas las palabras del Señor se cumplirán sobre las naciones, las cuales están escritas en este libro."[10]

Matrimonio con Phoebe

El 13 de abril de 1837, a los 30 años, Wilford se casó con Phoebe Whitmore Carter, quien también tenía 30 años. Ellos permanecieron casados durante 48 años, hasta su muerte en 1885. Ella dio a luz a nueve, hijos, cinco de los cuales murieron en la infancia. Ella lo acompañó en algunos de sus misiones a las islas Fox e Inglaterra, pero la mayor parte del tiempo tuvo que cuidar de la familia en su ausencia. Ella se convirtió en una líder por su propio derecho en Utah, abogando por los derechos de la mujer y otras causas.

Dos días más tarde, el 15 de abril de 1837, Wilford recibió su bendición patriarcal, que le prometió que iba a traer a todos sus parientes a la Iglesia, una promesa que se cumplió de una manera notable.

El año 1837 fue un año difícil en Kirtland, Ohio. La quiebra del banco produjo muchas deserciones de la Iglesia, incluyendo los una vez valientes líderes. Wilford no fue uno de ellos. Creía que los asuntos del reino habían sido colocados sobre ellos, y que no era su lugar criticar la falta de sabiduría que pudiera observar. Él sabía que la obra era verdadera y estaba decidido a permanecer fiel a ella.

Misión a las Islas Fox

De 1837 a 1838, cumplió su primera misión en el este de Estados Unidos, partiendo sólo un mes y un día después de su matrimonio. Pasando a través de Richland, Nueva York, el lugar donde fue bautizado, visitó un lugar llamado Bastard, en el condado de Leeds. Allí había 300 miembros de la Iglesia, y 32 de ellos solicitaron la ordenación al sacerdocio.

Wilford en sus 30s

Wilford, en compañía de William Draper (tatar—tatarabuelo de este autor), llevaba a cabo esas ordenanzas. También echó fuera alos demonios de una mujer y sanó a un niño muy enfermo. Repitió estos milagros en Leeds curando a otros dos niños enfermos.

Wilford y sus compañeros viajaron a través de Albany a Connecticut, donde pasaron por su ciudad natal, Afec. Bautizó a su tío, tía y primo el 12 de junio de 1837. Tres días después estaba alegremente sorprendido de ver a su joven esposa

Phoebe, que había venido a acompañarlo a la casa de su padre en Maine. De cerca de allí (en Portland), Wilford tomó un barco a las islas Fox, su destino original para esta misión. Proclamando audazmente el Evangelio a sus residentes, Wilford y sus compañeros bautizaron a todos los miembros de la iglesia bautista en la isla norte, y a casi todos los metodistas en la isla sur. Posteriormente organizaron una rama de la Iglesia allí y regresaron a Maine. Esta no sería la última vez en la vida de Wilford que bautizaría congregaciones enteras que lo escuchaban predicar.

Apóstol y Misionero

El 26 de abril de 1839, Wilford Woodruff fue ordenado Apóstol por El presidente Brigham Young a la edad de 32 años. Los miembros de los Doce habían vuelto a Far West, Misuri, para esta y otras ordenaciones, en obediencia al mandato del Señor en D. y C. 118:4–5. Después de haber cumplido con esta peligrosa tarea, regresaron a Nauvoo.

Los Apóstoles partieron para Inglaterra en grupos separados en agosto y septiembre de 1839. Wilford Woodruff partió el 8 de agosto, y se dirigió por tierra a la costa este y luego a Inglaterra en barco. Mientras estuvo en Boston esperando para partir, Wilford experimentó una visión de lo más inusual.

Wilford Woodruff dijo:

> Hace más de cincuenta años, mientras estaba en Boston, soñé que los santos emigraban a las Montañas Rocosas, construían un templo y lo dedicaban. En ese servicio de dedicación, los Élderes fueron apartados para ir entre las naciones gentiles para obligar a la ley y sellar el testimonio.…
>
> Cuando, después de nuestra llegada aquí, la cuestión se discutió en cuanto a qué materiales se debían utilizar en la construcción de templos, algunos sugirieron ladrillo y otros, adobe. Hice la observación de que nunca sería construido de cualquier otra cosa que no fuera granito cortado.[11]

Apóstol Wilford Woodruff

Todo el viaje a Inglaterra llevó casi cinco meses, 4 meses y medio por tierra y otros 23 días para cruzar el Océano Atlántico. Wilford y sus compañeros desembarcaron en Liverpool, Inglaterra, el 11 de enero 1840.

El 17 de enero se celebró una conferencia (consejo) en la casa de Willard Richards, que había presidido en Inglaterra desde que los Apóstoles vinieron por primera vez a Inglaterra en 1837. Había sido llamado para servir como un Apóstol, pero aún no había sido ordenado, de manera que se convirtió en el primer orden del día que los Apóstoles se reunieran allí. A continuación, consideraronn en oración, adonde debían servir los nuevos misioneros.

El élder Woodruff escribió:

> Después de consultar sobre el mejor curso a perseguir por nosotros, finalmente se resolvió que los Élderes John Taylor y Joseph Fielding debían ir a Liverpool; El élder Woodruff, a Alfarería Staffordshire;
>
> El élder Theodore Turley, a Birmingham; El élder Richards, adonde el espíritu lo dirigiera; y… El élder William Clayton presidir la rama en Manchester.… Al día siguiente partí con los Élderes Taylor y Fielding, que se fueron a Liverpool, y con El élder Richards, que durmieron en Preston. El élder Turley y yo nos fuimos a Manchester."[12]

Milagros en Manchester

Cuando El élder Woodruff llegó a Manchester, se encontró con El élder William Clayton, que presidía allí, por primera vez. El élder Clayton le pidió inmediatamente a El élder Woodruff que le ayudara a administrar a una de las hermanas, que había sido poseída por un diablo. Aunque reacio al principio en tales circunstancias, El élder Woodruff fue con él a casa de la mujer.

El élder Woodruff escribió:

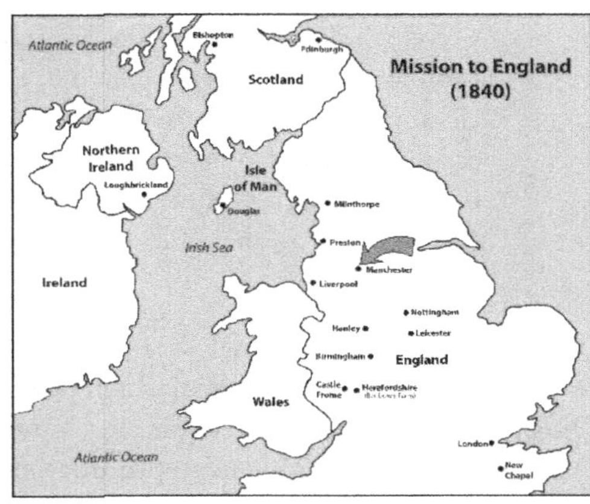

> Fui con él a la casa donde yacía la mujer, en manos de tres hombres, en una terrible ira. Ella estaba tratando de arrancarse la ropa. También encontré entre los presentes a un buen número de Santos, y a algunos no creyentes, que habían venido a ver al diablo echado fuera y un milagro forjado.... Me uní al [Hermano Clayton] en administrar a la mujer. La incredulidad de los malvados que estaban presentes era tan grande que no podíamos echar al diablo fuera, y ella descargó su ira peor que nunca; Después ordené que dejaran la habitación, y cuando la compañía, a excepción de unos pocos asistentes, hubieron salido de la casa, pusimos las manos sobre su cabeza, y en el nombre de Jesucristo le ordené al diablo que saliera de ella. El diablo se fue, y ella estuvo completamente curada y se durmió.

> Al día siguiente, siendo Sábado, la mujer se presentó ante una gran congregación de gente, y dio testimonio de lo que el Señor había hecho por ella. Tuvimos una gran reunión a lo largo del día y la noche, a quienes prediqué el evangelio. El lunes por la mañana, el diablo, no estando conforme con haber sido expulsado de la mujer, entró en su pequeña niña, que no tenía más que unos pocos meses. Me llamaron para visitar a la niña, y la encontramos con muestras de mucho dolor, retorciéndose en los brazos de su madre. Colocamos las manos sobre ella y echamos al diablo; los espíritus malignos a partir de entonces no tuvieron poder sobre ese hogar. Esto fue hecho por el poder de Dios y no del hombre. Pusimos las manos sobre veinte en Manchester que estaban enfermos, y la mayoría de ellos fueron curados.[13]

Un Mandamiento para Ir "al Sur"

Poco tiempo después, Wilford Woodruff fue ordenado por el Señor para seguir adelante:

> Me... reuní con una gran asamblea de los Santos y extraños, y mientras cantábamos el primer himno al espíritu del Señor descansó sobre mí y la voz de Dios me dijo: "Esta es la última reunión que vas a celebrar con este pueblo durante muchos días. "yo estaba sorprendido por esto, ya que tenía muchas citas en dicho distrito. Cuando me levanté para hablar a la gente, les dije que era la última reunión que debería mantener con ellos durante muchos días. Estaban tan asombrados como yo.

> ... Por la mañana fui en secreto ante el Señor, y le pregunté cuál era Su voluntad con respecto a mí. La respuesta que recibí fue que debía ir hacia el sur; porque el Señor tenía una gran obra para mí para actuar allí, ya que muchas almas estaban esperando Su palabra.

El Extraordinario Éxito en Herefordshire

Durante los siguientes dos días viajó hacia el sur hasta llegar a la granja de John Benbow en Herefordshire. El señor Benbow y su esposa, Jane, le recibieron de buena voluntad y dijo que había una compañía de más de 600 hombres y mujeres que habían formado su propia congregación llamada los Hermanos Unidos.

Wilford Woodruff continuó:

> Este cuerpo de Hermanos Unidos estaban en busca de la luz y la verdad, pero había ido tan lejos como pudieron, y pedían al Señor continuamente para que les abriera el camino delante de ellos y les enviara luz

y conocimientos, de modo que conocieran el verdadero camino para ser salvos. Cuando oí estas cosas que podía ver claramente porque el Señor me había ordenado, mientras estaba en la ciudad de Hanley, salir de ese lugar de trabajo e ir hacia el sur; porque en Herefordshire había un gran campo para cosechar la recolección de muchos Santos en el Reino de Dios.[14]

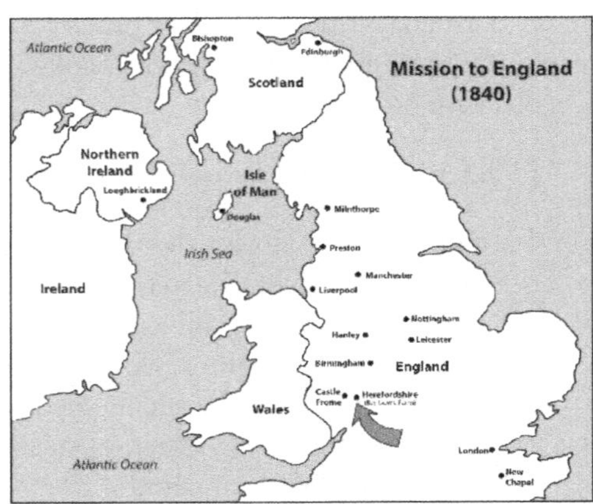

Los esfuerzos de El élder Woodruff en esta zona de Inglaterra le permitieron traer a la Iglesia, a través de las bendiciones de Dios, a más de 1800 almas durante 8 meses, incluyendo todos los 600 Hermanos Unidos excepto una persona."[15] El presidente Heber J. Grant dijo de Wilford Woodruff, "yo creo que ningún otro hombre que haya pisado la faz de la tierra fue un convertidor de almas más grande al Evangelio de Jesucristo."[16]

También realizó milagros de curación, mientras estuvo en Inglaterra. "Un día Wilford Woodruff conoció a un hombre y una mujer en la calle, y la mujer le preguntó si se acordaba de ellos. Respondió que no lo. Luego dijo: "Vos pusiste vuestras manos sobre este muchacho en Herefordshire [Inglaterra] hace cincuenta años. Era mudo, nunca dijo una palabra hasta que pusite vuestras sus manos sobre él y lo bendijisteis, y desde entonces ha hablado.""[17]

Granja de Benbow en Herefordshire

En 1841, después de regresar a Nauvoo de su misión en Inglaterra, Wilford Woodruff fue elegido miembro del consejo de la ciudad de Nauvoo. En 1842, en obediencia a las órdenes del Señor de construir un templo en Nauvoo, trabajó en el edificio sagrado junto a muchos otros. También en 1842, se convirtió en el gerente de negocios del periódico Tiempos y Estaciones, que era editado por El president John Taylor.

Las Llaves del Reino

En la primavera de 1844, Wilford Woodruff estuvo presente cuando el Profeta José Smith confirió todas las llaves del reino de Dios sobre el Quórum de los Doce Apóstoles. El Profeta dijo a los Doce: "no sé por qué; pero por alguna razón me veo obligado a acelerar mi preparación, y para conferir a los Doce todas las ordenanzas, las llaves, convenios, investidura y ordenanzas selladoras del sacerdocio, y por lo pusieron delante de sí un patrón en todo lo relacionado con el santuario y la dotación en el mismo."[18]

José instruyó a los Doce y les dio las llaves

Al realizar esta acción José se aseguró que la llaves no se perderían de la tierra y El reino continuaría prosperando después de su muerte.

Wilford Woodruff dijo:

El último discurso que José Smith jamás ha dado al quórum de los Apóstoles estuvo en un edificio en Nauvoo, y fue un discurso tal como nunca he oído a hombre mortal antes o después. Estaba vestido en el espíritu y poder de Dios. Su rostro estaba claro como el ámbar; la habitación estaba llena de un fuegoconsumidor. Dijó el:

"Vosotros los apóstoles del Cordero de Dios habeis sido elegidos para llevar a cabo los propósitos del Señor en la Tierra. Ahora, he recibido, como el Profeta, Vidente y Revelador, de pie a la cabeza de esta dispensación, cada llave, cada institución, cada principio y cada sacerdocio que pertenece a la última dispensación y el cumplimiento de los tiempos. Y he sellado todas estas cosas sobre vuestras cabezas."[19]

Wilford Woodruff también testificó que "el Profeta José Smith llamó a los Apóstoles y les entregó las ordenanzas de la Iglesia y el reino de Dios, y todas las llaves y los poderes que Dios había derramado sobre él, las selló sobre nuestras cabezas, y nos dijo que debíamos encorvar nuestros hombros y sacar este reino, o estaríamos condenados."[20]

Wilford Woodruff en 82

"Dirigiéndose a los Doce, [José] exclamó, 'sobre vuestros hombros descansa el reino, y debeis encorvar los hombros, y soportarlo; porque yo he tenido que hacerlo hasta ahora. Pero ahora la responsabilidad recae sobre vosotros.'"

"Sobre nuestros hombros hizo rodar la carga del reino, y él nos dio todas las llaves y los poderes y dones para llevar a cabo esta obra grande y poderosa. Nos dijo que había recibido cada llave, cada poder y cada don para la salvación de los vivos y los muertos."[21]

Wilford Woodruff dijo en 1889:

> Cuando el Señor le dio las llaves del reino de Dios, las llaves del sacerdocio de Melquisedec, el Apostolado, y las selló sobre la cabeza de José Smith, las selló sobre su cabeza para estar aquí en la tierra hasta la llegada del Hijo de Hombre. Bien podría decir El presidente Brigham Young, "Las llaves del reino de Dios están aquí." Estuvieron con él hasta el día de su muerte. Luego, posaron sobre la cabeza de otro hombre, El presidente John Taylor. Él tuvo esas claves hasta la hora de su muerte. luego, cayeron por turno, o por la providencia de Dios, en Wilford Woodruff.

> Yo digo a los Santos de los Últimos Días, las llaves del reino de Dios están aquí, y se van a quedar aquí, también, hasta la venida del Hijo del Hombre. Dejad que todo Israel entienda eso. Es posible que no repose sobre mi cabeza por un corto tiempo, pero entonces descansarán en la cabeza de otro Apóstol, y otro después de él, y así continuará hasta la venida del Señor Jesucristo en las nubes del cielo para "dar a cada uno de acuerdo con las obras hechas en el cuerpo."[22]

Otra Misión al Este

El 4 de marzo de 1844, Wilford Woodruff y su familia se trasladaron a la nueva casa que había construido en Nauvoo. Durante todos sus años de servicio a la Iglesia nunca había tenido una casa propia. El Profeta ahora estaba llamando a los Doce a misiones al Este para recaudar dinero para la construcción del templo de Navuoo. Por primera vez, Wilford sentía como si estuviera dejando a su familia en circunstancias temporarias seguras mientras cumplía una misión para el Señor. Cada uno de los Doce, El élder Woodruff incluido, pusieron una fianza de $ 2000 antes de salir, para asegurarse que no iban a hacer mal uso de los fondos que percibieran en sus misiones. Esto se hizo para silenciar a los apóstatas que acusaban a los líderes de la Iglesia de malversación.

La casa de Wilford Woodruff en Nauvoo

El 11 de junio de 1844, El élder Woodruff asistió a una reunión en el templo de Nauvoo, en la que el Profeta José Smith instruyó a los Doce referente a esa forma e importancia de las ordenanzas del templo. Wilford Woodruff escribió: "A sus ordenanzas sagradas él le concedía la mayor importancia, y, por cierto, las declaró necesarias para la plenitud de la gloria de Dios.… El objetivo principal de reunir a la gente de Dios era crear al Señor una casa en la que Él pudiera revelarles las ordenanzas y las glorias de Su Reino. Hay ciertas ordenanzas y principios que se enseñaron y practicaron que se deben hacer en un templo del Señor construido para tal fin. Esto fue ordenado en la mente de Dios antes que el mundo fuese… y por la misma razón el Señor reúne a sus Santos en los últimos días."[23]

Wilford no se dio cuenta, en el momento que el Profeta muy probablemente estaba enviando a los Doce fuera del camino antes de su martirio. Los apóstatas en Nauvoo—los Law, Higbee, Foster, Blakesley y otros—habían venido en abierta rebelión contra José Smith sobre la poligamia y otras cuestiones, y el Profeta sintió que podría no sobrevivir ese momento. Él quería a sus Apóstoles fuera del camino para que pudieran permanecer a salvos. Y antes que se fueran quería plenamente instruirlos en las ordenanzas más altas del templo.

Los Doce partieron para sus misiones inmediatamente después de la Conferencia de Abril de 1844. Wilford Woodruff conversó con el Profeta antes de irse, observando que [el Profeta parecía dilatarse en despedirse de él. Luego, mirándolo de arriba a bajo, dijo,] "Hermano Woodruff, yo quiero que te vayas, y si no lo haces, morirás." Y se lo veía "indescriptiblemente triste, como si tuviera encima un presagio de algo terrible."[24]

El Martirio y sus Efectos

Fue mientras se desempeñaba esta misión a Oriente en 1844 que Wilford Woodruff aprendió del martirio de José y Hyrum Smith en Carthage, Illinois. El 27 de junio de 1844, el día del martirio, Wilford estaba en la compañía con Brigham Young en Boston. De este día que posteriormente escribió:

> El día del martirio, El president Brigham Young y yo estábamos sentados en la estación de ferrocarril en el momento en que José y Hyrum eran asesinados. Esto fue el 27 de junio, a las cinco y cuarto de la noche, en Cartago, Illinois. Era las seis y media en Boston. Cuando nos sentamos en la estación, Brigham se puso muy triste y deprimido en espíritu, sin saber la causa. Este fue momento en que Satanás dio el golpe más fuerte que él había golpeado desde que el Hijo de Dios fuera crucificado. Después de todo nosotros sabíamos bien porqué los Doce, dondequiera que estuviesen en ese día y en ese momento, estaban, al igual que el presidente de nuestro quórum, dololidos y cargados en el espíritu sin saber por qué.[25]

De vuelta en Nauvoo, El élder Woodruff sustuvo el liderazgo de El president Brigham Young, quien era Presidente del Quórum de los Doce en ese momento. Mientras escuchaba hablar al presidente Young, El élder Woodruff vio el manto del liderazgo cayendo sobre un transfigurado El president Brigham Young. Para él, como para muchos otros, Brigham se transfiguró delante de la gente, apareciendo como si fuera José Smith, incluso el ligero silbido en la pronunciación debido a la falta de dientes del embreado y emplumado que había soportado en Hiram, Ohio. La gente conocía muy bien esa voz, y la amaba.

Otra Misión a Europa

De 1844 a 1846, mientras que los Santos estaban terminando el Templo de Nauvoo y se prepara para moverse hacia el oeste, Wilford Woodruff presidió la Misión Europea. Para estan misión, se llevó a su esposa Phoebe y sus dos hijos vivos, junto con Dan Jones y su esposa. En el camino, visitaron su lugar de nacimiento en Nueva York y lugar de nacimiento de su esposa en Maine. Mientras que en Maine, que tenía dos visiones:

> Mientras estaba en la casa de mi suegro tuve un sueño peculiar. Gran parte de él era inefable y no se puede escribir; de hecho, no lo comprendo yo mismo. Entre otras cosas me llamaban con los Doce para llevar las llaves del Reino en todo el mundo. He viajado con ellos en la mayor parte de la tierra y también he viajado

por muchos países solo. Cuando terminé mi viaje vi muchas cosas que no puedo escribir, pero al final, el Profeta José, me ayudó air donde estaba y me señaló mi lugar y obra. Inmediatamente entré en las funciones del nueva llamado para el cual fui nombrado.

La misma noche tuve otro sueño. Yo estaba en presencia del Profeta, y estaba conversando con él sobre su muerte. Le dije que me sentía mal por ello, y que si lo hubiera sabido que él iba a ser tomado tan pronto yo debería haber conversado con él más, mientras vivía. Le habría hecho muchas preguntas. En respuesta, dijo que no era su culpa que yo no lo hiciera.[26]

Ellos fueron caminando a Filadelfia, y luego a vela para Liverpool el 8 de diciembre de 1844. Se encontraron con un mar agitado el día 11, pero después de rezar por alivio, los vientos se calmaron y se movieron hacia el suroeste, un viento favorable para llevarlos a Inglaterra. Llegaron a Liverpool el 3de enero de 1845. De regreso a esta tierra de su gran éxito en predicar el evangelio fue satisfactorio para él y él se reunió con muchos viejos amigos en la Iglesia y visitaron muchas ramas en toda Gran Bretaña.

Estando preocupado por los derechos de autor para el Libro de Mormón, presentó documentos para tal fin el 7 de junio de 1845. También adquirió los derechos de autor de la Doctrina y Convenios e imprimió 3.000 ejemplares de la misma. El 18 de julio de 1845, nació un hijo de él y Phoebe. Él llamó al niño José, en honor al Profeta. Completando su misión al año siguiente, regresó a Nueva York el 6 de marzo 1846.

En su camino a Nauvoo, El élder Woodruff encontró la ciudad en un estado de preparación para moverse hacia el oeste. El 30 de abril de 1846, participó con otros miembros de los Doce en la dedicación del templo al Señor en ceremonias privadas. Un acto público siguió al día siguiente el 1 de mayo de 1846. Al final del mes, dejaría de Nauvoo para bien;

Llegué a Nauvoo el 26 de mayo de 1846, por última vez, y dejé la ciudad de los Santos sintiendo que muy probablemente estaba dando una despedida final a Nauvoo en esta vida. Miré hacia atrás al templo y la ciudad que ya que se retiraba de la vista y pedí al Señor que recordara los sacrificios de sus Santos.[27]

Se Une a los Santos en Winter Quarters

Wilford llevó a su familia al oeste, en un viaje difícil a través de Iowa. Cuando llegó al Monte Pisga, encontró a El presidente Lorenzo Snow muy enfermo y administró por él. No mucho tiempo después, llegó el llamado para muchos de los hombres mormones para unirse al Batallón Mormón. El élder Woodruff se trasladó al oeste de council Bluffs, y describió la escena de tantos Santos que se movían hacia el oeste a través de las llanuras:

Detuve mi carruaje en la cima de una colina en medio de una pradera rodante donde tenía una vista ampliada de todo encima mío. Yo veía a los Santos que venían en todas las direcciones de colinas y valles, bosques y praderas con sus carros, ovejas, vacas, por miles. Parecía que el movimiento de una nación.[28]

El élder Woodruff ayudó a establecer la ciudad de Winter Quarters, y presidió una parte de ella. El 15 de octubre, fue herido por un árbol y guardó reposo durante algunas semanas. Mientras se recuperaba, su hijo José se enfermó y murió el 12 de noviembre. El 8 de diciembre, nació otro hijo, llamado Ezra, que vivió sólo unos pocos días y luego murió y fue enterrado junto a su hermano José. Por lo tanto, podemos ver que la adversidad no hace acepción de personas, y Wilford y su familia tuvieron su parte de miseria y dolor en Winter Quarters.

La Ruta al Oeste

La primavera siguiente, Wilford Woodruff se unió a El president Brigham Young y a otros miembros de los Doce en el "Campamento de Israel", la compañía principal y la vanguardia de los pioneros que dejaron Winter Quarters en abril de 1847. El 24 de julio de 1847, entraron en el Valle del Lago Salado con El president Brigham

Young. Fue desde el carruaje de Wilford Woodruff que el muy enfermo El president Brigham Young se sentó y miró el valle, exclamando: "Es suficiente. Este es el lugar correcto.… Llévame allí."

El élder Woodruff escribió en su diario:

> Esto, a los 24 días de julio de 1847, fue un día importante en la historia de mi vida, y en la historia de la Iglesia de Jesucristo de los Santos de los Últimos Días. Después de viajar desde nuestro campamento d seis millas por la profunda cañada del valle que termina en el cañón, tuvimos la vista completa del valle del Lago Salado, o la Gran Cuenca, la Tierra de la Promesa, mantenida en reserva por la mano de Dios como un lugar de descanso para los Santos.
>
> Miramos con asombro y admiración al extenso valle fértil que se extendía ante nosotros de unas veinticinco millas de largo y dieciséis millas de ancho, cubierto con una pesado manto de vegetación, y en medio del cual brillaban las aguas del Gran Lago Salado, con montañas alrededor elevándose a los cielos, y arroyos, riachuelos y ensenadas de agua pura atravesando el hermoso valle.
>
> Después de un duro viaje desde Winter Quarters de más de mil millas, a través de bajíos del Río Platte y las mesetas de Black Hills y los Montañas Rocosas y sobre arenas ardientes, y regiones de salvia eternas, sauces llorones y regiones rocosas, para contemplar una valle de tan vasto alcance rodeado con una perfecta cadena de montañas cubiertas de nieve eterna, con sus innumerables picos como pirámides elevándose hacia el cielo, presentándonos en una vista a nosotros el escenario y la perspectiva más grande que podríamos haber obtenido en la tierra. Pensamientos de agradable meditación corrieron en rápida sucesión a través de nuestras mentes previendo que en pocos años la Casa de Dios se establecería en la montaña y sería exaltado por encima de las colinas, mientras que los valles se convertirían en huertos, viñedos, campos, etc. , sembrados de ciudades, y éstandar de Sion se desplegaría, en el cual se reunían las naciones.
>
> Cuando el valle presentó su visión ante la mirada de esta banda resistente de pioneros, el presidente Young expresó su plena satisfacción con el lugar. El Señor le había mostrado la vista antes en una visión; y ahora, mientras yacía en su cama (todavía indispuesto físicamente) en el carro del pastor Woodruff. El Señor también le enseñó muchas cosas acerca del futuro del valle; y con un solo testimonio unido, la compañía pionera sintió que habían llegado a su destino. Ahora podían descansar las plantas de los pies en paz y estar libres de la furia de turbas enfurecidas.[29]

Liderazgo en Utah

En Utah, Wilford Wooduff era a la vez un líder de la Iglesia y político. De 1848 a 1850, presidió la Iglesia en los Estados del Este. Al volver a casa, en 1850 fue nombrado en la legislatura territorial, cumpliendo un término en la cámara baja y veinte sesiones en la cámara alta. En 1856, fue nombrado historiador de la Iglesia.

El élder Woodruff fue también un líder de negocios. De 1858 a 1877, fue presidente de la Sociedad Agrícola y Manufacturera de Deseret. Y, por último, fue un educador; en 1867, participó en el restablecimiento de la Escuela de los Profetas, esencialmente, un centro de formación misionera para aquellos que cumplen misiones en todo el mundo.

OBRA POR LOS MUERTOS

El Templo de San Jorge

El Templo de San Jorge fue el primer templo que se completaría después que los Santos abandonaran el templo en Nauvoo en 1846, y Wilford Woodruff fuera designado para ser el primer presidente de ese templo. En agosto de 1877, mientras que funcionaba en esa capacidad, fue visitado en el templo de San Jorge por los espíritus de las personas históricamente prominentes que querían que sus investiduras en el templo se realizaran en su nombre. A partir de entonces El élder Woodruff habló sobre la importancia de los templos y la obra del templo.

Wilford Woodruff dijo:

> Siento que debo decir algo más a los Santos de los Últimos Días donde y cuando tenga la oportunidad de hablar con ellos, que recurrir a ellos para construir estos templos ahora en curso, que se den prisa para arribar a su finalización. Los muertos estarán tras vosotros, ellos estarán tras vosotros como lo han hecho tras nosotros en San Jorge. Ellos nos llamarán, sabiendo que tenemos las llaves y el poder para redimirlos.

El Templo de San Jorge de Utah

> Aquí diré, antes de terminar, que dos semanas antes de salir de San Jorge, los espíritus de los muertos me rodearon, queriendo saber por qué no los redimimos. Dijeron ellos, "Vosotros habéis tenido el uso de la Casa de Investiduras durante un número de años, y sin embargo nunca nada habéis hecho por nosotros. Hemos sentado las bases del gobierno que ahora disfrutáis y del que nunca renegamos, sino que nos hemos mantenido fieles a él y fuimos fieles a Dios." Estos fueron los firmantes de la Declaración de la Independencia, y me esperaron durante dos días y dos noches.

> Me pareció muy singular, que a pesar que se hubiera hecho tanto trabajo, y sin embargo, nada se había hecho para ellos. El pensamiento nunca entró en mi corazón, por el hecho, supongo, que hasta ahora nuestras mentes estaban llegando a nuestros amigos y parientes más inmediatos. Yo en seguida entré en la pila bautismal y exhorté al hermano McAllister a bautizarme por los firmantes de la Declaración de la Independencia, y otros cincuenta hombres eminentes, haciendo un centenar en total, incluyendo a John Wesley, Colón, y otros; Entonces lo bauticé por cada Presidente de los Estados Unidos, con excepción de tres; y cuando su causa es justa, alguien hará el trabajo por ellos.[30]

El presidente Woodruff recibió una revelación sobre la obra para su propia familia. Esta revelación fue importante para todos nosotros, ya que explicaba nuestro propio deber de salvar a nuestros antepasados.

Wilford Woodruff dijo:

> … Recé al Señor para que abriera el camino para la redención de mis muertos. El espíritu del Señor descansó sobre mí y me dio el siguiente testimonio: "Que mi siervo Wilford invoque a las hijas y madres de Sión, y deje que entren en mi santo templo el día 1 de marzo, el día en que Mi siervo Wilford verá el tiempo asignado al hombre, tres veintenas y diez años. Permitid que reciban sus dotaciones por sus parientes muertos, y esto será aceptable a mí, dice el Señor. Los parientes muertos de Mis siervos serán redimidos en el mundo de los espíritus y han de estar preparados para cumplir con Mi siervo al momento de su llegada, que será en el momento señalado para él, todavía no revelado al hombre en la carne. Ahora, ve y lleva a cabo esta obra y todo se cumplirá de acuerdo a los deseos de tu corazón."[31]

El élder Wilford Woodruff enseñó mientras sirvió en el Quórum de los Doce: "Desde hace mil ochocientos años, las personas que han vivido y fallecido no escucharon la voz de un hombre inspirado, nunca escucharon un sermón del Evangelio,

Revelación dada a Wilford Woodruff

hasta que entraron en el mundo de los espíritus. Alguien tiene que redimirlos, mediante la realización de tales ordenanzas para ellos en la carne, ya que no pueden asistir a ellos mismos en el espíritu, y con el fin de que este trabajo se puede hacer, hay que tener templos en los cuales hacerlo."[32]

El presidente Wilford Woodruff también dijo: "… es nuestro deber levantar y construir esos templos. Miro a esta parte de nuestro ministerio como una misión de tanta importancia como predicara los vivos; los muertos oirán la voz de los siervos de Dios en el mundo de los espíritus, y no pueden salir en la mañana de la resurrección, a menos que se realicen ciertas ordenanzas, para y en nombre de ellos, en templos hechos en nombre de Dios. Se tarda tanto para salvar a un hombre muerto como a un hombre vivo."[33]

UNA DÉCADA DE PERSECUCIÓN

Escondido en Arizona y Utah

En 1879, mientras los Santos estaban bajo una intensa presión por parte del gobierno federal sobre la práctica de la poligamia, Wilford Woodruff realizó la obra misionera entre los indios, mientras estaba en escondido. Escribió una carta el 15 de septiembre de 1879, al presidente John Taylor y al Quórum de los Doce Apóstoles: "El diablo está haciendo un gran esfuerzo para detener la construcción de templos y la obra de Dios, y los malvados le están ayudando, mas, hermanos, Dios reina y estará junto a vosotros hasta el final."[34]

En 1880, recibió una visión mientras estaba escondido en Arizona. Fue visitado por Brigham Young y Orson Hyde. Le preguntaron a Brigham si iba dirigirse al pueblo indio al que había estado enseñando, pero Brigham declinó. Dijo que la obra ahora era para aquellos que siguen en la tierra, incluyendo a Wilford Woodruff. Pero él le dijo a El élder Woodruff a "decidle a la gente que obtengan el espíritu del Señor y lo mantengan con ellos."[35]

Wilford Woodruff recibió visiones adicionales poco después de regresar de Arizona, mientras vivía en la tienda de pastor cerca de Brigham City. El 26 de enero de 1880, le preguntó al Señor en cuanto al futuro de los Estados Unidos y del pueblo de Sión. "El Señor entonces, derramó su Espíritu sobre mí y abrió la visión de mi mente para que así yo pudiera comprender en gran medida la mente y la voluntad de Dios con respecto a la nación y sobre los moradores de Sión. Vi la maldad de la nación, sus abominaciones y corrupciones y los juicios de Dios y la destrucción que les esperaba. Entonces también comprendí la gran responsabilidad que descansaba en el Quórum de los Apóstoles." Esta fue seguida dos días después, el 28 de enero de 1880, con una visión sobre el mismo tema en el que El élder Woodruff estaba "impresionado que los Apóstoles y élderes debían advertir al habitantes de la tierra."[36]

LLAMADO AL LIDERAZGO

Presidente de los Doce Apóstoles

El 10 de octubre de 1880, Wilford Woodruff se convirtió en Presidente del Quórum de los Doce Apóstoles a los 73 años. Entonces, como una de sus tareas administrativas como un miembro de los Doce, en 1881 se convirtió en superintendente de la Asociación de Mejoramiento Mutuo de los Hombres Jóvenes (YMMIA).

En 1882, los enemigos de la Iglesia en el gobierno federal movilizaron sus fuerzas contra los Santos de los Últimos Días. En marzo de 1882, el proyecto de ley Edmunds pasó por el Congreso, que declaraba la poligamia un delito grave y sin derecho a voto privando de sus derechos civiles a los miembros de la Iglesia. También convertía en delito apoyar la práctica de la poligamia, incluso si uno mismo no la estuviera practicando. El élder Woodruff escribió en su diario acerca de ella:

> Es totalmente una violación de la Constitución de los Estados Unidos; condena a los hombres antes del juicio o veredicto por un tribunal o un jurado; quita el derecho a juicio por un jurado de sus pares; hace una ley ex post facto y un proyecto de ley de proscripción; aleja a los Santos de los Últimos Días, a causa

de sus convicciones religiosas, franquicia, y les priva de estar sentados en los jurados a causa de sus opiniones; pero si la nación puede soportarlo, nosotros podemos hacerlo. Se está tomando una posición en contra de Dios, contra Cristo y su reino, y en contra de su pueblo.[37]

En 1885, murió su esposa Phoebe. Luego, de 1885al 87, fue al exilio autoimpuesto en San Jorge, debido a la persecución del matrimonio plural, donde los amigos lo protegieron de la búsqueda por los alguaciles.

Phoebe Woodruff a los 70 años

Líder de la Iglesia

En julio de 1887, cuando El élder Woodruff aprendió del presidente George Q. Cannon que el presidente Taylor estaba a punto de morir, dejó St. George de Salt Lake City. Se le informó en el camino de la muerte del presidente Taylor. Por lo tanto, el 25 de julio de 1887, empezó a dirigir a la Iglesia como Presidente del Quórum de los Doce Apóstoles.

El presidente Woodruff escribió en su diario:

> Así, ha fallecido otro Presidente de la Iglesia de Jesucristo de los Santos de los Últimos Días. El presidente John Taylor es dos veces un mártir. A la muerte del Profeta José y Hyrum Smith en la cárcel de Cartago le dispararon con cuatro bolas y mezcló su sangre con la del Profeta mártir. Esto fue en 1844. Ahora en 1887… es conducido al exilio por los agentes de Estados Unidos por su religión hasta que por su confinamiento y sufriendo da su vida y sufre la muerte.…

> El presidente John Taylor falleció hoy 5 minutos antes de las 8:, que establece la responsabilidad y el cuidado de la Iglesia de Jesucristo de los Santos de los Últimos Días sobre mis hombros. Como Presidente de la Iglesia o Presidente de los Doce Apóstoles, que es la autoridad presidente de la Iglesia, en ausencia de la Primera Presidencia, esto me pone en una situación muy peculiar, una posición que nunca he buscado durante mi vida, pero en la providencia de Dios se pone sobre mí.[38]

El presidente Woodruff estaba en Salt Lake durante el funeral del presidente John Taylor pero no asistió por temor a ser detenido. Inmediatamente después del funeral se reunió con los Doce y comenzó a dirigir la iglesia. Por lo general evitaba las apariciones públicas, pero el 9 de octubre de 1887, asistió a la sesión de la tarde de la conferencia general con El presidente Lorenzo Snow y Franklin D. Richards. Dio la conferencia, pero luego se fue antes que cantaran el himno de cierre para evitar ser detenido.

El 17 de mayo de 1888, dedicó el Templo de Manti, Utah, en servicios privados. Cuatro días más tarde (21 de mayo), Lorenzo Snow dedicó públicamente el templo de Manti.

Presidente de la Iglesia

El 7 de abril de 1889, se reorganizó la Primera Presidencia y fue sostenido como Presidente de la Iglesia a la edad de 82 años Mantuvo como sus consejeros a los que habían servido bajo El presidente John Taylor: El presidente George Q. Cannon y El presidente Joseph F. Smith.

El presidente Woodruff había conducido la Iglesia durante casi dos años como Presidente de los Doce. Esta fue la última vez que la Iglesia retrasaría la organización de una nueva Primera Presidencia. Él enseñó a la Iglesia que, en el futuro, era la voluntad del Señor que tras la muerte de un presidente de la Iglesia, la Primera Presidencia debería reorganizarse sin demora.

El presidente Wilford Woodruff escribió en su diario acerca de la conferencia general de ese día:

> Este día 7 de abril de 1889, es uno de los días más importantes en mi vida, porque me hicieron presidente de la Iglesia de Jesucristo de los Santos de los Últimos Días, por unanimidad de diez mil de ellos. El voto fue tomado primero por quórum y luego por toda la congregación como en el caso del presidente John Taylor. Este es el cargo más alto jamás conferido a hombre alguno en la carne. Cayó sobre mí a los ochenta y tres años de mi vida. Ruego a Dios que me proteja y me de poder para magnificar mi vocación hasta el final de mis días. El Señor ha velado por mí hasta este momento a.[39]

Observó lo siguiente sobre el rol del presidente de la Iglesia:

> Es mi deber estar en comunión con Dios, tan débil como un instrumento así estoy en las manos de Dios. Es mi deber tener poder con Dios. Y cuando tengo esto, entonces mis consejeros deben estar de pie por mí y conmigo. Debemos ser de un corazón y mente en todos los asuntos temporales y espirituales, que se presenten ante nosotros en la obra de la Iglesia y el reino de Dios. Y estoy agradecido en decir que este ha sido el caso ya que he sido llamado a esta posición, o desde la organización de la Presidencia de la Iglesia.[40]

DECLARACIÓN OFICIAL 1

Circunstancias de la Revelación

En 1887, la presión del gobierno sobre los Santos debida a la poligamia dio un giro dramático para peor. El Acta Edmunds-Tucker se convirtió en ley. Se eliminó el derecho al voto de todos los polígamos, tomó todas las propiedades Iglesia de un valor de más de $ 50.000 (incluyendo los templos), y arrojaron a la cárcel tanto a hombres como mujeres si es que parecía que estaban cohabitando.

Fue un momento desesperado y difícil para la Iglesia:

— El presidente John Taylor había muerto en el exilio.
— La mayoría de los líderes prominentes de la Iglesia estaban en prisión oeran incapaces de dirigir con eficacia.
— El matrimonio plural era ilegal y los que practicaban estaban siendo procesados.
— La admisión de Utah como un estado parecía irremediablemente estancada.
— La Iglesia fue disgregada, los fondos de los diezmos fueron capturados, y la Manzana del Templo y otras propiedades de la Iglesia fueron capturados.
— La obra misionera y la obra del templo, en gran medida estaban amenazados.

El presidente Woodruff escribió en su diario: "Así termina el año 1889. Y la palabra del Profeta José Smith comienza a cumplirse en que toda la nación se volvería contra Sión y haría la guerra a los Santos. La nación nunca se ha llenado tanto de mentiras en contra de los Santos como hoy. 1890 será un año importante para los Santos de los Últimos Días y la nación americana."[41]

"El Manifiesto" es Recibido por Revelación

"Estos fueron años precarios (la década de 1880) para el presidente Woodruff, para otros líderes de la Iglesia, y para los miembros de la Iglesia en general. Muchas detenciones habían tenido lugar por la práctica del matrimonio plural. La Iglesia estaba perdiendo propiedades por la tributación y confiscación injusta. El presidente Woodruff humildemente se acercó al Señor pidiendo ayuda. Durante semanas el presidente Woodruff luchó poderosamente con el Señor. El Señor le dio una visión mostrándole las consecuencias de la práctica continuada del matrimonio plural e instruyó al presidente Woodruff sobre lo que debía hacer. El 24 de septiembre de 1890, emitió lo que ahora se llama "El Manifiesto", que anunciaba el fin de la práctica del matrimonio plural."[42]

El presidente Woodruff había llevado el asunto al Señor, y el 24 de septiembre de 1890, recibió esa revelación e terminando con el matrimonio plural. Más tarde llegó a ser conocido como "El Manifiesto", y hoy se la conoce como "Declaración Oficial 1." Como una revelación recibida, se la ha ubicado al final de la Doctrina y Convenios.

El 6 de octubre de 1890, el manifiesto fue presentado a los miembros de la Iglesia en la conferencia general, y fue apoyado. El presidente Woodruff explicó las circunstancias de la revelación en una conferencia de estaca en Logan, Utah, el 1 de noviembre 1891.

"Y lo que hablen cuando sean inspirados por el Espíritu Santo será Escritura, será la voluntad del Señor, será la intención del Señor, será la palabra del Señor, será la voz del Señor, y el poder de Dios para salvación" [D. y C. 68:4].

Es por ese poder que hemos conducido a Israel. Por ese poder el presidente Young presidió sobre y condujo a la Iglesia. Por el mismo poder El presidente John Taylor presidió y dirigió la Iglesia. Y esa es la forma en que he actuado, según la medida de mis posibilidades, en esa función. No quiero que los Santos de los Últimos Días entiendan que el Señor no está con nosotros, y que Él no nos está dando revelaciones a nosotros; porque Él nos está dando revelación, y nos dará revelación hasta que se termine esta escena.

He tenido algunas revelaciones de los difuntos, y muy importantes para mí, y os diré lo que el Señor me ha dicho. Permitidme traer vuestras mentes a lo que se denomina el manifiesto. El Señor me ha dicho por revelación que hay muchos miembros de la Iglesia a lo largo de Sión que se vieron gravemente afectados en sus corazones, por ese manifiesto….

El Señor me mostró en visión y revelación exactamente lo que sucedería si no nos detenemos en esta práctica…. Todas las ordenanzas del templo se detendrían en toda la tierra de Sión. Reinaría la confusión en todo Israel, y muchos hombres serían hechos prisioneros. Este problema habría llegado a toda la Iglesia, y habríamos sido obligados a detener la práctica. Ahora, la pregunta es, si debe ser detenida de esta manera, o en la forma en que el Señor nos lo ha manifestado, y dejar a nuestros profetas, y Apóstoles y padres como hombres libres, y los templos en manos del pueblo, y así los muertos puedan ser redimidos….

Vi exactamente lo que sucedería si no hubiéramos hecho algo. He tenido este espíritu sobre mí durante mucho tiempo. Pero yo quiero decir esto: habría permitido que todos los templos se fueran de nuestras manos; Debería haber ido a la cárcel yo mismo, y dejar a todos los demás hombres ir allí, si el Dios de los cielos no me hubiera mandado a hacer lo que hice; y cuando llegó la hora de lo que me fue mandado a hacer, todo era claro para mí. Fui ante el Señor, y escribí lo que el Señor me dijo que escribiera. Lo puse delante de mis hermanos—tales hombres fuertes como el Hermano [George] Q. Cannon, el Hermano [José] F. Smith, y los Doce Apóstoles. Yo también me podría haber comprometido a sacar de su camino a un ejército con estandartes para sacarlos del camino que ellos consideraban que era correcto. Estos hombres estuvieron de acuerdo conmigo, y los diez mil Santos de los Últimos Días también estuvieron de acuerdo conmigo. ¿Por qué? Debido a que fueron movidos por el Espíritu de Dios y por las revelaciones de Jesucristo para hacerlo.[43]

EDICACIÓN DEL TEMPLO DE SALT LAKE

El presidente Brigham Young colocó las piedras angulares del Templo de Salt Lake el 6 de abril de 1853. Cuarenta años más tarde, el presidente Woodruff se preparó para dedicar ese edificio sagrado. Miles de Santos de los Últimos Días también se prepararon para las ceremonias de dedicación.

El 6 de abril de 1892, el presidente Woodruff había dirigido la colocación de la piedra angular durante la conferencia general. En aquella ocasión:

— Asistió una audiencia de 50.000.
— Se tocó una marzo dea.
— El coro cantó un himno especial para el templo.
— El presidente Joseph F. Smith ofreció una oración y el coro cantó, "Concédenos la paz."
— *Ceremonia de Capstone del templo de Salt Lake*
— El presidente Woodruff dio un paso hacia la plataforma y pulsó un botón eléctrico, bajando la piedra angular a su posición.
— Entonces la congregación dio el grito de Hosanna: "Hosanna, hosanna, hosanna a Dios y al Cordero. Amén, amén, amén," repitieron tres veces mientras agitaban pañuelos blancos.
— Todo el mundo cantó "El Espíritu de Dios como un Fuego Está Ardiendo."

Ceremonia de Capstone del templo de Salt Lake

Los Santos luego mantuvieron un ayuno especial, enviando dinero a la Primera Presidencia para ayudar a terminar el templo para 6 de abril de 1893, el cuadragésimo aniversario de la colocación de las piedras angulares. Los Santos fueron invitados a disciplinar sus pensamientos y vidas y a volverse puros en todas las cosas para que pudieran participar dignamente en la dedicación del templo.

El 6 de abril de 1893, a los 86 años, el presidente Woodruff dedicó el Templo de Salt Lake. Los acontecimientos del día cumplían con un sueño profético que tuvo muchos años antes. En ese sueño, El presidente Brigham Young le dio las llaves del templo y le dijo que lo dedicara al Señor.

El presidente Woodruff profetizó que a partir de ese momento el poder de Satanás se rompería y su poder sobre los Santos disminuiría, y que habría un mayor interés en el mensaje del evangelio.

UTAH SE CONVIERTE EN UN ESTADO

Al Fin la Estadidad

El 4 de enero de 1896, Utah se convirtió oficialmente en un estado de los Estados Unidos de América. Una enorme bandera cubrió el interior del Tabernáculo de Salt Lake mientras el pueblo celebraba la condición de Estado. Otras decoraciones llenaron las calles para un gran desfile. Los Santos se alegraron que su territorio había sido finalmente admitido en la Unión, y salió a luz una sorprendente cantidad de patriotismo, dada la persecución que tenían tanto tiempo, y tan poco tiempo, que reciba de las autoridades federales. El cese de la poligamia sin duda ha contribuido a este resultado.

Un Manifiesto Político

En abril de 1896 las Autoridades Generales emitieron la regla de política de la Iglesia o el Manifiesto Político. Se hizo hincapié en la separación de iglesia y estado. La Iglesia se comprometió a no invadir los derechos políticos de ningún ciudadano. Los líderes de la alta iglesia no "aceptarían ningún cargo político o entrarían en cualquier vocación que pudiera distraerlos o sacarlos de sus deberes religiosos" sin la aprobación de las autoridades de la Iglesia.

El élder H. B. Roberts sintió que el documento limitaba sus derechos políticos y se negó a firmarlo en un primer momento (lo hizo más adelante). Moses Thatcher, a pesar de los esfuerzos similares en su nombre, todavía se negó a firmar el documento y, por tanto, fue dado de baja del Quórum de los Doce Apóstoles (seguía siendo un miembro de la Iglesia). El manifiesto político sigue siendo el estándar para las Autoridades Generales con respecto a la política.

Cambios en la Política Económica

Al mismo tiempo, la mayoría de las propiedades conflictivas de la Iglesia fueron vendidas a empresas privadas. Aquellas retenidas por la Iglesia funcionaron independientes como empresas productoras de ingresos, y se pagaron los impuestos sobre cualesquier beneficios que obtuvieran. El diezmo y otras donaciones no fueron utilizados para financiar o apoyar a estas empresas. Hubo una clara separación entre lo que era de interés a la Iglesia y lo que era simplemente una empresa de negocios. Estos últimos fueron eliminados.

LOS AÑOS FINALES

Se Aclara La ley del Ayuno

Bajo la administración del presidente Woodruff, el día de ayuno se cambió del primer jueves al primer domingo de cada mes. En esa ocasión, la Primera Presidencia reiteró algunos principios eternos:

> En algunos lugares ha surgido la costumbre de considerar que un ayuno es omitir tomar el desayuno. Esto no está de acuerdo con los puntos de vista y la práctica del pasado. Cuando se observaban los ayunos en los primeros días, era la regla no tomar alimentos desde el día anterior hasta después de la reunión de la tarde del día de ayuno. Cuando hacían donaciones a los pobres también lo hacían entendiendo que el alimento que sería necesario para las dos comidas debía ser donado a los pobres, y tanto más aquellos que están generosamente inclinados y tienen los medios que puede estar dispuesto a dar.[44]

Otros Importantes Desarrollos

El president Wilford Woodruff, tras muchos años de experiencia en el liderazgo de misiones, de ciudades, de escuelas y de la Iglesia dio una visión única de cómo debía organizarse la Iglesia a medida que se acercaba el final del siglo 19. En los últimos años de su administración, se produjeron una serie de cambios y desarrollos muy importantes.

— En 1894, el presidente Woodruff anunció que se suspendía la práctica de la "adopción."
— En noviembre de ese año, organizó la Sociedad Genealógica de Utah.
— Declaró que el himno "Oh Mi Padre" es una revelación dada a nosotros a través de Eliza R. Snow.
— La obra misionera se expandió de manera significativa: más de 6000 misioneros fueron llamados y apartados de 1890 a 1900, que es tres veces más que los que habían sido llamados la década anterior.
— El flujo de inmigrantes a Utah declinó ya que los Santos fueron animados a edificar Sión donde vivían.
— Se establecieron programas educativos para los líderes auxiliares.
— La Sociedad de Socorro y la primaria comenzaron las conferencias anuales en 1889.
— En 1893 la escuela dominical comenzó a celebrar conferencias especiales de formación en cada estaca.
— La enseñanza de religión en las escuelas públicas fue prohibida por la ley de Utah. Por lo que la Iglesia comenzó a patrocinar clases de religión para niños que tendrían lugar después de la escuela en casas de reunión de la iglesia.

— De 1888 a 1891, con la ayuda de la Iglesia, 31 estacas establecieron academias (escuelas secundarias) en Utah, Idaho, Arizona, Canadá y México.

— El re-bautismo como medio de re-dedicación personal fue eliminado a comienzos de 1893.

Algunas Celebraciones Finales

En su cumpleaños número 90 (1 de marzo 1897), miembros de la Iglesia honraron a El president Wilford Woodruff con un tributo de cumpleaños. Preston Nibley dijo:

> Uno de los acontecimientos más importantes de la larga vida del presidente Woodruff fue la celebración de sus noventa años el 1 de marzo de 1897. En esa ocasión, miles de Santos de los Últimos Días se reunieron en el Tabernáculo de Salt Lake para honrarlo. Los comentarios apropiados fueron hechos por sus consejeros y algunas de las Autoridades Generales. Un bastón montado en plata le fue presentado por los trabajadores del templo. La vasta congregación cantó "Te Damos Gracias, oh Dios por, un Profeta."

> Al regresar a su casa el presidente Woodruff escribió sus impresiones del día en su diario. "La escena me dominó por completo. Los acontecimientos de mi infancia y de mi temprana edad adulta vinieron a mi mente. Recordé vívidamente cómo oré al Señor a fin de vivir para ver un profeta o un Apóstol que me enseñaría el evangelio de Cristo. Aquí me quedé en el gran Tabernáculo lleno de diez mil niños, con Profetas, Apóstoles y Santos. Mi cabeza era una fuente de lágrimas. Con todo, me dirigí a la poderosa congregación."[45]

El 24 de julio de ese año (1897), la Iglesia celebró el 50 aniversario la llegada delos Pioneros al Valle de Salt Lake.

Muere El presidente Wilford Woodruff

Casa de Trumbo en San Francisco

En el verano de 1898, los presidentes Woodruff, Cannon, y otros trataron de escapar del calor del verano de Utah para unas vacaciones en California. Una vez allí, la salud del profeta comenzó a declinar rápidamente. El 2 de septiembre, a los 91 años, falleció mientras dormía en la casa de Isaac Trumbo en San Francisco.

El presidente George Q. Cannon dijo en su funeral en Salt Lake City pocos días después: "El presidente Woodruff fue un hombre de Dios. Había terminado la pelea y por lo tanto, había sido llamado para mezclarse con sus hermanos, y para recibir su recompensa bien ganada. Fue un ser celestial. Estar en su compañía era estar en el cielo y su partida de este ámbito de actuación priva a la comunidad de un hombre grande y bueno uno que merece plenamente todas las bendiciones prometidas a aquellos que permanecen fieles y firme hasta el fin."[46]

CONCLUSIÓN

Principales Logros de El president Wilford Woodruff

El president Wilford Woodruff llevó una vida plena de servicio y participó en acontecimientos claves de la iglesia que se extienden de Kirtland a Utah. Fue uno de los "gigantes" de la Restauración y condujo a la Iglesia con experiencia y sabiduría a través de uno de sus períodos más difíciles.

— Sirvió 15 años como misionero oficial, convirtiendo a miles con su predicación.

— Fue el primer presidente de templo, del primer templo en pleno funcionamiento en la Iglesia (San Jorge).

— Estableció el principio de hacer las dotaciones del templo y los sellamientos por nuestros muertos.

— Bautizó personalmente a más de 100 hombres prominentes cuyos espíritus lo visitaron.

— Estableció la Sociedad Genealógica de Utah.

— Dedicó los templos de Manti y de Salt Lake.

— Guió sabiamente el proceso de traer la condición de Estado a Utah.

Testimonio del presidente Wilford Woodruff

En marzo de 1897, el presidente Woodruff escribió su testimonio, utilizando una nueva tecnología: el fonógrafo. Así hoy tenemos su voz real tal cual relató su testimonio. Él dijo:

Presidente Woodruff, 1898

> Doy mi testimonio que el Profeta José Smith dijo ante una gran asamblea en Illinois que si él fuera el emperador del mundo y tuviera el control sobre toda la familia humana, a sostendría a cada hombre, mujer y niño en el ejercicio de su religión. Esos son mis sentimientos en la actualidad.
>
> Doy mi testimonio que José Smith fue un verdadero Profeta de Dios, ordenado por Dios para sentar las bases de Su Iglesia y Reino en la última dispensación y el cumplimiento de los tiempos. Doy mi testimonio que al comienzo de la primavera de 1844 en Nauvoo, el Profeta José Smith llamó a los Doce Apóstoles y les entregó las ordenanzas de la Iglesia y el Reino de Dios; y todas las llaves y los poderes que Dios había derramado sobre él, él selló sobre nuestras cabezas. Nos dijo que debíamos encorvar los hombros para luego llevar su Reino o estaríamos condenados. Soy el único hombre que ahora vive en la carne que haya oído ese testimonio de su boca, y sé que este es verdadero por el poder de Dios manifestado a él.
>
> En la reunión estuvo de pie cerca de tres horas y nos enseñó las cosas del Reino. Su rostro era tan claro como el ámbar, y estaba cubierto con una potencia que nunca he visto en ningún hombre en la carne antes.
>
> Doy testimonio que José Smith fue el autor de las dotaciones recibidas por los Santos de los Últimos Días. Recibí mis propias dotaciones bajo sus manos y dirección, y sé que ellas son los verdaderos principios. No sólo se que ha recibido mis propias dotaciones bajo sus manos, sino que doy mi testimonio que El presidente Brigham Young, Heber C. Kimball, Willard Richards, George A. Smith, El presidente John Taylor, y otros hermanos recibieron sus dotaciones en virtud de las manos y la dirección del Profeta José, y también mi esposa, Phoebe, Betsabé Smith, Leonora Taylor, Mary Smith y otros cuyos nombres no puedo recordar ahora.
>
> El Profeta José dio su vida por la palabra de Dios y el testimonio de Jesucristo, y él será coronado como mártir en presencia de Dios y del Cordero. En todos sus testimonios a nosotros, el poder de Dios estuvo visiblemente manifiesto en el Profeta José.
>
> Este es mi testimonio, hablado por mí mismo en una máquina que habla en este a los diecinueve días del mes de marzo de 1897, an los noventa y un años de edad. Presidente El president Wilford Woodruff."

Notas:

1. 1. Uno de los resúmenes más útiles de la vida de El president Wilford Woodruff se encuentra en Matthias Cowley, *Wilford Woodruff: Historia de su Vida y Obras, como los Registró en Su Diarios Diariamente* (1909). Esta cita es de las páginas 11–12. Este capítulo cita y resume en gran medida de ese libro, así como del Manual del Instituto CES titulado *Historia de la Iglesia en el Cumplimiento de los Tiempos* (2003). Yo agradecidamente reconozco sus contribuciones a este capítulo.

2. *Discursos Compilados*, editado por Brian H. Stuy, 5 volúmenes, 1:4.

3. "Historia de Wilford Woodruff," [de su propia pluma], *Estrella Milenaria, 27*, pág. 182.

4. *Wilford Woodruff: Historia de su Vida y Obras*, págs. 28–29.

5. *Wilford Woodruff: Historia de su Vida y Obras*, pág. 29.

6. *Wilford Woodruff: Historia de su Vida y Obras*, pág. 36.

7. *Wilford Woodruff: Historia de su Vida y Obras*, pág. 45.

8. *Los Discursos de Wilford Woodruff*, escogidas y arregladas por G. Homer Durham (1946), pág. 305.

9. *Diarios de Wilford Woodruff*, Scott G. Kenney (compilado por), 9 volúmenes (1981–1984), 5:37.

10. *Diarios de Wilford Woodruff*, 7:359.

11. Salt Lake 18 Capilla Ward. Trabajos de John L. Nuttall, Libro de Textos Impresos N° 4, 285, 7 de octubre 1891.

12. *Wilford Woodruff: Historia de su Vida y Obras*, pág. 114.

13. *Wilford Woodruff: Historia de su Vida y Obras*, págs. 114–28.

14. *Wilford Woodruff: Historia de su Vida y Obras*, págs. 116–19.

15. *Wilford Woodruff: Historia de su Vida y Obras*, págs. 116–19.

16. En Reporte de La Conferencia, junio de 1919, pág. 8.

17. *Wilford Woodruff: Historia de su Vida y Obras*, pág. 314.

18. *Estrella Milenaria 5*, marzo de 1845, pág. 151.

19. Reynolds y Sjodahl, *Comentario Doctrinal sobre el Libro de Mormón*, 1:425.

20. *Los Discursos de Wilford Woodruff*, escogidas y arregladas por G. Homer Durham (1946), pág. 72.

21. *Estrella Milenaria 5*, 1 Noviembre de 1844, pág. 698.

22. *Los Discursos de Wilford Woodruff*, pág. 73.

23. *Wilford Woodruff: Historia de su Vida y Obras*, pág. 179.

24. *Wilford Woodruff: Historia de su Vida y Obras*, págs. 204–5.

25. *Wilford Woodruff: Historia de su Vida y Obras*, pág. 206.

26. *Wilford Woodruff: Historia de su Vida y Obras*, pág. 234.

27. De su diario, como se cita en *Wilford Woodruff: Historia de su Vida y Obras*, pág. 248.

28. De su diario, como se cita en *Wilford Woodruff: Historia de su Vida y Obras*, pág. 250.

29. De su diario, como se cita en *Wilford Woodruff: Historia de su Vida y Obras*, págs. 313–14.

30. En *Diario de Discursos*, 19:229.

31. *Wilford Woodruff: Historia de su Vida y Obras*, pág. 496.

32. En *Diario de Discursos*, 19:228–29.

33. *Los discursos del Wilford Woodruff*, pág. 160.

34. *Wilford Woodruff: Historia de su Vida y Obras*, pág. 528.

35. *Wilford Woodruff: Historia de su Vida y Obras*, pág. 529.

36. *Wilford Woodruff: Historia de su Vida y Obras*, págs. 520–521.

37. *Wilford Woodruff: Historia de su Vida y Obras*, pág. 539.

38. *Diarios de Wilford Woodruff*, entrado el 25 de julio de 1887.

39. *Wilford Woodruff: Historia de su Vida y Obras*, págs. 564–65.

40. *Los Discursos de Wilford Woodruff*, pág. 89.

41. *Diarios de Wilford Woodruff*, entrado el 31 de diciembre 1889.

42. Brian Smith, "El presidente Wilford Woodruff: 'Wilford el Fiel' se convirtió en el Ungido de Dios," *Novedades de la Iglesia*, 1 de mayo de 1993, pág. 10.

43. "Observaciones hechas por El presidente Wilford Woodruff," *Deseret Evening News,* 7 de noviembre de 1891, pág. 4; véase también la Declaración Oficial 1, Selecciones de Tres Discursos del presidente Wilford Woodruff Referentes al Manifiesto.

44. "Una Alocución," *El Deseret Semanal*, 14 de noviembre de 1896, pág. 678.

45. *Los Presidentes de la Iglesia* (1974), págs. 132–33.

46. *Wilford Woodruff: Historia de su Vida y Obras*, pág. 633.

El Presidente Lorenzo Snow: El Diezmo y el Cambio de Siglo

[1898–1901]

PRIMEROS AÑOS DEL LORENZO SNOW

Nacimiento e Infancia

Lorenzo Snow nació el 3 de abril 1814 en Mantua, Condado de Portage, Ohio. Sus padres fueron Oliver y Rosetta Leonora Pettibone Snow, nativos de Nueva Inglaterra. Después del nacimiento de sus dos hijas, se mudaron de Nueva Inglaterra al Condado de Portage, Ohio. En Ohio tuvieron otros cinco hijos, dos niñas más y tres varones, haciendo siete niños en total. Lorenzo era su quinto hijo, y el varón mayor.

Sus padres se convirtieron en agricultores en Ohio, y pronto se le unieron familiares y amigos de Nueva Inglaterra. Con el tiempo, la familia Snow se volvió próspera e influyente en

La granja de nieve en Mantua, Ohio

su comunidad. Los padres de Lorenzo, familiares y vecinos eran todos educados, cultos, cumplidos y religiosos. Eliza R. Snow (hermana de Lorenzo) escribió en su biografía en relación con sus padres: "En su fe religiosa nuestros padres eran de confesión bautista, pero no de la orden rígida como armazón de cama de hierro; su casa era un lugar de reunión para los buenos e inteligentes de todas las confesiones, y su hospitalidad era proverbial."[1] Desde el principio, Lorenzo fue enseñado por sus padres a no ser intolerante o estrecho. Se animó a los Snow a familiarizarse con personas que eran diferentes a ellos y entender sus puntos de vista. Los niños Snow siempre trataron de satisfacer las altas expectativas de su familia y vecinos.

Cuando el padre de Lorenzo estaba fuera de casa por negocios privados o públicos, un fenómeno frecuente, Lorenzo, el hijo mayor, quedaba a cargo a pesar de que era sólo un niño. Las responsabilidades de su grande y próspera granja eran sustanciales, talar árboles y limpiar campos. Aprendió a ser disciplinado, puntual, trabajador, y lleno de energía, mientras manejaba la granja en su juventud.

Lorenzo disfrutaba especialmente leyendo libros, y cuando no está trabajando en la granja buscaría un lugar tranquilo para leer. Su hermana Eliza recordó que "siempre fue un estudiante, en el hogar y la escuela."[2] Su amor por aprender aumentaba a medida que envejecía. Dijo que la educación es "la estrella conductora" de su juventud.[3] Leyó ampliamente sobre historia, geografía y literatura, clásica y contemporánea.

Juventud y Adultez Temprana

En cuanto Lorenzo se hizo mayor supervisó el envío de productos de granja río abajo hasta Nueva Orleans. Durante sus excursiones a Nueva Orleans observó una amplia variedad de personas, que lo hicieron tolerante, abierto de mente y simpático. Siempre le habían enseñado a respetar el punto de vista opuesto, por lo que, al igual que su padre, él no se acercó a la religión de una manera estrecha o dogmática. Siendo un amante de la disciplina, deseaba unirse a los militares, por lo que poco después de cumplir los 21 años, después de haber completado sus estudios, ganó una comisión de un teniente con cita del gobernador de Ohio.

Eliza R. Snow, su hermana, recordó: "Por fin, debía contar con un traje militar de primera clase, y nadie podía hacerlo de manera tan precisa a su gusto como su hermana; ella le había hecho su "traje de la libertad' (en ese momento quería decir que ya había cumplido 21 años), que todo el mundo admiró, le cuadraba exactamente, y ahora este era el traje más importante de todos mortales que no debía encomendarse a ningún otro. Yo le hice el traje, era precioso, magnífico, y mi hermano se lo puso si no con el orgullo militar, con la auto-satisfacción de Napoleón siempre que ganaba una batalla, pero esta resultó ser de corta duración, pronto sintió que su ambición no podía ser satisfecha sin una educación universitaria."[4]

Sintiendo que una educación universitaria mejoraría sus perspectivas militares, dejó de lado por un tiempo su entrenamiento militar, vendió su parte de la herencia de su padre, y se trasladó a Oberlin, Ohio, en 1835 para asistir a la Universidad Oberlin. Los presbiterianos habían establecido ese colegio universitario ampliamente reconocido sólo unos pocos años antes. Permaneció un año en la Universidad de Oberlin, luego la dejó, estando insatisfecho con la religión institucionalizada. Lorenzo Snow dijo en ese momento: "Si no hay nada mejor que se pueda encontrar aquí en el la Universidad Oberlin, adiós a todas las religiones."[5]

Eliza R. Snow

BAUTISMO Y SERVICIO TEMPRANO A LA IGLESIA

Su Madre y Hermanas se Convierten

En 1831, su madre y una hermana se unieron a la Iglesia de Jesucristo de los Santos de los Últimos Días. En 1835, su hermana Eliza también se unió y comenzó a enseñar en la "escuela de la familia" de José Smith. Lorenzo respetaba profundamente las opiniones y juicios de Eliza, y le escribió a Kirtland, Ohio, haciéndole muchas preguntas acerca de su religión recientemente encontrada.

Eliza invitó a Lorenzo a ir a Kirtland y a estudiar con el profesor Seixas, que había sido contratado para enseñar hebreo a los líderes de la Iglesia. En la primavera de 1836, Lorenzo dejó Oberlin y se trasladó a Kirtland.

Encuentro con el Profeta José Smith

No mucho tiempo después de llegar a Kirtland, Lorenzo estaba hablando con su hermana Eliza en la calle. "José pasó por aquí, al muy apurado. Se detuvo el tiempo suficiente para ser presentado a Lorenzo y decirle a Eliza: 'Eliza, lleva a tu hermano a casa para la cena. "Luego se llegó a la casa del Profeta y dio su clase en su escuela privada. Lorenzo observaba el extraño tan lejos que él podía verlo, y luego dijo a su hermana: "José Smith es un hombre de lo más notable. Quiero conocerlo mejor. Quizá, después de todo, hay algo más en José Smith y el mormonismo de lo que jamás soñé."[6]

Lorenzo cautelosamente investigaba el mormonismo con una mente abierta, escuchando los discursos del Profeta. Al cierre de una "reunión de bendición", celebrada en el Templo de Kirtland, Lorenzo conoció al padre del Profeta. El patriarca estaba dando bendiciones a un pueblo que no conocía pero que Lorenzo conocía bastante bien ero de Lorenzo se maravilló que pudiera referirse a sus cualidades peculiares y personales sin conocerlas. Después de la reunión, Lorenzo pidió que le presentaran al Padre Smith, quien le dijo:

— "Hermano Snow, descubrí que estás tratando de comprender los principios del mormonismo."
— "Sí", respondió Lorenzo," ese era el objetivo que tenía en vista."
— "Bueno, no te preocupes, pero ora al Señor y satisfácete a ti mismo; estudia bien el asunto, compara las Escrituras con lo que estamos enseñando; habla con los hermanos

que están familiarizados con ellas y después de un tiempo te convencerás de que 'mormonismo' es de Dios, y tu querrás ser bautizado."[7]

Lorenzo Snow escribió lo que Padre Smith le dijo:

"Pronto estarás convencido de la verdad de la obra de los últimos días, y has de ser bautizado. Y vas a ser tan grande como lo puedas desear, SÍ TAN GRANDE COMO DIOS, y no puedes desear ser más grande...."

La predicción del viejo caballero, que yo debería haber sido bautizado mucho antes, resultaba extraña para mí porque yo no había acariciado la idea de convertirme en un miembro de la Iglesia "Mormona"; pero cuando pronunció la última cláusula, yo estaba confundido. Esa, para mí, fue un gran proverbio, y, a continuación, pensé, acercándome casi a la blasfemia. ¿Y por qué no? Después de años de estudio y diligente búsqueda del conocimiento, en lo que más íntimamente me concernía, "¿De dónde he venido yo?" "¿Por qué estoy aquí?" "¿Cuál es mi destino futuro?" De todo esto, yo era profundamente ignorante. Hasta el momento no había recibido ninguna clave que pudiera desbloquear esos misterios,—que podrían dar a conocer, a mi entera satisfacción, mi relación con Aquel que controla el universo.

Miré al Padre Smith, y en silencio me hice la pregunta: ¿Ese hombre puede ser un impostor? Cada una de sus apariciones me decían que no. A primera vista, su presencia me impresionó con sentimientos de amor y reverencia. Nunca había visto a alguien de su edad tan atractivo. El Padre José Smith, el Patriarca, era de hecho un noble ejemplar de anciana virilidad.

Pero con todas mis impresiones favorables del Patriarca, ese gran decir suyo, era una oscura parábola.[8]

Conversión y Bautismo

Lorenzo observó a los miembros de la Iglesia y se sorprendió con los testimonios traídos por los élderes. Se preguntó cómo podían ser tan simples y positivos acerca de las cosas del cielo. También estudió y diligentemente comparó las afirmaciones del mormonismo con las de la antigua cristiandad. Entonces, finalmente, en junio de 1836, Lorenzo Snow fue bautizado y confirmado. Rememorando su proceso de conversión, recordaría más tarde: "Yo creía que ellos (los Santos de los Últimos Días) tenían la verdadera religión, y me uní a la Iglesia. Hasta ese momento mi conversión era simplemente una cuestión de la razón."[9] "Estaba perfectamente satisfecho de que había hecho lo que para mí era sabio hacer dadas las circunstancias."[10] Y añadió:" Yo no había tenido ninguna manifestación, pero esperaba una."[11]

Lorenzo Snow recordó:

Antes de aceptar la ordenanza del bautismo, en mis investigaciones de los principios enseñados por los Santos de los Últimos Días, que he demostrado, por comparación, eran los mismos que los mencionados en el Nuevo Testamento enseñado por Cristo y Sus Apóstoles, me quedé totalmente convencido que la obediencia a aquellos principios impartiría poderes milagrosos, manifestaciones y revelaciones. Con la expectativa optimista de este resultado, recibí el bautismo y la ordenanza de la imposición de manos de alguien que profesaba tener autoridad divina; y, teniendo así la obediencia cedida a estas ordenanzas, yo estaba en constante expectativa del cumplimiento de la promesa de la recepción del Espíritu Santo....

Unas dos o tres semanas después que fui bautizado, un día mientras estaba metido en mis estudios, empecé a reflexionar sobre el hecho de que yo no había obtenido un conocimiento de la verdad de la obra, que no me había dado cuenta del cumplimiento de la promesa "él que hace la voluntad conocerá si la doctrina", y empecé a sentirme muy incómodo. Dejé a un lado mis libros, salí de la casa, y deambulé por los campos bajo la influencia opresiva de un sombrío, desconsolado espíritu, mientras que una nube de indescriptible oscuridad parecía envolverme. Me había acostumbrado, al cierre de la jornada, a retirarme para orar en secreto, a una arboleda a poca distancia de mi alojamiento, pero en ese momento no sentí ninguna intención de hacerlo.

El espíritu de oración había partido y los cielos parecían como bronce sobre mi cabeza. Por fin, dándome cuenta de que había llegado la hora habitual para orar en secreto, llegué a la conclusión que no renunciaría a mi servicio de la tarde, y, como una cuestión de formalidad, me puse de rodillas como solía hacer, y en mi apartado lugar acostumbrado, pero no sintiendo como yo estaba acostumbrado a sentir.

Yo no había abierto mis labios en un esfuerzo para orar, cuando oí un sonido justo por encima de mi cabeza, como el susurro de ropas de seda, y luego el Espíritu de Dios descendió sobre mí, envolviéndome por completo toda mi persona, llenándome, desde la coronilla de la cabeza hasta la planta de los pies, y ¡Oh, qué alegría y felicidad sentí! Ningún lenguaje puede describir la transición casi instantánea de una densa nube de oscuridad mental y espiritual a un resplandor de luz y conocimiento, como en ese momento fue impartido a mi entendimiento. Entonces recibí un perfecto conocimiento de que Dios vive, que Jesucristo es el Hijo de Dios, y de la restauración del santo sacerdocio, y la plenitud del Evangelio.

Fue un bautismo completo, una inmersión tangible en el principio o elemento celestial, el Espíritu Santo; y aún más real y físico en sus efectos sobre cada parte de mi sistema que la inmersión en el agua; disipando para siempre, siempre y cuando duren la razón y la memoria, toda posibilidad de duda o temor en relación con el hecho llegado hasta nosotros, históricamente, que el "Niño de Belén" es verdaderamente el Hijo de Dios; También el hecho de que ahora Él está siendo revelado a los hijos de los hombres, y comunicando el conocimiento, el mismo que en los tiempos apostólicos. Estaba perfectamente satisfecho, tanto como podía estar, porque mis expectativas estaban más que realizadas, creo que puedo decir con seguridad en un grado infinito.

No puedo decir cuánto tiempo permanecí en el flujo completo del goce dichoso y la iluminación divina, pero fueron varios minutos antes que el elemento celestial que me llenaba y me rodeaba comenzara gradualmente a retirarse. Levantándome de mi postura arrodillada, con mi corazón henchido de gratitud a Dios, más allá del poder de expresión, yo sentí, supe que Él me había conferido lo que sólo un ser omnipotente puede conferir, aquello que es de mayor valor que todo la riqueza y honores que el mundo pueden otorgar.

Esa noche, cuando me retiré a descansar, se repitieron las mismas maravillosas manifestaciones, y siguieron apareciendo durante varias noches sucesivas. El dulce recuerdo de esas gloriosas experiencias, desde ese momento hasta la actualidad, las llevo frescas delante de mí, impartiendo e inspirando una influencia que invade todo mi ser, y confío en que lo harán hasta el fin de mi existencia terrenal.[12]

"La manifestación no siguió inmediatamente a mi bautismo, como yo esperaba," dijo Lorenzo, "pero, aunque se aplazó en el tiempo, cuando sí la recibí, su realización fue más perfecta, tangible y milagrosa que aun mis firmes esperanzas me habían llevado a anticiparlas."[13]

Hablando del proceso de conversión, El élder Snow ofreció una metáfora inusual pero efectiva: "Colocad un pepino en un barril de vinagre y no hay sino un pequeño efecto producido sobre el a la primera hora, ni a las primeras 12 horas. Examinadlo y os daréis cuenta de que el efecto producidoes meramente sobre la corteza, ya que requiere un tiempo más largo para conservarlo en vinagre. Una persona que está siendo bautizada en esta iglesia tiene un efecto sobre ella, pero no el efecto de encurtirlo de forma inmediata. La ley no establece el derecho y el deber sobre ella durante las primeras 12 ó 24 horas; la persona debe permanecer en la Iglesia, como el pepino en vinagre, hasta que esté saturado con el espíritu correc to."[14]

Al hablar de la necesidad de cada persona para recibir su propio testimonio, Lorenzo Snow dijo más tarde: "Cada hombre tiene que aprender a pararse sobre su propio conocimiento; no puede depender de su vecino; cada hombre debe ser independiente; tiene que depender de su Dios para sí mismo en su totalidad. Depende de sí mismo para ver si va a contener la marea de problemas y superar los obstáculos que están esparcidos en el camino de la vida para impedir su progreso. Un hombre puede obtener información de las operaciones del Espíritu Santo, y se acerca a Dios y aumenta en su fe en proporción en cómo es dediligente.»[15]

Una Misión a Ohio

A lo largo del otoño de 1836, el joven Lorenzo Snow vio a los élderes que regresaban de sus misiones y el mismo quiso cumplir una misión.

Lorenzo Snow dijo:

Los testimonios de jóvenes misioneros, mientras ensayaban sus experiencias como obreros de la viña, proclamando la alegre noticia de que Dios estaba de nuevo hablando a Sus hijos en la tierra; que Él había levantado un Profeta por medio del cual estaba comunicando Su voluntad, e invitando a todos los habitantes de la tierra a "Arrepentíos, porque el reino de los cielos se está acercando," agitó dentro mío un deseo irresistible de unirme a la gloriosa empresa.

Por este tiempo la Primera Presidencia anunció desde el estrado una proclama invitando a los que deseaban convertirse en miembros del 'Quórum de Élderes presentar sus nombres, y si la Presidencia los encontraba dignos, debían ser ordenados. Con muchos otros, he presentado mi nombre para su aprobación o no, que es la única vez en mi vida que he ofrecido mi nombre para o solicitar un cargo o llamando.[16]

Lorenzo a los 30 años

A las pocas semanas de su ordenación, Lorenzo comenzó su primera misión, en la familia de su padre en Ohio. Luchó con la idea de viajar sin "bolsa ni alforja."

Lorenzo Snow escribió:

A principios de la primavera de 1837, que al hombro mi maleta y empecé a cabo como los antiguos misioneros, "sin bolsa ni alforja," a pie y solo, a anunciar la restauración de la plenitud del Evangelio del Hijo de Dios, y para llevar testimonio de lo que había visto y oído, y del conocimiento que había recibido por la inspiración del Espíritu Santo.

Sin embargo, fue una prueba severa para mis sentimientos naturales de independencia para ir sin bolsa ni alforja, especialmente la bolsa; porque, desde el momento en que estuve en edad de trabajar, la sensación de que "pagué mi camino" siempre me pareció un complemento necesario de respeto por uno mismo, y nada más que un conocimiento positivo de que Dios lo requiriera ahora, como lo hizo en la antigüedad con Sus siervos, los Discípulos de Jesús, me podían inducir a ir adelante dependiendo de mis semejantes para las necesarias de la vida. Pero mi deber en ese sentido se me hizo saber claramente, y yo decidí hacerlo.[17]

Después de una caminata de 30 millas en el segundo día de su misión, Lorenzo tuvo una reunión en el vecindario de su tío. Este fue su primer intento de hablar ante una audiencia, y no sabía qué decir.

Lorenzo Snow escribió de esa experiencia en su diario:

La primera reunión fue en la vecindad de mi tío, con el nombre de Goddard, cerca de la sede del condado de Medina, Ohio. Fueron notificadas las personas y se juntó una congregación respetable. Fue una prueba muy dura hacer frente a ese público en la condición de predicador, pero yo creía y sentía una garantía que un Espíritu de inspiración me dictaría y daría un libreto. Había buscado en oración y ayuno,—me había humillado ante el Señor, pidiéndole a Él con poderosa oración impartir el poder y la inspiración del Santo Sacerdocio; y cuando me puse delante de esa congregación, aunque no sabía ni una sola palabra que pudiera decir, tan pronto como abrí la boca para hablar, el Espíritu Santo descansó con poder sobre mí, llenando mi mente con luz y comunicando ideas y el lenguaje adecuado por el cual impartirlas. La gente se admiraba y solicitaba una nueva reunión.… Después de la segunda reunión… Bauticé y confirmé a mi tío, tía y varios de mis primos, de los cuales uno era Adaline, que más tarde se convertiría en mi esposa.[18]

Lorenzo viajó a través de Ohio y bautizó a muchas personas que permanecieron fieles a la verdad. Él creció en su vocación aprendiendo a amar a la gente.

Cuando proseguí mi viaje, en compañía de mis hermanos, muchos sentimientos contradictorios ocuparon mi pecho—los jardines y campos alrededor de nuestra querida ciudad fueron intercambiados por el vasto desierto que se extendía ante nosotros por mil millas. Si mi mente todavía miraba hacia adelante, todavía estaba la tormenta principal, y, en la perspectiva muy distante, una tierra de extraños, el campo de mi misión. Nos apresuramos aún más, y aún más distante del poderoso imán, ¡El Hogar! pero sabíamos que la obra en la que estábamos comprometidos era llevar la luz a los que estaban sentados en la oscuridad, y en el valle de la sombra de la muerte, y nuestro pecho brillaba con amor y nuestras lágrimas fueron eliminadas.[19]

Una Misión a Misuri, Illinois y Kentucky

En octubre de 1838, Lorenzo Snow volvió a dejar su casa en una misión al sur de Misuri. Este, se debe recordar, estaba en el medio de la persecución callejera contra los mormones en Misuri. El élder Snow experimentó de primera mano el odio que los mafiosos tenían en contra de sus hermanos que se habían establecido allí.

La primera noche después de salir del río, llamamos a la casa de un caballero y le pedimos por una noche de alojamiento, sin darnos a conocer como "mormones." Fuimos muy amablemente entretenidos por nuestro anfitrión, quien pronto descubrimos era un mafioso, y que había actuado como líder de una turba asaltando uno de nuestros asentamientos. Él era muy rico, y tenía con él, como invitado, un rico plantador del sur, que nos dijo que él, como neutral, acompañó a su amigo, el capitán de la mafia antes mencionado, y narró los pormenores de la lucha, y su terminación. Dijo que las dos partidas se reunieron y se enfrentaron con desesperación. Él refugió detrás de un gran árbol que fue alcanzado por las balas "mormonas", varias veces. Por fin, se celebró un parlamento, y un consejo entre los líderes de las partidas, en la que los "mormones" aceptaron abandonar su ubicación.

Nuestro anfitrión y su amigo dijeron que justificaban la forma en la cual estaban expulsando a los "mormones", sólo sobre la base de que eran en su mayoría eran Yanquis, y se oponían a la esclavitud, y temían que de establecerse en el Estado, el interés de los habitantes , como dueños de esclavos, sería infringido. Todos escuchábamos con respetuosa atención, pero esos señores poco sabían quiénes componían su audiencia, y no conocían nuestros pensamientos y los sentimientos de nuestro corazón.…

… Las oportunidades para predicar, en ese momento de emoción y sentimiento beligerante hacia nuestro pueblo, no vienen a menudo cuando no se buscan, y con mucha frecuencia no entonces. Los numerosos informes falsos en circulación contra nosotros eran tan exasperantes los sentimientos de la gente en esa sección, que el espíritu de mafioso se manifiesta en todas partes; en muchos casos lo que realmente supone la aparición de una especie de locura. Nuestro objetivo principal era, darles la información correcta, para desengañar las mentes de aquellos que obtenían acceso a ella, y disipar el sentimiento de amargura febril.

Siempre que tuvimos éxito en captar la atención de la gente para escuchar nuestros testimonios, estuvimos bastante seguros de su confianza. Sostuvimos reuniones en varios lugares en los que fuimos amenazados, y en un caso predicamos a una congregación que era aquella que había venido expresamente a hostigarnos, pero al vernos y oírnos, habían cambiado de opinión.… Encontrando q después de esfuerzos continuos, que muy poco bien podría lograrse mientras la excitación estuviera a tan alto nivel, y el espíritu turba tan rampante, decidimos salir del estado de Misuri hasta que se calmara su estado efervescente. El Hermano Butterfield se dirigió a su campo de trabajo en las secciones del norte de Indiana e Illinois, mientras yo continué mi camino a través de Misuri, la parte sur de Illinois, y hacia Kentucky.[20]

La misión de El élder Snow duró seis meses, y tuvo cierto éxito en Kentucky. Observó: "Pasé el resto del invierno en los viajes y predicando, sobre todo en la parte norte de Kentucky, con variado éxito y tratamiento, a veces recibidos de la manera más cortés y escuchado con gran interés, y, en otras ocasiones, de manera abusiva e impudentemente insultado; pero en ninguna circunstancia fui tratado peor que a Jesús, a quien profeso seguir."[21]

En los meses siguientes, caminó 500 millas para volver a Ohio. Pasó algún tiempo muy enfermo y recibió la amable atención de sus amigos allí. Viajó y predicó en el área general y también enseñó en la escuela durante un tiempo. Luego arregló sus asuntos y llevó a su familia con él a Nauvoo, donde los Santos habían encontrado refugio contra las turbas en Misuri. Llegó a Nauvoo el 1 de mayo de 1840, y estaba contento de encontrar a sus padres, hermanos y hermanas, viviendo en La Harpe, a unas 30 millas de Nauvoo. La última vez que los había visto, en Misuri en Adán-ondi-Ahman, eran tiempos peligrosos. Ahora estaban a salvo.

EL PERÍODO NAUVOO

Una Misión a las Islas Británicas

A principios de la primavera de 1840, El élder Snow fue llamado a cumplir una misión en Gran Bretaña. Estaría sirviendo con muchos de los Apóstoles, incluyendo El president Brigham Young, Heber C. Kimball, El president Wilford Woodruff y El president John Taylor, que ya estaban allí. Antes de su partida hizo un llamado a un número de las familias de los Apóstoles que trabajaban en Inglaterra para llevarles mensajes de sus maridos.

Lorenzo Snow escribió:

> [Encontré a la esposa del presidente Brigham Young viviendo en] una cabaña de troncos sin terminar, con un piso, y con hendiduras entre los troncos,… dejando a la [familia] expuesta al viento y las tormentas.… Ella acababa de regresar de una larga,… búsqueda infructuosa de su vaca [lechera], que se había desviado [fuera] el día anterior y de la que dependía mucho para [alimentar] a sus pequeños. Cuando le pregunté qué era lo que quería que le dijera a su marido, Lorenzo recordó, que ella respondió: "Ves mi situación, pero dile que no se moleste ni se preocupe en lo más mínimo por mí, quiero que permanezca en su campo de trabajo hasta que sea honorablemente liberado." Su evidente menesterosa condición de indigencia sacudió profundamente mi simpatía. Yo tenía muy poco dinero, ni siquiera lo suficiente para llevarme a una décima parte de la distancia a mi campo de trabajo, sin perspectivas de obtener balance, y entonces estaba en vísperas de comenzar. Saqué de mi bolsillo una parte de mi mísera pitanza, y se lo presenté, pero ella se negó a aceptarlo; mientras yo insistía tenazmente para que lo aceptara ella persistía en rechazarlo; en parte a propósito y en parte accidentalmente, el dinero se cayó al piso, y se escurrió entre las aberturas de las tablas sueltas, lo cual terminó el conflicto, y despidiéndome, la dejé para que lo recogiera en su tiempo libre.[22]

Mary Ann Angell Young

Una Visión del Potencial Divino del Hombre

Justo antes de salir para su misión en Inglaterra, Lorenzo Snow pasó una noche en la casa de su amigo, el pastor H. G. Sherwood, en Nauvoo. El élder Sherwood estaba tratando de explicarle la parábola del Salvador sobre el esposo que enviaba sirvientes a diferentes horas del día para trabajar en la viña.

El presidente Lorenzo Snow recordó:

> Mientras escuchaba atentamente su explicación (la de El élder Sherwood), el Espíritu del Señor descansó con poder sobre mí, fueron abiertos los ojos de mi entendimiento, y vi tan claro como el sol al mediodía, con admiración y asombro, la vía de Dios y el hombre. Formé la siguiente copla que expresa la revelación, como se mostró a mí… : "Como el hombre es ahora, Dios fue una vez; como Dios es, el hombre puede ser."[23]

Anteriormente, en Kirtland, Lorenzo escuchó a José Smith profetizar: "Vais a ser tan grandes como lo podáis desear, SI TAN GRANDE COMO DIOS, y no podéis desear ser más grande." Recordando esta promesa revelada parecía confirmar la exactitud de su propia revelación.

El élder Snow partió alrededor del 20 de mayo. Cuando finalmente llegó a Inglaterra buscó a El president Brigham Young y le contó lo que había visto y llegado a conocer.

> Sentí que se trataba de una comunicación sagrada que yo relacioné con nadie más que con mi hermana Eliza, hasta que llegué a Inglaterra, cuando en una conversación confidencial, privada con El presidente Brigham Young, en Manchester, e conté esta extraordinaria manifestación.[24]

Brigham en sus 40s

El presidente Young prudentemente le aconsejó: "Hermano Snow, esa es una doctrina nueva; si es verdadera, se te ha revelado para tu propia información privada, y será impartida a su debido tiempo por el Profeta de la Iglesia; hasta entonces yo le aconsejo que la pone sobre la plataforma y no decir nada más al respecto."[25]

Lorenzo Snow pasó 3 años sirviendo al Señor en Inglaterra, experimentando una gran oposición, pero también viendo el progreso de la obra y el crecimiento de la Iglesia. Presidió la Rama de Londres durante un período en el que el número de miembros ascendió a más del doble. También se desempeñó como consejero de Thomas Ward, presidente de la misión británica. Además, El élder Snow presentó dos copias encuadernadas especialmente del Libro de Mormón a la reina Victoria y el príncipe Alberto.

Queen Victoria

Poco después de su regreso de Inglaterra, en enero de 1843, Lorenzo relató su visión de tres años antes a José Smith. El Profeta José Smith le dijo: "Hermano Snow, esa es la verdadera doctrina del Evangelio, y es una revelación de Dios para vos."[26]

José Smith Enseña la Doctrina de la Divinidad

El Profeta José Smith enseñó en la oración fúnebre por Rey Follett un año más tarde:

> Dios Mismo fue una vez como nosotros ahora, y es un hombre exaltado, ¡y está entronizado allá en los cielos! Ese es el gran secreto. Si el velo se rasgara hoy, y el gran Dios que conserva este mundo en su órbita, y sostiene todos los mundos y todas las cosas por Su poder, fura a hacerse visible, yo digo, si vosotros fuerais a verlo hoy, lo verías como un hombre en forma, como vosotros mismos en toda la persona, imagen y

El Profeta predicando en el Arboleda Oest

forma misma de un hombre; Porque Adán fue creado de la misma manera, a imagen y semejanza de Dios, y recibió l instrucción de, y caminó, habló y conversó con Él, como un hombre habla y se comunica con otro.

… Estas son ideas incomprensibles para algunos, pero son simples. Es el primer principio del Evangelio para conocer con certeza el carácter de Dios, y saber que podemos conversar con él como un hombre conversa con otro, y que una vez fue un hombre como nosotros; sí, ese Dios mismo, el Padre de todos nosotros, habitó sobre una tierra, al igual que Jesucristo Mismo lo hizo; y voy a probarlo por medio de la Biblia.[27]

Lorenzo Snow estuvo presente cuando el Profeta predicó este sermón funeral. Se confirmó la exactitud de lo que había recibido y trajo el concepto adelante a todos los Santos. Lorenzo Snow siempre será recordado por acuñar la frase, "Como el hombre es, una vez fue Dios; como Dios es, el hombre puede ser", pero él no la compuso. La recibió por revelación y la oyó confirmada por el Profeta de la Restauración del Señor.

LeRoi C. Snow, hijo del presidente Snow, escribió:

En la propia copia del Presidente Snow de los Tiempos y Estaciones, que ahora tengo yo, él prestó más atención, con su propio lápiz indeleble, a esta parte del sermón Rey Follett del Profeta que a cualquier otra referencia en todos los seis volúmenes. Esta gran esperanza en el destino del hombre, a través de una estricta obediencia al Evangelio, estuvo en su mente tan constantemente que con frecuencia se refería a ella en el círculo del hogar, en sus discursos públicos, cuando se dirigía a padres ancianos y cuando hablaba a los niños pequeños, y muchos de sus amigos íntimos sabían que era un tema favorito en conversaciones privadas y confidenciales.[28]

El Matrimonio Plural

Poco después de regresar de su misión en Inglaterra, El élder Snow aprendió acerca de la doctrina del matrimonio plural. Su hermana Eliza R. Snow, que había sido sellada como esposa plural del Profeta José Smith, relata lo siguiente:

Mientras mi hermano estuvo ausente en esta, su primera misión en Europa, los cambios habían tenido lugar conmigo, uno de eterna importancia, del cual yo suponía él ignoraba totalmente. El Profeta José me había enseñado el principio del Matrimonio Celestial o plural, y yo estaba casada con él por el tiempo y la eternidad. Como consecuencia de la ignorancia de la mayoría de los Santos, así como de las personas del mundo, sobre este tema, no se lo mencionaba, sólo privadamente entre los pocos cuyas mentes estaban iluminadas sobre el tema.

Sin saber cómo lo recibiría mi hermano, no me sentía en libertad, y no quería asumir la responsabilidad de instruirlo en el principio del matrimonio plural, y, o bien mantenía silencio, o, frente a su interrogatorio indirecto, le daba respuestas evasivas, hasta que me vi obligada, por su actitud fría y distante, a sentir que él se estaba poniendo celoso de mi fraternal confianza, que yo no podía confiar en su integridad fraternal. No podía soportar esto, tenía que hacer algo. Le informé a mi esposo de la situación, y le pedí que abriera el asunto a mi hermano. Pronto se presentó una oportunidad favorable y, sentados juntos en la ribera solitaria del río Mississippi, ellos tuvieron una conversación de lo más interesante.

El Profeta me dijo después que se encontró con que la mente de mi hermano había sido iluminada previamente sobre el tema en cuestión, y estaba listo para recibir cualquiera que fuere el espíritu de revelación de Dios que debía impartir. Ese Consolador que Jesús dijo debe "conducir a toda verdad", había penetrado en su entendimiento, y mientras estaba en Inglaterra le había dado un indicio de lo que en ese momento era, para muchos, un secreto. Este fue el resultado de vivir cerca del Señor, y celebrar la comunión con Él.[29]

Lorenzo Snow no se casó inmediatamente. Pero fue fiel a las enseñanzas del Profeta desde el principio. Él escribió en su diario:

En la entrevista a orillas del Mississippi, en la que el Profeta José me explicó la doctrina del matrimonio celestial, me sentí muy humilde, y en mi simplicidad le rogué encarecidamente que me corrigiera y me enderezara, si en cualquier momento, él debía ver complacerme en algún principio o práctica que pudiera tender a llevarme por mal camino, en senderos prohibidos; a lo que respondió: "Hermano Lorenzo, los principios de la honestidad y la integridad están fundidos dentro de ti, y nunca serás culpable de ningún error grave o mal, que te sacara del camino del deber. El Señor te abrirá el camino para recibir y obedecer la ley del matrimonio celestial. "Durante la conversación, yo le señalé al Profeta que yo pensaba que él parecía haber sido dotado de un gran poder adicional durante mi misión en Inglaterra. Dijo que era verdad; el Señor le había otorgado poder divino adicional.[30]

Casi dos años más tarde, después del martirio del Profeta y cuando la obra en el templo de Nauvoo se acercaba a la conclusión, Lorenzo mostró su aceptación de la doctrina del matrimonio plural al casarse con cuatro mujeres al mismo tiempo.

Él era muy consciente que una ordenanza principal a ser llevada en el templo era el sellado de los esposos a las esposas en una unión eterna. Dado su compromiso total con la Iglesia y sus doctrinas, el consejo que había recibido del Profeta José Smith acerca de la poligamia, y su edad avanzada, podemos estar seguros que a medida que el templo se acercaba a su conclusión, Lorenzo se hizo cada vez más consciente de la necesidad de casarse. La profundidad de sus sentimientos se puede medir por el hecho de que en 1845, a los treinta y un años, fue sellado a cuatro mujeres en el templo de Nauvoo: María Adaline Goddard (su prima, que tenía tres hijos de un matrimonio anterior, Hyrum, Orville, y Jacob); Charlotte Squires; Sarah Ann Prichard; y Harriet Amelia Squires.[31]

Soportando el Martirio

Eliza R. Snow registra que el 20 de febrero de 1844, el Profeta José Smith instruyó a los Doce Apóstoles para enviar una delegación y hacer exploraciones en Oregón y California, y buscar una buena ubicación a la que podamos mudarnos después que se hubiera completado el templo, y "donde podamos construir una ciudad en un día, y tener un gobierno propio. "Se formó un comité que incluía a Lorenzo Snow. Eliza agregó: "Antes de esto, el Profeta me había dicho que se anticipó a trasladarse a las Montañas Rocosas con toda su familia, donde podía vivir en paz y rendir culto a Dios sin ser molestado. Pero otras escenas y perspectivas nos esperaban. Cada apurado cambio estaba llevando a un punto temible. La más empedernida apostasía que esta Iglesia haya tenido que enfrentar fue inaugurada con una abierta rebelión contra las autoridades y el sacerdocio en general."[32]

Por supuesto, esta nunca habría de cumplirse. Después que ambos partidos políticos se volvieran contra los Santos, José Smith se ofreció como candidato a Presidente de los Estados Unidos. Envió a los miembros de los Doce, y a otros, incluyendo a Lorenzo Snow, a recaudar dinero para el templo y hacer campaña para su presidencia. Lorenzo se dirigió a la zona de los alrededores de Kirtland, imprimió miles de panfletos y trabajó sin descanso para lograr su misión.

Entonces, de repente, en medio de ella, recibió la terrible noticia de que José y Hyrum habían sido martirizados. "Por supuesto, la noticia de este triste acontecimiento, llegó totalmente inesperada", escribió, "y me golpeó con profundo asombro y pena que ninguna lengua puede representar."[33] Muy triste volvió a Nauvoo.

PIONERO Y APÓSTOL

El Movimiento al Oeste

En ese tiempo el espíritu de las turbas era rampante en Illinois, y no pasó mucho tiempo antes de que los Santos tuvieran que prepararse para irse. Eliza R. Snow registra: "En este momento. la ira y el espíritu sediento de sangre de nuestros enemigos, sostenidos y animados por la autoridad del Estado, predominaban en la misma medida en que las labores en el templo se terminaban, y las energías de los Santos se concentraron en una precipitada fuga para evitar la inminente eliminación. El tiempo y las circunstancias admitían muy poca, y en muchos casos ninguna, preparación para un viaje de una duración indefinida; y hasta qué punto no sabíamos, pero *sabíamos que debíamos irnos.*[34]

De 1846 a 1848, Lorenzo Snow participó en el movimiento hacia el Oeste. Su hermana cruzó el río Mississippi el 12 de febrero, y él la siguió a los pocos días. El president Brigham Young lo tomó el puesto de capitán de un grupo de diez que incluía a Parley Pratt y Orson y sus familias.

Lorenzo hizo su camino hacia el oeste a través de Iowa, estuvo a punto de morir en Garden Grove cuando se enfermó gravemente con una fiebre ardiente que lo tuvo delirando durante muchos días. Los hombres lo envolvieron en una sábana y lo sumergieron en un arroyo cercano de agua muy fría que inmediatamente le bajó la fiebre. Posteriormente, sus cuatro esposas y su hermana lo cuidaron hasta que sanó.

Llegaron al Monte Pisga, donde se le pidió que se quedara y presidiera. Los líderes anteriores se habían muerto o mudado, y los Santos estaban en condiciones de indigencia. Muchos de ellos también estaban muy enfermos. Muchos se murieron. Inmediatamente Lorenzo organizó a los hombres para que fueran a los pueblos de los alrededores y encontraran trabajo para así poder comprar provisiones. Otros se pusieron a trabajar en la reparación carros, muebles, bañeras, cestas y cualquier otra cosa que se hubiera roto. Él levantó sus espíritus y renovó sus esperanzas. También envió a los hombres a Ohio para pedir donaciones a los "gentiles." Volvieron con $ 600. También organizó actividades religiosas y eventos recreativos. Una vez allí, la esposa de Lorenzo, Charlotte dio a luz una niña, su primer hijo, a la que llamaron Leonora, en honor a su hermana mayor.

A principios de la primavera de 1848, El president Brigham Young le pidió a Lorenzo que se uniera él y su compañía en el movimiento al oeste hacia las Montañas Rocosas. Lo hizo capitán de más de 100 personas para ese viaje. En el camino, e fue sellado por El president Brigham Young a otra esposa, Eleanor. Él y su familia llegaron al Valle del Lago Salado sin mayores incidentes e inmediatamente se trasladaron a una casa de madera.

Llamado al Apostolado

El 12 de febrero de 1849, fue convocado a una reunión del Quórum de los Doce Apóstoles. Allí le informaron que había sido llamado al apostolado y fue ordenado Apóstol por Heber C. Kimball a la edad de 34 años.

Fue nombrado presidente de la primera celebración formal de los Santos en el valle de Salt Lake, el 24 de julio de 1849. Los Santos tenían muy poco, pero como había hecho en el Monte Pisga, Lorenzo organizó un evento alegre y suntuoso. Los gentiles que estaban de paso y los indios también vinieron al banquete. Hubo gritos de "hosanna" y gran cantidad de lo que su hermana Eliza llamaba "grandeza en la simplicidad."

En octubre de ese mismo año (1849), se le pidió a El élder Snow que ayudara a El president Brigham Young a organizar el Fondo Perpetuo de Emigración. Para ello era necesario pedirles a los Santos que donaran de

Apóstol Lorenzo Snow a las 39

sus escasos recursos a un fondo general de que ayudaría a otros a cruzar las llanuras hacia Sión. Pero con la amable persuasión de Lorenzo, el esfuerzo fue exitoso. Él registró algunas de sus experiencias en su diario:

Me encontré impelido a realizar una ardua tarea. Con muy pocas excepciones, la gente tenía muy poco o nada de lo cual pudieran prescindir. Sin embargo, se manifestaron en todas partes los esfuerzos y la voluntad de dar una parte de lo poco que tenían, la sensación de liberalidad y grandeza de alma, que encontré por todas partes en medio de la pobreza, los saludos afectuosos que recibí d aún donde imperaba una relativa indigencia llenaron mi corazón con muy grande gozo. Un hombre insistió en que yo debía tomar su única vaca, diciendo que el Señor se la había entregado, y lo bendije por dejar el viejo país y venir a una tierra de paz; y al dar su única vaca, sintía que sólo estaba haciendo lo que exigía el deber, y lo que esperaría de los demás, si la situación fuera al revés.[35]

Una Misión a Italia

Más tarde, en octubre de 1849, Lorenzo Snow fue llamado para cumplir una misión en Italia que duraría hasta julio de 1852, dos y años y medio. En camino a este destino, esta misión también incluía predicar y enseñar en Inglaterra, Francia, y Suiza. Lorenzo escribió a su hermana Eliza sobre sus experiencias de viaje con sus compañeros a través de las llanuras americanas a la costa este, desde donde partirían para su misión:

Un día, cuando estábamos tomando nuestra comida del mediodía, y nuestros caballos estaban pastando tranquilamente en las praderas, ocurrió la siguiente escena: Un grito sorprendente resonó en nuestro pequeño campamento, ¡A las armas! ¡A las armas! ¡Los indios están sobre nosotros! Nos miramos y contemplamos un espectáculo magnífico, imponente y temible. Doscientos guerreros sobre sus caballos furiosos, pintados, armados y vestidos con todos los horrores de guerra, corriendo hacia nosotros como un poderoso torrente. En un momento nos situamos en una actitud de defensa [sic]. Pero ¿podíamos esperar con treinta hombres resistir a este poderoso anfitrión? Adelante venía la banda salvaje a velocidad acelerada, como una roca fuerte, desprendida dela cima de una montaña, se precipitaban con ímpetu hacia abajo, barriendo, volcando, y enterrando todo en su camino. Vimos que su intención era aplastarnos bajo las patas de sus espumantes corceles. Ahora estaban a unos pocos pasos, y en otro momento estaríamos superados, cuando ¡he aquí! una alarma como una descarga eléctrica golpeó a través de sus filas y detuvieron su carrera, como una avalancha, barriendo la ladera de la montaña, se detienen en medio de su camino por el poder de una mano invisible, había dicho el Señor, ¡No toquéis a mis ungidos y no hagáis ningún daño a mis Profetas!

Se producían muchos incidentes que a menudo provocaban la observación que, en nuestra experiencia pasada, la mano del Señor nunca se había manifestado de manera más visible. Cuando llegamos a las orillas del gran Misuri, sus aguas se congelaron inmediatamente por primera vez durante la temporada, formando así un puente por el que pasamos al otro lado: esto no se logró más pronto que el torrente que corría antes.36

Lorenzo enfrentó la oposición en Italia, el centro del catolicismo que se oponía a los misioneros de otras iglesias. Las leyes contra el proselitismo en cualquier parte del país llevaban a penas muy severas, por lo que Lorenzo esperaba una total persecución y sabía que su vida podría estar en peligro.

Lorenzo Snow observó en relación con estas dificultades:

Estamos aquí para que podamos ser educados en una escuela de sufrimiento y pruebas de fuego, cuya escuela era necesaria para Jesús, nuestro hermano mayor, que, las escrituras nos dicen, fue hecho perfecto por medio del sufrimiento. Es necesario que suframos en todas las cosas, para podamos ser calificados y dignos de gobernar y gobernar todas las cosas, como nuestro Padre en el cielo y Su hijo mayor Jesús.

… Y ahora, ¿dónde está el hombre entre vosotros que una vez descorrió el velo y contempló esta pureza, la gloria, el poder, majestad y dominio de un hombre perfecto, en la gloria celestial, en la eternidad, no va a renunciar alegremente a la vida, soportando las más atroces torturas, dejando que la extremidad sea arrancada de las extremidades antes que el deshonor o la renuncia de su sacerdocio?[37]

En Roma, el 27 de junio de 1851, observó un día de fiesta en honor a San Pedro. En una carta escrita al presidente El president Brigham Young, El élder Snow comentó sobre la ironía de esta celebración:

— Los antiguos romanos crucificaron a Pedro.
— Siglos más tarde, una enorme iglesia fue construida en Roma como un monumento a su nombre.
— Ahora, ellos rechazaban y perseguían a los Apóstoles que viven en medio de ellos.

Lorenzo escribió después a El president Brigham Young: "Los padres decapitaron a Juan y crucificaron a Pedro: esta semana hemos sido testigos de festines y regocijos en honor a sus nombres. Agradables reflexiones,—¡inanición!—¡Detenciones!—¡¡Prisión!!—y ¡martirio! y las generaciones posteriores rindiéndonos honores divinos."[38]

El 7 de septiembre 1850 él fue un instrumento en la curación milagrosa de un muchacho joven en Italia, lo que ayudó a abrir las puertas a la obra misionera en ese país. El hijo de 3 años de la familia, donde se alojaban los Élderes se enfermó gravemente, y los Élderes pensaron que esa podría ser una oportunidad para que los corazones del pueblo italiano fueran tocados.

Lorenzo Snow relató las circunstancias:

Nosotros pedimos al Señor en solemne oración, que salvara la vida del niño. Mientras yo contemplaba el curso hemos querido perseguir y las reivindicaciones que pronto deberíamos avanzar al mundo, yo consideraba esta circunstancia como una de gran importancia. No se dé ningún sacrificio que yo pudiera hacer que no estuviera dispuesto a ofrecer para que el Señor concediera nuestras peticiones. Volvimos alrededor de las tres de la tarde, y habiendo consagrado un poco de aceite, ungí mi mano, y la puso sobre su cabeza, mientras que en silencio ofrecimos los deseos de nuestro corazón para su recuperación.[39]

La curación fue muy rápida; en cuestión de horas se mejoró y a la mañana siguiente, estaba bienero de Se suavizaron los corazones de muchas personas, y se abrieron muchas puertas a los misioneros.

Apertura de Misiones en Otras Naciones

La misión de tres años de Lorenzo Snow sentó las bases para el futuro crecimiento de la iglesia en varios países. Organizó formalmente la Iglesia en los valles de la región del Piamonte en Italia. Organizó y supervisó la traducción y la publicación del Libro de Mormón y varias secciones misioneras al idioma italiano. Dirigió la obra misionera en Suiza. Envió misioneros a la India. Y habló y escribió a numerosas congregaciones de Santos en Gran Bretaña, Francia y Suiza.

BRIGHAM CITY, UTAH

Asentamiento del Condado de Box Elder

Después de regresar de la misión a Europa, en octubre de 1853, El élder Snow llevó cincuenta familias al Condado de Box Elder, Utah, donde hizo el trazado de una nueva ciudad. Nombró la ciudad "Brigham City" en honor del presidente Brigham Young.

El élder Snow construyó dos casas allí. Uno de ellas, una gran casa de dos pisos, fue originalmente un hotel. La segunda, una pequeña casa de campo, fue su lugar preferido de residencia, y continuó siendo el hogar del élder Snow durante muchos años.

Lorenzo Snow estableció una mancomunidad cooperativa en Brigham City, que se acercaba a vivir la ley de consagración que cualquier otra comunidad antes. Fue un orden social único, mezclando con éxito los asuntos temporales y espirituales.

— En 1863–1864 comenzó estableciendo una tienda cooperativa propiedad de los residentes.
— Después, fue erigida una extensa curtiduría, seguida de una fábrica de lana.
— La gente podría obtener acciones de estas empresas a pequeño costo o por medio de su trabajo.
— *Edificio Cooperativo de Brigham City*
— Después se añadió una manada de ovejas cooperativa (para abastecer la fábrica).
— Siguieron granjas cooperativas, además de una quesería.
— Finalmente, se combinaron 30–40 empresas diferentes, todas trabajando juntos en armonía.

Edificio Cooperativo de Brigham City

Lorenzo Snow había demostrado ser un innovador en el Monte Pisga cuando presidía allí. Tenía una mente rápida y visionaria. Pero su éxito en la construcción de las empresas cooperativas en Brigham City se ha atribuido más a su espiritualidad. "La espiritualidad del presidente Snow estaba muy desarrollada. Fue el rasgo predominante de su carácter. Todos los otros rasgos eran simplemente complementos y accesorios se agrupan alrededor de éste gran dictador, la obediencia a su voluntad y ayudarle a lograr su objetivo. Durante años predicó acerca de y trabajó en los asuntos de este mundo, pero las cosas temporales eran sólo el medio para las cosas espirituales. En todo momento el financiero estuvo al servicio del Apóstol."[40]

DOS MISIONES MÁS AL EXTRANJERO

Una Misión Especial a Hawái

En noviembre de 1860, el presidente Young llamó a Walter Murray Gibson, un nuevo converso, a una misión en Japón. En el verano de 1861, en su camino a Japón, Gibson llegó a Hawái y decidió quedarse allí. Debido a que los misioneros habían sido llamados a su hogar durante la guerra de Utah, Gibson tomó el liderazgo en Hawái. Convenció a muchos miembros de Hawaianos para que volvieran sus propiedades hacia él e inclinarse en su presencia. Vendió los derechos de varios cargos de la Iglesia, como el de El élder u obispo a l miembros ingenuos. También llevaba ropajes mientras conducía los servicios religiosos con gran pompa y ceremonia. Su plan era apoderarse de las islas y convertirse en rey.

Lorenzo Snow en 53

En 1864, la Primera Presidencia tuvo conocimiento de la situación y envió a los Apóstoles Esdras T. Benson y Lorenzo Snow, junto con los ex misioneros hawaianos William W. Cluff, Alma Smith, y El president Joseph F. Smith para restablecer el orden en la Iglesia en Hawái.

El élder Snow Sobrevive después de Ahogarse

Al intentar bajar a tierra en aguas turbulentas, dejaron su vapor y subieron a bordo de un pequeño barco. El president Joseph F. Smith se quedó atrás, diciendo que las aguas eran demasiado peligrosas, lo cual resultó ser correcto. Al cruzar el arrecife de coral, las grandes olas volcaron su barco. Todos los hombres fueron rescatados de forma segura a excepción de Lorenzo, cuyo cuerpo fue encontrado inconsciente en el agua. Sus compañeros lo llevaron a la orilla y trabajaron para reanimarlo durante casi una hora.

William Cluff explicó cómo finalmente revivió El élder Snow:

> Hicimos no sólo lo que era habitual en estos casos, sino también lo que el espíritu parecía susurrarnos. Después de trabajar sobre él durante algún tiempo, sin ninguna indicación que vida regresara a la vida, los espectadores dijeron que nada se podía hacer por él. Pero no nos sentimos como para darnos por vencidos, y todavía oramos y trabajamos encima de él, en la seguridad que el Señor q escuchará y respondería a nuestras oraciones.

> Finalmente nos vimos compelidos a colocar nuestra boca sobre la suya y hacer un esfuerzo por inflar sus pulmones, alternativamente soplando en y extraer el aire, imitando, en la medida de lo posible, el proceso natural de respiración.... Después de un poco, nos dimos cuenta de indicaciones muy tenues de devolver la vida.... Estos se hicieron cada vez más clara, hasta que la conciencia se restauró completamente.41

Después de una investigación y varias reuniones con los miembros, Walter Gibson fue excomulgado. La Iglesia y misión en Hawái fueron puestas bajo la dirección del presidente Joseph F. Smith. Entonces El élder Snow volvió a su casa con El élder Benson.

Una Misión a Palestina

En 1872, El presidente Brigham Young llamó a su primer consejero, George A. Smith, para ir a Tierra Santa y dedicar la tierra al Señor. El Apóstol Lorenzo Snow y su hermana Eliza R. Snow, quien se desempeñaba como Presidenta General de la Sociedad de Socorro en el momento, también era parte del grupo.

En una carta al Presidente Smith, el Presidente Young y su Segundo Consejero, el Presidente Daniel H. Wells, dijeron: "Nosotros deseamos que vos observéis de cerca cuales aperturas existen ahora o donde pueden llevarse a cabo para la introducción del Evangelio en los diversos países que vos visitareis "el viaje había de terminar en la tierra Santa, donde el Presidente Smith "dedicaría y consagraría la tierra al Señor. "También le ofrecieron una oración de protección: "oramos para que seáis preservado para viajar en paz y seguridad, para que podáis ser bendecido abundantemente con palabras de sabiduría y la libre expresión en todas las conversaciones relacionadas con el Santo Evangelio, disipando los prejuicios y sembrando semillas de justicia entre la gente."42

Como era su costumbre cuando El élder Snow viajaba, frecuentemente escribía cartas que describiendo la geografía, la arquitectura y la cultura de los diferentes países a través de los cuales viajaba. Sin embargo, cuando encontró con los diversos sitios en la Tierra Santa, sus cartas cambiaron tanto en el fondo como en el tono. Estaba en la tierra natal del Hijo de Dios, que había andado por esos lugares durante Su ministerio mortal. A medida que el grupo se acercaba a la ciudad de Jerusalén en febrero de 1873, escribió acerca de su experiencia y sentimientos.

Lorenzo Snow en 56

Una hora de viaje… nos llevará a Jerusalén. Seguimos adelante, ascendemos una eminencia [o una colina], y contemplamos la "Ciudad Santa", Jerusalén. A la derecha está el monte Sion, la ciudad de David. Allá a nuestra izquierda, esa eminencia elevada con un aspecto tan estéril, está el Monte de los Olivos, que una vez fue el lugar favorito de nuestro Salvador, y el último punto pisado por sus pies sagrados antes de ascender a la presencia de Su Padre. Estas escenas de interés histórico, con todas sus sagradas asociaciones, inspiran pensamientos y reflexiones impresionantes y solemnes. ¡Sí, allí está Jerusalén! Donde vivió y enseñó Jesús, y fue crucificado, donde clamó: "¡Consumado es," e inclinó su cabeza y murió! Nosotros lentamente y cuidadosamente descendimos nuestro camino por la colina,… hasta llegar a la ciudad.43

Después de ir al río Jordán, El élder Snow escribió:

> Cuando bebimos de sus aguas dulces y refrescantes y nos lavamos en su sagrada corriente, nuestros pensamientos y reflexiones volvieron a los días de la infancia, cuando estábamos acostumbrados a leer detenidamente la Santa Escritura que describe los eventos importantes que ocurrieron en esta localidad, el paso de la israelitas cuando el canal se secó, cuando los sacerdotes llevando sobre sus hombros el arca sagrada, entraron en la corriente que fluía; la divisoria de las aguas por Elías cuando pasó sobre el lecho seco y fue llevado al cielo desde la llanura en el lado opuesto por un torbellino; y Eliseo, cuando regresó, tomó el manto de Elías que se le había caído, golpeó las aguas, diciendo: "¿Dónde está el Señor Dios de Elías?" haciendo por tercera vez que se dividiera el Jordán.

> Sin embargo, otro evento de interés mucho más profundo está asociado con este lugar, el bautismo de nuestro Salvador, referido en el siguiente lenguaje, "Juan vino predicando en el desierto de Judea, y Jesús vino de Galilea al Jordán para ser bautizado por él;" [véase Mateo 3] y estábamos en o cerca del punto idéntico donde habían tenido lugar todos estos acontecimientos memorables, de pie en la orilla, mirando hacia abajo al valle, y bañándonos en la misma corriente que había sido testigo silencioso de estos hechos sublimes.[44]

PERSECUCIÓN Y MILAGROS

Apóstol y Defensor de la Fe

El Proyecto de Ley Morrill de 1862, la Ley Edmunds de 1882, y el proyecto de ley de Edmunds—Tucker de 1887 se aplicaron durante las tres décadas anteriores a la emisión del Manifiesto en 1890. Durante ese tiempo fueron confiscadas las principales propiedades de la Iglesia.

En 1886, Lorenzo Snow fue acusado y condenado por violar la ley Edmunds. Fue condenado a prisión, al igual que muchos de sus hermanos. Cumplió un plazo de once meses, tiempo durante el cual organizó una escuela. Esta acción demuestra el carácter positivo de este hombre bueno y grande. Él siempre estaba ansioso por hacer lo mejor de cualquier situación. Al igual que José en la antigüedad, encontrándose en la cárcel, se volvió a hacer la vida mejor de los que le rodeaban. Y con su amor por la educación, no hubo nada más gratificante para él personalmente.

Resurrección de los Muertos

Poco después que Lorenzo Snow fuera bautizado en junio de 1836, recibió una bendición patriarcal del Patriarca José Smith, padre, en el que profetizó: "Si es oportuno los muertos se levantarán y saldrán por tu mandado."[45] Esta bendición prometida se cumplió literalmente 55 años después, en marzo 1891.

El élder Snow estaba celebrando una conferencia de estaca en Brigham City, cuando su sobrina, una niña de 15 años llamada Ella Jensen, falleció. Había sufrido de escarlatina durante más de una semana. Ella sabía que iba a morir y le dijo adiós a su familia. Podía oír llorar a sus padres y otras personas lo cual la perturbó mucho. Su espíritu entró en el mundo de los espíritus y permaneció allí varias horas.

Mientras El élder Snow estaba hablando en la conferencia, le entregaron una nota, diciéndole de la muerte de Ella. Se excusó de la reunión y llevó con él al El élder Rudger Clawson a la casa de Jensenero de Fueron a la habitación donde la niña estaba muerta y El élder Clawson la ungió. Luego El élder Snow la bendijo, diciendo con un tono de mando de voz, "Vuelve, Ella, vuelve. Tu obra sobre la tierra aún no se ha completado. "Más de una hora después,… ella abrió los ojos. Miró la habitación, y [preguntó]: "¿Dónde está él?" Sus padres preguntaron: "¿Quién?" "El Hermano Snow," respondió, "él me llamó."[46]

<h2 style="text-align:center">Presidente del Templo de Salt Lake</h2>

En 1893, Lorenzo Snow fue nombrado Presidente del Templo de Salt Lake. Él fue su primer presidente, y se desempeñó durante cinco años. Durante ese tiempo, hasta su llamado a ser Presidente de la Iglesia, puede haber tenido que dormir periódicamente en el templo, permaneciendo en su "habitación" en la misma planta que la habitación celestial, justo al lado del pasillo en la parte superior de la escalera. Su familia habría venido a veces a visitarlo allí, incluyendo su nieta Allie, cuya visita se discute en las siguientes páginas de este capítulo.

<h2 style="text-align:center">Las Primeras Mujeres Misioneras</h2>

En 1898, en una recepción de la junta general de la Asociación de Mejoramiento Mutuo de las Señoras Jóvenes, el Presidente George Q. Cannon anunció que la Primera Presidencia había tomado la decisión de llamar a "algunas de nuestras sabias y prudentes mujeres al campo misionero."

Esta era la primera vez que la Iglesia había llamado oficialmente y asignado hermanas misioneras. La primera hermana que fue seleccionada fue Harriet Maria Horsepool Nye, esposa del presidente E. H. Nye de la misión de California, el 27 de marzo de 1898, en San Francisco.

Poco después, el obispo Joseph B. Keeler de la Cuarta Sala de Provo llamó a Lucy Jane Brimhall e Inez Knight como misioneras de tiempo completo para la misión británica. Ambas hermanas fueron bien educadas por dotados maestros muy versados en los principios del Evangelio.

Sister Inez Knight

Sister Lucy Brimhall

Varios números de *Diario de la Mujer* Joven publicaron artículos o cartas acerca de sus actividades proselitistas. El presidente George Q. Cannon publicó un artículo en el *Instructor Juvenil* titulado "Las Mujeres como Misioneras", alabando su rendimiento. Estas hermanas participaban en todas las actividades regulares misioneras, llamando puerta a puerta, participando en reuniones en las calles, y apareciendo ante grandes multitudes. Dada la imagen negativa de las mujeres mormonas en la prensa, los británicos se sorprendieron al ver a dos mujeres que eran mormonas que eran atractivas, inteligentes y eficaces oradoras.

QUINTO PRESIDENTE DE LA IGLESIA

Una Visión de Jesucristo

Casi seis años antes de su muerte, El presidente Wilford Woodruff habló en privado con Lorenzo Snow, diciéndole que si debía morir antes que El élder Snow no debía retrasar, sino que inmediatamente tenía que organizar la Primera Presidencia y nombrar a George Q. Cannon y a El president Joseph F. Smith como sus consejeros.

En 1898, la salud del Presidente Woodruff se deterioró y El élder Snow oró en el Templo de Salt Lake del cual era presidente, para que el Señor prolongara

Lorenzo Snow en 1898

la vida del profeta. El 2 de septiembre de 1898, falleció El presidente Wilford Woodruff. El Presidente Snow luego fue al Templo de Salt Lake y "derramó su corazón al Señor."

LeRoi C. Snow relata la siguiente experiencia en el Templo de Salt Lake:

[El 2 de septiembre de 1898, después de recibir la noticia de la muerte del presidente Wilford Woodruff, el Presidente Snow] fue a su habitación privada en el Templo de Salt Lake.

El Presidente Snow se puso sus batas santas del templo, reparadas de nuevo para el mismo altar sagrado, ofreció las señales del sacerdocio, y derramó su corazón al Señor. Recordó al Señor cómo él había rogado que salvara la vida del Presidente Woodruff, que los días del Presidente Woodruff se alargaran más allá de los suyos; que él nunca podría ser llamado a llevar las pesadas cargas y responsabilidades de la Iglesia. "Sin embargo," dijo, "Hágase tu voluntad. No he buscado esta responsabilidad, pero si es tu voluntad, acudo ante Ti por orientación e instrucción Tuya. Te pido que tú me muestres lo que tú quieres que yo haga."

Después de terminar su oración esperó una respuesta, alguna manifestación especial del Señor. Así que esperó y esperó y esperó. No hubo respuesta, ninguna voz, ninguna visitación, ninguna manifestación. Abandonó el altar y la habitación con gran decepción. Al pasar por la sala de Celestial y entró en el gran corredor una manifestación gloriosa se le dio al Presidente Snow, que yo relaciono con las palabras de su nieta, Allie Young Pond….

Allie Young Pond

"Una noche, mientras yo estaba visitando al abuelo Snow en su habitación en el Templo de Salt Lake, me quedé hasta que los guardianes de las puertas hubieran desaparecido y los serenos aún no habían llegado, por lo que el abuelo dijo que me llevaría a la entrada principal del frente y me haría salir de esa manera. Él sacó su manojo de llaves de su tocador. Después nos fuimos a su habitación y cuando aún estábamos en el gran pasillo que conduce a la sala celestial, caminaba varios pasos por delante del abuelo cuando me detuvo y dijo: "Espera un momento, Allie, quiero decirte algo. Fue aquí que el Señor Jesucristo se me apareció en el momento de la muerte del Presidente Woodruff. Él me instruyó que siguiera adelante y reorganizara la Primera Presidencia de la Iglesia ya y no esperara como se había hecho después de la muerte de los presidentes anteriores, y que yo iba a suceder al Presidente Woodruff.

"Entonces el abuelo se acercó un poco más extendió la mano izquierda y dijo: "Él estuvo de pie aquí, cerca de tres pies por encima del piso. Parecía como si estuviera de pie sobre una placa de oro macizo.

Sitio de la visión de Cristo

"El abuelo me dijo que personaje glorioso es el Salvador y describió sus manos, pies, rostro y hermosas ropas blancas, todos los cuales eran de una gloria blancura y brillo que apenas podía mirarlo.

"Entonces se acercó un poco más y puso su mano derecha sobre mi cabeza y dijo:" Ahora, nieta, quiero que recuerdes que este es el testimonio de tu abuelo, que él te lo dijo con sus propios labios que en realidad vió al Salvador aquí en el templo y habló con él cara a cara."[47]

La Sucesión en la Presidencia

Lorenzo Snow sirvió durante nueve años como Presidente del Quórum de los Doce Apóstoles. Luego se convirtió en Presidente de la Iglesia a los 84 años de edad Algunas personas expresaron su temor de que un hombre de su edad no sería capaz de soportar los desafíos de su llamado. No era un hombre grande físicamente. Era de complexión delgada y parecía engañosamente frágil y débil. Pero rápidamente se disiparon todos esos temores, estando erguido, fuerte, activo y lleno de inspiración durante 3 años. Llevaba a su hija menor, nacida cuando tenía 82 años, por las escaleras su espalda hasta su 87 años.

Al día siguiente del funeral del Presidente Woodruff, los Apóstoles se reunieron en el Templo de Salt Lake. Rápidamente Lorenzo Snow fue apoyado como Presidente de su Quórum. Más tarde se encontraron nuevamente en el despacho del presidente y lo apoyaron como Presidente de la Iglesia. De acuerdo con las instrucciones del Señor, llamó a George Q. Cannon y Joseph F. Smith como consejeros. Franklin D. Richards se convirtió en Presidente del Quórum de los Doce Apóstoles. Rudger Clawson, presidente de estaca de Brigham City, llenó la vacante en el Quórum de los Doce.

La Nueva Primera Presidencia

El Presidente Snow era al mismo tiempo un líder dinámico y un hombre humilde. Su mismo semblante irradiaba caridad. Un ministro de otra fe que lo visitó escribió: "Su rostro era un poder de paz; su presencia una bendición de paz. En las profundidades tranquilas de sus ojos no sólo estaba "el hogar del orador silencioso, 'sino la morada de la fuerza espiritual…. La más xtraña sensación se apoderó de mí, que yo 'estaba sobre suelo santo.'"[48]

Reflexionando sobre su rol como Presidente de la Iglesia, Lorenzo Snow dijo: "¿Por qué [un] hombre es llamado para actuar como presidente de un pueblo? ¿Es para adquirir una influencia y luego usar esa influencia directamente para su propio engrandecimiento? No, sino por el contrario, está llamado a actuar en dicha posición sobre el mismo principio que el sacerdocio fue dado al Hijo de Dios, que él debe hacer sacrificios. ¿Para él mismo? No, sino en interés del pueblo sobre el cual preside…. Para convertirse en el servidor de sus hermanos, no su amo, y para trabajar por sus intereses y bienestar."[49]

Después de haber visto al Señor en el Templo de Salt Lake, El president Lorenzo Snow sabía quién era el verdadero líder de la Iglesia. "La gran obra que ahora se está cumpliendo, la congregación de los pueblos de las naciones de la tierra no tuvo su origen en la mente de ningún hombre o conjunto de hombres; sino que emanó del Señor Todopoderoso."[50]

En respuesta a una reunión de los miembros de la Iglesia que lo distinguieron en su cumpleaños número 85, dijo, "Siento que todo lo que he logrado no es de El president Lorenzo Snow, y las escenas que me han llevado a esta posición como Presidente de la Iglesia,—no son de El president Lorenzo Snow, sino que el Señor las ha hecho."[51]

UNA REVELACIÓN SOBRE EL DIEZMO

Los Problemas Financieros de la Iglesia

Desde hacía varios años la Iglesia había soportado un gran endeudamiento financiero. La Iglesia tenía alrededor de $ 300.000 en deudas como resultado directo de la Ley Edmunds—Tucker. También se había ocupado de las familias de los hombres encarcelados por el matrimonio plural, así como sus honorarios legales y costos de la corte, además de sus propios gastos legales.

La construcción del Templo de Salt Lake, el aumento de las necesidades de educación y bienestar, los gastos de la Iglesia, y los costes de puesta en marzo dea de diversas industrias se habían añadido a la gran deuda.

Los ingresos del diezmo se redujeron en la década de 1880 porque los miembros temían que los fondos fueran confiscados. Por lo tanto, los líderes de la Iglesia se vieron obligados a pedir prestadas grandes sumas de dinero de diversas instituciones financieras. Durante la década de 1890, los pagos de intereses totalizaban $ 100.000 al año. Para julio de 1898, el Iglesia debía $935.000 a los bancos (alrededor de la mitad se debía a bancos fuera de Utah). La Iglesia también debía más de $ 100,000 a casas de negocios en Salt Lake City. Y debían más de $ 200.000 a los Santos de los Últimos Días individualmente.

El presidente Wilford Woodruff escribió en su diario durante varios años antes de su muerte:

<u>8 de agosto de 1894</u> "Yo no duermo de noche y estoy cansado durante el día. Como administradores en custodia y la presidencia de la Iglesia hemos tomado tal carga sobre nosotros que es difícil llevarla."

<u>9 de agosto de, 1894</u> "Hay una carga pesada descansando sobre nosotros en los asuntos de la iglesia; nuestras deudas son muy pesadas."

<u>30 de diciembre de, 1896</u> "La presidencia de la Iglesia es tan abrumadora en materia financiera, que parece como si nunca viviremos para salir de ella a menos que el Señor abra el camino de una manera maravillosa. Parece como si nunca fuéramos a pagar nuestras deudas."

<u>7 de abril de, 1897</u> "Hablé de esta condición financiera de la Iglesia, expliqué la acción de los funcionarios públicos en iniciar nuestras deudas. Yo no querría morir hasta que la Iglesia y yo mismo como administrador de sus bienes estén sin deuda."[52]

Ahora se había convertido en la carga del presidente Lorenzo Snow, y era su "ruego y obra" librar a la Iglesia de sus deudas. Sólo cuatro días después de su ordenación, el presidente Snow convocó a una reunión de la Primera Presidencia y los Doce. Se mostró especialmente preocupado por las deudas de la iglesia con los financieros del este, e inmediatamente se puso fin a esa práctica.

También estaba preocupado por la participación financiera de la Iglesia en tantas empresas puramente financieras. La Iglesia se deshizo de dichas participaciones, tales como el Sistema Telegráfico de Deseret, y la Compañía del Azúcar de Utah, las Compañías de Luz y Ferrocarriles de Utah, y parte de su propiedad minera. Todo esto ayudó, pero aun así, en la primavera de 1899, las finanzas de la Iglesia seguían siendo muy malas.

Una Revelación en el Sur de Utah

Después de las sesiones de abril de 1899 de la conferencia general, el Presidente Snow buscó al Señor en oración. Quedó impresionado que él y otras Autoridades Generales debieran visitar St. George y el sur de Utah. Al menos lo acompañaron, 16 hermanos, entre ellos El president Joseph F. Smith y sus mujeres.

Al momento de su visita, los asentamientos del sur de Utah estaban experimentando una grave sequía. El miércoles 17 de mayo de 1899, en la sesión de apertura de la conferencia en el Tabernáculo de St. George, el Presidente Snow dijo a los Santos: "Estamos en medio de vosotros porque el Señor me ordenó venir; pero hasta el presente, el propósito de nuestra venida no se conoce claramente, pero este se me dará a conocer durante nuestra estancia entre vosotros."[53]

El Tabernáculo de San Jorge

LeRoi C. Snow, hijo del presidente, recordó lo que sucedió. "De repente, padre hizo una pausa en su discurso. Una quietud completa llenó la habitación. Nunca olvidaré la emoción mientras viva. Cuando comenzó a hablar de nuevo su voz se fortaleció y la inspiración de Dios parecía venir sobre él así como sobre todo el conjunto. Sus ojos parecieron iluminarse y su semblante brillar. Estaba lleno de una inusual energía. Luego reveló a los Santos de los Últimos Días la visión que estuvo delante suyo."[54]

El Presidente Snow dijo a los Santos que la gente había dejado de lado la ley del diezmo, y el Señor estaba disgustado con ellos a causa de ello. Dijo que la Iglesia podría ser liberada de la deuda si los miembros pagaran un diezmo íntegro y honesto. Les prometió que si estaban dispuestos a pagar sus diezmos la sequía se iría y recibirían lluvia y una cosecha abundante.

El presidente Lorenzo Snow continuó:

> La palabra del Señor a vosotros no es nada nuevo; es simplemente esto: Ahora ha llegado el momento para cada Santo de los Últimos Días, que se calcula está preparado para el futuro y para mantener sus pies fuerte sobre una base adecuada, hacer la voluntad del Señor y pagar su diezmo en su totalidad. Esa es la palabra del Señor para vosotros, y será la palabra del Señor para todos los asentamientos en toda la tierra de Sión. Después que os deje y vosotros lleguéis a pensar en esto, veréis vosotros mismos que ha llegado el momento en que cada hombre debe ponerse de pie y pagar su diezmo en su totalidad. El Señor nos ha bendecido y ha tenido piedad de nosotros en el pasado; pero hay veces en que el Señor nos obliga a ponernos de pie y hacer lo que Él ha ordenado y no dejarlo por más tiempo. Lo que digo en este Estaca de Sión diré en cada estaca de Sión que se haya organizado. No hay hombre o mujer que ahora escuche lo que estoy diciendo que él o ella se puedan sentir satisfechos si no pagan un diezmo íntegro.[55]

En posteriores reuniones celebradas en Leeds, Cedar City, Beaver, Juab, y otras comunidades del sur de Utah, pronunció discursos de gran alcance en relación con este principio del Evangelio. En Nefi, se refirió a la revelación que había recibido sobre la ley del diezmo y comisionó a cada uno de los presentes a ser su testigo especial del hecho, que el Señor le había dado a él esta revelación.

En la sede de la Iglesia, el Presidente Snow nuevamente habló con fuerza sobre el diezmo en la conferencia de la Asociación de Mejoramiento Mutuo en junio.

El presidente Lorenzo Snow dijo:

Presidente Snow en 1899

> Esta revelación que me fue dada en relación con este asunto del diezmo del que hemos hablado en los diferentes asentamientos, se me dio tan plenamente y la sé tan claramente como cualquier otra manifestación que el Señor me haya dado.… El Señor lo exige de nosotros ahora para ir a y ejercer esas funciones sagradas que Él exigió de nosotros al principio. Tal vez, Él no nos urgió en el pasado cuando ha tenido algunas revelaciones, pero esta nos las exige de nosotros ahora.
>
> Esta visita nuestra, hay algo maravilloso en ella, desde el día en que comenzamos a hablar sobre este asunto en St. George a través de todos los asentamientos. Este será un asunto de interés que va a pasar a las generaciones venideras; será eterna y durará por siempre. Cada uno de vosotros que ha sido miembro de esta compañía tendrá esta cuestión renovada, y la veréis claramente; y veréis una de las más grandes revoluciones que jamás se hayan hecho desde que se organizó esta Iglesia, en esta materia. Hay cosas relacionadas con ella que yo puedo ver en el futuro.[56]

El élder H. B. Roberts luego hizo una moción, que fue aprobada por unanimidad, que los Santos aceptaran la doctrina del diezmo entonces presentada. El diezmo fue predicado en todas las conferencias de estaca ese año. Durante el o año siguiente, los Santos aportaron como diezmo el doble delo que habían pagado los 2 años anteriores. El Presidente Snow también tomó medidas para controlar más estrechamente los desembolsos de los fondos de la Iglesia. La Iglesia volviá a publicar el Noticias de Deseret bajo el control de la Iglesia con el pastor El élder Charles W. Penrose como editor. En 1907, la Iglesia estaba completamente libre de deuda.

AL FINALIZAZ DEL SIGLO

Se Aclara la Jerarquía Apostólica

Franklin D. Richards, Presidente del Quórum de los Doce, murió en 1899. Él no fue reemplazado de inmediato desde que George Q. Cannon, el siguiente en la línea, estaba en la Primera Presidencia.

También se planteó el asunto de si El president Brigham Young hijo. o El president Joseph F. Smith eran los siguientes en línea. Ambos habían sido ordenados Apóstoles por El presidente Brigham Young durante un período de tiempo prolongado antes de que hubieran sido llamados al Quórum de los Doce Apóstoles.

El president Brigham Young hijo, fue el primero en ser ordenado en el Apostolado, pero El president Joseph F. Smith fue el primero en entrar en el Quórum de los Doce Apóstoles. El 5 de abril de 1900, la Primera Presidencia y los Doce decidieron por unanimidad que el tiempo en que un Apóstol entrara en el Quórum de los Doce Apóstoles establecería su posición en el quórum.

Asimismo, manifestaron que, tras la muerte del Presidente, los consejeros que fueron ordenados Apóstoles en el Quórum de los Doce reasumirían sus lugares en el Quórum de acuerdo a la antigüedad. Por lo tanto, El president Joseph F. Smith se clasificó por delante de El president Brigham Young hijo y con el tiempo se convirtió en el nuevo presidente.

Entrando en el Siglo Veinte

El 1 de enero de 1901, el presidente Snow emitió una proclama titulada "Saludo al mundo." Esperaba que el siglo XX sería una "era de paz, de mayor progreso, de la adopción universal de la regla de oro…. La guerra con sus horrores no debe ser más que un recuerdo. El objetivo de las naciones debe ser la fraternidad y la grandeza mutua. Debe ser estudiado El bienestar de la humanidad en lugar del enriquecimiento de una raza o la extensión de un imperio."[57]

Se llevaron a cabo servicios especiales en el Tabernáculo el 31 de diciembre de 1900, comenzando a las 23: Cinco mil Santos se reunieron para celebrar el comienzo de un nuevo siglo. El órgano del Tabernáculo contaba con un grupo de luces eléctricas para deletrear "Bienvenido, 1901, Utah."

En ese momento había:

— 43 estacas.
— 20 misiones.
— 967 barrios y ramas.
— 283,765 miembros, la mayoría de los cuales vivía en la zona montañosa del oeste.
— 4 templos, todos en Utah, St. George, Manti, Logan, y Salt Lake City.

En 1900, se habían seleccionado 796 nuevos misioneros para predicar el evangelio entre las naciones. Se iniciaron cursos de formación de misioneros en Provo; Salt Lake City; y Logan, Utah; y en Thatcher, Arizona. Los futuros misioneros estudiaban teología, historia religiosa, y métodos de enseñanza durante seis meses.

Las reuniones de la Iglesia al momento del cambio de siglo eran las siguientes:

— Una reunión sacramental de dos horas por la tarde cada domingo.
— Una vez al mes, una reunión de testimonios y ayuno, después de la escuela dominical de la mañana del sábado.

— Durante los meses de invierno, se llevaron a cabo reuniones los jueves por la noche de los jóvenes varones y mujeres jóvenes.
— La Sociedad de Socorro se reunía durante el día, todos los martes.
— Los niños de la Primaria se reunían todos los miércoles después de la escuela.
— Se llevaban a cabo reuniones del quórum del Sacerdocio el lunes por la noche o el domingo por la mañana y se interrumpían durante los meses de verano debido a las necesidades agrícolas.
— Se convocaron conferencias de barrio presididas por funcionarios de estaca, comenzando en 1892.
— Conferencias de sala de la escuela dominical anualmente, con visitantes de la junta general y las Autoridades Generales.
— Se llevaron a cabo conferencias generales anuales de Hombres y Mujeres Jóvenes a las que asistieron miles de jóvenes, con la instrucción de Autoridad General, bailes, obras de teatro, y lo más destacado de los nuevos programas.
— Las Estacas celebraron reuniones sociales bajo la dirección de la escuela dominical, ofreciendo programas en la mañana, fiestas infantiles en la tarde, y bailes por la noche.
— Cada primavera, las salas celebraban fiestas a para la gente de más edad, con una cena en un salón decorado.

Las publicaciones al cambiar el siglo incluían:

— *El Diario de la Mujer Joven*, con artículos sobre la literatura, cómo obtener un testimonio, ética para las jóvenes, e instrucciones en acolchado, hilvanado, dobladillo, y ojalado.
— *La Era de Perfeccionamiento* sustituyó al *Colaborador* como la revista para hombres jóvenes, con artículos sobre el Libro de Mormón, sermones de la Autoridad General, y las respuestas a los ataques a la Iglesia.
— *El Instructor Juvenil*, diseñado para ser leído por todos los miembros de la Iglesia, comenzó una serie sobre la vida de las Autoridades Generales, cuentos, y lugares como Alaska, Bélgica e Irlanda.

EL ÚLTIMO AÑO

Expansión de la Obra Misionera

Lorenzo Snow en 1901

En los albores del siglo 20, el presidente Snow se preocupó de llevar el evangelio a todo el mundo. En 1901, se abrió una misión en Japón, presidida por El presidente Heber J. Grant. El élder Grant y tres compañeros dejaron Salt Lake City el Día del Pionero, 24 de julio de 1901 y llegaron al puerto de Yokohama, después de una travesía por un océano turbulento, el 12 de agosto. A pesar de cierta oposición, dedicaron Japón para la obra misionera el 21 de septiembre 1901.

En 1901, la Primera Presidencia también discutió llevar el Evangelio a América del Sur, Austria y Rusia. La misión en México se volvió a abrir en 1901 como un primer paso en América Latina.

Se Aclara la Responsabilidad de los Doce

El deber de los Doce Apóstoles era principalmente llevar la obra misionera al mundo. Pero los Doce estaban considerablemente atados con las tareas administrativas en las estacas de la Iglesia. El Presidente Snow sentía que estos asuntos debían ser manejados por los líderes locales del sacerdocio.

Aunque muy enfermo, quiso hablar sobre este tema en la conferencia general de octubre. El Profeta sólo asistió a la sesión final de la conferencia la tarde del domingo 6 de octubre de 1901. Dijo que era el deber de los apóstoles y de los Setenta asistir a los intereses del mundo como testigos especiales de Jesucristo. Por lo tanto, los liberó de todas sus funciones administrativas en las estacas.

El 12 de abril de 1901, moría el presidente George Cannon, después de haber cumplido cuatro presidencias de la Iglesia como consejero. El 28 de agosto de 1901, Zina Huntington Young, que había sucedido a Eliza R. Snow como Presidenta General de la Sociedad de Socorro de la Iglesia, murió en su casa de Salt Lake. Ahora muchos grandes líderes fueron pasando a llamamientos más santos. El Presidente Snow no estaría muy lejos.

El presidente Snow se debilitó en gran medida por hablar en la conferencia general, y el 10 de octubre de 1901, falleció apaciblemente. Después de un gran funeral público, su cuerpo fue enterrado en el cementerio de Brigham City.

Cortege lleva a Lorenzo Snow a Brigham City

ENSEÑANZAS Y TESTIMONIO DE EL PRESIDENT LORENZO SNOW

El presidente Lorenzo Snow fue un excelente orador, y se dirigió a las congregaciones en todo el mundo. Algunos de sus temas fueron consistentes, mientras enseñaba una y otra vez con respecto a nuestras posibilidades eternas, la necesidad de un esfuerzo constante y consistente, la verdad de la Restauración, y la misión de nuestro Salvador Jesucristo. Concluiremos este capítulo con algunas de las cosas que enseñaba, según consta en el periódico, noticias de *Deseret News* y *Estrella Milenaria*, y en *Diario de Discursos*.

Dirigiéndose a los funerales, Box Elder Tabernacle, 1889

El Potencial Destino de la Humanidad

El presidente Lorenzo Snow dijo: "Somos plenamente conscientes que, como Jesucristo moró aquí en un cuerpo y que Él recibió ese cuerpo y ahora habita en él glorificado, que nosotros tenemos derecho a la misma bendición, la misma exaltación, y la misma gloria."[58]

Sin embargo, somos ajenos a nuestras futuras posibilidades, mientras que vivamos en esta tierra.

A modo de ejemplo, aquí está un bebé sobre el pecho de su madre. Está sin fuerzas ni conocimiento para alimentarse y vestirse por sí mismo. Está tan desvalido que tiene que ser alimentado por su madre. ¡Pero vean sus posibilidades! Este niño tiene un padre y una madre, aunque no sabe casi nada acerca de ellos. ¿Quién es su padre? ¿Quién es su madre? Porqué su padre es un emperador, su madre es una emperatriz, y se sientan en un trono, gobernando un imperio. Este pequeño bebé algún día, con toda probabilidad, se sentará en el trono de su padre, y gobernará y controlará el imperio, al igual que el rey Eduardo de Inglaterra ahora se sienta en el trono de su madre. Debemos tener esto en cuenta; porque somos los hijos de Dios, por lo tanto y más, si cabe, que somos los hijos de nuestros padres terrenales.

Vosotras hermanas, supongo, habréis leído ese poema, que mi hermana, Eliza R. Snow Smith, compuso, hace años, y que se canta ahora con bastante frecuencia en las reuniones [ver "Padre mío", Himnos, Nº. 292]. Nos dice que no sólo tenemos un Padre en "tan alto y glorioso lugar", sino que también tenemos una madre,; y vosotras, hermanas, llegareis a ser tan grande como vuestra madre, si sois fieles.[59]

Aun, Cristo no sabía quién era en un principio. Cuando Jesús yacía acostado en el pesebre, un infante indefenso, Él no sabía que era el Hijo de Dios, y eso antes que Él creara la tierra. Cuando se publicó el edicto de Herodes, Él no sabía nada de ello; Él no tenía poder para salvarse a Sí Mismo; y [José y María] tuvieron que tomarlo y [huir] a Egipto para preservar a Aquel de los efectos de ese edicto…. Creció hasta la edad adulta, y durante Su progreso se le reveló quien era Él y con qué propósito que estaba en el mundo. La gloria y el poder que Él poseía antes de venir al mundo se le fue revelada a Él.[60]

Al observar a los niños jugando en Provo, dijo:

Estos niños ahora están jugando, haciendo mundos de barro, [pero] vendrá el tiempo en que algunos de estos niños, a través de su fidelidad al Evangelio, progresarán y desarrollarán en el conocimiento, la inteligencia y el poder, en futuras eternidades, hasta que sean capaces de ir hacia el espacio donde hay materia no organizada y convocar a los elementos necesarios, ya través de su conocimiento y el control de las leyes y los poderes de la naturaleza, organizar la materia en mundos en los que la posteridad pueda morar, y sobre los cuales deberán gobernar como dioses.[61]

En 1851, aconsejó a los miembros de la Iglesia:

En todos vuestros actos y conductas llevados a cabo nunca habéis tenido conciencia alguna que os estáis ahora preparando y haciendo para vosotros mismos una vida que continuará a través de eternidades; no actuéis sobre ningún principio que os daría vergüenza o un acto no deseado n el cielo, no empleéis ningún medio en la consecución de un objeto que una conciencia iluminada celestial desaprobaría. Cuando los sentimientos y las pasiones os exciten a la acción, dejad los principios puros, honrados, santos y virtuosos, siempre rijan y gobiernenero de

La Deidad está dentro nuestro, nuestra organización espiritual es Deidad, el hijo de Dios, engendrado a Su imagenero de… Estamos aquí para que podamos ser educados en una escuela de sufrimiento y de pruebas de fuego, la cual fue necesaria para Jesús nuestro hermano mayor, quien según nos dicen las escrituras, fue hecho perfecto por medio del sufrimiento. Es necesario que suframos en todas las cosas, que podamos ser calificados y dignos para regir y gobernar todas las cosas, como nuestro Padre en el cielo y su hijo mayor Jesús.[62]

En cuanto a nuestra búsqueda de la perfección, dijo:

Tenemos que mejorar nosotros mismos y avanzar más rápido hacia el punto de la perfección. Se dice que no podemos ser perfectos. Jesús nos ha ordenado ser perfectos como Dios, el Padre, es perfecto. Es nuestro deber tratar de ser perfectos, y es nuestro deber mejorar cada día, y mirar nuestro curso de la semana pasada y hacer mejor las cosas esta semana; hacer las cosas mejor hoy de lo que las hicimos ayer, y seguir y seguir de un grado de justicia a otro. Jesús vendrá en breve tiempo, y se aparecerá en medio de nosotros, como Él se apareció en el día en que sobre la tierra se apareció entre los judíos, y Él comerá y beberá con nosotros y hablará con nosotros, y explicará los misterios del Reino, y nos contará cosas sobre las cuales no nos es lícito hablar ahora.[63]

Él enseñó que no debemos permitirnos desanimarnos:

Si pudiéramos leer en detalle la vida de Abrahán, o la vida de otros hombres grandes y Santos, nos encontramos, sin duda, que sus esfuerzos para ser justos no siempre fueron coronados por el éxito. Por lo tanto no debemos desanimarnos si somos superados en un momento de debilidad; sino, por el contrario, en seguida arrepentirnos del error o el mal que hayamos cometido, y en la medida de lo posible repararlo, y luego buscar a Dios por fuerzas renovadas para seguir adelante y hacerlo mejor….

Si el apóstol Pedro se hubiera desanimado por su fracaso manifiesto para mantener la posición que había adoptado para apoyar al Salvador en todas las circunstancias, habría perdido todo; mientras que, arrepintiéndose y perseverando no perdió nada sino que ganó todo, dejándonos también sacar provecho de su experiencia. Los Santos de los Últimos Días deben cultivar esta ambición constantemente que fue tan claramente presentada por los Apóstoles en tiempos pasados. Deberíamos tratar de caminar cada día para que nuestra conciencia esté libre de ofensa delante de todos.… No debemos permitirnos estar desanimados cuando descubrimos nuestra debilidad.[64]

Es para para nosotros, de vez en cuando a mirar hacia adelante y ver lo que será el resultado de todos los sacrificios y trabajos que padecemos y hacemos en esta vida.… Nuestro futuro es glorioso.… Los que perseveren hasta el fin se sentarán en tronos.… Todas las cosas serán dadas a tales hombres y mujeres.… A la vista de estas perspectivas, ¿porque no deberíamos estar dispuestos a sacrificarnos cuando el deber requiere?[65]

Un resumen de sus enseñanzas sobre nuestras posibilidades eternas se puede tomar de su más famoso dicho:

"Como el hombre es ahora, Dios una vez fue; Como Dios es, el hombre puede ser."

"Esta misma doctrina ha sido, por supuesto, ha sido por los Profetas de todas las edades.… Ahora tengo esta gloriosa esperanza que vosotros como la meta a la que todos los miembros de la Iglesia deben esforzarse. Todo nuestro propósito en la vida debe ser hacer las cosas que nos permitirán alcanzar la vida eterna, y la vida eterna es el nombre de la clase de vida que posee el Padre y el Hijo; es la exaltación en los reinos eternos."[66]

El Valor del Conocimiento Espiritual

El president Lorenzo Snow fue un educador de profesión. Amaba el conocimiento de todo tipo y un gran lector. Por lo tanto, no tuvo sentimientos muy fuertes acerca de nuestra necesidad de inteligencia. Se cree que cada día debemos "esforzarnos" por lo que puede "avanzar en los principios de la verdad" y "aumentar el conocimiento celestial."[67]

Instó, "Cada último día o cada última semana debe ser la mejor que hemos tenido nunca, es decir, nosotros mismos debemos avanzar un poco cada día, en el conocimiento y la sabiduría, y en la capacidad de lograr el bienero de"[68]

"Hay una clase de educación digna [de] la mejor atención de todos, y en la que todos deben participar, es decir la educación del Espíritu."[69]

"Un poco de conocimiento espiritual es mucho mejor que las meras opiniones y las nociones e ideas, o incluso argumentos muy elaborados; algo de conocimiento espiritual es muy importante y de la más alta consideración."[70]

"No debemos descuidar nuestras mejoras espirituales, mientras que buscamos la riqueza mundana. Es nuestro deber hacer todo lo posible con el fin de avanzar a nosotros mismos en los principios de la luz y el conocimiento, así como de aumentar a nuestro alrededor las bendiciones temporales y comodidades de esta vida."[71]

"Si nuestras mentes son demasiado unilaterales, prestando demasiada atención a la adquisición de los bienes terrenos, en detrimento de la riqueza espiritual, no somos administradores sabios."[72]

La Restauración del Evangelio

"Jesucristo ha visitado la tierra en los últimos días, revelando verdades celestiales para nuestra salvación. Ese Ser que moraba en el cielo, que reinaba allí antes de que el mundo fuese, que creó la tierra, y que, en el meridiano de los tiempos, descendió para perfeccionar y salvar lo que se había creado, se ha aparecido a los hombres de esta era."[73]

"Damos testimonio a todo el mundo que conocemos, por revelación divina, incluso a través de las manifestaciones del Espíritu Santo, que Jesús es el Cristo, el Hijo de Dios vivo, y que se reveló a José Smith tan personalmente como lo hizo ante Sus Apóstoles en la antigüedad, después que resucitó de la tumba, y que se dio a conocer a Él [las] verdades celestiales solo por las cuales la humanidad puede ser salvada.[74]

"Hubo en el templo de Kirtland dos hombres que Lo vieron…. El Hijo de Dios se manifestó a ellos, Él que fue muerto por los judíos, y ellos dijeron, 'el velo fue quitado del ojo de nuestra mente, y se abrió nuestro entendimiento, y hemos visto al Señor que estaba sobre el barandal del púlpito antes nosotros…. Debajo de sus pies había oro puro. Su semblante brillaba más que el resplandor del sol. Su voz era como el sonido de muchas aguas corriendo. Era la voz de Jehová [D. y C. 110:1–8].… Esta fue la voz de la misma persona que los Judíos rechazaron, y fue visto allí. Ahora sé que estas cosas son cosas que son verdaderas como Dios es verdadero. Pero las naciones de la tierra no son conscientes de ello, que Jesús, el Hijo de Dios, ha venido y se ha aparecido a los hombres, y los vistió con autoridad para predicar el Evangelio y la promesa del Espíritu Santo a todos los creerán y obedecerán a éstos principios, y deberían recibir un conocimiento que estos principios son verdaderos."[75]

Su Testimonio de Jesucristo

Al igual que cada Profeta, el presidente Snow dio un poderoso testimonio de Jesucristo.

Todos somos dependiente de Jesucristo, De Su venida al mundo para abrir el camino por el cual podemos asegurarnos paz, felicidad y exaltación. Y de no haber hecho estos esfuerzos nunca podríamos haber conseguido estas bendiciones y privilegios que nos garantizan a nosotros en el Evangelio, a través de la mediación de Jesucristo, porque Él hizo los esfuerzos necesarios…. Aunque Él se ha sacrificado y establecido el plan para la redención de la gente, sin embargo, a menos que la obra de la gente obtenga esa unión entre Él y ella, no lograrán su salvación."[76]

Este evangelio ha sido introducido en varios momentos en el mundo. Era conocido por los Profetas. Ellos entendieron clara y distintamente que Jesús era el cordero inmolado desde antes de la fundación del mundo, y que a su debido tiempo Él se manifestaría a los hijos de los hombres, que Él moriría por sus pecados, y que sería crucificado a fin de completar el plan de salvación."[77]

Jesús, mientras viajaba aquí en la tierra, cumpliendo Su misión, le dijo a la gente que Él no hizo los milagros que no obró en medio de ellos por Su propio poder ni por medio de su propia sabiduría; sino que Él estaba allí a fin de cumplir la voluntad de su Padre. Él no vino a buscar la gloria de los hombres, y el honor de los hombres; sino para buscar el honor y la gloria de su Padre que lo envió. Dijo, "Yo he venido en nombre de mi Padre, y no me recibís; si otro viniere en su propio nombre, a ése recibiréis" [Juan 5:43]. Ahora bien, la peculiaridad de Su misión, y lo que la distingue de otras misiones, fue esto: Él no vino a buscar la gloria y el honor de los hombres, sino a buscar el honor y la gloria de su Padre, y para llevar a cabo la obra de Su padre que lo envió. Aquí radica el secreto de Su prosperidad; y en esto reside el secreto de la prosperidad de cada individuo que trabaja sobre el mismo principio."[78]

Jesús, el Hijo de Dios, fue enviado al mundo para hacer posible que vosotros y yo recibamos estas bendiciones extraordinarias. Él tuvo que hacer un gran sacrificio. Se requirió todo el poder que tenía, y toda la fe que

Él pudo convocar para Él para cumplir con lo que el Padre le exigía…. No desmayó, aunque el juicio fue tan grave que sudó grandes gotas de sangre…. Sus sentimientos deben haber sido inexpresables. Él mismo nos dice, como lo podréis encontrar registrado en la sección 19 del libro de Doctrina y Convenios, que su sufrimiento fue tan grande que causó, si, que temblara a causa del dolor y sangrara por cada poro y padeciera, tanto en el cuerpo como en el espíritu: y esto haría que Él bebiera de la amarga copa y se desmayara. Sino que Él tuvo en su corazón continuamente el decir: "Padre, no se haga mi voluntad, sino la Tuya.'"[79]

Preparación para la Segunda Venida

El Presidente Snow dio solemne testimonio en relación con la segunda venida del Salvador:

El Salvador vendrá de nuevo, y debemos prepararnos para su venida. Tenemos un testimonio acerca de Cristo, que Él está llegando a la tierra, para reinar."[80]

Jesús vendrá en breve tiempo, y aparecerá en medio de nosotros, como Él se apareció en el día en que sobre la tierra se apareció entre los Judíos, y Él va a comer y beber con nosotros y hablar con nosotros, y a explicarnos los misterios del Reino, y a contarnos cosas sobre las cuales no nos es lícito hablar ahora."[81]

Si vosotros estáis en un tren de vagones en movimiento, siempre y cuando estéis quietos y ocupéis vuestro asiento ese tren os llevará hasta el punto que deseáis ir; pero si os baja de los vagones será peligroso, y puede pasar un largo tiempo antes de que llegue otro trenero de Lo mismo con nosotros, si estamos viviendo justamente, haciendo nuestro trabajo, vamos a seguir adelante, y si estamos cumpliendo con nuestros convenios, estamos haciendo la obra de Dios y el cumplimiento de sus fines, y estaremos preparados para el momento cuando Jesús el Hijo de Dios vendrá en honor y gloria, y conferirá a todos los que demuestren ser dignos, todas las bendiciones que ellos anticipan y mil veces más….

Yo digo a los Santos de los Últimos Días, si alguno de vosotros tiene sueño, leed las palabras del Salvador dichas cuando Él estaba en la tierra, en lo que respecta a las diez vírgenes, cinco de las cuales fueron sabias, y pusieron aceite en sus lámparas, y cuando vino el Esposo sólo la mitad estaban preparadas para ir a su encuentro [Mat. 25:1–13; D. y C. 45:56–59]. No dejéis que pase así con nosotros, como Santos de los Últimos Días. Tratemos de ser fieles a los convenios eternos que hemos hecho y ser fieles a Dios. Dios bendice a los Santos de los Últimos Días y derrama su Espíritu sobre vosotros. Podéis ser fieles a vuestro Dios, fieles a vuestras familias, y conduciros con prudencia en todas las cosas, y trabajad para los intereses del reino de Dios, y así podemos no puede ser una de las vírgenes necias, sino hallados dignos de estar entre los que serán coronado como reyes y reinas y reinar a través de toda la eternidad.»[82]

Notas:

1. Uno de los resúmenes más útiles de la vida de Lorenzo Snow está en Eliza R. Snow Smith, *Biografía y Registros de la Familia de Lorenzo Snow*, (1884; 1975). Esta cita es de la página 2. En este capítulo se resume en gran medida citas de ese libro, así como del Manual del Instituto CES titulado *Historia de la Iglesia en el Cumplimiento de los Tiempos* (2003). Yo agradecidamente reconozco sus contribuciones a este capítulo.
2. *Biografía y Registros de la Familia de Lorenzo Snow*, pág. 3.
3. *Biografía y Registros de la Familia de Lorenzo Snow*, de 28 años.
4. *Biografía y Registros de la Familia de Lorenzo Snow*, págs. 3–4.
5. *Biografía y Registros de la Familia de Lorenzo Snow*, pág. 5.

6. Thomas C. Romney, *La Vida del presidente Lorenzo Snow* (1955), pág. 23.

7. *La Vida de El president Lorenzo Snow*, págs. 24–25.

8. *Biografía y Registros de la Familia de Lorenzo Snow*, pág. 10.

9. En Frank G. Carpenter, "Una Charla con el Presidente Snow," citado en *Noticias Bisemanales de Deseret*, 5 de enero de 1900, pág. 12.

10. "El Gran Destino del Hombre", *Noticias de la Noche de Deseret*, 20 de julio de 1901, pág. 22.

11. "Una Charla con el Presidente Snow," pág. 12.

12. *Instructor Juvenil*, 15 de enero de 1887, págs. 22–23.

13. *Instructor Juvenil*, 15 de enero de 1887, pág. 22.

14. En *Diario de Discursos*, 4:187.

15. *Noticias de Deseret*, 11 de abril de 1888, pág. 200; a partir de una paráfrasis detallada de un discurso que El president Lorenzo Snow pronunció en la conferencia general de abril de 1888.

16. *Biografía y Registros de la Familia de Lorenzo Snow*, pág. 14.

17. *Biografía y Registros de la Familia de Lorenzo Snow*, pág. 15.

18. *Biografía y Registros de la Familia de Lorenzo Snow*, pág. 16.

19. Carta a Eliza R. Snow, citada en la *Revista Ttrimestral de Tullidge*, 2:111 [enero 1833), pág. 381.

20. *Biografía y Registros de la Familia de Lorenzo Snow*, págs. 33–35.

21. *Biografía y Registros de la Familia de Lorenzo Snow*, pág. 37.

22. *Biografía y Registros de la Familia de Lorenzo Snow*, pág. 47.

23. *Biografía y Registros de la Familia de Lorenzo Snow*, pág. 46.

24. *Biografía y Registros de la Familia de Lorenzo Snow*, pág. 46.

25. Whitney, *Instructor Juvenil*, enero de 1900, pág. 4.

26. *Era del Perfeccionamiento*, junio de 1919, pág. 656.

27. *Historia de la Iglesia*, 6:305.

28. *Era del Perfeccionamiento*, junio de 1919, pág. 658.

29. *Biografía y Registros de la Familia de Lorenzo Snow*, págs. 68–69.

30. *Biografía y Registros de la Familia de Lorenzo Snow*, pág. 70.

31. Francis M. Gibbons, *Lorenzo Snow: Gigante Espiritual, Profeta de Dios* (1982), pág. 48.

32. *Biografía y Registros de la Familia de Lorenzo Snow*, 76.

33. *Biografía y Registros de la Familia de Lorenzo Snow*, pág. 80.

34. *Biografía y Registros de la Familia de Lorenzo Snow*, pág. 85.

35. *Biografía y Registros de la Familia de Lorenzo Snow*, pág. 108.

36. Citado en "El presidente Lorenzo Snow Apóstol," *Revista Trimestral de Tullidge*, enero 1883, pág. 381.

37. "Discurso a los Santos de Gran Bretaña," *Estrella Milenaria*, 1 de diciembre de 1851, pág. 363.

38. *Revista Trimestral de Tullidge*, enero 1883, pág. 384.

39. "Organización de la Iglesia en Italia," *Estrella Milenaria*, 15 de diciembre de 1850, págs. 370–71.

40. Leslie Woodruff Snow, "El president Lorenzo Snow," *Diario de la Mujer Joven*, vol. 14, no. 9 (septiembre 1903), pág. 392.

41. Romney, *La Vida de Lorenzo Snow*, págs. 203–4.

42. Carta de El president Brigham Young y Daniel H. Wells a George A. Smith, en *Correspondencia de Turistas Palestinos* (1875), págs. 1–2.

43. En *Correspondencia de los Turistas Palestinos*, pág. 205.

44. En *Correspondencia de los Turistas Palestinos*, págs. 236–37.

45. Romney, *La Vida de Lorenzo Snow*, pág. 406.

46. Romney, *La Vida de Lorenzo Snow*, págs. 413–15.

47. "Una Experiencia de, de mi Padre," *Estrella Milenaria*, septiembre 1933, pág. 677.

48. Reverendo Prentis, citado por Parley Pratt en un editorial de *Estrella Milenaria*, vol. 66 (1904), pág. 202.

49. En *Diario de Discursos*, 18:374.

50. *Noticias de Deseret*, 8 de diciembre de 1869, pág. 517.

51. En "Ejercicios del Aniversario," *Noticias de la Noche de Deseret*, 7 de abril de 1899, págs. 9–10.

52. James R. Clark, compilado por, *Mensajes de la Primera Presidencia de La Iglesia de Jesucristo de los Santos de los Últimos Días*, 6 volúmenes (1965–1975), 3:304.

53. Romney, *La Vida de Lorenzo Snow*, pág. 456.

54. "El Camino fuera de la Servidumbre del Señor No era el camino de los Hombres," *Era del Perfeccionamiento*, julio 1938, pág. 439.

55. "Discurso por El presidente Lorenzo Snow," *Estrella Milenaria*, 24 de agosto de 1899, pág. 533.

56. Romney, *La Vida de Lorenzo Snow*, págs. 462–63.

57. "Saludo al Mundo," panfleto (1900), pág. 1.

58. *Noticias de Deseret*, 22 de noviembre de 1882, pág. 690.

59. *Era del Perfeccionamiento*, junio de 1919, pág. 658.

60. En Reporte de La Conferencia, abril 1901, pág. 3.

61. *Era de Perfeccionamiento*, junio 1919, págs. 658–59.

62. "Discurso a los Santos de Gran Bretaña," *Estrella Milenaria*, 1 de diciembre de 1851, pág. 363.

63. En Reporte de La Conferencia, abril 1898, págs. 13–14.

64. *Las Enseñanzas de Lorenzo Snow*, editado por Clyde J. Williams (1984), págs. 34–35.

65. En Informe de la Conferencias, octubre 1898, págs. 55–56.

66. Citado en El élder Joseph Fielding Smith, Alocución en el Colegio Universitario Snow en el día de Snow, 14 de mayo de 1971, págs. 1–7.

67. En *Diario de Discursos*, 18:371.

68. *Era de Perfeccionamiento*, julio de 1899, pág. 709.

69. *Noticias de Deseret Bisemanal*, 31 Marzo de 1868, pág. 2.

70. *Noticias de Deseret*, 22 de noviembre de 1882, pág. 690.

71. *Noticias de Deseret*, 19 de julio de 1865, pág. 330.

72. *Noticias de Deseret*, 19 de julio de 1865, pág. 330.

73. En *Diario de Historia*, el 5 Abril de 1884, pág. 9.

74. *Noticias de Deseret Bisemanal*, 23 de enero de 1877, pág. 1.

75. *Estrella Milenaria*, 18 de abril de 1887, pág. 245.

76. *Noticias de Deseret*, 11 de Marzo de 1857, pág. 3; en la fuente original, página 3 está etiquetado incorrectamente como la página 419.

77. *Noticias de Deseret*, 24 de enero de 1872, pág. 597.

78. *Noticias de Deseret*, 8 de diciembre de 1869, pág. 517.

79. *Estrella Milenaria*, 24 de agosto de 1899, pág. 531.

80. *Noticias de Deseret*, 11 de abril de 1888, 200; a partir de una paráfrasis detallada de un discurso que El president Lorenzo Snow pronunció en la conferencia general de abril de 1888.

81. En Reporte de La Conferencia, abril de 1898, págs. 13–14.

82. *Estrella Milenaria*, 18 de abril de 1887, págs. 244–46.

Profetas Del Siglo Veinte

[1901–1999]

Diez hombres dirigieron a la Iglesia como su Profeta durante el siglo XX. Cada uno estaba excepcionalmente calificado para dirigir durante la era en la cual sirvieron. Fueron cuidadosamente nutridos en su juventud para desarrollar las cualidades de carácter que serían necesarias. Sus vidas fueron protegidas, en algunos casos salvadas, para que pudieran presidir la Iglesia cuando más se les necesitaba. Sólo uno de ellos, El president Joseph F. Smith, conoció al Profeta José Smith personalmente. Ocho de ellos nacieron en el siglo XIX, proporcionando un importante vínculo con el primer siglo de la Iglesia. Todos vivieron para ver los importantes acontecimientos tecnológicos e históricos que dieron forma al nuevo siglo.

Continúan las Revelaciones

La guía del Señor para Su Iglesia a través de Sus Profetas ungidos continuó a lo largo del siglo Se recibieron muchas revelaciones, aunque sólo dos de ellas, la visión de El president Joseph F. Smith sobre el mundo de los espíritus y la revelación de El president Spencer W. Kimball sobre el sacerdocio, han sido publicadas en nuestras escrituras. Algunas están contenidas en los registros históricos de la Iglesia, pero muchas más han sido de naturaleza privada. Debido al limitado acceso a los registros de todas las revelaciones, sólo podemos enumerar algunas de las más importantes en este resumenero de Aun así, la lista es impresionante.

El presidente Harold B. Lee dijo durante la conferencia de la Asociación de Mejora Mutua de 1969: "Sé que Jesucristo vive y que está más cerca de esta Iglesia y aparece más a menudo en lugares Santos que cualquiera de nosotros se da cuenta, exceptuando a veces a aquellos a quienes Él se les aparece en forma personal."[1]

Cronologías Separadas para Cada Profeta

Al igual que en la sección anterior de este libro, al comienzo de cada capítulo se les proporcionará una cronología separada de los acontecimientos clave de la vida para cada profeta. Si bien algunas partes de estas cronologías son contemporáneas con las cronologías de los profetas anteriores y posteriores, las proporcionaré por separado para que el lector pueda entender la vida y el ministerio de cada hombre en su totalidad.

PROFETAS DE ESTE PERÍODO

Joseph F. Smith

Nacido:	1838, 13 de noviembre, en Far West, Misuri.
Bautizado:	1852, 21 de mayo, en City Creek, Salt Lake City, Utah (13 años).
Apóstol:	1866, 1 de julio, ordenado por Brigham Young (27 años).
Consejero:	1880–1887, del presidente John Taylor.
	1889–1898, del presidente Wilford Woodruff.
	1898–1901, del presidente Lorenzo Snow.

Presidente: 1901, 10 de octubre, Apóstol principal a muerte de Lorenzo Snow
1901, 17 de octubre, Presidente de la Iglesia (62 años).

Murió: 1918, 19 de noviembre, en Salt Lake City, Utah (80 años).
Sirvió durante 17 años como Presidente de la Iglesia.

Templos: 1904, Adquirió los terrenos del templo en Independence y Far West, Misuri.

Revelaciones: 1854–1857 Una visión de José Smith en el mundo espiritual, y sobre estar limpios.
1909, noviembre, Clarificación sobre el origen del hombre.
196, 20 de junio, Clarificación de la doctrina sobre el Padre y el Hijo.
1918, 3 de octubre, Una visión de la redención de los muertos (ahora D. y C. 138).

Heber J. Grant

Nació: 1856, 22 de noviembre, en Salt Lake City, Utah.

Bautizado: 1864, 2 de junio, bautizado (a la edad 7 años 6 meses) en Salt Lake City, Utah.

Apóstol: 1882, 16 de octubre, ordenado por el Presidente George Q. Cannon (25 años).

Presidente: 1916, 23 de noviembre, Presidente del Quórum de los Doce (60 años).
1918, 19 de noviembre, Apóstol principal a muerte de El president Joseph F. Smith.
23 de noviembre, Presidente de la Iglesia (62 años).

Murió: 1945, 14 de mayo, en Salt Lake City, Utah (88 años).
Se desempeñó durante 26 años y medio como Presidente de la Iglesia.

Templos: 3 nuevos templos dedicados durante su mandato como Presidente de la Iglesia.

Revelaciones: 1883, febrero, Visión sobre el mundo de los espíritus y su llamado a ser Apóstol.
1918, noviembre, Revelación para llamar a El élder Melvin J. Ballard al apostolado.

George Albert Smith

Nacido: 1870, 4 de abril, en Salt Lake City, Utah.

Bautizado: 1878, 6 de junio, en City Creek, Salt Lake City, Utah.

Apóstol: 1903, 8 de octubre, ordenado por El presidente Joseph F. Smith (33 años).

Presidente: 1943, 12 de julio, Presidente del Quórum de los Doce (73 años).
1945, 14 de mayo, Apóstol principal a la muerte de El president Heber J. Grant.
21 de mayo, Presidente de la Iglesia (75 años).

Murió: 1951, 4 de abril, en Salt Lake City, Utah (81 años).
Sirvió durante casi 6 años como Presidente de la Iglesia.

Templos: 1 nuevo templo dedicado durante su mandato como Presidente de la Iglesia.

Revelaciones: 1909–1912, Una visión de su abuelo George A. Smith preguntando por su nombre.

1945, Una visión de una próxima Tercera Guerra Mundial e incluso una mayor Depresión.

1946, Una visión sobre la negligencia de la Iglesia hacia los lamanitas.

David O. McKay

Nacido: 1873, 8 de septiembre, en Huntsville, Utah.

Bautizado: 1881, 8 de septiembre, en Spring Creek, Huntsville, Utah.

Apóstol: 1906, 9 de abril, ordenado por El presidente Joseph F. Smith (32 años).

Consejero: 1934–1945, del presidente Heber J. Grant.

1945–1951, del presidente George Albert Smith.

Presidente: 1950, 8 de agosto, Presidente del Quórum de los Doce (76 años).

1951, 4 de abril, Apóstol principal a la muerte de El president George Albert Smith.

9 de abril, Presidente de la Iglesia (77 años).

Murió: 1970, 18 de enero, en Salt Lake City, Utah (96 años).

Sirvió durante casi 19 años como Presidente de la Iglesia.

Sirvió casi 64 años como una Autoridad General—más larga en la historia.

Templos: 5 nuevos templos dedicados durante su mandato como Presidente de la Iglesia.

Revelaciones: 1921, Una visión sobre la necesidad y el destino de Laie, Hawái. Advertido de peligro antes que se derrumbara la plataforma en un volcán en Hawái.

1921, 23 de abril, Don de interpretación de lenguas experimentado en Nueva Zelanda. El don de lenguas experimentado en Tahití.

20 de mayo, Una visión de la Ciudad Celestial y de Cristo. Una profecía de las próximas reuniones y guerras de Israel.

1922, noviembre, Visión de un templo a construirse para los miembros europeos.

Joseph Fielding Smith

Nacido: 1876, 19 de julio, , en Salt Lake City, Utah. Bautizado: 1884, 19 de julio, en Salt Lake City, Utah.

Apóstol: 1910, 7 de abril, ordenado por su padre, El president Joseph F. Smith (33 años).

Consejero: 1965–1970, del presidente David O. McKay.

Presidente: 1950, 8 de agosto, Pres. del Quórum de los Doce (edad 74).

1951, 9 de abril, Presidente del Quórum de los Doce (74 años).

1970, 18 de enero, Apóstol principal a la muerte de El president David O. McKay.

1970, 23 de enero, Presidente de la Iglesia (93 años).

Murió: 1972, 2 de julio, en Salt Lake City, Utah (95 años).

Sirvió sólo 2 años y 5 meses como Presidente de la Iglesia.

Templos: 2 nuevos templos dedicados durante su mandato como Presidente de la Iglesia.

Harold B. Lee

Nacido:	1899, 28 de marzo, en Clifton, Idaho.
Bautizado:	1907, 9 de junio, en el Estanque Bybee cerca de Clifton, Idaho.
Apóstol:	1941, 10 de abril, ordenado por El presidente Heber J. Grant (42 años).
Consejero:	1970–1972, del presidente Joseph Fielding Smith.
Presidente:	1970, 23 de enero, Presidente del Quórum de los Doce (70 años).
	1972, 2 de julio, Apóstol principal a la muerte de El élder Joseph Fielding Smith.
	7 de julio, Presidente de la Iglesia (73 años).
Murió:	1973, 26 de diciembre, en Salt Lake City, Utah (74 años).
	Sirvió sólo 1 año y medio como Presidente de la Iglesia.
Revelaciones:	1941, abril, Una visión de la vida, ministerio, crucifixión y resurrección.

Spencer W. Kimball

Nacido:	1895, 28 de marzo, en Salt Lake City, Utah.
Bautizado:	1903, 28 de marzo, en la tina para escaldar cerdos en Thatcher, Arizona.
Apóstol:	1943, 7 de octubre, ordenado por El presidente Heber J. Grant (48 años).
Presidente:	1970, 23 de enero, Presidente del Quórum de los Doce (74 años).
	1972, 7 de julio, Presidente del Quórum de los Doce (77 años).
	1973, 26 de diciembre, Apóstol principal a la muerte de H. B. Lee.
	30 de diciembre, Presidente de la Iglesia (78 años).
Murió:	1985, 5 de noviembre, en Salt Lake City, Utah (90 años).
	Sirvió durante casi 12 años como Presidente de la Iglesia.
Templos:	21 nuevos templos dedicados durante su mandato como Presidente de la Iglesia.
Revelaciones:	1943, 14 de julio, Una visión de su abuelo Heber C. Kimball y su mismo llamado apostólico.
	Desconocido, Una visión del Salvador. "Lo he visto", declaró en 1978.[2]
	1946, Una visión sobre los lamanitas y su destino futuro.
	1956, enero, Una visión de su padre, que le trajo consuelo durante su cirugía de garganta.
	1974, 4 de abril, una revelación para los Representantes Regionales sobre "alargando nuestro tranco."
	1978, 1 de junio, una revelación otorgando el sacerdocio a todos los hombres dignos, independientemente de la raza (Declaración Oficial 2).

Ezra Taft Benson

Nacido:	1899, 4 de agosto, en Whitney, Idaho.
Bautizado:	1907, 4 de agosto, en Logan River Canal cerca de Whitney, Idaho
Apóstol:	1943, 7 de octubre, ordenado por El presidente Heber J. Grant (44 años).

Presidente:	1973, 30 de diciembre, Presidente del Quórum de los Doce (74 años).
	1985, 5 de noviembre, Apóstol principal a la muerte de S. W. Kimball.
	10 de noviembre, Presidente de la Iglesia (86 años).
Murió:	1994, 30 de mayo, en Salt Lake City, Utah (94 años).
	Sirvió durante 8 años y medio como Presidente de la Iglesia.
Templos:	9 nuevos templos dedicados durante su mandato como Presidente de la Iglesia.

Howard W. Hunter

Nacido:	1907, 14 de noviembre, en Boise, Idaho (Primer Presidente nacido en el siglo XX).
Bautizado:	1920, 4 de abril, en la piscina Natatorium, Boise, Idaho.
Apóstol:	1985, 10 de noviembre, Presidente Interino del Quórum de los Doce (77 años).
	1988, 2 de junio, Presidente del Quórum de los Doce (80 años).
	1994, 30 de mayo, Apóstol principal a la muerte de El president Ezra Taft Benson.
	5 de junio, Presidente de la Iglesia (86 años).
Murió:	1995, 3 de marzo, en Salt Lake City, Utah (87 años).
	Sirvió durante sólo 9 meses como Presidente de la Iglesia.
Templos:	2 nuevos templos dedicados durante su mandato como Presidente de la Iglesia.

Gordon B. Hinckley

Nacido:	1910, 23 de junio, en Salt Lake City, Utah.
Bautizado:	1919, 28 de abril, en la piscina del gimnasio Deseret, Salt Lake City, UT.
	Asistente de los Doce: 1958, 6 de abril, apoyado en la conferencia general (47 años).
Apóstol:	1961, 5 de octubre, ordenado por El presidente David O. McKay (51 años).
Consejero:	1981–1985 del presidente Spencer W. Kimball.
	1985–1994 del presidente Ezra Taft Benson.
	1994–1995 del presidente Ezra Taft Benson.
Presidente:	1994, 5 de junio de 1994, Presidente del Quórum de los Doce (83 años).
	1995, 3 de marzo, Apóstol principal la muerte de El president Ezra Taft Benson.
	12 de marzo, Presidente de la Iglesia (84 años).
Murió:	2008, 27 de enero, en Salt Lake City, Utah (97 años).
	Sirvió durante casi 13 años como Presidente de la Iglesia.
Templos:	77 nuevos templos dedicados durante su mandato como Presidente de la Iglesia.
Revelaciones	1995, 23 de septiembre. Proclamación sobre la Familia da una advertencia profética al mundo.
	1997, 4 de octubre, una revelación sobre los templos más pequeños para "salpicar la tierra."
	2001, 31 de marzo, establecimiento del Fondo para la Educación Perpetua.
	2002, 27 de junio, declaró la presencia de Dios y Su Hijo en la dedicación del Templo de Nauvoo.

Notas:

1.   Conferencia Dirigida al MIA, 29 de junio de 1969, Departamento Histórico de la Iglesia SUD.
2.   En Reporte de La Conferencia, abril de 1978, 72, o Revista *Liahona*, mayo de 1978, 48.

Capítulo 40

El Presidente Joseph F. Smith: Ligazón al Pasado y Visión del Mundo Espiritual

(D. y C. 138)
[1901–1918]

LOS PRIMEROS AÑOS DE EL PRESIDENT JOSEPH F. SMITH

Nacimiento e Infancia

El president Joseph F. Smith nació el 13 de noviembre de 1838, en una pequeña cabaña cerca del sitio del templo en Far West, Condado de Caldwell, Misuri, de Hyrum y Mary Fielding Smith. Como hijo primogénito de Hyrum Smith, tenía una noble ascendencia y un padre que murió como mártir por la causa de Cristo. Fue llamdo en honor del Profeta de la Restauración, José Smith, y su madre, cuyo apellido de soltera era Fielding.

José experimentó dificultades desde el principio de su vida. Al momento de su nacimiento, su padre fue encarcelado en Richmond, Misuri, y su madre, Mary Fielding Smith, fue dejada sola para cuidar a sus hijos. Con las turbas amenazando Far West, Misuri, todo ese invierno, los Santos se vieron obligados a huir de Misuri bajo el liderazgo de El president Brigham Young. Se dirigieron hacia el este hacia Illinois, y encontraron refugio primero en Quincy y finalmente en Navuoo. José era un infante y un niño muy joven durante este período de la Historia de la iglesia.

Cuando José tenía 5 años, su padre, Hyrum Smith, fue martirizado en la cárcel de Cartago, el 27 de junio de 1844. Los acontecimientos de ese día trágico se han discutido en capítulos anteriores y no se repetirán aquí. Pero José si tiene recuerdos de esos días terribles. Nunca olvidó el ver a su padre por última vez cuando, en camino a Cartago a caballo, recogió a Joseph F., lo besó y lo dejó en el suelo.

Hyrum Smith

Nunca más lo volvió a ver vivo

Recordaba el terror de oír a un vecino golpear en la ventana por la noche para decirle a su madre que Hyrum había sido asesinado. Nunca olvidó la visión de su padre y su tío yaciendo en sus ataúdes en la mansión de Nauvoo.

Mary Fielding

La Caminata al Oeste

Había disputas en Nauvoo con respecto a quién debía guiar a la Iglesia después de la muerte de José. El principal rival eraSidney Rigdon, quien se ofreció a ser un "guardián" de la Iglesia en ausencia de José. Los santos reconocieron que las llaves del reino residían con los Doce, y eligieron ese Quórum para dirigirlos, con El president Brigham Young a la cabeza.

La madre de El president Joseph F. Smith, Mary Fielding Smith, era una de las que sostuvieron el Quórum de los Doce. Y cuando la persecución en Nauvoo se hizo tan mala que anunciaron un éxodo al Oeste, ella hizo los preparativos para ir, a pesar de que no tenía marido para protegerla o conducir su equipo de bueyes. Todo lo que ella tenía a su joven hijo, Joseph, ahora de 7 años. Entonces Joseph F. se convirtió en el conductor de la junta de bueyes a través de las llanuras de Iowa y hacia Utah a la edad de 7 a 9 años (1846–48).

El élder Joseph Fielding Smith escribió:

> Mary Smith y su familia permanecieron en Nauvoo hasta el verano de 1846. Sólo uno o dos días antes de la batalla de Nauvoo, cuando, bajo amenazas, cargó apresuradamente a sus hijos en un barco chato con los efectos domésticos que se podían llevar, y cruzó el Mississippi hasta un punto cerca de Montrose. Allí debajo de los árboles a la orilla del río la familia acampó esa noche, y allí experimentaron el horror de escuchar el bombardeo de Nauvoo.... Aunque Joseph aún no tenía ocho años, se le pidió que condujera una de

las yuntas de bueyes la mayor parte del camino de Montrose a Winter Quarters. En este lugar la familia permaneció hasta la primavera de 1848, esforzándose en el ínterin por ayudar a los amigos que no estaban preparados para continuar el viaje y a través de trabajo constante reunir suficientes equipos y necesidades para hacer el viaje a través de las llanuras.[1]

Un Dudoso Conductor de Carretas

Mary Fielding Smith y su familia cruzaron las llanuras desde Winter Quarters hasta el Valle de Salt Lake con la compañía de Heber C. Kimball en la primavera de 1848. Pero prepararse para la caminata fue una prueba. Durante su estadía en Winter Quarters, algunos de sus bueyes fueron robados, y muchos de sus ganados y caballos habían muerto en el severo invierno. Se necesitaban bueyes fuertes hacer seguro el viaje al oeste. Así, cuando Heber C. Kimball le trajo al conductor de carretas, trató de obtener suficientes bueyes o vacas para hacer el viaje.

Joseph F. Smith dijo sobre este incidente:

Después de diagnosticar nuestro caso, teniendo en cuenta el número de carretas que teníamos y el desamparo de toda la compañía, el conductor de carretas le dijo a la viuda que no tenía sentido intentar cruzar las llanuras ese año y le aconsejó que regresara Al río Misuri, y permaneciera en Winter Quarters otro año, cuando tal vez la pudieran ayudar… Entonces el supervisor agregó: "Si empiezas de esta manera, serás una carga para toda la compañía, y tendré que llevarte conmigo o dejarte en camino."

Me alegra decir que la viuda tenía cierta fortaleza, y se irguió y respondió con calma: "Yo te voy a ganar hasta el valle sin siquiera pedirte ayuda."

Ante esta observación, el conductor de carretas pareció ponerse muy nervioso y respondió: "No puedes llegar allí sin ayuda, y la carga descansará sobre mí." Con esta observación se volvió abruptamente y se alejó.

Había confiado con la fe más implícita en Dios para librarse de las fauces de la muerte, ya que en ese momento Winter Quarters era un lugar de lo más malsano, y estaba siendo abandonado por la mayoría de los Santos. Después del rechazo que sufrió a manos de alguien que de buena gana la debería haber ofrecido ayuda, descargó una carreta, tomó la mejor yunta de bueyes que tenía y ella y su hermano Joseph regresaron al río Misuri. Allí ella tuvo éxito en pedir prestado y contratar ganado suficiente para abastecerse durante el viaje. Algunos de los bueyes los obtuvieron de aquellos que no esperaban hacer el viaje, otros fueron comprados…. Con ellos, ella y su hermano regresaron al campamento en Elk Horn."[2]

Poco después, se organizó la compañía para el viaje. Mary Fielding Smith fue asignada para viajar hacia el oeste en una compañía de cincuenta, sobre la que presidía el rudo conductor de carretas. "Sin duda, este hermano estaba complacido de tener a la viuda Smith y a sus dependientes asignados a su compañía, porque ahora él tendría el control y le demostraría que debería haber permanecido detrás y que ella sería una carga para la compañía y dependiente de su ayuda. Sin duda, de esto él se vanagloriaba, porque iba a ver que se cumpliría."[3]

Peligros de los Indios en los Llanos

Para entonces, El president Joseph F. Smith tenía sólo nueve años, se le dio el trabajo de conducir uno de las yuntas de bueyes. Debido a que no tenían suficientes bueyes para tirar de las dos carretas, ataron las dos carretas y usaron sus pocos bueyes para tirar de las dos carretas a la vez. Esto frenó su progreso, pero lograron recorrer las 27 millas desde Winter Quarters hasta el río Elk Horn, donde esperaban poder obtener más bueyes o caballos.

Joseph F. fue atacado por los indios mientras vigilaba el ganado en las llanuras. Recordó: "Mi primera impresión o impulso fue salvar el ganado de ser abandonado, porque en un tiempo increíblemente corto, pensé en ir al valle por nuestra dependencia de nuestro ganado, y del horror de ser obligado a permanecer en Winter

Quarters. Adapté la acción al pensamiento y, a toda velocidad, corrí hacia el ganado y, si fuera posible, volverlos hacia casa."[4]

Joseph trató de conducir el ganado devuelta al pueblo, pero no pudo superar a los indios. El president Joseph F. Smith recordó: "Un indio cabalgaba por el lado izquierdo y otro por el lado derecho mío y cada uno me tomó por un brazo y una pierna y me levantaron de mi caballo; Entonces disminuyeron su velocidad hasta que quedé mi caballo que seguía

corriendo, entonces me arrojaron con gran violencia al suelo. Varios caballos de atrás saltaron por sobre mí pero no me lastimaron. Mi caballo estaba asegurado por los indios y, sin disminuir la velocidad, cabalgaron en dirección de donde habían venido."[5]

Orando Para Encontrar El Ganado Perdido

El joven Joseph fue testigo de la fe de su madre en Dios. Una noche en que acamparon cerca de un arroyo cerca de algunos otros hombres con una manada de ganado, José llevó a pastar los bueyes de su familia. A la mañana siguiente no pudieron encontrar su mejor yunta de bueyes. José y su tío Fielding registraron toda la mañana sin éxito. La hierba era alta y estaba húmeda por el rocío de la mañana, y volvieron al campamento con las manos vacías, húmedas y muy desanimados.

El president Joseph F. Smith recordó: "Yo fui el primero en regresar a nuestras carretas, y cuando me acerqué vi a mi madre arrodillada en oración. Me detuve por un momento y luego me acerqué lo suficiente para oírla rogándole al Señor que no nos dejara en esta condición indefensa, sino que nos condujera a recuperar a nuestro equipo perdido, para que pudiéramos continuar nuestro viaje seguros. Cuando ella se levantó yo estaba de pie cerca suyo. La primera expresión que capté en su precioso rostro fue una sonrisa encantadora que, descorazonado como yo estaba, me brindó una esperanza renovada y una seguridad que no había sentido antes."[6]

La madre de Joseph insistió en que ellos comieran mientras salía a buscar los bueyes. Caminó una cierta distancia hacia el río y se encontró con uno de los hombres que pastaban vacas quien le dijo que había visto a los bueyes dirigiéndose en dirección opuesta. Ella le ignoró y siguió caminando hasta llegar al río, luego llamó a su hijo para que viniera y viera.

El president Joseph F. Smith recordó: "Allí vi nuestros bueyes sujetos a un grupo de sauces que crecían en el fondo de una profunda quebrada que había sido lavados de la orilla arenosa del río por el pequeño arroyo primaveral, perfectamente ocultos a la vista. No tardamos en liberarlos de la esclavitud y traerlos a nuestro campamento, donde el resto del ganado había estado atado a las ruedas de la carreta toda la mañana, y pronto estuvimos camino a casa regocijándonos. Los beneméritos pastores se habían ido repentinamente cuando vieron que madre no les prestaría atención; Espero que hayan ido en busca de la honestidad perdida (extraviada o perdida), la cual confío en que la hayan encontrado."[7]

Curación de los Bueyes

La fe de Mary Fielding Smith fue demostrada nuevamente más tarde, cuando algunos de sus mejores bueyes cayeron al suelo. El president Joseph F. Smith recordó:

Nos movíamos lentamente hasta llegar a un punto a medio camino entre el Platte y Sweetwater, cuando uno de nuestros mejores bueyes se echó en el yugo como si estuviera envenenado y todos supusimos que se iba a morir. El buey se endurecía espasmódicamente evidentemente en la agonía de la muerte. La muerte de este fiel animal hubiera sido fatal para el progreso de la Viuda Smith en el viaje al valle. Ella lo sabía, así también [el Conductor de carretas]. Naturalmente, cuando el buey cayó al suelo todas las carretas que lo estaban siguiendo se detuvieron repentinamente. En esto surgió [el conductor de carretas] y viendo la causa de la perturbación, se agitó como si el mundo estuviera a punto de terminarse.—Ves—dijo, "te dije que te tendrían que ayudar y que serías una carga para la compañía.

Pero en esto estaba equivocado. Sacando una botella de aceite consagrado, Mary Smith le preguntó a su hermano y a James Lawson si por favor querrían administrar al buey como harían con una persona enferma, porque era vital para su interés que el buey fuera restablecido para que ella pudiera perseguir el viaje. Su sincera súplica se cumplió. Estos hermanos vertieron aceite en la cabeza del buey y después pusieron sus manos sobre él y reprendieron al poder del destructor tal como lo hubieran hecho si el animal hubiera sido un ser humano. Inmediatamente el buey se levantó y en unos pocos segundos, nuevamente tiró del yugo como si nada hubiera pasado. Esto resultó asombroso para la compañía.

Antes que la compañía hubiese avanzado muy lejos, otro de sus bueyes cayó como el primero, pero con el mismo tratamiento también se levantó, y esto se repitió por tercera vez; Por la administración los bueyes estuvieron completamente curados. Esto trajo un gran disgusto al semblante del capitán de la compañía.… Al llegar al último cruce del Sweetwater, tres de los bueyes del capitán y su mejor mula se tiraron cerca del campamento y murieron. Este fue un doloroso juicio para él y una gran pérdida, ya que se vio obligado a buscar ayuda para sí mismo antes de poder seguir.[8]

Llegan Seguros al Valle del Lago Salado

Finalmente, la compañía de Mary Fielding Smith llegó al lado este de la East Mountain, por encima del Valle del Lago Salado. Cuando llegaron a la cima, con los hombres y el ganado agotados por la subida por el lado oriental de la montaña, contemplaron por primera vez el prometido valle del Gran Lago Salado. El élder Joseph Fielding Smith escribió:

Esta vista llenó a la Viuda Smith y a su pequeño rebaño con renovado celo y determinación, su meta tan buscada ahora estaba a la vista. Hasta ese momento había venido sin pedir ayuda a nadie, excepto al Señor, que vino a rescatarla en la oscuridad, cuando parecía que fracasaría todo el auxilio terrenal. Ahora era el día 22 de septiembre. Un día más y si todos los signos no fallaban, armarían su pequeño campamento en el codiciado valle de refugio que yacía ante ellos.

… Pero cuando llegó la mañana hubo consternación en el campamento de la Viuda Smith. El Capitán, recordando la predicción que había pronunciado de que lo batiría en el valle, por la noche había tomado medidas para impedir el cumplimiento de tal predicción. Estaba soportando una constante derrota a lo largo del camino. Hasta ese momento sus predicciones habían fracasado; Pero estaba decidido a que al final ellos no fallarían en la prueba final.

… A primera hora de la mañana siguiente, el capitán dio aviso a la compañía para que se levantara, enganchara y enfilara por la montaña hacia el valle.[9]

Mary Fielding Smith Llega Primero

Joseph F. Smith recordó:

Para nuestra consternación, cuando recogimos nuestro ganado, la parte esencial de nuestros medios de transporte por alguna razón se había desviado, y no se encontraban con el rebaño. Un hermano mío, [John], que también en ese momento era un niño explorador, entonces consiguió un caballo y regresó por el camino en busca del ganado perdido. El capitán ordenó que comenzara la marzo dea y, sin importarle nuestra situación, la compañía empezó a subir la montaña. El sol de la mañana entonces resplandecía…

brillantemente…, ¡Sin que una nube apareciera en ningún lugar! Lo que había pasado es que había oído promesa de mi querida madre que derrotaríamos al capitán en el valle y que tampoco le pediríamos ayuda. Me senté en la parte delantera de la carreta con los equipos que teníamos a mano enganchamos las ruedas, mientras que mi hermano estaba ausente cazando a los demás. Vi avanzar a la compañía lentamente por la colina, los animales luchando para tirar de sus pesadas cargas. Los equipos de avanzada ya casi habían llegado a la cumbre de la colina, y me dije: "Verdaderamente hemos llegado hasta aquí y hemos sido bendecidos, y no hemos pedido la menor ayuda de nadie." La última promesa ahora parecía imposible; La última esperanza de entrar en el valle antes que el resto de nuestra compañía estaba desapareciendo ¡en mi opinión!

Sin duda vosotros habéis escuchado descripciones de las tormentas de truenos que a veces visitan las montañas. Los corrientes puras y cristalinas, unos momentos antes, fluyen suavemente dentro de sus cause; Pero después de una de estas lluvias, en pocos minutos se convierten en torrentes furiosos, fangosos y a veces llevando corriente abajo árboles caídos y raíces y rocas. De repente, y en menos tiempo del que me estoy tomando… para contaros, una nube grande, oscura, pesada surgió del noroeste, yendo directamente al sureste. Al cabo de unos minutos estalló con tanta furia que el ganado no pudo enfrentarse a la tormenta y el capitán pareció obligado a dirigir a la compañía para desatar los equipos, soltarlos y trabar las ruedas ¡para evitar que las carretas no se desbarrancaran por la colina! El ganado huyó antes de la tormenta hacia abajo la entrada en el cañón de Parley, desde el Parque, a través y entre la maleza. Afortunadamente, la tormenta duró poco tiempo. Cuando cesó de llover, y el viento dejó de soplar, mi hermano John apareció arriando nuestro ganado perdido. Entonces los enganchamos a la carreta y mi tío por parte de madre preguntó: "Mary, ¿qué haremos? Irnos, o esperar a la compañía para que recojan a sus equipos?"

Ella dijo: "José [que era el nombre de su hermano], no nos han esperado, y no veo necesidad de que los esperemos."

Así que enganchamos y subimos la montaña, dejando atrás a la compañía, y esto fue el 23 de septiembre de 1848. Llegamos a Old Fort a eso de las 10 de la noche del sábado. A la mañana siguiente, en la Vieja Enramada, tuvimos el privilegio de escuchar al Presidente El president Brigham Young y al Presidente Kimball, Erastus Snow, y a algunos otros, dar unas excelentes instrucciones. Entonces, en la tarde de ese domingo, salimos y no encontramos con nuestros amigos que legaban, muy polvorientos, y con muy dolor de pies, ¡ y muy cansados!

La predicción de la viuda se cumplió realmente; ¡Los batimos en el valle, y tampoco les pedimos ayuda!10

El Diezmo de una Viuda

El primer invierno en el valle del lago salado fue duro para todos los Santos. La comida y el refugio eran escasos. La gente vivía de las raíces de los lirios Sego y de cualquier otra cosa que pudieran forrajear para comer. Cuando finalmente llegó el verano y la familia tuvo un cultivo, Mary insistió en que pagaran un diezmo completo por lo que habían recibido. En aquellos días, el diezmo se pagaba en bienes, por lo que Mary seleccionó sus mejores patatas y se dirigió a la oficina del diezmo. Cuando William Thompson, un oficinista de diezmos, la vio, cuestionó su necesidad de pagar el diezmo, porque era tan pobre. Mary replicó: "William, debes avergonzarte de ti mismo.

¿Me negarías una bendición? Si no pagara mi diezmo, esperaría que el Señor me negara sus bendiciones. Pago mi diezmo, no sólo porque es una ley de Dios, sino porque espero una bendición al hacerlo."11 Durante el resto de su vida, Mary Fielding continuó pagando su diezmo, cualesquiera que fueran sus circunstancias.

La Vida en el Valle del Lago Salado

Los Fielding se mantuvieron independientes, criando pollos, ovejas y ganado. Las responsabilidades principales de Joseph eran como un pastor (un "niño—pastor" como él lo llamaba). Durante ese tiempo su familia no sufrió una sola pérdida de ganado bajo su cuidado. El élder Joseph Fielding Smith describió un hecho que su padre experimentó durante el invierno de 1848:

> Vio a un lobo persiguiendo a una oveja en campo abierto. Era un día lluvioso y el suelo estaba blando. La lana de las ovejas estaba llena de humedad que retardaba su huida. Cuando el lobo estaba a punto de apoderarse de las ovejas, Joseph F. llegó al rescate y salvó a las ovejas. Aunque los lobos eran numerosos y audaces, Joseph F. estaba a menudo fuera del alcance después de oscurecer, en tiempo frío, donde oía los aullidos feroces de los merodeadores. Tenía un perro para ayudarlo en su trabajo, pero a veces el perro se aterraba por el gran número de lobos y se tiraba a sus pies. Esta era la naturaleza de la diversión que se concedía a este muchacho fiel a una edad en la que a la mayoría de los chicos les gusta jugar y participar en deportes atléticos.12

La Muerte de Mary Fielding

El 21 de mayo de 1852, a la edad de 13 años, El president Joseph F. Smith fue bautizado como miembro de la Iglesia en City Creek. Cuatro meses más tarde, se convirtió en un huérfano cuando su madre, Mary Fielding Smith, murió el 21 de septiembre. Ella murió en el hogar de su segundo marido Heber C. Kimball, aparentemente de neumonía.

En su funeral, Joseph F. dijo: "Nada debajo del reino celestial puede superar mi amor inmortal por el alma dulce, verdadera, noble que me dio a luz, ¡mi propia madre! ¡Ella era buena! ¡Era pura! ¡Era una santa! Una hija real de Dios»13

Misión a Hawái

El 24 de abril de 1854, El president Joseph F. Smith fue ordenado El élder por El élder George A. Smith (primo del padre de Joseph F. Hyrum Smith). Entonces, de los 15 a los 18 años, Joseph F. cumplió una misión en Hawái (1854–57).

Charles W. Nibley dijo:

En esta misión a la Isla Sandwich [hoy Hawái], se encontró con severas dificultades. Recuerdo nuestro primer viaje a las Islas, y yo estuve allí en cuatro viajes con él, cuando navegábamos entre las diferentes islas pequeñas, me señalaba tal y cual lugar: "Allí es donde viví tanto tiempo en una pequeña choza de paja ", que se quemó o que fue destruida por las inundaciones. Aquí había otro lugar donde había estado enfermo y donde el buen pueblo hawaiano le había servido. Esta experiencia, y la otra, las contaría mientras avanzábamos, todas las cuales, si tuviera tiempo para relatarlas, son promotoras e inspiradoras de la fe, y os señalaría la virilidad del muchacho, pues él tenía entonces, como os dije, quince o dieciséis años.[14]

Poco después de su llegada a las islas, El élder Smith se enfermó seriamente pero se recuperó gracias a la ayuda de amigos. Mientras estaba convaleciente, utilizó su tiempo para estudiar el idioma hawaiano. Le había prometido a El élder Parley Pratt que dominaría el idioma por medio de la fe y el estudio. Mediante la aplicación de estos dos principios, dominó el lenguaje dentro de 100 días.

Durante una enfermedad posterior, expulsó un espíritu maligno que poseía una mujer en la casa. La gente hawaiana lo amaba y él devolvió ese amor a través de su vida. Cuando regresó a Hawái muchos años después de su misión, los miembros se reunieron para saludar al profeta cuando su barco atracó en un muelle en Honolulu, cubriéndolo con coronas de flores y lágrimas.

Charles W. Nibley contó:

Noté que una pobre y vieja ciega se tambaleaba bajo el peso de unos noventa años, siendo conducida [al lugar donde estaban reunidos los Santos]. Tenía varios plátanos en la mano. Era su todo, su ofrenda. Ella estaba llamando, ¡'Iosepa, Iosepa!'Al instante, cuando la vio, corrió hacia ella y la abrazó, la abrazó y la besó una y otra vez, dándole palmaditas en la cabeza diciendo: "¡Mamá, mamá, Mi querida vieja mamá! »Y con lágrimas corriendo por sus mejillas se volvió hacia mí y me dijo:« Charley, ella me cuidó cuando yo era un niño, enfermo y sin nadie que pudiera cuidarme. ¡Ella me llevó y fue una madre para mí!"[15]

Mientras estuvo en esta misión, humilde, enfermo, y desalentado, fue fortalecido por un sueño.

Joseph F. Smith dijo:

Una vez tuve un sueño. Para mí era una cosa literal; era una realidad.

Una vez, en una misión yo estaba muy agobiado. Estaba casi desnudo y completamente sin amigos, excepto la amistad de la gente pobre, ignorante y degradada. Me sentía tan degradado en mi condición de pobreza, falto de inteligencia y conocimiento, sólo un muchacho, que apenas me atrevía a mirar a un hombre blanco en la cara.

Mientras estaba en esa condición soñaba que estaba en un viaje, y me impresionó que tenía que apresurarme, apresurarme con todas mis fuerzas, por miedo a que pudiera llegar demasiado tarde.... Finalmente llegué a una mansión maravillosa.... Sabía que era mi destino. Cuando me diría hacia ella, tan rápido como podía, vi un aviso, "Baño." Me aparté rápidamente y fui al baño y me lavé hasta estar limpio. Abrí ese pequeño paquete que tenía, y había un par de prendas blancas y limpias, una cosa que no había visto durante mucho tiempo.... me los puse. Luego corrí a hacia lo que parecía ser una gran apertura, o una puerta. Golpeé y la puerta se abrió, y el hombre que estaba allí era el Profeta José Smith. Él me miró un poco reprobador, y las primeras palabras que dijo: "Joseph, llegas tarde." Sin embargo, tomé la confianza y dije:

""¡Sí, pero estoy limpio, estoy limpio!"

Me estrechó la mano y me hizo entrar, luego cerró la puerta…. Cuando entré vi a mi padre, a Brigham, a Heber, a Willard y a otros hombres buenos que había conocido, de pie en fila… Mi madre estaba allí…; Y yo podría nombrar a tantos como recuerdo de sus nombres que estaban sentados allí, que parecían estar entre los elegidos, entre los exaltados….

Cuando desperté esa mañana era un hombre, aunque sólo un niño. No había nada en el mundo que temiera…. Esa visión, esa manifestación y testimonio que disfruté en ese tiempo me ha hecho lo que soy, si soy algo que es bueno, limpio, o recto ante el Señor, si hay algo bueno en mí. Eso me ha ayudado en cada prueba y en cada dificultad."[16]

En 1854, mientras estaba en esta misión, escribió una carta del campo misionero al primo de su padre, George A. Smith, que era miembro del Quórum de los Doce Apóstoles. En ella, expresaba sus más fervientes deseos:

Yo sé que la obra en la cual estoy comprometido es obra del Dios vivo y verdadero, y estoy dispuesto a dar mi testimonio del mismo, en cualquier momento, en cualquier lugar, o en cualquier circunstancia en que pueda ser ubicado; Y espero y rezo para que siempre pueda ser fiel en servir al Señor, mi Dios. Estoy feliz de decir que estoy dispuesto a ir contra viento y marea por esta causa en la que estoy comprometido; Y verdaderamente espero y oro para que yo pueda ser fiel hasta el fin…

Dale mi amor a toda la gente;… Y diles que deseo me tengan en sus oraciones, para que pueda mantenerme fiel, y llevar mi vocación con honor a mí mismo y la causa en la que estoy comprometido. Yo preferiría morir en esta misión que deshonrarme a mí mismo o a mi vocación. Estos son los sentimientos de mi corazón. Mi oración es que podamos mantenernos fieles hasta el final, y finalmente ser coronados en el reino de Dios, con los que se ha ido antes que nosotros.[17]

En 1857, en su camino a casa de su primera misión a Hawái, El president Joseph F. Smith y sus compañeros encontraron a un grupo de extremistas mientras que acampaban una tarde. El líder del grupo juró que mataría a cualquiera que fuera un mormón y, apuntando con su arma a Joseph F., le preguntó: "¿Eres un" mormón"?

El president Joseph F. Smith respondió, lleno de esperanzas de morir al hacerlo: "Sí, así es, incondicional, así como lo oye, hasta los tútano; La respuesta, dada audazmente y sin vacilación, desarmó por completo al beligerante hombre, y en su asombro todo lo que pudo hacer fue estrechar la mano del joven y alabarle por su coraje. Los hombres se marzo dearon y no les hicieron más daño."[18]

Misión a Inglaterra y Devoción Sin Miedo

En 1858, después de regresar de Hawái, a la edad de 19 años, El president Joseph F. Smith sirvió en la campaña de Echo Canyon en la Guerra de Utah. El 5 de abril de 1859, a la edad de 20 años, se casó con Levira A. Smith. Ese mismo año, el 16 de octubre de 1859, fue llamado al alto consejo de la Estaca de Salt Lake.

A partir de 1860–63, a la edad de 21–24, cumplió una misión en Gran Bretaña. Cuando estaban camino a Inglaterra, él y sus compañeros se encontraron cerca de Nauvoo con una turba particularmente encarnizada y amenazas de asesinato.

El élder Jeffrey R. Holland, entonces Presidente de la Universidad El president Brigham Young, dijo:

Después de cuatro años de servicio misionero en las islas hawaianas (por cierto, comenzando a los quince años,), el joven El president Joseph F. Smith volvió al continente y comenzó a hacer su camino de regreso al Valle del Lago Salado. Pero esos eran tiempos difíciles. Los sentimientos hacia los Santos de los Últimos Días estaban muy extendidos. La terrible experiencia en Mountain Meadows estaba fresca en la mente de muchas personas. La poligamia se había convertido en una cuestión política nacional, y en esa misma hora el ejército de Albert Sidney Johnston se dirigía al territorio de Utah bajo órdenes del presidente de los Estados Unidos. Menos disciplinados que el Ejército de los EE. UU., muchos hombres de la frontera que estaban dispersos fuera de la frontera juraban abiertamente asesinar a cada mormón dondequiera que pudieran encontrarlos.

Ese Joseph F. Smith, de diecinueve años de vuelta en ese mundo, conducía su equipo y su carreta. Una noche, la pequeña compañía con la que viajaba apenas sí había acampado cuando llegó una compañía de hombres borrachos montados a caballo, maldiciendo, jurando y amenazando con matarlos. Algunos de los hombres mayores, cuando oyeron que venían los jinetes, habían ido a esconderse bajo de la maleza junto al arroyo, esperando a que se fuera la banda. Pero el joven Joseph F. había estado a cierta distancia del campamento recogiendo leña para el fuego y por lo tanto no era consciente del potencial problema. Con el candor de la juventud volvía hacia el campamento sólo para darse cuenta muy tarde de la difícil circunstancia a la que se enfrentaba casi completamente solo.

Su primer pensamiento fue dejar caer la leña y correr hacia el arroyo, buscando refugio en los árboles en su huida. Entonces se le ocurrió la idea: "¿Por qué debo huir de [mi fe]?" Con ese convincente sentido de lealtad firmemente en su mente, continuó llevando su brazada de madera al borde del fuego. Cuando estaba a punto de depositar su carga, uno de los rufianes, la pistola ladeada y apuntando directamente a la cabeza del joven, maldijo como sólo un bribón borracho puede hacerlo y exigió con una voz fuerte y enojada: "Soy un asesino de los mormones, chico. ¿Eres un mormón?"

Sin un momento de vacilación y mirando directamente al pagano s los ojos, Joseph F., apenas lo bastante mayor para entrar en el servicio militar, contestó audazmente:—Sí, así es; incondicional, así como lo oye, hasta los tútano."

La respuesta fue dada con tanta audacia y sin ninguna señal de temor que desarmó completamente a este beligerante. En su desconcierto, dejó la pistola, agarró al joven misionero de la mano y dijo: "¡Eres el______ hombre más valiente que he conocido! Bravo, jovenzuelo, me alegro de ver a un muchacho que defiende sus convicciones.

Años más tarde, mientras servía como presidente de la Iglesia, El president Joseph F. Smith dijo que realmente esperaba que le disparara a quemarropa la carga completa del cañón de la pistola de ese hombre. Pero también dijo que después de su inclinación inicial a correr, nunca más volvió a su mente no hacer nada más que defender sus creencias y enfrentar la muerte que parecía ser el resultado inevitable de tal convicción.[19]

Otra Misión a Hawái

En 1864, a los 25 años, cumplió otra misión especial a Hawái para detener la herejía de Gualterio Gibson.

En noviembre de 1860, el Presidente Young llamó a Walter Murray Gibson, un nuevo converso, a una misión en Japón. En el verano de 1861, en su camino a Japón, Gibson llegó a Hawái y decidió quedarse allí. Debido a que los misioneros habían sido llamados a casa durante la Guerra de Utah, Gibson asumió el liderazgo en Hawái. Convenció a muchos miembros de Hawái para que le entregaran sus propiedades y se inclinaran ante él. Él vendió los derechos a varios puestos de la Iglesia, como El élder u obispo, a los ingenuos miembros. También llevaba túnicas mientras conducía los cultos con gran pompa y ceremonia. Su plan era tomar las islas y hacerse rey.

En 1864, la Primera Presidencia se enteró de la situación y envió a los apóstoles Ezra T. Benson y El president Lorenzo Snow, junto con los ex misioneros hawaianos William W. Cluff, Alma Smith y El president Joseph F. Smith para restaurar el orden en la Iglesia en Hawái.

Mientras estaba en esa misión, durante una reunión en la isla de Maui, El presidente Lorenzo Snow profetizó que El president Joseph F. Smith algún día presidiría sobre la Iglesia.

LLAMADOS A PRESIDIR

Ordenado Apóstol

De vuelta en Utah, durante los siguientes nueve años (1865–74), El president Joseph F. Smith sirvió como miembro de la Cámara Territorial de Representantes. Durante ese período, el 5 de mayo de 1866, a la edad de 27 años, se casó con Julina Lambson. Esta fiel mujer vivió hasta 1936.

También durante ese período, en 1866, el 1 de julio, a los 27 años, estuvo sirviendo como secretario de un concilio que se celebraba en el salón superior de la Oficina del Historiador. "Después del cierre del círculo de oración, El presidente Brigham Young se dirigió a sus hermanos y dijo: Espera, ¿Debería hacer según lo que sienta? Siempre me siento bien haciendo lo que el Espíritu me obliga. Es mi intención ordenar al Hermano El president Joseph F. Smith al Apostolado, y para ser uno de mis consejeros." Entonces llamó a cada uno de los hermanos presentes para que expresaran sus sentimientos, y cada uno respondió individualmente declarando que tal acción contaba con su ferviente aprobación. Entonces, los hermanos pusieron sus manos sobre la cabeza de José F."[20]

Un poco más tarde, en el año siguiente, en 1867, el 8 de octubre, fue sostenido como miembro del Quórum de los Doce Apóstoles a la edad de 28 años.

Dos Veces Preside la Misión Europea

De 1873 a 1875, de los 35 a los 37 años, sirvió como presidente de la Misión Europea. Volvió a casa por un año, y luego en 1877, a la edad de 38 años, sirvió nuevamente como presidente de la Misión Europea.

Al volver a casa un año más tarde, en 1878, a los 39 años, cumplió una misión en el este de Estados Unidos para obtener información sobre la historia de la Iglesia. Como dijo el hijo de Hyrum Smith y un primo y muchos de los descendientes de Smith, estaba en una posición única para obtener y comprender el legado histórico de la Iglesia.

Consejero de los Profetas

Joseph F. Smith fue llamado a la Primera Presidencia como consejero de tres presidentes: El president John Taylor (1880–87), El president Wilford Woodruff (1889-98) y El president Lorenzo Snow (1898–1901).

Durante este período pasó 7 años en el exilio voluntario (1884–91) debido a la persecución sobre la práctica de la poligamia. El 24 de septiembre de 1890, el Manifiesto que puso fin al matrimonio plural fue emitido por el Presidente Woodruff, y pudo regresar nuevamente a un servicio visible.

En 1882, sirvió como miembro de la Convención Constituyente por el estado de Utah. El gobierno federal concedió la estadidad a Utah en 1896.

Presidente de la Iglesia

El president Joseph F. Smith se convirtió en Presidente del Quórum de los Doce el 10 de octubre de 1901, pero sirvió en este puesto solo 7 días. Él se convirtió en presidente de la iglesia el 17 de octubre de 1901, después de la muerte de El president Lorenzo Snow.

Seleccionó como consejeros a John R. Winder, Presidente del Obispado, y a Anthon H. Lund del Quórum de los Doce Apóstoles.

Al mismo tiempo, también fue sostenido como superintendente general de la Escuela Dominical. en aquellos días, era común que los miembros del Quórum de los Doce y la Primera Presidencia sirvieran como líderes de los auxiliares de la Iglesia.

CONTROVERSIAS EN EL CONGRESO

Se le Deniega a El élder B. H. Roberts su Escaño en el Congreso

Algunos líderes demócratas del estado le pidieron al El élder B. H. Roberts que se presentara como candidato a la Cámara de Representantes. En 1898, con la aprobación de la Primera Presidencia, se presentó y recibió la nominación de su partido. Después de una vigorosa campaña, Roberts fue elegido con la pluralidad de casi seis mil votos. Un grupo de ministros sectarios y un abogado anti-mormón A. Theodore Schroeder se opuso a que ocupara su asiento.

— Schroeder fue uno de los 40 originales organizadores del Partido Demócrata en Utah.
— Ayudó a hacer del Heraldo de Salt Lake el órgano oficial del Partido Demócrata en Utah.
— También fue editor del periódico anti-mormón de Utah, Linterna de Lucifer.

— Se hizo amigo de la gente de Utah que se oponía a la Iglesia.

— Debido a que El élder Roberts era polígamo, sus oponentes reunieron más de 7 millones de firmas a nivel nacional en una petición proponiendo que no se le permitiera ocupar su asiento en el Congreso.

— Éste fue el número más grande que jamás hasta el momento firmara una petición en la historia americana.

Después de llegar a Washington, D.C., Roberts se preparó para defenderse y su derecho a ocupar su sitio. El debate continuó durante 15 meses, período durante el cual no pudo ocupar su escaño en el Congreso. La oposición estaba motivada por una variedad de razones religiosas, morales y políticas.

El élder B. H. Roberts

— Algunos afirmaban que muchos hombres polígamos seguían apoyando a más de una familia.

— Otros acusaron a los mormones de no sostener a sus esposas e hijos.

Uno podría razonablemente preguntarse cómo alguien podría satisfacer ambas de estas quejas.

— Algunos atacaron a miembros que creían que el matrimonio plural era un principio dado por Dios.

— Otros condenaron a los que abandonaban esa práctica, dejando a las mujeres sin sostén.

Uno podría razonablemente preguntarse cómo alguien podría satisfacer ambas de estas quejas.

— Algunos dijeron que la Iglesia había renunciado al matrimonio plural, pero todavía creían en él.

— Otros fueron acusados de amar y no amar a los hijos de matrimonios polígamos.

Las mujeres que creían que el matrimonio plural era degradante para las mujeres también se opusieron al El élder Roberts. Algunos historiadores dicen que la presión ejercida por estas sufragistas fue el factor más importante que llevó a su exclusión.

La controversia frecuentemente hacía las portadas de los principales periódicos del país. Los caricaturistas y satíricos publicaron su caricatura tan a menudo que lo reconocían por todas partes a donde iba.

El élder B. H. Roberts dijo al ofrecer su defensa final de su derecho al escaño:

Algunos de los papeles al discutir el caso de Roberts han dicho: "Marca a este hombre con vergüenza y envíalo de vuelta a su pueblo." Señor Presidente, doy gracias a Dios que el poder de calificarme con vergüenza es algo que va mucho más allá de los poderes de este Casa, tan grande como es su poder. El poder de marcarme con vergüenza recae en cada hombre y en ninguna otra parte. El Dios Todopoderoso no lo ha conferido a nadie más. He vivido hasta el día de hoy en toda buena conciencia en armonía con las enseñanzas morales de la comunidad en la que fui criado, y no me siento culpable por ningún acto vergonzoso en mi vida. Marcadme o expulsadme, voy a salir de esta agosto dea habitación con la cabeza erguida y la frente impávida y caminaré por la tierra de Dios como los ángeles caminan por las nubes, sin ningún sentido de vergüenza sobre mí.

(Aplausos del piso, silbidos de la galería).

Y, si en respuesta al clamor sectario que se ha invocado contra el miembro de Utah, violáis la Constitución de vuestro país, excluyéndome o expulsándome, la vergüenza que hay en este caso quedará atrás y descansará en esta casa.

(Aplausos).[21]

A pesar de esta defensa emocionante, 268 miembros de la Cámara de Representantes votaron a favor de la exclusión, 50 en contra y 36 se abstuvieron. El 25 de enero de 1900, El élder B. H. Roberts fue excluido de la Cámara de Representantes de los Estados Unidos.

Audiencias para el Senador Reed Smoot

Reed Smoot fue llamado y ordenado en el apostolado en 1900 a la edad de 38 años. Sirvió 41 años como Apóstol, 30 de ellos al mismo tiempo que su cargo como Senador de Utah.

El élder Reed Smoot

Smoot fue prominente en la política de Utah y uno de los fundadores del Partido Republicano en el estado. El presidente Smith dio permiso a Smoot para hacer campaña para el Senado de los Estados Unidos. En aquellos días, los senadores eran elegidos por los legisladores estatales, no por el voto popular. En enero de 1903 recibió 46 votos de la legislatura controlada por los republicanos y ganó la elección.

Al igual que con El élder B. H. Roberts 4 años antes, hubo muchos que se opusieron a apoyar al Senador Smoot. Un grupo de 19 ciudadanos de Utah protestó ante el presidente de los Estados Unidos contra la elección de Smoot. Su protesta decía, entre otras cosas:

> Smoot es uno de los quince hombres de un cuerpo auto—perpetuado quienes, constituyendo las autoridades gobernantes de la Iglesia de Jesucristo de los Santos de los Últimos Días, o Iglesia "Mormona", reclaman, y por sus seguidores se les concede el derecho de reclamar la autoridad suprema sancionada para moldear la creencia y controlar la conducta de aquellos que están bajo ellos en todos los asuntos cualesquiera sean, civiles y religiosos, temporales y espirituales.[22]

Los oponentes de Smoot eran esencialmente los mismos que los que se habían opuesto al escaño del élder B. H. Roberts. A finales de febrero de 1903, el Senador Burrows presentó la "Protesta del Ciudadano" al comité de privilegios y elecciones. John L. Leilich, superintendente de misiones del distrito de Utah de la Iglesia Metodista, presentó cargos adicionales contra Smoot, incluyendo que era polígamo. Esto era falso, y El élder Smoot pudo demostrarlo.

A diferencia de El élder B. H. Roberts, El élder Smoot fue autorizado a ocupar su escaño mientras la investigación seguía su curso. En marzo de 1903 recibió el juramento senatorial.

Como senador, pronto se hicieron evidentes sus habilidades administrativas, su juicio prudente y su integridad. También llegó a ser ducho en las habilidades parlamentarias, un activo valioso cuando llegó la hora de votar en su caso. La controversia continuó durante casi 5 años, con otro foco de la prensa nacional en la Iglesia.

El caso Smoot trajo un renacimiento de viejas historias anti-mormonas e inspiró otras nuevas.

— Los Danitas como una supuesta organización clandestina buscando vengarce de los mormones.
— Se decía que la masacre de los prados de montaña había sido ordenada por líderes de la Iglesia.
— El supuesto "harén" de mujeres de El president Brigham Young.
— *El Heraldo de New York* dedicó una página completa a "los horrores de la poligamia."
— *El Anunciante Comercial de New York* dijo que los misioneros mormones pagaban por cabeza de sus conversos, $ 4.00 por un hombre, pero hasta $ 60 por una niña de más de 16 años que pudiera ser ubicada en poligamia.

En enero de 1904, el Senador Smoot presentó una respuesta formal a las acusaciones, y las audiencias comenzaron en marzo. Del 2 al 9 de marzo de 1904, El presidente Joseph F. Smith testificó ante el Congreso en las audiencias de Smoot. Otros testigos de la Iglesia incluyeron apóstoles, historiadores de la Iglesia y un ex apóstol, Moses Thatcher.

Un "Segundo Manifiesto"

Unas pocas semanas más tarde, el 6 de abril de 1904, el Presidente Smith publicó un "segundo manifiesto" sobre el matrimonio plural. El Presidente Smith declaró que cualquier funcionario de la Iglesia que solemnizara un matrimonio plural, así como la pareja participante, serían excomulgados en cualquier parte del mundo.

Las audiencias duraron más de dos años, concluyendo el 20 de febrero de 1907. Al final, el Partido Republicano derrotó la propuesta que Reed Smoot fuera destituido. Mientras tanto, Smoot se había convertido en uno de los miembros más influyentes y poderosos del Senado. Se asoció frecuentemente con varios presidentes, primeros ministros, reyes y reinas.

En 1906, durante toda la controversia pública sobre el Senador Smoot, un prominente miembro de la Iglesia sugirió al Presidente Smith que Smoot no debería volver a presentarse. El president Joseph F. Smith respondió: "Si alguna vez se me ha dado la inspiración del espíritu del Señor con fuerza y claridad, ha sido en este punto con respecto a Reed Smoot, y esta es que, en lugar de ser retirado, debería continuar en el Senado de los Estados Unidos."[23]

Renuncian Algunos Apóstoles

Como resultado de las audiencias, la Iglesia perdió los servicios de dos Apóstoles. John W. Taylor (hijo del presidente John Taylor) y Matthias F. Cowley no estaban en armonía con los líderes de la Iglesia con respecto al primer manifiesto, ni con el segundo. Habían realizado más de unos cuantos matrimonios plurales después de que se emitiera el Manifiesto. Durante las audiencias de Smoot, entraron en reclusión para evitar testificar en Washington, D.C. Después de las audiencias, presentaron sus renuncias al Quórum de los Doce.

John W. Taylor   Matthias F. Cowley

Seis años más tarde, John W. Taylor fue excomulgado de la Iglesia después de casarse con otra esposa plural. El élder Cowley, aunque nunca fue reinstalado en el Quórum de los Doce, permaneció fiel a la Iglesia. En la década de 1930 cumplió una misión en Inglaterra. Uno de sus hijos, El élder Matthew Cowley, fue llamado más adelante como Apóstol.

CONTANDO LA HISTORIA DE LA IGLESIA

Centros de Visitantes de la Manzana del Templo

En julio de 1901, el hijo del presidente Lorenzo Snow, LeRoi, escuchó a un taxista diciendo coloridas falsedades sobre la Iglesia.

Los Hermanos discutieron la necesidad de contar la historia de la Iglesia honesta y positivamente para que los visitantes no se dejaran engañar por salvajes acusaciones e historias.

La Primera Presidencia pidió a los Setenta que establecieran una oficina de información sobre la Plaza del Templo. En marzo de 1901, se construyó un pabellón pequeño por cerca de $ 500, desde el cual se podría dar la información correcta.

— Cerca de 100 hombres y mujeres fueron llamados para servir como guías de los visitantes en la Plaza del Templo.
— Comenzaron los recitales de órgano en el Tabernáculo, dos veces al día en verano.
— Más de 150.000 personas visitaron la Plaza del Templo ese año.
— En 1903, se construyó el primer centro de visitantes completo en la Plaza del Templo.
— El edificio sirvió como museo y una oficina de información hasta que fue reemplazado por modernos centros de visitantes.

Los opositores de la Iglesia publicaron "guías" anti-mormonas en las puertas de la Plaza del Templo para contrarrestar los efectos positivos que este centro de visitantes estaba teniendo en la opinión pública sobre los mormones. Sin embargo, en 1904, para acomodar al gran número de turistas, la Iglesia construyó un edificio de granito más grande cerca de la puerta sur de la Plaza del Templo para ser un centro de visitantes. En 1905, el número de visitantes anuales aumentó a 200.000. En 1915, se agregó una segundo pisoa al edificio para albergar el Museo Deseret.

Otros Centros de Visitantes

Los antecedentes personales de El president Joseph F. Smith intensificaron su interés por la historia de la Iglesia. Bajo su administración, muchos de los sitios actuales de la historia temprana de la iglesia fueron comprados.

— El 5 de noviembre de 1903, la Iglesia compró el primer sitio, la cárcel de Cartago en Illinois.
— En 1904, se compraron 20 acres de tierra en Independence, Misuri, cerca del sitio del templo.
— La Iglesia también compró el sitio del templo en Far West, al norte de Misuri.

El 23 de diciembre de 1905, la iglesia dedicó el monumento a José Smith en su lugar de nacimiento en Vermont.

— Esa fecha correspondió al centenario del nacimiento del Profeta José Smith.
— Las piedras de granito para el monumento incluían una piedra de base, una piedra del eje, y una piedra angular.
— El eje tenía 38 ½ pies de largo (que correspondía a la edad de José) y se cortó de un bloque de 60 toneladas.
— Mover la piedra del eje 6 millas desde la cabecera del ferrocarril al sitio tomó veinte días.

En varios de estos sitios, se construyeron oficinas de información, siguiendo el modelo de la de la Plaza del Templo.

— En junio de 1907, la Iglesia compró la granja Smith de
— 100 acres y la Arboleda Sagrada en Manchester, Nueva York.
— En febrero de 1915, el Presidente Smith llamó a Willard Bean y a su esposa para que representaran a la Iglesia y explotaran la granja de Smith en Manchester, Nueva York.

A pesar del severo prejuicio anti-mormón, los Bean finalmente ganaron el respeto de la gente en Palmyra. Bean fue fundamental en ayudar a la Iglesia a comprar varios otros sitios históricos importantes allí. Su llamado original para servir "cinco años o más" terminó durando 25 años.

La Iglesia Publica su Propia Historia

Al mismo tiempo, el *Tribuno de Salt Lake* publicó una historia falsa según la cual Solomon Spaulding escribió el Libro de Mormón. Era una separata de uno escrito por Theodore Schroeder que apareció en la *Revista*

Histórica de Nueva York. El élder B. H. Roberts escribió una refutación a la revista, que luego lo invitó a escribir una historia de la Iglesia.

Partes de esta historia aparecieron durante los próximos 6 años en Americana, el nuevo nombre de la revista. Más adelante estos artículos formaron la base para su libro de seis volúmenes *Una Historia Completa de la Iglesia*,[24] que presentó a la Iglesia como un regalo durante la celebración del centenario en 1930.

UN PROGRAMA DE EDIFICACIÓN AMPLIADO

Durante el mandato de Joseph F. Smith como Presidente de la Iglesia, se construyeron muchos edificios importantes, edificios temporales y sagrados en muchos lugares del mundo.

Edificio de los Obispos

— En enero de 1905, el Hospital SUD se inauguró en Salt Lake City.
— El 27 de enero de 1910, el Edificio de los Obispos fue dedicado detrás del Hotel Utah, al otro lado de la calle del Templo.
— El 9 de junio de 1911, el Hotel Utah abrió justo al este de la manzana del Temple en Salt Lake City.
— El 27 de julio de 1913, el presidente Smith dedicó la tierra para un templo en Cardston, Alberta, Canadá.
— El 1 de junio de 1915, el presidente Smith dedicó un sitio del templo en Laie, Hawái, donde él sirvió una misión como un jovenero de
— El 2 de octubre de 1917, el Edificio de Administración de la Iglesia se abrió al lado del Hotel Utah en la Calle Sur del Templo.

Edificio de administración

La Iglesia también mantuvo o adquirió interés en otros negocios, como Noticias de Deseret, la Compañía de Seguros de Vida Beneficiosa, y la Institución Cooperativa Mercantil de Sión (ZCMI). "Una de las inversiones más grandes de la Iglesia fue en el nuevo Hotel Utah, que abrió justo al este de la Plaza del Templo en 1911. El Presidente Smith defendió el interés de la Iglesia en esta empresa citando Doctrina y Convenios 124:22–24, 60 y señalando que El Hotel Utah llenaría una función similar a la que el Señor había especificado para la Casa Nauvoo. El hotel sería un lugar donde "el viajero cansado" podría encontrar descanso y "contemplar la gloria de Sión."[25]

NUEVO SACERDOCIO Y PROGRAMAS AUXILIARES

El Presidente Smith también inauguró importantes cambios en los programas auxiliares de la Iglesia, y en las revistas que publicaron.

— En enero de 1902, la Primaria comenzó a publicar el *Amigo de los Niños*.
— En 1902, la Sociedad de Socorro introdujo "Clases de Madres" en su currícula.
— En 1903, grupos separados de Jóvenes Varones y Jóvenes Mujeres principiantes y de más nivel fueron organizados en toda la Iglesia.
— En 1906, la Escuela Dominical organizó clases para adultos (antes sólo eran para niños y jóvenes).
— En 1906, El president David O. McKay, un educador, se convirtió en Apóstol y miembro de la junta general de las SS.
— El élder McKay introdujo mejoras en los métodos de enseñanza: objetivos de las lecciones, materiales, materiales didácticos y aplicación práctica de las lecciones a la vida cotidiana.
— También se desarrolló un plan de estudios específico para cada grupo etario.

En 1907, el Presidente Smith volvió a hacer hincapié en la responsabilidad de los Setenta de hacer obra misionera, y les instó a prepararse mejor para ese propósito.

— Desafió a los quórums de los setenta a ser "escuelas de aprendizaje e instrucción, en las cuales ellos puedan calificarse para cada trabajo y deber que puedan ser requeridos de sus manos."26
— El élder B. H. Roberts preparó un manual de lecciones, *El Curso en Teología de los Setenta*27, e hizo mucho para despertar el entusiasmo por el estudio del Evangelio en toda la Iglesia.

En 1909, el presidente Smith inauguró las reuniones semanales del sacerdocio de sala los lunes por la noche.

— Éstas cambiaron más adelante a las mañanas de domingo.
— Anteriormente, la mayoría de los quórums del sacerdocio se reunían mensualmente, y no todos al mismo tiempo.
— Se sistematizaron las edades para las ordenaciones a los cargos del sacerdocio Aarónico: diáconos a los 12, maestros a los 15, sacerdotes a los 18 y élderes a los 21.
— Esto proporcionó un curso de estudio planificado para cada quórum.

El presidente Smith declaró en la conferencia general de abril de 1906:

Esperamos ver el día… cuando cada consejo del sacerdocio en la Iglesia de Jesucristo de los Santos de los Últimos Días entenderá su deber, asumirá su propia responsabilidad, magnificará su vocación…. cuando llegue ese día, no habrá tanta necesidad del trabajo que ahora están haciendo las organizaciones auxiliares, porque lo harán los quórums regulares del sacerdocio. El Señor lo diseñó y comprendió desde el principio, y Él ha provisto en la Iglesia por la cual cada necesidad puede cubrirse y ser satisfecha a través de las organizaciones regulares del sacerdocio.28

El 7 de abril de 1910, el presidente Smith ordenó a su hijo El élder Joseph Fielding Smith Apóstol. El élder Joseph Fielding Smith tenía 33 años. El presidente Joseph F. Smith tenía 71 años.

Durante los próximos cinco años, se realizaron una serie de importantes cambios en la organización auxiliar:

— El 3 de octubre de 1910, Emmeline B. Wells fue llamada para ser la quinta presidente general de la Sociedad de Socorro.
— En 1914, la Sociedad de Socorro comenzó lecciones semanales uniformes sobre teología, tareas de la casa, literatura, etc.
— En enero de 1915, la Revista de la Sociedad de Socorro comenzó la publicación.
— En 1911, la organización de la Primaria estableció un fondo para hospitales, que se convirtió en una campaña anual "Peniques por la Pulgada." El hospital se completó en 1922.

La Primaria también mejoró sus programas para niños agregando nombres y emblemas a clases para niños mayores:

— Los muchachos llegaron a ser conocidos como Constructores del Camino y las muchachas como Constructoras del Hogar.

Los programas de Jóvenes Varones y Jóvenes Mujeres realizaron cambios significativos:

— El 29 de noviembre de 1911, la Iglesia adoptó oficialmente Boy Scouting (muchachos Exploradores) como el programa de la Iglesia para jóvenes.

— El 21 de mayo de 1913, la Iglesia se afilió oficialmente a los Muchachos Exploradores de América. La Iglesia se convirtió en uno de los mayores patrocinadores del movimiento Muchachos Exploradores en el mundo.
— Como resultado, la edad de entrada en el YMMIA se redujo a doce.
— En 1915, las Mujeres Jóvenes comenzaron el programa Beehive (Colmena) para niñas de la misma edad que los Scouts.
— En el otoño de 1916, la Primera Presidencia organizó el Comité de Asesoría Social, lo que desalentó a los jóvenes de caer en bailes indebidos, el tabaquismo, y vestimentas inmodestas.
— La Asociación de Mejoramiento Mutuo (AMM) también amplió los programas recreativos y sociales.

Muchos miembros de la Iglesia no son conscientes de cuán amplios fueron los cambios introducidos en los programas de la Iglesia bajo el liderazgo del presidente Joseph F. Smith. Muchos de estos cambios se mantienen hasta el día de hoy y se han convertido en un lugar común en los barrios y las estacas locales. Fue la visión del presidente Joseph F. Smith la que produjo estos cambios necesarios para que una Iglesia entrara en el siglo XX.

LA FAMILIA

Se Alientan las Noches Familiares

Tampoco muchos son conscientes de que fue El president Joseph F. Smith quien comenzó el estímulo oficial de la Iglesia para que las familias celebraran regularmente noches familiares.

En 1903, el Presidente Smith enfatizó:

Los programas de la Iglesia deben complementar nuestras enseñanzas y la formación en el hogar. Ningún niño en cien se desviaría, si el ambiente familiar, el ejemplo y el entrenamiento estuvieran en armonía con la verdad en el Evangelio de Cristo.[29]

En 1909, la Estaca de Granito en Salt Lake City inauguró un programa semanal de noches en casa para familias. El Presidente Smith declaró que la acción de la presidencia de estaca fue inspirada, y en 1915 la Primera Presidencia recomendó que se adoptara una actividad similar mensualmente en toda la Iglesia:

Aconsejamos e instamos a la inauguración de una "Noche de Hogar" en toda la Iglesia, momento en el cual los padres y las madres pueden reunir a sus hijos en el hogar y enseñarles la palabra del Señor. Por lo tanto, pueden aprender más plenamente las necesidades y requerimientos de sus familias.

… Si los Santos obedecen este consejo, les prometemos que vendrán grandes bendiciones. Aumentará el amor en el hogar y la obediencia a los padres. La fe se desarrollará en los corazones de la juventud de Israel, y ellos ganarán poder para combatir la influencia maligna y las tentaciones que los acosan.[30]

DESARROLLOS EN EL EXTRANJERO

Templos

En 1906, durante el verano, el presidente Smith visitó Europa como el primer Presidente de la iglesia para visitar allí. Durante su gira, en una conferencia en Berna, Suiza pronunció una profecía acerca de los templos.

El president Joseph F. Smith dijo: "Llegará el tiempo en que esta tierra estará salpicada de templos, donde podrás ir y redimir a tus muertos."[31]

El primer templo de los Últimos Días en Europa, el Templo Suizo, fue dedicado medio siglo después.

El Fin de la Emigración a Utah

En 1911, la Primera Presidencia emitió esta declaración: "Es deseable que nuestro pueblo permanezca en sus tierras nativas y forme congregaciones de carácter permanente para ayudar en el trabajo de proselitismo."[32]

Primera Guerra Mundial

En 1914, comenzó en Europa la Primera Guerra Mundial, con los Estados Unidos entrando en el conflicto en 1917. Los Soldados de los SUD en todos lados del conflicto lucharon y murieron por sus países. En Utah, se alistaron 24.382 hombres, incluyendo 6 de los hijos de El president Joseph F. Smith. La unidad militar voluntaria de Utah, el 145º Regimiento de Artillería de Campo, tenía 1500 oficiales y hombres. Su capellán fue El élder B. H. Roberts del Primer Concilio de los Setenta. Seiscientos hombres de este moderno "Batallón Mormón" cumplieron con su deber en el extranjero.

La Cruz Roja pidió a Utah $ 350,000 para ayuda y recibió $ 520,000. Se les pidió a los habitantes de Utah que compraran $ 6.500.000 en bonos liberty; En lugar de eso, compraron 9.400.000 dólares. La Iglesia, como institución, participó oficialmente comprando 850.000 dólares en bonos liberty. Además, las organizaciones auxiliares compraron 600.000 dólares en bonos con sus propios fondos. Las mujeres de la Sociedad de Socorro también participaron activamente con la Cruz Roja. Además, la Sociedad de Socorro vendió más de 200.000 bushels de trigo al gobierno de los EE.UU. para ayudar a Europa. Todas estas cosas eran una evidencia de la lealtad y el patriotismo de los Santos, y la prensa elogió sus acciones.

La conferencia general de la Iglesia del mes de abril estaba en sesión cuando los Estados Unidos entraron oficialmente en guerra en 1917. El president Joseph F. Smith dijo en su discurso de apertura que los Santos, aun en el frente del conflicto, deben mantener el espíritu del evangelio. Incluso en la guerra el pueblo debe mantener "el espíritu de humanidad, amor y paz." Instruyó a los posibles soldados a recordar que eran "ministros de la vida y no de la muerte; y cuando salieran, pudieran salir con el espíritu de defender las libertades de la humanidad más bien que con el propósito de destruir al enemigo."[33]

DESARROLLOS DOCTRINALES

El Origen del Hombre

El entusiasmo público por "la era de la ciencia" cada vez más hizo que la gente buscara el intelecto humano antes que en la teología entender la naturaleza del universo y de la sociedad. Los eruditos comenzaron a cuestionar el significado e incluso la autenticidad de las escrituras. Algunos de los debates más acalorados se centraron en la creación de la tierra y la teoría de la evolución.

La Primera Presidencia pidió al El élder Orson F. Whitney del Quórum de los Doce Apóstoles que redactara una declaración que transmitiría la posición oficial de la Iglesia sobre el origen del hombre. En noviembre de 1909, esta declaración fue publicada en el mundo como una declaración oficial de la Iglesia.

La Primera Presidencia dijo:

Todos los hombres y mujeres están hechos a semejanza del Padre y Madre universal, y son literalmente los hijos e hijas de la Deidad.

… El hombre, como un espíritu, fue engendrado y nacido de padres celestiales, y criado a la madurez en las mansiones eternas del Padre, antes de venir sobre la tierra en un cuerpo temporal para experimentar una experiencia en la mortalidad.

… Algunos sostenían que Adán no fue el primer hombre en esta tierra, y que el ser humano original fue un desarrollo de órdenes inferiores de la creación animal. Estas, sin embargo, son las teorías de los hombres. La palabra del Señor declara que Adán fue "el primer hombre de todos los hombres" (Moisés 1:34), y por lo tanto estamos obligados a considerarlo como el padre primordial de nuestra raza…. El hombre comenzó la vida como un ser humano, a semejanza de nuestro Padre celestial.[34]

El president Joseph F. Smith le preocupaba que las discusiones sobre la teoría de la evolución confundieran a los jóvenes:

Ella deja a los jóvenes de la Iglesia en un estado de ánimo inestable. Ellos no son lo suficientemente viejos y aprenden lo suficiente como para discriminar, o poner las limitaciones adecuadas a una teoría que creemos que es más o menos una falacia…. Llegando a la conclusión que la mejor manera de evitar las discusiones sobre la evolución sería mejor dejarlas para nuestras escuelas de la Iglesia, estamos decidiendo que es una cuestión de corrección y no nos proponemos decir cuánto de la evolución es verdadero o cuánto es falso. La Iglesia misma no tiene ninguna filosofía sobre el modus operandi empleado por el Señor en Su creación del mundo…. Dios nos ha revelado una manera simple y eficaz de servirle.[35]

Las Obras del élder James E. Talmage

El élder James E. Talmage fue un destacado erudito, conferenciante, autor y ex presidente de la Universidad de Utah. En la década de 1890, preparó y dio una serie de conferencias sobre los Artículos de Fe, que fueron publicadas por primera vez en el *Instructor Juvenil*. En 1899, este material fue publicado en forma de libro como *Los Artículos de Fe*[36] por autorización de la Primera Presidencia.

En diciembre de 1911, cuando El élder Charles W. Penrose fue llamado para ser el segundo consejero en la Primera Presidencia, El élder James E. Talmage fue llamado para llenar la vacante resultante en el Quórum de los Doce Apóstoles y fue ordenado al apostolado el 8 de diciembre 1911.

En 1912, un no mormón falto de ética obtuvo fotografías del interior del Templo de Salt Lake e intentó venderlas a la Iglesia por $ 40,000; De lo contrario las vendería a revistas en el Este. En lugar de someterse al chantaje, El élder Talmage recomendó que se escribiera un libro para discutir en términos generales lo ocurrido en los templos de los Santos de los Últimos Días. El libro resultante, *La Casa del Señor*,[37] fue ilustrado con fotografías del interior del Templo de Salt Lake.

En 1915–16, Talmage publicó *Jesús, el Cristo*,[38] basado en una serie de conferencias dadas una década antes. Para facilitar este trabajo, fue excusado por un tiempo de muchas de sus asignaciones de la conferencia de estaca. Escribió la mayor parte del libro en el Templo de Salt Lake, rara vez volviendo a casa antes de medianoche. El libro se completó en sólo siete meses.

El élder James E. Talmage escribió en su diario el 19 de abril de 1915:

Terminada la escritura real del libro *Jesús, el Cristo*, al cual he dedicado cada hora libre desde que se estableciera la composición de la obra el 14 de septiembre pasado (1914). Si no hubiera sido que tuve el privilegio de hacer esta obra en el Templo, estaría muy lejos de terminarla. He sentido la inspiración del lugar y he apreciado la privacidad y tranquilidad existente allí para hacerla. Espero continuar con el trabajo de revisión sin demora.[39]

Respuestas a la Crítica de la Perla de Gran Precio

La así llamada "crítica más versada" de los intelectuales también estaba dirigida a las escrituras de los Santos de los Últimos Días. En 1912, el reverendo RS Spalding, obispo episcopal de Utah, publicó un folleto titulado "José Smith, Hijo., Como Traductor." El folleto contrastaba las interpretaciones de ocho egiptólogos con las explicaciones de José Smith sobre los facsímiles en el libro de Abrahán en la Perla de Gran Precio.

Sintiendo la necesidad de responder a semejante crítica, de febrero a septiembre de 1913, la Iglesia publicó una serie de artículos en la Era de Mejora proporcionando las posibles respuestas.

Advertencia sobre Revelación Falsa

El 2 de agosto de 1913, la Primera Presidencia emitió una advertencia sobre revelación falsa. Ciertos individuos afirmaron saber la localización de metales preciosos por medio de los sueños. Estaban instando a otros a aceptar estas revelaciones e ignorar el consejo de las cabezas de la Iglesia.

La Primera Presidencia dijo:

> Cuando las visiones, los sueños, las lenguas, las profecías, las impresiones o cualquier don o inspiración extraordinaria transmiten algo que esté en armonía con las revelaciones aceptadas de la Iglesia o contrario a las decisiones de sus autoridades constituidas, los Santos de los Últimos Días pueden saber que no es de Dios, No importa lo plausible que pueda parecer. También deben comprender que las instrucciones para la guía de la Iglesia vendrán, por revelación, a través de la cabeza. Todos los miembros fieles tienen derecho a la inspiración del Espíritu Santo para sí mismos, para sus familias y para aquellos sobre quienes son nombrados y ordenados a presidir. Pero cualquier cosa que esté en desacuerdo con aquello que viene de Dios a través de la cabeza de la Iglesia no debe ser recibida como autoritaria o confiable.[40]

El Padre y el Hijo

El 30 de junio de 1916, la Primera Presidencia emitió una exposición doctrinal sobre el Padre y el Hijo. Habían surgido preguntas acerca de los roles relativos de Dios el Padre, Jesucristo, el Espíritu Santo, y Miguel, o Adán.

La Primera Presidencia explicó entre otras cosas:

> El término "Padre" aplicado a la Deidad se da en escritura sagrada con significados claramente diferentes: Dios es el padre, o el padre literal de nuestros espíritus. Jesucristo es el padre, o el creador de esta tierra.

> El Salvador también es el padre de aquellos que reciben el renacimiento espiritual a través de vivir el evangelio. Jesús puede ser llamado el padre ya que Él representa a Elohim aquí en la tierra "en poder y autoridad." Sin embargo, Jesucristo no es el Padre de los espíritus que han tomado o aún tomarán cuerpos sobre esta tierra, porque Él es uno de ellos.[41]

La Divinidad

El Presidente Smith también respondió a una pregunta relacionada con la Divinidad emitiendo una declaración sobre este tema. Entre otras cosas, dijo:

[Aunque los términos "Espíritu Santo" y "Espíritu del Señor" se usan a menudo indistintamente,] "el Espíritu Santo es un personaje en la Deidad", mientras que la luz de Cristo o el espíritu del Señor "es el Espíritu de Dios el cual procede por medio de Cristo al mundo, que ilumina a todo hombre que viene al mundo, y que lucha con los hijos de los hombres, y continuará luchando con ellos, hasta que los lleve al conocimiento de la verdad y la posesión de la luz más grande y testimonio del Espíritu Santo."[42]

El libro de El president Joseph F. Smith, *Doctrina del Evangelio*, que es una recopilación de sus sermones y escritos, fue publicado en 1939. Contenía la declaración anterior, y se convirtió en un estándar para la información sobre los conceptos básicos del evangelio.

LA REDENCIÓN DE LOS MUERTOS

Circunstancias de la Revelación

Al final de su vida, el velo era muy delgado y estaba en continua comunicación con el Espíritu. Reflexionaba sobre la pregunta: "¿Cómo pudo Jesús haber ido personalmente a los impíos entre los espíritus y predicado directamente a ellos cuando estuvo solo en el sepulcro durante tres días?"

El 3 de octubre de 1918, el Presidente Smith recibió una visión que le mostraba que el Salvador no había ido personalmente, sino que había organizado a Su pueblo fiel para ir e impartir la enseñanza.

El president Joseph F. Smith dijo el 4 de octubre de 1918, en la conferencia general:

No quiero, no me atrevo a intentar entrar en muchas cosas que están descansando en mi mente esta mañana, y las pospondré hasta algún tiempo futuro, el Señor está dispuesto, mi intento de deciros algunas de las cosas que están en mi mente, y que moran en mi corazón. No he vivido solo estos cinco meses. He vivido en el espíritu de oración, de súplica, de fe y de determinación; Y he tenido mi comunicación con el Espíritu del Señor continuamente.[43]

El Presidente Smith más tarde, narró la visión:

Mientras meditaba sobre estas cosas que estaban escritas, se abrieron mis ojos, y el Espíritu del Señor se posó sobre mí, y vi las huestes de los muertos, pequeños y grandes. Y estaban reunidos en un lugar una innumerable compañía de los espíritus de los justos, que habían sido fieles en el testimonio de Jesús mientras vivieron en la mortalidad…. Yo vi que estaban llenos de gozo y alegría, y se regocijaban juntos porque el día de su liberación estaba cerca. Ellos estaban reunidos esperando el advenimiento del Hijo de Dios en el mundo espiritual, para declarar su redención de las bandas de la muerte…. El espíritu y el cuerpo debían unirse para nunca más ser divididos, para recibir una plenitud de gozo.[44]

El Presidente Smith observó que los espíritus justos que han terminado la vida terrenal están ocupados enseñando a aquellos en la prisión espiritual. Nosotros en la tierra, entonces debemos realizar las ordenanzas terrenales necesarias para ellos.

La Muerte de El president Joseph F. Smith

Cuando se acercaba al final de su vida, El president Joseph F. Smith no temió la muerte. Joseph F. Smith dijo:

Me alegro de haber nacido para vivir, para morir y para vivir de nuevo. Doy gracias a Dios por esta inteligencia. Me da alegría y paz que el mundo no puede dar, ni el mundo puede quitarla…. No tengo motivos para llorar, ni siquiera a la muerte. Es cierto, soy lo suficientemente débil como para llorar la muerte de mis amigos y parientes…. Pero no tengo motivo para llorar, ni para estar triste porque la muerte viene al mundo…. Todo temor de esta muerte [temporal] ha sido removido de los Santos de los Últimos Días.[45]

El 19 de noviembre de 1918, a la edad de 80 años, el Presidente Smith moría en Salt Lake City después de 17 años como Presidente de la Iglesia.

LOGROS Y TESTIMONIOS

Logros

El president Joseph F. Smith condujo la Iglesia durante la mayor parte de las dos primeras décadas del siglo XX. Su administración y su vida personal representaban vínculos importantes con el pasado y con el futuro. Era un hijo del patriarca martirizado, Hyrum Smith, y participó en la migración pionera a Utah.

Se le recuerda a El president Joseph F. Smith como un importante vínculo con los fundadores de la Iglesia, como un hombre que sirvió con gran capacidad desde su adolescencia y como el Presidente que llevó a la organización de la Iglesia en el siglo XX y que guió a los Santos a través de los desafíos de la Primera Guerra Mundial. Su énfasis en las noches de hogar en familia y la correlación entre el sacerdocio y las actividades auxiliares prefiguró el desarrollo futuro de estos programas.

El élder James E. Talmage, miembro del Quórum de los Doce Apóstoles, declaró:

Yo doy testimonio ante vosotros que El president Joseph F. Smith fue uno de los verdaderos Apóstoles del Señor Jesucristo. He escuchado sus resonantes palabras de testimonio y advertencia ante las asambleas de miles, y he estado sentado solo con él en muy raras ocasiones, y en ocasiones menos frecuentes, mas aún no comunes, con mis hermanos y asociados, le he oído predicar en conversación, y nunca he visto su rostro tan iluminado ni su cuerpo tan emocionado de poder como cuando estaba dando testimonio del Cristo. Me pareció que conocía a Jesucristo como un hombre conoce a su amigo.46

Testimonio

A El president Joseph F. Smith se le permitió durante su vida ver al Salvador y al mundo espiritual.

El Presidente Smith testificó:

[Yo he] recibido el testimonio del Espíritu en mi corazón, y testifico ante Dios, ángeles y hombres, sin temor de las consecuencias, que sé que mi Redentor vive, y lo veré cara a cara, y estaré con Él en mi cuerpo resucitado sobre esta tierra, si soy fiel; porque Dios me lo ha revelado. He recibido el testimonio, y llevo mi testimonio, y mi testimonio es verdadero.[47]

Notas:

1. Uno de los resúmenes más útiles de la vida de Joseph F. Smith es El élder Joseph Fielding Smith, *La Vida de Joseph F. Smith* (1938). Esta cita es de la página 131. Este capítulo cita y resume mucho de ese libro, así como del Manual del Instituto CES titulado *Historia de la Iglesia en el Cumplimiento de los Tiempos* [2003]. Agradecidamente reconocer sus contribuciones a este capítulo.
2. "La fe y los milagros de la pionera mormona Mary Fielding Smith", en el *Santo de los Últimos Días de Moroni* http://www.moroni10.com/mormon_history/mary-fielding-smith.html, accedido el 2 de enero de 2013.

3. "La fe y y los milagros de la pionera mormona Mary Fielding Smith."

4. *La Vida de Joseph F. Smith*, pág. 135.

5. *La Vida de Joseph F. Smith*, pág. 136.

6. *La Vida de Joseph F. Smith*, pág. 132.

7. *La Vida de Joseph F. Smith*, pág. 133.

8. *La Vida de Joseph F. Smith*, pág. 150.

9. *La Vida de Joseph F. Smith*, págs. 153–54.

10. "Una Piadosa Madre Pionera," *La Era de la Mejora*, julio de 1918, págs. 757–58.

11. Citado en Joseph F. Smith, *Doctrina del Evangelio*, 5ª edición (1939), pág. 229.

12. *La Vida de Joseph F. Smith*, pág. 164.

13. *La Vida de Joseph F. Smith*, pág. 452.

14. En el Informe de Conferencias, junio de 1919, pág. 62.

15. *La Vida de Joseph F. Smith*, pág. 186.

16. *Doctrina del Evangelio*, págs. 541–43.

17. *La Vida de Joseph F. Smith*, págs. 176–77.

18. *La Vida de Joseph F. Smith*, pág. 189.

19. "Oh, Señor, Mantén Mi Timón Verdadero", discurso devocional dado en la Universidad del Brigham Young, mientras, por El élder Holland era Presidente de la UBY, el 21 de enero de 1986; También en *La Vida de Joseph F. Smith*, págs. 188–89.

20. *La Vida de Joseph F. Smith*, págs. 226–27.

21. Brigham H. Roberts, *Defensa ante el Congreso y Defensores de la Ley* (folleto del registro del Congreso y del Colaborador, 1886, págs. 12–13).

22. En Merrill, "Reed Smoot, Apóstol en Política", págs. 27–28.

23. Charles W. Nibley, *Reminiscencias, 1849–1931* (1934), pág. 125.

24. El élder B. H. Roberts, *Una Historia Completa de la Iglesia*, 6 volúmenes (1930).

25. En Reporte de La Conferencia, octubre de 1911, págs. 129–30.

26. En Reporte de La Conferencia, abril de 1907, págs. 5–6.

27. *El Curso de Teología de los Setenta*, 5 volúmenes (1907–12) por El élder B. H. Roberts.

28. En Reporte de La Conferencia, abril de 1906, pág. 3.

29. "Adoración en el hogar", *La Era de la Mejora*, diciembre de 1903, pág. 138.

30. En James R. Clark, compilado por, *Mensajes de la Primera Presidencia de La Iglesia de Jesucristo de los Santos de los Últimos Días*, 6 volúmenes (1965–75), 4:338–39.

31. Citado en Serge F. Ballif, en Reporte de La Conferencia, octubre de 1920, pág. 90.

32. Clark, *Mensajes*, 4:222.

33. En Reporte de La Conferencia, abril de 1917, pág. 3.

34. "El Origen del Hombre", *La Era de la Mejora*, noviembre de 1909, 78, 80; También en Clark, *Mensajes*, 4:203, 205.

35. "La Filosofía y las Escuelas de la Iglesia", *Instructor Juvenil*, abril de 1911, pág. 209.

36. *Los Artículos de Fe*, 12ª edición (1924).

37. *La Casa del Señor*, por El élder James E. Talmage (1912).

38. *Jesús, el Cristo*, 3ª edición (1916).

39. Diarios de El élder James E. Talmage (copia mecanografiada) (19 de abril de 1915, Archivos de la Universidad El president Brigham Young, Provo) pág. 19; Ortografía estandarizada.

40. Clark, *Mensajes*, 4:284–86.

41. Clark, *Mensajes*, 5:26, 32, 34.

42. *Doctrina del Evangelio*, págs. 67–68.

43. En Reporte de La Conferencia, octubre de 1918, pág. 2.

44. D. y C. 138:11–12, 15–17.

45. *Doctrina del Evangelio*, pág. 428.

46. En Reporte de La Conferencia, junio de 1919, pág. 59.

47. *Doctrina del Evangelio*, pág. 447.

El Presidente Heber J. Grant: Perseverancia, Bienestar y Guerra

[1918–1945]

LOS PRIMEROS AÑOS DE EL PRESIDENT HEBER J. GRANT

Nacimiento y Paternidad

El President Heber J. Grant nació el 22 de noviembre de 1856, en Salt Lake City, Utah. Su padre fue el Apóstol Jedediah M. Grant. Su madre fue Rachel Ridgeway Ivins, quien crió a Heber con gran fe.

Su padre fue el primer alcalde de Salt Lake City y consejero del presidente President Brigham Young. La Ciudad aún no tenía 10 años. A Heber le dieron el apodo de su padre, "Jeddy", como segundo nombre. Nueve días después del nacimiento de Heber, el 1 de diciembre de 1856, su padre murió, dejando a su madre viuda después de sólo un año de matrimonio.

Bryant S. Hinckley escribió:

> En 1856, cuando Salt Lake City estaba en su infancia y muchos de sus habitantes todavía vivían en cabañas de troncos y todos sus lugares de negocios se enfrentaban a una amplia y a menudo polvorienta calle, en un hogar pionero, donde se encuentra ahora la Institución Cooperativa Mercantil de Sión (ICMS), nacía un hijo de la promesa. Cuando este niño tenía nueve días, moría su padre. Su madre viuda quedó en la pobreza. Si el delicado bebé sobreviviera, lo que muchos dudaban que hiciera, debía tener el más tierno cuidado. Él sobrevivió, y la historia de sus logros como muchacho y hombre debería, para siempre, sacudir las imaginaciones de los jóvenes aspirantes.[1]

Después de que murió Jedediah Grant, Rachel se casó con el hermano de Jedediah George Grant, pero cayó en el alcoholismo, así que ella se divorció de él. Rachel se volvió la influencia dominante en la vida de Heber. Ella sirvió por muchos años como presidenta de la Sociedad de Socorro de la Sala 13 en el centro de Salt Lake City. Se sostenía a sí misma y a su hijo cosiendo y tomando pensionistas. Era una mujer autosuficiente y valiente, que había conocido y amado al Profeta José Smith, habiendo sido previamente sellada a él.

Mientras Heber fue niño pequeño, Heber C. Kimball lo mantenía sobre una mesa y profetizó que algún día sería un Apóstol y un hombre de la Iglesia más grande que su propio padre, Jedediah. Al escuchar y creer esto, su madre trató de criar a su hijo para "comportarse" y alcanzar su máximo potencial.

Heber como un niño

El presidente President David O. McKay dijo: "Privado de la compañía de un padre, el Presidente Grant apreciaba cada vez más el poder transformador del amor de una madre. Fue ella quien cambió su timidez en coraje; Su auto - deprecio en confianza en sí mismo; impetuosidad en autocontrol; Falta de iniciativa en perseverancia."[2]

Infancia

El tabernáculo, el templo y el teatro de Salt Lake estaban en construcción durante su infancia. A Heber le encantaba jugar a las canicas en las calles y jardines de Salt Lake City, y usó las canicas que ganó en estos juegos para pagar a sus amigos para hacer sus tareas. Le encantaba jugar al béisbol, aunque inicialmente no era muy bueno. También asistía a la escuela El President Brigham Young.

Sus mejores amigos fueron Feramorz L. y Richard W. Young, un hijo y un nieto de El President Brigham Young. A veces, cuando se tocaba la campana de oración de la Casa de los Leones, se unía a las oraciones familiares de los Jóvenes. En al menos una de esas ocasiones, el joven Heber se asomó para ver si Brigham estaba hablando cara a cara con su Padre Celestial, porque sus oraciones sonaban como si así fuera.

Tuvo conversaciones infantiles con El Presidente Brigham Young, Eliza R. Snow y el Apóstol Erastus Snow. Aprendió de Erastus sobre José Smith y sobre su propio padre que era amigo de José. Su padre era tan querido que su solo nombre abría las puertas de la oportunidad para Heber a una edad muy jovenero de La gente también reconoció su capacidad inusual y carácter sólido muy temprano en su vida. Aun así, Heber mostró gran humildad, incluso insuficiencia, en sus evaluaciones de sí mismo. Sentía que podría alcanzar sus metas solamente con gran determinación y esfuerzo.

Cuando las viudas de Jedediah (incluida la madre de Heber) no pudieron cubrir los gastos, vendieron su casa en la Calle Principal de Salt Lake City y dividieron el dinero entre los herederos de Jedediah. La madre de Heber recibió quinientos dólares, con lo que compró una casita. Se sostenía a sí misma ya su hijo cosiendo para otros y tomando huéspedes. Ella creía que el Señor los bendeciría si tenían fe, trabajaran duro y guardaban los mandamientos. Pero esos fueron años difíciles de escasez para Heber y su madre.

Ronald L. Walker dijo: "Hubo noches de pesadez sin fuego y una escasa dieta que permitió sólo varias libras de mantequilla y azúcar durante todo un año. Una Navidad Rachel Grant lloró porque le faltó un centavo para comprar un caramelo para las vacaciones de Heber."[3]

Heber y su madre

Una vez durante una fuerte lluvia, pusieron seis cubos en el suelo para atrapar el agua que venía a través del techo que goteaba. El obispo Edwin D. Woolley (abuelo de El President Spencer W. Kimball) se acercó y se ofreció a tomar el dinero de las ofrendas de ayuno y poner un nuevo techo a la casa. Ella se negó, diciendo que podía hacerse cargo de su hijo hasta que se convirtiera en hombre y le construyera una casa nueva. Más tarde Heber construyó a su madre un hogar cómodo, e invitó al obispo Woolley a dedicarlo. A partir de estas experiencias, Heber aprendió a trabajar duro y a nunca utilizar las dificultades como una razón para quejarse.

Adultez Temprana

En 1871, a la edad de 14 años, Heber tomó un trabajo como mensajero en una oficina de seguros. Ese mismo año, a la edad de 14 años, fue ordenado uno de los Setenta. Cuatro años más tarde, en 1875, a la edad de 18 años, se convirtió en superintendente de la Primera Sala de la Asociación de Mejoramiento Mutuo de Jóvenes Hombres (AMMJH).

En 1876, a la edad de 19 años, fue elegido cajero asistente del Banco de Ahorros y la Compañía de Fideicomiso de Sión, una posición de considerable confianza y autoridad. En 1890, a la edad de 33 años, se convirtió en Presidente del Banco Estatal de Utah.

En 1877, a los 20 años, el 1 de noviembre, se casó con su primera esposa, Lucy Stringham. Ese mismo año, 1877, moría El presidente President Brigham Young.

Un Hombre de Gran Determinación

Heber fue señalado entre sus compañeros por su disposición a perseverar en la obtención de habilidades que le faltaban pero deseaba: el béisbol, el canto y la caligrafía. A menudo hablaba con los Santos sobre la superación de las limitaciones y sobresalir. Su frase favorita provenía de Ralph Waldo Emerson: "Aquello que persistimos en hacer se vuelve más fácil, no que haya cambiado la naturaleza de la cosa, sino que nuestra capacidad de hacerla ha aumentado."

Cuando era niño, deseaba unirse al equipo de béisbol que ganaría el Campeonato Territorial de Utah, aunque otros creían que era demasiado torpe físicamente para ser un jugador de béisbol exitoso. En respuesta, compró una pelota de béisbol y practicó lanzar la pelota contra su granero hasta que desarrolló su la habilidad suficiente como para unirse a un equipo de béisbol que eventualmente ganó el campeonato territorial de Utah.

De manera similar, expresó su deseo de ser un buen contable, aunque muchos de sus asociados criticaban su caligrafía. También practicó su caligrafía hasta tal punto en que era un calígrafo buscado y fue invitado a enseñar caligrafía en una de las academias locales. Sus habilidades para los negocios llegaron a ser tan buenas que en los últimos años de la década de 1890 fue designado encargado del negocio de la recién formada revista oficial de los SUS, la *Era de la Mejora*.[4]

Tal vez la mejor de las historias queridas de la determinación de Heber es la que concierne a su canto. Estoy en deuda con Joan C. Oviatt, una escritora e investigadora independiente, que resumió la historia en su artículo, "He aprendido a cantar": la Lucha del presidente President Heber J. Grant para Cantar los Himnos de Sión.[5]

El President Heber J. Grant dijo: "Todos los días de mi vida he disfrutado cantando mucho. Cuando yo era un niño de diez años me uní una clase de canto, y el profesor me dijo que nunca podría aprender a cantar.

Desde entonces hasta los 30 años, El President Heber J. Grant trató de aprender por sí mismo a llevar una melodía, pero no pudo hacerlo.—Me hice leer mi carácter por un frenólogo, dijo jocosamente—, y me dijo que podía cantar, pero me dijo que a él le gustaría estar a cuarenta millas de distancia mientras lo hacía. Yo estaba practicando canto… en el edificio Templeton, y la habitación donde lo hacía estaba junto a la de un dentista. La gente en el pasillo decidió que a alguien le estaban estaba extrayendo los dientes."[6]

En 1901, El élder Heber Grant recordó en la conferencia general: "He tenido a muchos de mis amigos que vienen a mí y me ruegan que no cante.… Uno de mis compañeros Apóstoles me dijo: 'Entra, Heber, pero no cantes… En nuestros encuentros en el Templo, los hermanos dirían: "Eso es tan imposible como lo es para el Hermano Grant llevar el ritmo de una canción", y eso lo resolvió; todo el mundo reconoció que era una de las imposibilidades."[7]

Esto sólo hizo que Heber estuviera más decidido a aprender a cantar, y persistió. Describió su profundo anhelo por el "don divino":

> Todos los días de mi vida he tratado de cantar "O Mi Padre", escrito por la Hermana Eliza R. Snow. Cuando yo era niño, junto a mi propia madre, ninguna mujer que haya vivido se interesó tanto en mí, me dio tantos consejos maternos, o me pareció que me amaba más que la Hermana Snow. La amé con todo mi corazón, y amé su himno: "¡Oh, Padre mío!", Dije… Al Hermano Horacio S. Ensign que estaría dispuesto a pasar cuatro o cinco meses de mi tiempo libre si sólo pudiera aprender a cantar ese himno. Me dijo que cualquiera podía aprender a cantar con perseverancia. Le dije que si había algo que yo tenía era perseverancia. Así que le sugerí que nos sentáramos y tomaría mi primera lección de dos horas sobre esa canción. Desde entonces he continuado las lecciones sobre él. Lo he cantado tanto como 115 veces en un día.[8]

El élder Grant sufrió frecuentemente burlas de sus hermanos. Uno dijo que tenía "una voz como una valla de piquete." Otro lo comparó con la terrible poesía de Orson Pratt.

> Al escucharme cantar, uno de los principales funcionarios de la Iglesia, cuando comencé a practicar, comentó que mi canto le recordaba mucho la poesía del fallecido Apóstol Orson Pratt. Dijo que el Hermano Pratt escribió sólo una pieza de poesía, y parecía que había sido cortada de tablas y cortada en seco."[9]

En un viaje a Arizona, El élder Grant preguntó a sus compañeros de viaje, los élderes Rudger Clawson y J. Golden Kimball, si tenían alguna objeción a que cantara cien himnos ese día. "Lo tomaron como una broma", dijo, "y me aseguraron que estarían encantados. Estábamos en camino de Holbrook a St. Johns, a una distancia de unas sesenta millas. Después de haber cantado unas cuarenta veces, me aseguraron que si cantaba los sesenta restantes estarían seguros de tener una postración nerviosa." El élder Grant ignoró sus súplicas y" mantuvo su negociación y cantó los cienero de"[10]

Después de su fracaso en Arizona, El élder Grant fue aún más decidido. En muchas ocasiones cantaba un himno cien veces al día. Y después de dos o tres meses… Me sentí tan seguro de poder cantar los dos himnos: 'Oh Mi Padre' y 'Dios se Mueve de una Manera Misteriosa', y también lo hizo el Señor Ensign, a quién le ofrecí a cantar 'O Mi Padre' en una conferencia de la escuela dominical celebrada en nuestro gran Tabernáculo… Con un total de 10.000 asistentes. La casa estaba llena de gente y algunas personas de pie. "[11] Lo intentó, pero esta vez el miedo escénico lo abrumó y él falló malamente. Él hizo la luz de su propio canto y se disculpó,

pero estaba profundamente entristecido por la risa dolorosa de la audiencia. "Cuando llegué a casa de mi primer intento de cantar en el Tabernáculo, mi hija Lucy… Me dijo: "Papá, tuve que reírme mientras cantabas para no llorar, estaba tan avergonzada de ti."[12] También recibió una carta de su querido amigo el general de brigada Richard W. Young, que pensaba que no era aconsejable cantar en público porque, como Apóstol, "no puedes permitirte cultivar tu tórax a expensas de tu reputación de hombre de juicio."[13]

Sin embargo, a pesar de este fracaso público, y a pesar de las críticas que recibió de familiares y amigos, El élder Grant se negó a desanimarse. "Sólo aumenta mi determinación de aprender a cantar", dijo.[14]

Cuando tenía 43 años, El élder Grant pasó a estar en una sala de reuniones de barrio cuando vio al profesor Charles J. Thomas, el mismo maestro de música que había dicho al El élder Grant cuando era un niño que nunca aprendería a cantar. Le dijo orgullosamente: "Puedo cantar dos canciones," pero el profesor respondió: "No creo ni una palabra de ello." El élder Grant "se acercó a uno de los rincones de la sala de reuniones y, Yo canté para él los seis versos de "Dios se Mueve de una Manera Misteriosa Sus Maravillas para Actuar." Cuando le hice notar que no podía comprenderlo, que no había cometido un error de una sola nota. Le aseguré que lo entendía y que creía que había practicado la canción no menos de cinco mil veces antes de que la aprendiera. Inmediatamente me pidió que me uniera al Coro del Templo, que dirigía en ese momento, y lo hice y cante en su coro durante varios años."[15]

En cuanto a su determinación de cantar, el Presidente Grant dijo más tarde: "He podido, en más de una ocasión…, verificar la veracidad de la cita, "lo que persistimos en hacer es más fácil de hacer, no porque la naturaleza de la cosa haya cambiado, sino porque nuestro poder de hacerla ha aumentado"[16], practicando una canción de horas y luego cantándola en público sin un error. Ahora puedo cantar algo más de doscientas canciones.… Considero que es uno de los mayores logros de mi vida que haya aprendido a cantar."[17] "Nadie conoce el gozo que he tenido al estar de pie en el Tabernáculo y en otros lugares y unirme al canto, porque solía ser una perfecta molestia para mí tratar y fracasar; porque amaba las palabras de los cantos de Sión."[18]

LÍDER Y APÓSTOL

Presidente de Estaca en Tooele

El President Heber J. Grant fue designado como Presidente de la Estaca Tooele a los 23 años por El presidente President John Taylor. Este llamado fue una gran sorpresa para él, porque vivía a 30 millas de Salt Lake City. Se sintió muy inadecuado, sin saber nada de los deberes involucrados, pero no murmuró y lo aceptó con fe.

El presidente Heber J. Grant recordó:

De niño, sin experiencia, nunca habiendo hablado en público en mi vida, durante ningún período de tiempo, nunca diez minutos a la vez, fui llamado a presidir una estaca de Sión. Recuerdo predicando y diciendo todo lo que podía pensar sobre eloo, y parte de ello más de dos veces, y [yo] me quedaba sin ideas en siete minutos y medio por reloj.…

El próximo domingo no lo hice mejor. Me quedé sin ideas en seis o siete minutos. El próximo domingo hice lo mismo. El domingo siguiente llevé conmigo a un par de [hermanos que eran excelentes oradores] y fuimos a la parte sur del condado de Tooele, al poblado más lejano, a la pequeña ciudad de Vernon [aproximadamente a sesenta millas de Salt Lake City].… Había una pequeña casa de reunión de troncos, y, mientras caminaba hacia la reunión… John C. Sharp, que entonces era el obispo de la sala de Vernon, miré a mi alrededor y dije: "Por qué, obispo, no hay nadie que vaya a reunirse."

"Oh", dijo: "Creo que habrá alguien allí."… El recinto no estaba a la vista. Cuando llegamos a la cima de la colina, vi una serie de carretas alrededor de la casa de reuniones, pero no vi ni un alma yendo a la reunión.— Bueno—dije—, hay algunascarretas allí, pero no veo a nadie que vaya a la reunión. Él dijo: "Supongo que habrá alguien en la casa de reunionesllegamos a la casa de reuniones dos minutos antes de las dos Y la casa estaba llena, todos los asientos ocupados, y fuimoss los últimos en entrar. A las dos de la tarde, comenzamos la reunión.[19]

El Espíritu lo ayudó en su discurso y fue capaz de enseñar con inspiración.

Me levanté para dar mi pequeño discurso de cinco, seis, o siete minutos, y hablé durante cuarenta y cinco minutos, con tanta libertad y tanto del Espíritu del Señor como nunca he disfrutado predicando el Evangelio durante los cuarenta años que han pasado desde entonces. No pude contener las lágrimas de gratitud que derramé esa noche, cuando me arrodillé y agradecí a Dios por el rico derramamiento de Su Espíritu Santo.

… Entre otras cosas, le dije a la gente que [cuando acepté el llamado a dirigir la estaca], no sabía nada de los deberes [relacionados con esa vocación], pero con la ayuda del Señor haría lo mejor que pudiera y que con Su ayuda no tenía ningún miedo en absoluto excepto de lo que podría obtener a lo largo.[20]

Aprendió que tal inspiración no viene automáticamente, sin preparación.

Recibí otra lección el próximo domingo por la cual he estado tan agradecido, aunque no tan feliz por ello. Fui a Grantsville, la sala más grande de la Estaca Tooele de Sión, y me acerqué al Señor con la misma actitud que Oliver Cowdery cuando le dijo al Señor: "Quiero traducir."… Pero, fracasando, más tarde le dijeron, que no estudió, y no oró por ello, y no hizo su parte. Le dije al Señor que me gustaría hablar nuevamente a los Santos de Grantsville [como lo había hecho en Vernon]; Me levanté y hablé durante cinco minutos, y yo transpiré tan libremente, creo, como si hubiera sido sumergido en un arroyo, y me quedé sin ideas por completo. Mi charla fue un "fiasco" tan completo, por decirlo así, como solo un mortal podía hacerlo. No derramé lágrimas de gratitud, pero caminé varios kilómetros lejos de esa casa de reunión, hacia los campos, entre las pilas de heno y de paja, y cuando llegué lo suficientemente lejos, para estar seguro de que nadie me veía, me arrodillé detrás de una de esas pilas y derramé lágrimas de humillación. Le pedí a Dios que me perdonara por no recordar que los hombres no podían predicar el Evangelio del Señor Jesucristo con poder, con fuerza y con inspiración solamente cuando son bendecidos con el poder que viene de Dios; Y le dije a Dios que si me perdonaba por mi egoísmo…, Me esforzaría por recordar de dónde viene la inspiración.[21]

Ordenado como Apóstol

Apenas dos años después de convertirse en Presidente de la estaca en Tooele, fue ordenado Apóstol el 16 de octubre de 1882 y se convirtió en miembro del Quórum de los Doce. Fue sólo un mes antes de cumplir 26 años. Luchó durante unos meses, sintiéndose incapaz de ser un testigo especial de Cristo.

Heber J. Grant recordó más tarde:

He sentido mi propia falta de habilidad. En efecto, cuando fui llamado como uno de los Apóstoles me puse de pie para decir que estaba más allá de cualquier cosa que yo fuera digno de serlo, y cuando estaba levantando el pensamiento vino a mí, "Sabes cómo sabes que vives que El presidente President John Taylor es un profeta de Dios, y declinar este cargo cuando ha recibido una revelación equivale a repudiar al profeta. "Le dije:" Yo aceptaré el cargo y daré lo mejor de mí." Recuerdo que fue con dificultad que tomó asiento sin desmayarme.[22]

Hay dos espíritus que luchan con nosotros siempre, uno que nos dice que continuemos nuestra obra para el bueno, y uno que nos dice que con las faltas y los defectos de nuestra naturaleza somos indignos. Puedo decir sinceramente que desde octubre de 1882 hasta febrero de 1883 ese espíritu me siguió día y noche diciéndome que no era digno de ser Apóstol de la Iglesia y que debía renunciar. Cuando yo testificaría de mí. Sabiendo que Jesús es el Cristo, el Hijo del Dios Viviente, el Redentor de la humanidad, parecía como si una voz me dijera: "¡Mientes! ¡Tú mientes! Nunca Lo has visto!"[23]

Durante seis meses después de su llamado como Apóstol, octubre de 1882 a febrero de 1883, Heber siguió sintiéndose inadecuado. Lo atormentaban sentimientos abrumadores de debilidad espiritual e imperfecciones de carácter. Heber buscó humildemente la confirmación del Señor de su llamado sagrado.

Finalmente, en febrero de 1883, mientras viajaba con un grupo de hombres en la reserva Navajo en el norte de Arizona, encontró la oportunidad de estar solo y buscó al Señor nuevamente en oración. En respuesta, recibió una visión.

El élder Heber J. Grant dijo:

Me pareció ver, y me pareció oír, lo que a mí es una de las cosas más reales en toda mi vida, me pareció ver un consejo en el cielo. Parecía oír las palabras que se hablaban…. La Primera Presidencia y el consejo de los Doce Apóstoles no habían podido ponerse de acuerdo sobre dos hombres para llenar las vacantes en el Quórum de los Doce…. En este consejo el Salvador estaba presente, mi padre [Jedediah M. Grant] estaba allí, y el Profeta José Smith estaba allí. Ellos discutían la cuestión que se había cometido un error al no llenar esas dos vacantes y que con toda probabilidad pasarían otros seis meses antes de que se terminara el Quórum y discutían a quiénes querían que ocuparan esas posiciones y decidieron que la forma de remediar el error que se había cometido al no llenar estas vacantes era enviar una revelación. Se me dio que el Profeta José Smith y mi padre me mencionaban y solicitaban que se me llamara para esa posición. Me senté allí y lloré de alegría.

Se decía que yo no había hecho nada para tener derecho a esa exaltada posición, excepto que había vivido una vida limpia y dulce. Se me decía que porque mi padre, había prácticamente sacrificado su vida por lo que se conocía como la gran Reforma, por así decirlo, por pueblo en los primeros días, habiendo sido prácticamente un mártir, el Profeta José y mi padre deseaban que yo ocupara esa posición, y que era debido a su fiel labor que yo era llamado, y no por nada de lo que yo hubiera hecho por mí mismo o por algo que hubiera logrado. También se me decía que todos esos hombres, el Profeta y mi padre, podían hacer por mí; Desde ese día dependía de mí y de sólo de mi si yo haría de mi vida un éxito o un fracaso….

Ningún hombre habría podido ser más infeliz que yo desde octubre de 1882, hasta febrero de 1883, pero desde ese día nunca me he molestado, noche o día, con la idea de que no era digno de ser Apóstol."[24]

El Manifiesto Pone Fin a la Poligamia

A partir de 1883–84, como un Apóstol, é sirvió en una misión a los indios americanos nativos. Luego, a la edad de 27 años en 1884, se casó con Agosto dea Winters y Emily Harris Wells como esposa plural. Seis años más tarde, en 1890, el Manifiesto emitido por El presidente President Wilford Woodruff puso fin al matrimonio plural en la Iglesia. Tres años más tarde, en 1893, murió su primera esposa (y ahora única), Lucy Stringham, , dejándole viudo a los 36 años.

Liderazgo Cívico y de la Iglesia

En 1896, se convirtió en un candidato para la primera gobernación del estado de Utah, pero posteriormente se retiró voluntariamente. En 1897, se convirtió en miembro de la Superintendencia General de la Asociación de Mejoramiento Mutuo de Jóvenes Hombres (AMMJH).

MISIONES A JAPÓN Y EUROPA

La Misión Japonesa

De 1901 a 1903, abrió y luego presidió sobre la misión japonesa. No resultó muy exitosa. El presidente President Heber J. Grant recordó: "Cuando estaba en Japón, sintiendo que no estaba logrando nada, me fui al bosque y me puse de rodillas y le dije al Señor que cuando Él terminara conmigo allí, donde no estaba logrando nada, estaría muy contento y agradecido si me llamara a casa y me enviara a Europa para presidir las misiones europeas. Unos días después llegó un cable: "Volved a casa en el primer barco" y "me fui a casa."[25]

Misiones Británica y Europea

Después de regresar a casa, se le pidió a El President Heber J. Grant que presidiera las misiones británica y europea desde 1904–06.

El presidente Heber J. Grant recordó:

El Hermano El President Joseph F. Smith me dijo: "Heber, me doy cuenta de que no has logrado nada en Japón. Te enviamos allí por tres años, y quiero que pases otro año en Inglaterra, si es que quieres.

Dije: "Estoy perfectamente dispuesto."

Más tarde fui a despedirme y le dije: "Te veré en un poco más de un año." Él dijo: "Oh no, he decidido que sea un año y medio."

Le dije: "Está bien, multiplícalo por dos y no me digas nada más." Y lo hizo.

Quiero que los jóvenes sepan que en todos mis trabajos me he acercado más al Señor, y he logrado más y he gozado más cuando estuve en el campo misionero que nunca antes o después. Hombre es aquel que pueda tener alegría, y la alegría que tuve en el campo misionero fue superior a cualquiera que haya experimentado en otro lugar. Entrad en vuestros corazones, jóvenes, para prepararos a salir al mundo donde podéis poneros de rodillas y acercaros al Señor más que en cualquier otro trabajo.[26]

Su absoluta convicción de la veracidad de su mensaje lo convirtió en un misionero sin temor. En la conferencia de octubre de 1907, dijo: "Reconocemos nuestras debilidades, pero mientras las reconocemos, también podemos proclamar al mundo nuestra fuerza, nuestra fuerza en el conocimiento de que Dios vive, que Jesús es el Cristo, que José Smith es un Profeta de Dios, y que tenemos la verdad para proclamar al mundo."[27]

En 1914, estalló en Europa la Primera Guerra Mundial, envolviendo al mundo en horribles conflictos durante 4 años (hasta 1918).

LIDERANDO LA IGLESIA

Presidente del Quórum de los Doce

El President Heber J. Grant se convirtió en Presidente del Quórum de los Doce el 23 de noviembre de 1916, a la edad de 60 años. Había dedicado muchos años a servir a la Iglesia. Desde la edad de 25 años, había sido miembro del Quórum de los Doce. Ahora él era su Presidente. Pero eso sólo duraría dos años.

Presidente de la Iglesia

En 1918, el 19 de noviembre, El presidente President Joseph F. Smith moría en Salt Lake City. Heber J. Grant se convirtió en Presidente de la Iglesia el 23 de noviembre de 1918, exactamente dos años después de convertirse en Presidente de los Doce.

El Presidente Grant recibió una última bendición especial de su enfermo líder justo antes de su muerte. Su última acusación a El President Heber J. Grant, dada el día de su muerte, fue la siguiente: "El Señor te bendiga, hijo mío, el Señor te bendiga, tienes una gran responsabilidad. Recuerda siempre que esta es la obra del Señor, y no la del hombre. El Señor es más grande que cualquier hombre. Él sabe a quién quiere para dirigir Su Iglesia, y nunca se equivoca. El Señor te bendiga."[28]

El presidente President Heber J. Grant fue el séptimo Presidente de la Iglesia, pero fue el primer nativo de Utaha en convertirse en Presidente de la Iglesia. Sirvió como Presidente de la Iglesia durante 26 años y medio.

Nuevos Consejeros y Apóstoles

Debido a una epidemia de gripe mundial, que obligó a la eliminación de todas las grandes reuniones públicas, el Presidente Grant no fue sostenido como Presidente de la Iglesia hasta junio de 1919. Él eligió Anthon H. Lund y El élder Elder Charles W. Penrose, como sus primero y segundo consejeros. Esto creó una vacante en el Quórum de los Doce que necesitaba ser llenada.

El Presidente Grant, con el consentimiento de sus consejeros, pretendía llamar a su amigo y asociado Richard Young al Apostolado. Sin embargo, cuando se reunió con los Doce, se encontró a sí mismo diciendo que el Señor quería que El élder Elder Melvin J. Ballard llenara la vacante.

En 1921, Anthon H. Lund murió, y el Presidente Grant eligió a El élder Elder Anthony W. Ivins como su nuevo consejero. Esto también creó una vacante en el Quórum de los Doce que necesitaba ser llenada. Llamó a El élder Elder John A. Widtsoe, Presidente de la Universidad de Utah, para llenar la vacante.

Cuatro años después, cuando El élder Elder Charles W. Penrose falleció, el Presidente Grant eligió a Charles W. Nibley para convertirse en su consejero. El élder Elder Joseph Fielding Smith, hijo del presidente President Joseph F. Smith, reemplazó a Anthon H. Lund como historiador de la Iglesia y sirvió en esa posición durante más de medio siglo, convirtiéndose en un importante vínculo entre el pasado y el presente. El élder Elder Joseph Fielding Smith conocía personalmente a cada Presidente de la Iglesia desde El presidente President Brigham Young al Presidente El President Gordon B. Hinckley. Y las Autoridades Generales que fueron llamados por él incluyen El presidente President Harold B. Lee, El presidente President Spencer W. Kimball, y El presidente President Ezra Taft Benson.

La Liga de las Naciones

Al final de la Primera Guerra Mundial, el Presidente Woodrow Wilson, un devoto liberal progresista, quiso establecer una paz mundial permanente. Sus planes incluían una liga de naciones que, mediante la discusión y procedimientos parlamentarios, resolverían los conflictos que podrían surgir entre los países del mundo. Este plan constituía una fuerte desviación postura tradicional de evitar la intervención en el exterior. Una batalla partidista siguió en el senado, con los senadores republicanos, incluyendo el Apóstol de Utah Reed Smoot, apoyando a la liga solamente si se agregaban las enmiendas para preservar la soberanía americana. Otros senadores se opusieron enérgicamente a la liga.

En febrero de 1919, la Primera Presidencia se pronunció a favor de la liga. Otras autoridades generales también hablaron en apoyo de la misma en las conferencias de estaca de ese verano. Sin embargo, sufrió una aplastante derrota en el Congreso de los Estados Unidos. Algunos miembros de la Iglesia se habían opuesto vigorosamente a la Liga, mientras que otros la habían favorecido, causando algunas divisiones dentro de la Iglesia.

En la conferencia de octubre, el Presidente Grant lamentó la amargura que había causado. la controversia Pidió que el espíritu de perdón penetrara entre los Santos de los Últimos Días. Recordó el consejo que había recibido del presidente President John Taylor años atrás: "Hijo mío, nunca olvides que cuando estés en la línea de tu deber, tu corazón estará lleno de amor y perdón." Aquellos que se habían opuesto a la liga, Charles W. Nibley, El élder Elder J. Reuben Clark Jr. y El President David O. McKay, todos ellos posteriormente se convirtieron en sus consejeros de la Primera Presidencia.

En 1919, el 27 de noviembre, el Presidente Grant dedicó el Templo de Laie Hawái. Ese año, la membresía de la Iglesia alcanzó el medio millón. Luego, en diciembre de 1920, el Presidente Grant envió al El presidente President David O. McKay y a Hugh J. Cannon auna gira mundial para reunir información sobre las condiciones bajo las cuales estaban viviendo los Santos de los Últimos Días. Esto afectó grandemente la visión del élder McKay de la Iglesia como una creciente institución mundial.

Cambios Administrativos

Como Presidente de la Iglesia, El presidente President Heber J. Grant instituyó varios cambios administrativos y procedimientos que tendrían un impacto duradero en la Iglesia. Encomendó a la Primera Presidencia que no sirviera más como presidentes de las diversas organizaciones auxiliares.

Reflejando su sólido historial de negocios y entrenamiento, el Presidente Grant organizó la Corporación del Presidente en 1922 para mantener y administrar la propiedad eclesiástica de la Iglesia (libre de impuestos).

Al mismo tiempo, fundó la Corporación de Valores de Sión para administrar las inversiones y los ingresos producidos por las propiedades de la Iglesia.

Radiodifusión

El 6 de mayo de 1922, el Presidente Grant dio la primera emisión radial por la radio KZN (más tarde KSL) en Salt Lake City. Dio testimonio que José Smith era un Profeta de Dios. Dos años más tarde, el 3 de octubre de 1924, la conferencia general fue transmitida por primera vez por radio.

El 15 de julio de 1929, el Coro del Tabernáculo comenzó su primera transmisión de la "Palabra hablada", un mensaje de inspiración y esperanza, creado por El élder Elder Richard L. Evans, que se convirtió en una parte regular del programa. Ese programa continúa hasta el día de hoy, y se ha convertido en la emisión de radio continua de más larga duración en la historia de Estados Unidos.

Templos, Institutos y Sitios Históricos

Siguiendo el ejemplo del presidente President Joseph F. Smith, el Presidente Grant continuó comprando tierras y construyendo edificios en apoyo de la misión de la Iglesia en todo el mundo.

— En 1923, el 26 de agosto, el Presidente Grant dedicó el Templo de Cardston Alberta.
— En 1925, el Presidente Grant abrió una casa de misiones en Salt Lake City.
— Se inauguraron 22 nuevas misiones durante la administración del presidente Heber J. Grant.
— En 1926, la Iglesia compró la granja Peter Whitmer Sr. en Fayette, Nueva York.
— En 1925, en otoño, la Iglesia abrió el primer instituto de religión en Moscú, Idaho.
— En 1927, el 23 de octubre, el Presidente Grant dedicó el Templo de Mesa Arizona.
— En 1928, la Iglesia compró el resto del Cerro Cumorah.

Historias y Celebraciones

Creyendo que la Iglesia necesitaba una historia de un volumen y fácil de leer de la historia de la Restauración, la Primera Presidencia le pidió al El élder Elder Joseph Fielding Smith que escribiera dicho libro. En 1922, terminó el libro *Fundamentos de la Historia de la Iglesia*,[29] y lo publicó en 1922.

Bajo la dirección del Presidente Grant, Andrew Jenson, historiador asistente de la Iglesia, viajó por todo el mundo para reunir los registros históricos de la Iglesia. Luego, compiló más de 800 grandes volúmenes manuscritos, historias de las estacas, salas y misiones individuales, y un "Diario de la Historia" cronológica de la Iglesia.

Durante los años veinte, la Iglesia conmemoró el centenario de la Primera Visión y la visita del Ángel Moroni a José Smith con concursos y ceremonias especiales en Palmyra, Nueva York. Luego, el 6 de abril de 1930, los miembros llenaron el Tabernáculo de Salt Lake para participar en una asamblea solemne en celebración del centenario de la fundación de la Iglesia en 1830.

El élder BH Roberts escribió: "Al parecer, cuando se dio el poderoso grito, vibraron olas de emoción que fueron sostenidas por la interpretación del coro, en este punto, del coro siempre glorioso y alegre Aleluya de *Händel, del Mesías*.[30]

También durante esta conferencia en 1930, el Templo de Salt Lake fue iluminado por primera vez por focos gigantes. Un espectáculo histórico centenario, "El Mensaje de las Edades", fue presentado en un escenario especial en el Tabernáculo. Y El élder Elder B. H. Roberts presentó su monumental libro de seis volúmenes *Una Historia Completa de la Iglesia de Jesucristo de los Santos de los Últimos Días* a los miembros como un clímax apropiado para las celebraciones.

Las estadísticas de la Iglesia[31] reflejaban el grado de crecimiento de la Iglesia durante sus primeros cien años:

	1880	1930
Membresía en la iglesia	160,000*	672,488
Número de estacas	23	104
Número de misiones	9	29
Templos en servicio	1	7
Misioneros de tiempo completo llamados completo llamadosdurante el año	450	2,068

LA GRAN DEPRESIÓN

La Quiebra de la Bolsa

En 1929, el 29 de octubre ("Martes Negro"), la bolsa se estrelló, llevando a la Gran Depresión. Pocos acontecimientos de la historia han tenido un mayor impacto en la Iglesia y sus miembros que esta quiebra.

La década de 1930 trajo graves dificultades económicas a la mayoría de las partes del mundo. En el auge de los años posteriores a la Primera Guerra Mundial, los préstamos imprudentes y el espíritu de especulación habían colocado a la mayoría de las economías de las naciones sobre bases extremadamente débiles. El desplome del mercado de valores de Estados Unidos a fines de 1929 marcó el comienzo de la Gran Depresión. En todo el mundo, las empresas cerraron o redujeron drásticamente la producción, arrojando a un número angustiantemente grande de personas sin trabajo. Las largas filas en las oficinas de empleo y en los comedores populares se convirtieron en una visión demasiado común. El impacto de la Depresión fue particularmente severo en el oeste de los Estados Unidos, donde la mayoría de los Santos de los Últimos Días vivían entonces. Como los precios de los cultivos cayeron, muchos agricultores no pudieron hacer pagos hipotecarios y así perdieron sus tierras. Junto con los miles de trabajadores municipales desempleados, estos agricultores encontraron que los ideales evangélicos de independencia y autosuficiencia eran cada vez más difíciles de mantener. En medio de estas difíciles dificultades económicas, el Señor reveló un plan para la seguridad material y el bienestar de los Santos. Primero conocido como el plan de seguridad de la Iglesia, el plan de bienestar ayudó a restaurar a miles de personas a la productividad y el respeto de sí mismo, enfatizando la autosuficiencia y las virtudes del trabajo honesto. Con los años, el plan de bienestar se convertiría en un monumento a la industria y la visión de los Santos de los Últimos Días.[32]

El impacto de la Gran Depresión fue bastante severo en las Montañas del Oeste. En 1932, el desempleo en Utah alcanzó el 35,9 por ciento, y el ingreso per cápita cayó un 48,6 por ciento. La organización de la Iglesia también sintió la depresión: Los gastos provenientes de los diezmos cayeron de $ 4 millones en 1927 a sólo $ 2.4 millones en 1933. Como resultado, muchas actividades tuvieron que ser canceladas o reducidas considerablemente.

Los Primeros Esfuerzos para Aliviar el Sufrimiento

El presidente Heber J. Grant fue la sabia decisión del Señor para dirigir a la Iglesia durante esta gran crisis financiera. Tanto su carácter de persistencia como su habilidad como gerente financiero fueron muy necesarios para llevar a la Iglesia a través de esos años

La Iglesia tenía un programa de bienestar aun antes de la depresión. Durante la década de 1920, el Obispado Presidente y la Junta General de la Sociedad de Socorro estaban activos en buscar empleos, en el mantenimiento de un almacén y en otras formas de ayudar a los necesitados.

En 1930, el Obispo Presidente Sylvester Q. Cannon insistió en que los obispados eran responsables de "velar por que ninguno de los miembros activos de la Iglesia sufrieran por las necesidades de la vida.… El esfuerzo de la Iglesia… es ayudar a la gente a ayudarse a sí misma. La política es ayudarlos a ser independientes,… en vez de tener que depender de la ayuda de la Iglesia."[33]

Los líderes locales desarrollaron soluciones innovadoras para el malestar económico de sus miembros. La Estaca de Granito en el Condado de Salt Lake puso a los desempleados a trabajar en varios proyectos de estaca, operó una tienda de costura donde se renovaron las ropas donadas y se aseguró la comida para los necesitados a través de acuerdos de cooperación con los agricultores cercanos. La Estaca Pionera, en una zona aún menos próspera, fue especialmente afectada por la depresión. Así, en 1932, la Estaca Pionera, bajo el liderazgo de su Presidente de estaca El President Harold B. Lee, estableció un almacén provisto de bienes producidos en proyectos de estaca o donados por miembros de la Iglesia. El Presidente Grant y otras Autoridades Generales alentaron, aconsejaron y apoyaron estos esfuerzos.

En 1933, el Presidente Franklin D. Roosevelt promulgó una serie de amplias medidas llamadas New Deal (Nuevo Trato). Aunque estos programas fueron apoyados por la mayoría de los Santos de los Últimos Días, los líderes de la Iglesia estaban preocupados de que algunos Santos pudieran sucumbir a una "mentalidad de limosna." El Presidente Grant reconoció, "Muchas personas han dicho.… "Bueno, otros están recibiendo algo de [alivio del gobierno], ¿por qué yo no debería obtener algo de él?" Creo que hay una creciente disposición entre la gente a tratar de obtener algo del gobierno de los Estados Unidos, siempre con poca esperanza de devolverlo. Creo que todo está mal."[34]

El Programa de Bienestar de la Iglesia

El élder J. Reuben Clark Jr., se convirtió en consejero del Presidente Grant en 1933. Tenía una distinguida carrera en derecho internacional y diplomacia, después de haber sido Subsecretario de Estado y embajador de Estados Unidos en México. El Presidente Grant le pidió a su nuevo consejero que formulara un plan para ayudar a los Santos, cosa que hizo.

En julio de 1933, la Primera Presidencia estableció los principios fundamentales del bienestar de la Iglesia. Ellos delinearon medidas específicas de alivio que podrían llevarse a cabo en toda la Iglesia.

> Nuestros miembros no pueden, salvo como último recurso, ser sometidos a la vergüenza de aceptar algo por nada.… Los funcionarios de la iglesia que administran el alivio deben idear formas y medios por los cuales todos los miembros de la Iglesia sanos que están en necesidad, pueden compensar la ayuda que se les da prestando algún tipo de servicio. En compensación por la ayuda recibida, se pidió a las salas individuales que estuvieran preparadas para satisfacer las necesidades de sus propios miembros y luego para ayudar a otras unidades que necesitaban ayuda. La Presidencia concluyó su mensaje alentando a los Santos a recordar la necesidad suprema de vivir con justicia, evitar la extravagancia, cultivar hábitos de ahorro, economía e industria, vivir estrictamente de sus ingresos y dejar a un lado algo, cualquiera fuese la cantidad, para los momentos de mayor estrés que pueden llegar a nosotros.[35]

Otras importantes recomendaciones y programas de bienestar siguieron durante los próximos cinco años.

— En 1933, el 2 de septiembre, la Primera Presidencia animó a los obispos a satisfacer las necesidades de los pobres.
— En 1935, el 20 de abril, El President Harold B. Lee fue llamado para formar y dirigir un programa de bienestar de la Iglesia.
— En 1936, el 7 de abril, la Primera Presidencia delineó el Plan de Bienestar de la Iglesia resultante.
— Las regiones y las misiones de estaca se organizaron por primera vez, como parte de la implementación de este plan.
— En 1936, el 2 de octubre, la Primera Presidencia evaluó los logros hasta la fecha del programa de asistencia social
— En 1937, el 6 de abril, los miembros fueron desafiados por primera vez a almacenar el suministro de un año de alimentos.
— En 1938, el 12 de agosto, se inauguró Industrias Deseret.

Mientras tanto, los esfuerzos de la Iglesia por llevar el Evangelio al mundo y fortalecer a los miembros de la Iglesia continuaron con algunos otros desarrollos importantes.

— En 1933, en ese otoño, la Iglesia inauguró un programa para reactivar a los adultos del sacerdocio Aarónico.
— En 1937, de junio a septiembre, el Presidente Grant visitó las misiones en Europa a los 80 años.
— En 1938, el 8 de agosto, El presidente Elder J. Reuben Clark Hijo estableció el Curso Gráfico para educadores de la Iglesia.

El Fin de la Prohibición

Debido a los esfuerzos de varios grupos evangélicos protestantes, el licor había sido prohibido por la 18 ᵃ Enmienda a la Constitución. La Iglesia y sus líderes apoyaron este esfuerzo, aunque favorecían una opción local sobre la prohibición en lugar de una prohibición a nivel nacional de la venta de licores. Otros vieron la prohibición como una violación de su libertad y lucharon contra ella. Sin embargo, las fuerzas que favorecían la prohibición del alcohol eran tan fuertes que la Enmienda 18a pasó, haciendo de la Prohibición una ley nacional.

Durante la década de 1920, vivir la Palabra de Sabiduría se convirtió en un principio importante y necesario que los miembros tuvieron que vivir para obtener una recomendación del templo.

Sin embargo, en 1933, la 21a Enmienda la Constitución propuso poner fin a la prohibición de licor. El presidente Grant había predicado frecuentemente contra el tabaquismo y el consumo de licor. La Iglesia proporcionó ayuda financiera a la Liga Prohibición que luchó por la prohibición continua. A pesar de estos esfuerzos de la Iglesia y el Presidente Grant, Utah se convirtió en el 36º estado en votar por la derogación de la Enmienda 18–irónicamente, fue el voto estatal final necesario para poner fin a la prohibición en los Estados Unidos. El Presidente Grant expresó su decepción porque los miembros de la Iglesia no habían seguido su consejo. Predijo que tanto el sufrimiento, el dolor, la degeneración espiritual y el deterioro de la salud física acompañarían el consumo de licor y tabaco.

El élder George Albert Smith habló después sobre este decepcionante resultado:

Hay quienes hoy están cegados por la filosofía y la estupidez de los hombres. Hay quienes rechazan el asesoramiento y consejo del hombre que Dios ha puesto a la cabeza de esta Iglesia.

Estoy triste porque estoy aquí y pienso en la forma en que rechazamos el consejo del Presidente Grant. Y no quiero ser contado entre ese "nosotros", porque yo no estaba entre ellos, pero hubo quienes de entre nosotros rechazaron el consejo del Presidente de esta Iglesia y votaron a favor de derogar la Decimoctava Enmienda y aprobaron traer de nuevo el intoxicante licor a nuestra comunidad y legalizarlo. Esa acción ha aumentado nuestros accidentes y asesinatos y miles de los hijos e hijas de América se están perdiendo y están siendo destruídos más allá de la posibilidad de recuperación.[36]

SEGUNDA GUERRA MUNDIAL

Comienza la Guerra

En 1939, el 24 de agosto, la Primera Presidencia ordenó la evacuación de los misioneros de Europa. El 1 de septiembre de ese año, Hitler invadía Polonia, comenzando la Segunda Guerra Mundial en Europa. Estados Unidos todavía no participaba en la guerra, adoptando una postura aislacionista. Pero en 1940, El élder Elder Hugh B. Brown fue nombrado coordinador de los SUD, y ese mismo año, los misioneros fueron evacuados del Pacífico y Sudáfrica. Luego, en 1941, el 7 de diciembre, los japoneses atacaron Pearl Harbor, llevando a Estados Unidos a la guerra.

En ambas áreas, Europa y el Pacífico, se puede ver fácilmente que el Señor protegió a Sus misioneros dirigiendo al Profeta a tomar medidas para sacarlos antes que comenzaran las hostilidades.

A pesar de la guerra, la membresía de la iglesia continuó creciendo, y en 1941, el Presidente Grant llamó a los primeros ayudantes al quórum de los doce Apóstoles. Estos hombres, como Autoridades Generales, dieron cierto alivio al Quórum de los Doce en sus deberes mundiales.

En 1942, en la conferencia de abril, la Primera Presidencia declaró la posición de la Iglesia sobre la guerra. Entre otras cosas, la Primera Presidencia dijo:

Los miembros de la Iglesia son ciudadanos o sujetos de soberanía sobre los cuales la Iglesia no tiene control… Cuando, por lo tanto, el derecho constitucional,… llama a la hombría de la Iglesia al servicio armado de cualquier país al que deben lealtad, su más alto deber cívico requiere que cumplan ese llamado. Si, escuchando el llamado y obedeciendo a los que están al mando sobre ellos, quitaran la vida de los que pelean contra ellos, eso no hará de ellos asesinos, ni los someterá al castigo que Dios ha proscrito a los que [matan]. Pues sería un Dios cruel aquel que castigara a Sus hijos como pecadores morales por actos cometidos por ellos como instrumentos inocentes de un soberano al que se les había ordenado obedecer y cuya voluntad no podían resistir.

El mundo entero está en medio de una guerra que parece la peor de todos los tiempos. Esta Iglesia es una Iglesia mundial. Sus miembros dedicados están en ambos campos. Son los instrumentos de guerra inocentes de sus soberanías beligerantes. De cada lado creen que luchan por el hogar, el país y la libertad. De cada lado, nuestros hermanos oran al mismo Dios, en el mismo nombre, por la victoria. Ambas partes no pueden estar totalmente correctas; Tal vez ninguna de los das está equivocada. Dios obrará a Su propio modo soberano la justicia y el derecho del conflicto, pero Él no hará a los instrumentos inocentes de la guerra, nuestros hermanos en armas, responsables del conflicto. Esta es una gran crisis en la vida del mundo del hombre. Dios está al timón.

A nuestros jóvenes que entran a su servicio, no importa a quién sirvan o donde, digámosle que vivan limpios, que guarden los mandamientos del Señor, orad a Él constantemente para preservaros en verdad y rectitud, vivid como oráis, y entonces cualquier cosa que os ocurre, el Señor, estarás con vosotros y no os pasará nada que no sea para honra y gloria de Dios, para vuestra salvación y exaltación.

Llegará a vuestros corazones de los que viven la vida pura por la cual oráis, una alegría que sobrepasará vuestros poderes de expresión o entendimiento. El Señor estará siempre cerca de vosotros; Él os consolará; Sentiréis Su presencia a la hora de vuestra mayor tribulación; Él os guardará y protegerá en toda su extensión que esté de acuerdo con Su siempre sabio propósito.

Entonces, cuando el conflicto haya terminado y volváis a vuestros hogares, habiendo vivido la vida justa, cuán grande será vuestra felicidad,—estéis entre vencedores o los vencidos, que habéis vivido como el Señor os ordenó. Regresareis tan disciplinados en justicia que después de eso todos los engaños y estratagemas de Satanás os dejarán intactos. Vuestra fe y testimonio serán fuertes más allá de la ruptura. Seréis contemplados y venerados, cuando habiendo pasado por el horno de fuego de la prueba y la tentación salisteis ilesos. Vuestros hermanos os buscarán para consejo, apoyo y orientación. Seréis las anclas a las cuales d la juventud de Sión amarrarán su fe en el hombre.[37]

En 1942, en la conferencia de octubre, se organizó el Comité de Guardianes de la Iglesia. Además, el Presidente Clark comparó el comunismo, la orden unida y el plan de bienestar, mostrando que no eran lo mismo.

América y el mundo se sumergieron en un conflicto devastador que terminó sólo con las horribles explosiones de bombas atómicas en Japón tres años más tarde en 1945. Millones perdieron sus vidas, y se produjo gran sufrimiento en todos los países. Verdaderamente, como profetizó el Profeta José Smith, la guerra había sido "derramada sobre todas las naciones" y había puesto de rodillas a esas naciones.

MUERTE DEL PRESIDENTE PRESIDENT HEBER J. GRANT

Alemania comenzó a rendirse en abril de 1945. La guerra estaba llegando a su fin. Y el 14 de mayo de 1945, El presidente President Heber J. Grant moría en Salt Lake City, Utah, a la edad de 88 años. Había sido Apóstol desde los 25 años y cumplió 63 años como autoridad general.

El élder Joseph Fielding Smith dijo:

Al final de la tarde, 14 de mayo de 1945, El presidente President Heber J. Grant, pacíficamente falleció en su residencia en Salt Lake City. Había estado enfermo durante los últimos cinco años, pero su coraje y determinación para seguir adelante y cumplir con su deber, nunca lo abandonó. Cada día, hasta poco tiempo antes de su muerte, se lo encontraba en la oficina atendiendo a los deberes tanto como el médico se lo permitía hacer. Su vida había sido de gran actividad. En sus primeros años parecía frágil, fue rechazado por seguridad, debido a su condición física, sin embargo, había estado siempre activo, participando en atletismo, una vez perteneciente al equipo de béisbol campeón de Utah. Su energía era maravillosa y sus actividades nunca cesaron. Nunca hubo ningún compromiso de su parte con el mal. El público nunca se dio cuenta de algunas de sus características más fuertes. Tenía un carácter tierno y comprensivo, amaba a sus amigos con mucho cariño; Era amable con los afligidos; Asistió a los más necesitados en decenas de ocasiones, cuyo conocimiento nunca llegó a ningún registro terrenal. Su testimonio de la Verdad nunca vaciló. Sus amigos fuera de la Iglesia se contaban por legiones, y era muy querido por su pueblo.[38]

Miembros y no miembros por igual lo honraron y lo elogiaron, y miles vinieron a verlo. El élder J. Reuben Clark hijo, dijo de él en su funeral: "Vivió tanto su vida que no tuvo un lugar oscuro a través del cual pasar una cortina. Su vida no tuvo nada embarazoso, nada que ocultar, nada de lo cual debiera avergonzarse."[39]

REALIZACIONES Y TESTIMONIO

El presidente President Heber J. Grant fue un hombre para su tiempo. Se desempeñó como Presidente durante 26 años y medio, más tiempo que cualquier Presidente desde El President Brigham Young. Es recordado por su sabiduría y habilidad para guiar a la Iglesia durante la Gran Depresión y establecer el Sistema de Bienestar de la Iglesia. Luego, su ejemplo de perseverancia personal inspiró a muchos a aferrarse a la fe durante la Segunda Guerra Mundial.

El presidente President Gordon B. Hinckley escribió en su diario el 14 de marzo de 1995, al enfrentar sus nuevas responsabilidades como Presidente de la Iglesia: "En julio se cumplirán 66 años cuando entré por primera vez en esta sala como un misionero recién regresado para reunirme con la Primera Presidencia a petición de mi presidente de misión, El élder Joseph F. Merrill del Consejo de los Doce. Es difícil darse cuenta de lo que ha sucedido desde entonces. Pensar que ahora me siento donde El presidente President Heber J. Grant estuvo sentado en ese momento. Fue un gigante de hombre al que amaba."[40]

El presidente President David O. McKay dijo acerca de la generosidad personal del Presidente Grant:

El Presidente Grant disfrutaba haciendo dinero, pero le encantaba usarlo para beneficio de otros. En más de una ocasión, en silencio, por lo general, enérgicamente, si era necesario, pero siempre sin ostentación, él ha protegido el buen nombre de sus asociados, ha pagado hipotecas sobre casas de viudas, ha pagado los gastos de los misioneros, dado empleo a los desempleados, ayuda y socorro donde fuera necesario. Ninguna mente ha estado más ansiosa de bendecir, ningún corazón más tierno, ninguna mano más generosa que el corazón y la mano del Presidente Grant. Así, al "hacer el bien", "alentó la llama del amor humano y elevó el nivel de la virtud civil entre la humanidad."[41]

Joseph Anderson, secretario del Presidente Grant, escribió: "Nadie sabrá cuántas hipotecas en casas de viudas pagó de sus propios fondos. Una y otra vez le preguntaría sobre su saldo bancario. No tenía ningún interés especial en la acumulación de dinero, excepto por el bien que podía hacer con él."[42]

El presidente Heber J. Grant dijo acerca del secreto del éxito: "Me he convertido al pensamiento que el camino hacia la paz y la felicidad en la vida es dando servicio. Creo que el servicio es la verdadera clave para la felicidad, porque cuando realizamos labores como el trabajo misionero, podemos mirar hacia atrás sobre todo el resto de nuestras vidas en nuestros logros en el campo misionero. Cuando realizamos actos de bondad, nos traen una sensación de satisfacción y placer a nuestros corazones, mientras que las diversiones comunes pasan. No podemos mirar hacia atrás con una satisfacción particular por haber pasado una noche sólo por el privilegio de reír fuerte y mucho."[43]

El presidente Heber J. Grant dijo sobre el diezmo:

Algunas personas han encontrado muy difícil pagar su diezmo. Cuanto más difícil es para un individuo cumplir con los requisitos del Señor en el pago de su diezmo, mayor será el beneficio cuando finalmente lo paguenero de El Señor ama a un generoso dador. Ningún hombre que vive sobre la tierra puede pagar donaciones por los pobres, puede pagar para construir templos, academias y universidades, puede tomar de sus medios y enviarlos a sus hijos a proclamar este evangelio, sin quitar el egoísmo de su alma, sin importar cuán egoísta fuera cuando empezó. Esa es una de las mejores cosas en todo el mundo para los hombres: llegar al punto en que el egoísmo en su naturaleza está curado. Cuando es erradicao de sus disposiciones, se alegran y están ansiosos y desean y buscan la oportunidad de hacer el bien con los medios que el Señor pone en sus manos, en lugar de tratar de obtener más.[44]

Es nuestro deber establecer con el Señor primero, y tengo la intención de hacerlo, con la ayuda de mi Padre Celestial. Y quiero decirles que si vosotros sois honestos con el Señor, pagando vuestro diezmo y guardando Sus mandamientos, Él no solamente los bendecirá con la luz e inspiración de Su Santo Espíritu, sino que seréis bendecidos en dólares y centavos; seréis capaces de pagar vuestras deudas, y el Señor derramará en abundancia bendiciones temporales.[45]

La ley de la prosperidad financiera para los Santos de los Últimos Días, bajo el convenio con Dios, es ser un pagador del diezmo honesto, y no robar al Señor en diezmos y ofrendas. La prosperidad viene a aquellos que observan la ley del diezmo; Y cuando digo prosperidad no lo pienso en términos de dólares y centavos solo, aunque por regla general los Santos de los Últimos Días que son los mejores pagadores del diezmo son los hombres más prósperos, financieramente; Pero lo que cuento como verdadera prosperidad, como una cosa de todos los demás que es de gran valor para cada hombre y mujer que vive, es el crecimiento en el conocimiento de Dios, y en un testimonio, y en el poder de vivir el evangelio y para inspirar a nuestras familias a hacer lo mismo. Esa es prosperidad de la clase más verdadera.[46]

El presidente Heber J. Grant dijo acerca del ayuno:

Permítidme prometerles hoy que si los Santos de los Últimos Días honestamente y concienzudamente a partir de este día, como pueblo, mantienen el ayuno mensual y pagan en manos de sus obispos la cantidad real que habrían gastado para el alimento de las dos comidas [consecutivas] de las cuales se abstuvieron; y si además de eso pagan sus diezmo honesto, resolverán todos los problemas relacionados con el cuidado de los Santos de los Últimos Días. Tendríamos todo el dinero necesario para cuidar de todos los ociosos y de todos los pobres.[47]

El presidente Heber J. Grant dijo sobre la deuda:

Si una persona fuera dueño delo que tiene y no tuviera que pagar intereses, y sólo comprara cuando tubiera el dinero para hacerlo, la mayoría de la gente estaría en circunstancias razonablemente cómodas.… Ha sido debido a las deudas, creo, que ha llegado la parte principal de este sufrimiento. Hemos hipotecado nuestro futuro sin tener en cuenta los incidentes que pueden ocurrir, enfermedades, operaciones, etc.[48]

Su Testimonio de José Smith

El presidente Heber J. Grant dijo acerca de José Smith:

He conocido a cientos de hombres que han dicho: "Si no fuera por José Smith, yo podría aceptar tu religión." Cualquier hombre que no crea en José Smith como un Profeta del Dios verdadero y vivo no tiene derecho a estar en esta Iglesia. Esa revelación a José Smith es la piedra fundamental. Si José Smith no tuvo esa entrevista con Dios y Jesucristo, todo el tejido mormón es un fracaso y un fraude. No vale nada en la tierra. Pero Dios vino, Dios introdujo a Su Hijo; Dios inspiró a ese hombre a organizar la Iglesia de Jesucristo, y toda la oposición del mundo no es capaz de resistir la verdad. Está floreciente; está creciendo y crecerá más.[49]

Notas:

1. *Heber J. Grant: Puntos Culminantes en la Vida de un Gran Líder*, por Bryant S. Hinckley (1951), pág. 15.
2. "Presidente Heber J. Grant," *La Era de la Mejora*, junio de 1945, pág. 334.
3. Uno de los resúmenes más útiles de la vida de Heber J. Grant es el capítulo "Presidente Heber J. Grant", en *Los Presidentes de la Iglesia*, Leonard J. Arrington (ed). (1986). Esta cita es de la página 218. Este capítulo cita y resume mucho de ese capítulo, así como del Manual del Instituto CES titulado *Historia de la Iglesia en la Plenitud de los Tiempos* (2003). Reconozco co gratitud sus contribuciones a este capítulo.
4. Revista *Liahona*, febrero de 1976, pág. 70
5. Revista *Liahona*, Septiembre de 1984, págs. 40–43.
6. En Reporte de La Conferencia, abril de 1900, pág. 61.
7. En Reporte de La Conferencia, abril de 1901, pág. 63.
8. En Reporte de La Conferencia, abril de 1900, pág. 61.
9. "Aprender a cantar", *La Era de la Mejora, 3* (Octubre de 1900), pág. 887.
10. "Aprendiendo a cantar", pág. 889.
11. "Cómo aprendí a cantar", separata de *En el Americano Nativo*, pág. 3.
12. "Cómo aprendí a cantar", pág. 3.
13. "Aprendiendo a cantar", págs. 887–88.

14. "Aprendiendo a cantar", pág. 887.

15. "Cómo aprendí a cantar," pág. 3.

16. Atribuido a Ralph Waldo Emerson.

17. "Cómo aprendí a cantar", pág. 5.

18. En Reporte de La Conferencia, abril de 1901, pág. 63.

19. "El Presidente Heber J. Grant", pág. 224.

20. "El Presidente Heber J. Grant", pág. 225.

21. "El Presidente Heber J. Grant", pág. 226.

22. *Normas del Evangelio*, G. Homer Durham (comp.) (1941), pág. 194.

23. En Reporte de La Conferencia, abril de 1941, pág. 4.

24. En Reporte de La Conferencia, abril de 1941, págs. 4–5.

25. *Normas del Evangelio*, págs. 245–46.

26. *Normas del Evangelio*, págs. 245–46.

27. En Reporte de La Conferencia, octubre de 1907, pág. 25.

28. Citado en *La Era de la Mejora*, noviembre de 1936, pág. 692.

29. *Fundamentos de la Historia de la Iglesia*, ahora en su 27ª edición (1974).

30. *Una Historia Completa de la Iglesia, de Jesucristo de los Santos de los Últimos Días*, 6 volúmenes (1930), 6:540.

31. Todos los datos estadísticos proporcionados por el Departamento Histórico de la Iglesia.

32. "Para que la Iglesia se Mantenga Independiente", capítulo 14, en *Mi Reino se Desarrollará: Lecturas en Historia de la Iglesia* (1979), págs. 98–104.

33. En Reporte de La Conferencia, octubre de 1930, pág. 103.

34. En Reporte de La Conferencia, octubre de 1933, pág. 5.

35. En James R. Clark, compilado por *Mensajes de la Primera Presidencia de La Iglesia de Jesucristo de los Santos de los Últimos Días*, 6 volúmenes (1965–75), 5:332–34.

36. En Reporte de La Conferencia, octubre de 1936, pág. 75.

37. Heber J. Grant, J. Reuben Clark Jr., David O. McKay, en Reporte de La Conferencia, abril de 1942, págs. 94–96.

38. *Fundamentos de la Historia de la Iglesia*, págs. 530–31

39. Citado en Hinckley, *Heber J. Grant*, pág. 262.

40. Citado en Sheri L. Dew, Ir., *Adelante con Fe: La Biografía del presidente Gordon B. Hinckley* (1996), pág. 511.

41. *Era de la Mejora*, junio de 1945, pág. 361.

42. *Profetas que He Conocido* (1973), pág. 30.

43. *Normas del Evangelio*, compilado por G. Homer Durham (1941), pág. 1918.

44. *Normas del Evangelio*, pág. 1962.

45. En Reporte de La Conferencia , abril de 1898, pág. 16.

46. En Reporte de La Conferencia , abril de 1925, pág. 10.

47. En Reporte de La Conferencia, octubre de 1936, págs. 6–7.

48. *Normas del Evangelio*, pág. 1911.

49. *Normas del Evangelio*, pág. 1918.

CAPÍTULO 42

El Presidente George Albert Smith: Perdonar y Sanar

[1945–1951]

LOS PRIMEROS AÑOS DE EL PRESIDENT GEORGE ALBERT SMITH

Nacimiento y Ascendencia

El president George Albert Smith nació el 4 de abril de 1870, en Salt Lake City, Utah. Su padre fue el Apóstol Juan Henry Smith, y su madre fue Sarah Farr.

George A. Smith

El bisabuelo de El president George Albert Smith, John Smith, era tío del Profeta José Smith y un convertido temprano a la Iglesia restaurada. Sirvió a la Iglesia como Patriarca, primer Presidente de la Estaca de Salt Lake, y como consejero asistente de la Primera Presidencia.

Su abuelo, George A. Smith, por el cual recibió el nombre, era un primo del Profeta José Smith. Fue uno de los hombres más jóvenes, a los 22 años de edad, llamado al Quórum de los Doce en esta dispensación. También sirvió en la Primera Presidencia como consejero del presidente Brigham Young.

John Smith

Su padre, John Henry Smith, sirvió en la Primera Presidencia bajo El presidente Joseph F. Smith. A la edad de 33 años, cuando El presidente George Albert Smith fue llamado al Quórum de los Doce, tuvo el privilegio de servir en ese quórum junto con su padre de 1903 a 1910—la única vez en esta dispensación que un padre y su hijo sirvieran juntos en ese Quórum.

John H. Smith

El presidente George Albert Smith dijo de su padre: "Nunca he conocido a un hombre más grande que mi padre."[1]

Infancia

El presidente George Albert Smith dijo acerca de su primera infancia: "Nosotros… vivíamos en una casa de dos pisos y cuando el viento soplaba con fuerza se balanceaba como si se derrumbara. A veces me asustaba demasiado irme a dormir. Mi cama estaba en una pequeña habitación en sí misma, y muchas por la noche he subido y me he puesto de rodillas y he pedido a mi Padre Celestial que cuide de la casa, la preserve para que no se rompiera en pedazos y me haya vuelto a mi pequeña cama tan segura como para estar protegida del mal como si sostuviera la mano de mi Padre."[2]

George Albert, 4 años

En 1875, a la edad de 5 años, su madre lo envió para entregar una nota al Presidente El presidente Brigham Young. Al abrir y cruzar la puerta, el vigilante lo detuvo y le preguntó qué quería. Él respondió que quería ver al Presidente Young. El vigilante se rió y dijo que no creía que El presidente Brigham Young tuviera tiempo de ver a un niño pequeño. Pero en ese momento, el Presidente Young salió de su casa y preguntó qué estaba pasando. El vigilante le explicó y el Presidente Young respondió: "Muéstramelo."

George Albert Smith recordó:

> El Presidente Young me tomó de la mano y me llevó a su oficina, se sentó en su escritorio y me levantó y sentó sobre sus rodillas y me rodeó con el brazo. De la manera más amable que uno podía imaginar, dijo:— ¿Qué quieres del Presidente Young?

¡Sólo pensar en ello! Él era Presidente de una gran Iglesia y Gobernador de un Territorio, y con todos los deberes que tenía que cumplir, sin embargo, cuando yo era un niño, fui recibido con tanta dignidad y amabilidad como si hubiera venido como gobernador de un estado contiguo.[3]

También aprendió del ejemplo y de las enseñanzas de su padre. Edith Elliott, hija del presidente George Albert Smith, relató este incidente:

Brigham Young en 1876

> Un día [El presidente George Albert Smith] caminaba por una calle de Salt Lake City con su padre, John Henry Smith. Un borracho se acercó a John Henry y pidió un cuarto para una comida caliente. Sin dudarlo, John Henry le dio el dinero. Después de este incidente, George Albert preguntó a su padre por qué había él le había dado el dinero a un borracho cuando era muy posible que lo gastaría en licor. Su padre respondió que él daría diez cuartos a hombres que él pensaba podrían utilizar el dinero en la bebida, si si existía la posibilidad que solo uno la utilizara correctamente.[4]

El presidente George Albert Smith dijo acerca del amor de su padre:

> Cuando pienso en mi consideración y mi afecto por la familia de mi Padre, la familia humana, recuerdo algo que mi padre terrenal dijo, y creo que probablemente en parte lo heredé de él. Él dijo: "Nunca he visto a un hijo de Dios tan profundo en el desagüe que no he tenido el impulso de agacharme y levantarlo y ponerlo de pie y empezar de nuevo." Me gustaría decir que he Nunca he visto en mi vida a uno de los hijos de mi Padre que no me haya dado cuenta que él era mi hermano y que Dios ama a cada uno de Sus hijos, pero Él no ama nuestra maldad y nuestra infidelidad.[5]

Estas experiencias le ayudaron a enseñarle que los grandes hombres siempre se hacen tiempo para los necesitados. En su vida adulta siempre fue consciente de las personas que podrían pasar por insignificantes ante los demás.

El presidente George Albert Smith fue un alma gentil desde los días de su infancia. Dijo, años después, como miembro del Quórum de los Doce Apóstoles: "Desde la infancia, nunca me han enseñado a hacer algo impropio, o que dañaría a uno de los hijos de mi Padre celestial; sino que desde la infancia me han enseñado a adquirir la laboriosidad, la sobriedad, la honestidad, la integridad y todas las virtudes poseídas por hombres y mujeres a quienes Dios se complace en honrar y bendecir. En este día doy gracias a mi Padre celestial que estas enseñanzas me hayan llegado de él por medio de sus siervos fieles."[6]

El president George Albert Smith fue bautizado en 1878, a los 8 años, en City Creek, en Salt Lake City, Utah. Su juventud fue sin pretensiones, era un muchacho pionero, pastoreando vacas, montando caballos y estudiando. También fue músico.

Se enfrentó a retos personales en su juventud: la fiebre tifoidea y una lesión en los ojos. Cuando contrajo la fiebre tifoidea, el médico le dijo a su madre que lo mantuviera en cama durante tres semanas, que no le diera comida sólida y que le hiciera beber café.

El presidente George Albert Smith recordó en años posteriores:

> Cuando se fue, le dije a mi madre que no quería café. Me habían enseñado que la Palabra de Sabiduría, dada por el Señor a José Smith, nos aconsejaba que no bebiéramos café.

> Madre había traído tres niños al mundo y dos habían muerto. Estaba inusualmente ansiosa por mí.

> Le pedí que mandara llamar al Hermano Hawks, uno de nuestros maestros de barrio. Era un obrero en la fundición, un hombre pobre y humilde de gran fe en el poder del Señor.

> Él vino, me administró y me bendijo para que yo pudiera ser sanado.

Cuando el doctor vino a la mañana siguiente, yo estaba jugando afuera con otros niños. Él estaba sorprendido. Me examinó y descubrió que mi fiebre había desaparecido y que parecía estar bienero de "Yo estaba agradecido al Señor por mi recuperación. Estaba seguro que Él me había sanado."[7]

En 1883, a la edad de 13 años, comenzó a trabajar en una fábrica de ropa ZCMI. Esto no era diferente a otros chicos jóvenes en aquellos días. Se consideraban lo suficientemente adultos como para comenzar con sus empleos y tal vez incluso sus carreras.

En enero de 1884, recibió su bendición patriarcal, que predijo su llamado como Apóstol.

Tú fuiste llamado y escogido del Señor desde antes de que la fundación de la tierra fuera puesta en esta dispensación para ayudar a edificar la Sión de Dios sobre la tierra.… Serás un poderoso profeta en medio de los hijos de Sión. Y los ángeles del Señor te lo administrarán.… Tú estás destinado a ser un hombre poderoso delante del Señor, Te convertirás en un poderoso Apóstol en la Iglesia y el reino de Dios en la tierra, porque ninguno de la familia de tu padre tendrá más poder con Dios que el que tú tendrás, porque nadie te sobrepasará.[8]

Edad Adulta

En 1886, cuando tenía 16 años, disfrutaba actuando en la escuela con sus amigos. Los amigos recordaban que era un gran animador que podría "tirar la casa abajo" en las reuniones sociales de la iglesia. Con su apariencia desgarbada y vestido con un elegante traje a cuadros, simplemente se subía al escenario con su guitarra, y abría y cerraba la boca de par en par mientras cantaba, y la audiencia se reía en histeria.

En 1888, a la edad de 18 años, casi perdió la vista debido a una lesión del sol, lo que le obligó a usar gafas gruesas y/o oscuras por el resto de su vida.

Primera Misión y Matrimonio

En 1891, a la edad de 21 años, sirvió en una misión al sur de Utah para la (AMMHJ, Asociación de Mejoramiento Mutuo de Hombres Jóvenes). De vuelta a casa en 1892, a la edad de 22 años, se casó con Lucy Emily Woodruff una nieta del presidente Wilford Woodruff. Lucy era una mujer de gran fe e inteligencia. Se conocían desde que eran niños, y compartían un amor y respeto mutuos. Pero sus afectos en ese momento estaban divididos entre George Albert y otro hombre.

Actor en un juego, 1886

George Albert expresó sus sentimientos hacia Lucy y le ofreció el siguiente consejo: "Sea orante y humilde; No confundas el deber que tienes con los demás. Tu primer deber es contigo misma. Siento que serás feliz y mi oración es que lo seas."[9]

Lucy abandonó sus planes con el otro hombre y finalmente se casó con George en el Templo de Manti Utah el 25 de mayo de 1892. "Después, cuando ella puso el asunto en perspectiva y vio que ella sólo había estado enamorada de un hombre guapo que carecía de sustancia, Lucy Woodruff Smith exclamaba una y otra vez que «casi estuvo a punto de cometer un terrible error.»"[10]

Misión a los Estados del Sur

Misionero, 1891

En junio de 1892, a la edad de 22 años, George fue llamado para servir en una misión de dos años al sur de Estados Unidos, a la cual se unió con su esposa Lucy.

El presidente George Albert Smith habló de sus sentimientos al asistir a su primera conferencia de misión:

> Nuestra reunión [en los bosques de Mississippi] comenzó justo después del desayuno, y ni siquiera pensamos que era necesario tener algo más para comer hasta la noche. Nos quedamos y disfrutamos de la inspiración del Todopoderoso, y ciertamente fuimos bendecidos, a pesar de los inconvenientes y molestias que nos rodeaban. En ese momento había una considerable hostilidad manifestada en Mississippi y otros estados del Sur, pero nos sentíamos como si hubiéramos caminado hacia la presencia de nuestro Padre Celestial, y todo el miedo y la ansiedad se hubieran dejado.[11]

Conferencia de la Misión, 1893

Durante muchos años los misioneros mormones no fueron bien recibidos en el sur. Algunos habían sido azotados, golpeados y asesinados, o maltratados de otra manera, por las turbas. Una noche, El president George Albert Smith se quedó en la casa de algunos miembros junto con otros élderes y el presidente de la misión. Su predicación en el barrio había suscitado una amarga oposición, que esa noche se volvió violenta. Esa noche, mientras dormían, se reunió una turba.

El líder de la turba golpeó a la puerta, exigiendo en lenguaje vulgar y profano que los élderes salieran o "iban a dispararles." Cuando se negaron a obedecer, la muchedumbre comenzó a disparar a las esquinas de la cabaña.

El presidente George Albert Smith relató:

> Sobre la medianoche nos despertaron con un terrible griterío y gritando desde el exterior. El Presidente Kimball [J. Golden] saltó y comenzó a vestirse.… Los hombres golpeaban la puerta y usaban un lenguaje asqueroso, ordenando a los mormones que salieran, que iban a dispararles. El Presidente Kimball me preguntó si no iba a levantarme y vestirme y le dije que no, que me iba a quedar en la cama, que estaba seguro que el Señor se encargaría de nosotros. En sólo unos segundos la sala estaba llena de disparos. Aparentemente, la turba se había dividido en cuatro grupos y estaba disparando a las esquinas de la casa. Las astillas volaban sobre nuestras cabezas en todas direcciones. Hubo algunos momentos de silencio, luego otra descarga de disparos fue disparada y volaron más astillas. Yo no sentí absolutamente ningún terror. Estaba muy tranquilo mientras estaba allí, experimentando uno de los eventos más horribles de mi vida, pero estaba seguro de que mientras estuviera predicando la palabra de Dios y siguiendo Sus enseñanzas, el Señor me protegería, y Él lo hizo.[12]

A la mañana siguiente, los élderes encontraron un paquete de palos de nogal pesados afuera del tipo que había sido usado para golpear a otros misioneros en el Sur.[13]

En 1897, tres años después de regresar de su misión, El president George Albert Smith fue nombrado receptor de la Oficina de Tierras de los Estados Unidos y Agente de Desembolso Especial de Utah por el Presidente de los Estados Unidos, William McKinley.

APÓSTOL Y PROFETA

Ordenado Apóstol

El 8 de octubre de 1903, a los 33 años, El president George Albert Smith fue ordenado Apóstol por El presidente Joseph F. Smith. Representaba a la cuarta generación de la familia Smith para servir como Autoridad General. En el momento de su llamado, su padre, John Henry Smith, estaba sirviendo

como Apóstol. Esta fue la primera y única vez en la historia de la Iglesia que un padre e hijo han servido simultáneamente en el Quórum de los Doce Apóstoles.

En 1904, a la edad de 34 años, escribió su credo, una lista personal que no fue publicada hasta 1932, cuando tenía 62 años. En ese momento, había logrado todos los objetivos elevados que se había fijado antes en su vida. Sin embargo, siguió viviendo por este credo hasta su muerte.

El credo de El president George Albert Smith dedía:

Yo sería un amigo para los sin amigos y encontraría alegría en ministrar a las necesidades de los pobres.

Visitaría a los enfermos y afligidos e inspiraría en ellos el deseo para que la fe sea sanada. Yo enseñaría la verdad al entendimiento y bendición de toda la humanidad.

Yo buscaría al errante y trataría de devolverle a una vida justa y feliz.

No buscaría forzar a la gente a vivir de acuerdo con mis ideales, sino amarlos a hacer lo que es correcto.

Viviría con las masas y ayudaría a resolver sus problemas para que en su vida terrenal pudi ser feliz. Evitaría la publicidad de posiciones altas y desalentaría la adulación de amigos irreflexivos.

Yo no heriría intencionalmente el sentimiento de ninguno, ni siquiera uno que pudiera haberme agraviado, sino que trataría de hacerle bien y convertirlo en mi amigo.

Yo superaría la tendencia al egoísmo y los celos y me regocijaría en los éxitos de todos los hijos de mi Padre Celestial.

Yo no sería enemigo de ningún alma viviente.

Sabiendo que el Redentor de la humanidad ha ofrecido al mundo el único plan que nos desarrollará plenamente y nos hará realmente felices aquí y en lo futuro, siento que no sólo es un deber sino un bendito privilegio difundir esta verdad.[14]

Un Período de Enfermedad y Depresión

De 1909 a 1913, graves problemas de salud le impidieron estar activo en el Quórum de los Doce. El aumento de las presiones y las demandas de su tiempo debilitó su frágil cuerpo, y se desplomó de agotamiento. El médico ordenó un descanso completo, que duró más de 3 años y lo debilitó físicamente por muchos más. Estos problemas de salud erosionaron su autoconfianza, crearon sentimientos de inutilidad y agravaron su tensión. Se mudó a St. George, Utah, para aprovechar su clima más cálido.

El presidente George Albert Smith confió más tarde a un amigo:

En St. George areglamos una tienda de campaña para mi saluD. y C.omodidad, con un piso incorporado levantado alrededor de un pie por encima de la tierra, y podríamos enrollar el lado sur de la tienda para tener disponible el sol y el aire fresco. Me debilité tanto que apenas podía moverme. Fue un esfuerzo lento y agotador para mí incluso darme vuelta en la cama.

Cuando estaba en mi estado grave… no sabía si mi obra estaba terminada o no, pero le dije al Señor que si estabacompleta y Él se estaba preparando para llamarme a casa, que yo estaría listo para ir, pero si había más trabajo para mí a realizar, me gustaría estar bienero de Me puse en Sus manos para hacer lo que él creyera conveniente, y poco después comencé a recuperarme.[15]

Una Visión de Su Abuelo

Durante esa época de enfermedad, una noche El president George Albert Smith experimentó una visión de su abuelo.

George A. Smith

Perdí la conciencia de mi entorno y pensé que había pasado al Otro Lado. Me encontré de pie de espaldas a un lago grande y hermoso, frente a un gran bosque de árboles. No había nadie a la vista, y no había barco en el lago ni ningún otro medio visible que me indicara cómo había llegado allí. Me di cuenta, o me pareció darme cuenta, que había terminado mi obra en la mortalidad y había ido a casa. Comencé a mirar alrededor, para ver si no podía encontrar a alguienero de No había pruebas de que alguien viviera allí, sólo aquellos grandes, hermosos árboles delante de mí y el maravilloso lago detrás de mí.

Comencé a explorar, y pronto encontré un rastro en el bosque que parecía haber sido utilizado muy poco, y que estaba casi oculto por la hierba. Seguí ese sendero, y después de haber caminado durante algún tiempo y habiendo recorrido una considerable distancia a través del bosque, vi a un hombre que venía hacia mí.

Me di cuenta de que era un hombre muy grande, y apresuré los pasos para alcanzarlo, porque lo reconocí como mi abuelo.

En la mortalidad pesaba más de trescientas libras, por lo que podía saber que era un hombre grande. Recuerdo lo feliz que estaba de verlo venir. Me habían dado su nombre y siempre me había enorgullecido.

Cuando el abuelo llegó a unos pocos metros de mí, se detuvo. Su detención fue una invitación para que me detuviera. Entonces, y esto me gustaría que los niños, niñas y jóvenes nunca olvidaran, me miró muy seriamente y me dijo: "Me gustaría saber qué ha hecho con mi nombre."

Todo lo que había hecho pasaba ante mí como si fuera una imagen voladora en una pantalla, todo lo que había hecho. Rápidamente esta vívida retrospectiva llegó en el momento en que estaba de pie allí. Toda mi vida había pasado frente a mí. Sonreí y miré a mi abuelo y le dije: "Nunca he hecho nada con tu nombre de lo cual tengas que avergonzarte."

Se adelantó y me tomó en sus brazos, y cuando lo hizo, volví a ser consciente de mi entorno terrenal. Mi almohada estaba mojada como si hubieran vertido agua sobre ella, húmeda de lágrimas de gratitud que yo podría responder sin vergüenza.[16]

No mucho después, El presidente George Albert Smith lloró la muerte de su padre, John Henry Smith, quien murió el 13 de octubre de 1911.

En 1911, Los Niños Exploradores fue adoptado por la Iglesia como un programa oficial para jóvenes. El president George Albert Smith finalmente estuvo muy activo en apoyo de los Niños Exploradores, por lo que este desarrollo tuvo enormes implicaciones para su vida. Promovió a los Niños Exploradores y sirvió en la Junta Ejecutiva de esa organización.

Presidente de la Misión en Europa

Se desempeñó como Presidente de la Misión Europea desde 1919 hasta 1921. Después de la Primera Guerra Mundial, varios países se negaron a readmitir a los misioneros. Él negoció con estos gobiernos para obtener el permiso para que los misioneros ingresaran a sus fronteras. Esto proporcionó valiosa experiencia cuando la Iglesia se enfrentó a circunstancias similares después de la Segunda Guerra Mundial. Fue tan respetado que al final de su servicio en Europa fue invitado a participar con 3000 hombres de negocios en una gira histórica de Inglaterra.

A su regreso a casa de la Misión Europea, fue llamado a presidir la AMMHJ. Sirvió en este cargo durante más de una década, volviéndose vitalmente interesado en la juventud de la Iglesia.

Responsabilidades Cívicas

En 1922, a la edad de 52 años, El president George Albert Smith fue elegido Vice Presidente de la Sociedad Nacional de los Hijos de la Revolución Americana.

En un esfuerzo por promover la buena voluntad de la Iglesia, en los siguientes años sirvió en una serie de cargos cívicos:

— Receptor de fondos públicos para la oficina de tierras del estado de Utah.
— Presidente de congresos nacionales.
— Presidente de los consejos de administración de muchas empresas.
— Activo en el apoyo de la mejora social y las artes y las ciencias.

En 1931, fue elegido miembro del Consejo Ejecutivo Nacional de los Niños Exploradores de América. En 1934, recibió los premios Silver Beaver y Silver Buffalo, los más altos honores conferidos por los Niños Exploradores de América.

Monumentos Históricos

Debido a su herencia Smith, El president George Albert Smith tenía gran interés en la Iglesia y la Historia Americana. Fue instrumental en la organización de la Asociación de Senderos Pioneros y Monumentos de Utah, un grupo no sectario que, bajo su dirección, colocó 120 marcadores y monumentos en sitios históricos relacionados con el asentamiento en el Oeste.

Independence Rock Dedicado

Otros a importantes acontecimientos históricos incluyeron:

— En 1923, cuando la Iglesia compró la primera parte de la colina Cumorah, visitó el sitio con su esposa.
— El 21 de junio de 1931, , dedicó el monumento Independence Rock en el Histórico Sendero Pionero.

Apoyo a los Ciegos

Compasivo con los ciegos debido a su propia discapacidad visual, sirvió como oficial y Presidente de la Sociedad para Ayuda de los No Videntes. En 1933, invitó a Helen Keller a hablar en el Tabernáculo como una actividad de recaudación de fondos para ciegos. Y en 1935 dispuso que el Libro de Mormón se publicara en Braille.

Tragedia Personal y Guerra

El 5 de noviembre de 1937, su esposa Lucy Emily Woodruff murió en Salt Lake City. George Albert tenía 67 años.

En 1939, el 1 de septiembre, estalló la Segunda Guerra Mundial en Europa, hundiendo al continente europeo en una guerra sangrienta y cruel. Al principio, los Estados Unidos trataron de mantenerse fuera de la guerra, pero el 7 de diciembre de 1941, los japoneses atacaron Pearl Harbor, llevando a Estados Unidos en la Segunda Guerra Mundial.

LLAMADO A PRESIDIR

Presidente del Quórum, Luego de la Iglesia

Con Helen Keller, 1941

El president George Albert Smith se convirtió en Presidente del Quórum de los Doce en medio de la Segunda Guerra Mundial, el 12 de julio de 1943, a la edad de 73 años.

Sólo dos años después, el 8 de mayo de 1945, la Segunda Guerra Mundial terminaba en Europa. Seis días más tarde, el 14 de mayo de 1945, el Presidente Smith se convirtió en Apóstol mayor a la muerte del presidente Heber J. Grant. Una semana después, el 21 de mayo de 1945, El president George Albert Smith se convirtió en Presidente de la Iglesia.

La Segunda Guerra Mundial terminó en el Pacífico el 14 de agosto de 1945. Aproximadamente un mes más tarde, el 23 de septiembre, el Presidente Smith dedicó el Templo de Idaho Falls Idaho.

Luego, en la conferencia general del 5 de octubre de 1945, fue sostenido como Presidente de la Iglesia, con los consejeros El élder J. Reuben Clark Jr. y El president David O. McKay.

UN MENSAJERO DE PAZ Y AMOR

El president George Albert Smith es quizás el más conocido para su modo apacible y cariñoso. Fue el Profeta perfecto para presidir después del final de la Segunda Guerra Mundial. Se acercó a muchos que estaban afligidos, perdidos o necesitados, convirtiéndose en un mensajero de paz y amor.

Soldados que Vuelven

Al final de la Segunda Guerra Mundial, miles de soldados de los Santos de los Últimos Días fueron dados de baja en el ejército y lucharon por regresar a la vida civil. Bajo el liderazgo del Presidente Smith, la Iglesia tomó medidas para ayudar a sus miembros a lograr esta transición con éxito:

— Los obispos entrevistaron rápidamente a los soldados y se encargaron de que recibieran llamados de la Iglesia.
— Los quórums del sacerdocio patrocinaron fiestas de bienvenida en casa para los militares y los ayudaron a encontrar empleo.

— La Asociación de Mejoramiento Mutuo desempeñó un papel clave en la participación de los veteranos a través de actividades atléticas y sociales.

Ayuda a la Europa de la Posguerra

Como Presidente, El president George Albert Smith también dirigió la masiva asistencia social de la Iglesia a Europa después de la Segunda Guerra Mundial.

El 3 de noviembre de 1945, el Presidente Grant se reunió con el Presidente de Estados Unidos, Harry S. Truman. Buscó y recibió ayuda del gobierno para obtener suministros de socorro a los Santos en Europa.

En enero de 1946, envió al El presidente Ezra Taft Benson a reabrir las misiones europeas y evaluar los daños y las necesidades. Noventa trenes cargados de comida y ropa fueron enviados a los Santos afectados en Europa. Se llamó a un ayuno especial y el dinero del ayuno contribuyó a la ayuda no sólo para los Santos sino también para otros.

Al menos en parte debido a la buena voluntad generada por esta ayuda, se reabrieron misiones de la Iglesia y se crearon otras nuevas.

Reconciliación con las Colonias Mexicanas

En mayo de 1946, el Presidente Grant viajó a México para reunirse con Santos descontentos. Una gran facción se había separado de la Iglesia y establecido su propia iglesia después de la emisión del Manifiesto por el Presidente Woodruff. Estaban descontentos con las dificultades que esto creaba para muchas familias, y habían tomado las cosas en sus propias manos. El Presidente Smith se reunió con ellos, les estrechó las manos, les habló y oró y lloró por ellos. Hablando en cinco sesiones a más de 1200 personas, el Presidente Smith les extendió una cálida invitación para volver a la plena actividad en la Iglesia, y casi todos aceptaron su oferta. Ellos fueron tocados por su presencia y reconocieron que él era un profeta de Dios.

Esta era la primera vez que un Profeta de la Iglesia había estado en la República de México. Aprovechando esto, durante ese tiempo, el Presidente Smith también se reunió con el Presidente mexicano Ávila Camacho.

Apoyo a los Lamanitas

Al Presidente Smith se le dijo en una visión que el pueblo indio había sido descuidado. Su amor fue hacia ellos, se organizaron misiones, se envió alivio y se hicieron visitas personales. En septiembre de 1946, llamó al El presidente Spencer W. Kimball para dirigir el Comité Lamanita de la Iglesia. El 23 de octubre de 1948, el Presidente Smith se reunió con los indios Navajo para tratar el programa de ubicación de los indios. Y en junio de 1949, un grupo de indios Navajo lo visitó y le agradeció su ayuda.

Buena Voluntad Hacia Toda la Gente

El 21 de julio de 1947, la revista Time homenajeó al Presidente Smith como el "Hombre del Año."

La fuerza misionera de tiempo completo aumentó de un mínimo durante la guerra de 386 en 1945 a más de 5.800 en 1951. Como resultado, en 1947, la membresía de la Iglesia pasó la marca de un millón.

El 24 de julio de 1947, Utah celebró su Centenario Pionero. El Presidente Smith dedicó el monumento "Este es el lugar" en ese histórico día.

Durante 1949, se reunió con muchas personas famosas e influyentes, incluyendo la actriz Ann Blyth y el arzobispo de York

El 14 de febrero de 1950, dedicó la estatua del presidente Brigham Young en la sala del congreso.

Una Advertencia para los Malvados

A pesar de su gran amor por la humanidad, no podía permanecer en silencio acerca de los juicios que engullirían al mundo si los malvados no se arrepintieran. El Presidente Smith recibió una visión sobre este tema en 1945 y había visto la próxima destrucción. Habló con gran poder y autoridad:

> No pasará mucho tiempo hasta que las calamidades lleguen a la familia humana a menos que haya un arrepentimiento rápido.17

También dijo acerca de aquellos que habían menospreciado al Profeta José Smith:

> [Ellos] serán olvidados y sus restos volverán a la madre tierra, si no han ido ya, y el olor de su infamia no morirá nunca, mientras que la gloria y honor y majestad y valor y fidelidad manifestados por el Profeta José Smith estarán ligados a su nombre para siempre.[18]

MUERE EL PRESIDENT GEORGE ALBERT SMITH

El 4 de abril de 1951, El presidente George Albert Smith murió en el día de su 81 cumpleaños en Salt Lake City. Había cumplido seis años como Presidente de la Iglesia.

Un Hombre Predestinado para su Tiempo

El élder Joseph Fielding Smith dijo acerca del presidente George Albert Smith:

> Se dice con frecuencia que el Señor ha levantado a un hombre particular para realizar una misión particular. Todos hemos oído hablar de esto y hemos oído cómo los peculiares talentos de cada uno de los Presidentes de la Iglesia han tenido un valor especial durante sus respectivas misiones. Deseo que todos los miembros de la Iglesia hayan presenciado la reunión del Consejo en la que se reorganizó la Presidencia. Si alguna vez hubo un tiempo en que el Espíritu del Señor fue indudablemente manifiesto, fue en esa ocasión. Todos los presentes se emocionaron. Todos los presentes estaban conscientes, sin lugar a dudas, de la absoluta rectitud de la misma.

> No me corresponde decir qué misión particular tiene El presidente George Albert Smith por delante. Sin embargo, esto sí sé, que en este momento particular en la historia del mundo, nunca hubo una necesidad de amor entre los hermanos tan desesperadamente como se necesita hoy Además, sé que no hay ningún hombre de mi conocimiento que ame a la familia humana, colectiva e individualmente, más profundamente que El presidente George Albert Smith. Esas dos cosas que vienen en conjunción, la necesidad de amor, su presidencia en este momento, tienen para mí por lo menos, un significado peculiar.[19]

El presidente George Albert Smith lideró a la Iglesia durante un período de inquietantes acontecimientos en todo el mundo. Estaba especialmente capacitado para dirigir durante estos acontecimientos.

— El final de la Segunda Guerra Mundial.
— La creciente amenaza de otra guerra.
— Las naciones de Europa Central y el Lejano Oriente que se quedaron detrás de la cortina de hierro del comunismo.
— El conflicto armado que estalló en Corea.

Su amor por toda la humanidad ayudó a guiar a la Iglesia en esos tiempos difíciles:

— Ayudó a sanar las heridas espirituales que habían sido infligidas durante la guerra.
— Una vez más comenzó a difundir el evangelio alrededor del mundo.
— Facilitó el envío de bienes de los Santos en un país a Santos y no miembros en otros.
— Abrió países anteriormente cerrados a la Iglesia por gobiernos hostiles.
— Fijó la etapa para el crecimiento notable de la iglesia para los siguientes 30 años.

ENSEÑANZAS Y TESTIMONIO

Homenajes al Presidente El president George Albert Smith

El presidente Ezra Taft Benson dijo:

Dios bendiga la memoria del presidente George Albert Smith. Estoy agradecido más allá de la expresión de mis palabras por la estrecha asociación que he tenido con él en los últimos años. Estoy agradecido de que mi familia haya vivido en la misma sala y haya estado bajo la benigna influencia de su dulce espíritu. Nunca dejaré de agradecer las visitas que hizo a mi hogar mientras yo servía como humilde misionero en las naciones de la Europa destrozada por la guerra al final de la Segunda Guerra Mundial.

Particularmente estoy agradecido por una visita en el silencio de la noche cuando nuestro pequeño estaba a las puertas de la muerte. Sin ningún anuncio, el Presidente Smith encontró tiempo para entrar en esa casa y poner sus manos sobre la cabeza de ese pequeño, sostenido en los brazos de su madre como había estado durante muchas horas, y prometerle su completa recuperación. Éste era el Presidente Smith, siempre tuvo tiempo de ayudar, especialmente a los que estaban enfermos, a los que más lo necesitaban.[20]

El presidente Spencer W. Kimball dijo: "Me parecía que cada acto, cada pensamiento de nuestro Presidente indicaba que, con todo su corazón y alma amaba al Señor, y amaba a sus semejantes. ¿Hay un ser mortal que podría haberlos amado más?"[21]

"[John] Beverly Nichols, un novelista británico, viajó por los Estados Unidos en una ocasión, estudiando el estilo de vida americano. Más tarde escribió un libro muy humorístico titulado tío Samson, cuyo tenor principal era una gran sátira de la vida en los Estados Unidos. Uno de sus capítulos registra su visita a Salt Lake City. Como muchos otros corresponsales que se enfrentaban por primera vez a la vida en una comunidad de Santos de los Últimos Días, encontró muchas cosas bastante humorísticas, pero no así su visita al Presidente El president George Albert Smith, de quien escribió: "Si alguna vez conocí a un honesto, a un hombre honrado y temeroso de Dios, lo conocí en el Presidente Smith."[22]

John F. Fitzpatrick, editor del Salt Lake Tribune, dijo:

Era un hombre sin astucia, un hombre religioso y un líder espiritual, no sólo en su propia Iglesia, en cualquier grupo. Incluso a solas con él uno tenía un sentimiento de la espiritualidad de este hombre…

… Le encantaba hablar de la hermandad del hombre, su amor genuino por toda la humanidad, que después de todo es la verdadera caridad de Cristo, más profunda que cualquier diferencia doctrinal, ese don desde lo alto que hace más rica y plena la comprensión de los sentimientos del hombre hacia el hombre.[23]

El Testimonio Final del presidente George Albert Smith

El mayor deseo del presidente George Albert Smith era acercar a la gente al Maestro a quien servía. Lo dijo en su credo, y pasó toda su vida tratando de cumplir esa meta. Llevó su testimonio de Cristo hasta el último momento de su vida. El Obispo Robert L. Simpson, entonces consejero en el Obispado Presidente, habló con la hija del Presidente Smith, Edith Elliott, sobre el último día del Presidente Smith:

Ella me dijo que, el último día de vida del Presidente Smith, la familia se había reunido alrededor de su lecho. Respiraba más profundamente, y ellos estaban preocupados. El doctor se apartó, dejando que la familia se acercara.

El hijo mayor se inclinó y dijo:—Padre, ¿hay algo que le gustaría decirle a la familia… algo especial?

Luego siguió describiendo a este gran profeta, con una sonrisa en sus labios, diciendo: "Sí, sólo esto: Yo sé que mi Redentor vive; Yo sé que mi Redentor vive."24

Notas:

1. Citado en Preston Nibley, *Los Presidentes de la Iglesia* (1974), pág. 270.

2. "A la Sociedad de Socorro", *Revista de la Sociedad de Socorro*, diciembre de 1932, págs. 707–8.

3. Citado en Arthur R. Bassett, "El presidente George Albert Smith: Llegando a los demás", *Nueva Era*, enero de 1972, pág. 51.

4. Entrevista personal a los Servicios Curriculares delCES, 30 de junio de 1972.

5. "Alocución sobre el Liderazgo del Presidente Smith", *Noticias de la Iglesia*, 16 de febrero de 1946, pág. 6.

6. En Reporte de La Conferencia, octubre de 1906, págs. 46–47.

7. Artículo de revista en un libro de recuerdos [Colección GAS U de U, Caja124, Álbum de Recortes 1), pág. 4, citado en Glen R. Stubbs, "Una Biografía de El president George Albert Smith, 1870–1951" (1974), pág. 12.

8. Citado en George Albert Smith, *Las Enseñanzas del presidente George Albert Smith*, editado por Robert McIntosh y Susan McIntosh (1996), pág. xix.

9. Citado en Francis M. Gibbons, *George Albert Smith: Cristiano Amable y Cariñoso, Profeta de Dios* (1990), pág. 19.

10. Gibbons, *George Albert Smith*, pág. 21.

11. En Reporte de La Conferencia, octubre de 1945, pág. 115.

12. "Cómo se Preservó Mi Vida", en *Una Historia para Contar*, compilado por Junta General de la Asociación Primaria y la Mesa Directiva del Sindicato de la Escuela Dominical Deseret (1945), págs. 155–56.

13. Gibbons, *George Albert Smith*, págs. 26–27.

14. Citado en Bryant S. Hinckley, "La grandeza en los Hombres: Superintendente George Albert Smith", *Era de la Mejora*, marzo de 1932, pág. 295.

15. Citado en Glen R. Stubbs, "Una Biografía de George Albert Smith, 1870–1951" [Disertación para el Ph.D., Universidad del Brigham Young (1974), pág. 317.

16. *Compartiendo el Evangelio con Otros*, págs. 110–12; también "Tu Buen Nombre", *Era de la Mejora*, marzo de 1947, pág. 139.

17. En Reporte de La Conferencia, abril de 1950, pág. 169; o revista *Era de la Mejora, 53* [Mayo de 1950), pág. 412.

18. En Reporte de La Conferencia, abril de 1946, págs. 181–82.

19. En Reporte de La Conferencia, octubre de 1945, págs. 31–32.

20. En Reporte de La Conferencia, abril de 1951, pág. 46.

21. *Noticias de la Iglesia*, 11 de abril de 1951, pág. 11.

22. Bassett, *"Presidente El president George Albert Smith"*, pág. 50.

23. Citado en Doyle L. Green, "Tributos Pagados Presidente El president George Albert Smith", *Era de la Mejora*, junio 1951, pág. 405.

24. "Los Poderes y las Responsabilidades del Sacerdocio", Universidad El president Brigham Young Discursos del Año [31 de marzo de 1964), págs. 7–8.

El Presidente David O. McKay: Liderando una Iglesia Mundial

[1951–1970]

PRIMEROS AÑOS DE EL PRESIDENT DAVID O. MCKAY

Infancia

El president David O. McKay nació el 8 de septiembre de 1873, en Huntsville, Utah. Su padre fue David McKay y su madre Jennette Eveline Evans. Él era el tercer niño y primer hijo nacido a sus padres. Para tener una perspectiva del lapso de su vida, podemos notar que David tenía 3 años cuando El presidente Brigham Young moría en Salt Lake City el 29 de agosto de 1877.

Desde que era un niño pequeño, sus padres le enseñaron a orar, y él oyó una voz de consuelo en respuesta a su oración.

David O. McKay dijo:

David O. McKay a los 4 años

> Desde la infancia me ha sido muy fácil creer en la realidad de las visiones del Profeta José Smith. Lo que voy a decir puede parecer muy simple para vosotros, pero para mí es un pétalo del corazón.
>
> Cuando era un niño muy joven en el hogar de mi juventud, tenía miedo por la noche. Lo remontaba un sueño vívido en el que dos indios entraban en el patio. Corría a la casa para protegerme, y uno de ellos disparaba una flecha y me golpeaba en la espalda. Sólo un sueño, pero sentía ese golpe, y estaba muy asustado, porque en el sueño entraban… y se mofaban y asustaban a madre.
>
> Nunca lo superé. A eso se sumaban los miedos de madre, pues cuando padre se alejaba con el rebaño o en alguna misión, madre nunca se retiraría sin mirar debajo de la cama, así que los ladrones o los hombres que podrían entrar en la casa y tratar de aprovecharse de madre y los niños pequeños eran reales para mí.
>
> Cualesquiera que fuesen las condiciones, yo estaba muy asustado. Una noche no podía dormir, y me pareció oír ruidos alrededor de la casa.… Me sentí terriblemente forjado, y decidí orar como mis padres me habían enseñado. Pensé que sólo podía orar levantándome de la cama y arrodillándome, y esa fue una prueba terrible.
>
> Pero finalmente pude levantarme de la cama y arrodillarme y rezar a Dios para proteger a madre y a la familia. Y una voz tan clara para mí como la mía es para ti, dijo: "No tengas miedo. Nada te hará daño. "No te estoy diciendo de donde vino lo que fuere, tu puedes juzgar. Para mí fue una respuesta directa y llegó la seguridad de que nunca me harían daño en la cama por la noche.
>
> Digo que ha sido fácil para mí comprender y creer la realidad de las visiones del Profeta José. Fue fácil para mí en la juventud aceptar su visión, la aparición de Dios el Padre y Su Hijo, Jesucristo al niño que oraba. No pensé en otra cosa. Por supuesto que eso es real. Era fácil para mí creer que Moroni vino a él allí en la habitación. Los seres celestiales fueron reales desde mi infancia y, a medida que pasaban los años, las impresiones se fortalecieron por la razón y se fortalecieron por la inspiración de Dios directamente a mi alma.[1]

El presidente McKay dijo más tarde:

> Cuanto más viejo estoy, más agradecido estoy a mis padres, por cómo ellos vivieron el evangelio en esa vieja casa de campo.… Tanto padre como madre vivieron el evangelio.

… Mi testimonio de la realidad de la existencia de Dios se remonta a ese hogar cuando yo era un niño, y fue a través de sus enseñanzas y sus ejemplos que recibí el conocimiento de la realidad del mundo espiritual; Y yo testifico que es una realidad.…

Es… fácil para mí darme cuenta de que uno puede vivir así para que pueda recibir impresiones y mensajes directos a través del Espíritu Santo. El velo es delgado entre los que poseen el sacerdocio y los que están al otro lado del velo. Ese testimonio comenzó… en el hogar en mi juventud por el ejemplo de un padre que honró el sacerdocio, y su esposa, que lo sostuvo y lo vivió en el hogar.[2]

A partir de 1881–83, su padre sirvió en la misión en Gran Bretaña cuando David solamente tenía 7–9 años.

La familia había experimentado recientemente la pérdida de dos hijas mayores de neumonía y de fiebre reumática. Otro recién nacido llegó apenas diez días después de la partida de su padre. Las responsabilidades de la familia recaían sobre el joven David, dándole una madurez que estaba más allá de sus años.

Llewelyn R. McKay escribió:

Cuando [El presidente David O. McKay] tenía ocho años, su padre recibió un llamado para ir a una misión. Aceptar tal llamado durante dos o tres años fuera de casa no era una decisión fácil de tomarzo de Otro bebé estaba en camino, y se habían hecho planes para ampliar la casa y el amueblamiento. Las responsabilidades de dirigir la granja eran demasiado grandes para ser dejadas a su esposa, así que cuando David mostró la carta llamándolo a una misión, dijo: "Por supuesto que es imposible para mí ir." Jennette leyó la carta, miró a su marido, y dijo con decisión:—Por supuesto que debes aceptar; no necesitas preocuparse por mí. ¡David O. y yo haremos las cosas bien!"…

… En ausencia de su padre, el joven David redirigió rápidamente sus energías a las tareas y al trabajo de granja. Las circunstancias ayudaron así a producir una madurez más allá de sus años físicos""[3]

El presidente McKay conservó a lo largo de su vida un profundo amor y respeto por sus padres. Cuando se le preguntó a quién consideraba que era el hombre más grande que había conocido, respondió sin vacilar: "Mi padre." De su madre le dijo: "No puedo pensar en una virtud femenina que mi madre no poseyera,… En la ternura, el cuidado atento, la paciencia amorosa, la lealtad al hogar y a la rectitud, ella me parecía en la niñez, y me parece ahora, después de estos años, haber sido suprema."[4]

En 1881, el 8 de septiembre, David fue bautizado en Spring Creek, Huntsville, Utah, a la edad de 8 años.

Cuando era un niño de 12 años, oró por un testimonio pero en ese momento no recibió ningún testimonio. David O. McKay dijo:

De alguna manera en mi juventud tuve la idea de que no podíamos obtener un testimonio a menos que tuviéramos alguna manifestación. Leí sobre la primera visión del Profeta José Smith, y supe que él sabía que lo que había recibido era de Dios. Oí el testimonio de mi padre de una voz que había llegado a él, y de alguna manera recibí la impresión de que esa era la fuente de todo testimonio. Me di cuenta en mi juventud que lo más precioso que un hombre podía obtener en esta vida era un testimonio de la divinidad de esa obra. Anhelaba por él; sentía que si pudiera obtener un testimonio, todo lo demás parecería insignificante.

No descuidé mis oraciones. Siempre sentí que la oración secreta, ya fuera en la habitación o en el bosque o en las colinas, sería el lugar de donde vendría ese testimonio. Por lo tanto, cuando era un muchacho me arrodillé en oración más de una vez al lado del arbusto de amelanchier con mi caballo de silla de montar al lado de la carretera.

Recuerdo haber viajado por las colinas de Huntsville una tarde, pensando en estas cosas y concluyendo que allí en el silencio de las colinas era el mejor lugar para obtener ese testimonio. Dejé mi caballo, tiré las riendas por encima de su cabeza, me alejé unos pasos y me arrodillé junto a un árbol. El aire era claro y puro, el sol encantador; el verdor creciente y las flores perfumaban el aire….

Me arrodillé y con todo el fervor de mi corazón derramé mi alma a Dios y le pedí un testimonio de ese evangelio. Tenía en mente que habría alguna manifestación; Que debería recibir alguna transformación que me dejaría absolutamente sin duda.

Me levanté, monté en mi caballo, y cuando empecé a recorrer el sendero, recuerdo haberme escudriñado introspectivamente y moviendo involuntariamente la cabeza, diciéndome: "No, señor, no hay cambio; Yo soy el mismo muchacho que era antes de arrodillarme. "La manifestación anticipada no había llegado.[5]

David O. McKay siguió buscando un testimonio personal, y finalmente llegó. Pero más tarde explicó que "la manifestación espiritual por la cual había estado orado cuando era un niño, en mi adolescencia vino como una secuencia natural del cumplimiento del deber", más que como una manifestación repentina.[6]

El Presidente McKay también enseñó que la obediencia a los principios del evangelio era una clave para recibir un testimonio. Él testificó: "Si os comprometéis a abrazar los principios de la vida eterna, la encontrareis instilando en vuestra alma una bendición del Espíritu Santo que os dará un testimonio más allá de cualquier posibilidad de duda de que Dios vive, de que Él es ciertamente nuestro Padre, y que esta es Su obra establecida a través del Profeta José Smith. Ese es mi testimonio, ¡lo más precioso de la vida!"[7]

En 1886, a la edad de 13 años, David recibió su bendición patriarcal, que decía en parte:

Tú estás en tu juventud y necesitas instrucción, por eso te digo que seas instruido por tus padres el en el camino de la vida y la salvación, para que en un día temprano puedas estar preparado para una posición responsable, porque el ojo del Señor está sobre ti…. El Señor tiene una obra para que tú hagas, en la que verás gran parte del mundo, asistirás a la recolección de Israel disperso y también en la obra del ministerio. Tú estarás sentado en consejo con tus hermanos, y presidirás entre el pueblo, y exhortarás a los Santos a la fidelidad.[8]

Joven Adultez

A pesar de los medios limitados, los McKays proporcionaron una educación universitaria para cada uno de sus hijos. David quería una carrera en educación y administración educativa. Estudió educación en la academia de la estaca Weber en Ogden, Utah, y en 1893, a los 20 años, aceptó el puesto de principal en la escuela de Huntsville.

Cuatro de los niños de McKay, incluido David, asistieron a la Universidad de Utah. David jugó en el equipo de fútbol, se convirtió en presidente de su clase, y fue el mejor alumno de su camada.

Durante esos años universitarios se alojó en la casa de la familia Riggs en Salt Lake City, donde conoció a su hija, Emma Ray Riggs, quien eventualmente se convertiría en su esposa.

David O. McKay en 1890

Un Llamado a una Misión en Gran Bretaña

Un mes después de la graduación, en julio de 1897, David O. McKay recibió un llamado para cumplir una misión en Escocia. Esto fue emocionante porque la familia McKay (o MacKay) se originaba en las tierras altas del norte de Escocia. Los abuelos y padres escoceses de David habían mostrado una lealtad inquebrantable al evangelio después de la conversión, y él estaba emocionado de regresar a su patria para predicar el evangelio.

Sin embargo, como todos los misioneros, David tuvo que aprender a trabajar y soportar las dificultades. Su servicio en la ciudad de Sterling, Escocia, fue uno de esos momentos. Él y su compañero habían estado trabajando en el pueblo durante unas semanas, pero habían tenido poco éxito. En un día en particular, pasaron parte del día caminando por el castillo de Stirling y El élder McKay estaba sintiendo nostalgia.

El Presidente McKay recordó más tarde:

Foto misionera de
David O. McKay

> Cuando volvimos a la ciudad, vi un edificio inacabado varias yardas de pie detrás de la acera. Sobre la puerta de entrada había un arco de piedra, algo inusual en una residencia, y lo que era aún más inusual, pude ver desde la acera que había una inscripción cincelada en ese arco.

> Le dije a mi compañero: "¡Es inusual! Voy a ver cuál es la inscripción. "Cuando me acerqué lo suficiente, este mensaje vino a mí, no sólo en piedra, sino como si viniera de Aquel en cuyo servicio estábamos comprometidos: "Cualquiera Sea Tu Arte, Actúa Bien Tu Parte."…

> Ese fue un mensaje para mí esa mañana, actuar bien como misionero de La Iglesia de Jesucristo de los Santos de los Últimos Días. Es simplemente otra manera de decir.… "No todo el que me dice: Señor, Señor, entrará en el reino de los cielos, sino el que hace la voluntad de mi Padre que está en los cielos" (Mateo 7:21).[9]

David fue renovado por este mensaje, y resolvió "actuar bien" la parte de un misionero comprometido. Finalmente sirvió como presidente de la Conferencia Escocesa, y su presidente de misión, James L. McMurrin, reconoció la grandeza que había en David O. McKay. En una ocasión profetizó acerca de él:

> En una reunión en Glasgow, un espíritu distinto y maravilloso invadió la sala y muchos de los misioneros estaban llorando. El presidente de la misión, James L. McMurrin, confirmó que había ángeles en la habitación. Señaló específicamente a dos élderes y declaró que sus ángeles guardianes estaban allí. Entonces el presidente McMurrin se volvió hacia El élder McKay y declaró: "Permíteme decirte, hermano David: Satanás te ha deseado que te tamice como trigo, pero Dios es consciente de ti.… Si guardas la fe, te sentarás en los consejos principales de la Iglesia."[10]

Sirvió fielmente hasta agosto de 1899, cuando recibió una honorable liberación.

Matrimonio y Carrera

Después de regresar de su misión en el verano de 1899, David O. McKay se convirtió en miembro de la facultad de la Weber Academia de Estaca (escuela secundaria).

Dieciocho meses después, el 2 de enero de 1901, se casó con su novia Emma Ray Riggs, en el Templo de Salt Lake. Su matrimonio fue solemnizado por el Apóstol John Henry Smith. Juntos tuvieron seis hijos, y el primero, un hijo llamado David Lawrence, nació el 30 de septiembre de 1901.

Al año siguiente, David O. McKay fue contratado como director de la Academia de Estaca Weber a los 29 años Sirvió como tal durante los próximos seis años (1902–1908.

APÓSTOL Y PROFETA

Apóstol

En 1905, los Apóstoles John W. Taylor y Matthias F. Cowley dimitieron del Quórum de los Doce Apóstoles debido a su desacuerdo sobre el manifiesto que prohibía la poligamia. A principios de 1906, murió el Apóstol Marriner W. Merrill, dejando tres vacantes en el quórum.

El presidente Joseph F. Smith consideró en oración quién debería reemplazarlos, luego llamó a George F. Richards, Orson F. Whitney y David O. McKay al Apostolado.

David O. McKay fue ordenado Apóstol el 9 de abril de 1906, a los 32 años, por El presidente Joseph F. Smith. Dijo en su primer discurso como Apóstol, el 6 de octubre, en una conferencia general:

Apóstol David O. McKay

> El hombre que sabe cuál es su deber y no lo hace, no es fiel a sí mismo; No es fiel a sus hermanos; No está viviendo en la luz que Dios y la conciencia proveenero de Ahí es donde estamos, y llega directo a vuestra casa; Eso significa para mí. Cuando mi conciencia me dice que es correcto seguir una línea específica, no soy fiel a mí mismo si no la sigo. ¡Oh! Sé que estamos influidos por nuestras debilidades, y por influencias de fuera; Pero es nuestro deber caminar por el camino recto y estrecho en el cumplimiento de cada deber. Y marcad esto: Cada vez que tenemos oportunidad y no vivimos a la altura de la verdad que está dentro de nosotros, cada vez que no expresamos un buen pensamiento, cada vez que no realizamos un buen acto, nos debilitamos, y hacemos más difícil expresar ese pensamiento o realizar ese acto en el futuro. Cada vez que hacemos un buen acto, cada vez que expresamos un sentimiento noble hacemos más fácil realizar ese acto o expresar ese sentimiento en otro momento.[11]

Un Respetado Educador

David O. McKay ya se había distinguido, a muy temprana edad, como un educador capaz. Fue director de la Academia de Estaca Weber cuando fue llamado para ser Apóstol, y continuó sirviendo como director durante dos años, hasta 1908. Continuó sirviendo en la Junta Directiva de la escuela hasta 1912.

Para su primera designación a la Iglesia en 1906, le pidió al El élder McKay que se desempeñara como Segundo Asistente del Superintendente de las Escuelas Dominicales de la Iglesia. En 1907, se convirtió en miembro del Comité General del Sacerdocio y de la Correlación Auxiliar, que se ocupaba principalmente del plan de estudios del sacerdocio de la Iglesia y en las clases auxiliares. Luego, en 1909, a la edad de 36 años, fue llamado a servir como Primer Superintendente Asistente de las Escuelas Dominicales de la iglesia.

En medio de esos años, en 1916, El élder David O. McKay sufrió un grave accidente automovilístico, que casi le quitó la vida. Su rostro estaba tan lacerado que muchos sentían que iba aquedar desfigurado para toda la vida. Pero recibió una bendición del presidente Heber J. Grant y quedó completamente curado.

Al año siguiente (1917, a la edad de 44 años, publicó su primer libro, Antiguos Apóstoles. Durante su vida, David O. McKay se convirtió en un escritor prolífico, publicando 13 libros sobre una variedad de temas del evangelio.

De 1918 a 1934, desde que tenía 45 hasta los 61 años, fue Superintendente General de la Escuela Dominical. También durante esos años, de 1919 a 1921, sirvió como Comisionado de Educación de la Iglesia. David era un hombre visionario que podía ver que el futuro del Sistema Educativo de la Iglesia no residía en la educación secular, e hizo una serie de cambios significativos.

David O. McKay en 1920

— En la décadade 1920 transfirió tres universidades de los SUS, Snow, Weber y Dixie, al estado de Utah.
— En su lugar, construyó edificios del seminario de los SUS para las escuelas secundarias públicas a través del estado.
— Guió a una Academia de los SUS restante, la Academia El president Brigham Young de Provo, al estado de una universidad de 4 años.
— En 1953, el Gobernador de Utah J. Bracken Lee, le ofreció devolverlas a la Iglesia.
— El élder McKay estuvo de acuerdo en aceptarlas, pero la propuesta fracasó en un referendo electoral.
— Hoy, estas tres instituciones son los principales colegios universitarios y universidades por derecho propio dentro del sistema de educación superior del estado de Utah.

El élder McKay también continuó contribuyendo al sistema estatal de educación. Sirvió en la Junta de Regentes de la Universidad de Utah de 1921 a 1922. Y sirvió en la Junta de Fideicomisarios de la Universidad Agrícola Estatal de Utah desde 1940 a 1941.

Primera Gira Mundial

Desde diciembre de 1920 hasta diciembre de 1921, el Presidente Grant envió al El élder McKay y a un compañero, Hugh J. Cannon, editor de *La Era de la Mejora*, a una gira de misiones por todo el mundo. Este fue el comienzo de cinco giras mundiales que El élder McKay hizo durante su ministerio. Antes de partir, recibió una bendición muy significativa para su gira:

Hugh J. Cannon y el élder David O. McKay

Los Presidentes El president Heber J. Grant, Anthon H. Lund y El élder Charles W. Penrose, y varios de los Apóstoles impusieron sus manos sobre la cabeza del élder McKay y lo bendijeron y lo apartaron como "un misionero para viajar alrededor del mundo" y le prometieron que estaría "advertido de los peligros visibles e invisibles, y que le sería dada la sabiduría e inspiración de Dios para evitar todas las trampas y escollos que se pueden poner a sus pies", que también debería "salir en paz, con placer y felicidad y regresar seguro a sus seres queridos y al cuerpo de la Iglesia."[12]

Estas palabras proféticas de bendición se cumplieron literalmente por los siguientes eventos mientras visitaba Asia, las Islas del Mar del Sur, Australia, Europa y los Estados Unidos.

— El 9 de enero de 1921, dedicó China a la obra misionera.
— En Hawái, fue advertido de peligro por el Espíritu y se salió de una plataforma, que luego se derrumbó y cayó en un volcán. La Hermana Virginia Budd Jacobsen dijo:

Sucedió en 1921, mientras que El élder McKay y El élder Hugh Cannon hacían una gira por las misiones del mundo. Después de un día de reuniones de conferencia inspiradoras en Hilo, Hawái, se organizó un viaje nocturno al volcán Kilauea para los hermanos visitantes y algunos de los misioneros. Alrededor de las nueve de la noche, dos cargueros, unos diez de nosotros, partimos hacia el entonces muy activo volcán.

Nos quedamos en el borde de ese foso ardiente observando a Pele en sus payasadas satánicas, nuestras espaldas heladas por los fríos vientos que se extendían por el Mauna Loa cubierto de nieve, y nuestros rostros casi empapados por el calor de la lava fundida. Cansado del frío, uno de los élderes descubrió un balcón volcánico cerca de cuatro pies abajo dentro del cráter donde los observadores podían mirar la exhibición sin que nos congeláramos por el viento. Sonaba perfectamente bien, y el "barandilla" en el lado abierto del mismo formaba una excelente protección contra el calor intenso, convirtiéndolo en un excelente lugar para ver la espectacular exhibición.

Después de probar primero su seguridad, el Hermano McKay y tres de los élderes bajaron al balcón colgante. Mientras se encontraban allí, cálidos y cómodos, se burlaban de los otros más tímidos que habían vacilado en aprovecharse de la protección que habían encontrado. Durante bastante tiempo, todos observamos el cambiante espectáculo, alternativamente congelados y asados.

Después de estar allí en ese lugar protegido durante algún tiempo, de repente el Hermano McKay dijo a aquellos que estaban con él: "Hermanos, tengo la impresión que tenemos que salir de aquí."

Dicho eso, ayudó a los élderes a salir, y luego ellos a su vez le ayudaron a subir hasta el borde azotado por el viento. Parece increíble, pero casi inmediatamente el balcón entero se derrumbó y cayó con un rugido en la lava fundida a cien pies debajo.

Es fácil visualizar los sentimientos de aquellos que presenciaron esta aterradora experiencia. Ni una palabra se dijo… todo era demasiado horrible, con toda lo que significa esa palabra. El único sonido era el silbido y el rugido de Pelé, la Diosa del Fuego del viejo Hawái, gritando su decepción.

Ninguno de nosotros, que fuimos testigos de esta experiencia, podría alguna vez dudar de la realidad de ¡una "revelación en nuestros días!" Algunos podrían decir que sólo fue inspiración, pero para nosotros, fue una revelación directa dada a un hombre digno.[13]

— También en Hawái, El élder McKay recibió una visión acerca del futuro y la necesidad de que Laie fuera un lugar de reunión para los polinesios.

— El 23 de abril de 1921, el público recibió el don de la interpretación de lenguas mientras hablaba a los Santos de Nueva Zelanda en inglés.

El presidente David O. McKay recordó:

El servicio se realizó en una gran tienda, bajo la sombra de la cual centenares de hombres y mujeres honestos se reunieron en ansiosa anticipación para ver y escuchar a un Apóstol de la Iglesia, el primero en visitar esa tierra.

Cuando miré aquella vasta congregación y contemplé las grandes expectativas que llenaban los corazones de todos los que se habían reunido, me di cuenta de lo poco que podía satisfacer los ardientes deseos de sus almas, y anhelé, muy fervientemente, el don de lenguas porque podría hablar con ellos en su lengua materna. Hasta ese momento no había pensado mucho en el don de lenguas, pero en aquella ocasión deseé con todo mi corazón ser digno de ese poder divino.

En otras misiones había hablado a través de un intérprete pero, pero a pesar de lo capaces que son todos los intérpretes, sin embargo me sentí obstaculizado, de hecho, algo inhibido, al presentar mi mensaje.

Ahora, me enfrentaba a una audiencia que se había reunido con expectativas inusuales, y entonces me di cuenta, como nunca antes, de la gran responsabilidad de mi puesto. Desde la profundidad de mi alma, oré por la ayuda divina.

Cuando me levanté para hablar, le dije al Hermano Stuart Meha, nuestro intérprete, que hablaría sin que él tradujera, frase por frase, lo que decía, y luego a la audiencia continué: "Deseo, oh, cómo desearía tener el poder de hablaros en vuestra propia lengua, para deciros lo que hay en mi corazón; pero puesto que no tengo el don, os ruego, y os pido que roguéis, para que tengáis el espíritu de interpretación, de discernimiento, para que podáis entender al menos el espíritu mientras estoy hablando, y entonces tendréis las palabras y el pensamiento cuando el Hermano Meha las interpreta."

Mi sermón duró cuarenta minutos, y nunca he me dirigido a una audiencia más atenta, más respetuosa. Mis oyentes estaban en perfecta relación, esto lo supe cuándo vi lágrimas en sus ojos. Algunos de ellos al menos, tal vez la mayoría de ellos, que no entendían inglés, tenían el don de la interpretación.14

— Mientras estaba en Samoa, el 10 de mayo de 1921, vio una visión de la ciudad celestial y el Salvador.

El presidente David O. McKay escribió:

Entonces me quedé dormido, y vi en visión… Una hermosa ciudad blanca.… Entonces vi una gran multitud de gente que se acercaba a la ciudad.… Al instante mi atención se centró en su Líder, y aunque sólo pude ver el perfil de Sus rasgos y Su cuerpo, ¡Lo reconocí inmediatamente como mi Salvador! ¡El matiz y el resplandor de su semblante eran gloriosos de contemplar! Había una paz en Él que parecía sublime, ¡era divina!

La ciudad, yo entendí, era Su ciudad. Era la Ciudad Eterna; Y la gente que lo seguía debía permanecer allí en paz y felicidad eterna.

Pero, ¿quiénes eran?

Como si el Salvador leyera mis pensamientos, respondió señalando un semicírculo que apareció por encima de ellos, y en el que estaban escritas en oro las palabras: "¡Éstos Son Los Que Han Vencido Al Mundo, Quienes Verdaderamente Han Nacido De Nuevo!"

Cuando desperté, estaba rompiendo el día sobre el puerto de Apia.15

— Mientras estaba en Tierra Santa, él profetizó que aunque la tierra se enrojecería de sangre, los judíos serían reunidos.

En total, El élder McKay viajó más de 2 millones de millas, ayudando a la Iglesia a ser vista como una organización internacional. En el camino, ganó el profundo amor y respeto de los miembros de la Iglesia alrededor del mundo, algo que continuaría durante su mandato como nuestro Profeta.

Como ejemplo de esto, el Presidente McKay escribió sobre su visita a Samoa:

Llegué por último, a estrechar la mano de todos.… sentí una sensación bastante tierna… que estuvo bien definida cuando sus sollozos interrumpieron su canto.… El anciano Papo, el jefe de la aldea, sollozaba como un niño y se aferraba a nosotros como si fuéramos sus hijos.…

Habíamos ganado quizás un cuarto de milla por delante de ellos, cuando me sentí impresionado diciendo: "Creo que tendríamos que regresar y dejar nuestra bendición con ellos aquí en este hermoso bosquecillo."16

Se volvió y bendijo al pueblo con una oración poderosa e inspirada. Como resultó, los Santos de las islas habían "orado por el privilegio de ver con sus propios ojos un Apóstol del Señor. Este ruego se había sido concedido. Lo habían visto, le habían apretado la mano, no pocos la habían besado y bañado con sus lágrimas, había escuchado sus palabras inspiradas y habían recibido una confirmación adicional de su fe de que el Todopoderoso había elegido divinamente hombres para dirigir a su pueblo."[17]

Presidente de Misión

En 1922, el 2 de junio, recibió una maestría honoris causa en Artes de la Universidad El president Brigham Young. Luego, desde noviembre de 1922 hasta diciembre de 1924, fue presidente de la Misión Europea.

Llewelyn R. McKay, uno de los hijos del Presidente McKay, registró el siguiente incidente, que ocurrió mientras su padre servía como presidente de la misión europea:

Misión Presidente y familia en 1922

Padre tuvo la visión de un templo erigido para los miembros europeos de la Iglesia. Recuerdo haberle preguntado si la misión debía persistir en animar a los miembros a abandonar sus hogares y trasladarse a Sión. "No", contestó, "es importante que se construyan las ramas, y que los miembros permanezcan y trabajen hacia ese fin. Algún día tendremos templos construidos para ellos, los cuales serán accesibles a todos, para que el trabajo deseado en el templo pueda ser hecho sin arrancar a las familias de su tierra natal."[18]

En otra ocasión, el Presidente McKay compartió su visión de cómo construir un templo. La siguiente historia proviene de *Revista Liahona* de junio de 1978:

El primer templo construido en Europa, el Templo Suizo, representó el compromiso del Presidente McKay de cuidar las necesidades espirituales de los Santos en la iglesia en expansión….

… El Presidente McKay evidentemente había visto el templo en visión, con sus sencillas y limpias líneas que recuerdan al primer templo de la Iglesia en Kirtland. Lo describió tan vívidamente a Edward O. Anderson, un arquitecto de la Iglesia, que fue capaz de reproducirlo exactamente. Sin embargo, a medida que avanzaba el proceso de diseño, el dibujo original fue modificado hasta que el Presidente McKay, al ver los dibujos, señaló: "Hermano Anderson, ese no es el templo que tú y yo vimos juntos." Huelga decir que los planos terminados reflejaron la descripción original del presidente McKay.[19]

El Presidente McKay fue un excelente presidente de misión que estuvo comprometido en difundir el mensaje del evangelio por todo el mundo. Sus declaraciones posteriores reflejan ese compromiso.

Y así con vosotros digo: "No nos avergonzamos del evangelio de Cristo." Estoy mirando a un segmento de la Iglesia de Cristo que comparte la responsabilidad de predicar este evangelio a todo el mundo, porque somos parte de una organización mundial. Este evangelio no se limita a Utah, ni a Idaho, ni a Wyoming, ni a California, ni a los Estados Unidos, ni tan sólo a Europa, sino que es el poder de Dios para la salvación de todos los que creen, y vosotros y yo debemos compartir parte de la responsabilidad de declararlo a todo el mundo.[20]

La misión de la Iglesia de Jesucristo de los Santos de los Últimos Días puede considerarse en dos grandes aspectos: (1) la proclamación al mundo de la restauración del evangelio de Jesucristo—la declaración a toda la humanidad de que Dios Padre y Su Hijo Jesucristo se aparecieron en esta dispensación al Profeta José Smith; (2) el otro gran propósito de la Iglesia es traducir la verdad en un mejor orden social o, en otras palabras, hacer efectiva nuestra religión en la vida individual de los hombres y en mejorar las condiciones sociales.[21]

Miembro de la Primera Presidencia

El élder David O. McKay fue sostenido como el segundo consejero del presidente Heber J. Grant el 6 de octubre de 1934.

En la siguiente conferencia, en abril de 1935, hizo su famosa declaración sobre la importancia de la familia: "Ningún otro éxito puede compensar el fracaso en el hogar."[22] Para un hombre que había logrado tantas cosas en su carrera educativa joven y respetado por la gente dentro y fuera de la Iglesia, fue una declaración impresionante. Pero aún más impresionante fue el ejemplo que puso de su propia familia.

A sus hijos escribió: "Nunca hasta hoy habéis oído a vuestra madre decir una palabra cruzada o irrespetuosa. Creo, que esto solo se puede decir sinceramente, de pocas mujeres en el mundo. Bajo todas las condiciones y circunstancias, ha sido la dama perfecta."[23]

El élder McKay sirvió como consejero del presidente Heber J. Grant durante los siguientes 12 años. Y luego, el 21 de mayo de 1945, se convirtió en consejero del presidente George Albert Smith. Tenía entonces 71 años.

En 1947, la Iglesia celebró su centenario del día en que los pioneros llegaron por primera vez al Valle del Lago Salado. Fue un evento importante tanto para la Iglesia como para el Estado de Utah. El Presidente McKay fue seleccionado para actuar como Presidente de la Comisión del Centenario de Utah, presidiendo todos los eventos.

Presidente del Quórum de los Doce

El 8 de agosto de 1950, a la edad de 76 años, David O. McKay se convirtió en Presidente del Quórum de los Doce Apóstoles. Debido a que en ese momento David estaba sirviendo como segundo consejero del presidente George Albert Smith, El élder Joseph Fielding Smith sirvió como Presidente Interino del Quórum de los Doce.

Presidente y Profeta

A los 77 años, David O. McKay se convirtió en Presidente de la Iglesia el 9 de abril de 1951, después de la muerte del presidente George Albert Smith. Fue sostenido en la conferencia, junto con sus consejeros, El élder Stephen L. Richards y El élder J. Reuben Clark Jr.

El Presidente McKay dijo el día en que fue sostenido como Presidente:

> Hace apenas una semana que me di cuenta de que esta responsabilidad de liderazgo probablemente caería sobre mis hombros....

Hablando en el día de su sostenimiento

Cuando llegó esa realidad, como os digo, me conmovió profundamente. Y hoy estoy aquí y rezo para que pueda, aunque sea inadecuadamente, poder deciros cuán grande es esta responsabilidad.

… Nadie puede presidir esta Iglesia sin antes estar en sintonía con la cabeza de la Iglesia, nuestro Señor y Salvador, Jesucristo. Él es nuestra cabeza. Esta es Su Iglesia. Sin Su guía divina e inspiración constante, no podemos tener éxito. Con Su guía, con Su inspiración, no podemos fallar.

Junto a eso como un poder potente que sostiene, viene la confianza, la fe, las oraciones y el apoyo unido de la Iglesia.

Os prometo que haré todo lo que esté a mi alcance para vivir de modo que merezca la compañía del Espíritu Santo, y oro aquí en vuestra presencia, para que mis consejeros y yo realmente participemos del espíritu divino."[24]

La disponibilidad misionera sufrió ese año debido al conflicto coreano. Así, en julio de 1951, los Setenta y los hombres casados fueron llamados a misiones. Sólo 872 misioneros fueron llamados ese año, en comparación con 3.015 sólo dos años antes. Esta política continuó durante varios años. Mi propio hermano mayor, Lynn Chase, fue llamado a servir el 7 de noviembre de 1956, a pesar que en ese momento tenía una esposa y un hijo. Fue uno de los últimos hombres casados en ser llamado.

El 2 de marzo de 1952, el nuevo Hospital Infantil Primario fue dedicado en Salt Lake City. Ha continuado en funcionamiento, ahora en una nueva ubicación, desde entonces, convirtiéndose en uno de los hospitales infantiles estrella en el país.

El 5 de abril de 1952, por primera vez, la sesión del sacerdocio de la conferencia general fue llevada a edificios fuera de la Plaza del Templo, por cable telefónico directo. Ahora la gente podía asistir a la sesión en edificios cercanos cuando el Tabernáculo estaba lleno hasta su capacidad.

Segunda Gira Mundial

Desde junio hasta julio de 1952, a los 78 años, el presidente McKay emprendió su segunda gira mundial, esta vez visitando misiones en 9 naciones europeas.

También anunció un nuevo plan de proselitismo misionero: Un Programa Sistemático de Enseñanza del Evangelio, que consistía en una serie de lecciones memorizadas para que los misioneros enseñaran a los investigadores. Éste era el sistema que empleaba el proverbial investigador "Hermano Brown", con el que tantos antiguos ex misioneros están muy familiarizados.

El élder Ezra Taft Benson—Apóstol y Secretario

El 25 de noviembre de 1952, El presidente Ezra Taft Benson fue nombrado Secretario de Agricultura de los Estados Unidos por el Presidente entrante Dwight D. Eisenhower. Juró el 21 de enero de 1953 y sirvió durante toda la administración Eisenhower, de 1953 a 1961. Este nombramiento inusual de un Apóstol en un puesto del gobierno fue posible gracias a la aprobación del Presidente McKay y resultó ser positiva tanto para la Iglesia como para la nación. El élder Benson influyó en la incorporación de la oración en las reuniones del gabinete del presidente Eisenhower, y fue foco de mucha atención de los medios debido a su fe mormona ya su idílica joven familia.

El puesto también brindó una oportunidad para que el presidente McKay se reuniera con el presidente Eisenhower cuando estuvo en Washington para asistir a la ceremonia de toma de posesión del cargo.

"El presidente McKay fue reconocido como líder mundial por grandes y famosos de muchas naciones. Los presidentes Truman, Eisenhower, Kennedy, Johnson y Nixon llamaron al presidente

El president David O. McKay; famosos autores como James Joyce, Drew Pearson y Norman Vincent Peale cruzaron la puerta de su casa.

Delegaciones con distinguidos invitados de la India, Alemania, Japón, Inglaterra, la Unión Soviética, y otros países fueron enviados para saludarlo. El Presidente McKay extendió la influencia de la Iglesia a la capital de la nación al aprobar el nombramiento del Apóstol El president Ezra Taft Benson como Secretario de Agricultura. Debido a esta conexión, el Presidente McKay fue invitado a asistir a la asunción de Dwight D. Eisenhower y también se le pidió que asistiera a una conferencia nacional sobre política exterior de Estados Unidos. El Presidente Johnson recibió al Presidente y a la Hermana McKay durante un día en la Casa Blanca."[25]

Cambios y Honores

Al final del año, el 31 de diciembre de 1951, la organización de la Escuela Primaria incorporó a los pequeños exploradores a su programa para niños menores de 11 años.

En 1953, a partir del 25 de marzo, los misioneros regresados comenzaron a reportar sus misiones a los presidentes de estaca en vez de a las autoridades generales.

Y en julio de 1953, el Presidente McKay recibió el premio Silver Buffalo de los Boy Scouts (Jóvenes Exploradores) de América, en reconocimiento al fuerte apoyo que él y la Iglesia estaban brindando al programa de Boy Scouts.

MÁS VIAJES Y TEMPLOS

Tercera gira mundial

De diciembre de 1953 a febrero de 1954, a los 80 años, el Presidente McKay emprendió un tercer viaje mundial: una gira de 32.000 millas a misiones en Gran Bretaña, Sudáfrica, Centroamérica y Sudamérica. Miembros de todo el mundo estaban encantados de ver a su Profeta en persona, una rara oportunidad antes de la administración del Presidente McKay.

En 1954, el 31 de agosto, las edades para el llegar al sacerdocio aarónico se fijaron en su estado actual: diáconos a la edad de 12 años, maestros a la edad de 14 años y sacerdotes a la edad de 16 años.

Cuarta Gira Mundial Hacia el Pacífico Sur

En enero y febrero de 1955, a los 81 años, el Presidente McKay recorrió las misiones en Tonga, Tahití, Nueva Zelanda y Australia, continuando así su práctica de ministrar a los Santos en todas partes del mundo.

Templos, Películas, Videocintas y Sacerdocio

Más tarde, en 1955, el 11 de septiembre, el Presidente McKay dedicó el Templo de Berna Suiza, el primer templo de Europa, y el que había visto en visión 33 años antes, cuando estaba presidiendo la Misión Europea.

Ese año, se introdujeron películas de los templos para proporcionar la dotación en varios idiomas. El presidente Gordon B. Hinckley fue

El Templo de Berna, Suiza

designado por el Presidente McKay para diseñar una forma de ofrecer la dotación en varios idiomas, y la película del templo fue la respuesta del hermano Hinckley a ese desafío.

El templo fue una prioridad de la administración McKay. Más templos fueron construidos durante la presidencia de El president David O. McKay que durante cualquiera anterior. Y quizás lo más importante, comenzaron a construirse templos en todo el mundo.

El 26 de septiembre de 1955, se estableció el Colegio de la Iglesia de Hawái (posteriormente UBY—Hawái) en Laie, Hawái, también en cumplimiento de una visión que el Presidente McKay tuvo 34 años antes, durante su primera gira mundial como Apóstol Educativo y espiritual para el pueblo polinesio.

A mediados de la década de 1950, los miembros de supuesta ascendencia africana ya no tenían que probar que no eran africanos. Ahora los miembros de piel oscura podían sostener el sacerdocio a menos que fuera demostrable que eran africanos. Esto facilitó el proselitismo y la ordenación del sacerdocio en Sudamérica y Sudáfrica.

El 8 de enero de 1956, se crearon los primeros barrios y estacas estudiantiles en la Universidad El president Brigham Young, comenzando una práctica que continuó hasta 2012 en varios colegios y universidades.

El 11 de marzo de 1956, el Presidente McKay dedicó el Templo de Los Ángeles California.

El 3 de octubre de 1956, dedicó el edificio de la Sociedad de Socorro en Salt Lake City.

En abril de 1957, la cinta de video se utilizó por primera vez para grabar y retransmitir las sesiones de la conferencia general. Esto continuó el estímulo del Presidente McKay del uso de los medios de comunicación para mejorar la misión de la Iglesia de fortalecer y perfeccionar a los Santos.

El Templo de Los Ángeles

En mayo de ese mismo año, el Presidente McKay se reunió con Cecil B. Demille y Charlton Heston, el productor y estrella de la película los "Diez Mandamientos." La Iglesia había prestado un importante servicio a Demille cuando estaba haciendo la película, y fue invitado a dar una alocución de inicio en la UBY. Demille y el Presidente McKay se transformaron en muy buenos amigos.

En octubre de 1957, apareció una importante epidemia de gripe en los Estados Unidos. Las grandes reuniones públicas fueron desalentadas por las autoridades sanitarias, y en respuesta a la conferencia general se canceló que caen debido a la epidemia.

En noviembre de 1957, el senador John F. Kennedy, quien finalmente se convertiría en candidato a presidente de los Estados Unidos, hizo su primera visita a Utah para recaudar fondos para el Partido Demócrata. Repitió la visita en marzo de 1959 con el mismo propósito.

El 6 de abril de 1958, el Presidente McKay llamó a El president Gordon B. Hinckley para servir como Asistente de los Doce. Este buen hombre, que había trabajado para la Iglesia desde que regresara de su misión, había sido instrumental en la producción de las películas que ahora se utilizan en los templos para facilitar la presentación de la dotación en múltiples idiomas. Era un maestro de los medios de comunicación y las relaciones públicas, y eventualmente ascendería a la presidencia de la propia Iglesia como el décimo quinto presidente.

En 1958, el Presidente McKay emprendió su quinta y última gira mundial, esta vez a las misiones del Pacífico Sur. Como parte de esta gira, el 20 de abril, dedicó el Templo de Hamilton Nueva Zelandia, el primer templo construido en el hemisferio sur. El mismo día, dedicó el Cologio Universitario de la Iglesia de Nueva Zelandia. Y el 18 de mayo, la Estaca de Auckland Nueva Zelanda se convirtió en la primera estaca fuera de Norteamérica y Hawái.

El Templo de Nueva Zelanda

El Templo de Londres

El 7 de septiembre de 1958, el Presidente McKay dedicó el Templo de Londres Inglaterra. Tres meses más tarde, el 17 de diciembre, dedicó los primeros edificios terminados para el Colegio de la Iglesia de Hawái (ahora UBY—Hawái) en Laie, Hawái.

UNA IGLESIA INTERNACIONAL

Correlación Mundial

En 1959, en la conferencia general de abril, el presidente McKay emitió su conocido llamado: "Cada miembro un Misionero." Esta invitación para que cada miembro se involucre en el esfuerzo misionero por el compañerismo y la amistad con los que los rodean, miembros y no miembros, se ha convertido en el factor más importante en el éxito de los esfuerzos misioneros hasta el día de hoy. En las estacas en las que los miembros prestan atención al llamado del Presidente McKay, el número de bautismos es siempre más alto que en las estacas en las que los miembros no se involucran.

El 15 de octubre de 1959, el Presidente McKay ordenó a El president Ezra Taft Benson como Apóstol. Este ex banquero y abogado, que había servido como presidente de la Estaca en Pasadena California, eventualmente se convertiría en el 14º Presidente de la Iglesia.

Como Iglesia mundial, mantener el orden y la exactitud en las ordenanzas y prácticas de la Iglesia alrededor de la tierra se convirtió en un desafío creciente. Así, en marzo de 1960, el Comité General del Sacerdocio comenzó a estudiar los programas y planes de estudio de la Iglesia con el propósito de mantener una mejor "correlación."

El 27 de marzo de 1960, se organizó en Manchester, Inglaterra la primera estaca de Europa. La iglesia ahora tenía estacas en varias localidades alrededor de la tierra, demostrando su alcance verdaderamente mundial bajo administración del presidente David O. McKay.

Una Profecía sobre el Comunismo

Siempre un hombre visionario, el Presidente McKay pronunció una profecía el 28 de mayo de 1960, sobre el futuro del comunismo ruso. Para apreciar la profecía, uno debe entender las circunstancias de la época. La Unión Soviética era grande y poderosa y mantenía a toda Europa Oriental bajo su garra de hierro y detrás de su "cortina de hierro." Como joven alumno de la escuela primaria, en mis clases practicaban regularmente simulacros de bombas atómicas, donde nos metíamos bajo nuestros escritorios y aprendíamos qué hacer si los Estados Unidos eran atacados por misiles cargados de bombas atómicas. La Crisis de los Misiles Cubanos dos años después nos pondría al borde de la guerra nuclear con la Unión Soviética. Nadie podía imaginar en ese momento de la historia que los soviéticos se derrumbarían en algún momento. Pero el Profeta de Dios lo sabía mejor, y él lo dijo.

> "[Aunque] Rusia está envuelta con el comunismo, una nueva libertad religiosa ha de venir." "Dios la anulará, porque ese puebo debe escuchar la verdad, y la verdad en la simplicidad. Verdaderamente hay mucho que la Iglesia puede hacer en el próximo siglo."[26]

Esta profecía es consistente con una anterior dada en julio de 1932 ante un grupo de misioneros en Checoslovaquia por el Apóstol El élder John A. Widtsoe cuando presidía las misiones europeas. Hubo 11 misioneros, más El élder Widtsoe y el presidente de la misión Arthur Gaeth. El élder Widtsoe ordenó a los misioneros que registraran lo que iba a decir. Uno de esos misioneros fue T. R. Holt, quien más tarde sirvió como presidente de estaca en Lewiston, Idaho, el Hermano Holt registró la siguiente declaración.

> El comunismo es obra del diablo. El Señor lo está usando para romper el sostenimiento de las iglesias católicas y la ortodoxia rusa sobre las mentes de los hombres. Cuando el comunismo haya completado su tarea de romper este asimiento, cesará de existir casi de la noche a la mañana. Y entonces la Iglesia enviará misioneros por centenares a las tierras eslavas de Europa, incluyendo a la madre patria Rusia. Hay más de la sangre de Israel en Rusia occidental que en todo el resto de Europa junta. Y cuando llegue el momento de hacer la obra misionera allí, el pueblo vendrá a la Iglesia por millares. Pueblos y ciudades enteras se unirán a la Iglesia en grupos. Esta Misión [Checoslovaquia] es importante porque está abriendo la puerta a las naciones eslavas. Este idioma es la llave de todas las lenguas eslavas y algunos de vosotros en esta sala sereis llamados a hacer trabajo misionero en Rusia.[27]

El 23 de septiembre de 1960, John F. Kennedy visitó Salt Lake City como candidato a la Presidencia y habló en el Tabernáculo. Había hecho otra breve parada en Utah el pasado enero, y prometió regresar porque la esposa del presidente McKay, Emma, no había podido reunirse con él. Cumplió esa promesa el 26 de septiembre de 1963, dos meses antes de ser asesinado.

El 12 de marzo de 1961, la primera estaca no anglófona fue organizada en La Haya, Países Bajos.

Cambios en el Liderazgo del Sacerdocio

En 1961, el Presidente McKay inauguró la práctica de celebrar seminarios de presidentes de misión para ayudar en su entrenamiento. La primera se celebró en 1961 del 26 de junio al 5 de julio. En ese seminario, el sistema uniforme para enseñar a los investigadores fue introducido como el estándar de la Iglesia.

El 30 de septiembre de 1961 se instituyó formalmente el programa de Correlación del sacerdocio de la Iglesia. Organizaciones como la Sociedad de Socorro, la Escuela Primaria, los Hombres Jóvenes y las Mujeres Jóvenes eran ahora llamados "auxiliares del sacerdocio" y estaban sujetos a los líderes del sacerdocio.

El 5 de octubre de 1961, ordenó a El president Gordon B. Hinckley como Apóstol. También anunció que el Primer Concilio de los Setenta sería ahora ordenado por los Sumo Sacerdotes. Una semana más tarde, el 12 de octubre, El élder Henry D. Moyle fue elegido para servir como primer consejero del Presidente McKay, y El élder Hugh B. Brown como su segundo consejero. Este cambio en la Primera Presidencia ocurrió poco después de la muerte del presidente J. Reuben Clark hijo.

Entrenamiento Misionero, Computadoras, Satélites y Ondas Cortas

Siguiendo con la adopción de las nuevas tecnologías, en 1961 el Presidente McKay inauguró el uso de computadoras para proporcionar nombres para las ordenanzas del templo.

El 3 de diciembre se estableció la primera participación de habla hispana en la Ciudad de México. Y el 4 de diciembre se inauguró el Instituto de Lenguas Misioneras (ILM). Al año siguiente, en marzo de 1962, la edad de los misioneros se redujo de 20 a 19.

El Coro del Tabernáculo participó en la primera emisión de televisión por satélite a Europa el 23 de julio de 1962. Este acontecimiento histórico no fue sólo una primicia para la Iglesia; Fue una primicia para el mundo, y es significativo que el Coro del Tabernáculo fuera una parte importante de su contenido.

El 27 de julio de 1962, la Restauración de Nauvoo, Inc. se fundó con el propósito de restaurar a Nauvoo, Illinois. Este esfuerzo continuó con la práctica de la Iglesia de construir "los lugares desechados de Sión", como se había profetizado casi 133 años antes (D.y C. 101:18; 103:11). Hoy, la restauración de Nauvoo incluye el bellamente reconstruido Templo de Nauvoo.

El 10 de octubre de 1962, la Iglesia adquirió la emisora de radio de onda corta WRUL y comenzó a transmitir a países fuera de los Estados Unidos (principalmente Europa y Sudamérica). Esta compra fue importante para distribuir las sesiones de la conferencia a tierras lejanas. Yo mismo disfruté esas transmisiones en Inglaterra durante mi misión allí desde 1968 a 1970. La Iglesia cambió las letras de la estación por WNYW (Radio New York para todo el mundo) en junio de 1966. Y después que la aparición de la tecnología satelital hiciera obsoleta la radio de onda corta, la Iglesia vendió la estación en 1974 A Radiodifusión Fox.

Monumentos, Centros y Pabellones

En 1963, el Instituto de Lengua Misionera cambió su nombre a Misión de Entrenamiento de Idiomas (MEI). Ese año, la membresía de la Iglesia en todo el mundo alcanzó los 2 millones.

Como se mencionó anteriormente, en septiembre de 1963, el presidente John F. Kennedy visitó Utah para cumplir su promesa de regresar, y habló en el Tabernáculo. Esto fue sólo dos meses antes de su asesinato en Dallas, Texas.

El 14 de septiembre de 1963, un monumento fue dedicado a la primera escuela de Sión en el municipio de Kaw, Missouri.

El 4 de octubre de 1963, El élder Hugh B. Brown fue llamado para servir como primer consejero del Presidente McKay, y El élder N. Eldon Tanner como su segundo consejero.

Ese mismo mes, el Presidente McKay dedicó el Centro de Visitantes del Norte en la Plaza del Templo. Y el 12 de octubre dedicó el Centro Cultural Polinesio cerca del Colegio de la Iglesia de Hawái en Laie. En diciembre se completó oficialmente la instalación de la Bóveda de Registro de la Montaña de Granito para el almacenamiento de registros de microfilmes.

En enero de 1964, el programa de enseñanza en casa reemplazó a la enseñanza de barrio. Al mismo tiempo, se formaron los comités ejecutivos del sacerdocio y los consejos de correlación. Estos han continuado siendo el estándar para llevar a cabo la obra del reino en las alcaldías y las estacas locales hasta el día de hoy.

El 19 de mayo de 1964, el Pabellón Mormón abrió sus puertas en la Feria Mundial de Nueva York. La exhibición mostró una reproducción de la fachada del Templo de Salt Lake y resultó ser un gran éxito para obtener referencias para que los misioneros enseñaran el evangelio.

El 17 de septiembre de 1964, el Presidente Lyndon B. Johnson visitó al profeta en el Hotel Utah. La relación entre estos dos hombres creció considerablemente durante los próximos seis años, con el Presidente Johnson llamando a menudo al Presidente McKay (a quien él llamaba "mi profeta") para que lo aconsejara. El 18 de enero del año siguiente (1965), el Coro del Tabernáculo cantó en la asunción del Presidente Johnson.

El 17 de noviembre de 1964, el Presidente McKay dedicó el Templo de Oakland California.

Noches en Familia y una Cuota de Enrolamiento

Otro importante programa de la Iglesia fue inaugurado por el Presidente McKay en enero de 1965. Se dio un programa semanal de veladas familiares a todos los miembros de la Iglesia en todo el mundo como una forma de solidificar y fortalecer a la familia. El programa comenzó con un nuevo manual oficial que guiaba a las familias sobre cómo llevar a cabo una reunión de este tipo. Hoy, este programa continúa siendo una de las prácticas más importantes en las familias de los Santos de los Últimos Días.

En febrero de 1965, el gobierno de Italia permitió a los misioneros el proselitismo en ese país por primera vez desde 1862 (103 años antes). El éxito en Italia ha creció a un punto tal que un templo honra a la ciudad de Roma.

La guerra en Vietnam se encendió a través de los años 60 tempranos, y un enrolamiento obligatorio estaba en vigor para todos los hombres sanos. Los misioneros estaban exentos del reclutamiento, y esto creó dificultades para el servicio selectivo entre los jóvenes mormones. Así, en septiembre de 1965, la Iglesia anunció una cuota de no más de dos misioneros por barrio al año para cumplir con las solicitudes del Servicio Selectivo. Incluso los misioneros que pudieron servir en sus misiones permanecieron en la lista de enrolados y muchos fueron reclutados inmediatamente a su vuelta de su servicio misionero.

El Deterioro de la Salud del Presidente Mckay

En octubre de 1965, la salud del Presidente McKay se había deteriorado hasta el punto de necesitar consejeros adicionales en la Primera Presidencia. Sus actuales consejeros estaban cada vez más enfermos y a menudo no podían presidir en su lugar en las reuniones de la iglesia. Por lo tanto, en la conferencia de octubre de 1965, la Primera Presidencia aumentó de 3 a 5 miembros con la convocatoria de El élder Joseph Fielding Smith y Thorpe B. Isaacson para servir como consejeros adicionales.

El 1 de mayo de 1966, se organizó la primera estaca en América del Sur en San Pablo, Brasil. El 22 de junio, el Presidente McKay dedicó la Bóveda de Registros de la Montaña de Granito. Y en agosto, un nuevo centro de visitantes se abrió en la Plaza del Templo, en sustitución de la antigua Oficina de Información que estaba junto a la puerta sur. Esta nueva instalación usó exposiciones del Pabellón Mormón en la Feria Mundial de Nueva York, y fue una gran mejora para hospedar a los visitantes de la Plaza del Templo.

Ese otoño, se inició un programa de estudio en casa para los estudiantes del seminario.

ALCANCE MUNDIAL Y FOCAL DE LA FAMILIA

Representantes Regionales de los Doce

En 1967, el 29 de septiembre, se llamó a los Representantes Regionales de los Doce, con 69 hombres para comenzar el servicio en enero de 1968. Estos hombres fueron llamados a representar al Quórum de los

Doce Apóstoles en las diversas regiones o áreas de la Iglesia. Los representantes regionales no eran Autoridades Generales o empleados generales de la Iglesia, sino ministros laicos que donaban su tiempo libre al servicio de la Iglesia. Este puesto continuó en la Iglesia de 1968 a 1995. La razón para llamar a los Representantes Regionales, por supuesto, fue el crecimiento expansivo de la Iglesia en todo el mundo bajo el liderazgo del Presidente McKay. Los Hermanos explicaron en la conferencia:

> Como muchos de vosotros recordareis, en 1941, se hizo necesario que la Primera Presidencia y los Doce proveyeran de hermanos adicionales para ayudar con el trabajo de supervisar y establecer una Iglesia en perpetuo crecimiento y mundial. Así, en la conferencia general de abril de 1941, los Asistentes de los Doce fueron nombrados y sostenidos, "para ser llamados de vez en cuando en la medida que la necesidad de llevar a cabo la obra del Señor lo exigiera."

> Desde entonces, las demandas mundiales de la Iglesia han aumentado cada vez más y la Primera Presidencia y los Doce sienten que ahora se necesita una nueva disposición para la orientación y dirección.

> Por lo tanto, ahora se propone la convocatoria de tantos hermanos como sea necesario, para ser conocidos como Representantes Regionales de los Doce, cada uno, designado para ser responsable en algunos aspectos de la obra de llevar consejo y conducir reuniones de instrucción en grupos de estacas o regiones, que puedan ser designados de vez en cuando.

> Estos Representantes Regionales de los Doce no serán Autoridades "Generales", como tales, sino que servirán algo así como los presidentes de estaca, dando su tiempo de servicio completo a la Iglesia por períodos mayores o menores de servicio cuando las circunstancias lo exija.[28]

Al mismo tiempo, los auxiliares de la Iglesia unificaron sus calendarios y grupos de edad.

Otro acontecimiento importante ocurrió en 1967 cuando el Museo Metropolitano de Arte de Nueva York descubrió en sus archivos un libro de papiros de Abrahán que alguna vez estuvieron en posesión del Profeta José Smith. Ellos les dieron estos papiros a la Iglesia el 27 de noviembre de 1967.

Mayor Reconocimiento de la Iglesia

En la conferencia de abril en 1968, la Primera Presidencia se incrementó de nuevo a 6 miembros con la incorporación de El élder Alvin R. Dyer como cuarto consejero. El caso del Dyer es muy interesante debido a su estatus inusual. Fue llamado como Asistente del Quórum de los Doce el 11 de octubre de 1958. Fue ordenado Apóstol por el Presidente McKay el 5 de octubre de 1967, un año antes de su llamado a la Primera Presidencia. Continuó ocupando el cargo de Apóstol hasta su muerte en 1977. Sin embargo, nunca fue sostenido como miembro del Quórum de los Doce. Permaneció como consejero de la Primera Presidencia hasta la muerte del Presidente McKay en 1970. A partir de entonces, siendo todavía un Apóstol ordenado, fue llamado de nuevo como Asistente del Quórum de los Doce por El presidente Joseph Fielding Smith (en enero de 1970), y como miembro del Primer Quórum de los Setenta por El presidente Spencer W. Kimball (en octubre de 1976). Murió el 6 de marzo de 1977.

Alvin R. Dyer

El 22 de octubre de 1968, la Iglesia recibió el reconocimiento oficial en España. El éxito que se ha producido allí desde entonces ha dado lugar a un templo que se está construyendo en Madrid.

Belle Spafford, la 9na presidenta general de la Sociedad de Socorro de la Iglesia, fue elegida presidenta del Consejo Nacional de la Mujer en 1968. La Hermana Spafford sirvió como presidente de la Sociedad de Socorro bajo seis presidentes de la Iglesia, desde El president Heber J. Grant (1945) a El president Spencer W. Kimball (1974), un período más largo que el de cualquier otra mujer en la historia de la Sociedad de Socorro. Durante su mandato como presidenta, la sociedad creció de poco más de 100.000 miembros a más de un millón que abarcando varias docenas de países. Fue la fundadora del programa de servicios sociales de la Iglesia SUD, el programa que hoy se conoce como Servicios para la Familia SUD. Su servicio como Presidenta del Consejo Nacional de Mujeres duró dos años (1968–70). También fue miembro del Consejo Regional Americano del Consejo Internacional de Mujeres.

El 7 de diciembre de 1968, el sitio del templo de Washington, DC fue dedicado por El presidente Hugh B. Brown en una parcela de tierra que haría que el templo fuera visible para todos los que viajaran por la ruta del cinturón del lado norte de Washington, DC Muchos presidentes, Embajadores y ciudadanos han sido expuestos a la Iglesia a través de esta bella insignia en las colinas de la capital de nuestra nación.

El 3 de enero de 1969, la Primera Presidencia anunció que todos los misioneros no anglófonos recibirían dos meses de formación lingüística antes de entrar en el campo. La vieja casa de la misión de Salt Lake City se cerró y el funcionamiento fue trasladado a una instalación más grande.

El 20 de enero, el Coro del Tabernáculo cantó en la asunción del presidente Richard M. Nixon, el tercer presidente en 10 años que se lo pidiera al coro.

Más tarde ese verano, del 3 al 8 de agosto, la Primera Conferencia Mundial sobre Registros se celebró en Salt Lake City, patrocinada por la Sociedad Genealógica de la Iglesia de Utah.

Noches de Lunes Designadas para Reuniones Familiares

Cinco años antes, en 1965, la Iglesia había anunciado las Noches Hogareñas Familiares como una forma de fortalecer sus hogares. Muchos se habían aprovechado de los manuales y otros estímulos de la Iglesia. Sin embargo, la vida típica de los Santos de los Últimos Días estaba tan llena de actividades de la Iglesia los domingos y durante toda la semana, que era difícil encontrar tiempo para estas reuniones familiares. Por lo tanto, en 1970, las noches de los lunes fueron designadas por la Iglesia para la noche de hogar. Ninguna otra reunión de la Iglesia debía ser programada para esa noche, y los líderes de la Iglesia debían ser dejados solos para reunirse con sus familias. No es sorprendente que el adversario inventara nuevas formas de competir con el tiempo de la familia. Las Noches de Futbol de los Lunes fue lanzada por la Televisión ABC al mismo tiempo.

Manuales de la noche familiar

LA MUERTE DEL PRESIDENTE MCKAY

El 18 de enero de 1970, la 500a estaca se organizó en Fallon, Nevada. Ese mismo día, El presidente David O. McKay moría en Salt Lake City, Utah, a la edad de 96 años. Había servido como Presidente de la Iglesia durante casi 19 años. Sumado a sus 40 años de servicio como Apóstol y otros 5 años de servicio general, El presidente David O. McKay sirvió casi 64 años como Autoridad General, más tiempo que cualquier otro hombre en la historia de la Iglesia. Líderes de la industria, de las naciones y de las religiones alrededor del mundo enviaron sus condolencias por la muerte de este líder mundial el más prominente de nuestra Iglesia. Fue enterrado en el cementerio de Salt Lake City. Diez meses después, el 14 de noviembre, Emma Ray Riggs McKay también moría en Salt Lake City.

Logros

Debido a su largo servicio, muchos miembros de la Iglesia se sorprendieron al enterarse de su muerte. En ese momento, yo estaba, en Inglaterra cumpliendo con mi misión. Mis padres me llamaron para darme la noticia. Fue uno de esos acontecimientos de la vida que atormentan nuestra conciencia; nunca olvidamos dónde estábamos y qué estábamos haciendo cuando sucedió. A muchos de nosotros nos tomó bastante tiempo adaptarnos a la nueva realidad. Se había convertido en un elemento fijo en nuestras vidas. Se parecía a un profeta con su cabello blanco ondulado y grueso coronando por un rostro de inmensa sabiduría y caridad. Sabíamos que lo extrañaríamos.

Un editor del periódico de Oregón escribió: "El presidente David O. McKay… realmente parece un profeta. Luce como salido del Antiguo Testamento'…. Grande en estatura, vigoroso y muy bien conservado. Su espesa melena bien arreglada de cabellos blancos enmarcaun hermoso rostro que brilla con un carácter fuerte. Extremadamente expresivo, muestra inspiración, firmeza, comprensión, humor, en rápida sucesión mientras habla."[29]

El Presidente McKay es recordado como el Presidente que convirtió a la Iglesia en una iglesia mundial. Sin embargo, en medio de todo esto, hizo hincapié en la familia como nuestra mayor responsabilidad, e inauguró el programa del Hogar Familiar de la Iglesia. La lista de sus logros es impresionante:

— El Presidente McKay sirvió casi 64 años como Autoridad General, más que cualquier otro hombre.
— Sirvió 40 años en el Quórum de los Doce.
— Sirvió 19 años como Presidente de la Iglesia.
— Cerca de 4.000 edificios de la Iglesia fueron construidos durante su administración.
— Este número incluyó 8 templos, 3 de los cuales fueron construidos fuera de los Estados Unidos.
— Dedicó 5 templos, con 12 en total en funcionamiento a su muerte:

• El Templo Suizo	11 septiembre 1955	82 años
• El Templo de Los Ángeles	11 marzo 1956	82 años
• El Templo de Nueva Zelanda	20 de abril de 1958	84 años
• El Templo de Londres	7 de septiembre de 1958	85 años
• El Templo de Oakland	17 de noviembre de 1964	91 años

Durante su presidencia, el número de miembros y estacas en la Iglesia casi se triplicó:

— Las estacas crecieron de 184 a 500.
— La membresía creció de 1,1 millones a 2,9 millones a su muerte.
— La afiliación aumentó casi dos veces más rápido que en décadas anteriores.
— A su muerte, la mitad de los miembros de la Iglesia nunca había conocido a ningún otro presidente.

Se convirtió en el presidente más viajado en la historia de la Iglesia.

— En 1952 visitó las misiones de Gran Bretaña y del continente europeo.
— En 1953 regresó a Europa para dedicar sitios para los primeros templos de ese continente.
— En 1954 llevó a cabo una gira de 37,000 millas por Sudáfrica y América Latina.
    • Con este viaje se convirtió en la primera Autoridad General en visitar Sudáfrica y el primer Presidente de la Iglesia en Sudamérica.
— En 1955 visitó el Pacífico Sur, regresando a donde había visitado 34 años antes.
— También visitó Europa por cuarta vez en 4 años, dedicando el Templo Suizo.
— En 1958 regresó al Pacífico para dedicar el Templo de Hamilton Nueva Zelanda. Mientras estaba en ese país, también organizó la estaca de Auckland, la primera fuera de América.
— Más tarde ese mismo año regresó a Inglaterra para dedicar el Templo de Londres Inglaterra.

También fortaleció la membresía de la Iglesia con un renovado énfasis en la vida familiar y el trabajo misionero. ¿Quién olvidará jamás su advertencia de que "ningún otro éxito puede compensar el fracaso en el hogar" y que "cada miembro un misionero"? Se han convertido en accesorios en la doctrina y práctica de la Iglesia.

Citas y Experiencias Memorables

La importancia de una niña:

Una vez una niña vestida de azul le pidió un autógrafo al Presidente McKay. Él le comentó en broma: "¿Crees que puedo escribir lo suficiente para que puedas leerlo?" Antes de que él pudiera escribir su nombre, fue interrumpido, y cuando miró hacia abajo, la niña se había ido. Su hijo le informó: "Nunca he visto a padre más molesto." El Profeta le pidió que encontrara a la niña, diciendo: "Estoy seguro de que tiene la impresión de que no quería firmar su libro. Ella malinterpretó mis comentarios. Debes encontrarla."30 Entonces se les pidió a los líderes locales que localizaran a la niña y que le enviaran por correo el libro. Lo hicieron y, fiel a su palabra, el presidente McKay firmó el libro y se lo devolvió.

También tenía un gran respeto por toda la vida: amaba el aire libre y era tierno con los animales. Una vez se arriesgó a dejar abierta la ventana de un cobertizo donde se había cometido recientemente un robo porque, dijo: "Hay un nido de pájaros en el interior, y esa es la única entrada que los pájaros padres tienen que llevar comida a sus bebés."31

La naturaleza divina de la humanidad:

Ningún hombre puede sinceramente resolverse a aplicar a su vida cotidiana las enseñanzas de Jesús de Nazaret sin sentir un cambio en su propia naturaleza. La frase, "nacido de nuevo", tiene un significado más profundo de lo que muchas personas le atribuyenero de Este sentimiento cambiado puede ser indescriptible, pero es real.32

Generalmente hay en el hombre una divinidad que se esfuerza por empujarlo hacia adelante y hacia arriba. Creemos que este poder dentro de él es el espíritu que viene de Dios. El hombre vivió antes de venir a esta tierra, y él ahora está aquí para esforzarse en perfeccionar el espíritu interior. En algún momento de su vida, cada hombre es consciente de un deseo de entrar en contacto con el Infinito. Su espíritu alcanza a Dios. Este sentimiento es universal, y todos los hombres deben estar, en la verdad más profunda, comprometidos con la misma gran obra: la búsqueda y el desarrollo de la paz y la libertad espirituales.33

La importancia de la gratitud por nuestras bendiciones:

El joven que cierra la puerta detrás de él, que corre las cortinas, y allí en silencio pide ayuda a Dios, primero debe derramar su alma en gratitud por la salud, por los amigos, por los amados, por el evangelio, por las manifestaciones de la existencia de Dios. Primero debe contar sus muchas bendiciones y nombrarlas una por una.34

La importancia de la familia:

La maternidad es la mayor influencia potencial para bien o para mal en la vida humana. La imagen de la madre es la primera que se sella en la página no escrita de la mente del niño. Es su caricia que despierta primero una sensación de seguridad; Su beso, la primera manifestación del afecto; su simpatía y ternura, la primera garantía de que hay amor en el mundo.35 Los niños están más influenciados por los sermones que actuáis que por los sermones que predicáis.36

Sólo tengo un pensamiento en mi corazón para los jóvenes de la Iglesia y es que sean felices. No conozco ningún otro lugar que el hogar donde se pueda encontrar más felicidad en esta vida. Es posible hacer de la casa algo del cielo; De hecho, imagino que el cielo es una continuación del hogar ideal.37

Vivir una vida parecida a Cristo:

La verdadera felicidad sólo se consigue haciendo felices a los demás: la aplicación práctica de la doctrina del Salvador de perder la propia vida para ganarla. En pocas palabras, el espíritu navideño es el espíritu de Cristo, que hace que nuestros corazones brillen en el amor y la amistad fraternal y nos induzcan a amables actos de servicio.[38]

Es glorioso cuando puedes acostarte por la noche con la conciencia limpia de que has hecho todo lo posible para no ofender a nadie y no haber herido a nadie. Tú has tratado de limpiar tu corazón de toda maldad, y si haces un esfuerzo precioso puedes sentir cuando oras a Dios para que te guarde esa noche que acepta tu esfuerzo. Tienes la sensación de que eres hijo de Dios, una persona cuya alma Dios quiere salvar. Tienes la fuerza para resistir el mal. Tú también tienes la comprensión de que has hecho al mundo mejor por haber estado en él. Estas e innumerables otras virtudes y condiciones están envueltas en el Evangelio de Jesucristo.[39]

Un carácter erguido es el resultado solamente del esfuerzo continuo y del pensamiento correcto, el efecto de asociaciones largamente amadas con pensamientos divinos. Te acerca más al espíritu de Cristo que hace de Dios el centro de tus pensamientos; Y el que puede decir en su corazón: "No se haga mi voluntad, sino la tuya", se aproxima casi al ideal de Cristo.[40]

Cada hombre y cada persona que vive en este mundo ejerce una influencia, ya sea para bien o para mal. No es solo lo que dice, no es solo lo que hace. Es lo que es. Cada hombre, cada persona irradia lo que él o ella es. Toda persona es receptora de radiación. El Salvador era consciente de eso. Cada vez que entraba en la presencia de un individuo, sentía esa radiación, ya fuera la mujer de Samaria con su vida pasada; si era la mujer que iba a ser apedreada o los hombres que la apedrearían; si era el estadista, Nicodemo, o uno de los leprosos. Estaba consciente de la radiación del individuo. Y en cierta medida tú también, y yo también. Es lo que somos y lo que irradiamos lo que afecta a la gente que nos rodea.[41]

Un Tributo Final al Presidente El president David O. McKay

El presidente Joseph Fielding Smith dijo:

Honro y venero el nombre y la memoria del presidente David O. McKay.

Durante 60 años me senté a su lado en los consejos presidentes de la Iglesia. Llegué a conocerlo íntimamente y bien, y lo amé como hombre y le honré como profeta.

Fue un verdadero siervo del Señor, el que andaba rectamente delante de su Hacedor; uno que amaba a sus semejantes; uno que disfrutó de la vida y se regocijó en el privilegio de servicio que era suyo; uno que sirvió con un ojo únicamente para la gloria de Dios.

Él ejemplificó perfectamente el estándar del Antiguo Testamento: "… ¿Qué es lo que el Señor te pide, sino que hagas justicia, y que ames lamisericordia, y andes humildemente con tu Dios?» (Miqueas 6:8).

Como se dice en la editorial Noticias de Deseret: "Si alguna vez un hombre de la historia moderna dejó su mundo mejor por haber vivido en él, ese hombre fue David Oman McKay."

Dondequiera que pasaba, los hombres levantaban la cabeza con más esperanza y coraje. Dondequiera que se oía su voz, había mayor bondad entre los hombres, mayor tolerancia, mayor amor.

Dondequiera que se sentía su influencia, el hombre y Dios se hicieron más cercanos en propósito y en acción.

El presidente McKay fue llamado al santo Apostolado en abril de 1906 por mi padre, El presidente Joseph F. Smith, quien actuó bajo la inspiración del Espíritu, y se convirtió en uno de los líderes más grandes e inspirados de esta dispensación.…

Lo extrañaré mucho. No parece posible que nos haya dejado. Pero sabemos que se ha ido a una feliz reunión con su padre y su madre y que ahora está tomando sus trabajos en el paraíso de Dios cuando comience a asociarse de nuevo con sus buenos amigos que le precedieron en los reinos futuros....

En mi mente, dos declaraciones hechas por el profeta Lehi ejemplifican la vida del Presidente McKay. Él era como un gran río, "corriendo continuamente hacia la fuente de toda justicia", y él era como un valle poderoso, "firme e inamovible en guardar los mandamientos del Señor" (1 Ne 2:9– 10).

Doy gracias a Dios por la vida y el ministerio de este gran hombre. Fue un alma apartada, un gran espíritu que vino aquí para presidir sobre Israel. Hizo su trabajo bien y ha vuelto limpio y perfeccionado a los reinos de la luz y la gloriosa reunión. Si alguna vez hubo un hombre al que estas palabras de bendición bíblica le cabían muy bien ese fue el Presidente McKay:

"Venid, vosotros bendecidos de mi Padre, heredad el reino preparado para vosotros desde la fundación del mundo" (Mt. 25:34), pág. porque vosotros hicisteis bien todas las cosas que fueron encomendadas a vuestro cuidado."[42]

Notas:

1. En Reporte de La Conferencia, octubre de 1951, págs. 182–83.
2. En Reporte de La Conferencia, octubre de 1960, págs. 85–86.
3. *Memorias del Hogar del David O. McKay* (1956), págs. 5–6.
4. Bryant S. Hinckley, "Presidente El president David O. McKay," *Era de la Mejora*, mayo 1932, pág. 391.
5. *Tesoros de la Vida*, compilado por Clare Middlemiss (1962), págs. 228–30.
6. *Experiencias Apreciadas de los Escritos del presidente David O. McKay*, compilado por Clare Middlemiss, Editado por (1976), pág. 7.
7. *Tesoros de la Vida*, pág. 232.
8. Uno de los resúmenes más útiles de la vida del David O. McKay es el de Jeanette McKay Morrell, *Luces en la Vida del David O. McKay* (1966). Esta cita es de la página 26. Este capítulo cita y resume mucho de ese libro, así como del Manual del Instituto del CES titulado *Historia de la Iglesia en el Cumplimiento de los Tiempos* (2003). Afortunadamente reconozco sus contribuciones a este capítulo.
9. *Apreciadas Experiencias de los Escritos del presidente David O. McKay*, págs. 174–75.
10. *Apreciadas Experiencias de los Escritos del presidente David O. McKay*, pág. 14.
11. En Reporte de La Conferencia, octubre de 1906, pág. 113.
12. *Apreciadas Experiencias de los Escritos del presidente David O. McKay*, pág. 37.
13. *Apreciadas Experiencias de los Escritos del presidente David O. McKay*, págs. 52–53.
14. *Apreciadas Experiencias de los Escritos del presidente David O. McKay*, págs. 73–74.
15. *Apreciadas Experiencias de los Escritos del presidente David O. McKay*, pág. 102.
16. *David O. McKay, Libro de Recuerdos de la Gira Mundial*, compilado por Clare Middlemiss, 31 de mayo de 1921, Archivos de la Iglesia, pág. 152.
17. Jay M. Todd y Albert L. Zobell Jr., "El president David O. McKay, 1873–1970," *Era de la Mejora*, Febrero de 1970, pág. 15.
18. *Memorias del Hogar del David O. McKay*, pág. 33.
19. "El Templo Suizo", *Revista Liahona*, junio de 1978, pág. 80.
20. *Peldaños a una Vida Abundante*, compilado por Llewelyn R. McKay (1971), págs. 120–21.
21. *El Hombre Puede Conocer por Sí Mismo: Enseñanzas del presidente David O. McKay*, compilado por Clare Middlemiss (1967), pág. 162.
22. En Reporte de La Conferencia, abril de 1935, pág. 116.
23. "El president David O. McKay, 1873–1970," págs. 5–6.
24. En Reporte de La Conferencia, abril de 1951, pág. 157.
25. *David O. McKay: Apóstol para el Mundo, Profeta de Dios* (1986), págs. 316–17, 375–78.
26. En la Universidad del Brigham Young publicado en *Noticias de la Iglesia*, 28 de mayo de 1960.

27. El élder John A. Widtsoe (1932). Como lo consigna T. R. Holt, un misionero presente en la reunión. Holt sirvió más adelante como presidente de estaca en Lewiston, Idaho.

28. Leído por El élder Hugh B. Brown, En Reporte de La Conferencia, octubre de 1967.

29. Henry A. Smith, "Retrato del Profeta a los 90", *Suplemento, Noticias de Deseret*, 7 de septiembre de 1963, pág. 2.

30. "El presidente David O. McKay: El Valor de un Alma", *Nueva Era*, enero de 1972, pág. 59.

31. "Presidente El president David O. McKay: El Valor de un Alma", pág. 59.

32. En Reporte de La Conferencia, abril de 1962, pág. 7.

33. En Reporte de La Conferencia, octubre de 1963, pág. 7.

34. En Reporte de La Conferencia, abril de 1961, pág. 8.

35. En *Ideales del Evangelio* (1954; 1953), pág. 452.

36. En Reporte de La Conferencia, abril 1955, pág. 26.

37. En *Ideales del Evangelio* (1954; 1953), pág. 490.

38. En *Ideales del Evangelio* (1954; 1953), pág. 551.

39. *El Hombre Puede Saber Por Sí Mismo*, pág. 458.

40. En Reporte de La Conferencia, octubre de 1953, pág. 10.

41. En Reporte de La Conferencia, abril de 1963, pág. 129.

42. "Uno Que Amó A Sus Compañeros", *Era de la Mejora*, Febrero de 1970, págs. 87–88.

El Presidente Joseph Fielding Smith: Sana Doctrina e Innovación

[1970–1972]

LOS PRIMEROS AÑOS DE EL ÉLDER JOSEPH FIELDING SMITH

Su Noble Ascendencia

El élder Joseph Fielding Smith provenía de una larga línea de fieles progenitores. Su padre fue El presidente Joseph F. Smith, el sexto presidente de la iglesia, que sirvió en los tempranos1900s. Su abuelo fue Hyrum Smith, patriarca de la Iglesia y hermano del Profeta José Smith, quien murió junto a su hermano como mártir en la cárcel de Cartago. Su abuela fue Mary Fielding Smith, una de las mujeres pioneras más reverenciadas en la historia de nuestra Iglesia.

Hyrum Smith

El élder Joseph Fielding Smith fue nombrado después de su padre, aunque normalmente llamamos padre a El president Joseph F. Smith para distinguir al hijo del padre.

William Lund dijo: "Los años del élder Joseph Fielding Smith se extendieron desde el caballo y el birlocho hasta el avión a reacción, un siglo de notable crecimiento y progreso. Convertirse en presidente de la Iglesia a los noventa y tres años le dio una gran oportunidad de prestar atención al consejo de su bendición patriarcal, que decía: 'Por tanto, te digo que reflexiones con frecuencia sobre el pasado, el presente y el futuro.'"[1]

Nacimiento del élder Joseph Fielding Smith

El élder Joseph Fielding Smith nació el 19 de julio de 1876, en Salt Lake City, Utah, de Joseph F. y Julina Lambson Smith. Ese año Ulysses S. Grant sirvió como Presidente de los Estados Unidos, y El presidente Brigham Young presidió las reuniones de la Iglesia en el Tabernáculo a los nueve años.

Joseph F. Smith

Joseph Fielding era el primer hijo de su madre. El élder Bruce R. McConkie dijo: "Julina tenía tres hijas, pero no tenían hijos, y así que fue ante el Señor y, como Hannah de antaño," hizo un voto. "Su promesa: si el Señor le diera un hijo, Ella haría todo lo que estuviera en su poder para ayudarlo a ser un crédito al Señor y a su padre. "El Señor… manifestó ante ella, antes del nacimiento del hijo varón, que su hijo sería llamado a servir en el Concilio de los Doce."[2]

Su padre había prometido a su madre, Julina, que su primer hijo se llamaría Joseph Fielding Hijo. McConkie escribió: "Este era el niño destinado a seguir más de cerca las huellas de su padre-misionero, historiador, apóstol, erudito de las Escrituras, teólogo, consejero en la Primera Presidencia, y finalmente Profeta del Señor. La voz del padre iba a ser la voz del hijo; conjuntamente, sus años en el Apostolado se extenderían en una cadena ininterrumpida más de cien años."[3]

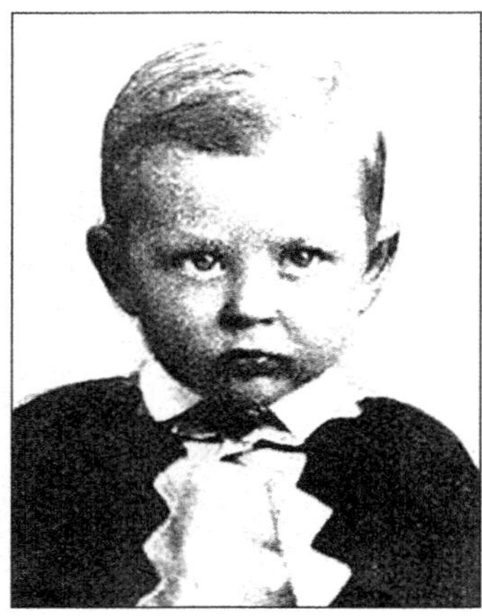

Joseph Fielding cuando era niño

A El élder Joseph Fielding Smith le encantaba leer las escrituras desde temprana edad, y pasaba horas haciéndolo casi todos los días. Vivió como un niño durante los días de hostigamiento de los mariscales federales en busca de polígamos. Aprendió a ser un defensor de la fe, pero mantuvo una actitud alegre con respecto a la vida.

Primera Infancia

El 19 de julio de 1884 (su octavo cumpleaños), fue bautizado por su padre, El presidente Joseph F. Smith.

El élder Joseph Fielding Smith Hijo y John J. Stewart escribieron: "El élder Joseph Fielding Smith se apresuró en reconocer los méritos de sus primeros entrenamientos a sus padres y al Señor. Siempre estaba agradecido por el entrenamiento que recibió de su padre y sobre las rodillas de su madre. Ella le contaba historias pioneras y le enseñó a amar al Profeta José Smith, a orar ya honrar sus deberes para con el sacerdocio. Dijo: "En un día muy temprano aprendí que Dios vive. Me dio un testimonio cuando era niño y he tratado de ser obediente, siempre con cierto grado de éxito."[4]

Cuando fue bautizado, su padre le dio una copia del Libro de Mormón. Era una copia vieja y usada porque en ese entonces el dinero era escaso en su familia. Pero Joseph Fielding atesoró su Libro de Mormón y lo leyó.

El élder Joseph Fielding Smith dijo: "Cuando yo era un niño pequeño, demasiado joven para tener el sacerdocio aarónico, mi padre puso una copia del Libro de Mormón en mis manos con el pedido de que lo leyera. Recibí este Registro Nefita con gratitud y me apliqué a la tarea que me había sido asignada. Hay ciertos pasajes que se han grabado en mi mente y nunca los he olvidado."[5] Dos años más tarde, "cuando tenía diez años había leído el Libro de Mormón no sólo una vez, sino dos veces."[6]

A El élder Joseph Fielding Smith le encantaba estudiar las Escrituras. Él dijo: "Desde mi primer recuerdo, desde el primer momento en que pude leer, he recibido más placer y mayor satisfacción en el estudio de las Escrituras y en leer del Señor Jesucristo y del Profeta José Smith, y sobre la obra que ha sido realizada para la salvación de los hombres, que de cualquier otra cosa en todo el mundo."[7]

De hecho, le gustaba leer las escrituras tanto que a veces dejaba un juego de pelota temprano o terminaba sus tareas rápidamente para poder volver a sus estudios. Sus lugares favoritos para estudiar eran el estudio de su padre, el pajar, la sombra de un árbol, o caminando a casa de su trabajo como empleado en los grandes almacenes ZCMI.

El élder Joseph Fielding Smith dijo: "Leía y confiaba a la memoria el catecismo de los niños [un libro de estudio de los principios del evangelio] y libros de la escuela primaria sobre el evangelio. Más tarde leí la Historia de la Iglesia, según lo registrado en la Estrella Milenaria. También leí la Biblia, el Libro de Mormón, la Perla de Gran Precio, y Doctrina y Convenios, y otra literatura que cayó en mis manos."[8]

Algunos Años Difíciles

Desde que tenía 8 años hasta los 15 años (1884–91), José fue testigo de los mariscales federales que invadían casas en Utah buscando padres polígamos y líderes de la Iglesia. Dijo que rondarían alrededor de su casa, interrogando y aterrorizando a las mujeres y los niños. Dijo que en esos días había una nube oscura de miedo que rodeaba a todo el mundo.

Su padre fue forzado al exilio durante esos siete años. Por lo tanto, en lugar de tener una posición favorable en la sociedad debido a la situación de su padre, se vio obligado a vivir la mayoría de los días sin la presencia de su padre en el hogar. Se convirtió en un feroz y capaz defensor de la fe, probado, y encontrado verdadero y fiel desde sus primeros años.

Uno podría suponer que esto convertiría al chico joven amargado. No fue así. Mantenía una actitud positiva e incluso el sentido del humor. Joseph Fielding McConkie registró la siguiente historia contada por El élder Joseph Fielding Smith said:

[Junie] era uno de los animales más inteligentes que he visto. Parecía casi humana en su habilidad. No podía mantenerla encerrada en el granero porque ella continuamente desataría la correa en la puerta de su establo. Yo solía poner la correa conectada a la mitad de la puerta del establo sobre la parte superior del poste, pero ella simplemente lo levantaba con su nariz y dientes. Luego salía al patio.

Había un grifo de agua en el patio utilizado para llenar el abrevadero de agua para nuestros animales. Junie abriría este con sus dientes y luego dejaría el agua corriendo. Mi padre me perseguía porque no podía mantener a ese caballo en el granero. Ella nunca huía; abría el agua y luego caminaba alrededor del patio o sobre el césped o por el jardín. En medio de la noche, oía el agua corriendo y luego tendría que levantarme y cerrarla y encerrar de nuevo a Junie.

Mi padre sugirió que el caballo parecía más inteligente que yo. Un día decidió encerrarla para que no pudiera salir. Tomó la correa que usualmente se enrollaba sobre la parte superior del poste y la enrolló alrededor del poste y debajo de un travesaño, y luego dijo: "¡Jovencita, veamos a ver si sales de allí ahora!" Mi padre y yo dejamos el establo y volvimos a la casa; y antes que llegáramos, Junie estaba a nuestro lado.

… Con una gran sonrisa, pude entonces preguntarle: "Padre, ¿quién es más inteligente?"[9]

Smith y Stewart cuentan otra gran historia sobre las tareas infantiles de Joseph Fielding:

Cuando. Joseph tenía diez años,… fue en esa tierna edad que comenzó a asistir a [su madre] en sus deberes profesionales como partera licenciada u obstetra. El trabajo de Joseph era el de chico estable y conductor del birlocho. A todas horas del día o de la noche, cuando requerían los servicios de su madre, Joseph iba a llevar la fiel yegua "Vieja Meg" al birlocho y conducía a su madre a la casa del parto. Allí podría esperar mientras ella entregaba al bebé, o, si su madre pensaba que la espera sería demasiado larga, ella lo enviaría a casa con instrucciones sobre cuándo regresar por ella.…

[El élder Joseph Fielding Smith dijo,] "A veces me quedaba casi congelado. Me maravillaba que tantos bebés nacieran en medio de la noche, especialmente en las frías noches de invierno. Yo deseaba fervientemente que las madres pudieran hacer las cosas en un momento un poco mejor."[10]

En una ocasión, la vida del joven fue preservada milagrosamente. Joseph Fielding McConkie escribió:

Muchas de las horas juveniles de José pasaron pastoreando vacas cerca del río Jordán y trabajando con sus hermanos en la granja familiar en Taylorsville. En una ocasión, cuando él y su hermano menor, George, cargaban heno en un carro para llevarlo del campo al granero, Joseph estuvo cerca de la muerte. Se habían detenido en una carretera junto al canal para apilar algunos fardos y darle un trago a la yunta. Debido a que tenían un caballo asustadizo, Joseph le dijo a George que se mantuviera al lado del jefe del equipo y mantuviera sus bridas hasta que pudiera subirse y tomar las riendas. En su lugar, George se volvió y comenzó a atar la cuerda. Mientras lo hacía, los caballos dieron un brusco tirón y Joseph se cayó entre los caballos en el doble tiro.

El pensamiento, "¡Bien, aquí está mi final!", Pasó por su mente. Pero algo dio vuelta a los caballos y ellos corrieron el canal, mientras que José fue lanzado fuera del alcance de sus cascos y de las ruedas de la carreta. Cuando se levantó, le dio a George una evaluación honesta de sus sentimientos y luego se apresuró a regresar a su casa, temblando, pero agradecido de estar en una sola pieza. Su padre salió a su encuentro y quiso saber qué dificultad había encontrado, habiendo recibido una fuerte impresión de que su hijo estuvo en algún tipo de peligro.[11]

Disfrutaba de la pesca pero no de la caza porque odiaba el sonido de los animales moribundos. Smith y Stewart escribieron: "Joseph iba de vez en cuando a pescar, pero no se preocupaba por la caza, tal vez porque su padre le había persuadido que moralmente estaba mal matar por placer. Un día, sin embargo, algunos de sus hermanos y amigos lo persuadieron a ir a cazar conejos. A regañadientes le disparó a un conejo, lo oía gritar como un bebé, como a menudo lo hacían los conejos heridos, estaba enfermo de corazón, dejó caer su arma y desde entonces nunca ha utilizado una. Como su padre, enseñó que está mal matar por placer."[12]

En abril de 1893, a la edad de 16 años, asistió a la dedicación del Templo de Salt Lake. Esa ocasión trascendental quedó grabada en su memoria, pero su vida como adolescente era esencialmente la misma que la de cualquier otro chico de esa edad en ese momento de la historia.

ADULTEZ JOVEN

Bendición Patriarcal

En enero de 1896, a los 19 años, recibió su bendición patriarcal. Entre otras cosas, se dijo: "Tienes el privilegio de vivir una buena vejez y la voluntad del Señor es que te conviertas en un hombre poderoso en Israel…. Será tu deber sentarte en consejo con tus hermanos y presidir sobre el pueblo…. En verdad estarás en medio del pueblo como su profeta y un revelador, porque el Señor te ha bendecido y te ha ordenado a este llamado."[13]

Erudito en el Evangelio

La bendición también destacaba otro aspecto importante de la vida de El élder Joseph Fielding Smith said: su erudición del evangelio. Smith y Stewart escribieron: "Debido a su preparación y diligencia en el estudio de las Escrituras, El élder Joseph Fielding Smith se convirtió en un gran escritor y erudito de las Escrituras, bendiciendo la vida de muchos miembros de la Iglesia. Por lo menos veinticinco libros y folletos de sus escritos y discursos han sido publicados y disfrutados por millones de miembros de la Iglesia. Las palabras en su bendición patriarcal, "Vos seréis dotado para interpretar las escrituras sobre vuestros asociados, "probaron ser verdaderas."[14]

El élder Joseph Fielding Smith decía:

> Una de las responsabilidades que el Señor ha puesto sobre los miembros de La Iglesia de Jesucristo de los Santos de los Últimos Días es que busquen las Escrituras y guarden el conocimiento, de lo contrario no pueden tener la guía del Espíritu Santo, a pesar que han sido bautizados y confirmados. Aquellos que ignoran las verdades del evangelio y no conocen las enseñanzas que el Señor dio a los Padres, no pueden tener la guía del Espíritu del Señor. Tales personas están abiertas a la tentación y al engaño por las almas malvadas y sin escrúpulos y están en grave peligro de ser llevadas a la locura y a caminos prohibidos porque no tienen fundamento en la fe sobre la cual construir.[15]

Primer Matrimonio

El 26 de abril de 1898, a la edad de 21 años, se casó con Emily (Louie) Shurtliff de Ogden, Utah. Se conocieron cuando se alojaban en la casa de Smith mientras asistían a la Universidad de Utah. Estaban muy enamorados, pero su tiempo juntos fue interrumpido sólo un año más tarde cuando Joseph Fielding recibió un llamad0 para servir en una misión en Gran Bretaña. Su hermano Joseph Richards recibió un llamado al mismo tiempo para servir en la misma misión.

Emily Shurtliff

MISIONERO E HISTORIADOR

Una Misión a Inglaterra

En aquellos días, no era raro que los hombres casados fueran llamados a misiones. Lo había sido desde los primeros días de la Iglesia. Pero nunca fue fácil, y pero El élder Joseph Fielding Smith luchaba con dejar a su esposa tan pronto y salir de casa por un período prolongado de tiempo. Escribió en su diario:

> El sábado 13 de mayo de 1899: subí a la ciuda y compró algunos artículos para llevar conmigo en camino a Inglaterra. Empaqué mi baúl por la tarde y me dispuse a irme. A las seis dije adiós a toda la gente y salí para el depósito con

sentimientos que nunca sentí antes, porque nunca estuve fuera de casa más de un mes en mi vida, y pensar en irme por dos años o más, hacía que sentimientos muy peculiares se apoderen de mí.[16]

No fue más fácil después de su llegada a Gran Bretaña. Predicar el evangelio era muy desafiante. Había mucha oposición; En las reuniones callejeras la gente se reunía como una turba y lanzaba lo que pudieran encontrar en las calles a los jóvenes misioneros mormones.[17] Los corazones eran duros. Aunque entregó más de 10.000 tractos y visitó alrededor de 4.000 hogares por mes, vio muy poco fruto de sus trabajos. No obtuvo un solo bautismo, y sólo una confirmación durante los dos años completos.[18]

Cartas de Su Padre

Una fuente de consuelo para El élder Joseph Fielding Smith fueron las cartas de su padre, El president Joseph F. Smith, que en ese momento era Apóstol.

Joseph F. Smith escribió el 2 de febrero de 1900:

La mejor escuela a la que he asistido es la escuela de la experiencia. Hay algunas cosas que me parecen difíciles de aprender.

Una cosa es la ortografía inglesa y veo que eres un poco como yo en ese sentido. Ahora bien, si te digo algunas palabras, que casi siempre se escribe mal, la presunción es que tendrás más cuidado de escribirlas en el futuro.

El padre entonces enumera palabras como asta por hasta, proscribe para prescribe, grecia por grasa, ceguro por seguro, asúcar por azúcar, y así sucesivamente.[19]

Su padre le aconsejaba el 8 de marzo de 1900:

Huelga decirte que hagas breves oraciones serias, sermones breves y sinceros, y escribe cartas cortas, concisas y que vayan al punto, y tan a menudo como puedas. La dificultad con la mayoría de la gente es que son demasiado profusos, tanto hablando como escribiendo. Necesitamos concentración de mente y pensamiento, y para reducir las cosas. Me complace observar la mejora que está haciendo.[20]

Un año más tarde, la carta de El president Joseph F. Smith del 20 de febrero de 1901 decía:

Siempre tómate tiempo para comer tus comidas y escribir tu diario. He tenido experiencia en estos asuntos. Un diario es casi inútil a menos que sea escrito a diario. No podemos revivir las cosas correctamente de la memoria. Mantén tu diario.[21]

La misión de El élder Joseph Fielding Smith duró dos años, de 1899 a1901, cuando tenía 22–24 años. A pesar de sus muchos retos, cumplió una honorable misión. Tres meses después de su regreso a casa, su padre se convertía en el sexto Presidente de la Iglesia.

Trabajando para la Iglesia

Después de regresar de su misión, El élder Joseph Fielding Smith comenzó a trabajar como secretario en la Oficina del Historiador de la Iglesia. Después de trabajar allí durante cinco años, en abril de 1906, se convirtió en Asistente del Historiador de la Iglesia.

Un segundo Matrimonio

El 30 de marzo de 1908, después de sólo 10 años de matrimonio, la primera esposa de El élder Joseph Fielding Smith, Emily Shurtliff murió, dejándolo con dos hijas pequeñas para criar. Tenía sólo 31 años.

Dándose cuenta de que las niñas necesitarían una madre, inmediatamente buscó una segunda esposa, y más tarde ese año, el 2 de noviembre, se casó con Ethel Georgina Reynolds.

Este matrimonio fue finalmente bendecido con 9 hijos–5 niños y 4 niñas. El élder Joseph Fielding Smith amaba a los niños y fue un padre fiel y devoto que se tomaba tiempo para su familia a pesar de su apretada agenda.

Su esposa Ethel dijo de él:

Ethel G. Reynolds

> Me pedís que os cuente el hombre que conozco.... A menudo he pensado que cuando se va la gente dirá: "Es un hombre muy bueno, sincero, ortodoxo, etc." Hablarán de él como el público lo conoce; pero el hombre que tienen en mente es muy diferente del hombre que conozco. El hombre que conozco es un marido bondadoso y amoroso cuya mayor ambición en la vida es hacer feliz a su familia, olvidándose completamente de sí mismo en sus esfuerzos por hacer esto. Es el hombre que arrulla para dormir al niño inquieto, que cuenta historias al acostar a los más pequeños, que nunca está demasiado cansado o demasiado ocupado para sentarse hasta tarde en la noche o para levantarse temprano en la mañana para ayudar a los niños mayores a resolver complejos problemas escolares. Cuando llegan las enfermedades, el hombre que conozco vela tiernamente sobre el afligido y espera sobre él. Es a su padre por quien piden, sintiendo su presencia como una panacea para todos los males. Son sus manos las que vendan las heridas, sus brazos los que dan coraje al enfermo, su voz la que remonta con ellos suavemente cuando se equivocan, hasta que siente que su felicidad hacer lo que los hará felices.

> El hombre que conozco es muy amable, y si siente que ha sido injusto con alguien, la distancia nunca es demasiado larga para que vaya y, con palabras de amor o acciones bondadosas, borre el dolor. Acoge gustosamente a los jóvenes en su casa y nunca es más feliz que al discutir con ellos temas del día, deportes o lo que más les interesa. Él disfruta de un buen cuento y es rápido para ver el humor de una situación, para reírse y para que lo hagan reír, siempre dispuesto a participar en cualquier actividad sana.

> El hombre que conozco es desinteresado, sin que se queje, considerado, reflexivo, simpático, haciendo todo lo que esté a su alcance para hacer de la vida un gozo supremo para sus seres queridos. Ese es el hombre que conozco.[22]

Un Líder en el Trabajo Genealógico

El élder Joseph Fielding Smith se hizo muy activo en genealogía durante esos años, y ayudó a formar la Sociedad Genealógica de Utah.

Joseph Fielding McConkie dijo:

> Pocos hombres han sido movidos por el espíritu de Elías como El élder Joseph Fielding Smith.... Era una de las fuerzas móviles detrás de la Sociedad Genealógica de Utah. Sirvió como secretario de esa organización desde 1907 hasta 1922.... Visitó todas las bibliotecas genealógicas de las grandes ciudades del este de los Estados Unidos en busca de los mejores métodos de registro y archivo. Regresó con muchas sugerencias prácticas y valiosas que fueron adoptadas por la Sociedad de Utah. Una de las [recomendaciones] fue que se publicara una revista genealógica.... Como resultado, El élder Smith fue nombrado editor y gerente de negocios de la nueva Revista Genealógica e Histórica de Utah [en 1910].[23]

LLAMADO AL APOSTOLADO

Ordenado Apóstol

El 7 de abril de 1910, a la edad de 33 años, El élder Joseph Fielding Smith fue ordenado Apóstol por su padre, El presidente Joseph F. Smith. El llamad0 fue una sorpresa para él.

Joseph Fielding McConkie dijo:

> Mientras caminaba por la puerta de los terrenos del Templo de Salt Lake para asistir a la sesión de conclusión de la Conferencia de abril de 1910, uno de los porteros le preguntó: "Bueno, ¿quién va a ser llamado para llenar la vacante en el consejo de Los Doce hoy?" Joseph Fielding respondió: "No lo sé, pero hay una cosa que sí sé: no seré yo y no serás tú." Continuó hacia la reunión y tomó asiento.

> Su padre [que era el Presidente de la Iglesia] convocó al orden de la reunión y anunció el himno de apertura…. Entonces El presidente Heber J. Grant se levantó para presentar los nombres de las Autoridades Generales para un voto de apoyo. Alrededor de treinta segundos antes de llegar al punto en el que se leería el nombre del nuevo Apóstol, Joseph Fielding supo de repente que el nombre que se leería era el suyo. (En aquellos días no era [siempre] práctica común hablar con la persona de antemano). Tenía razón.[24]

En 1915, en la conferencia de abril, la Primera Presidencia por primera vez hizo hincapié en celebrar fiestas familiares. Esta asombrosa previsión de las necesidades de las familias fue mucho antes de que se convirtiera en un programa oficial de la Iglesia. Simplemente reflejaba la preocupación de El president Joseph F. Smith por el bienestar espiritual de las familias, y muchos Santos siguieron su consejo. Recuerdo bien a mis propios padres reuniendo a nuestra familia en la década de 1950 cuando yo era sólo un niño. Cantábamos himnos alrededor del piano, escuchábamos una lección de mi padre o de mi madre, y teníamos un tratamiento especial. He reflexionado muchas veces sobre cómo esta práctica bendijo mi vida, y fue un resultado directo de este consejo inspirado de un Profeta en 1915.

El 19 de noviembre de 1918, su padre, El presidente Joseph F. Smith, murió, y El president Heber J. Grant se convirtió en el séptimo Presidente de la Iglesia.

En 1919, a la edad de 43 años, El élder Joseph Fielding Smith, como Apóstol, fue llamado para servir como consejero de la presidencia del Templo de Salt Lake.

Historiador de la Iglesia y Erudito

En 1921, a los 44 años, El élder Joseph Fielding Smith se convirtió en Historiador de la Iglesia, posición que ocupó durante más de 49 años hasta que llegó a ser Presidente de la Iglesia en 1970.

En 1922, a la edad de 45 años, publicó su primer libro, Elementos Esenciales en la Historia de la Iglesia, a pedido del Presidente Grant, que quería que los miembros tuvieran una versión abreviada y clara de la Historia de la Iglesia para conocer su herencia espiritual. Este libro sería el primero de más de 25 volúmenes de su obra que fueron publicados, algunos después de su muerte.

Un Tercer Matrimonio

En 1934, a los 57 años, El élder Joseph Fielding Smith se convirtió en Presidente de la Sociedad Genealógica de Utah, que él había ayudado a formar 27 años antes, en 1907.

Luego, el 26 de agosto de 1937, su segunda esposa Ethel Georgina Reynolds murió después de casi 29 años de matrimonio. En ese momento tenía 61 años.

Nueve meses más tarde, el 12 de abril de 1938, a la edad de 61 años, se casó con su tercera esposa, Jessie Ella Evans. Esta mujer, que poseía una hermosa voz de contralto, había sido solicitada por su ya fallecida esposa Ethel para cantar en su funeral. Jessie también cantaba en el Coro del Tabernáculo. Su afecto amistoso se convirtió en un compañerismo amoroso para el Apóstol ahora envejecido. Su matrimonio duró 33 años hasta el día de su muerte, el 3 de agosto de 1971. No tuvieron hijos juntos, pero su matrimonio fue un ejemplo entrañable para los miembros de la Iglesia en todas partes.

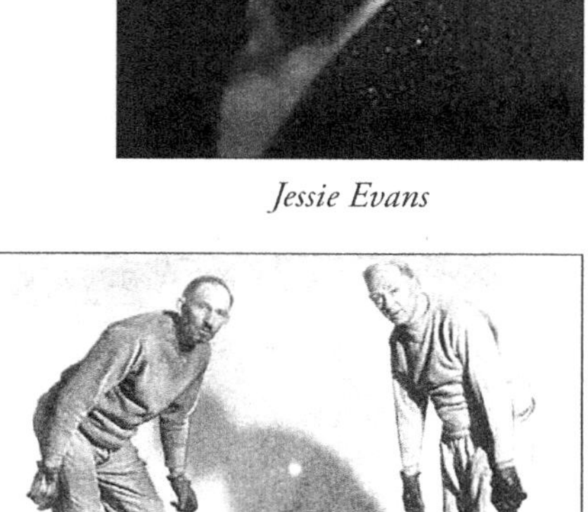

Jessie Evans

Un Estilo de Vida Activo

Aun en sus 60s, El élder Joseph Fielding Smith siguió un estilo de vida activo, jugando béisbol y balonmano.

El élder Joseph Fielding Smith hijo. y John J. Stewart dijeron:

> En un momento desafió a dos de sus hijos a un juego de balonmano. Incluso les permitió elegir la mano que podían usar. Con la otra mano pegada a la espalda, ganó el juego. Un ex gobernador de Utah, Herbert B. Maw, veinte años más joven que el Presidente Smith, compartió su experiencia en la cancha de balonmano con el presidente Smith: "Pensé que lo tomaría con tranquilidad al viejo caballero para no vencerlo demasiado pronto. ¡Imaginaos mi disgusto cuando me dio el golpe de mi vida! Yo pensaba que yo era un buen jugador de balonmano, pero no pude competir con él para nada."[25]

A los casi 70 años, por orden del médico, El élder Joseph Fielding Smith de mala gana tuvo que dejar el juego. Pero siguió disfrutando volando, especialmente aviones a reacción.

Smith y Stewart relatan la siguiente historia de un periodista en 1956:

> Recuerdo mi sorpresa un día cuando llamé a su oficina en Salt Lake City. Su secretario, Rubie Egbert, dijo: "Paraos aquí en a la ventana aquí y tal vez podáis verlo." Curioso, me dirigí a la ventana. Pero todo lo que pude ver fue un avión a chorro atravesando el cielo azul por encima del Gran Lago Salado. Su rastro de vapor blanco claramente marcó algunas subidas empinadas, vueltas, inmersiones, rollos y vueltas. "Está ahí afuera cumpliendo la profecía", explicó su secretario con una risita. "Las Escrituras dicen que en los últimos días habrá vapores de humo en los cielos." ¿Quieres decir que está en ese avión?—pregunté incrédulo.—Oh, sí, es él está allí muy bienero de

> Le gusta mucho volar. Dice: Lo relaja. Un amigo de la Guardia Nacional lo llama y dice: "¿Qué tal un relajante?" Y se van. Una vez que están en el aire a menudo se hace cargo de los controles. ¡Voló hasta el Gran Cañón y volvió la semana pasada, a 400 millas por hora!"

> No pude resistirme a conducir al aeropuerto para estar allí cuando aterrizara. Cuando el avión de dos plazas rugía por la pista hasta detenerse, desde la cabina trasera, con traje y casco, trepó este benigno caballero, entonces de unos 80 años, sonriendo ampliamente. "¡Eso fue maravilloso!" Exclamó.

"Eso es lo más cercano al cielo que puedo lograr ahora mismo."[26]

El élder Joseph Fielding Smith fue general de brigada honorario de la Guardia Nacional de Utah. En 1939, viajó Europa antes de la Segunda Guerra Mundial. Como resultado de esa gira, ese mismo año comenzó a evacuar misioneros de Europa.

Luego, de 1945 a49 (68 a72 años), sirvió como presidente del templo de Salt Lake.

LLAMADO AL LIDERAZGO

Presidente Interino y Presidente de los Doce

El 8 de agosto de 1950, El élder Joseph Fielding Smith se convirtió en Presidente Provisional del Quórum de los Doce. El 9 de abril de 1951, a la edad de 74 años, fue sostenido como Presidente del Quórum de los Doce Apóstoles. Estuvo en este puesto durante los siguientes 19 años, quizás más que cualquier otro hombre. Por supuesto, cuando se convirtió en consejero del Presidente McKay en 1965, cedió la gestión diaria del Quórum a un presidente en funciones. Pero siguió siendo el Apóstol más antiguo, el siguiente en la linea al Presidente McKay a lo largo de todos esos años.

En 1953, se le pidió al Presidente Smith que escribiera una columna en la revista de la Iglesia, , la *Era de la Mejora*, en la cual usaría las escrituras para responder a las preguntas de los miembros de la Iglesia. Él continuó esto durante casi catorce años. Las muchas preguntas y respuestas fueron publicadas en un libro de cinco volúmenes llamado *Respuestas a Preguntas sobre el Evangelio*.

En el verano de 1955, recorrió el Lejano Oriente. Allí, dedicó cuatro países para la prédica del evangelio, Filipinas, Corea, Guam y las provincias chinas de Hong Kong y Taiwán.

En 1956, el consejo de los Doce, sobre el cual presidía, le rindió homenaje en su cumpleaños número 80: "Nosotros, los que trabajamos en el consejo de los Doce bajo su liderazgo, tenemos ocasión de vislumbrar la verdadera nobleza de su carácter.... sólo deseamos que toda la Iglesia pueda sentir la ternura de su alma y su gran preocupación por el bienestar de los desgraciados y los que están en peligro. Él ama a todos los Santos y nunca cesa de orar por el pecador."[27]

En 1957 fue a Europa para la dedicación del Templo de Londres y también presidió la excomunión de varios misioneros de la misión francesa que había apostatado.

Durante la década de 1960, El presidente Joseph Fielding Smith fue parte de muchos cambios significativos en la organización y gobierno de la Iglesia. Éstos son sólo algunos de los más importantes:

— En octubre de1961, la Primera Presidencia anunció un programa de Correlación del Sacerdocio.
— En junio de1962 la Primera Presidencia anunció un plan de instrucción de 8 años.
— En octubre de 196, la Primera Presidencia anunció la enseñanza del sacerdocio en el hogar.
— En abril de 1963, la Primera Presidencia organizó comités generales de la Iglesia para la enseñanza del hogar, el bienestar, la genealogía y el trabajo misionero.
— En octubre de 1964se crearon los comités ejecutivos del sacerdocio y los consejos de barrio.
— En octubre de 1965la Primera Presidencia volvió a hacer hincapié en las reuniones nocturnas familiares y publicó manuales para ayudar a los miembros a organizarlas.
— En octubre de 1967 fueron convocados los primeros Representantes Regionales de los Doce.
— En octubre de 1969, se formó el Departamento de Servicios Sociales Unificados.

Llamado a la Primera Presidencia

El 29 de octubre de 1965, a los 89 años, El élder Joseph Fielding Smith se convirtió en consejero del presidente David O. McKay cuando el Presidente McKay amplió la Primera Presidencia para incluir a cuatro consejeros. A pesar de su edad, el Presidente Smith trabajó duramente para ayudar al Presidente McKay, y en ocasiones mostró un inusual coraje.

Cuando a los 89 años de edad estaba descendiendo un tramo de escalones desde su apartamento, se resbaló, cayó, y sufrió múltiples fracturas de una pierna. Pero debía reunirse en el templo a una cuadra de distancia. Apretando los dientes, caminó la cuadra, "cojeando como un anciano", asistió a la reunión, regresó a su casa y sólo entonces, ante la insistencia de los demás, aceptó el tratamiento médico. "La reunión llevó un poco más de tiempo", admitió. "Pero entonces, la mayoría de las reuniones lo hacían."[28]

PRESIDENTE DE LA IGLESIA

El Nuevo Presidente Más Viejo en la Historia de la Iglesia

Cinco años después, el 23 de enero de 1970, El élder Joseph Fielding Smith se convirtió en el décimo Presidente de la Iglesia después de la muerte del presidente McKay. Tenía 93 años, el hombre más viejo que se convirtiera en Presidente de la Iglesia. Fue el primer nuevo presidente de la Iglesia en 19 años, y muchos nunca habían experimentado un cambio en este puesto. Además, El president David O. McKay había sido un líder muy querido. Era una acción difícil de continuar, al igual que Josué después de Moisés.

Algunos habían supuesto que el Señor elegiría a un hombre más jovenero de Se preguntaban cómo el Presidente Smith podría soportar las presiones de administrar los asuntos de la Iglesia mundial emergente. Sin embargo, el vigoroso perfil de la administración del Presidente Smith no dejó ninguna pregunta colgando en la mente de los Santos con respecto a esa preocupación. [Sus] dos consejeros "juveniles" fueron invitados a igualar pasos con este profeta, El president Harold B. Lee, de 72 años, y El élder N. Eldon Tanner, de 73 años…

Algunos veían al Presidente Smith como un severo e inflexible juez de justicia. Sin embargo, si tenía severidad, era severo con el pecado, pero misericordioso y bondadoso con el pecador. La única gravedad de su naturaleza era la severa disciplina que exigía de sí mismo. No se permitía ninguna flaqueza de carácter.[29]

El presidente Harold B. Lee, su primer consejero, dijo del presidente Smith poco antes de su muerte:

Cuando nosotros, el Presidente Tanner y yo, que hemos estado asociados con el Presidente Smith en los últimos dos años, nos hemos maravillado de la claridad de su mente, la salud de su cuerpo, el hecho de que podía hablar bien y caminar sin dificultad cuando la mayoría hombres de su edad, tampoco no lo podrían haber hecho…. Que hemos presenciado una y otra vez, cuando estábamos enfrascados en la discusión de asuntos muy graves, decisiones que sólo debe ser tomadas por el Presidente de la Iglesia.

Fue entonces cuando vimos que la sabiduría chispeante salía a la luz al narrar, indudablemente más allá de su propia comprensión presente, cosas que venían desde lo más profundo de su alma.[30]

Nuevas Revistas

En enero de 1971, la Iglesia comenzó a publicar sus nuevas revistas: la Revista *Liahona* para adultos, la *Nueva Era* para la juventud y el *Amigo* para niños. Estas reemplazaron a todas las revistas anteriores. Ese año, la membresía de la Iglesia superó los tres millones.

Conferencias de Área

Más tarde ese año, el 3 de agosto de 1971, fallecía la tercera esposa de El élder Joseph Fielding Smith, Jessie Ella Evans. El presidente Smith tenía 95 años.

Con una devoción típica al deber, apenas tres semanas más tarde, desde el 27 al 29 de agosto, el Presidente Smith presidió la primera Conferencia de Área de la Iglesia en Manchester, Inglaterra.

Dedicaciones de Templos

El 18 de enero de 1972, el Presidente Smith dedicó el Templo de Ogden Utah, el primer templo nuevo que se construyera en Utah desde la dedicación del Templo de Salt Lake casi 80 años antes. Luego, el Templo de Provo Utah fue dedicado el 9 de febrero de 1972.

MUERTE DEL PRESIDENTE JOSEPH FIELDING SMITH

Casi cinco meses después, el 2 de julio de 1972, El presidente Joseph Fielding Smith moría en Salt Lake City, Utah, a la edad de 95 años. Debido a su edad, su muerte no fue inesperada. Sin embargo, había servido con tanta calidez y energía que era fácil olvidar su edad. La vida de este gran profeta se extendió desde el viaje a caballo y el cabriolé hasta la era del jet. Tenía 27 años cuando los hermanos Wright volaron a Kitty Hawk, Carolina del Norte. Cuando murió, el mundo estaba en la era del jet, que él veía como un cumplimiento de la profecía.

Su bendición patriarcal había prometido más de 76 años antes: "Tienes el privilegio de vivir una buena vejez y la voluntad del Señor de que seas un poderoso en Israel…. Será tu deber sentarte en consejo con tus hermanos y presidir entre el pueblo…. En verdad estarás en medio del pueblo como un profeta y un revelador para ellos, porque el Señor te ha bendecido y te ha ordenado a este llamado." Ahora se cumplía esta promesa.

REALIZACIONES Y TESTIMONIO

Un Hombre Capaz Pero Humilde

La vida de El élder Joseph Fielding Smith fue un modelo de simplicidad. Estaba mucho más interesado en servir que en la notoriedad. De hecho, estaba visiblemente avergonzado al recibir el reconocimiento público. Eligió vivir en un apartamento simple cerca del templo en lugar de un hogar lujoso. Prefería caminar a montar a caballo, y tener a su esposa conduciendo su compacto automóvil en lugar de viajar en las limusinas con chofer que se le ofrecían.

El presidente Harold B. Lee escribió en una carta a los hijos del Presidente Smith:

En verdad, el mayor monumento a él es la gran posteridad que ha dado al mundo. Hablo honestamente y con mucha estimación de otras familias cuando digo que creo que la familia El élder Joseph Fielding Smith, vinculada con las generaciones Smith anteriores, ha sido una de las más grandes, si no la más grande familia que ha vivido sobre la tierra. No me cabe duda de que ahora ha sido bien acogido dentro de la compañía de aquellos que lo han precedido y ahora está encontrando la alegría de alguien que como él es digno y tiene derecho a recibir.

Para mí, su muerte fue lo más parecido a una transición de la vida a la muerte, como creo que veremos en nuestra experiencia de vida. Murió como vivió y ha nos ha demostrado a todos nosotros cómo uno puede ser tan honrado y tan privilegiado cuando ha vivido tan cerca del Señor como lo ha hecho vuestro noble patriarca y padre El élder Joseph Fielding Smith.[31]

Testimonio Final y Enseñanzas

El último consejo del Presidente Smith, dado en su último discurso en la conferencia general, fue el siguiente:

Somos siervos del Señor. Hemos recibido luz y verdad y revelación de él. Él nos ha ordenado proclamar Sus verdades y vivir Sus leyes. Y ahora, en armonía con Su mente y voluntad, y guiados por Su Espíritu Santo, damos consejo y dirección a los Santos y al mundo.

Al mundo les digo: "Estos son los últimos días. Son días de angustia, tristeza y desolación. Son días en que Satanás habita en los corazones de los hombres impíos, cuando abunda la iniquidad, y cuando comienzan a mostrarse las señales de los tiempos.

Y no hay cura para los males del mundo excepto el evangelio del Señor Jesucristo. Nuestra esperanza para paz, por prosperidad temporal y espiritual, y por una eventual herencia en el reino de Dios se encuentra sólo en y por medio del evangelio restaurado. No hay ninguna obra en la cual cualquiera de nosotros pueda participar que sea tan importante como predicar el evangelio y edificar la Iglesia y el reino de Dios en la tierra.

Por eso invitamos a todos los hijos de nuestro Padre a creer en Cristo, a recibirlo como lo revelan los profetas vivientes y a unirse a la Iglesia de Jesucristo de los Santos de los Últimos Días. Invocamos al mundo a arrepentirse, a adorar al Dios que los hizo y a creer las palabras de aquellos a quienes Él envió en este día para proclamar Su evangelio.

A los honrados de corazón en todas las naciones les decimos: "El Señor os ama. Él quiere que recibáis todas las bendiciones del evangelio. Ahora Él os invita a creer en el Libro de Mormón, a aceptar a José Smith como un profeta, y a entrar en su reino terrenal y así convertirse en herederos de la vida eterna en Su reino celestial."

A los que han recibido el evangelio les decimos: "Guardad los mandamientos. Caminad en la luz. Perseverad hasta el final. Sé fiel a cada convenio y obligación, y el Señor os bendecirá más allá vuestros sueños más queridos. Como decía uno de los viejos: "Escuchemos la conclusión de todo el asunto: Temed a Dios, y guardad sus mandamientos, porque este es todo el deber del hombre" (Eclesiastés 12:13).

A todas las familias en Israel les decimos: "La familia es la organización más importante en el tiempo o en la eternidad. Nuestro propósito en la vida es crear para nosotros unidades familiares eternas. No hay nada que llegue a vuestrav vida familiar tan importante como las bendiciones selladoras del templo y luego guardar los pactos hechos en conexión con este orden de matrimonio celestial."

A los padres en la Iglesia les decimos: "Amaos los unos a otros con todos vuestros corazones. Mantened la ley moral y vivid el evangelio. Traed a sus hijos a la luz y la verdad; Enseñadles las verdades salvadoras del evangelio; Y haz de vuestro hogar un paraíso en la tierra, un lugar donde el Espíritu del Señor habite y donde la justicia pueda ser entronizada en el corazón de cada miembro."

Es la voluntad del Señor fortalecer y preservar la unidad familiar. Pedimos a los padres que tomen el lugar que les corresponde como cabeza de la casa. Pedimos a las madres que sostengan y apoyen a sus esposos y sean luces para sus hijos.

A la juventud de Sión le decimos: "El Señor os bendiga y os guarde, lo cual seguramente será para que aprendáis Sus leyes y viváis en armonía con ellas. Sed fieles a cada verdad. Honrad a vuestro padre y a vuestra madre. Vivid juntos en amor y conformidad. Sed modestos en vuestra vestimenta Superad el mundo y no os dejéis llevar por las modas y las prácticas de aquellos cuyos intereses están centrados en las cosas de este mundo.

"Casaos en el templo, y vivid vidas felices y justas. Recordad las palabras de Alma: 'La maldad nunca fue felicidad' (Alma 41:10). Recordad también que nuestra esperanza para el futuro y el destino de la Iglesia y la causa de la justicia descansan en vuestra manos."

A los que son llamados a puestos de confianza y responsabilidad en la Iglesia les decimos: "Predicad el Evangelio con sencillez y simplicidad, tal como se encuentra en las obras estándar de la Iglesia. Testificad de la verdad de la obra y de las doctrinas reveladas de nuevo en nuestros días."

Acordaos de las palabras del Señor Jesucristo, que dijo: "Yo estoy entre vosotros como el que sirve" (Lucas 22:27), y elegid servir con un solo ojo a la gloria de Dios. Visitareis a los huérfanos y a las viudas en su aflicción, y os mantendréis sin mancha de los pecados del mundo.[32]

Notas:

1. "El élder Joseph Fielding Smith," *La Era de la Mejora*, abril de 1950, pág. 315.
2. "Joseph Fielding Smith: Apóstol, Profeta, Padre en Israel", Revista *Liahona*, agosto de 1972, pág. 29.
3. Joseph F. McConkie, *Verdadero y Fiel: La Vida del Joseph Fielding Smith* (1971), págs. 9, 11.
4. Uno de los resúmenes más útiles de la vida del Joseph Fielding Smith es Joseph Fielding Smith Jr. y John J. Stewart, *La Vida del Joseph Fielding Smith, Décimo Presidente de la Iglesia de Jesucristo de los Santos de los Últimos Días*. Esta cita es de la página 57. Este capítulo cita y resume mucho de ese libro, así como del Manual del Instituto CES titulado *Historia de la Iglesia en la Plenitud de los Tiempos* (2003). Agradezco Agradezco sus contribuciones a este capítulo.
5. *La Vida del Joseph Fielding Smith*, pág. 57.
6. *La Vida del Joseph Fielding Smith*, pág. 57.
7. En Reporte de La Conferencia abril de 1930, pág. 91.
8. *Verdadero y Fiel: La Historia dela Vida del Joseph Fielding Smith*, pág. 69.
9. *Verdadero y Fiel: La Historia dela Vida dl Joseph Fielding Smith*, pág. 19.
10. *La Vida del Joseph Fielding Smith*, págs. 52–53.
11. *Verdadero y Fiel: La Historia dela Vida del Joseph Fielding Smith*, pág. 18.
12. *La Vida del Joseph Fielding Smith*, pág. 54.
13. *La Vida del Joseph Fielding Smith*, pág. vii
14. *La Era de la Mejora*, pág. vi
15. *La Era de la Mejora*, Marzo de 1964, pág. 159.
16. *La Vida del Joseph Fielding Smith*, pág. 83.
17. Charla pronunciada en el Segundo Barrio de Kenwood, Estaca Wilford, 26 de junio de 1960.
18. Véase Francis M. Gibbins, *Joseph Fielding Smith: Erudito del Evangelio, Profeta de Dios* (1992), pág. 75.
19. Leonard J. Arrington, "El élder Joseph Fielding Smith said: El Entrenamiento de un Profeta", Archivos del Departamento Histórico de la Iglesia SUD (1972), pág. 7.
20. "El élder Joseph Fielding Smith said: El Entrenamiento de un Profeta", págs. 7–8.
21. "El élder Joseph Fielding Smith said: El Entrenamiento de un Profeta", pág. 8.
22. *Verdadero y Fiel: La Historia de Vida del Joseph Fielding Smith*, 83–84; Véase también *La Era de la Mejora*, junio de 1932, pág. 459.
23. *Verdadero y fiel: La Historia de la Vida del Joseph Fielding Smith*, pág. 38.
24. *Verdadero y fiel: La Historia de la Vida del Joseph Fielding Smith*, pág. 35.
25. *La Vida del Joseph Fielding Smith*, pág. 15.
26. *La Vida del Joseph Fielding Smith,* págs. 1–2.
27. *La Vida del Joseph Fielding Smith*, pág. vii.
28. *La vida del Joseph Fielding Smith*, pág. 4.
29. Capítulo 10, "Presidente El élder Joseph Fielding Smith said: Décimo Presidente de la Iglesia", en *Presidentes de la Iglesia*, Manual CES [2003], págs. 161–76.
30. *Noticias de la Iglesia*, 8 de julio de 1972, pág. 4.
31. *La Vida del Joseph Fielding Smith*, págs. 383–84.
32. En Reporte de La Conferencia, abril de 1972, págs. 13–14; o revista *Liahona*, julio de 1972, pág. 28.

CAPÍTULO 45

El Presidente Harold B. Lee: Visión, Correlación, y Consolidación

[1972–1973]

LOS PRIMEROS AÑOS DE EL PRESIDENT HAROLD B. LEE

Nacimiento e Infancia

El president Harold B. Lee nació el 28 de marzo de 1899, en Clifton, Idaho, de Samuel Marion Lee y Louisa Emeline Bingham. Su padre era obispo de la Estaca Clifton Idaho. Su madre era conocida por su don de curación, solía salvar la vida de Harold en más de una ocasión.

El élder S. Dilworth Young decía:

> Hace dos mil quinientos setenta y dos años, un año más o uno menos, un profeta aceptado del Señor comenzaba a escribir su historia: "Yo, Nefi, habiendo nacido de buenos padres… "Y luego continuó diciendo," Yo hago un registro de mis procedimientos en mis días" (1 Ne 1:1)….

Harold a los 5 años

> Y ahora, así es hoy. Comenzando su obra como el profeta del Señor, este vidente y revelador moderno puede así comenzar también su historia: "Yo, Harold Bingham Lee, habiendo nacido de buenos padres, comienzo mi obra."

> Los profetas nacen de buenos padres. Antes de que la tierra fuera formada, las huestes celestiales dieron gritos de alegría, tanto porque podían venir a la tierra como porque sus líderes fueran elegidos y reconocidos.…

> Dijo el Señor: "Abrahán, tú eres uno de ellos; Fuiste escogido antes de que hubieras nacido" (Abril de 3:23). Y el Señor designó a los otros que fueron elegidos. Yo no lo supongo; más bien, estoy seguro, Presidente Lee, "fuiste elegido antes de que hubieras nacido."[1]

Bautizado y Protegido de Sufrir Daños

Harold fue bautizado el domingo 9 de junio de 1907, en Bybee Pond, un antiguo horno de cal, y fue confirmado el mismo día por el obispo E. G. Farmer.

Durante los años restantes de su niñez, l fue salvado de daños varias veces por la intuición de su madre y el don de curación.

"La bendición patriarcal de Louisa [su madre] había mencionado su don de curación, y su inspiración había preservado la vida de Harold en varias ocasiones. A los ocho años, su madre le envió a buscar una lata de lejía en un estante de la despensa, para hacer jabón. Se resbaló y el contenido mortal de la lata se volcó sobre él. Inmediatamente, Louisa agarró a Harold para que no huyera, sacó la tapa de una gran tina de remolachas en vinagre y esparció taza tras taza de jugo de vinagre rojo por toda la cabeza y el cuerpo, neutralizando la lejía. Lo que podría haber sido una tragedia fue evitado debido a su inspirada acción.

Louisa Emeline Bingham

"Mientras trabajaba en los campos en su adolescencia, Harold se cortó una arteria en una botella rota. Louisa detuvo el sangrado, pero la herida se infectó. Tomó una medias negras limpias, las quemó hasta convertirlas en cenizas, abrió su herida y la frotó con las cenizas con todo cuidado. Después de esto, sanó rápidamente."[2]

También salvó a su hijo de neumonía a través de la fe y la inspiración. "Louisa se inclinó sobre su hijo de 17 años una vez más para sentir su cabeza febril y escuchar su respiración jadeante y laboriosa. Era más de medianoche, y la neumonía de Harold no parecía responder a los famosos emplastos de mostaza de su madre. La ansiedad le estrujaba su corazón y ella sabía que tenía que hacer algo rápidamente, o su hijo moriría en unas pocas horas.

Se apresuró a subir al porche trasero y abrió un gran saco de cebollas, llenó su delantal y entró en la cocina. Después de cortar un gran pan de cebollas, las dejó en un saco de harina vacío y cubrió el pecho de su hijo con ese saco húmedo y jugoso. Entonces ella oró y esperó un milagro. Por la mañana su respiración había mejorado, y había pasado la crisis."[3]

En otra ocasión, ella respondió a las inspiraciones del Espíritu. El president Harold B. Lee recuerda:

Había una tormenta severa que arreciaba cerca de la montaña donde estaba nuestra casa. Nuestra familia, compuesta por mi abuela, mi madre, y dos o tres de los hijos más pequeños estaba sentada en la cocina frente a una puerta abierta, observando la gran exhibición de los fuegos artificiales de la naturaleza. Un destello de un relámpago en cadena seguido de un inmediato sonido de truenos indicó que el relámpago había caído muy cerca.

Yo estaba jugando de un lado a otro en la puerta cuando de repente y sin previo aviso, mi madre me dio un empujón vigoroso que me envió hacia atrás fuera de la puerta. En ese instante, un relámpago cayó por la chimenea de la estufa de la cocina, salió por la puerta abierta de la cocina y partió un enorme corte de arriba a abajo un gran árbol inmediatamente enfrente de la casa. Si no hubiera sido por la acción intuitiva de Madre, y si hubiera permanecido en la puerta abierta, no estaría e hoy escribiendo esta historia.

Mi madre nunca podría explicar su decisión de una fracción de segundo. Todo lo que sé es que mi vida se salvó debido a su naturaleza impulsiva e intuitiva.

Años más tarde, cuando vi la profunda cicatriz en aquel árbol grande en la vieja casa de la familia, sólo pude decir desde un corazón agradecido: "Agradezco al Señor por ese precioso regalo poseído en abundancia por mi propia madre y por muchos de las fieles madres, a través de las cuales el cielo puede estar muy cerca en tiempos de necesidad."[4]

La madre del Presidente Lee también oraba por sus hijos. El presidente Harold B. Lee recordó:

Doy gracias a Dios hoy por mi linaje. Mi padre y mi madre están escuchando, ya sea en esta gran asamblea o en la radio.... Creo que tal vez esta es mi manera de rendir homenaje a los dos apellidos que me dieron a mi nacimiento, Bingham y Lee. Espero no deshonrar esos nombres. He sido bendecido con un padre espléndido y una madre magnífica y encantadora....

Cuando solo era un chico de escuela secundaria, fui a un equipo de discusión de la escuela secundaria. Ganamos el debate. Volví y llamé a mi madre por teléfono para decirle: "No te preocupes, hijo. Lo sé todo acerca de eso. Te lo contaré cuando vuelvas a casa el fin de semana. "Cuando llegué a casa me llevó a un lado y dijo:" Cuando supe que faltaba sólo un momento para que comenzara ese espectáculo, salí entre los sauces por el lado del arroyo, Y allísolopor mí misma, me acordé de ti y rogué a Dios que no fallaras. "He llegado a saber que ese tipo de amor es necesario para cada hijo e hija que buscan alcanzar en este mundo.5

Una Vida Simple en una Granja

El president Harold B. Lee vivió de niño y de joven en una granja, con recursos limitados y mucho trabajo duro. Él decía:

He pensado en la disciplina del niño y la niña desde los días de mi juventud en una comunidad rural. Comenzábamos a "hacer las tareas" poco después del amanecer para que pudiéramos "comenzar" con el trabajo del día al sol. Cuando terminaba el trabajo del día, todavía teníamos que hacer nuestras "tareas" de la noche, generalmente con ayuda de una linterna. A pesar del hecho que no había salarios y horas reglamentarias o leyes sobre el trabajo infantil, no parecíamos estar atrofiados por nuestros esfuerzos. Los requisitos de sueño no admitían frivolidades demasiado frecuentes. Las recompensas por nuestras labores eran pequeñas y usualmente venían una vez al año con la cosecha. Los hogares de esos días durante todo el verano contaban con muy poco dinero listo pero nuestras vacas nos proporcionaban leche, mantequilla y queso; En nuestros graneros había generalmente suficiente trigo para ser llevado al molino para harina y cereales. Teníamos nuestros propios pollos y un jardín y frutas en la temporada.[6]

Sí, podíamos haber estado en la línea de pobreza en aquellos días [durante su juventud]. Pero de eso surgieron entrenamientos y compensaciones que nunca hubieran podido ocurrir, creo, si hubiéramos estado viviendo en el regazo del lujo. No nos moríamos de hambre. Teníamos cosas que comer y madre sabía cómo hacer la ropa para sus hijos. Nunca tuve lo que llamaban un "traje comprado" hasta que fui a la escuela secundaria. Pero siempre pensé que estaba bien vestido, y supongo que sí lo estaba. Y cuando llegaron las pruebas, cuando llegaron depresiones y vimos grandes pérdidas, me preguntaba a veces. Aquí, cumplí una misión, volvía a casa y tenía que caminar a la escuela para obtener una educación, y luego ir a la Universidad de Utah para finalmente poder obtener una certificación en el Estado de Utah. La mayoría de las veces caminaba porque no tenía el dinero para montar porque necesitaba el dinero para comprar un libro. Cuando llegaba el final del semestre cambiaba los viejos libros por algunos nuevos, yo sabía lo que era. Pero fuera de ello, llegaba a entenderlo.[7]

Al igual que su madre, Harold aprendió a escuchar al Espíritu.

Academia de la Estaca Oneida

Probablemente tendría unos ocho años, o más joven, cuando mi padre me llevó a una granja a cierta distancia. Mientras trabajaba trataba de ocuparme de cosas que haría un muchacho jovenero de El día estaba caluroso y polvoriento y yo jugaba hasta que estaba cansado. Sobre la cerca había un cobertizo roto que me parecía muy interesante. En mi mente pensé en este cobertizo roto como un castillo que me gustaría explorar, así que fui a la valla y comencé a trepar a ese cobertizo. Me llegó una voz que decía algo muy significativo: "Harold, no vayas allá." Miré a mi alrededor para ver quién pronunciaba mi nombre. Mi padre estaba en el otro extremo del campo. No podía ver lo que estaba haciendo. No había ningún orador a la vista. Entonces me di cuenta de que alguien al que no podía ver me estaba advirtiendo que no fuera allí. Lo que estaba allí, nunca lo sabré, pero aprendí temprano que hay personas más allá de nuestra vista que podían hablar con nosotros.[8]

De 1912 a 16 (13–17 años), asistió a la Academia de Estaca Oneida (escuela secundaria) en Preston, Idaho.

Después de graduarse, enseñó en la escuela durante cuatro años (1916–20 (17–21años). El primer año (1916, a los 17 años, enseñó en la Escuela Estrella de Plata, cerca de Weston, Idaho. Luego fue contratado a los 18 años para ser el director de la escuela de cuatro clases en Oxford, Idaho.

LLAMADO A UNA MISIÓN

Misión a los Estados del Oeste

De 1920–22 (21–23 años), Harold sirvió en una misión en la Misión Occidental de los Estados Unidos. Recordó que una de sus estrategias favoritas mientras trataba era ofrecerse a tocar el piano para la gente, y cuando terminara compartiría su mensaje con ellos. A partir de esto, le quedó el apodo de "el misionero musical."

En su misión conoció a una hermana misionera llamada Fern Lucinda
Tanner, que era de Utah. Se hicieron amigos mientras servían al Señor. Harold
completó su misión honorablemente y regresó a su hogar en 1922.

Harold asistió a la Universidad de Utah para obtener su certificación de
enseñanza del Estado de Utah. Más tarde recordó que a menudo caminaba a la
escuela porque necesitaba su dinero para comprar libros.

Después de obtener su certificación, fue contratado como director del
Distrito Escolar de Granite, y trabajó en ese cargo desde 1923 a 1928 (24–29
años). También trabajó como vendedor para complementar sus ingresos.

Matrimonio con Fern Lucinda Tanner

Una de las ventajas de estar en Salt Lake fue que pudo renovar su amistad
con Fern Lucinda Tanner, a quien había conocido mientras cumplía su misión.
También visitó a la novia de una compañera de misión, llamada Freda Jensenero de Cuarenta años más tarde,
después que Fern había muerto, Freda se convertiría en su segunda esposa. La amistad de Harold con Fern se
convirtió en un romance, y el 14 de noviembre de 1923, a los 24 años, se casó con ella en el Templo de Salt Lake.

LÍDER COMUNITARIO Y DE LA IGLESIA

Presidente de la Estaca Pionera

En 1927, a la edad de 28 años, se convirtió en un alto concejal
en su estaca. Dos años más tarde, en octubre de 1929, la agitación
golpeó los mercados financieros de los Estados Unidos, dando
lugar a la Gran Depresión.

Al año siguiente, el 26 de octubre de 1930, se convirtió en
presidente de la Estaca Pionera a los 31 años. Y mientras servía
como presidente de estaca, enseñó el seminario en la Escuela
Secundaria South desde 1931a3 1934.

En 1930, el desempleo había aumentado drásticamente y el
crédito no estaba disponible. Más de la mitad de los miembros

Almacén de Pioneer Estaca

de la Estaca Pionera en Salt Lake City estaban sin trabajo. Respondiendo a esta crisis, en 1932 estableció
un programa de bienestar en su estaca para permitir que los necesitados trabajaran por su asistencia. En ese
momento sólo tenía 33 años.

Comisionado de Salt Lake City

En diciembre de ese año, fue nombrado en la Comisión de Salt Lake City para llenar una vacante.

Al año siguiente (1933, fue elegido por un término completo de cuatro años como Comisionado de Salt
Lake City.

El presidente Marion G. Romney habló de esos primeros años:

Poco después de conocerlo, me enteré de que vivía en una modesta cabaña en la Avenida Indiana. En parte
estaba equipada con muebles hechos por sus propias manos. Los otros muebles fueron hechos por su experta

esposa. Ese humilde hogar fue santificado por el amor que tenía dio a su amada y dos niñas de ojos brillantes, Maurine y Helenero de

En ese momento, nuestra nación estaba en medio de la gran depresión de los años treinta. Él era el presidente de la Estaca Pionera. Pocas personas en la Iglesia fueron castigadas más severamente por la necesidad y el desaliento que los miembros de su estaca. Aunque acosado con los problemas relacionados con asegurar a sí mismo y a sus seres queridos las necesidades de la vida, se enfrentó poderosamente al problema más amplio de cuidar las necesidades de la totalidad de los miembros de su estaca.

Hubo muchos en ese día que, habiendo vacilado, recurrieron a los gobiernos estatales y federales para pedir ayuda. El presidente Harold B. Lee no estaba entre ellos. Tomando al Señor en Su palabra de que el hombre debe ganar su pan con el sudor de su frente y convencido de que todo es posible para el que cree, se arrojó con valentía, el ingenio intrépido y el coraje de un Presidente como El president Brigham Young a una manera pionera por la cual su pueblo podía, con sus propios esfuerzos y con la ayuda de sus hermanos, ser provistos de las necesidades de la vida.

Dirigido por la luz del cielo, a través de proyectos de construcción, proyectos de producción, y una variedad de otras actividades de rehabilitación, dio una demostración de amor por sus semejantes, raramente igualada en cualquier generación.

Los que en esos días oscuros estuvieron cerca de él saben que lloraba por el sufrimiento de su pueblo, pero más que eso, hizo algo por ellos.

Con todo su corazón amó y sirvió a sus semejantes. Amaba a los pobres, porque había sido uno de ellos. "Os he amado", dijo. "He llegado a conoceros íntimamente. Vuestros problemas, gracias al Señor, han sido mis problemas, porque sé cómo vosotros lo sabéis lo que significa caminar cuando no se tiene el dinero para montar. Sé lo que significa ir sin comida para comprar un libro para ir a la Universidad. Ahora doy gracias a Dios por esas experiencias. Os he amado por vuestra devoción y fe. Dios os bendiga para que no fracasenero de"[9]

Los Principios del Bienestar de la Iglesia

En 1935, a la edad de 36 años, se le pidió que organizara el Programa de Seguridad de la Iglesia (Bienestar) para ayudar a los necesitados, usando el patrón que había establecido en su estaca.

El élder Marion G. Romney dijo:

Tomando al Señor en Su palabra de que el hombre debe ganar su pan con el sudor de su frente y convencido de que todo es posible para él que cree, El presidente Harold B. Lee se arrojó con valentía, el ingenio intrépido y el coraje de un Presidente como El president Brigham Young a una manera pionera por la cual su pueblo podía, con sus propios esfuerzos y con la ayuda de sus hermanos, ser provistos de las necesidades de la vida.

Dirigido por la luz del cielo, a través de proyectos de construcción, proyectos de producción, y una variedad de otras actividades de rehabilitación, dio una demostración de amor por sus semejantes, raramente igualada en cualquier generación....

Con todo su corazón amó y sirvió a sus semejantes. Amaba a los pobres, porque había sido uno de ellos....

La experiencia del presidente Harold B. Lee en cuidar a la gente de su estaca fue en preparación para cosas mayores por venir. Ese fue su llamado al servicio más amplio en el programa general de bienestar de la Iglesia. "El 20 de abril de 1935," [el Presidente Lee] dijo, "fui llamado a [una reunión en] el puesto de la Primera Presidencia.... Mi humilde lugar en este programa de bienestar fue descrito en ese momento. Me fui de allí… y conduje… hasta la cabeza del Cañón de City Creek. Salí, después de haber conducido lo más que pude, y caminé por entre los árboles. Busqué a mi Padre Celestial. Mientras me senté para repasar este asunto, preguntándome sobre una organización que se perfeccionara para llevar a cabo esta obra, recibí un testimonio, en esa hermosa tarde de primavera, que Dios ya había revelado la organización más grande que jamás se podría dar a la humanidad y que todo lo que se necesitaba ahora era que la organización se pusiera a trabajar y el bienestar temporal de los Santos de los Últimos Días sería salvaguardado." La organización a la que se refiere aquí era el Santo sacerdocio de Dios.[10]

Al año siguiente, el 15 de abril de 1936, a los 37 años, se convirtió en Director Gerente del Programa de Seguridad de la Iglesia (Bienestar). Recorrió la Iglesia con El élder Melvin J. Ballard, presentando y organizando el programa a nivel de toda la Iglesia.

LLAMADO AL APOSTOLADO

Ordenado Apóstol

Los dones espirituales y organizativos de El president Harold B. Lee estaban en plena exhibición mientras organizaba el Programa de Bienestar de la Iglesia. Y cinco años más tarde, el 6 de abril de 1941, a los 42 años, fue llamado y sostenido como miembro del Quórum de los Doce.

El presidente Harold B. Lee dijo acerca de su llamado:

Nunca olvidaré mis sentimientos de soledad el sábado por la noche, después que el Presidente de la Iglesia me dijera que iba a ser sostenido al día siguiente como miembro del Quórum de los Doce Apóstoles. Fue una noche de insomnio; Allí pasó por mi mente todas las cosas mezquinas de mi vida, las tonterías, las locuras de la juventud. Podría haberos contado acerca de aquellos contra los que tuve agravios y que tuvieron alguna queja contra mí. Y antes de que fuera aceptado al día siguiente, sabía que debía estar ante el Señor y testificar delante de Él que amaría y perdonaría a todas las almas que caminaron por la tierra y, a cambio, le pediría que me perdonara, que pudiera ser Digno de esa posición.

Yo dije, como supongo que todos nosotros diríamos cuando estamos llamados a tal posición, o cualquier posición, "Presidente Grant, ¿sientes que soy digno de este llamado?" Y tan rápido como un destello, dijo, "Mi muchacho, si no lo pensara, nunca serías llamado a esta posición."

El Señor conocía mi corazón y Él sabía que yo no era perfecto y que todos nosotros tenemos cosas que vencer. Él nos toma con imperfecciones y espera que comencemos donde estamos y hagamos que nuestra vida se ajuste plenamente a los principios y doctrinas de Jesucristo.[11]

Una Visión de la Expiación y Resurrección de Cristo

Cuatro días después, el 10 de abril de 1941, fue ordenado Apóstol por El presidente Heber J. Grant. Entonces se le pidió que diera un testimonio especial de Jesucristo el siguiente domingo en un discurso titulado "La Mañana de Pascua: una Novedad de Vida."[12]

El presidente Harold B. Lee recordó los acontecimientos de esa semana y el testigo que recibió:

Como uno que se espera que haga un testimonio solemne, ejercito la oportunidad de declararle mi sagrado testimonio. Cuando llegó el llamado al Apostolado, fue en un sábado por la noche de la conferencia general. Fui

Harold B. Lee at 43

llamado al frente del Tabernáculo para encontrarme con el Presidente de la Iglesia [Presidente El president Heber J. Grant], y entré en la sala de las Autoridades Generales y lo encontré llorando. Me puso las manos sobre los hombros y me dijo que yo había sido nombrado miembro del consejo de los Doce. Le dije:—Oh, Presidente, ¿crees que yo soy digno de eso?—En un instante—dijo—. Si no lo pensara, muchacho, no te llamaría.

Luego pasé una noche que nunca olvidaré. Esa noche no tenía sueño. Toda mi vida parecía pasar delante mío, como en un panorama. Podría haberos contado de cada persona que tenía alguna mala voluntad hacia mí. Podría haberos contado de todas las personas contra las cuales tuve mala voluntad, y me pareció que antes de ser digno de aceptar ese llamado como Apóstol del Señor Jesucristo, tenía que amar y perdonar a todas las personas que caminaron por la tierra. Entonces, cuando empecé a temer la experiencia de estar en el Tabernáculo con tanta audiencia, encontré que el Espíritu dirigía mis palabras. No sé lo que dije; No era nada de lo que había preparado.

El siguiente jueves entré en la habitación donde iba a ser ordenado. Había doce sillas en un semicírculo, con tres sillas adelante para la Primera Presidencia. Mientras pensaba en los hombres que se habían sentado en esas sillas, y ahora me invitaban a sentarme como uno de ellos en ese círculo, tuve una sensación abrumadora y quebrantadora. ¿Soy digno, puedo medirme con ellos, puedo alcanzar la meta o alcanzar las alturas espirituales que tal posición requiere?

Bueno, ese día pasó, llegó la ordenación, y entonces uno de los Doce vino a mí y dijo: "Ahora nos gustaría que fueras el orador en el servicio de la noche del domingo. Es a el Domingo de Pascua. Como un Apóstol ordenado, debes ser un testigo especial de la misión y la resurrección del Señor y Salvador Jesucristo. "Eso, creo, fue la más asombrosa, la más abrumadora contemplación de todo lo que había sucedido.

Me encerré en una de las habitaciones del Edificio de Oficinas De La Iglesia y saqué la Biblia. Leí de los cuatro Evangelios, en particular las escrituras relativas a la muerte, la crucifixión y la resurrección del Señor, y cuando leí, de repente me di cuenta de que algo extraño estaba sucediendo. No era sólo una historia que estaba leyendo, ya que parecía que los acontecimientos que estaba leyendo eran muy reales como si estuviera realmente viviendo esas experiencias. El domingo por la noche entregué mi humilde mensaje y dije: Y ahora, yo, uno de los más pequeños de los Apóstoles aquí en la tierra hoy, os presento testimonio de que yo también sé con toda mi alma que Jesús es el Salvador del mundo y que Él vivió y murió y resucitó por nosotros.

Yo lo sabía por un tipo especial de testimonia que me había llegado la semana anterior. Entonces alguien preguntó: "¿*Cómo* lo sabes? ¿Has *visto*? Puedo decir que más poderoso que la vista es el testimonio que viene por el poder del Espíritu Santo dando testimonio a nuestros espíritus de que Jesús es el Cristo, el Salvador del mundo.[13]

Recorridas por el Mundo

En 1954, durante el otoño, a la edad 55, viajó a Asia, incluyendo la zona de guerra en Corea.

Desde 1957 hasta 1973, hasta su muerte, sirvió en la junta directiva del Ferrocarril Union Pacific.

En 1959, a los 60 años, recorrió las misiones de América Central y del Sur. Mientras estaba en esa gira curó milagrosamente a un muchacho joven en Brasil.

Comienza la Correlación de la Iglesia

El 4 de octubre de 1961, a la edad de 62 años, fue nombrado Presidente del Programa de Correlación de la Iglesia. Si alguna persona estuvo asociada con este esfuerzo, fueEl president Harold B. Lee. Un hombre de inmensa disciplina y energía, asumió el desafío de regularizar toda la instrucción de la Iglesia en todo el mundo, asegurándose que se enseña la doctrina correcta y que cada libro, folleto, video, carta o sermón se chequea antes de ser distribuido.

En junio de 1962, la Primera Presidencia anunció un plan de instrucción de ocho años. Bajo este plan, las clases del evangelio se abrirían paso a través de las cuatro obras estándar, una vez cada ocho años. Esto se redujo a una rotación curricular de cuatro años en 1971.

En octubre de 1962, la Primera Presidencia anunció el programa de enseñanza del sacerdocio en el hogar.

Esta reemplazó a la tradicional "enseñanza de barrio" que había sido hecha en la Iglesia durante años y la puso directamente bajo los quórums del sacerdocio, los élderes, los setenta y los sumos sacerdotes, para administrar estas visitas.

En abril de 1963, la Primera Presidencia organizó comités generales de la Iglesia para la enseñanza en hogar, el bienestar, la genealogía y el trabajo misionero.

Todos estos cambios, de una manera u otra, estaban relacionados con el esfuerzo de correlación encabezado por El élder Lee. El impacto de los cambios ha tenido un efecto importante en los esfuerzos de expansión de la Iglesia en todo el mundo y en la capacidad de los Hermanos para atender las necesidades de todos sus miembros en todo el mundo.

Muerte de su Esposa e Hija

El 24 de septiembre de 1962, la esposa del presidente Harold B. Lee Fern Lucinda Tanner moría después de casi 39 años de matrimonio. El élder Lee tenía 63 años.

El president Harold B. Lee dijo acerca de la angustia que sintió en ese momento: "Llegué algunas pruebas cuando un ser querido me fue quitado y mi vida fue aplastada. Una parte de mi vida fue enterrada en el cementerio, y me preguntaba. Aquí yo estaba luchando para ayudar a otros. ¿Por qué? Entonces teoricé que tal vez esa fuese una gran prueba, y si pudiera sobrevivir, tal vez no habría otra prueba que yo no fuera capaz de cumplir. Justo cuando me estaba recuperando de ese dolor, una de mis hijas murió repentinamente, dejando sin madre a cuatro niños pequeños. Eso fue difícil. Todavía me es difícil de entender. Pero los caminos del Señor son justos, y a veces tenemos que pasar por experiencias como éstas para estar preparados para enfrentar los problemas del mundo de hoy."[14]

With wife Freda

No tuvo que vivir solo por mucho tiempo. Su larga amistad con Freda Joan Jensen, a quien conoció cuando regresó de su misión y que nunca se había casado, se convirtió en su nueva esposa el 17 de junio de 1963. El president Harold B. Lee tenía entonces 64 años.

Más Correlación con el Sacerdocio

En 1963, El president Harold B. Lee se convirtió en miembro de la junta directiva de la Cruz Roja Americana.

En octubre de 1964, se crearon los comités ejecutivos del sacerdocio de barrio y los consejos de barrio en todas las unidades locales. Este acercamiento del consejo a la administración local consolidó grandemente ambas, barrios y estacas proporcionando una base más ancha de entrada a obispos y a presidentes de la estaca. El rol de las mujeres en la administración de la iglesia fue fortalecido por la presencia de las presidentes de la Sociedad de Socorro, Mujeres Jóvenes y presidentes primarios.

El 27 de agosto de 1965 fallecía la hija del élder Lee, Maurine, que también fue la esposa de Ernest J. Wilkins.

En octubre de 1965, la Primera Presidencia volvió a enfatizar las veladas familiares y publicó los manuales de la Noches en Familia.

LA PRIMERA PRESIDENCIA

Presidente de los Doce y Consejero del Profeta

El 23 de enero de 1970, a la edad de 70 años, El presidente Harold B. Lee fue llamado como primer consejero del presidente Joseph Fielding Smith. Por antigüedad, El élder Lee simultáneamente se convirtió en Presidente del Quórum de los Doce Apóstoles. Debido a que El élder Lee ahora estaba en la Primera Presidencia, El presidente Spencer W. Kimball sirvió como Presidente Interino del Quórum de los Doce.

El Presidente Smith rindió un alto tributo al Presidente Lee en dos ocasiones:

> El presidente Harold B. Lee es un pilar de la verdad y la rectitud, un verdadero vidente que tiene gran fuerza espiritual y perspicacia y sabiduría, y cuyo conocimiento y comprensión de la Iglesia y sus necesidades no es superado por ningún hombre.[15]

> El presidente Harold B. Lee es un gigante espiritual con fe como la de Enoc. Tiene el espíritu de revelación y magnifica su vocación como profeta, vidente y revelador.[16]

Puedo dar testimonio personal de la verdad de estas declaraciones. Yo servía enmi propia misión en la Misión Central Británica (más tarde Central de Inglaterra), con sede en Birmingham. Antes de partir, yo y mis compañeros misioneros fuimos entrenados en el viejo Hogar de la Misión en la calle principal justo al norte a una cuadra del Templo. Uno de los aspectos más destacados de esa capacitación fue una reunión en el templo a la que asistimos en la sala de la Asamblea Superior del Templo de Salt Lake. Nuestro orador fue El presidente Harold B. Lee.

Durante más de una hora, este gran profeta—líder se puso de pie y testificó acerca de este reino de los últimos días. Citó Escritura tras Escritura sin abrir un solo libro. Era un orador magistral, que mantenía nuestra atención por el poder de sus enseñanzas y el Espíritu que dio testimonio de su verdad. También compartió algunas cosas muy sagradas, que nos pidió no repetir, pero que quería que supiéramos mientras servíamos al Señor. Nunca he olvidado el poder de esa reunión, ni la grandeza espiritual del hombre que se dirigió a nosotros.

En agosto de 1971, a la edad de 72 años, el presidente Lee habló en la primera conferencia de área de la Iglesia, en Manchester, Inglaterra. Esto comenzó una tendencia de llevar las conferencias a la gente, que continuó en Ciudad de México, Munich, y otros lugares. Hoy, se logra a través de transmisiones satelitales en vivo a las diversas regiones de la Iglesia. Pero todo comenzó en 1971 en Manchester, Inglaterra.

Presidente de la Iglesia

Un año después, el 7 de julio de 1972, a la edad de 73 años, El president Harold B. Lee se convirtió en el 11º Presidente de la Iglesia, tras la muerte del presidente Joseph Fielding Smith. Harold fue el Apóstol más joven en convertirse en Presidente de la Iglesia desde El presidente Heber J. Grant. Los miembros de la Iglesia esperaban que sirviera durante muchos años como un profeta relativamente "jovenero de" Con gran entusiasmo y anticipación asistieron a su primera conferencia de prensa después de su ordenación.

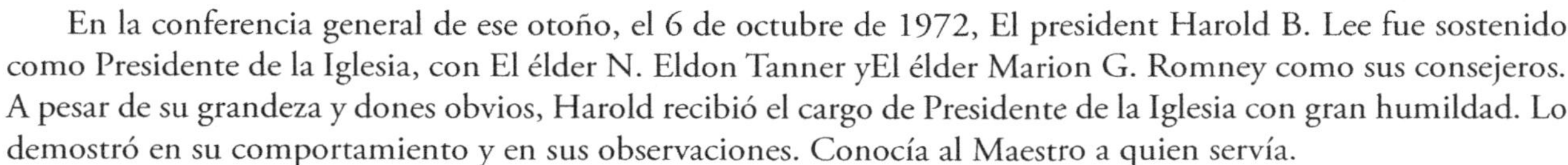

El presidente Harold B. Lee dijo en esa ocasión: "La seguridad de la Iglesia reside en los miembros que guardan los mandamientos. No hay nada más importante que yo pueda decir. Mientras ellos guarden los mandamientos, vendrán las bendiciones."[17] Este sería un tema común de toda su Presidencia, y en el que pronunciara su último discurso en una conferencia antes de su muerte.

Del 26 al 28 de agosto de 1972, el Presidente Lee presidió la segunda conferencia de área de la Iglesia, en la Ciudad de México. Al mes siguiente, viajó a Jerusalén para organizar el Cuerpo de Jerusalén de la Iglesia el 20 de septiembre.

En la conferencia general de ese otoño, el 6 de octubre de 1972, El president Harold B. Lee fue sostenido como Presidente de la Iglesia, con El élder N. Eldon Tanner yEl élder Marion G. Romney como sus consejeros. A pesar de su grandeza y dones obvios, Harold recibió el cargo de Presidente de la Iglesia con gran humildad. Lo demostró en su comportamiento y en sus observaciones. Conocía al Maestro a quien servía.

EL AÑO FINAL

Una Ráfaga de Actividad

El presidente Harold B. Lee era un hombre enérgico, mostrando los beneficios de un presidente mucho más "joven" después de bastantes años de presidentes ancianos como El president David O. McKay y El élder Joseph Fielding Smith. Todos nosotros sentimos la emoción de su energía y también amamos el espíritu y el conocimiento de sus sermones en la conferencia general y en otros lugares. Fue un momento muy emocionante en la Iglesia.

Estas son solo algunas de las cosas que ocurrieron durante los próximos meses:

— En noviembre de 1972, anunció un nuevo programa para los adultos solteros de la Iglesia.
— En enero de 1973, creó el Departamento de Servicios de Bienestar de la Iglesia.
— En febrero de 1973, en Provo, Utah, dedica el Marriott Center.
— En agosto de 1973, presidió una conferencia de área en Munich, Alemania.
— En septiembre de 1973, se reunió con Scotty Hafen, el niño del cartel de la Marzo dea por los Centavos para ese año.

Alocución Final a la Conferencia General

En 1973, durante la conferencia general de octubre, el Presidente Lee dio un poderoso sermón final a la Iglesia. No sabíamos que sería el último. Pero ciertamente sentimos el poder de este Profeta de Dios cuando nos dio un último recordatorio de nuestra misión como Iglesia.

El sermón fue precedido por una introducción conmovedora del presidente Gordon B. Hinckley. Habló de la manera en el que el Señor lo había refinado a El president Harold B. Lee a lo largo de los años para prepararlo para que se presentara ante la gente ese día como un Profeta de Dios. Entre otras cosas, dijo:

Treinta y cuatro oradores dotados e inspirados me han precedido, y ahora en este día de otoño me siento como la última hoja en el árbol cuando digo unas pocas palabras antes de que el Presidente Lee de su consejo y bendición final. No es una experiencia nueva para mí hablar antes del Presidente Lee. El me dio ese privilegio una veintena de veces recientemente. Cada vez que me sentido como el equipo de primer año antes que el equipo universitario salga para gran juego.

Pero considero que es una gran oportunidad para agregar mi testimonio. Yo busco humildemente la dirección del Espíritu Santo cuando hablo sobre un tema sagrado.

Hemos cantado en esta conferencia un himno maravilloso, un himno que se ha cantado en las conferencias durante más de un siglo: "Te damos gracias, oh Dios, por un Profeta." Es distintivo de nosotros. Como pueblo cantamos algunos himnos que han venido de otras iglesias, y otros cantan algunos de los nuestros. Pero sólo nosotros podemos cantar adecuadamente: "Te damos gracias, oh Dios, por un profeta que nos guíe en estos últimos días."

Fue escrito hace más de un siglo por un hombre de origen humilde que vivía en Sheffield, Inglaterra. Trabajaba en las aceras y fue echado porque se unió a la Iglesia Mormona. Pero hay ardió su corazón en gran y fervoroso testimonio; Y por un espíritu desbordante de gratitud, escribió estas maravillosas líneas. Se ha convertido en una expresión agradecida apreciada por millones sobre la tierra. Yo mismo los he cantado en 21 idiomas diferentes como una reverente oración de acción de gracias por revelación divina.

Cuán agradecidos debemos estar, hermanos y hermanas, cuán agradecidos estamos que un profeta nos aconseje con palabras de sabiduría divina mientras caminamos por nuestros caminos en estos tiempos complejos y difíciles. La sólida seguridad que llevamos en nuestros corazones, la convicción de que Dios hará conocer su voluntad a sus hijos a través de su reconocido servidor es la base real de nuestra fe y nuestra actividad. O tenemos un profeta o no tenemos nada; Y teniendo un profeta, lo tenemos todo....

[Luego, hablando del presidente Harold B. Lee], dijo: "Espero que me perdone. No quiero avergonzarlo. ¿Pero alguien que sabe algo sobre su vida niega las mismas influencias en el trabajo? Él salió de circunstancias que hoy serían clasificadas como pobreza. De primera mano conoce el significado del duro trabajo manual. Sirvió como misionero y fue rechazado por la mayoría de aquellos a quienes llamó. Se sacrificó para tener una educación. Ha sabido lo que es una enfermedad grave cuando su vida parecía colgar de un hilo. Ha caminado por valles profundos y oscuros de la tristeza. Mirando hacia atrás en la historia de su vida, todo parece formar parte de un patrón, un proceso de refinación que podría entender mejor las pruebas, las aflicciones, los dolores de los demás. Y sin embargo, con todo esto, hay un gran optimismo de espíritu que se eleva por encima de lo trágico y lo triste y eleva a un terreno más alto a todos aquellos a los que toca e influye.

Como uno que recientemente caminó con él, como un compañero menor en las misiones a Europa e Inglaterra, he visto a gente joven presionar con impaciencia sobre él con lágrimas en sus ojos y sonrisas, dulces y hermosas, en sus rostros. He visto a los misioneros sentados abismados mientras él enseñaba sobre las Escrituras, hablando, como el Maestro, "como alguien que tiene autoridad." He visto a niños pequeños sentados casi inmóviles mientras hablaba su idioma y los llevaba a entender las verdades sagradas del sacramento. He visto hombres y mujeres ancianos llorar mientras los bendecía.

He visto pocas cosas más conmovedoras que un fuerte joven abrazando al Presidente y luego con los ojos humedecidos en lágrimas diciendo: "Nunca he estado tan cerca del cielo."

Como uno a quien el espíritu ha dado testimonio, testifico de su vocación profética, y añado mi voz a las voces de nuestro pueblo sobre la tierra: "Te damos gracias, oh Dios, por un profeta que nos guíe en estos últimos días. "Estoy agradecido. Estoy satisfecho de que la paz, el progreso y la prosperidad de este pueblo resida en hacer la voluntad del Señor, ya que esa voluntad es articulada por el que nos hablará al cerrar esta gran conferencia. Si fallamos en observar su consejo, rechazamos su sagrada vocación. Si seguimos su consejo, seremos bendecidos por Dios.

Entonces el Coro del Tabernáculo cantó una poderosa interpretación de "Glorioso, Eterno"[19] que sonaba como si los coros angelicales se hubieran unido en el canto. En la televisión fuimos testigos de que algunos de los Hermanos se volvían y miraban hacia arriba, por encima del coro, como si esperaran ver a ángeles cantando. Le comenté a mi esposa que vimos en la televisión que, "Algo muy inusual está pasando aquí. Por suerte, estábamos grabando la emisión y todavía conservo hasta el día de hoy esa grabación que contiene la introducción del élder Hinckley, el canto del coro y el poderoso sermón final del presidente Lee.

He escogido incluir algunas de sus palabras al final de este capítulo.

Muerte Súbita e Inesperada

Debido a que era relativamente joven, los miembros de la Iglesia esperaban una larga permanencia del Presidente Lee, pero murió repentina e inesperadamente el 26 de diciembre de 1973, después de sólo 1 año y medio en el cargo. Su muerte fue totalmente inesperada y chocante para los miembros de la Iglesia. Entró en el hospital ese día para un chequeo de rutina después de quejarse de fatiga. Ese día moría más tarde de insuficiencia cardíaca.

TRIBUTOS Y REALIZACIONES

El presidente Harold B. Lee será recordado por su liderazgo visionario y por su esfuerzo por correlacionar y consolidar las organizaciones de la Iglesia. También fue conocido como un maestro de las Escrituras y un hombre visionario cuyo servicio apostólico comenzó con una manifestación del Señor. En resumen, é fue un gigante espiritual, y como dijo El presidente Spencer W. Kimball en su funeral: "Una secoya gigante ha caído y ha dejado un gran espacio en el bosque."[20]

El presidente Harold B. Lee fue un Hombre Visionario

L. Brent Goates dijo: "La principal virtud del presidente Harold B. Lee fue su espiritualidad, su intimidad con el Dios que dirigió sus pensamientos y pasos, su habilidad totalmente inusual para obtener destellos de inspiración y luz iluminadora en respuesta a sus meditaciones y oraciones.[21]

En un artículo de la *Era de la Mejora* de 1953, el élder Marion G. Romney elogió al Élder Lee:

La fuente de su fuerza es en su conocimiento que él vive en la sombra del Todopoderoso. Para él, su Padre Celestial es un socio principal, que le da diariamente orientación. Sus contactos con el cielo son directos y regulares....

Tal es Harold B. Lee, que ahora se encuentra, no al final de su carrera sino en su umbral. Él conoce su curso, es reconocido por lo que es, y está en camino. Detrás de él está un récord de alto logro. Ante él, «las colinas se asoman por las colinas y los Alpes en los Alpes». Sostenido por la convicción de que vive a la sombra del Todopoderoso, no vacilará. El futuro debe contar con Harold B. Lee.[22]

ENSEÑANZAS Y TESTIMONIO

Como ocurre con cada profeta de la Iglesia, las enseñanzas de El president Harold B. Lee pueden llenar varios libros. He seleccionado sólo unos pocos que son representativos de los principios que enseñó.

El objetivo de la Iglesia es ayudar a los Santos:

Hay un gran objetivo en toda esta gran organización de la Iglesia…. Ese objetivo es proveer y promover la salvación o bienestar espiritual, temporal y social de cada uno que tiene la membresía en uno de estos grupos auxiliares del sacerdocio, y si cada grupo se mueve por el poder y la rectitud de los principios inherentes "Tendrán todo el poder necesario para hacer frente a todos los problemas en este mundo moderno y cambiante" (Presidente El president Brigham Young).[23]

Los Milagros Más Grandes son la Curación de las Almas Enfermas

"Ahora ha llegado el gran llamado en los sermones de los hermanos para ayudar a aquellos que necesitan ayuda, no sólo ayuda temporal, sino ayuda espiritual. Los mayores milagros que veo hoy no son necesariamente la curación de los cuerpos enfermos, sino que los milagros más grandes que veo son la curación de las almas enfermas, los enfermos del alma y del espíritu, y que están desanimados y angustiados, al borde de las crisis nerviosas. Estamos llegando a todos, porque son preciosos a la vista del Señor, y no queremos que nadie se sienta olvidado.[24]

La Importancia de Seguir a los Hermanos

Estas fueron algunas de las observaciones finales del Presidente Lee en la conferencia de octubre de 1973.

Oramos por nuestros Santos en todas partes, oren para que se mantengan firmes. Pero, algunos de los más grandes de nuestros enemigos son aquellos dentro de nuestras propias filas. Fue el lamento del Maestro, al ser testigo de uno de esos hombres escogidos, que bajo inspiración Él escogió como uno de los Doce, lo traicionó con un beso y por unas pocas piezas de plata Lo entregó a sus enemigos. Judas se quedó allí y, al darse cuenta de la enormidad de lo que había hecho, tomó la única salida que había, sacrificarse a sí mismo. Y Jesús sólo pudo explicar que de los Doce, significa que Judas tenía un demonio.

Cuando hoy vemos a algunos de los nuestros haciendo cosas similares, algunos que han sido reconocidos y honrados en el pasado como maestros y líderes que más tarde caen al borde del camino, nuestros corazones se vuelven dolorosos y tiernos. Pero a veces tenemos que decir como el Maestro dijo: "El diablo debe haber entrado en ellos."

Siempre recuerdo la palabra del Señor cuando escucho las cosas dichas por aquellos que están tratando de derribar Su obra. El Señor ha dicho:

"Por eso, confunde a tus enemigos; llámalos para que se reúnan en público y en privado;
"Por eso, dejad que traigan sus razones fuertes contra el Señor.
"De cierto, así te dice el Señor… Ningún arma que se forme contra ti prosperará.
"Y si algún hombre levanta su voz contra ti, será confundido a mi debido tiempo.
"Por tanto, guarda mis mandamientos" (D. y C. 71:7–11).

Lo que Él está tratando de hacernos entender es que Él cuidará de nuestros enemigos si continuamos guardando los mandamientos. Así que, Santos del Dios Altísimo, cuando estas cosas lleguen, y ellas vendrán, esto ha sido profetizado, vosotros simplemente decid, "Ningún arma formada contra la obra del Señor prosperará, sino toda gloria y majestad de esta obra que el Señor dio, será recordada después de aquellos que han tratado de engañar sus nombres y el nombre de la Iglesia será olvidadas, y sus obras seguirán después de ellos." Sentimos pena por ellos cuando vemos que estas cosas sucedenero de

… Estoy seguro de que muchas personas vinieron a esta conferencia con muchas preguntas en sus mentes, tratando de saber las respuestas a algunas de las cosas problemáticas sobre ellos, queriendo saber qué hacer en este caso o en ese caso, cómo actuar bajo estas circunstancias. Como hemos escuchado sus preguntas, hemos recordado lo que el Señor dijo aquí en el prefacio de las revelaciones. Él dijo:

"Y será revelado el brazo del Señor; y vendrá el día en que aquellos que no oyeren la voz del Señor, ni la voz de sus siervos, ni prestaren atención a las palabras de los profetas y apóstoles, serán desarraigados de entre el pueblo."

"Lo que yo, el Señor, he dicho, yo lo he dicho, y no me disculpo; y aunque pasaren los cielos y la tierra, mi palabra no pasará, sino que toda será cumplida, sea por mi propia voz o por la voz de mis siervos, es lo mismo" (D. y C. 1:14, 38).[25]

Su Testimonio de Jesucristo

El presidente Harold B. Lee dijo durante la conferencia de la Asociación de Mejora Mutua de 1969: "Sé que esta es la obra del Señor, sé que Jesucristo vive, y que está más cerca de esta Iglesia y aparece más a menudo en lugares santos que cualquiera de nosotros se da cuenta excepto a veces a aquellos a quienes Él hace su aparición personal. Lo sé y el tiempo se apresura cuando venga de nuevo a reinar como Señor de Señores y Rey de Reyes.[26]

Ë llevó este testimonio al Seminario ya la facultad del Instituto en 1962:

Puedo imponer llevar mi propio testimonio. Yo estaba de visita con uno de los misioneros hace algunos años cuando dos misioneros vinieron a mí con lo que parecía ser una pregunta muy difícil, para ellos. Un joven ministro metodista se había reído de ellos cuando habían dicho que los Apóstoles eran necesarios hoy para que la verdadera iglesia estuviera sobre la tierra. Y dijeron que el ministro dijo: "¿Te das cuenta de que cuando se reunieron para elegir uno para llenar la vacante causada por la muerte de Judas, que dijeron que tenía que ser uno que los acompañara con ellos y que hubiera sido un testigo de todas las cosas pertenecientes a la misión y resurrección del Señor? ¿Cómo puedes decir que tienes Apóstoles, si esa es la medida de un Apóstol?"

Y estos jóvenes así dijeron: "¿Qué responderemos?" Yo les dije: "Volveos y hacedle a vuestro ministro amigo dos preguntas. Primero, ¿cómo obtuvo el apóstol Pablo lo necesario para ser llamado Apóstol? No conocía al Señor; no tenía ningún conocimiento personal. No había acompañado a los Apóstoles. Él no había sido un testigo del ministerio ni de la resurrección del Señor. ¿Cómo obtuvo su testimonio suficiente para ser Apóstol? Ahora, la segunda pregunta que le haréis es: ¿Cómo sabe él que todos los que hoy son Apóstoles no han recibido también ese testimonio? "Os doy testimonio de que los que tienen la vocación apostólica pueden conocer la realidad de la misión de El Señor.[27]

Y llevó este testimonio a la conferencia general en octubre de 1972: "Ha venido a mí en estos últimos días una profunda y tranquilizadora fe. No puedo dejar esta conferencia sin deciros que tengo la convicción de que el Maestro no ha estado ausente de nosotros en estas ocasiones. Esta es su iglesia. ¿Dónde más preferiría estar que aquí en la sede de Su iglesia? No es un maestro ausente; Él está preocupado por nosotros. Quiere que sigamos a donde Él conduce."[28]

Notas:

1. En Reporte de La Conferencia, octubre de 1972, pág. 161.
2. Jaynann Morgan Payne, "Louisa Bingham Lee: Sacrificio y Espíritu", revista *Liahona*, febrero de 1974, págs. 82–83.
3. "Louisa Bingham Lee: Sacrificio y Espíritu," pág. 81.
4. L. Brent Goates, *Harold B. Lee, Profeta y Vidente* (1985), pág. 41.
5. En Reporte de La Conferencia, abril de 1941, pág. 120.
6. *Decisiones para una Vida Exitosa* (1973), págs. 12–13.
7. Discurso en el Colegio Universitario Ricks, 26 de octubre de 1973, pág. 5; tambien en *Sois la Luz del Mundo: Sermones y Escritos Seleccionados del Presidente Harold B. Lee* (1974), págs. 344–345,
8. En Reporte de La Conferencia, Conferencia Área México 1972, págs. 48–49.
9. "A la Sombra del Todopoderoso", revista *Liahoha*, febrero de 1974, pág. 96. Tambien en Reporte de La Conferencia, abril de 1941, pág. 122.

10. "A la Sombra del Todopoderoso", pág. 96. Tambien en Reporte de La Conferencia, abril de 1941, págs. 120–121.

11. En Reporte de La Conferencia, en Conferencia conjunta de Nottingham y Leicester, Estaca Nottingham, Inglaterra, 2 de septiembre de 1973.

12. *Estrella milenaria*, 2 de abril de 1942, págs. 210–12, 222–23.

13. *Sois la Luz del Mundo: Sermones y Escritos Seleccionados del Presidente Harold B. Lee*, págs. 25–27.

14. *Sois la Luz del Mundo: Sermones y Escritos Seleccionados del Presidente Harold B. Lee*, págs. 347–48.

15. Joseph Fielding Smith, en Reporte de La Conferencia, abril de 1970, pág. 114. o *La Era de la Mejora*, junio de 1970, pág. 27.

16. Joseph Fielding Smith, en Reporte de La Conferencia, octubre de 1971, pág. 178; o revista *Liahona*, diciembre de 1971, pág. 136.

17. Citado en Stephen W. Gibson, "La Presidencia se Reúne con la Prensa ", *Noticias de la Iglesia*, 15 de julio de 1972, pág. 3.

18. El president Gordon B. Hinckley, "Te Damos Gracias, Oh Dios, por un Profeta", en Reporte de La Conferencia, octubre de 1973; o revista *Liahona*, enero de 1974, págs. 122, 124–125.

19. Compositor: M. Thomas Cousins.

20. Spencer W. Kimball, "Un gigante de un hombre," en revista *Liahona*, Feb. 1974, pág. 86.

21. L. Brent Goates, *Harold B. Lee, Profeta y Vidente*, pág. 462.

22. Marion G. Romney, "Humildad ante Dios—La clave del carácter del Harold B. Lee, Apóstol del Señor", *La Era de la Mejora*, julio de 1953, págs. 504, 524.

23. *Decisiones para una Vida Exitosa* (1973), pág. 211.

24. "Estad en los lugares santos", en Reporte de La Conferencia, abril de 1973, pág. 178; o revista Liahona, julio de 1973, 123.

25. "Observaciones de Clausura", en Reporte de La Conferencia, octubre de 1973; o revista *Liahoa*, enero de 1974, pág. 126.

26. "Pacto eterno," charla pronunciada en la Conferencia de junio del MIA, 29 de junio de 1969, citada en *Profetas Vivientes para una iglesia Viva* (1973), pág. 119.

27. "Nacido del Espíritu", Discurso al Seminario y a la Facultad del Instituto, 26 de junio de 1962.

28. "Una bendición para los santos", en Reporte de La Conferencia, octubre de 1972, pág. 176; o revista Liahoa, enero de 1973, pág. 134.

Capítulo 46

El Presidente Spencer W. Kimball: Extendiendo los Avances y el Sacerdocio

[1973–1985]

NACIMIENTO E INFANCIA DE EL PRESIDENT SPENCER W. KIMBALL

Una Infancia con Muchos Desafíos

El president Spencer W. Kimball nació el 28 de marzo de 1895, en Salt Lake City, de Andrew Kimball y Olive Woolley Kimball.

Mientras servía como apóstol, Spencer dijo una vez:

> ¡Cual madre, mirando hacia abajo con ternura a su rechoncho bebé, no imagina a su hijo como el Presidente de la Iglesia o el líder de su nación! Mientras está acurrucado en sus brazos, ella lo ve como un estadista, como un líder, como un profeta. ¡Algunos sueños se hacen realidad! Una madre nos da un Shakespeare, otra un Miguel Ángel, y otra un Abrahán Lincoln, ¡y otra un José Smith! Cuando los teólogos se están tambaleando y tropezando, cuando los labios fingen y los corazones vagan, y la gente está "corriendo de un lado a otro buscando la palabra del Señor y no puede encontrarla," cuando las nubes del error necesitan disiparse y las tinieblas espirituales necesitan penetrarse y los cielos necesitan abrirse, nace un pequeño bebé.[1]

Spencer W. Kimball, 1 año

El élder Boyd K. Packer decía:

> Y así llegó Spencer Woolley Kimball. El Señor había logrado esos humildes comienzos. No sólo no estaba preparando a un hombre de negocios, ni a un líder cívico, ni a un orador, ni aun poeta, ni a un músico, ni a un maestro, aunque él sería todo esto. Preparaba a un padre, un patriarca para su familia, a un Apóstol y a un profeta, y a un Presidente para Su Iglesia.[2]

Tres años después de su nacimiento, en mayo de 1898, la familia se trasladó a Thatcher, Arizona, donde su padre serviría como presidente de la estaca durante los próximos 26 años. En septiembre de 1902 (7 años), Spencer comenzó la escuela (un año más tarde que sus amigos).

Durante su infancia Spencer experimentó muchos peligros y enfermedades. En 1902 (a los 7 años), su padre lo salvó de ahogarse mientras estaban en una excursión de natación. En 1904 (9 años), sufrió de parálisis de Bell (idiopática) en su rostro, pero fue curado por una bendición. En 1908 (tenía 13 años), padeció de fiebre tifoidea. Eran tiempos en que esas enfermedades y accidentes eran mortales. Pero el Señor estaba protegiendo a este joven para su futuro rol como su portavoz para los Santos.

El 28 de marzo de 1903 (8 años), fue bautizado por su padre en una tina para escaldar cerdos, usada como bañera. Luego, el 6 de junio de 1906 (a los 11años) recibió su bendición patriarcal de Samuel Claridge. En parte, la bendición decía: "Predicarás el evangelio a mucha gente, pero más especialmente a los lamanitas, porque el Señor os bendecirá con el don de lenguas y el poder para representar ante ese pueblo el evangelio con gran simplicidad. Los verás organizados y estarás preparado para pararte como baluarte de este pueblo."[3]

Spencer (izquierda) a los 9 años

Otra prueba apareció en su vida más tarde ese mismo año, el 18 de octubre de 1906, cuando su madre murió inesperadamente. Spencer tenía sólo 11 años.

El padre de Spencer se casó con Josephine Cluff ("Tía Josie") el 8 de junio de 1907. Mientras estaban siendo casados en Salt Lake City, moría la querida hermana de Spencer, Rachel de dos años. Poco después de esta tragedia, Spencer padeció de fiebre tifoidea. Fue una prueba, un momento de prueba de fe en la vida del jovenero de

Olive Beth Kimball Mack, su hija, dijo:

> Papá ha tenido una gran cantidad de dolores y enfermedades y muchas dificultades a superar. Estas sólo han servido para hacerle una persona más fuerte, y le han dado mucha empatía por los demás. Perdió a su madre cuando tenía once años, y poco después, moría una pequeña hermana. Esto es lo que él escribe de esta época:

> "Repentinamente me vino a la memoria una vieja imagen de angustia, terror, miedo, desesperanza. Ahí estábamos, ocho de los once hijos de mi madre en el dormitorio de nuestros padres. Nuestra madre estaba muerta, nuestro padre, nuestro hermano mayor, Gordon, estaba sentado en la silla sosteniendo a nuestra hermana menor, mientras ella se moría, con todos nosotros, jóvenes alrededor de la silla, asustados, orando y llorando. El médico estaba a kilómetros de distancia. Su caballo y su calesa no podían haber sido traídos allí lo suficiente pronto, ¿y qué podía hacer si llegaba? Parecía ser una combinación de difteria y glomérulo nefritis membranosa, y la pequeña Rachel literalmente se estaba muriendo ahogada. Con terror miramos al pequeño cuerpo luchar valientemente por el aire y por la vida, y de repente relajarse completamente. La dura batalla había terminado. Había perecido."[4]

Olive Woolley Kimball

El 5 de octubre de 1907 (a los 12 años), Spencer fue bautizado por segunda vez como parte de una iniciativa de un nuevo bautismo de toda la Iglesia destinada a volver a comprometer a los Santos con sus pactos. El mismo día que fue bautizado, también fue ordenado diácono.

Una Adolescente Enérgico pero Responsable

La lista de actividades de Spencer como un joven adolescente revela un alma talentosa y enérgica. En 1909 (tenía14 años), enseñó en la Escuela Dominical y se unió a una orquesta (tocando el piano) para ganar dinero.

Para esa época, leyó toda la Biblia en su ático en respuesta a un desafío de Susa Young Gates.

Más tarde recordaría:

> Déjame contarte una de las metas que me puse cuando todavía era un muchacho. Cuando escuché a un líder de la Iglesia de Salt Lake City decirnos en la conferencia que debíamos leer las Escrituras, y reconocí que nunca había leído la Biblia, esa misma noche, al final de ese sermón, caminé a mi casa a una cuadra y subí en mi pequeña habitación en el ático en la parte superior de la casa y encendí una pequeña lámpara de carbón que estaba sobre la mesita, y leí los primeros capítulos del Génesis. Un año más tarde cerré la Biblia, habiendo leído cada capítulo de ese grande y glorioso libro.

> Encontré que esa Biblia que estaba leyendo contenía 66 libros, y luego estaba casi disuadido cuando descubrí que tenía 1.189 capítulos, y luego también encontré que tenía 1.519 páginas. Era formidable, pero sabía que si otros lo hacían, yo podría hacerlo. Encontré que había ciertas partes que eran difíciles de entender para un niño de 14 años. Había algunas páginas que no eran especialmente interesantes para mí, pero cuando había leído los 66 libros y 1,189 capítulos y 1,519 páginas, sentí una encendida satisfacción, que me había puesto un objetivo y que lo había logrado.

> Ahora no te estoy contando esta historia para presumir; simplemente estoy usando esto como un ejemplo para decirte que si yo pude hacerlo bajo la luz de aceite, tú puedes hacerlo con luz eléctrica. Siempre me he alegrado de haber leído la Biblia de la primera a la última página.[5]

En 1910 (a los 15 años), Spencer se graduó de 8vo grado y entró en la Academia Gila propiedad de los SUD en Thatcher, Arizona. Disfrutaba del atletismo, y de 1912 a13 (17–18 años), jugó en el equipo de baloncesto de la Academia. En mayo de 1914 (te nía 19 años), se graduó con los honores más altos de la Academia Gila.

EDAD ADULTA

Misión a los Estados Centrales

Poco después de su graduación, Spencer recibió un llamado a misionar en la Misión suiza–austriaca, pero debido a la Primera Guerra Mundial fue reasignado a la Misión de los Estados Centrales.

El 6 de junio de 1914 (19 años), fue ordenado sacerdote por su padre, Andrew Kimball. Ese verano, Spencer trabajó como mano de obra lechera en Globe, Arizona para ganar dinero para su misión.

Edward L. Kimball y Andrew E. Kimball Hijo. escribieron:

Spencer W. Kimball a los 19 años

> Fue un trabajo duro. El agua hirviedo que él y los otros muchachos usaban para lavar los tarros de leche hacía que sus dedos se ablandaran. Tan pronto como comenzaba a ordeñar sus dos docenas de vacas, por la mañana o por la noche, la presión en sus tiernos dedos le desgarraba la carne. Se le hinchaban y agrietaban hasta que exudaban sangre. "Podría haber llorado muchas veces", recordó. Algunos de los dedos de los muchachos estaban tan doloridos que sus uñas s caían y sus antebrazos se hinchaban. Algunas de las ubres de las vacas parecían tan duras, recordó Spencer, que "era casi como sacar leche de barras de hierro." Cuando iba a la escuela dominical con algunos de los otros chicos, sus dedos palpitaban de tal manera que los mantenían sobre sus cabezas para ayudar a que circulara la sangre....
>
> El jefe no-mormón de Spencer, en la lechería siempre tenía un cigarro en la boca. Uno de sus compañeros de trabajo, [un miembro], fumaba y se mantenía alejado de la iglesia. Pero Spencer encontró un buen amigo en un misionero llamado George. Dos fuertes muchachos también trabajaban allí. Uno de ellos lo hirió en la cabeza a George con una tuerca de metal colgada en un pañuelo. [Más adelante] Spencer encontró a George sangrando malamente. Los otros muchachos fueron despedidos, recordó a Spencer con satisfacción y "tuvimos paz total."
>
> De vez en cuando Spencer acompañaba a George para ayudarlo a entregar la leche. Globe [Arizona, donde trabajaban], era una ciudad minera totalmente abierta. [La sección salvaje de la ciudad], una de las mejores áreas para la lechería, hizo que Spencer se sintiera incómodo; Seguía a George no más a menudo de lo que tenía que hacerlo.
>
> [El padre de Spencer le echaba mucho de menos, especialmente porque Spencer estaba a punto de irse a una misión.] Él escribió: "Bueno, querido muchacho, me siento solo sin ti y pensar en estar sin mi muchacho por mucho tiempo todavía, a veces me hace sentir muy peculiar. Como tú sabes, el dejar que Alice [una de las hermanas de Spencer] vaya a Utah y tú lejos es demasiado al mismo tiempo, frente a las condiciones desfavorables que existen a veces, Pero no me queda otro remedio. Todo lo que puedo hacer es seguir arrastrando y ahogando mis sentimientos. Trabajar, trabajar, es lo más grande del mundo."[6]

Cuando Spencer regresó su casa en Thatcher el 15 de septiembre de 1914, fue ordenado élder. Luego, un mes más tarde, el 16 de octubre de 1914, fue ordenado uno de los setenta por su tío J. Golden Kimball. Spencer sirvió en la Misión de los Estados Centrales de 1914 a 1916.

Se Casa con Camilla Eyring

En diciembre de 1916, El élder Kimball regresó a Thatcher de su misión y fue liberado el 1 de enero de 1917. En la primavera de 1917, se inscribió en la Universidad de Arizona por un semestre y recibió un aviso de istrucción militar. Ese verano, trabajó en Los Ángeles para ganar dinero mientras esperaba ser reclutado.

Volviendo a Thatcher en el otoño de 1917, leyó en el periódico local sobre Camilla Eyring, una nueva maestra en la Academia Gila en Thatcher. Él la había conocido justo antes de su misión y ahora estaba muy interesado. "Tan pronto como volví al valle y terminé con el trabajo del pozo, la miré y comencé a cortejarla. Estaba en el servicio militar, esperando a que me llamaran, así que mi cortejo era mayormente en uniforme caqui, pero ella no parecía estar demasiado ofendida por mi apariencia.… Nos casamos en noviembre de 1917."[7]

Spencer y Camilla Kimball

"[Los planes matrimoniales de Spencer y Camilla en el templo]fueron afectados por… Primera Guerra Mundial. Spencer fue obligado a permanecer en Thatcher, Arizona, para esperar el posible proyecto en el ejército, por lo que no sería capaz de hacer el largo viaje a un templo en Utah. Ellos se casaron por civil el 16 de noviembre de 1917, pero esperaban con ansiedad un sellado del templo lo antes posible. Ese objetivo se realizó [el 7 de junio de 1918] en el Templo de Salt Lake."[8]

Spencer amaba profundamente a Camilla. En una ocasión escribió, después de que los dos habían estado comprando ropa: "Ella es muy bonita y luce muy bien de rojo. Es una dama encantadora y añade mucho a mi paz y bienestar."[9]

LÍDER DE LA IGLESIA Y COMUNITARIO

Comienza una Carrera de Negocios

El 1 de enero de 1918 (tenía 22 años), Spencer fue llamado para ser secretario de estaca de la Estaca San José, donde su padre era el presidente de estaca. Más tarde ese mismo año (23 años), entró en el negocio bancario como empleado de banco.

Cuatro años después, la tragedia volvió a visitar a la familia Kimball cuando, el 12 de octubre de 1922, moría la segunda esposa de su padre, Josie. Spencer tenía 27 años. El 5 de junio de 1923, su padre se casó con una tercera esposa, Mary Connelly. Se conocieron en Thatcher cuando ella llegó allí representando el *Diario de la Mujer Joven* en Salt Lake City.

Ese mismo año (1923), Spencer se unió al Club Rotario, haciéndose muy activo en el capítulo local. El 17 de diciembre, el banco para el cual trabajaba fracasó, y fue contratado inmediatamente por un banco competidor.

Liderazgo de la Iglesia y un Cambio de Carrera

La muerte volvió a llamar en 1924. El padre de Spencer, Andrew Kimball (presidente de la Estaca d San José) murió el 31 de agosto. Spencer tenía 29 años. Pocos días después, el 8 de septiembre, Spencer fue llamado para ser el segundo consejero en la nueva presidencia de estaca. Fue ordenado sacerdote en ese día por El presidente Heber J. Grant.

En 1927 (32 años), Spencer dejó el negocio de la banca y formó una agencia de seguros y bienes inmuebles con Joseph W. Greenhalgh. El 23 de octubre de ese año, asistió y cantó en la dedicación del Templo de Mesa Arizona.

El 28 de mayo de 1932, en medio de la Gran Depresión, el Banco Safford fracasó, eliminando las inversiones y depósitos de los Kimballs. Spencer tenía 37 años.

En 1934 (39 años), fue liberado como consejero y sostenido como secretario de la Estaca San José. Dos años después, en 1936 (41 años), fue elegido líder estatal del Rotary Club.

Presidente de Estaca

En 1938, la Estaca San José fue dividida el 20 de febrero, y El president Spencer W. Kimball fue llamado para ser presidente de la nueva Estaca Mount Graham. Tenía entonces 42 años. Durante los siguientes cinco años, hasta 1943, continuó como presidente de la Estaca Mount Graham. Se convirtió también en un líder de la comunidad y una fuerza importante para el bien en los negocios y en los asuntos cívicos.

LLAMADO AL APOSTOLADO

Una Llamada Telefónica Sorpresiva

El 8 de julio de 1943 (48 años), El president Spencer W. Kimball recibió una llamada telefónica sorpresiva del presidente J. Reuben Clark hijo, informándole de su llamado al apostolado. Asombrado por la llamada, se dirigió a Salt Lake City por Boulder, Colorado. Mientras estaba en esa ciudad, el 14 de julio, buscó y recibió, en una montaña, una garantía de la corrección de su llamado.

Spencer dijo:

Dos nuevos apóstoles: Spencer W. Kimball y Ezra Taft Benson

> Mi debilidad me venció.… lágrimas calientes me resbalaban por las mejillas mientras no hacía ningún esfuerzo para limpiármelas. Me estaba acusando a mí mismo, condenándome a mí mismo y reprochándome. Estaba orando en voz alta por bendiciones especiales del Señor. Le decía que yo no había pedido esa posición, que era incapaz de hacer el trabajo, que era imperfecto, débil y humano, que era indigno de un llamamiento tan noble, aunque me había esforzado y mi corazón había estado correcto. Sabía que debía haber sido, al menos en parte, responsable de ofensas y malentendidos que algunas personas creían haber sufrido de mis manos. Me di cuenta de que había sido mezquino y pequeño muchas veces. No me perdonaba.…

Si solo pudiera tener la certeza que mi llamado había sido inspirado, la mayoría de mis otras preocupaciones se habrían disipado.… Me tropecé en la colina y en la montaña, cuando el camino se volvió áspero. Vacilé en algunos cuando el camino se volvió empinado. No había caminos a seguir.… Nunca había orado antes como oraba ahora. Lo que quería y sentía que debía tener era una seguridad de que yo era aceptable para el Señor.…

Rompí un extremo (de un pedazo de palo de roble) como bastón… [y] me ayudó a subir.… Pensé en mi padre y mi madre y en mi abuelo, Heber C. Kimball, [que se había] ido de la tierra… Hubo un gran deseo, para obtener un testimonio de mi vocación.…

¿Fue un sueño el que vino a mí? Estaba cansado y creo que me fui a dormir un poco. Parecía que en un sueño, vi a mi abuelo y me di cuenta de la gran obra que había hecho. No puedo decir que fue una visión, pero sé que con esta nueva experiencia me vino una calma como el viento agonizante.... Me levanté, caminé hacia el punto rocoso y me senté en una cornisa. Mis lágrimas estaban secas; Mi alma estaba en paz. Una tranquila sensación de seguridad se apoderó de mí, la duda y los cuestionamientos se apaciguaron. Era como si se hubiera levantado una gran carga. Me senté en silencio tranquilo examinando el hermoso valle, agradeciendo al Señor por la satisfacción y la respuesta tranquilizadora a mis oraciones. Durante mucho tiempo medité aquí en silencio pacífico, aparte, y me sentí más cerca de mi Señor que en ningún otro momento de mi vida.... Sentí que conocía mi camino, ahora, físicamente y espiritualmente y sabía a dónde iba.[10]

Ordenado Apóstol

El 7 de octubre de 1943, El president Spencer W. Kimball (a los 48 años) fue ordenado Apóstol por El presidente Heber J. Grant

Casi veinte meses después, el 31 de mayo de 1945, El presidente George Albert Smith le pidió que ayudara a supervisar la Misión Navajo—Zuni. Al año siguiente, el 13 de septiembre de 1946, el Presidente Smith lo nombró presidente del Comité de Indios de la Iglesia.

Durante este período, El élder Kimball recibió una visión del futuro de los lamanitas.

Más tarde dijo:

Cuando estuve en México en 1946,... Tuve un sueño de su progreso y desarrollo....

En lugar de trabajar para los demás, pude veros cómo obtenéis la gestión de los puestos de responsabilidad....

Vi a la gente de Lehi como ingenieros y constructores....

Vi a muchos de sus hijos convirtiéndose en abogados y ayudando a resolver los problemas del mundo. Vi a su gente como dueños de industrias y fábricas....

Vi médicos y abogados que cuidaban la salud de su gente. Vi a jóvenes mexicanos convertirse en grandes profesores, dueños de periódicos con su influencia en los asuntos públicos. Vi grandes artistas entre ustedes....

Vi la Iglesia creciendo a pasos agigantados, y los vi organizados en barrios y estacas.... Vio un templo de Dios y esperaba verlo lleno de hombres y mujeres y jóvenes....

Ahora bien, ese fue mi sueño. Tal vez fue una visión. Tal vez el Señor me estaba mostrando lo que lograría este gran pueblo.[11]

Fue bajo el liderazgo de Spencer, durante 1947, cuando el Programa de Colocación de Estudiantes de la India comenzó a facilitar las oportunidades de educación de los lamanitas.

Comienzan los Ataques Cardíacos

Durante los siguientes 30 años, El élder Kimball sufrió múltiples contratiempos de salud, incluyendo ataques cardíacos (a partir de 1948), cáncer de garganta en 1957 (que le causó la pérdida de la mayoría de sus cuerdas vocales), cáncer de garganta recurrente en 1971, Cirugía del corazón en 1972. Pero nunca dejó de servir.

El doctor Truman G. Madsen escribió: "En los últimos años de su vida tuvo dos cirugías debido a hemorragias cerebrales. Pero no todo el mundo sabe que tenía forúnculos y, a veces, carbunclos en su cuerpo durante un período de unos veinte años [principios de 1932[12]]. Si se quitaba el abrigo, se podía ver sangre alrededor de su cintura por esos furúnculos, que nunca ese curaron completamente."[13]

En mayo de 1948 (a los 53 años), en Phoenix, sufrió su primer ataque al corazón durante una gira por la Misión India. Poco tiempo después, sufrió otros ataques cardíacos durante una visita a Rigby, Idaho, y después de regresar a casa. En octubre recibió una bendición del élder Stephen L Richards, prometiéndole una recuperación completa.

Trágicamente, el 18 de diciembre, su hermana Helen murió de cáncer facial. Estaba profundamente preocupado por las horribles circunstancias y por la muerte de otro miembro de la familia.

En mayo de 1949 (a los 54años), hizo una gira a la misión del sudoeste indio con el presidente Flake. En diciembre, sus dolores cardíacos regresaron, para su consternación; Sin embargo, desaparecieron en enero.

Inicios del Cáncer de Garganta

En la primavera de 1950 (a los 55 años), su voz se enronqueció sin razón aparente, pero fue restaurada después de una bendición. Fue durante esta crisis, mientras estaba en el hospital para una biopsia en abril, que le pidió a un asistente que estaba maldiciendo que no profanara el nombre de Cristo. "[El élder Kimball] fue puesto bajo anestesia total y operado, luego llevado rodando sobre una mesa a su habitación. Todavía drogado, Spencer percibió que su mesa se detenía frente a un ascensor y oyó a un ordenanza, enfadado por algo, profanando el nom bre del Señor. Medio consciente, suplicó con sonidos laboriosos:—Por favor, no digáis eso. Lo amo más que a nada en este mundo. Por favor. Un silencio absoluto. Entonces el ordenanza respondió quedamente:—No tendría que haber dicho eso. Lo siento."[14]

En 1955, a pesar de sus problemas de salud, visitó todas las misiones europeas (a los 60 años). En enero de 1956, su padre lo visitó en un sueño. Su padre había experimentado muchos dolores similares en su vida, perdiendo a dos esposas y varios niños a la muerte. Su visita trajo al El élder Kimball gran consuelo y coraje durante este período de sufrimiento físico.

Para el 25 de diciembre de 1956, volvieron sus problemas de garganta, y lo enviaron a un especialista de garganta en la ciudad de New York. Después de una biopsia, el 5 de marzo de 1957 (a los 61 años), se sometió a una cirugía en junio de 1957 (a los 62 años) para el cáncer de garganta, que le quitó la mayor parte de sus cuerdas vocales. En vez de su agradable voz de barítono, con la que tanto hablaba como cantaba, sólo le quedaban algunas piezas de sus cuerdas vocales y tenía que hablar con una voz profunda y susurrante. En diciembre de 1957, en una conferencia de la Estaca San José en el Valle de Gila de Arizona, habló públicamente en una reunión de la iglesia por primera vez en casi un año. Fue bueno estar en casa y entre amigos, donde se le dio la bienvenida y fue bien recibido.

El élder Boyd K. Packer dijo:

> Volvió a casa para el discurso inaugural. Volvió al valle. Cualquier persona cercana a él sabe que no es un valle, es el valle. Allí, en una conferencia de Estaca San José, acompañado por su querido asociado de Arizona, El élder Delbert L. Stapley, estuvo en el púlpito.

> "He regresado aquí", dijo, "para estar entre mi propio pueblo. En este valle presidí como presidente de estaca. "Tal vez pensó que si fallaba, aquí estaría entre aquellos que más lo amaban y entenderían.

> Hubo un gran derramamiento de amor. La tensión de ese momento dramático se rompió cuando continuó: "Debo deciros lo que me ha pasado. Me fui a Oriente, y mientras estuve allí caí entre asesinos… Después de eso no importó lo que dijo. ¡El élder Kimball estaba de vuelta!15

El 4 de abril de 1958 (tenía 63 años), habló por primera vez en la conferencia general desde la conferencia de octubre de 1956.

El Trabajo Sigue

A pesar de sus obstáculos, nunca se abandonó, de enero a marzo de 1959, El élder Kimball realizó una visita a tres misiones en América del Sur: Argentina, Uruguay y Brasil. Más tarde ese verano, visitó la Misión hawaiana por primera vez desde 1946.

De octubre de 1960 a marzo de 1961, volvió a hacer giras alrededor del mundo para alentar la obra misionera. En abril de 1961, viajó con Camilla por todo Estados Unidos para promover la obra misionera de los miembros. En diciembre de ese año, él y Camilla visitaron Tierra Santa con El presidente Ezra Taft Benson y su esposa Claire.

Dichos viajes se habían vuelto obligatorios para los Apóstoles cuando la Iglesia se expandió alrededor del mundo. El presidente David O. McKay dio el ejemplo con cinco giras mundiales durante ese período. El élder Kimball se comprometió a hacer su parte.

En abril de 1962, la Iglesia tuvo su primera transmisión de la conferencia general de costa a costa.

Estalla una Violenta Oposición

En noviembre de 1962, explotó una bomba en una puerta del Templo de Salt Lake, en medio de violentas protestas contra la postura de la Iglesia con respecto a los negros y el sacerdocio. En la conferencia general de octubre de 1963, la Iglesia leyó una declaración en apoyo de la igualdad de derechos civiles.

Más Responsabilidades en el Mundo

En noviembre de 1963 (tenía 68 años), El élder Kimball fue nombrado presidente del Comité Misionero de la Iglesia. Luego, desde 1964–67 (edades 69–72), supervisó el trabajo misionero en América del Sur y comenzó el trabajo misionero entre los indios andinos. Supervisó las misiones en Gran Bretaña de 1968–70 (edades 73–74).

Esa asignación hizo que El élder Kimball cruzara mi propio camino mientras servía en las Midlands de Inglaterra en mi propia misión de 1968–70. Asistió y habló en mi primera conferencia de zona en 1969. El evento fue memorable para mí no sólo porque era un apóstol de nuestro Señor, sino por lo que dijo. Voy a parafrasearlo aquí.

> Vosotros élderes un día criarán vuestras propias familias. Y cuando lo hagáis, tendréis la solemne responsabilidad de enseñar a vuestros hijos. No dejéis esto a vuestras esposas; vuestros hijos necesitan escuchar a sus padres dar testimonio de la verdad del evangelio como se enseña en la Iglesia. Y vosotros tenéis que celebrar fielmente vuestras noches de la familia en casa. Les diré ahora que si los apoyáis fielmente tú *podrías* salvar a todos vuestros hijos. Pero si no lo hacéis, perderéis a uno o más de ellos para mundo.

Esta advertencia profética ha permanecido conmigo a lo largo de mi vida. Mi esposa y yo estuvimos muy motivados para mantener este consejo. Y ha bendecido a nuestra familia más allá de toda medida.

En septiembre de 1969 (a los 74 años), publicó su libro *El Milagro del Perdón*, que se ha convertido en un clásico entre los Santos de los Últimos Días sobre los temas del arrepentimiento, el perdón y la Expiación de Jesucristo.

PRESIDENTE DE LOS DOCE APÓSTOLES

Presidente de los Doce

El president Spencer W. Kimball se convirtió en Presidente Interino del Quórum de los Doce el 23 de enero de 1970 (a los 74 años). Al mes siguiente, en febrero de 1970, rechazó las recomendaciones de los médicos de someterse a otra cirugía de garganta porque no quería perder su voz. Los médicos propusieron quitarle toda su caja de voz. Tal procedimiento podría eliminar el cáncer, pero dejaría al presidente Kimball incapaz de hablar por el resto de su vida. Spencer tenía fe en que las bendiciones del sacerdocio que recibía de sus hermanos compañeros y las oraciones de muchos en su nombre le ayudarían a recuperarse de su recurrente cáncer de garganta. Por otra parte, El presidente Harold B. Lee aconsejó al presidente Kimball que no se sometiera a la cirugía de la garganta.[16] Poco después, los Hermanos ministraron nuevamente al presidente Kimball, y el cáncer desapareció por un tiempo.

Más tarde, en febrero de 1970, Spencer visitó Fiji, Tonga y Samoa, y recomendó que todas las naciones comenzaran a suministrar a sus propios misioneros.

En la conferencia general de abril de 1970, se recibió una amenaza de bomba en el tabernáculo, pero resultó ser un engaño.

Del 27 al 29 de agosto de 1971 asistió a la primera conferencia de la Iglesia en Manchester, Inglaterra.

En el otoño de 1971, el cáncer de garganta del presidente Kimball volvió. A pesar de que se había negado a la cirugía de garganta un año y medio antes, ahora aceptaba recibir una serie de tratamientos de radiación, lo que significaba poco riesgo de hacerle perder la voz. Estos tratamientos de radiación, además de las bendiciones del sacerdocio de los Hermanos y la fe y oraciones de miembros de la Iglesia, familiares y amigos, ayudaron a curar el cáncer. Pero en ese mismo momento, sus problemas cardíacos empeoraron.

Primera conferencia de área en Manchester, Inglaterra

Cirugía de Corazón

El élder Neal A. Maxwell escribió: "Al reflexionar sobre la cirugía [cardíaca] propuesta, hubo un episodio en 1972 que es a la vez inspirador y serio. El élder (entonces El doctor El élder Russell Nelson) describió ese dramático momento:

> "En el mes de marzo, me reuní con el Presidente Kimball cuando se juntó con su esposa y la Primera Presidencia. El presidente Kimball dijo: "Soy un anciano. Estoy listo para morir. Es hora de que un hombre más joven venga al Quórum y haga el trabajo que yo ya no puedo hacer. "El Presidente Lee lo interrumpió y golpeó con el puño sobre el escritorio y dijo:" Spencer, no has sido llamado a morir, sino a vivir." Entonces el Presidente Kimball humildemente y sumisamente anunció," En ese caso, voy a someterme a la operación." La hermana Kimball lloraba. La decisión había sido tomada. (De un discurso devocional en el Colegio Universitario Estatal Weber, 10 de noviembre de 1978).

Después de la cirugía del corazón en 1972

"Mirando hacia atrás, es difícil imaginar esta dispensación sin la presidencia de El president Spencer W. Kimball. Cuán agradecidos tendríamos que estar todos que otro profeta, El presidente Harold B. Lee, aconsejara al Presidente Kimball tan directamente y tan amorosamente con respecto a proceder con esa cirugía cardíaca. Obedientes como son los profetas entre sí, el Presidente Kimball siguió el consejo de su Apóstol mayor. Como resultado, millones de personas han sido bendecidas por el ministerio de este hombre que había esperado agotarse completamente como miembro del Concilio de los Doce."[17]

El Presidente Kimball se sometió a la cirugía a corazón abierto el 12 de abril de 1972 (a los 77 años). Recibió una válvula aórtica artificial y un injerto de arteria coronaria. Su cirujano cardíaco fue El élder Russell M. Nelson, un renombrado especialista en corazón que más tarde sería llamado al Quórum de los Doce Apóstoles.

El 7 de julio de 1972 (a los 77 años), Spencer se convirtió en presidente del Quórum de los Doce, a raíz de la muerte del presidente Joseph Fielding Smith cinco días antes.

Todavía bastante activo, del 26 al 28 de agosto de 1972, el Presidente Kimball asistió a la segunda conferencia de la Iglesia en la Ciudad de México. Y durante ese año publicó su libro *La Fé Precede al Milagro*.

Del 24 al 26 de agosto de 1973 asistió a la tercera conferencia de la Iglesia en Munich, Alemania.

PRESIDENTE DE LA IGLESIA

"Alargando Nuestro Paso"

Después de la muerte repentina del presidente Harold B. Lee el 26 de diciembre de 1973, El president Spencer W. Kimball se convirtió en Apóstol mayor y fue ordenado Presidente de la Iglesia cuatro días después, el 30 de diciembre, a los 78 años.

Esa noche, El doctor El élder Russell M. Nelson entregó una carta al Presidente Kimball, parte de la cual declaraba: "En el desempeño de esa crítica operación [corazón] realizada el 12 de abril de 1972,… Yo era muy consciente de su vocación apostólica y de mis propias debilidades humanas, anticipando una de las operaciones más arriesgadas y complejas que se hayan hecho. Esta operación resultó ser técnicamente perfecta en cada detalle, y agradezco la ayuda del Señor, porque rara vez un cirujano tiene esta experiencia única. Lo más especial de todo fue el hecho de que, como la operación estaba casi terminada, me fue dado a conocer que un día vos os convertiríais en el Presidente de la Iglesia."[18]

Siempre uno dispuesto a hacer los negocios de nuestro Padre, el Presidente Kimball "se puso en marzo dea." En enero de 1974, organizó el Comité de Desarrollo Instructivo. El 26 de enero anunció una nueva política para nombrar las estacas de la Iglesia. Y el 29 de marzo anunció una nueva política permitiendo a los presidentes de estaca ordenar a los setenta aprobados por el Primer Consejo de los Setenta.

Éstos fueron solamente el principio de una serie impresionante de cambios que barrerían la Iglesia bajo el liderazgo de este hombre humilde pero grande.

El 4 de abril de 1974, justo antes de su primera conferencia general como Presidente, se dirigió a los representantes regionales de los Doce y lanzó un reto para todos nosotros de "alargar nuestro paso."

El élder William Grant Bangerter decía en su discurso en la conferencia general de octubre de 1977:

La historia comienza realmente el 26 de diciembre de 1973. El presidente Harold B. Lee falleció repentinamente ese día. Su muerte fue completamente inesperada… Sabíamos, por supuesto, que el [Presidente El president Spencer W. Kimball] se las arreglaría de alguna manera,… pero no sería fácil para él, y las cosas no serían las mismas.…

Llegó el momento en que el Presidente Kimball se presentó para dirigirse a los dirigentes reunidos. Señaló que tampoco esperaba ocupar esta posición [como profeta] y que echaba de menos al Presidente Lee igual que el resto de nosotros. Luego repasó gran parte de la instrucción que el Presidente Lee había dado durante los últimos años, y nuestras oraciones en favor del Presidente Kimball continuaron

Sin embargo, mientras seguía con su discurso, no había hablado mucho tiempo cuando una nueva conciencia pareció de pronto caer sobre la congregación. Nos volvimos alertas a una asombrosa presencia espiritual, y nos dimos cuenta de que estábamos escuchando algo inusual, poderoso, diferente de cualquiera de nuestras reuniones anteriores. Era como si, espiritualmente hablando, nuestro pelo comenzara a ponerse de punta. Nuestras mentes estaban repentinamente vibrantes y maravilladas con el mensaje trascendente que llegaba a nuestros oídos. Con una nueva percepción nos dimos cuenta que el Presidente Kimball estaba abriendo ventanas espirituales y nos llamaba para que viniéramos a mirar con él los planes de la eternidad. Era como si estuviera retirando las cortinas que cubrían el propósito del Todopoderoso y nos invitaba a ver con él el destino del evangelio y la visión de su ministerio.

Dudo que ninguna persona presente ese día olvide la ocasión.… El Espíritu del Señor estaba sobre el Presidente Kimball y procedía de él a nosotros como una presencia tangible, que era a la vez conmovedor y chocante. Él desenrolló ante nuestra vista una visión gloriosa. Nos habló del ministerio realizado por los Apóstoles en el día del Salvador, y cómo la misma misión fue conferida a los Apóstoles bajo José Smith. Demostró cómo estos hombres habían avanzado en la fe y la devoción y estaban vestidos con gran poder, por el cual habían llevado el evangelio hasta los confines de la tierra, alcanzando más lejos, en algunos aspectos, que nosotros con la fuerza de esta iglesia moderna lo está haciendo en la actualidad. Él nos mostró cómo la Iglesia no vivía plenamente en la fidelidad que el Señor espera de Su pueblo y que, hasta cierto punto, nos habíamos acomodado en un espíritu de complacencia y satisfacción con las cosas como eran. Fue en ese momento que sonó el ya famoso lema: "Debemos alargar nuestro paso."…

Cuando el Presidente Kimball concluyó, El presidente Ezra Taft Benson se levantó y con una voz llena de emoción, haciéndose eco de la sensación de todos los presentes, dijo: "Presidente Kimball, a través de todos los años en que se han celebrado estas reuniones, nunca habíamos escuchado un discurso como el que vos acabáis de darnos. Verdaderamente, hay un profeta en Israel."[19]

Como parte de su discurso del 4 de abril de 1974, el Presidente Kimball expresó poderosamente sus convicciones sobre nuestra responsabilidad misionera de "id, pues, y enseñad a todas las naciones" (Mateo 28:19). Como parte de esas convicciones, emitió algunas profecías acerca de esta gran obra.

¿Se refería a todas las naciones entonces existentes?…

¿Creen que Él incluyó a todas las naciones que estarían organizadas hasta ese momento? Y como les ordenó que salieran, ¿creen que se preguntó si podía hacerse? Nos tranquilizó. Tenía el poder. Él dijo: "Todo poder me es dado en el cielo y en la tierra… Y estoy con vosotros siempre."

[Los profetas] visualizaron los numerosos espíritus y todas las creaciones. Me parece que el Señor escogió Sus palabras cuando dijo "toda nación", "toda tierra," "los límites más extremos de la tierra," "toda lengua," "todo pueblo," "toda alma," "todo el mundo," "muchas tierras."

¡Seguramente estas palabras tienen un significado!

Ciertamente Sus ovejas no estaban limitadas a los millares alrededor de Él y con quienes se codeaba cada día. ¡Una familia universal! ¡Un comando universal!

Mis hermanos, me pregunto si estamos haciendo todo lo que podemos. ¿Somos complacientes en nuestro enfoque de enseñar a todo el mundo? Hasta hoy hemos estado haciendo proselitismo durante 144 años. ¿Estamos preparados para alargar nuestro paso? ¿Para agrandar nuestra visión?

Recuerden, nuestro aliado es nuestro Dios. Él es nuestro comandante. Él hizo los planes. Él dio el mandamiento.[20]

El 6 de abril de 1974, en la conferencia general, El president Spencer W. Kimball (de 79 años) fue sostenido por los miembros de la Iglesia como presidente, con El élder N. Eldon Tanner y El élder Marion G. Romney como sus consejeros.

Uno de los grandes desafíos de escribir un capítulo sobre la administración de El president Spencer W. Kimball es el gran volumen de cosas que logró y la velocidad con la que tuvieron lugar. Su agenda y anuncios para el resto de 1974 son un ejemplo:

— El 16 de abril, anunció una política requiriendo quórums de élderes en cada sala y rama.
— El 27 de junio, anunció una nueva política para nombrar las misiones de la Iglesia.
— Del 16 al 18 de agosto, sostuvo una conferencia de área en Estocolmo, Suecia.
— El 6 de septiembre, la Iglesia se despojó de todos sus hospitales.
— El 14 de septiembre, se reunió con el Presidente Gerald R. Ford en la Casa Blanca.
— El 3 de octubre, anunció una política para nombrar quórums de setenta con el nombre de la estaca.
— El 19 de noviembre dedicó el Templo de Washington DC.

Asambleas Solemnes

Entre 1975 y 1977, el presidente Kimball celebró 58 asambleas solemnes en lugares de toda América del Norte. Por lo general, se celebraron en las salas de reunión superior de los templos que tenían tales habitaciones. Yo mismo asistí a una de ellas en la habitación superior del Templo de Salt Lake. El propósito de estas asambleas era aumentar el compromiso del sacerdocio para llevar a cabo la obra. Se discutieron muchos temas sagrados. Y el sacramento fue bendecido y aprobado por los miembros de los Doce y otras Autoridades Generales.

Conferencias de Área

Durante 1975, se celebraron muchas conferencias de área en todo el mundo. Consideren la siguiente lista y piensen en la cantidad de planificación y viajes que estuvieron involucrados:

— Del 28 de febrero al 2 de marzo, mantuvo una conferencia de área en San Pablo, Brasil.
— Del 7 al 9 de marzo, mantuvo una conferencia de área en Buenos Aires, Argentina.
— Del 8 al 10 de agosto, mantuvo una conferencia de área en Tokio, Japón.
— Del 11 al 12 de agosto, mantuvo una conferencia de área en Manila, Filipinas.
— Del 13 al 14 de agosto, mantuvo conferencias de área en Taipei, Taiwán y Hong Kong.
— Del 15 al 17 de agosto, mantuvo una conferencia de área en Seúl, Corea.

<h2 style="text-align:center">Dedicaciones de Templos y Edificios</h2>

Durante ese mismo año (1975), el Presidente Kimball presidió numerosas dedicatorias de templos y edificación y emitió políticas para facilitar la asistencia al templo de los Santos de todo el mundo:

— El 1 de marzo, anunció un templo para San Pablo, Brasil.

— El 15 de abril, volvió a dedicar el templo de Mesa Arizona.

— El 24 de julio dedicó el Edificio de Oficinas de la Iglesia.

— El 9 de agosto, anunció un templo para Tokio, Japón.

— El 9 de noviembre se crearon quince nuevas estacas de las cinco en Ciudad de México.

— El 10 de noviembre anunció una nueva política permitiendo a los patrones de los templos usar prendas "de estilo aprobado" todos los días durante las ceremonias del templo.

— El 11 de noviembre, volvió a dedicar el templo St. George, Utah.

— El 15 de noviembre, anunció un templo para Seattle, Washington.

<h2 style="text-align:center">Cambios en la Política y el Procedimiento</h2>

Para facilitar el liderazgo del sacerdocio en una Iglesia en crecimiento, en 1975, el Presidente Kimball también anunció nuevas políticas y procedimientos:

— En enero, formalmente incorporó las organizaciones de correlación en un Departamento de Correlación.

— El 3 de mayo, asignó Supervisores de Área de las Autoridades Generales fuera de los Estados Unidos y Canadá.

— El 30 de mayo, la Primera Presidencia emitió una declaración contra la homosexualidad.

— El 27 de junio, anunció la suspensión de las conferencias generales de carácter auxiliar. La última de estas conferencias se celebró conjuntamente con la conferencia general de octubre de 1975.

— El 23 de julio, los presidentes de estaca fueron autorizados a ordenar y separar obispos.

— El 3 de octubre, reorganizó el Primer Quórum de los Setenta con nuevos miembros en Europa, Asia y América del Sur.

<h2 style="text-align:center">Nueva Escritura, el Desastre de la Presa de Teton y Más Cambios</h2>

El año 1976 no fue menos agitado para la Iglesia. Aunque pequeño de estatura (sólo 5 pies y 6 pulgadas de alto), el Presidente Kimball se mostraba a sí mismo como un gigante espiritual. Los cambios que se produjeron fueron definitivamente necesarios para facilitar el crecimiento mundial, pero había una sensación de que estaban pasando tan rápido que era difícil mantenerse al día con ellos. Consideren la siguiente lista de eventos de 1976:

*Presidente. Kimball
en la conferencia*

— Del 15 de febrero al 2 de marzo, organizó conferencias de área en Samoa Americana, Samoa Occidental, Nueva Zelanda, Fiji, Tonga, Australia y Tahití.

— El 3 de abril, en la conferencia general, se agregaron dos nuevas revelaciones a la Perla de Gran Precio (posteriormente transferida a Doctrina y Convenios como secciones 137–138). Además, anunció un templo para la Ciudad de México.

— El 5 de junio, la Primera Presidencia emitió una declaración contra el aborto.

— Ese mismo día, la presa de Teton se rompió al noreste de Rexburg, Idaho, destruyendo casas y granjas.

— El 13 de junio, el Presidente Kimball visitó a las víctimas de la catástrofe de la presa de Teton.

— Del 18 al 22 de junio, celebró conferencias sobre el área de las islas británicas en Londres, Glasgow y Manchester.

— El 4 de julio, celebró el bicentenario de la nación con el presidente Ford en el Centro Kennedy y la Casa Blanca.
— Del 31 de julio al 8 de agosto, organizó conferencias europeas sobre el área.
— El 1 de octubre, los Asistentes a los Doce se convirtieron en miembros del Primer Quórum de los Setenta.
— El 22 de octubre, la Primera Presidencia emitió una declaración sobre la Enmienda a la Igualdad de Derechos.
— El 1 de diciembre, anunció que las conferencias generales durarían sólo dos días y que el 6 de abril ya no sería necesario que fuera uno de esos días.

Para el lector ocasional, estos eventos pueden parecer simplemente una lista, sin mucho significado. Pero estos cambios representaron un cambio radical en las políticas de la Iglesia, eliminando muchas cosas que se habían vuelto tradicionales en la práctica de la Iglesia a través de los años. Ahora el enfoque era "alargar nuestro paso" en lugar de complacernos en nuestro orgullo de cómo las cosas "solía ser." Como un joven obispo durante este período, me pareció emocionante sólo el abrir el correo de la sede de la Iglesia, porque sabía que cada momento iba a ser algo significativo. Admiraba la energía del Presidente Kimball y su alegre disposición. Era como si tuvierais a vuestro abuelo como presidente. Queríamos seguirlo, y confiábamos en él.

Dos Años Más de Impresionante Progreso

Los años 1977–78 continuaron el modelo. Los supuestos de larga data desaparecieron y nuevas organizaciones parecieron servir a las necesidades de los miembros de la Iglesia moderna.

— El 5 de febrero de 1977, designó a los Doce para supervisar los asuntos eclesiásticos y los asuntos temporales del Obispado Presidente.
— Del 12 de febrero al 6 de marzo, dio conferencias de área en México, Guatemala, Costa Rica, Perú, Chile, Bolivia y Colombia.
— El 22 de mayo, formó el Comité de Actividades de la Iglesia para supervisar los eventos culturales.
— El 24 de agosto dedicó Polonia a la futura labor de la Iglesia y se convirtió en el primer Presidente de la Iglesia que viajara detrás de la Cortina de Hierro.
— El 15 de octubre, anunció un templo para Pago Pago, Samoa Americana.
— El 25 de enero de 1978, el Departamento Misionero fue colocado bajo el Primer Quórum de los Setenta.
— El 3 de febrero, anunció un templo para South Jordan, Utah (el Templo del Río Jordán Utah).
— El 8 de febrero, volvió a dedicar el edificio remodelado de la administración de la iglesia.
— El 14 de marzo, redujo la frecuencia de ciertas reuniones de barrio y estaca.
— El 31 de marzo anunció una nueva política para las conferencias semestrales de estaca, una con una Autoridad General y otra con un representante regional.
— El 22 de abril, inauguró el programa de extracción de nombres genealógicos de estaca.
— El 1 de junio, volvió a dedicar el Centro de Visitantes del Sur en la Plaza del Templo.

LA REVELACIÓN DEL SACERDOCIO

El evento más estrechamente asociado al Presidente El president Spencer W. Kimball es la revelación sobre el sacerdocio recibida en 1978. Dejar de lado la práctica de larga data de no ordenar a negros africanos al sacerdocio sacudió muchos supuestos de larga data. Y para aquellos familiarizados con las escrituras, recordó una época anterior en la historia cuando el evangelio fue llevado por primera vez a los gentiles. Es provechoso mirar ese acontecimiento para entender totalmente éste.

Cómo Ocurren Dichos Cambios

En Hechos 10 leemos acerca del tiempo en que el Apóstol Pedro concedió las bendiciones del evangelio a los gentiles. Siguió un patrón definido:

— El Señor se apareció a Cornelio, un gentil, y lo animó a buscar el evangelio.

— Entonces el Señor se apareció a Pedro y le dijo que los gentiles no eran "inmundos."

— Cornelio fue instruido a ir a Pedro para obtener esas bendiciones (Pedro tenía las llaves).

— Entonces, y sólo entonces, fue hecho el cambio.

En nuestro tiempo, el patrón fue el mismo. Un puñado de negros africanos supieron del evangelio restaurado a través de folletos. Ellos lo reconocieron como verdad y buscaron todas las bendiciones del evangelio. Escribieron al Presidente McKay, quien les aconsejó que fueran pacientes, pero también les envió literatura y algunos representantes de la Iglesia para investigar. Estas almas buenas y fieles formaron una iglesia con el nombre de la Iglesia, y comenzaron a reunirse regularmente, esperando que el Señor les enviara los misioneros. Luego, finalmente, en 1978, la revelación vino al Profeta del Señor, y el patrón fue completo. Ahora los negros y sus descendientes podían ser bautizados y, lo más importante, podían tener y ejercer el sacerdocio entre su gente.

La Revelación Llegó al Templo

El 1 de junio de 1978 el Presidente Kimball recibió la revelación concediendo el sacerdocio a todos los hombres dignos y las bendiciones del templo a todos los miembros dignos. Y la recibió en el Templo de Salt Lake en presencia de los otros miembros de la Primera Presidencia y los Doce.

Quizás pocos acontecimientos han tenido un mayor impacto en la difusión mundial del evangelio que la revelación de 1978 recibida a través del presidente Spencer W. Kimball, extendiendo el sacerdocio a hombres dignos de todas las razas. Durante algún tiempo, las Autoridades Generales habían discutido extensamente este tema en sus reuniones regulares del templo. Además, el Presidente Kimball iba con frecuencia al templo, especialmente los sábados y domingos, cuando podía estar allí solo, para pedirle orientación. "Quería estar seguro", explicó.[21]

El 1 de junio de 1978, el Presidente Kimball (tenía 83 años) se reunió con sus consejeros y los Doce y volvió a plantear la posibilidad de conferir el sacerdocio a hermanos dignos de todas las razas. Expresó la esperanza de que pudiera haber una respuesta clara recibida de un modo u otro. El élder Bruce R. McConkie, del Quórum de los Doce, recordó: "En este momento, el Presidente Kimball preguntó a los Hermanos si alguno de ellos deseaba expresar sus sentimientos y puntos de vista sobre el asunto en cuestión. Todos lo hicimos, libremente y con fluidez, y con una considerable extensión, cada persona que expresaba sus puntos de vista y manifestaba los sentimientos de su corazón. En el concilio hubo un maravilloso derramamiento de unidad, concordia y acuerdo."[22]

Después de una discusión de dos horas, el Presidente Kimball pidió al grupo que se uniera en oración formal y modestamente sugirió que actuara como voz. Él recordaría:

Le dije al Señor si no estaba bien, si Él no quería que este cambio llegara a la Iglesia que yo sería fiel a él todo el resto de mi vida, y lucharía contra el mundo si eso es lo que Él quería…

Pero esta revelación y esta seguridad me llegaron tan claramente que no hubo duda alguna sobre ella.[23]

El presidente Gordon B. Hinckley estuvo en la histórica reunión. Él recordó:

Había un ambiente consagrado y santificado en la habitación. Para mí, se sentía como si un conducto se abriera entre el trono celestial y el profeta de Dios arrodillado y suplicante, al que se unieron sus Hermanos.…

Todo hombre en ese círculo, por el poder del Espíritu Santo, sabían lo mismo.…

Para ninguno de nosotros que estuvimos presentes en esa ocasión fue siempre lo mismo después de eso. Tampoco para la Iglesia ha sido lo mismo.…

Las tremendas consecuencias eternas para millones sobre la tierra están fluyendo de esa manifestación....

Esta ha abierto grandes áreas del mundo a la enseñanza del evangelio eterno. Esta ha hecho posible que "todo hombre pueda hablar en el nombre de Dios el Señor, incluso el Salvador del mundo."

Tenemos motivo para regocijarnos y alabar al Dios de nuestra salvación porque hemos visto ese glorioso día.[24]

El 8 de junio de 1978, la Primera Presidencia envió una carta a los oficiales del sacerdocio en todo el mundo, anunciando la revelación del 1 de junio.

La semana siguiente, el Presidente Kimball viajó a Hawái. El 13 de junio, volvió a dedicar el Templo de Laie Hawái. Y el 18 de junio, organizó una conferencia de área para el área de Hawái.

Cambios en las Prácticas con Respecto a las Mujeres

El rol cambiante de los negros no fue el único acontecimiento emancipatorio de 1978. El Presidente Kimball también abordó el estado y las necesidades de las mujeres y cambió muchas de las prácticas tradicionales de la Iglesia concernientes a ellas.

— Del 28 al 30 de junio, dedicó el Monumento de la Sociedad de Socorro a las Mujeres en Nauvoo, Illinois.
— El 16 de septiembre, se celebró la primera reunión de mujeres de toda la Iglesia, donde habló sobre el papel ampliado de las mujeres SUD.
— El 29 de septiembre anunció una nueva política autorizando a las mujeres a orar en las reuniones sacramentales.
— El 30 de septiembre, en la conferencia general, los Santos aceptaron la revelación sobre el sacerdocio como palabra y Dios. La revelación fue añadida a Doctrina y Convenios como Declaración Oficial 2.
— Además, se otorgó el estado de emérito a las Autoridades Generales cuya edad y/o salud impidieran el servicio.

Otros cambios con respecto a las mujeres se hicieron en los años siguientes.

— El 22 de marzo de 1980, se celebró la primera reunión de Mujeres Jóvenes de toda la Iglesia.
— En abril de 1984, las mujeres líderes en la Iglesia comenzaron a hablar regularmente en la conferencia general.

EL REINO SE EXPANDE RAPIDAMENTE

Más Conferencias y Templos de Área

Los años 1978–79 mostraron más conferencias de área en todo el mundo, junto con las dedicatorias de templos y cambios de la política en la obra misionera y del templo.

Conferencias de Área:

— Del 23 al 24 de octubre de 1978, dio una conferencia en el área de Sudáfrica.
— Del 26 al 29 de octubre, dio conferencias de área en América del Sur.
— Mientras estuvo allí, el 30 de octubre, dedicó el Templo de San Pablo Brasil.
— Del 3 al 5 de noviembre, dio más conferencias de área en América del Sur.
— Del 23 al 24 de junio de 1979, dio una conferencia en Houston, Texas.

— Del 4 al 5 de agosto, dio una conferencia en Madison, Wisconsin.

— Del 25 al 26 de agosto, dio una conferencia de área canadiense en Toronto, Ontario.

— Del 8 al 9 de septiembre, dio una conferencia de Washington, DC.

— Del 22 al 23 de septiembre, dio una conferencia en Atlanta, Georgia.

— Del 24 de noviembre al 2 de diciembre, dio conferencias en el área del Pacífico Sur.

Otros acontecimientos y actividades clave:

— El 26 de octubre de 1978, el Hogar de la Misión de Salt Lake y la Misión de Formación de Lenguas se combinaron en un solo Centro de Entrenamiento Misionero en Provo, Utah

— El 18 de febrero de 1979, se organizó la estaca de Nauvoo Illinois (la milésima de la Iglesia).

— El 13 de marzo de 1979, volvió a dedicar el Templo de Logan Utah.

— El 4 de mayo de 1979, interrumpió las reuniones sacramentales en la conferencia de estaca los domingos.

— El 29 de septiembre de 1979, se publicó una nueva edición de los SUD de laa Versión del Rey Santiago de la Biblia.

— El 24 de octubre de 1979, dedicó el jardín conmemorativo de Orson Hyde en Jerusalén.

— El 15 de diciembre de 1979, anunció una nueva política autorizando prendas de vestir de dos piezas.

Los Setenta se Hacen Cargo y Consolidaron un Calendario de Reuniones

El Presidente Kimball había cambiado lenta y cuidadosamente el rol de los setenta en la Iglesia durante su presidencia. Sus responsabilidades asignadas a la obra misionera de las escrituras—y la asistencia a los doce llegaron a su plenitud el 22 de febrero de 1980, cuando el Presidente Kimball nombró al Primer Quórum de los Setenta, para conducir los Departamentos, Misionero, Curricular, del Sacerdocio, y de Genealogía.

El 2 de marzo de 1980, inauguró el nuevo plan de reuniones consolidado para la Iglesia. Anteriormente, las reuniones del sacerdocio, la escuela dominical y las reuniones sacramentales se llevaban a cabo por separado, durante todo el día Sábado (de reposo), requiriendo dos o tres viajes a la Iglesia o, en áreas remotas, tener que quedarse todo el día para asistir a cada reunión. Además, las actividades de la Sociedad de Socorro, Juventud y Primaria se llevaron a cabo durante la semana. Bajo el nuevo plan del Presidente Kimball, todos estos fueron combinados en un bloque de tres horas el día Sábado (de reposo), liberando más tiempo para que las familias estuvieran juntas y reduciendo el costo de los viajes para todos los involucrados.

Un Año Final a Ritmo Rápido

El Presidente Kimball había estado siguiendoun ritmo tórrido durante más de siete años a medida que llegaba la hora de la conferencia general en el otoño de 1980. No mostraba señales de desaceleración. Pero los próximos ocho meses serían los últimos en los que podría viajar personalmente por el mundo como antes.

El 2 de abril de 1980, anunció templos para Atlanta, Georgia; Nuku'alofa, Tonga; Santiago, Chile; Papeete, Tahití; Sydney, Australia y Buenos Aires, Argentina. También se revisaron los planes para el Templo de Samoa. La ubicación fue cambiada de Pago Pago, Samoa Americana a Apia, Samoa.

El 6 de abril de 1980, la Iglesia celebró su sesquicentenario (150º) aniversario. Para esta ocasión, el Presidente Kimball (de 85 años) viajó a Fayette, Nueva York, y presidió en vivo desde el restaurado Hogar Rural Whitmer vía satélite. La historicidad de este evento fue enorme. Se paró en el lugar donde la Iglesia estuvo originalmente organizada con sólo unas pocas docenas de personas 150 años antes. Y los miembros de la Iglesia en lugares lejanos participaron mediante la tecnología moderna.

Mientras que estuvo en el área de Nueva York, del 12 al 13 de abril, dio una conferencia en el área de Rochester. Al regresar a su casa el 21 de abril, anunció una nueva política permitiendo a los no miembros asistir a las reuniones del sacerdocio. Luego, del 7 al 8 de junio, dio una conferencia en el área de St. Louis, Misuri, seguida de una conferencia de área en Lakeland, Florida del 28 al 29 de junio.

El 10 de septiembre de 1980, unificó todo el plan de estudios de la Iglesia y lo estableció en base al año calendario. Antes de esto, muchas clases de jóvenes (y otros) habían seguido el calendario del año escolar (a partir de septiembre). Diez días más tarde, del 20 al 21 de septiembre, dio una conferencia en el área de Ann Arbor, Michigan.

Después de la conferencia general, el 8 de octubre, anunció nuevas edades y condiciones de servicio para misioneras hermanas y parejas. Las hermanas podrían comenzar a servir a la edad de 21 años. Ambas hermanas y parejas normalmente servirían durante 18 meses.

Del 18 al 23 de octubre, y de nuevo el 1 de noviembre, dio conferencias de área en el Lejano Oriente. Entre estas fechas, el 27 de octubre, dedicó el Templo de Tokio Japón.

El 17 de noviembre de 1980, dedicó el Templo de Seattle Washington.

Al año siguiente, el 27 de febrero de 1981, anunció que los presidentes de estaca, cuando lo autorizaban los Doce, ahora podían ordenar a los patriarcas.

El 1 de abril de 1981, anunció templos para Chicago, Illinois; Dallas, Texas; Frankfurt, Alemania; Ciudad de Guatemala, Guatemala; Johannesburgo, Sudáfrica; Lima, Perú; Manila, Filipinas; Seúl, Corea; y Estocolmo, Suecia. También en abril de 1981, el concepto de archivo ancestral se agregó al programa de cuatro generaciones.

El 5 de mayo de 1981, la Primera Presidencia sorprendió a muchos, tanto dentro como fuera de la Iglesia, emitiendo una declaración en la que se oponían a los misiles MX que tenían su base en Utah. Para aquellos que eran conservadores en sus opiniones políticas, esto parecía contrario a los que siempre habían pensado que era una Iglesia políticamente conservadora. La Primera Presidencia dejó en claro que la Iglesia no era demócrata o republicana, y ciertamente estaba en contra de la guerra, excepto en casos de autodefensa. Ellos creían que tales misiles sólo agravarían la carrera de armas nucleares y convertirían a Utah en un objetivo principal para el ataque en caso de guerra. Por lo tanto, se opuso a los mismos, y como resultado el sentimiento público se volvió contra ellos y nunca fueron instalados en el desierto de Utah.

LIDERANDO A TRAVÉS DE SUS CONSEJEROS

El Presidente Hinckley Llamado a la Primera Presidencia

En julio de 1981, la salud del Presidente Kimball se había deteriorado hasta el punto que ya no podía viajar. Los consejeros, el Presidente Tanner y el Presidente Romney, también estaban mal de salud. Así, el 23 de julio de 1981, llamó al El presidente Gordon B. Hinckley para ser un tercer consejero en la Primera Presidencia. Durante los próximos años, el Presidente Kimball tuvo que dirigir a través de sus consejeros, y en particular a través del Presidente Hinckley.

El trabajo en sí no se ralentizó. Se dedicaron muchos templos, se reorganizaron los quórums de los setenta, y se ordenaron varios nuevos Apóstoles. Por ejemplo, el mismo día en que el Presidente Hinckley fue llamado a la Primera Presidencia, El élder Neal A. Maxwell fue ordenado en el apostolado. El 26 de septiembre de 1981, se publicaron nuevas ediciones del Libro de Mormón, Doctrina y Convenios y la Perla de Gran Precio. Y el 3 de octubre de 1981, la Iglesia anunció la creación de una red de 500 antenas parabólicas para centros de estacas fuera de Utah.

<h1 style="text-align:center">Dedicaciones de Templos Alrededor del Globo</h1>

El Presidente Hinckley, después de convertirse en Presidente de la Iglesia, se hizo conocido por su vasta expansión de la construcción de templos. Pero muchos no pueden darse cuenta de que una explosión anterior de construcción del templo se produjo bajo el Presidente Kimball, muchos de ellos dedicados por el Presidente Hinckley mientras permaneció enfermo como Presidente de la Iglesia. He aquí una lista de templos dedicados por los presidentes Hinckley y Romney durante la administración del Presidente Kimball:

1981	16 de noviembre	El presidente Romney dedicó el Templo del Río Jordán, Utah.
1983	3 de enero	El Templo de Salt Lake reabrió después de seis meses de renovación.
	1 de junio	El Presidente Hinckley dedicó el Templo de Atlanta Georgia.
	5 de agosto	El Presidente Hinckley dedicó el Templo de Apia Samoa.
	9 de agosto	El Presidente Hinckley dedicó el Templo de Nuku'alofa Tonga
	15 de sept.	El Presidente Hinckley dedicó el Templo de Santiago Chile.
	27 de octubre	El Presidente Hinckley dedicó el Templo Papeete Tahiti.
	2 de dic.	El Presidente Hinckley dedicó el Templo de la Ciudad de México.
1984	25 de mayo	El Presidente Hinckley dedicó el Templo Boise Idaho.
	20 de sept.	El Presidente Hinckley dedicó el Templo de Sydney Australia.
	25 de sept.	El Presidente Hinckley dedicó el Templo de Manila Filipinas.
	19 de octubre	El presidente Hinckley dedicó el Templo de Dallas Texas.
	17 de nov.	El Presidente Hinckley dedicó el Templo de Taipei Taiwán.
	4 de dic.	El Presidente Hinckley dedicó el Templo de la Ciudad de Guatemala.
1985	14 de junio	El Presidente Hinckley rededicó el Templo de Manti Utah.
	29 de junio	El Presidente Hinckley dedicó el Templo de Freiberg Alemania.
	2 de julio	El Presidente Hinckley dedicó el Templo de Estocolmo Suecia.
	9 de agosto	El presidente Hinckley dedicó el Templo de Chicago Illinois.
	24 de agosto	El Presidente Hinckley dedicó el Templo de Johannesburgo Sudáfrica.

Por supuesto, eso no fue todo. La otra obra de la Iglesia continuó durante ese mismo período bajo la poderosa dirección del Presidente Hinckley:

1982	18 de marzo	3 nuevos consejos ejecutivos: Misionero, Sacerdocio, & Templo / Genealogía.
	31 de marzo	Se anuncian Templos s para Boise, Idaho; Denver, Colorado; Guayaquil Ecuador; y Taipéi, Taiwán.
	2 de Abril	Principales cambios en la financiación y mantenimiento de los edificios de las salas de reunión.
	3 de octubre	Subtítulo "Otro Testamento de Jesucristo" agregado al Libro de Mormón Ese mes, la membresía de la Iglesia llegó a cinco millones.
	9 de octubre	Se anuncia el templo para Freiberg, Alemania.
	2 de dic.	Organizó la Primera Presidencia; M.G.Romney y G.B.Hinckley como consejeros
1983	1 de abril	Se anuncian cambios en la financiación de la asistencia social
	3 de abril	Se volvió a dedicar el Salón de la Asamblea remodelado.
	16 de octubre	Se organizó la nueva Estaca de Kirtland Ohio.
	16 de octubre	Se celebró en Londres la primera conferencia multipartita (regional).
1984	4 de abril	Se dedicó el nuevo Museo de la Iglesia.
	7 de abril	Algunos miembros del Primer Quórum de los Setenta fueron designados para servir durante 3–5 años.

<table>
<tr><td></td><td>7 de abril</td><td>Se anunciaron templos para Bogotá, Colombia; San Diego, California; Portland, Oregón; Las Vegas, Nevada; y Toronto, Ontario.</td></tr>
<tr><td></td><td>12 de abril</td><td>El élder Russell M. Nelson fue ordenado al apostolado.</td></tr>
<tr><td></td><td>3 de mayo</td><td>El élder Dallin H. Oaks fue ordenado al apostolado.</td></tr>
<tr><td></td><td>24 de junio</td><td>Se organizaron áreas de Presidencias; se llamaron miembros de los quórums de los Setenta.</td></tr>
<tr><td>1985</td><td>27 de enero</td><td>La Iglesia celebró un día especial de ayuno a beneficio de las víctimas de la sequía en África.</td></tr>
<tr><td></td><td>2 de agosto</td><td>Se imprimió una nueva edición del libro de himnos, con nuevos himnos</td></tr>
<tr><td></td><td>10 de octubre</td><td>El élder M. Russell Ballard fue ordenado al apostolado.</td></tr>
<tr><td></td><td>23 de octubre</td><td>Se dedicó la nueva Biblioteca Genealógica.</td></tr>
</table>

MUERTE DEL PRESIDENTE SPENCER W. KIMBALL

El president Spencer W. Kimball murió el 5 de noviembre de 1985 (a los 90 años) después de servir durante 12 años como Presidente de la Iglesia. Es recordado por su invitación a "alargar su paso" en el trabajo de la Iglesia, su revelación sobre el sacerdocio, y por el gran número de cambios que hizo a las políticas y prácticas de la Iglesia. También es recordado como un hombre amable y alegre, sin duda, uno de los más amados presidentes de la Iglesia durante el siglo XX.

Dos años después de su muerte, el 20 de septiembre de 1987, moría su esposa Camilla. Tenía 92 años.

APARIENCIA, PERSONALIDAD. Y C.UALIDADES

Como Apóstol y como Presidente, El president Spencer W. Kimball viajó por todo el mundo y sirvió en muchos comités. Su larga lista de logros largos está resumida en parte por Emerson Roy West como sigue:

Medía cinco pies seis y media pulgadas, pesaba 165 libras, tenía una estructura mediana, tez rubicunda, cabello blanco, y llevaba gafas. Tenía un buen sentido del humor y un ingenio rápido. Sufrió muchos problemas de salud, aguantando la cirugía a corazón abierto y el cáncer de garganta. La eliminación de la mayoría de sus cuerdas vocales lo dejó con una voz débil y ronca distintiva…. Tenía gran entusiasmo, fue un poderoso innovador, le encantaba estar entre el pueblo, y era un orador poderoso, franco y persuasivo. Predicó vigorosamente contra los prejuicios raciales. Demostró una capacidad legendaria para el trabajo duro y una capacidad igualmente bien conocida de amar y de servir a todas las razas y nacionalidades….

Durante un cuarto de siglo, presidió el Programa Lamanita después de recibir una misión especial del presidente George Albert Smith para cuidar a los indios. El Presidente Kimball inició el Programa de Ubicación de Estudiantes de la India y tuvo un amor especial por los nativos americanos y otros grupos étnicos.

Imprimió un ritmo notable a la construcción de templos, ampliando el alcance de las actividades misioneras, y ministrando a los miembros de todo el mundo. Dirigió a la Iglesia con un poder espiritual inusual y determinación energética durante un período de vitalidaD. y C.recimiento dramático.

Hizo hincapié en la importancia de los fundamentos simples y definió la triple misión de la Iglesia: (1) predicar el evangelio, (2) redimir a los muertos, y (3) perfeccionar a los Santos.

Alentó a plantar huertos, limpiar patios, mantener diarios personales, escribir historias familiares y mejorar la vida familiar.

Alargad vuestro paso" y "Hacedlo" se convirtieron en lemas para la Iglesia mundial. "[Era] admirado por su poderosa y persuasiva forma de hablar y escribir.

Su libro El Milagro del Perdón (1969), pág. es ampliamente utilizado por los líderes para asesorar a los miembros de la Iglesia con respecto a la transgresión moral. [En ese libro y en otros lugares] fue sincero acerca de los peligros de los pecados sexuales, incluyendo la homosexualidad y la pornografía…

[Recibió] una revelación… extendiendo el sacerdocio y las bendiciones del templo a todos los hombres dignos."[25]

TESTIMONIO DEL PRESIDENTE KIMBALL

El presidente Spencer W. Kimball dijo:

Sé, sin duda, que Dios vive, y tengo un sentimiento de pesar por aquellas personas que viven en el mundo de la duda que no tienen tal seguridad.

Sé que el Señor Jesucristo es el Hijo Unigénito de nuestro Padre Celestial y que Él asistió en la creación del hombre y en todo lo que sirve al hombre, incluyendo esta tierra y todo lo que está en el mundo, y que Él fue el Redentor de la humanidad y el Salvador de este mundo, el autor del plan de salvación para todos los hombres y el exaltador de todos los que viven todas las leyes que Él ha dado. Él es quien organizó el vehículo verdadero, esta iglesia, y la llamó con Su propio nombre, La Iglesia de Jesucristo de los Santos de los Últimos Días, y en él están todas las gracias salvadoras.

Sé que hay contacto entre el Señor [y] Sus profetas y que Él hoy revela la verdad a Sus siervos como lo hizo en los días de Adán, Abrahán, Moisés y Pedro, y muchos otros a lo largo del tiempo. Los mensajes de Dios de la luz y de la verdad están tan seguramente dados al hombre hoy como en cualquier otra dispensación. Desde que Adán y Eva fueron puestos en el jardín, el Señor ha estado ansioso por revelar la verdad y la luz a Su pueblo, pero ha habido muchas veces en que el hombre no escuchó y, por supuesto, "donde no hay oído no hay voz." Yo sé que las verdades del evangelio salvarán y exaltarán a la humanidad si los hombres aceptan las verdades y cumplen plenamente con sus compromisos y convenios.

Sé que esto es cierto, y llevo este testimonio a todo el mundo. Insto a todos los hombres a que acepten y conformen sus vidas totalmente a los preceptos del evangelio. Presento este testimonio en total sensatez y en el nombre de Jesucristo. Amenero de[26]

Notas:

1. En Reporte de La Conferencia, abril de 1960, pág. 84.
2. "Presidente El president Spencer W. Kimball: Ningún Hombre Común", Revista *Liahona*, Marzo de 1974, pág. 3.
3. "Presidente El president Spencer W. Kimball: Ningún Hombre Común," pág. 12.
4. "Cómo una Hija Ve a su Padre, el Profeta" (discurso devocional en el instituto de la religión de Salt Lake, 9 de abril de 1976), págs. 3–4.
5. En Reporte de La Conferencia, abril de 1974, 126–27; o revista *Liahona*, mayo de 1974, pág. 88.
6. Uno de los resúmenes más útiles de la vida de El president Spencer W. Kimball es Edward L. Kimball y Andrew
7. E. Kimball Hijo, *El president Spencer W. Kimball: Duodécimo Presidente de La Iglesia de Jesucristo de los Santos de los Últimos Días* (1977). Esta cita es de las páginas 70–71. Este capítulo cita y resume mucho de ese libro, así como del Manual del Instituto CES titulado *Historia de la Iglesia en el Complimiento de los Tiempos* (2003). Con gratitud reconozco sus contribuciones a este capítulo.

8. *Noticias de la Iglesia*, 5 de enero (1974), pág. 4.

9. *Enseñanzas de los Presidentes de la Iglesia: El president Spencer W. Kimball* (2006), pág. xxi.

10. *El president Spencer W. Kimball: Duodécimo Presidente de La Iglesia de Jesucristo de los Santos de los Últimos Días*, pág. 275.

11. *El president Spencer W. Kimball: Duodécimo Presidente de La Iglesia de Jesucristo de los Santos de los Últimos Días*, págs. 193–95.

12. En el Informe de la Conferencia, Conferencia de Área de la Ciudad de México (1977), pág. 31.

13. *El president Spencer W. Kimball: Duodécimo Presidente de La Iglesia de Jesucristo de los Santos de los Últimos Días*, pág. 182.

14. *Los Presidentes de la Iglesia: Perspectivas de sus Vidas y Enseñanzas* (2004), pág. 335.

15. *El president Spencer W. Kimball: Duodécimo Presidente de La Iglesia de Jesucristo de los Santos de los Últimos Días*, pág. 264.

16. "Presidente El president Spencer W. Kimball: Ningún Hombre Común," pág. 4.

17. Ver *Los Presidentes de la Iglesia: Perspectivas de sus Vidas y Enseñanzas*, págs. 312, 314.

18. "Spencer, el Amado: Líder—Siervo", Revista *Liahona*, diciembre de 1985, págs. 10–11.

19. *El president Spencer W. Kimball: Duodécimo Presidente de La Iglesia de Jesucristo de los Santos de los Últimos Días*, pág. 8.

20. En Reporte de La Conferencia, octubre de 1977, 37–39; o revista *Liahona*, Noviembre de 1977, págs. 26–27.

21. "Cuando el Mundo Sea Convertido", Revista *Liahona*, Octubre de 1974, págs. 4–5.

22. Ver "'Noticias' Entrevistas al Profeta," *Noticias de la Iglesia*, 6 de enero. 1979, pág. 4.

23. "La Nueva Revelación sobre el Sacerdocio", en *Sacerdocio* (1981), pág. 127.

24. "*Noticias* 'Entrevista al Profeta," pág. 4.

25. "Restauración del Sacerdocio", Revista *Liahona*, octubre de 1988, págs. 70–71.

26. Emerson Roy West, *Profetas de los Últimos Días: Sus vidas, enseñanzas y testimonios* (1999), págs. 112–13.

27. Carta escrita por El presidente Spencer W. Kimball a Emerson Roy West, 11 de marzo de 1974; citado en *Perfiles de los Presidentes* (1974), págs. 383–84.

Capítulo 47

El Presidente Ezra Taft Benson: Libertad, Orgullo, y el Libro de Mormón

[1985–1994]

UNA NOBLE ASCENDENCIA

Su Bisabuelo fue Apóstol

El presidente Ezra Taft Benson fue llamado así por su bisabuelo, a quien El presidente Brigham Young llamó durante el éxodo al valle de Salt Lake para ser Apóstol. Él fue el primer apóstol llamado después de la muerte del Profeta José Smith.

Apóstol Ezra T. Benson

"Fue durante elcamino cuando Ezra T. fue llamado al Quórum de los Doce.... En parte,el Presidente Young instruyó a Ezra, "si aceptas este cargo, quiero que vengas inmediatamente al consejo Bluffs, para prepararte para ir a las Montañas Rocosas." Ezra Benson, a los treinta y cinco años, fue ordenado Apóstol el 16 Julio de 1846, por el presidente Young y prometió quetodaví tendría «la fortaleza de Sansón». Casi un año más tarde, estuvo en la primera compañía de pioneros que entró en el Valle del Lago Salado el 24 de julio de 1847. Habló en el primer reunión sacramental llevada a cabo allí, y después retrocedió por el rastro para informar a otras compañías en el camino que había sido localizado un lugar para establecerse.

Durante los años subsiguientes, Ezra prestaría servicio en varias misiones, entre ellas en Europa y Hawái, viajaron dentro y fuera de Salt Lake City y desempeñaron un rol clave en la colonización de la Gran Cuenca, en particular Tooele, Utah, donde molía madera y más tarde , en Cache Valley, Idaho."[1]

NACIMIENTO Y NIÑEZ DE EL PRESIDENT EZRA TAFT BENSON

Infancia en Idaho

El presidente Ezra Taft Benson nació el 4 de agosto de 1899, en Whitney, dIdaho de George T. Benson y Sarah Dunkley.

Sherrie L. Dew escribiría:

> Cuando Sarah supo que iban a ser bendecidos con su primer hijo, ella y George estaban extasiados. Rezaron y planearon juntos sobre su familia, y aguardaban ansiosamente la llegada del bebé.

> El 4 de agosto de 1899, cuando comenzó el trabajo de parto de Sarah, George le ministró. El doctor Allen Cutler la atendió en el dormitorio de su casa de la granja, con ambas abuelas, Louisa Benson y Margaret Dunkley, allí. El alumbramiento fue prolongado. Cuando el bebé, un niño grande, fue entregado, el médico no pudo hacerle respirar y rápidamente lo acostó en la cama y dijo: "No hay esperanza para el niño, pero creo que podemos salvar a la madre." Cutler asistió febrilmente a Sarah, las abuelas se apresuraron a la cocina, rezando en silencio mientras trabajaban, y volvían en seguida con dos cacerolas de agua, una fría y otra tibia. Alternativamente, ellos sumergieron al bebé primero en frío y después en agua caliente, hasta que finalmente oyeron un grito. ¡El niño de 11 libras estaba vivo!

> Más tarde ambas abuelas dieron testimonio de que el Señor había salvado al niño. George y Sarah lo llamaron El president Ezra Taft Benson.[2]

El 4 de agosto de 1907, a los 8 años, El president Ezra Taft Benson fue bautizado en su cumpleaños en el Canal del Río Logan.

Sherrie L. Dew escribió:

Desde el momento en que pudo caminar, "T", como fue apodado,el joven Ezra era la sombra de su padre, montando a caballo, trabajando en los campos, cogiendo el caballo y y l calesa para reuniones, jugando a la pelota y nadando en el arroyo. Tenía un rico sentido del patrimonio, derivado de su derecho de nacimiento como bisnieto mayor de Ezra T. Benson, pero también porque idolatraba a su padre y, cuando niño, sentía una inusual sensación de seguridad y un profundo orgullo de quién era. Años más tarde, después de la muerte de George Benson, su hijo mayor escuchó a uno de los pocos no mormones en Whitney decir: "Hoy hemos enterrado la mayor influencia para bien en Cache Valley." Sin duda, George Benson fue una poderosa influencia en la vida de Su hijo mayor.[3]

George T. Benson

El 8 de abril de 1912, el padre de Ezra se fue a servir en la Misión de los Estados del Norte cuando Ezra tenía 12 años. Durante los dos años siguientes, Ezra tuvo que asumir responsabilidades adicionales en la granja familiar.

Escuela Secundaria y Colegio Universitario

En 1914, a los 15 años, Ezra comenzó a asistir a la Academia de la Estaca Oneida (Escuela Secundaria) en Preston, Idaho. Ésta era la misma escuela secundaria en la cual se graduó El presidente Harold B. Lee en 1916. También es la misma escuela secundaria en la cual se graduaron los padres de este autor en 1928. El president Ezra Taft Benson se graduó en 1918, a los 18 años.

Ese invierno, a los 19 años, se salvó de morir durante la epidemia de gripe.

En 1920, a los 21 años, se reunió con Flora Amussen mientras se preparaba para inscribirse en el Colegio Universitario Estatal de Agricultura de Utah en Logan, Utah. Durante un tiemo asistió Colegio Estatal de Utah hasta que llegara su llamado a la misión en 1921.

JOVEN ADULTEZ

Una Misión a Gran Bretaña

En 1921, El president Ezra Taft Benson fue llamado para servir en una misión en Gran Bretaña. Partió en julio y sirvió durante dos años (1921–23. Mientras estaba en su misión, sirvió como presidente de la Conferencia de Newcastle [Distrito]. Este hecho es interesante para mí personalmente, ya que también sirvió como Líder de Distrito en Newscastle en 1970 durante mi propia misión en Gran Bretaña.

Acerca de la misión del élder Benson, Sherrie L. Dew escribiría

Una serie de observaciones sucintas en su diario indican los desafíos a los cuales se enfrentó [El élder Benson]: "Maldecido por una pequeña criada de 18 años…. murmurando entre los ricos, disfrutaban a pesar de su amargura"; "en la actualidad detectives en nuestro camino"; "dos ministros nos observan murmurar Oh! lluvia y nieve." Las criadas de algunos hogares ricos generalmente respondían a la puerta, y posteriormente algunas acusaban a los misioneros de tratar de atraerlas. Una noche se llevó a cabo una conferencia antimormona,

"Dentro del Mormonismo", mientras los Santos estaban celebrando una reunión del MIE. "Ciudad en alboroto sobre los mormones. Toda la vasta asamblea votó para hacernos salir de la ciudad," Escribió Ezra el 30 de marzo de 1922. Él escribió una refutación para Noticias de Cumberland denunciando las mentiras publicadas sobre el Mormonismo.

A pesar de los rechazos, Ezra mantuvo su sentido del humor ("Andaba chismoseando, fuí expulsado dos veces, es todo") y la perspectiva ("¡Niños gritando mormones mientras bajamos a la iglesia, pero gracias al Señor yo soy uno"). Pero las condiciones continuaron intensificándose hasta el punto en que los misioneros incluso pidieron protección a la policía. En abril de 1922, mientras intentaba alquilar una sala para una reunión, Ezra se lamentaba, "busqué en vano una sala pero sin ningún éxito. El mundo parece estar en contra de la obra del Señor."

A pesar de la oposición, algo bueno vino de las diatribas antimormonas. La Estrella Milenaria, informando sobre una reunión celebrada en Grimsby el 31 de marzo de 1922, señaló: "Fue la opinión unánime que resultó más buena que mala. Todas las reuniones son más concurridas de lo que han sido durante años y se están haciendo muchos nuevos amigos."[4]

Matrimonio y Más Educación

El élder Benson regresó de su misión en julio de 1923, y eventualmente se matriculó en la Universidad El president Brigham Young. Se graduó en la primavera de 1926, a los 26 años, con un título en ganadería y agronomía.

También renovó su amistad con Flora Smith Amussen, con quien se casó en el Templo de Salt Lake el 10 de septiembre de 1926. Luego se trasladó a Ames, Iowa para poder cursar su maestría en economía agrícola en la Universidad Estatal de Iowa. Se graduó a los 27 años, el 13 de junio de 1927, y de inmediato regresó a la granja familiar en Whitney, Idaho.

LÍDER DE LA IGLESIA Y COMUNITARIO

Comienzo de una Carrera de Negocios

El 4 de marzo de 1929, a la edad de 29 años, El president Ezra Taft Benson se convirtió en el agente del Servicio de Extensión de la Universidad de Idaho para el Condado de Franklin. Al año siguiente, a los 30 años, fue nombrado agente del Servicio de Extensión en Boise, Idaho.

Buscando continuar con su educación, el 1 de agosto de 1936, a la edad de 36 años, recibió una beca con la Universidad de California en Berkeley y se trasladó allí para iniciar estudios de posgrado adicionales.

Presidente de Estaca—Dos veces

Dos años más tarde, en 1938, regresó a Boise, donde, a los 39 años, fue selecciondo como presidente de la Estaca Boise por El élder Melvin J. Ballard. Al año siguiente, el 15 de abril, fue nombrado Secretario Ejecutivo del Consejo Nacional de Cooperativas de Agricultores y trasladó a su familia a Washington, D.C. Un año más tarde, el 30 de junio de 1940, fue seleccionado como presidente de la Estaca de Washington DC.

LAMADO AL APOSTOLADO

Una Llamada Telefónica Inesperada

En 1943 una gran cooperativa agrícola regional ofreció a El president Ezra Taft Benson un trabajo que habría triplicado su salario. El aceptar esta posición le requeriría que se trasladara de Washington, DC, donde todavía se desempeñaba como presidente de estaca, por lo que sintió la necesidad de consultar con la Primera Presidencia antes de tomar una decisión. Cuando llegó a Salt Lake City, le dijeron que El presidente Heber J. Grant quería verlo. Un yerno del presidente Grant llevó a Ezra a una cabaña donde el presidente Grant estaba descansando para recuperarse de una enfermedad.

"Él me pidió que acercar mi silla hasta su cama", El élder Benson más relataría, "entonces tomó mis dos manos en la suya y me miró a los ojos."[5] El profeta parecía mirar en las profundidades del alma de Ezra cuando dijo: "Hermano Benson, el Señor los bendiga. Has sido elegido como el miembro más joven del Concilio de los Doce Apóstoles." Ezra se quedó completamente sorprendido por esto. Después de una breve visita al profeta, regresó a la casa del presidente McKay para una a cenar. Cuando Ezra llegó, el presidente McKay lo abrazó. "Lo sabía todo", dijo Ezra más tarde.[6]

Apóstol Ezra Taft Benson

El élder Benson llamó a Flora a su casa en Washington, DC, para compartir las noticias. "No me sorprende", respondió cuando oyó la noticia. "Tenía la sensación de que algún gran evento iba a suceder en este viaje que nos afectaría. Por supuesto que sabes que todos estamos detrás de ti el 100 por ciento."[7]

La convocatoria del Presidente Grant se emitió el 26 de julio de 1943, cuando El president Ezra Taft Benson tenía 43 años. Alrededor de dos meses y medio más tarde, el 1 de octubre, a la edad de 44 años, fue sostenido en la conferencia general y luego ordenado Apóstol por El presidente Heber J. Grant el 7 de octubre.

El llamado del élder Benson al apostolado llegó al mismo tiempo que el llamado de El president Spencer W. Kimball a la mismo puesto. Fueron sostenidos en la conferencia general al mismo tiempo, y ambos fueron ordenados por el Presidente Grant el 7 de octubre de 1943. Como resultó, El élder Kimball fue ordenado primero, seguido por El élder Benson. Ese orden de ordenación se convertiría en años significativos después de la muerte del presidente Harold B. Lee en 1973, cuando El élder Kimball se convirtió en el próximo presidente de la Iglesia. La administración del élder Benson siguió 12 años después en 1985.

Presidente de la Misión Europea

El élder Benson sirvió como presidente de la misión europea de febrero a diciembre de 1946, ayudando a distribuir suministros a los necesitados europeos después de la Segunda Guerra Mundial y restableciendo la obra misionera en esa parte del mundo.

En una misión de amor de casi once meses, El élder Benson viajó más de sesenta mil millas a Alemania, Polonia, Checoslovaquia y Escandinavia, a menudo bajo el frío en trenes y aviones sin calefacción. Con optimismo típico, organizó con sus compañeros de viaje el "Cuarteto K—Ration", para cantar durante las tediosas e incómodas horas.

Una y otra vez, cuando el permiso para entrar en países devastados por la guerra o para distribuir suministros parecía imposible de obtener, El élder Benson pidió al Señor que abriera el camino. Se disolvió barrera tras barrera, y miles de toneladas de suministros de bienestar de la Iglesia fueron enviados a los Santos en Europa. Durante esta misión, El élder Benson también dedicó Finlandia para la prédica del evangelio.

El élder Benson se reunió en sedes de escuelas bombardeadas y casa de reunión con Santos que habían perdido sus hogares, sus familias, su salud, todo excepto su devoción al evangelio. Las escenas de hambre y destrucción nunca se desvanecieron de la memoria del Presidente Benson. Tampoco los rostros y la fe de sus amados hermanos y hermanas europeos, de los que a menudo hablaría a lo largo de su vida. Dieciocho años después, El élder Benson volvió a presidir las misiones europeas, esta vez con sede en Frankfurt, Alemania. Siempre tuvo una alegría especial al ver las estacas, las misiones y los templos establecidos en Europa.[8]

Los Jóvenes Exploradores de América

El 23 de mayo de 1949, a los 49 años, El president Ezra Taft Benson fue elegido miembro del Consejo Ejecutivo Nacional de los Jóvenes Exploradores of America, sucediendo al Presidente El president George Albert Smith.

LÍDER POLÍTICO NACIONAL

Secretario de Agricultura de los Estados Unidos

"En 1952, El élder Benson se sorprendió al recibir una llamada telefónica informándole que el presidente electo de Estados Unidos, Dwight D. Eisenhower, un hombre al que nunca había conocido, quería hablar con él acerca de convertirse en Secretario de Agricultura de los Estados Unidos. Los líderes granjeros habían recomendado al presidente El president Ezra Taft Benson como el mejor hombre para el puesto. Con la bendición del Presidente de la Iglesia, El president David O. McKay, y la garantía del presidente Eisenhower de que nunca tendría que aprobar una política con la que no estaba de acuerdo, El élder Benson se convirtió en el secretario Benson. La familia Benson regresó a Washington, D.C., durante los ocho años de la administración Eisenhower."[9]

El presidente Ezra Taft Benson juró como Secretario de Agricultura de los Estados Unidos el 20 de enero de 1953, a la edad de 53 años. Durante los siguientes ocho años, de 1953 a 1961, fue Secretario de Agricultura bajo el Presidente Dwight Eisenhower.

Aquellos años en que él sirvió políticamente fueron un desafío, y buscó una bendición de la Primera Presidencia.

Anes, El élder Benson había buscó una bendición de la Primera Presidencia. Asistido por el El élder J. Reuben Clark, el Presidente McKay pronunció palabras de consuelo y consejo sobre la cabeza del Apóstol: "Tendrás una responsabilidad, incluso mayor que tus asociados en el gabinete porque vas… como Apóstol del Señor Jesucristo. Tienes derecho a la inspiración desde lo alto, y si vives, piensas y oras, tendrás esa guía divina que otros no pueden tener.

… Por tanto, querido Hermano Esdras, os bendiga que cuando las cuestiones del bien y del mal pasen delante de los hombres con quienes estáis deliberando, podáis ver claramente lo que es correcto y saberlo, para que tengáis el valor de apoyar lo que es correcto y apropiado.… Te sellamos sobre vos las bendiciones de… juicio sano, visión clara, para que puedas ver a lo lejos las necesidades de este país; Visión que puedes ver, también, los enemigos que frustrarían las libertades del individuo como están garantizadas por la Constitución,… y que no tengas miedo en la condenación de estas influencias subversivas y fuertes en tu defensa de los derechos y privilegios de la Constitución."[10]

Estas palabras de profecía acerca de su servicio civil y su fuerza espiritual se cumplieron literalmente. "A mediados de los años cincuenta un joven que trabajaba en Washington, D.C., se familiarizó con El presidente Ezra Taft Benson, entonces secretario de Agricultura. Después de observar la función de secretario en su exigente, a menudo polémico, puesto al tratar de conservar la dignidad y la conducta de un apóstol, el hombre le preguntó al El élder Benson cómo se las arreglaba para manejar todo. El élder Benson respondió, en palabras a ese efecto: "Trabajo tan duro como puedo y hago todo lo que esté a mi alcance. Y trato de guardar los mandamientos. Entonces dejo al Señor hacer la diferencia. "Allí, en pocas palabras, está la fórmula para la vida del Presidente Benson y para su éxito."[11]

Otro extraordinario acontecimiento ocurrió el 26 de octubre de 1959, mientras queEl élder Benson estaba visitando la Unión Soviética como parte de sus deberes oficiales de gobierno. La historia es contada por periodistas estadounidenses que lo acompañaron en este viaje extraordinario.

El secretario Benson habla El secretario Benson habla Moscú

La noche que dejamos Moscú para volar a Kiev, el Secretario Benson literalmente nos llevó a la iglesia.

Muchos de los reporteros se rieron en el camino, porque el Sr. Benson, que es un líder mormón, había arreglado antes para llevarnos a asistir a un servicio en la Iglesia de los Santos de los

Últimos Días en Berlín Occidental, pero todos los periodistas encontraron una excusa u otra para no ir. En Moscú, no tuvimos elección porque los automóviles nos recogieron en el hotel y nos detuvimos en la iglesia en el camino al aeropuerto. Eran alrededor de las 17:30 de una tarde—noche helada y lluviosa del 1 de octubre.

Cuando la caravana de automóviles llegó a la Iglesia Bautista Central, en una estrecha calle lateral no muy lejos de la Plaza Roja, alguien dijo: "Bueno, muchachos, van a ir a la iglesia, os guste o no."

Resultó ser una de las experiencias más emocionantes en la vida de muchos de nosotros. Un periodista, un ex soldado de la marina, lo clasificó con la visión de la bandera americana que se alzaba sobre el antiguo complejo americano en Tientsin, China, al final de la Segunda Guerra Mundial.

La pequeña iglesia estaba llena, con gente de pie donde pudieran encontrar lugar.

El Secretario Benson y su familia fueron conducidos a la tribuna. Después de un himno, cantado maravillosamente por la congregación, el Sr. Benson comenzó a hablar, aprovechando sus experiencias como uno de los líderes de la Iglesia Mormona en América. Viendo a la congregación rusa, uno podía laslágrimas brotar a los ojos de la gente cuando las palabras del secretario se les transmitiana través de un traductor.

"Ha sido muy amable de parte de vuestro ministro en pedirme que os salude—dijo el señor Benson. "Les traigo saludos de millones y millones de personas de la iglesia en América y alrededor del mundo."

Un quedo y ferviente "amén" llegó de la congregación. El Secretario continuó: "Nuestro Padre Celestial no está lejos. Puede estar muy cerca de nosotros. Sé que Dios vive. Él es nuestro Padre. Jesucristo, el Redentor del Mundo, vela por esta tierra. Él dirigirá todas las cosas. No temáis, guardad sus mandamientos, amaos unos a otros, orad por la paz y todo estará bienero de"

A estas alturas apenas si había un ojo seco en la iglesia. Incluso los pocos jóvenes lloraban abiertamente.

"Esta vida es sólo una parte de la eternidad", continuó el Sr. Benson. "Vivimos antes de venir aquí como hijos espirituales de Dios. Viviremos de nuevo después de que dejemos esta vida. Cristo rompió los lazos de la muerte y resucitó. Todos seremos resucitados."

Ante la mención de la promesa de la vida en el futuro, se oyeron en la pequeña iglesia sollozos abatidos. Estas personas, después de todo, estaban sacrificando sus posibilidades de participar en los logros de la sociedad comunista de Rusia. Aunque el culto a Dios ya no está prohibido en la Unión Soviética, los que lo hacen suelen encontrarse separados del progreso.

El comunismo en Rusia sigue siendo declaradamente ateo. En Moscú hay otra iglesia bautista; Hay 23 iglesias ortodoxas griegas, dos sinagogas y un templo musulmán. En una ciudad de 5,4 millones de personas, es una grieta comparativamente pequeña en la sociedad sin Dios. Los dedicados comunistas, cuando hablan con visitantes sobre religión, suelen afirmar que los rusos que van a las pocas iglesias de la ciudad lo hacen por curiosidad, como visitarían un museo, y no por su devoción.

"Os dejo mi testimonio como un servidor de iglesia durante muchos años, que la verdad perdurará", concluyó Benson. "El tiempo siempre está de nuestro lado. Dios os bendiga y os guarde todos los días devuestra vida. Yo rezo en el nombre de Jesucristo. "

Cuando el Secretario regresó a su asiento, la congregación irrumpió en el himno familiar, "Dios Esté Contigo Hasta Que Nos Reúnamos." Todavía estaban cantando y agitando sus pañuelos cuando seguíamos al Sr. Benson fuera de la iglesia. Todo el camino a lo largo del atestado pasillo, las manos estaban extendidas para estrechar nuestras manos.

En el viaje al aeropuerto, uno de los intérpretes, una joven muchacha rusa que nunca había conocido ninguna otra vida salvo la del comunismo, dijo: "Tenía ganas de llorar."[12]

VOLVIENDO A LOS DOCE

Nuevamente Supervisar Misiones

Después que dejara el cargo político al final de la administración de Eisenhower en 1960, El élder Benson volvió a ser llamado para servir como presidente de la misión europea, a partir de 1964–65. Tres años más tarde, de 1968 a 1971, supervisó el trabajo misionero en Asia.

Presidente de los Doce Apóstoles

El 30 de diciembre de 1973, a la edad de 74 años, El president Ezra Taft Benson se convirtió en Presidente del Quórum de los Doce Apóstoles, donde sirvió durante los próximos 12 años.

Durante ese período, el 2 de mayo de 1978, recibió el Premio de la Medalla George Washington de la Fundación Libertades en Valley Forge, Pensilvania, en reconocimiento a su audaz defensa de los principios constitucionales. Siempre franco sobre los peligros del comunismo y el secularismo humano, el Presidente Benson ofendió a algunos miembros de la Iglesia con sus posiciones. Pero los años transcurridos desde entonces han demostrado la sabiduría de sus advertencias cuando hemos observado a nuestra nación alejarse cada

El Templo de Freiberg Alemania

vez más de sus principios fundacionales. La Fundación de las Libertades reconoció esta sabiduría muy temprano cuando premió al Presidente Benson en 1978.

El 16 de octubre de 1983, el Presidente Benson organizó la nueva Estaca Kirtland Ohio.

El 29 de junio de 1985 se dedicó el Templo de Freiberg Alemania. Este asombroso logro fue posible gracias a una negociación muy cuidadosa con los funcionarios de Alemania del Este por El presidente Thomas S. Monson y otros. E hizo posible obtener las ordenanzas del templo para miles de miembros de la Iglesia que vivían detrás de la Cortina de Hierro.

Ese octubre, los bombardeos de Mark Hofmann ocurrieron en Salt Lake City; dos personas fueron asesinadas por Hofmann después d que fue descubierto forjando documentos que pretendían ser documentos originales de la historia de la Iglesia.

PRESIDENTE DE LA IGLESIA

El president Ezra Taft Benson se convirtió en el 13º Presidente de la Iglesia el 10 de noviembre de 1985, a los 86 años. Eligió a El president Gordon B. Hinckley y El president Thomas S. Monson como sus consejeros.

El Presidente Benson dijo en esa ocasión:

> Ahora que el Señor ha hablado, haremos todo lo posible, bajo Su dirección, para hacer avanzar la obra en la tierra....
>
> Algunos han preguntado expectantes sobre la dirección que la Iglesia tomaría en el futuro. Podemos sugerir que el Señor, a través del Presidente Kimball, se ha enfocado fuertemente en la triple misión de la Iglesia: predicar el evangelio, perfeccionar a los Santos y redimir a los muertos. Continuaremos haciendo todo lo posible para llevar a cabo esta misión.[13]

"[El Presidente Benson] tenía ochenta y seis años cuando el manto del profeta vino sobre él, pero estaba notablemente animado y fortalecido por el llamado. Viajó extensamente por toda la Iglesia, dedicando templos y hablando a los Santos…[14]

El 14 de diciembre de 1985, el Presidente Hinckley dedicó el Templo de Seúl Corea. Más tarde, en diciembre, la Primera Presidencia emitió un mensaje navideño instando a los miembros descontentos a regresar. El supuestamente severo e inflexible adversario del comunismo se mostró también como un pastor cálido y afectuoso de los Santos.

El mensaje de Navidad decía, en parte:

> Somos conscientes de algunos que son inactivos, de otros que se han vuelto críticos y son propensos a encontrar faltas, y de los que han sido desclasificados o excomulgados a causa de graves transgresiones.
>
> A todos ellos llegamos con amor. Estamos ansiosos de perdonar en el espíritu de Él que dijo: "Yo, el Señor, perdonaré a quien sea mi voluntad perdonar, mas a vosotros os es requerido perdonar a todos los hombres" (D. y C. 64:10).
>
> Animamos a los miembros de la Iglesia a perdonar a aquellos que pudieron haberle hecho daño. A los que han cesado la actividad y a los que se han vuelto críticos, les decimos: "Volveditado por Volved y

festejad en la mesa del Señor, y volved a probar los dulces y satisfactorios frutos de la comunión con los Santos...."

Sabemos que hay muchos que llevan pesadas cargas de culpa y amargura. A ellos les decimos: "Ponedlas a un lado y presten atención a las palabras del Salvador:" Venid a mí todos los que estáis trabajados y cargados, y yo os haré descansar. Venid a mí todos los que trabajasteis y estais cargados, y yo os haré descansar."

Os rogamos. Oramos por vosotros. Os invitamos y os damos la bienvenida con amor y aprecio.[15]

Templos, Setenta y Misiones

A principios de 1986, se dedicaron otros dos templos. El 10 de enero, el Presidente Hinckley dedicó el Templo de Lima Perú. Luego, el 17 de enero, el Presidente Monson dedicó el Templo de Buenos Aires Argentina.

El 6 de abril en la conferencia general, el Presidente Benson y sus consejeros fueron sostenidos por los miembros de la iglesia.

Más tarde ese otoño, el 4 de octubre, los quórums de estacas de los Setenta fueron disueltos, y los setenta comenzaron a reunirse con los élderes en las reuniones del sacerdocio. El puesto de los Setenta se reservaría ahora a aquellas Autoridades Generales que sirven en el Primer Quórum de los Setenta, u otros quórums generales de los Setenta que pudieran ser organizados en el futuro con el propósito de administrar en la Iglesia.

El 24 de octubre, a los 87 años, el Presidente Benson dedicó el Templo de Denver Colorado. El siguiente verano de 1987, el 28 de agosto, dedicó el Templo de Frankfurt Alemania.

En la conferencia general de abril de 1989, el Presidente Benson organizó el Segundo Quórum de los Setenta, en el cual los miembros servirían temporalmente y luego serían relevados. Ese mismo abril, él recibió el Lobo De Bronce, el premio más alta dada por los Exploradores del mundo. En agosto, a los 90 años, recibió la Medalla de Ciudadanos Presidenciales d manos del Presidente de Estados Unidos, George H. W. Bush.

El 19 de agosto, él presidía como Presidente El president Gordon B. Hinckley dedicó el Templo Portland Oregón.

Vientos de Cambio Político en Europa

Durante su presidencia, el Presidente Benson fue testigo de otro extraordinario conjunto de acontecimientos relacionados con los principios de libertad que había defendido de manera tan directa durante toda su vida. Milagrosamente, la Cortina de Hierro de Europa del Este comenzó a separarse para bendición de la gente que él había llegado a querer después de la Segunda Guerra Mundial l. En 1985 se había dedicado el Templo Freiberg, situado en la República Democrática Alemana, un milagro en sí mismo. Pero sin el trabajo misionero en ese país, el crecimiento de la Iglesia era limitado. Entonces, en 1988, el gobierno comunista de la República Democrática Alemana concedió el permiso para que los misioneros sirvieran allí y también para que sus jóvenes ciudadanos sirvieran en misiones en otra parte.

"Para 1990, los vientos de cambio político estaban barriendo el mundo. Las barreras entre Oriente y Occidente comenzaron a disolverse cuando los pueblos de Europa del Este y otras naciones adoptaron fervientemente los principios de la democracia y la religión."[16]

El 9 de noviembre de 1989, comenzó a caer el Muro de Berlín y la Iglesia pronto entró libremente en Europa del Este. No es mera coincidencia que este gran hombre, que tan a menudo había hablado de los peligros del comunismo, y que pasara tanto de su vida sirviendo en Europa, presidiera en el momento en que el comunismo fracasara en Europa. Durante 1991 se crearon 29 nuevas misiones en todo el mundo.

A lo largo de los años, El presidente Ezra Taft Benson había hablado a menudo de la amenaza que representaba el "comunismo impío", por lo que era apropiado que la dominación comunista de Europa Oriental terminara durante su administración como Presidente de la Iglesia. Estos acontecimientos dramáticos a finales de la década de 1980 habían sido anticipados por los líderes de la Iglesia durante muchos años. Apóstoles[17] y profetas[18] habían predicho su caída mucho antes de que ocurriera. Y los líderes de la Iglesia habían estado orando y preparándose durante décadas.

— En 1975, El presidente Thomas S. Monson había ofrecido una oración dedicatoria en la República Democrática Alemana (Alemania Oriental). De pie sobre un afloramiento de roca sobre el río Elba, había pedido "ayuda divina" a los cuatro mil fieles Santos que vivían en esa tierra, para que pudieran disfrutar, entre otras cosas, de las bendiciones del templo. Oró, "Querido Padre, que este sea el comienzo de un nuevo día para los miembros de Tu Iglesia en esta tierra." Justo entonces oyó un canto de gallo y una campana de la iglesia sonando desde el valle de abajo y notó un rayo de sol que llegaba a través del cielo nublado. Todo sugería que comenzaría a amanecer un nuevo día.[19]

— En 1985, apenas diez años después de la oración dedicatoria del élder Monson, el Templo de Freiberg Alemania fue dedicado en la República Democrática Alemana. Este primer templo detrás de la Cortina de Hierro fue construido tras las pacientes pero persistentes negociaciones de los líderes de la Iglesia de Alemania Oriental con las autoridades del gobierno comunista.

— En 1987, el primer ministro de la URSS, Mikhail Gorbachov pidió reformas y el aumento del glasnost (apertura). El clima político fue cada vez más favorable para el reconocimiento y la expansión de la Iglesia en Europa central y oriental.

— El 28 de octubre de 1988, El presidente Thomas S. Monson participó en una reunión clave que condujo a la apertura de la obra misionera en Alemania Oriental y también abrió el camino para que los Santos de Alemania del Este fueran llamados a misiones. El presidente Honecker sonrió y respondió: "Os conocemos. Confiamos en vos. Hemos tenido experiencia con vos. Vuestra petición misionera está aprobada."[20]

— En noviembre de 1989, por primera vez en varias décadas, se permitió a los individuos viajar libremente entre Berlín oriental y Berlín Occidental. Pronto el infame Muro de Berlín fue desmantelado. En un año, los regímenes comunistas de Alemania Oriental y otros países de Europa del Este cayeron. Estos cambios abrieron las puertas para que se difundiera el evangelio y en el verano de 1990 se abrieron misiones en los países anteriormente comunistas de Polonia, Checoslovaquia y Hungría.

Durante el siguiente año (1991, se crearon 29 nuevas misiones en todo el mundo.

AÑOS FINALES

El 14 de agosto de 1992, cuando tenía 93 años, la amada esposa del Presidente Benson, Flora, moría en Salt Lake City. Habían estado casados durante casi 66 años.

Casi dos años después, el 30 de mayo de 1994, El presidente Ezra Taft Benson moría a los 94 años después de 8 años y medio como Presidente de la Iglesia.

El presidente Benson fue recordado por su servicio como Secretario de Agricultura, por su defensa de la libertad para todos los hombres y por su defensa del Libro de Mormón, el tema del que habló con más frecuencia que cualquier otro.

ENSEÑANZAS Y TESTIMONIO DEL PRESIDENTE BENSON

La Iglesia crecía rápidamente cuando El presidente Ezra Taft Benson se convirtió en su decimotercer presidente en noviembre de 1985.

En medio de esta expansión, sintió que los Santos necesitaban fortalecer su fe. Así que en casi cada discurso dirigido a los Santos, les encargó estudiar el Libro de Mormón y practicar sus enseñanzas. También lesadvirtió contra el orgullo: la caída de los nefitas y el pecado más grave de nuestra época, según el Presidente Benson.

El Presidente Benson vivió una vida de servicio. Él aceptó muchos llamamientos para servir a su país, incluyendo el llamado a servir durante ocho años como secretario de agricultura para el Presidente de los Estados Unidos. Era un hombre fuerte de familia y un patriarca ejemplar en su hogar. También dedicó gran parte de su tiempo y energía al servicio de la Iglesia. Así, su vida estableció un digno ejemplo de servicio a Dios, a la familia y al país.[21]

Testimonio del Presidente Benson

El presidente Ezra Taft Benson dijo:

Os doy testimonio de que Jesús es el Cristo, el Salvador y Redentor del mundo, el verdadero Hijo de Dios.

Nació el niño de Belén.

Vivíió y ministró entre los hombres.

Fue crucificado en el Calvario.

Sus amigos lo abandonaron.

Sus colaboradores más cercanos no comprendieron completamente su misión, y dudaron. Uno de los más confiados negó conocerlo.

Un gobernador pagano, que luchaba con su conciencia después de consentir en la muerte de Jesús, hizo que se erigiera una señal sobre la cruz, proclamándolo "JESÚS DE NAZARÉ, EL REY DE LOS JUDÍOS" (Juan 19:19).

Pidió perdón a Sus atormentadores y luego renunció voluntariamente a Su vida.

Su cuerpo fue puesto en una tumba prestada.

Una inmensa piedra fue colocada sobre la abertura.

En la mente de Sus seguidores atónitos una y otra vez repitió algunas de Sus últimas palabras, "… estad de buen ánimo; Yo he vencido al mundo" (Juan 16:33).

Al tercer día hubo un gran terremoto. La piedra fue removida de la puerta de la tumba. Algunas de las mujeres, entre las más devotas de sus seguidoras, vinieron al lugar con especias "y no encontraron el cuerpo del Señor Jesús" (Lucas 24:3).

Los ángeles aparecieron y dijeron simplemente: "¿Por qué buscáis a los vivos entre los muertos?" "Él no está aquí, sino que ha resucitado" (Lucas 24:5–6).

No hay nada en la historia que iguale ese anuncio dramático: "Él no está aquí, sino que ha resucitado."[22]

Notas:

1. 1. Uno de los resúmenes más útiles de la vida de El president Ezra Taft Benson es Sheri L. Dew, *Ezra Taft Benson: Una Biografía* (1987). Esta cita es de las páginas 6–7. Este capítulo cita y resume mucho de ese libro, así como del Manual del Instituto CES titulado *Historia de la Iglesia en el Cumplimiento de las Tiempos* [2003]. Con gratitud reconozco sus contribuciones a este capítulo.

2. *Ezra Taft Benson: Una Biografía*, págs. 12–14.

3. *Ezra Taft Benson: Una Biografía*, págs. 12–14.

4. *Ezra Taft Benson: Una Biografía*, pág. 58.

5. Mark E. Petersen, "Ezra Taft Benson: 'Un Hábito de Integridad'", Revista *Liahona*, octubre de 1974, pág. 10.

6. "Ezra Taft Benson: 'Un Hábito de Integridad'", págs. 10–11.

7. "Ezra Taft Benson: 'Un Hábito de Integridad'", pág. 11.

8. "El presidente Ezra Taft Benson", Revista *Liahona*, julio de 1994, pág. 14.

9. "El presidente Ezra Taft Benson", págs. 14–15.

10. *Ezra Taft Benson: Una Biografía*, págs. 258–59.

11. *Ezra Taft Benson: Una Biografía*, págs. vii–viii.

12. "U.S. News & World Report: Servicio de Iglesia en la Rusia Soviética—26 de octubre de 1959 ", citado el 5 de junio de 2009. Sala de prensa de SUS. 29 de junio de 2009.

13. Citado en Don L. Searle, "El presidente Ezra Taft Benson Ordenado Decimotercer Presidente de la Iglesia", Revista *Liahona*, diciembre de 1985, pág. 5.

14. "El presidente Ezra Taft Benson," pág. 16.

15. Carta de la Primera Presidencia, 23 de diciembre de 1985; Véase también "Políticas y Anuncios", Revista *Liahona*, marzo de 1986, pág. 88.

16. "El presidente Ezra Taft Benson", págs. 16, 18–19.

17. El élder John A. Widtsoe profetizó en julio de 1932 ante un grupo de misioneros en Checoslovaquia durante el tiempo que presidió las misiones europeas. Había 11 misioneros presentes, más El doctor Widtsoe y el presidente de la misión Arthur Gaeth. El presidente Widtsoe ordenó a los misioneros que registraran lo que iba a decir.

Un misionero, T. R. Holt, quien más tarde sirvió como presidente de estaca en Lewiston, Idaho, registró lo siguiente en su diario:

"El comunismo es obra del diablo. El Señor lo está usando para derribar el poder de las iglesias católica y ortodoxa rusa sobre las mentes de los hombres. Cuando el comunismo haya completado su tarea de romper esta posesión, dejará de existir casi de la noche a la mañana. Y entonces la Iglesia enviará misioneros de a centenares a las tierras eslavas de Europa, incluyendo a la madre patri Rusia. Hay más de la sangre de Israel en el oeste de Rusia que en todo el resto de Europa juntos. Y cuando llegue el momento de hacer la obra misionera allí, el pueblo vendrá a la Iglesia de a miles. Pueblos y villas enteros se unirán a la Iglesia en grupos. Esta Misión [Checoslovaquia] es importante porque está abriendo la puerta a las naciones eslavas. Este idioma es la clave de todas las lenguas eslavas y algunos de vosotros en esta sala sereis llamados a hacer trabajo misionero en Rusia."

18. El Presidente McKay pronunció una profecía el 28 de mayo de 1960 sobre el futuro del comunismo ruso. Para apreciar la profecía, uno debe entender las circunstancias de la época. La Unión Soviética era grande y poderosa y mantenía a toda Europa oriental en su abrazo de hierro y detrás de su "cortina de hierro." Como joven alumno de primaria, mis clases practicaban regularmente simulacros de bombas atómicas, donde nos agachábamos bajo nuestros escritorios y aprendíamos qué a hacer si los Estados Unidos fueran atacados por misiles cargados de bomba atómica. La crisis de los misiles cubanos dos años más tarde nos pondría al borde de la guerra nuclear con la Unión Soviética. Nadie podía imaginar en ese momento de la historia que los soviéticos se derrumbaran. Pero el Profeta de Dios sabía mejor, y él lo dijo.

"[Aunque] Rusia está envuelta con el comunismo, debe venir una nueva libertad religiosa. Dios lo anulará, porque esa gente debe escuchar la verdad, y la verdad en la simplicidad. Verdaderamente hay mucho que la Iglesia puede hacer en el próximo siglo" (Discurso en la Universidad del Brigham Young, publicado en *Noticias de la Iglesia*, 28 de mayo de 1960).

19. En Reporte de La Conferencia, abril de 1989, 67. o Revista *Liahona*, mayo de 1989, pág. 51.
20. En Reporte de La Conferencia, abril de 1989, 68–69; o revista *Liahona*,, mayo de 1989, pág. 52.
21. Emerson Roy West, *Profetas de los Últimos Días: Sus Vidas, Enseñanzas y Testimonios* (1999), págs. 111–19.
22. En Reporte de La Conferencia, abril de 1964, pág. 119.

El Presidente Howard W. Hunter: Cristo y la Dignidad

[1994–1995]

NACIMIENTO Y NIÑEZ

Infancia en Idaho

Howard W. Hunter nació en Boise, Idaho, el 14 de noviembre de 1907, a John William (Will) Hunter y Nellie Marie Rasmussen Hunter. La madre de Howard era una miembro activo de los Santos de los Últimos Días, pero su padre no era miembro de la Iglesia. No impedía que su esposa asistiera a la iglesia ya veces, cuando su horario lo permitía, asistía a reuniones sacramentales con ella.

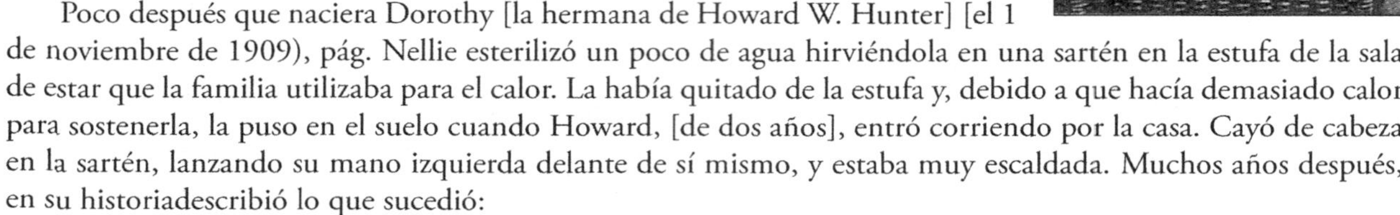

Cuando Howard tenía cinco meses, el 5 de abril de 1908, Nellie lo llevó a una reunión de ayuno y testimonio en la rama de Boise de la Misión del Noroeste, donde el presidente de la rama, Heber Q. Hale, le dio una bendición.[1]

Howard experimentó algunos desafíos en sus primeros años, el primero de un desafortunado accidente.

Poco después que naciera Dorothy [la hermana de Howard W. Hunter] [el 1 de noviembre de 1909), pág. Nellie esterilizó un poco de agua hirviéndola en una sartén en la estufa de la sala de estar que la familia utilizaba para el calor. La había quitado de la estufa y, debido a que hacía demasiado calor para sostenerla, la puso en el suelo cuando Howard, [de dos años], entró corriendo por la casa. Cayó de cabeza en la sartén, lanzando su mano izquierda delante de sí mismo, y estaba muy escaldada. Muchos años después, en su historiadescribió lo que sucedió:

> "Una llamada al doctor y recomendó que mi brazo fuera embebido en puré de patatas y vendado. Algunas de las damas vecinas vinieron a ayudar. Puedo recordar estando sentado en el tablero de drenaje en la cocina mientras se hervían patatas hacían puré y lo esparcían alrededor de mi brazo y rasgaron unos pañosen tiras para hacer un vendaje. Afortunadamente la quemadura grave no obstaculizó el crecimiento de mi brazo, pero he llevado la cicatriz toda mi vida."[2]

Otro desafío surgió en 1911, a la edad de 3 años cuando Howard contrajo poliomielitis. Se recuperó, pero nunca después de eso pudo inclinarse hacia adelante y tocar el suelo.

En ese tiempo su casa era pequeña, sólo un dormitorio, así que Howard y su hermana Dorothy dormían en cunas en el extremo sur de un porche que corría a través del frente de la casa. La parte delantera del porche tenía un revestimiento a mitad de camino, con un enrejado por encima. Se podía bajar una Cortina de lona para evitar la lluvia, pero no el calor del verano o el frío del invierno. En esos primeros años, no había electricidad en el hogar, y una "casa externa" en el patio trasero era su único baño. El agua se bombeaba de un pozo y los baños se tomaban en una bañera galvanizada. El agua caliente para los baños se obtenía calentando el agua en una estufa acarbón. No tuvieron un automóvil hasta 1919, cuando Howard tenía 11 años.

La vida en Boise en aquella época era una experiencia rural, con pollos, vacas, conejos y otras mascotas. Los niños jugarían en áreas boscosas cercanas y a lo largo de los ríos y arroyos. Howard y su hermana Dorothy estaban muy cerca, pero eran muy diferentes. Ella tenía la piel más oscura, los ojos castaños y el cabello rubio, mientras él tenía la piel clara, los ojos azules y el cabello oscuro. Se describe a sí mismo como un réprobo, siempre n problemas, mientras que ella afirma que él era dulce, refinado, y un pacificador."[3]

Cuando niño, Howard tenía una serie de "trabajos" además de las tareas que hacía en casa. Vendía periódicos en una esquina de Boise. Su familia vivía cerca del club de campo, así que él a veces trabajaba llevando el carrito para los golfistas allí. Enmarcó cuadros en una tienda de arte, entregó telegramas e hizo trabajos extraños en una tienda por departamentos.

Otro de los trabajos de Howard "era en la Farmacia Owyhee en el centro de Boise, preparando jarabes para helados y cremas batidas y sirviendo a los clientes en el dispensador de refrescos. Cuando no estaba ocupado en dispensador, ayudaba al farmacéutico a llenar simples recetas y las entregaba en su bicicleta. Un día entró en la farmacia un vendedor de la Escuela Internacional de Negocios y le dijo a Howard que podía tomar el curso de correspondencia si convencía al dueño de la droguería para que la escuela pusiera un aviso sobre la escuela en una de las ventanas. El propietario estuvo de acuerdo, y Howard, que en ese momento se inclinaba hacia una carrera en medicina, comenzó el curso. "Tomé el curso de toxicología y algunos de los otros ", recordaría, "pero no terminé el curso. Siempre me arrepentí de no haberlo hecho."[4]

El padre de Howard no era miembro de la Iglesia cuando Howard era jovenero de Cuando Howard tenía doce años, quería recibir el sacerdocio aarónico para poder convertirse en diácono y pasar el sacramento. Pero aún no estaba bautizado y tuvo que pedir permiso a su padre para recibir esa ordenanza. El permiso fue concedido, y el 4 de abril de 1920, a los 12 años, fue bautizado en una piscina cubierta. Once semanas más tarde, el 21 de junio, fue ordenado diácono por su obispo.

En la primavera de 1923, cuando se anunciaron los planes para construir un tabernáculo en Boise, Howard fue el primero en ponerse de pie y prometer dinero para su costo. En ese momento su promesa de veinticinco dólares era bastante dinero enero de Comprometido con su promesa, trabajó y ahorró hasta que pudo pagarla.

El 22 de mayo de 1923, a los 15 años, Howard ganó el rango de Explorador Águila, uno de los primeros chicos de Idaho en lograrlo.

Howard como un explorador de águilas

Cuando Howard regresó del campamento ese año, había pasado nueve más insignias de mérito. Estas insignias, y una que había ganado antes del campamento, fueron otorgadas en una corte de honor el 14 de septiembre de 1922, en una reunión conjunta del Club Rotario y el Consejo de Boise, con la presencia del alcalde y otros hombres prominentes de la ciudad.

"Para el momento en que se celebró la corte de honor", dijo Howard, "me había calificado para quince distinciones de mérito y para los premios Vida del Explorador y Explorador Estrella. Sólo eran necesarios seis más para el rango de Explorador Águila. La revista de exploración había traído historias de muchachos que habían ganado el rango de Águila, pero nos dijeron que todavía no había habido uno en Idaho. La carrera fue entre Edwin Phipps de la tropa 6 y yo."

Cuando se celebró la siguiente corte de honor, ambos muchachos habían ganado veintiuna insignias de mérito, el número necesario para el rango de Águila, pero Edwin había completado todas las necesarias, mientras que Howard todavía carecía de las insignias requeridas en atletismo, educación cívica y cocina. Así, Edwin recibió a su Águila en marzo de 1923, dos meses antes de que Howard recibiera la suya.[5]

EDAD ADULTA

El Conjunto Melódico Hunter

En 1924, a los 16 años, Howard participó en un concurso de ventas patrocinado por Compañía de Música Sampson. Ganó el segundo premio, una marimba, que aprendió a tocar el mismo, y luego se presentó en la escuela, la iglesia y otros programas. También tocó como parte de una orquesta de baile.

"La mayoría de las orquestas no eran lo suficientemente grandes como para tener un ejecutor de marimba a menos que tocara otros instrumentos", explicó Howard, "así que también empecé a tocar tambores. Mientras tocaba más y más sobre una base profesional, empecé a tocar saxofón y clarinete y más tarde añadí la trompeta." También tocaba el piano y el violín, que los había estudiado durante un año cada uno en la escuela primaria.

En el otoño de 1924, después de tocar con varias orquestas, Howard organizó su propio grupo, al que llamó el Conjunto Melódico Hunter. En noviembre y diciembre, el grupo tocó en seis bailes, y al año siguiente celebraron cincuenta y tres compromisos de danza en salones y restaurantes públicos, fiestas privadas y recepciones nupciales, escuelas e iglesias, clubes cívicos y fraternidades. La mayor parte del trabajo estaba en Boise y pueblos cercanos, pero ocasionalmente el grupo tocaba un poco más lejos.[6]

A finales de 1926, a la edad de 19 años, Howard organizó una orquesta de cinco piezas para un crucero de dos meses a Asia a bordo del trasatlántico de pasajero *S.S. Presidente Jackson*. Se embarcaron el 5 de enero de 1927. Durante el crucero, tocaron música de fondo para películas y también música clásica para la cena y los bailes en el salón de baile.

El Padre de Howard es Bautizado

Después de regresar de Asia, Howard se emocionó al enterarse de que su padre, Will, había sido bautizado durante su ausencia, el domingo 6 de febrero de 1927. Aunque nunca había interferido con la asistencia de la familia a la iglesia, se había resistido al bautismo a través de los años. Pero su obispo insistió, diciendo, "Ese hombre es un Mormón y no lo sabe. Lo voy a bautizar antes de ser removido como obispo." Así sucedió, y una semana después de que Howard volviera de Asia, estaba muy emocionado de acompañar a su padre a su primera reunión del sacerdocio. A partir de entonces, Will siguió alentando la participación de su familia en la Iglesia, pero él mismo no estuvo plenamente activo durante muchos años.[7]

Decisiones que Cambian la Vida

Durante los trece meses siguientes, Howard probó una serie de negocios, entre ellos "publicar grandes carteles listando trenes, autobuses, tranvías y horarios postales, con anuncios de comerciantes y otros negocios en los márgenes externos. Planeaba colocar los carteles en hoteles, casas de alquiler de habitaciones y lugares públicos, con la esperanza de que la publicidad pagara los costos de publicación y distribución y sacara un buen beneficio."[8] Trató de vender los carteles en Nampa, Twin Falls y Pocatello, Idaho, Con un breve esfuerzo en Oregón en el medio. Pero sus diligentes esfuerzos resultaron en pocas ventas, por lo que en marzo de 1928 tomó la decisión crucial de dirigirse al sur de California.

En California, Howard entró en una nueva carrera trabajando en un banco, llenando sus tardes y fines de semana ejecutando con orquestas de baile y vendiendo zapatos. Sus padres y su hermana se mudaron al sur de California en septiembre de 1928.

Encuentro con Claire

El 8 de junio de 1928, apenas doce semanas después de llegar al sur de California, Howard asistió a un baile en la Estaca Wilshire. Como parte de estas actividades se encontró con Clara Mayo de (Claire) Jeffs, que era la cita para la noche de uno de los

Claire Jeffs

amigos de Howard. Se familiarizaron y tuvieron sus propias citas juntos, pero principalmente se reunían como parte de grupos más grandes en las actividades. Ambos también se convirtieron en miembros del Coro Clavelina.

Golpea la Gran Depresión

En octubre de 1929, la Gran Depresión comenzó en los Estados Unidos. Howard tenía 21 años. Esta crisis económica afectó a casi todas las familias de los Estados Unidos y causó que muchos sueños fueran dejados de lado, incluyendo planes para misiones y educación, mientras que las familias luchaban por encontrar trabajo para mantenerse. La situación de la familia de Howard era similar. No podían ganar salarios significativos en Boise o en el sur de California. Los bancos comenzaron a fallar, aunque el banco para el que trabajaba Howard al principio parecía ser fuerte.

Howard se mudó con sus padres para conservar recursos. Y allí, en la Sala Adams, su vida espiritual comenzó a cambiar.

Más tarde recordaría:

> Aunque había asistido a las clases de la Iglesia la mayor parte de mi vida, mi primer despertar real al evangelio llegó en una clase de la Escuela Dominical en el Barrio Adams enseñada por el Hermano Peter A. Clayton. Tenía un gran conocimiento y la capacidad de inspirar a los jóvenes. Estudié las lecciones, leí las asignaciones externas que nos daba, y participé en hablar sobre los temas asignados. De repente me di cuenta del verdadero significado de algunos de los principios del Evangelio, una comprensión de los grados de gloria y los requisitos de la exaltación celestial tal como el Hermano Clayton nos enseñó y nos instruyó. Pienso en este período de mi vida como el tiempo en que comenzaron a desplegarse las verdades del evangelio. Siempre tuve un testimonio del evangelio, pero de repente comencé a entenderlo.[9]

Una Bendición Patriarcal

En marzo de 1930, el hermano Clayton enseñó una lección sobre las bendiciones patriarcales. Movido a la acción por esta lección, a la edad de 22 años, Howard entonces buscó y recibió su bendición patriarcal.

"Nunca había entendido las bendiciones patriarcales, pero ahora tenían sentido", escribiría Howard. "Ese día fui a ver al Hermano George T. Wride, el patriarca de la estaca, y me pidió que fuera a la oficina en la casa de la misión detrás de la Capilla del Barrio Adams el próximo domingo."

Ese domingo de marzo, después de hablar con Howard durante unos minutos, el Hermano Wride puso las manos sobre la cabeza del joven y le dio una bendición patriarcal.

La bendición afirmaba que Howard era uno de los "a quien el Señor conocía de antemano", y que había mostrado un "fuerte liderazgo entre las huestes del cielo" y había sido ordenado para "realizar una obra importante en la mortalidad para llevar a cabo los propósitos [del Señor] en relación con su pueblo escogido." Se le prometió que si permanecía fiel, le habría arrojado "inteligencia desde lo alto", sería "un maestro en la habilidad mundana y un maestro de sabiduría mundana, así como un sacerdote de El Dios Altísimo", y usaría sus talentos para servir a la Iglesia, se sentaría en sus consejos y sería conocido por su sabiduría y juicios justos.[10]

Cambios en la Carrera y Planes para el Matrimonio

En enero de 1930, la amada hermana de Howard Dorothy desarrolló serios problemas de salud. Tuvo una "hemorragia pulmonar" en el trabajo, que no mejoró después de dos meses de descanso. Se sometió a extensas pruebas en el Hospital General del Condado de Los Ángeles, y se le diagnosticó tuberculosis. Después de un mes en el hospital, fue enviada a un sanatorio en el Valle de San Fernando, donde se recuperó durante los siguientes 28 meses.

En noviembre de 1930, la carrera bancaria de Howard cambió. Muchos bancos estaban fallando, y el banco por el que trabajaba Howard (el Banco de Italia) se fusionó con otro banco. Howard ayudó con la contabilidad para esta fusión, y trabajó brevemente para el nuevo banco, llamado Asociación Nacional de Fideicomisos y Ahorros del Bank of America. Poco después, un vicepresidente del banco lo recomendó al Primer Banco Estatal de Intercambio de Inglewood, que buscaba un empleado subalterno con experiencia bancaria. SE le ofreció a Howard un puesto como cajero asistente en la sucursal de Hawthorne y comenzó a aprender todas las fases del negocio bancario.

En la primavera de 1931, Claire y Howard comenzaron a hablar sobre matrimonio. Howard escribiría en su historia:

> No había renunciado a la esperanza de ir a una misión y había ahorrado algo de dinero con eso en mente. Claire se ofreció a ayudarme y esperarme hasta que regresara. A pesar que apreciaba la oferta, no podía aceptar la propuesta de que ella trabajara para apoyarme. Finalmente decidimos que sería mejor que nos casáramos y más tarde, tan pronto como las condiciones lo permitieran, iríamos juntos a una misión.

> Una hermosa tarde de primavera, nos dirigimos a Palos Verdes y aparcamos en los acantilados donde pudimos ver las olas rodar desde el Pacífico y romper en las rocas a la luz de una luna llena. Hablamos de nuestros planes y puse un anillo de diamantes en su dedo. Esa noche tomamos muchas decisiones y algunas fuertes resoluciones con respecto a nuestras vidas. La luna se estaba poniendo en el oeste y el amanecer estaba empezando a romper cuando llegamos a casa.[11]

Hicieron planes para casarse en el Templo de Sat Lake en junio. Howard fue a ver a su obispo para obtener una recomendación del templo, pero se sorprendió cuando el obispo Peacock expresó su preocupación por su capacidad para sostener a una esposa con su "pequeño ingreso"—un juicio que hizo basado en la cantidad de diezmo que Howard había pagado.

> "De repente me di cuenta de la seriedad de no ser un pagador del diezmo completo. Debido a que mi padre no había sido miembro de la Iglesia durante mis años en casa, el diezmo nunca había sido discutido en nuestra familia y yo nunca había considerado su importancia. Mientras hablábamos, me di cuenta de que el obispo no tenía la intención de darme una recomendación del templo. A su manera bondadosa me enseñó la importancia de la ley y cuando le dije que de ahora en adelante sería un pagador del diezmo completo, continuó la entrevista y alivió mi ansiedad completando y firmando un formulario de recomendación."[12]

Claire siempre había sido una pagadora del diezmo completo, y juntos resolvieron que vivirían esta ley durante su matrimonio. El presidente y la hermana Hunter tomaron en serio el consejo que les dio El élder Richard R. Lyman del Consejo de los Doce antes de que él realizara su ceremonia matrimonial: "No os endeudéis", dijo. Vivid dentro de vuestras posibilidades.... Guardad vuestro dinero hasta que podáis pagar en efectivo."[13]

Para la Música

Tocar música había sido una parte importante de la vida de Howard desde su adolescencia. Incluso en el sur de California, había seguido tocando con orquestas en varios lugares públicos, y también en la radio y el escenario. "Fue glamoroso en algunos aspectos", reflexionó, "y gané mucho dinero, pero la asociación con muchos de los músicos no fue agradable a su consumo de alcohol y normas morales. "No podía conciliar tales influencias con el estilo de vida de un hogar y familia justo, por lo que decidió renunciar a la música profesional.

> El 6 de junio de 1931, cuatro días antes de su boda, Howard tocó para su último compromiso en el Salón de Baile Virginia en Huntington Park. Después de llegar a casa esa noche, empacó sus saxofones y clarinetes y su música y los guardó. Ya había vendido sus tambores y la marimba y había empacado su trompeta y su violín.

"Desde esa noche", dijo, "nunca he tocado mis instrumentos musicales excepto en unas pocas ocasiones, cuando los niños estaban en casa, [y] cantábamos villancicos y yo los acompañaba con el clarinete. Aunque esto dejó un vacío de algo que había disfrutado, nunca se lamentó de la decisión."[14]

Matrimonio y Familia

Howard había estado conduciendo un viejo modelo A Ford Cupé y quería uno mejor para el viaje a Salt Lake City. Así que compró un Chevrolet Sport Cupé negro 1931 con un número "extravagantes de extras" los cuales pudo pagar en efectivo. Se dirigieron a Salt Lake City, y cuatro días después, el 10 de junio de 1931, a los 23 años, Howard W. Hunter se casó con Clara (Claire) Mayo de Jeffs en el Templo de Salt Lake.

Al regresar a California, HowarD. y C.laire vivieron primero en un apartamento amueblado que daba a la Playa Hermosa. Sabían que no podían permitirse vivir allí mucho tiempo, pero querían comenzar su matrimonio en un lugar agradable.

[Cada mañana,] nos levantábamos temprano. Me ponía los bañadores, corría por la playa y me metía en la rompiente. Después de una vigorosa nadada y una ducha caliente, el desayuno estaba listo. Me llevaba solamente quince minutos conducir al banco en Hawthorne y estaba listo para el trabajo del día. A menudo íbamos a nadar juntos en el anochecer después de llegar a casa, y por lo general caminábamos por la playa bajo las estrellas antes de irnos a la cama. Aunque los días eran cálidos, la brisa del mar hacía que las noches fueran frescas y confortables, y el oleaje era una canción de cuna.[15]

Poco después, se mudaron a una casa más modesta de 3 habitaciones, sin muebles, cerca del banco Hawthorne, donde vivían de manera sencilla y humilde y se quedaron sin deudas.

Ya era finales de 1931, dos años después de la Gran Depresión, y las condiciones de negocios en los Estados Unidos habían seguido deteriorándose. El desempleo se disparó bajo la amenaza constante de un desastre financiero. Muchos bancos de todo el país cerraron, incluyendo el Primer Banco Estatal de Intercambio donde trabajaba Howard. El Estado se apoderó de sus cuatro sucursales en enero de 1932 y las liquidó. Howard estaba desempleado.

Debido a que no tenían deudas pendientes, estaban en mejor situación que la mayoría de las familias, pero tuvieron que conservar sus recursos con mucho cuidadosamente. Howard trabajó en una serie de trabajos insólitos, utilizaba el transporte público y evitó endeudarse para comprar una lavadora.

En enero de 1934, debido a su experiencia pasada en el Primer Banco Estatal de Intercambio, a Howard le ofrecieron un trabajo en el departamento de títulos del Distrito de Control de Inundaciones del Condado de Los Ángeles, donde manejaba los títulos de la tierra y transporte de bienes raíces. Dos meses más tarde, el 20 de marzo, Claire dio a luz a su primer hijo, un varón llamado Howard William Hunter Hijo.

Entra en la Escuela de Derecho

Debido a que el trabajo de Howard en el Distrito de Control de Inundaciones del Condado involucraba muchos asuntos legales, a menudo ayudaba a los abogados a preparar casos y a veces atendía los juicios relacionados en la corte. Esto le creó un nuevo interés y deseo de convertirse en abogado. Se inscribió y fue aceptado en la Universidad Southwestern, la escuela de leyes más grande de California. Sin embargo, debido a que no tenía un título de grado, primero tuvo que cumplir con los requisitos necesarios para la entrar en el programa. Afortunadamente, ofrecían clases nocturnas para su programa, haciendo que todo esto fuera posible para Howard. Pero él luchaba como un estudiante más viejo que volvía, a veces.

Se matriculó para diez horas de crédito, una carga pesada para alguien que trabajaba a tiempo completo. Su programa de los días de la semana consistía en estudiar en el autobús y el tranvía en el camino a la oficina; trabajar de ocho a cinco, con más estudios al mediodía mientras comía un almuerzo de una lonchera traído de casa; comer una manzana y memorizando mientras caminaba varias cuadras hacia la universidad; asistir a clases de seis a nueve; estudiar en el viaje a casa; cenar con Claire después de las diez; Luego estudiar de nuevo hasta medianoche o más tarde. Las noches, cuando estaba demasiado cansado para quedarse a estudiar, ponía el despertador para despertarse temprano por la mañana. Siguió este calendario durante los cinco años siguientes.[16]

La Muerte de un Hijo y el Nacimiento de Dos Más

Durante ese verano, Howard y Claire notaron que su hijo, Billy, parecía letárgico. Después de varias transfusiones de sangre ineficaces, lo llevaron al Hospital Infantil, donde descubrieron que un divertículo intestinal se había ulcerado, causando pérdida de sangre. Los médicos recomendaron cirugía, pero no salió bienero de Howard recordaría más tarde:

"Nos aseguraron que los cirujanos seleccionados fueran sobresalientes en este campo, por lo que dimos nuestro consentimiento", escribió Howard. "En el momento de la cirugía, fui llevado a la habitación en una mesa a su lado y di sangre durante la operación. Al concluir, los médicos no fueron alentadores.

"Durante las siguientes setenta y dos horas, que los médicos dijeron sería el período crítico, nos quedamos constantemente con él. En la noche del tercer día nos dijeron que sería mejor que nos fuéramos a casa y descansáramos un poco. No habíamos estado en casa mucho tiempo cuando llegó una llamada pidiéndonos que volviéramos al hospital porque había habido un giro para peor. Más tarde esa noche, 11 de octubre de 1934, se nos fue en silenciosamente mientras estábamos sentados junto a su cama. Estábamos atormentados y adormecidos mientras salíamos del hospital por la noche."[17]

Howard ingresó a la facultad de derecho en septiembre de 1935 y encontró que las clases de derecho eran más rigurosas que las de grado. Tuvo que prolongar su tiempo de estudio hasta la una o dos de la mañana. Claire también comenzó a trabajar para ayudar a aliviar el dolor emocional de perder a su primogénito. "Esta fue la única vez durante nuestro matrimonio que Claire estuvo empleada", observó Howard. También estaba embarazada de su segundo hijo.

El domingo por la noche, 3 de mayo de 1936, Claire informó a Howard que era hora de ir al hospital. Llevándola inmediatamente, se sentó a leer un libro de leyes por la noche. Luego, poco después de las cinco de la mañana del 4 de mayo de 1936, la enfermera entró para decirle que eran padres de un niño. Unos días más tarde, Howard llevó a Claire y al bebé a casa, donde su nuevo hijo ayudó a aliviar el dolor de la pérdida del pequeño Billy. Howard bendijo al niño en una reunión de ayuno y testimonio en agosto y lo nombró John Jacob Hunter.

Dos años más tarde, la familia de HowarD. y C.laire se completó el 29 de junio de 1938 con el nacimiento de su tercer hijo, otro varoncito, a quien llamaron Richard Allen Hunter.

Howard se Recibe de Abogado

Durante la primera semana de junio de 1939, Howard completó su educación en la facultad de derecho y se graduó cum laude el 8 de junio en la ceremonia de graduación en el Auditorio Conmemorativo de Hollywood. Tenía 31 años. A la semana siguiente, se matriculó en un curso de revisión de barras impartido por uno de sus profesores. El examen de la barra era extremadamente difícil, generalmente pasaba sólo uno de cada tres solicitantes. Howard rindió el examen del 23 al 25 de octubre, calificándolo de "una de las experiencias más agotadoras de mi vida."

Felizmente, el 12 de diciembre recibió la noticia de que había aprobado el examen y el 19 de enero de 1940, en una sesión de la Corte Suprema de California en Los Ángeles, Howard W. Hunter prestó juramento y fue juramentado y admitido para practicar derecho ante ese tribunal y los otros tribunales del estado de California. El 5 de febrero fue admitido en la corte del Tribunal de Distrito de los Estados Unidos para el sur de California y el 8 de abril fue admitido en la corte del Tribunal de Apelaciones de los Estados Unidos para el Noveno Circuito.

LÍDER COMUNITARIO Y DE LA IGLESIA

Obispo en El Sereno

Más tarde ese mismo año, en agosto, a los 32 años, fue llamado a servir como obispo de la nueva sala El Sereno (California). Howard quedó atónito ante el llamado. "Siempre había pensado que un obispo era un hombre mayor", recordaría, "y le pregunté cómo podría ser él [obispo aun siendo tan joven]." Todavía sorprendido, se fue a casa y compartió las noticias con Claire. "Recordamos la decisión que tomamos al casarnos, en lugar de ir a una misión, y que algún día cumpliríamos una misión juntos", dijo. "Tal vez esa era esa misión en una forma diferente a la que habíamos esperado."[18] El 1 de septiembre de 1940 fue sostenido por los miembros de la sala.

Presidente de Estaca en Pasadena

Casi diez años más tarde, "en febrero de 1950, los élderes Stephen L Richards y El President Harold B. Lee fueron asignados para dividir la Estaca Pasadena, y llamaron a Howard W. Hunter para ser presidente de la Estaca Pasadena. No dudó en aceptar el llamado. Un meticuloso encargado de la revista desde su juventud, escribió esta respuesta: "Pude entender bien los comentarios de los Hermanos cuando nos dijeron que habíamos sido seleccionados por la fuerza de nuestras esposas. Claire… siempre se mantuvo cerca con su apoyo y comprensión durante los años en la escuela de derecho, mientras yo servía como obispo, y en todas los puestos que he tenido."[19] Fue sostenido el 26 de febrero de 1950, a los 42 años.

Durante casi tres décadas, el templo más cercano al sur de California era el Templo de Mesa Arizona (dedicado el 23 de octubre de 1927). El presidente President David O. McKay dedicó el Templo de Los Ángeles California el 11 de marzo de 1956. El sábado 24 de marzo de 1956, Howard y otros cinco presidentes de estaca fueron invitados a participar en las ordenanzas bautismales en el Templo de Los Ángeles, con sus propios hijos como mandatarios, preparatorios para el comienzo del trabajo de dotación en ese templo. En ese momento, el hijo de Howard John estaba asistiendo a la Universidad El President Brigham Young, pero Richard pudo participar en los bautismos.

Tres semanas más tarde, el 14 de abril de 1956, el Presidente McKay y los Élderes Richard L. Evans y Élder Delbert L. Stapley de los Doce, con sus esposas, y los presidentes de estaca del área del templo y sus esposas, participaron en la primera sesión de dotación en el Templo de Los Ángeles.

Sellado a Sus Padres

Casi dos años y medio antes, Howard participó en una excursión al Templo de Mesa Arizona en la Estaca Pasadena en su cumpleaños número 46, el 14 de noviembre de 1953. Después de vestirse con sus ropas blancas, los miembros se reunieron en la capilla, donde el presidente del templo llamó a Howard W. Hunter para que hablara.

"Mientras hablaba a la congregación", escribiría Howard, "mi padre y mi madre entraron en la capilla vestidos de blanco. No tenía ni idea de que mi padre estaba preparado para las bendiciones del templo, aunque Madre había estado ansiosa durante algún tiempo. Estaba tan sobrecogido de emoción que no pude seguir hablando. El Presidente Pierce vino a mi lado y explicó el motivo de la interrupción. Cuando mi padre y mi madre llegaron al templo esa mañana, pidieron al presidente que no me mencionara que estaban allí porque querían que fuera una sorpresa de cumpleaños. Este fue un cumpleaños que nunca he olvidado porque en ese día fueron dotados y tuve el privilegio de presenciar su sellado, después de lo cual fui sellado a ellos."

El 30 de abril de 1956, la hermana de Howard, Dorothy Hunter Rasmussen, fue sellada ella y los padres de Howard en el Templo de Los Ángeles." Esto completó los eternos lazos de nuestra familia", concluyó Howard.[20]

LLAMADO AL APOSTOLADO

Una Variedad de Designaciones en Todo el Mundo

En octubre de 1959, Howard W. Hunter fue convocado a Salt Lake City para hablar con El presidente President David O. McKay.

El élder Howard W. Hunter escribió este relato de la experiencia:

El Presidente McKay me saludó con una sonrisa agradable y un cálido apretón de manos y luego me dijo: "Sentaos, Presidente Hunter, quiero hablar con vos. El Señor ha hablado. Vos habéis sido llamado para ser uno de Sus testigos especiales, y mañana seréis sostenido como miembro del Concilio de los Doce."

No puedo intentar explicar el sentimiento que me invadió. Las lágrimas asomaron a mis ojos y no pude hablar. Nunca me sentí tan completamente humillado como cuando me senté en presencia de este hombre grande, dulce y amable, el profeta del Señor. Me dijo que esto traería una gran alegría a mi vida, la maravillosa asociación con los Hermanos, y que mi vida y tiempo serían dedicados como siervo del Señor y que en lo futuro pertenecería a la Iglesia y al mundo entero. Me dijo otras cosas, pero yo estaba tan sobrepasado que no puedo recordar los detalles, pero recuerdo que me rodeó con sus brazos y me aseguró que el Señor me amaría y tendría la confianza de la Primera Presidencia y El Consejo de los Doce.

La entrevista duró sólo unos minutos, y cuando me fui le dije que amaba a la Iglesia, que lo sostenía a él y a los demás miembros de la Primera Presidencia y del Consejo de los Doce,

Con mucho gusto daría mi tiempo, mi vida y todo lo que poseía a este servicio. Me dijo que podía llamar a la Hermana Hunter y decirle.… Volví al Hotel Utah y llamé a Claire en Provo, pero cuando contestó el teléfono casi no podía hablar.[21]

Después que su nombre había sido presentado en la conferencia general y había sido sostenido, el Presidente Clark lo invitó a ocupar su lugar con los Doce en el estrado. Recordó: "Mi corazón se aceleró al subir los peldaños. El élder Elder Hugh B. Brown se mudó para hacerme sitio y tomé mi lugar como el duodécimo miembro del Quórum. Sentí los ojos de todo el mundo fijo mí, así como el peso del mundo sobre mis hombros. A medida que avanzaba la conferencia me sentía muy incómodo y me preguntaba si alguna vez podría sentir que este era mi lugar adecuado."[22]

El 15 de octubre de 1959, a los 51 años, Howard W. Hunter fue ordenado Apóstol por El presidente President David O. McKay. Posteriormente expresó sus sentimientos acerca de ser un Apóstol.

El élder Hunter nunca ha dejado de maravillarse por el privilegio que tiene cada semana de reunirse con la Primera Presidencia y los Doce en el templo para participar de la Santa Cena, pedir al Señor en oración y discutir los asuntos del reino del Señor. "La reunión de este concilio en el templo es una experiencia que hace que uno sienta que debe ser mejor y hacerlo mejor", escribió en 1967. "Hay amabilidad, unidad y amor."

Muchas de estas expresiones están templadas con sentimientos de admiración al ser tan bendecido, como estas: "Sentarme con este grupo de mis Hermanos me hace sentir mis insuficiencias, pero siempre me traen la resolución para esforzarme más." "Tiempos como estos me hacen sentir mi propia insignificancia e indignidad para que se me permitan tales privilegios y bendiciones." "Estas reuniones son lo más destacado de mi vida y siempre me dejan con la pregunta de por qué fui elegido y por qué tengo el privilegio de sentarme en este consejo." Hoy, como lo he hecho en ocasiones anteriores, sintiendo mis insuficiencias me pregunto por qué fui seleccionado para esta asociación. Siempre resuelvo tratar de hacer lo mejor y esforzarme por ser el ejemplo de lo que se espera."[23]

MUCHAS RESPONSABILIDADES MUNDIALES

Cuarenta Años de Viajar Constantemente

Las asignaciones del élder Hunter en el Quórum de los Doce incluían su nombramiento en enero de 1964 como presidente de la Sociedad Genealógica y el 24 de enero de 1970 como Historiador de la Iglesia.

Estas y otras responsabilidades le llevaron alrededor del mundo. La lista siguiente de destinos en los años 60 a través de los años 80 ilustra la extensión de esas asignaciones y viajes.

<u>México, América Central y América del Sur:</u>

—	1961	26 de enero	Nombrado en el consejo de la Fundación Arqueológica del Nuevo Mundo UBY.
—	1964	Diciembre	Visitó las ruinas mayas en México y Guatemala.
—	1967	Febrero	Visitó las ruinas mayas en México y Guatemala.
—	1967	Mayo	Nuevamente visitó las ruinas mayas en varios sitios.
—	1968	Abril	Visitó más ruinas mayas en México y Guatemala.
—	1971		Visitó a miembros y misioneros en América del Sur.
—	1980	8 de marzo	Visitó las ruinas mayas en El Mirador en Guatemala.

<u>Polinesia y el Pacífico Sur:</u>

—	1965	13 de enero	Nombrado presidente del Centro Cultural Polinesio.
—	1966	18 de febrero	Visitó y habló en el Centro Cultural Polinesio.
—	1968	Septiembre	Organizó la Estaca Nuku'alofa y la visitó con el rey de Tonga.
—	1969		Visitó Fiji.
—	1974		Visitó Samoa para organizar la Estaca Upolo.
—	1976	4 de julio	Visitó el Centro Cultural Polinesio para la construcción de dedicatorias.
—	1983	Junio	Visitó Tonga para organizar una nueva estaca.

<u>Europa:</u>

—	1966	Septiembre	Visitó Hammerfest, Noruega.
—	1967	Septiembre	Visitó Polonia para dar una conferencia detrás de la Cortina de Hierro.
—	1970	Septiembre	Visitó Polonia para buscar los registros de los antepasados de Claire.
—	1972		Visitó Rumania designado a la Sociedad Genealógica.
—	1972	Abril	Visitó Dinamarca para buscar registros de sus ancestros daneses.
—	1987	Enero	Visitó Europa designado a la conferencia.
—	1989	Septiembre	Visitó la Abadía de Paisley en Escocia, donde se cree que el abuelo de Howard, John Hunter, fue bautizado como miembro de la Iglesia de Escocia.

— 1975		Visitó el Medio Oriente, incluyendo Irán e Israel.
— 1979	24 de Oct.	Asistió a la dedicación del Jardín Conmemorativo Orson Hyde.
— 1983	Mayo	Visitó China con los bailarines de Folclore Internacional de la UBY, incluyendo un hotel donde su banda tocaba cuando tenía 19 años.
— 1983	Octubre	Inspeccionó el sitio seleccionado para el Centro de Jerusalén de la UBY.
— 1987	Enero	Visitó al alcalde de Jerusalén Teddy Kolek en relación al Centro dela UBY en Jerusalén.
— 1989	16 de mayo	Dedicó el Centro de Jerusalén de la UBY.

En 1990, los primeros datos genealógicos sobre discos compactos fueron enviados a los centros de historia familiar de estaca. Esto marcó un punto de inflexión clave en cómo se haría la investigación genealógica. La gente ahora podría hacer su trabajo en los centros regionales en lugar de tener que viajar a Salt Lake City o esperar semanas para que se les enviaran los materiales. Eventualmente, la informatización de este trabajo se extendería a las casas individuales de los miembros de todo el mundo.

GOLPEAN LAS ADVERSIDADES

Esta lista de responsabilidades y viajes se vuelve aún más impresionante cuando consideramos los muchos problemas de salud que El élder Hunter experimentó durante esos mismos años. La mayoría de los miembros están familiarizados con los desafíos de salud que El presidente President Spencer W. Kimball enfrentó a lo largo de su vida. Pero la mayoría no son conscientes de que El élder Howard W. Hunter se enfrentó a más de ellos, tanto en número como en diversidad.

En 1980, a los 72 años, El élder Hunter desarrolló un tumor que fue removido el 4 de junio. Resultó ser benigno. Pero siete semanas después, el 23 de julio, sufrió un ataque al corazón. No queriendo retrasar su servicio al Maestro, siguió viajando.

El 9 de octubre de 1983, su esposa Clara Mayo de (Claire) Jeffs moría después de sufrir complicaciones por hemorragias cerebrales. A pesar de sufrir por la muerte de Claire, El élder Hunter siguió viajando y sirviendo, incluyendo la inspección del sitio seleccionado para el Centro de Jerusalén de la UBY a pocas semanas del fallecimiento de su esposa.

El 12 de octubre de 1986, sus problemas cardíacos habían empeorado y se sometió a una cirugía de un bypass cuádruple. Pero siguió trabajando y viajando, visitando Europa y Jerusalén el siguiente enero.

El 8 de abril de 1987, fue operado de una úlcera sangrante.

El 4 de junio de 1987, tuvo una cirugía de espalda para aliviar el dolor causado por el deterioro de los nervios como resultado de la diabetes. Como consecuencia, quedó con un uso limitado de sus piernas.

El 1 de abril de 1989, mientras hablaba en la conferencia general, el presidente Hunter cayó hacia atrás desde el púlpito. En su diario registró lo que pasó: "Hoy iba bien hasta la mitad de mi charla, cuando perdí el equilibrio y caí hacia atrás en un arreglo de flores y aterricé sobre mi espalda en el podio del conductor del coro. El Presidente Monson, Boyd Packer y Dale Springer [un guardia de seguridad de la Iglesia] rápidamente me levantaron y continué mi charla."[24] El presidente Elder Boyd K. Packer dijo que el Presidente Hunter" se rompió… tres costillas en esa caída."[25]

El 12 de abril de 1990, a los 82 años, el Presidente Hunter se casó con Inis Bernice Egan en el Templo de Salt Lake.

En diciembre de 1990 fue hospitalizado por una neumonía. Dos años más tarde fue tratado por una hemorragia gastrointestinal. En mayo de 1993, las complicaciones de la cirugía de la vesícula biliar le pusieron en un coma de tres semanas. Y en enero de 1995, fue hospitalizado durante varios días debido al agotamiento, y sus médicos encontraron que su cáncer de próstata había recurrido y se extendía a sus huesos.

Howard mostró gran humildad frente a todo este dolor y sufrimiento. A propósito, evitó algunos medicamentos que el sentía que podían perjudicar su capacidad para funcionar plenamente en su llamado, y sólo tomaba medicamentos sin receta. Dijo: "Los Profetas y Apóstoles de la Iglesia se han enfrentado… a dificultades personales. Reconozco que me he enfrentado a unas pocas.… cuando estas experiencias nos humillan y nos refinan y nos enseñan y nos bendicen, pueden ser poderosos instrumentos en manos de Dios para hacernos mejores personas, hacernos más agradecidos y más cariñosos, más considerados con los demás en sus propios momentos de dificultad."[26]

PRESIDENTE DE LOS DOCE

El 2 de junio de 1988, El élder Howard W. Hunter se convirtió en Presidente del Quórum de los Doce Apóstoles. Aunque sólo había pasado un año desde su operación de espalda y la debilitante pérdida del uso completo de sus piernas, estaba decidido (como siempre) a que nada interfiera con el cumplimiento de sus deberes. Ya había estado sirviendo como Presidente Interino de los Doce desde el 10 de noviembre de 1985, por lo que era muy consciente del alcance de esas responsabilidades.[27]

Misiones y Más Viajes

En el verano de 1990, se inauguraron misiones en Europa oriental: Checoslovaquia, Hungría y Polonia.

El 26 de noviembre de 1990, a los 83 años, fue honrado por el Colegio de Abogados de California y el Noveno Tribunal de Circuito en California.

En febrero de 1992, a los 84 años, visitó el Centro de Jerusalén BYU con El élder y la Hermana Faust. Más tarde ese año, fue tratado por hemorragia gastrointestinal.

El 7 de febrero de 1993, mientras hablaba en el Centro Marriott de la UBY en Provo, Utah, el Presidente Hunter fue enfrentado por un intruso amenazador. Howard permaneció notablemente tranquilo durante el encuentro, mostrando el tipo de sabiduría que sólo viene con la experiencia. El problemático joven fue arrestado y el presidente Hunter siguió tranquilamente con sus comentarios.

PRESIDENTE DE LA IGLESIA

Sostenido como Nuestro 14º Presidente

El 5 de junio de 1994, a la edad de 86 años, El élder Howard W. Hunter fue ordenado el 14vo presidente de la iglesia después de la muerte del presidente President Ezra Taft Benson. Seleccionó como sus consejeros a El President Gordon Hinckley y El President Thomas S. Monson—los dos hombres que eventualmente lo sucederían. La nueva Primera Presidencia lo apoyó el 1 de octubre de 1994, durante la conferencia general.

Su Tema Dignidad del Templo

En la rueda de prensa que presentó al Presidente Hunter como el nuevo profeta, presentó el tema que se volvería familiar durante su corta permanencia como Presidente de la Iglesia. Invitó "a los miembros de la Iglesia a establecer el templo del Señor como el gran símbolo de su membresía y el lugar sobrenatural para sus convenios más sagrados. Sería el más profundo deseo de mi corazón que todos los miembros de la Iglesia fueran dignos del templo. Espero que cada miembro adulto sea digno de, y lleve, una recomendación actual del templo, incluso si la proximidad a un templo no permite el uso inmediato o frecuente del mismo. Seamos un pueblo que asistir al templo y un pueblo amante del templo."[28]

El presidente Hunter volvió atraer este tema al concluir la conferencia general de octubre ese mismo año. De pie en el púlpito (un gran espectáculo de valor en sí mismo), este frágil y apacible profeta señaló a los miembros de la Iglesia hacia la Casa del Señor, recordándonos que sí importa dónde estamos casados y que las ordenanzas del templo son necesarias para nuestra eventual exaltación. "Hagamos del templo, del culto en el templo y de los pactos del templo y del matrimonio en el templo, nuestra última meta terrenal y la suprema experiencia mortal."[29]

Su Tema Centrado en Cristo

Durante una conferencia de prensa celebrada el 6 de junio de 1994, al día siguiente de su ordenación y reservado como Presidente de la Iglesia, invitó a "todos los miembros de la Iglesia a vivir con cada vez más atención en la vida y el ejemplo del Señor Jesucristo, Especialmente el amor, la esperanza y la compasión que Él mostró. Ruego que nos tratemos con más amabilidad, más cortesía, más humildad, paciencia y perdón. Tenemos grandes expectativas el uno del otro, y todos pueden mejorar.

Nuestro mundo clama por una vida más disciplinada de los mandamientos de Dios. Pero la manera en que la debemos alentar, como el Señor le dijo al Profeta José en las profundidades invernales de la Cárcel Liberty, es "por persuasión, por longanimidad, benignidad, mansedumbre y por amor sincero;... sin hipocresía y sin malicia" (D. y. C. 121:41–42)."[30]

"A aquellos que han transgredido o han sido ofendidos, les decimos, volveditado por A los que están heridos y luchando y temerosos, les decimos, dejadnos estar con vosotros y secad vuestras lágrimas. A los que están confundidos y asaltados por el error de todos lados, les decimos, venid al Dios de toda verdad y a la Iglesia de revelación continua. Volveditado por Quedaos con nosotros. Continuad. Sed creyentes. Todo está bien, y todo estará bienero de Celebrad la mesa que se os presentará en La Iglesia de Jesucristo de los Santos de los Últimos Días y tratad de seguir al Buen Pastor que la ha proporcionado. Tened esperanza, ejerced la fe, recibid y dad, la caridad, el amor puro de Cristo."[31]

Acciones Finales como Presidente

Más tarde ese mismo mes, el 9 de octubre de 1994, el Presidente Hunter dedicó el Templo de Orlando Florida. Dos meses más tarde, el 11 de diciembre, presidió la creación de la segunda estaca de la Iglesia: la Estaca Contreras de la Ciudad de México. Un mes después, aunque obviamente frágil y en una silla de ruedas, dedicó el Templo Abundancia, Utah el 8 de enero de 1995. Sería su último acto público como Presidente de la Iglesia.

El 12 de enero de 1995, el Presidente Hunter fue hospitalizado durante varios días por agotamiento. Durante su estancia los médicos descubrieron que su cáncer de próstata había recurrido y se extendía a los huesos. Menos de dos meses después, el 3 de marzo, moría en casa a los 87 años después de haber servido sólo nueve meses como Presidente de la Iglesia.

El presidente Hunter fue el primer Presidente de la Iglesia nacido en el siglo XX y cumplió el mandato más corto como Presidente, durante nueve meses. Sin embargo, en esos pocos meses estableció un tono de reconciliación invitando a todos los miembros de la Iglesia que se habían separado, que tal vez se habían sentido ofendidos o heridos de cualquier manera a regresar a la Iglesia. Sus invitaciones públicas fueron acompañadas por su ejemplo personal porque invitó a todos los que lo conocieron a convertirse en su amigo.

A lo largo de su vida, viajó casi continuamente, incluso cuando su salud hizo de dicho viaje un inconveniente. Posiblemente fue el Apóstol que más viajó desde El President David O. McKay, coronando sus viajes apenas doce semanas antes de su muerte presidiendo la creación de la segunda estaca de la Iglesia: la Estaca Contreras de la Ciudad de México.

Dondequiera que iba, se tomaba tiempo para reunirse con los Santos personalmente y para bendecirlos con su sabiduría y consejo. Sus sermones siempre fueron dados con un espíritu de amor. Nunca fue exigente ni arrogante. Su mensaje a los Santos, tanto en sus sermones como con su ejemplo personal, era vivir una vida semejante a la de Cristo. Un artículo de *Los Estudios de la UBY* de 1995 señalaba que el Presidente Hunter había hablado más sobre temas evangélicos del Salvador y del Nuevo Testamento que cualquier otra Autoridad General hasta ese momento.[32] Pidió a los miembros que fueran más amables, tolerantes, benevolentes y más parecidos a Cristo. John Huntsman, un amigo cercano de muchos años, dijo en el funeral del presidente Hunter: "Gracias, querido Presidente, por amar al Salvador tan profundamente. Pasaste tu vida aprendiendo de Él y hablando de Él. Él era tu mejor amigo. Nos ayudaste a acercarnos a nuestro hermano mayor. Tú comprendías tan bien la expiación de Cristo y la importancia de la Resurrección. Te volviste muy semejante a Él."[33]

TESTIMONIO DEL PRESIDENTE HUNTER

Al convertirse en Presidente de la Iglesia, El élder Howard W. Hunter dijo:

Mi mayor fortaleza a través de estos últimos meses ha sido mi testimonio permanente de que esta es la obra de Dios y no de los hombres. Jesucristo es la cabeza de esta iglesia. Él lo dirige en palabra y obra. Me siento honrado más allá de la expresión de ser llamado por un tiempo para ser un instrumento en Sus manos para presidir Su iglesia. Pero sin el conocimiento de que Cristo es la cabeza de la Iglesia, ni yo ni ningún otro hombre podría soportar el peso del llamado que ha llegado. Al asumir esta responsabilidad, reconozco la milagrosa mano de Dios en mi vida…. como mis Hermanos antes de mí, recibo con este llamado la seguridad de que Dios dirigirá a Su profeta. Yo acepto humildemente el llamado a servir…. Mis hermanos y hermanas, testifico que las impresiones del Espíritu me han pesado considerando estos asuntos. Nuestro Eterno Padre Celestial vive. Jesucristo, nuestro Salvador y Redentor hoy guía a Su iglesia por medio de Sus profetas. Invoco Sus bendiciones sobre vosotros en vuestros hogares, en vuestro trabajo, en vuestro servicio en Su iglesia. Yo prometo mi vida, mi fuerza, y la completa medida de mi alma para servirle. Que tengamos oídos para oír y corazones para sentir, y el coraje de seguir, orar humildemente en el nombre de Jesucristo. Amén.[34]

Hablando de la vida del Salvador, el Presidente Hunter dijo:

Lo… más grande que Él hizo fue establecer un ejemplo perfecto de vida correcta, de bondad, misericordia y compasión, para que todo el resto de la humanidad supiera vivir, supiera cómo mejorar y supiera cómo ser más divino. Sigamos al Hijo de Dios en todas las formas y en todos los caminos de la vida. Hagamos de él nuestro ejemplar y nuestro guía. Debemos en cada oportunidad preguntarnos, "¿Qué haría Jesús?" Y luego ser más valientes para actuar sobre la respuesta. Debemos seguir a Cristo, en el mejor sentido de esa palabra. Debemos estar sobre Su obra como Él lo estuvo sobre la de Su Padreo. Debemos tratar de ser como Él, así como los niños de la Primaria cantan: "Intenta, intenta, intenta."[35]

En la medida en que nuestros poderes mortales lo permitan, debemos hacer todo lo posible por ser como Cristo, el único ejemplo perfecto y sin pecado que este mundo ha visto jamás… Debemos conocer a Cristo mejor de lo que le conocemos; Debemos recordarle más a menudo de lo que Lo recordamos; Debemos servirle más valientemente de lo que le servimos. Entonces beberemos el agua que brota para vida eterna y comeremos el pan de vida. ¿Qué clase de hombres y mujeres deberíamos ser? Así como Él es.[36]

El Testimonio Personal del Presidente Hunter del Salvador era cierto:

Como uno llamado y ordenado para dar testimonio del nombre de Jesucristo a todo el mundo, testifico… que Él vive. Él tiene un cuerpo glorificado e inmortal de carne y hueso. Él es el Hijo Unigénito del Padre en la carne. Él es el Salvador, la Luz y la Vida del mundo. Siguiendo a su Crucifixión y muerte, Él se apareció como un ser resucitado a María, a Pedro, a Pablo y a muchos otros. Se mostró a los nefitas. Él se ha mostrado a José Smith, el niño profeta, y a muchos otros en nuestra dispensación. Esta es su iglesia; Él la dirige hoy.[37]

Notas:

1. Eleanor Knowles, *Howard W. Hunter* (1994), pág. 16. Esta importante y bien escrita biografía es la fuente principal de la información contenida en este capítulo sobre El presidente Howard W. Hunter. Agradezco a la hermana Knowles por su cuidadosa investigación y su hermosa escritura, que he citado una y otra vez en la preparación de este breve resumenero de

2. *Howard W. Hunter*, pág. 18.

3. *Howard W. Hunter*, págs. 29–30.

4. *Howard W. Hunter*, págs. 43–44.

5. *Howard W. Hunter*, págs. 39–40.

6. *Howard W. Hunter*, pág. 46.

7. *Howard W. Hunter*, págs. 57, 336.

8. *Howard W. Hunter*, págs. 60–61.

9. *Howard W. Hunter*, págs. 70–71.

10. *Howard W. Hunter*, pág. 71.

11. *Howard W. Hunter*, págs. 79–80.

12. *Howard W. Hunter*, págs. 80–81.

13. "33 años en S. California formó la vida del líder SUD", *Noticias de Deseret*, 4 de marzo de 1995.

14. *Howard W. Hunter*, pág. 81.

15. *Howard W. Hunter*, pág. 83.

16. *Howard W. Hunter*, pág. 87.

17. *Howard W. Hunter*, págs. 87–88.

18. *Howard W. Hunter*, pág. 94.

19. James E. Faust, "El Camino de un Águila", revista *Liahona*, agosto de 1994, pág. 8.

20. *Howard W. Hunter*, pág. 135.

21. Citado en *Howard W. Hunter,* págs. 144–45.

22. "El Camino de un Águila", pág. 9.

23. *Howard W. Hunter*, págs. 226–27.

24. Citado en *Howard W. Hunter*, pág. 285.

25. "El presidente Howard W. Hunter—Él aguantó hasta el final", revista *Liahona*, abril de 1995, pág. 29.

26. "Un Ancla para el Alma de los Hombres", en *Universidad del Brigham Young 1992–93 Discursos Devocionales y al Calor del Fuego* (1993), págs. 68–69. Estaca decimonoveno lado del fuego, Centro Marriott, Universidad del Brigham Young, 7 de febrero de 1993. Véase también revista *Liahona*, octubre de 1993, pág. 71.

27. *Howard W. Hunter*, pág. 287.

28. Citado en Jay M. Todd, "Presidente Howard W. Hunter: Decimocuarto Presidente de la Iglesia", revista *Liahona*, julio de 1994, pág. 5.

29. En Informe de la Conferencia, octubre de 1994, pág. 118; o revista *Liahona*, noviembre de 1994, pág. 88.

30. Citado en Todd, revista *Liahona*, julio de 1994, págs. 4–5.

31. Citado en Todd, revista *Liahona*, julio de 1994, pág. 5.

32. *Estudios en la UBY* (1995), vol. 34 no. 3}; citado en *Las Enseñanzas de Howard W. Hunter*, editores Clyde J. Williams (1997), pág. xii.

33. En "Una Vida Notable y Desinteresada", revista *Liahona*, abril de 1995, pág. 25.

34. En Informe de la Conferencia, octubre de 1994, págs. 6–9; o revista *Liahona*, Noviembre de 1994, págs. 7–9.

35. *Cancionero Infantil*, pág. 55.

36. En Informe de la Conferencia, abril de 1994, pág. 84; o revista *Liahona*, mayo de 1994, pág. 64.

37. En Informe de la Conferencia, abril de 1988, pág. 19; o revista *Liahona*, mayo de 1988, pág. 17.

El Presidente Gordon B. Hinckley, Pt. 1: Familia y Administración de Medios

[1995–1999]

UN TALENTOSO ADMINISTRADOR

Tal vez ningún Presidente de la Iglesia llegó al cargo con más experiencia administrativa de la Iglesia que El president Gordon B. Hinckley. Comenzando inmediatamente después de regresar de su misión de joven, trabajó casi continuamente en la sede de la Iglesia, junto con algunos de los más grandes apóstoles y profetas de nuestra dispensación. Esta preparación se demostró en su perspicacia administrativa y su gestión profesional de las relaciones con los medios de comunicación. También se demostró cuando viajó extensamente alrededor del mundo, visitando a los Santos y encontrando los desafíos de un crecimiento rápido.

El presidente James E. Faust dijo: "No conozco a ningún hombre que haya llegado a la Presidencia de esta Iglesia que esté tan bien preparado para la responsabilidad. El Presidente Hinckley ha conocido y trabajado con cada Presidente de la Iglesia desde El president Heber J. Grant a El president Howard W. Hunter, y ha sido tutorado por todos los grandes líderes de nuestro tiempo, uno a uno, de una manera muy personal."[1]

UN NOBLE PARENTESCO

Uno de los antepasados de El president Gordon B. Hinckley fue Thomas Hinckley, que sirvió por un tiempo como gobernador de la colonia de Plymouth, Massachusetts (1681–92). Su abuelo, Ira Nathaniel Hinckley, perdió a sus padres y, con su hermano, viajó de Michigan a Springfield, Illinois, para vivir con sus abuelos. Cuando era un adolescente, caminó a Nauvoo y se encontró con el Profeta José Smith.[2]

Ira N. Hinckley

Ira N. Hinckley se unió a la Iglesia en 1843 a la edad de catorce años. Llegó al Valle del Lago Salado en 1850 y se estableció con su familia en Salt Lake City. Durante los siguientes 17 años hizo numerosos viajes al este para ayudar a otros Santos a migrar hacia el oeste. Él también se alistó en el ejército para guardar la línea telegráfica transcontinental durante la guerra civil. Entonces, en 1867, El presidente Brigham Young envió a Ira una carta, pidiéndole que aceptara una nueva asignación:

"Queremos conseguir una persona buena y adecuada para asentarse y hacerse cargo del Rancho de la Iglesia en Cove Creek, Condado de Millard. Tuo nombre ha sido sugerido para esta posición. Como está a cierta distancia de cualquier otro asentamiento, un hombre de buen juicio práctico y experiencia es necesario para llenar el lugar. Cove Creek está en la carretera principal a nuestro Dixie, Pahranagat, y Baja California, unos 42 kilómetros al sur de Fillmore y a unas 22 millas al norte de Beaver. Si piensas que puedes tomar esta misión, debes esforzarte por ir al sur con nosotros. Esperamos comenzar una semana desde el próximo lunes. No es sensato que lleves a tu familia allí hasta que se construya el fuerte…. Si llegas a ir, háznoslo saber por el portador de esta carta, y cuando empieces, ven con el medio de transporte para acompañarnos.

… Ira envió al correo de vuelta con una simple respuesta: "Dile al presidente que estaré allí el día señalado con el transporte preparado para ir."[3]

Cove Fort en 1867

Ira Hinckley dejó a su familia en Coalville, Utah, mientras se estaba completando el fuerte en Cove Creek. Durante su ausencia, su esposa Angeline dio a luz a un hijo, Bryant Stringham Hinckley (padre de El president Gordon B. Hinckley), el 9 de julio de 1867. Ira trasladó a su familia a Cove Fort en noviembre de 1867 y durante los siguientes diecisiete años les proporcionaron comida, refugio y seguridad a los viajeros que pasaban por la zona en su camino hacia el norte o el sur a través del sur de Utah.

Bryant S. Hinckley devino autor de libros escritos para los Santos de los Últimos Días y también líder cívico y educador. Su hermano, Alonzo A. Hinckley (el tío de El president Gordon B. Hinckley), era Apóstol. Y ambos eran hermanos de Edwin S. Hinckley, un educador de la Universidad El president Brigham Young. Bryant S. Hinckley fue el director de la escuela secundaria de los Santos de los Últimos Días en Salt Lake City, y, durante la primera década del siglo XX, el jefe de la Escuela de Negocios de los SUD.

Bryant Hinckley se casó cuatro veces, sus primeras tres esposas murieron durante su vida. Después de la muerte de su primera esposa, Christina Johnson, en 1908, sintió que sus hijos necesitaban una madre y que él necesitaba una compañera. En ese momento, era el director de la Colegio Universitario de Negocios de los SUD, y en la facultad estaba una talentosa profesora llamada Ada Bitner, que enseñaba inglés y taquigrafía. Después de un corto cortejo, Bryant y Ada se casaron en el templo de Salt Lake el 4 de agosto de 1909. El president Gordon B. Hinckley nació menos de un año después, el 23 de junio de 1910.

Bryant S. Hinckley

Quince años atrás, Bryant había sido prometido en una bendición patriarcal: "No sólo serás grande tú mismo, sino tu posteridad será grande, de tus lomos saldrán estadistas, profetas, sacerdotes y reyes al Dios Altísimo. El sacerdocio nunca se apartará de tu familia, no nunca. Tu posteridad no tendrá fin… y el nombre de Hinckley será honrado en toda nación debajo del cielo."

El día que Bryant y Ada se alegraron con la llegada de su primer hijo, no podían haber previsto que en gran medida cumpliría esa profecía. Nacido el 23 de junio de 1910, y dado el nombre de soltera de su madre, sería conocido como Gordon Bitner Hinckley.[4]

NACIMIENTO E INFANCIA DEL GORDON B. HINCKLEY

Infancia en Salt Lake City

Como se mencionó anteriormente, El president Gordon B. Hinckley nació el 23 de junio de 1910, de Bryant S. Hinckley y Ada Bitner, en su casa de 840 East 700 South en Salt Lake City, Utah.

Cuando pequeño Gordon era bastante frágil; tenía dolores de oído, asma, alergias y otras enfermedades. Las reversiones atmosféricas que cubren Salt Lake City durante el invierno atrapaban un denso humo de carbón en la cuenca del valle. Este no era bueno para la salud de Gordon. A los dos años contrajo una severa tos ferina, y un médico le dijo a Ada que el único remedio era el "aire límpido del campo." Su familia compró una granja de cinco acres en lo que entonces era el área rural de East Millcreek en Salt Lake Valley y construyó una pequeña casa de verano.[5] Fue allí en esa finca familiar que El president Gordon B. Hinckley aprendió a trabajar duramente y desarrolló habilidades como carpintero y personal de mantenimiento.

Gordon B. Hinckley, 1 año

En 1915, cuando El presidente Joseph F. Smith aconsejó a las familias de los Santos de los Últimos Días que celebraran fiestas familiares regulares, los padres de Gordon obedecieron. Gordon tenía sólo 5 años cuando comenzaron estas reuniones, pero las recordaría con cariño en años posteriores y creía que el fundamento espiritual de su familia descansaba en esas sencillas reuniones caseras.

De niños, éramos unos miserables intérpretes. Podríamos hacer todo tipo de cosas juntos cuando jugábamos, pero que uno de nosotros tratara de cantar un solo ante el otro era como pedir que un helado se mantuviera duro en la estufa de la cocina. Al principio nos reímos y hacíamos lindos comentarios sobre la actuación del otro. Pero nuestros padres persistían. Cantábamos juntos. Rezábamos juntos. Escuchábamos tranquilamente mientras Madre leía historias de la Biblia y del Libro de Mormón. Padre nos contaba historias de memoria….

De esos sencillos pequeños encuentros celebrados en el salón de nuestra vieja casa, llegaba algo indescriptible y maravilloso. Nuestro amor por nuestros padres se fortalecía. Nuestro amor por los hermanos y hermanas mejoraba. Nuestro amor por el Señor aumentaba. El aprecio por la bondad simple crecía en nuestros corazones. Estas cosas maravillosas ocurrieron porque nuestros padres siguieron el consejo del Presidente de la Iglesia. De eso he aprendido algo tremendamente significativo.[6]

El 28 de abril de 1919, a los 8 años, El president Gordon B. Hinckley fue bautizado por su padre.

Una Bendición Patriarcal a los Once

En 1921, a la inusual edad de 11 años, Gordon recibió su bendición patriarcal. Recordaría en 1995:

Gordon B. Hinckley, 11 años

Yo tuve una bendición patriarcal cuando era un niño de once años. Un convertido a la Iglesia [Thomas E. Callister] que había venido de Inglaterra, que era nuestro patriarca, puso sus manos sobre mi cabeza y me dio una bendición. Creo que nunca leí esa bendición hasta que llegué a Inglaterra en 1933. La saqué de mi baúl y la leí cuidadosamente y la leía de vez en cuando mientras estuve en mi misión en Inglaterra.

No quiero decirles todo en esa bendición, pero ese hombre habló con una voz profética. Dijo, entre otras cosas, que levantaría mi voz como testimonio de la verdad en las naciones de la tierra. Cuando fui liberado de mi misión, hablé en Londres en una reunión de testimonio en el Ayuntamiento de Battersea. El próximo domingo hablé en Berlín. El domingo siguiente hablé en París. El domingo siguiente hablé en Washington, D. C. Volví a casa cansado y débil, delgado y c fatigado,… y dije: "La he tenido. He viajado hasta donde quiero viajar. Nunca quiero volver a viajar. "Y pensé que había cumplido esa bendición. Había hablado en cuatro de las grandes capitales del mundo, Londres, Berlín, París y Washington, D. C. Pensé que había cumplido esa parte de esa bendición.

Digo con gratituD. y C.on espíritu de testimonio… que desde entonces ha sido mi privilegio, por la providencia y la bondad del Señor, dar testimonio de esta obra y de la vocación divina del Profeta José Smith en todas las tierras de Asia, por lo menos tenéis, Japón, Corea , Tailandia, Taiwán, Filipinas, Hong Kong, Vietnam, Birmania, Malasia, India, Indonesia, Singapur,. He testificado en Australia, Nueva Zelanda, las islas del Pacífico, las naciones de Europa, todas las naciones de América del Sur y todas las naciones de Oriente en testimonio de la divinidad de esta obra.[7]

Testimonio de Adolescente

En 1922, a la edad de 12 años, fue ordenado diácono. Poco después, mientras asistía a una reunión del sacerdocio de estaca, recibió un testimonio espiritual que José Smith era un profeta de Dios. Sentado en la fila de atrás, fue tocado cuando oyó a la congregación levantarse y cantar con poder: "¡Alabado sea el hombre que habló con Jehová! / Jesús ungió ese Profeta y Vidente."[8]

El Presidente Hinckley reflexionó después: "Algo ocurrió en mi interior al escuchar a esos hombres de fe cantar. Me tocaron el corazón. Me dio una sensación que era difícil de describir. Sentí un gran poder emotivo, emocional y espiritual. Nunca lo había tenido antes en términos de ninguna experiencia de la Iglesia. Llegó a mi corazón la convicción de que el hombre de quien cantaban era realmente un profeta de Dios."[9]

El élder Boyd K. Packer señalaría más tarde: "Aún hoy,… [El presidente Hinckley] no puede contar esa experiencia sin deslizar un dedo debajo de sus gafas para evitar que una lágrima ruede por su mejilla."[10]

EDAD ADULTA

Educación Universitaria

En 1928, a la edad de 18 años, comenzó sus estudios en inglés en la Universidad de Utah. Al año siguiente, golpeó la Gran Depresión, trayendo consigo una atmósfera de cinismo. Esto impregnó sus estudios y comenzó a afectar su fe. No obstante, el testimonio que había recibido a los 12 años durante la reunión del sacerdocio de estaca "permaneció conmigo y se convirtió en un baluarte al que podía aferrarme durante esos años muy difíciles."[11]

Muerte de Su Madre

El 9 de noviembre de 1930, la madre de Gordon moría de cáncer. En ese momento tenía 20 años. Más tarde recordaría sobre la muerte de su madre:

Ada Bitner Hinckley

A los cincuenta años, desarrolló cáncer. [Mi padre] era solícito a sus necesidades. Recuerdo nuestras oraciones familiares, con sus lúgubres súplicas y nuestras lágrimas.

Por supuesto, entonces no había seguro médico. Habría gastado cada dólar que poseía para ayudarla. De hecho, gastó mucho. Él la llevó a Los Ángeles en busca de una mejor atención médica. Pero fue en vano.

Eso fue hace sesenta y dos años, pero recuerdo con claridad a mi padre, el corazón quebrantado, mientras salía del tren y saludaba a afligidos sus hijos. Caminamos solemnemente por la plataforma de la estación hasta el automóvil de equipaje, donde el ataúd fue descargado y tomado por el funerario. Llegamos a conocer aún más la ternura del corazón de nuestro padre. Esto ha tenido un efecto en mí toda mi vida.

También llegué a conocer algo de la muerte—la devastación absoluta de los hijos que perdieron a su madre-, pero también de la paz sin dolor y la certeza de que la muerte no puede ser el fin del alma.12

El president Gordon B. Hinckley se graduó en la Universidad de Utah el 4 de junio de 1932, a la edad de 21 años. Inmediatamente hizo planes para continuar su educación estudiando periodismo en la Universidad de Columbia en la ciudad de Nueva York.

SERVICIO MISIONERO

Llamado a Servir en Gran Bretaña

Esos planes cambiaron cuando recibió un llamado a la misión en Gran Bretaña en 1933. Entonces tenía 22 años. Durante la Depresión relativamente pocos podían permitirse servir en una misión, y aceptar un llamado representaba un sacrificio sustancial tanto para el misionero como para su familia. A mi propio padre (que nació el mismo año que el presidente Hinckley) se le negó la oportunidad por esta misma razón. Gordon aceptó su misión con fe, y mientras navegaba en su camino a Inglaterra, "quizás por primera vez."leyó su bendición patriarcal

Llegó a Inglaterra en julio de 1933 (a la edad de 23 años), y fue asignado a Preston, donde tuvo poco éxito. Sensible al grado de sacrificio que su familia estaba haciendo para mantenerlo en su misión, escribió a su casa que no quería perder su tiempo ni el dinero de su padre.

Su padre respondió:

En su misión, 24 años

"Querido Gordon, tengo tu reciente carta. Sólo tengo una sugerencia: Olvídate y vete a trabajar. "El sabio consejo de su padre llevó al El élder Hinckley a buscar la soledad de su habitación y derramar su corazón al Señor. Años más tarde, indicaría: "Ese día de julio de 1933 fue mi día de decisión. Una nueva luz entró en mi vida y una nueva alegría en mi corazón. La niebla de Inglaterra pareció levantarse y vi la luz del sol. Todo lo bueno que me ha pasado desde entonces, puede remontarse a la decisión que tomé ese día en Preston.[13]

Más tarde, en su misión, Gordon se trasladó a Londres donde se convirtió en asistente del élder Joseph F. Merrill, miembro del Quórum de los Doce Apóstoles, que presidía sobre todas las misiones de Europa. Reconociendo sus habilidades para la escritura y las relaciones públicas, el Presidente Merrill le dio a Gordon la responsabilidad de las publicaciones de la misión. También le pidió que desarrollara una serie de películas para que los misioneros las usaran en la enseñanza del evangelio.

El élder Joseph F. Merrill

Trabajar estrechamente con este respetado líder de la Iglesia le dio a Gordon una valiosa experiencia y fortaleció su confianza. Desarrolló sus habilidades de hablar en público al dirigirse a multitudes escépticas y hostiles en Hyde Park. Y El élder Merrill se fijó en este joven talentoso, abriéndole las puertas después de su misión que un día lo conduciría al mismo quórum de Apóstoles en el cual servía El élder Merrill.

CARRERA TEMPRANA

Respondiendo a la Primera Presidencia

Al regresar de su misión en julio de 1935, Gordon tenía la intención de regresar a la escuela. Pero al mes siguiente, a petición del élder Merrill, programó una cita para reunirse con la Primera Presidencia, para informarles sobre la necesidad crítica de materiales de enseñanza en la obra misionera. El secretario de la Primera Presidencia hizo arreglos para que Gordon se reuniera con El presidente Heber J. Grant y sus consejeros, El presidente J. Reuben Clark Jr. y El presidente David O. McKay, el 20 de agosto a las 8:0 de la mañana. Gordon tenía 15 minutos para presentar su mensaje, pero cuando se hizo evidente su pericia, la Primera Presidencia siguió planteando preguntas y la entrevista duró más de una hora.

Trabajando para la Iglesia

Como resultado de esa entrevista, dos días más tarde se le pidió que trabajara con el recién formado Comité de Radio, Publicidad y Misión de Literatura de la Iglesia. Como secretario ejecutivo, trabajó estrechamente con seis miembros del Quórum de los Doce Apóstoles.

Fue designado para trabajar en un despacho sin amueblar, por lo que un compañero misionero donó una mesa destartalada con una tapa deformada y agrietada y una pata corta. Trajo su propia máquina de escribir de su casa y tuvo que justificar su petición de una sola resma de papel. Este fue el humilde comienzo de los ahora extensos programas de los medios de comunicación y asuntos públicos de la Iglesia.

Consistente con su formación y habilidades, escribió guiones para programas de radio y otras presentaciones, produjo cintas de película y organizó exposiciones de la Iglesia en las Ferias Mundiales. Durante los siguientes 23 años trabajó en diversos cargos para la Iglesia.

Se Casa con Marjorie Pay

El 29 de abril de 1937, a la edad de 26 años, Gordon se casó con su novia del barrio, Marjorie Pay. Ese mismo año, fue llamado como miembro de la Junta General de la Escuela Dominical.

Marjorie Pay en 1937

Mientras seguía aprendiendo más acerca de la administración de la Iglesia, Gordon también estaba descubriendo que había mucho para mantenerlo ocupado en su casa mientras él y Marjorie se adaptaban a vivir juntos. Y hubo ajustes. Poco después de haber anunciado su compromiso, Emma Marr Petersen, esposa de Mark E. Petersen, había advertido a Marjorie que los diez primeros años de matrimonio serían los más difíciles. Su comentario y sorprendió y dejó perpleja a Marjorie, quien más tarde admitió: "Estaba segura de que los primeros diez años serían una bendición. ¡Pero durante nuestro primer año juntos descubrí que ella estaba absolutamente en lo cierto! Hubo muchos ajustes. Por supuesto, no eran el tipo de cosas que a uno le hacen correr a la casa a su madre. Pero de vez en cuando lloraba sobre mi almohada. Los problemas casi siempre estaban relacionados con aprender a vivir en el horario de alguien más y hacer las cosas de otra manera. Nos amábamos, no había duda de eso. Pero también tuvimos que acostumbrarnos el uno al otro.14

Creo que cada pareja tiene que acostumbrarse el uno al otro. 14Juntos, Gordon y Marjorie Hinckley criaron a cinco niños: Kathleen, Richard, Virginia, Clark y Jane, todos los cuales han servido significativamente a la Iglesia.

— Richard se convirtió en la Autoridad General de la Iglesia en 2005.
— Virginia (Pearce) sirvió como miembro de la presidencia general de la organización de Mujeres Jóvenes de la Iglesia.
— Kathleen (Barnes Walker) es coautora de varios libros con su hermana Virginia. Su primer esposo, Alan Barnes, murió en 2001. Ella sirvió con su segundo esposo, Milton Richard Walker, como presidente y matrona del Templo de Salt Lake, y en 2010 fueron llamados a presidir el Centro de Entrenamiento Misionero en Preston, Inglaterra.15 16
— Clark sirvió como presidente de la Misión en España—Barcelona a partir de 2009.17

COMIENZA EL LIDERAZGO DE LA IGLESIA

La Película del Templo y se Convierte en Presidente de una Estaca

En 1943, a los 33 años, El president Gordon B. Hinckley aceptó un puesto en la Compañía Depósito y Ferrocarril de la Unión en Salt Lake City. Tres años más tarde, en 1946, fue llamado para servir como consejero en una presidencia de estaca, donde sirvió durante 10 años.

Ninguno de estos cargos negaba su continuo servicio a los programas generales de la Iglesia. En 1951, a los 41 años, fue nombrado secretario ejecutivo del Comité General Misionero. Dos años más tarde, en 1953, cuando se estaba comenzando a planear el Templo Suizo, el Presidente McKay le pidió que desarrollara un sistema para que las dotaciones del templo se presentaran en muchos idiomas. Esto dio lugar a la "película del templo" enfoque de la dotación, la producción de que Gordon supervisó personalmente.

El 28 de octubre de 1956, a los 46 años, fue llamado para servir como presidente de la Estaca East Millcreek, donde sirvió hasta que fue relevado el 17 de agosto de 1958.

Asistente de los Doce

Gordon había servido durante mucho tiempo en cargos de la Iglesia donde entró en contacto con los Apóstoles y los profetas. Todos lo conocían bien, y todos confiaban en sus habilidades de organización y liderazgo. Así, no fue una gran sorpresa para muchos cuando, el 6 de abril de 1958, a los 47 años, fue sostenido como Asistente de los Doce.

Los asistentes de los Doce eran autoridades generales que ayudaban a los Doce Apóstoles en todos sus deberes: presidir y hablar en las conferencias de estaca, reorganizar las estacas, giras a las misiones y ayudar en la dirección de la obra misionera mundial.

Así, en su nuevo cargo continuó supervisando el Departamento Misionero. En junio y julio de 1961, cuando el mundo fue dividido en "áreas" supervisadas por las Autoridades Generales, El élder Hinckley fue designado para supervisar Asia. También sirvió bajo el Hermano El president Harold B. Lee en el Comité General del Sacerdocio ya que planeó lo que más tarde se convertiría en la Correlación del Sacerdocio. El 28 de abril de 1961, Gordon inició el trabajo misionero en Filipinas.

Sostenido como asistente a los Doce en 1958

LLAMADO AL APOSTOLADO

Responsabilidades en Todo el Mundo

El 5 de octubre de 1961, a los51 años, El president Gordon B. Hinckley fue ordenado Apóstol por El presidente David O. McKay.

En una carta que arrancó de su propia máquina de escribir manual Underwood, escribió a su hijo misionero que estaba sirviendo en Duisburg, Alemania. "Pensé en hacerte saber que he sido llamado al Quórum de los Doce Apóstoles", le dijo a Dick. "No sé por qué he sido llamado a tal posición. No he hecho nada extraordinario, pero he intentado hacer lo mejor que pude en las tareas que me han sido encomendadas sin preocuparme de quién obtuvo el crédito." Dick diría más tarde:" Podí ver por la carta que papá estaba abrumado con todo eso. Yo mismo me sorprendí con la noticia. Nunca había pasado por mi mente el pensamiento que pudiera ser llamado a los Doce."[18]

El élder Hinckley en 1961

El 6 de octubre de 1963, a los 53 años, habló en el programa de televisión de la cadena CBS "Iglesia del Aire." Este programa, que comenzó en 1933, era una poderosa herramienta mediática que se adaptaba bien a la formación y experiencia del élder Hinckley. Fue uno de varios, incluyendo "La Música y la Palabra Hablada", que la Iglesia lanzó en la década de 1930 en un esfuerzo por llevar el evangelio al mundo a través de los medios de comunicación.

De noviembre a diciembre de 1964, realizó una gira alrededor del mundo. Del 29 al 30 de octubre de 1966, visitó Saigón durante la Guerra de Vietnam y dedicó Vietnam del Sur para la prédica del evangelio. Durante varios viajes mundiales desde 1966–1979, se reunió con líderes mundiales, dio conferencias, dedicó capillas, visitó misiones, y de otras maneras trabajó para construir la Iglesia en todo el mundo.

Una Proclamación desde Fayette, Nueva York

El 6 de abril de 1980, la Primera Presidencia y el Quórum de los Doce Apóstoles emitieron una proclamación al mundo en el 150 aniversario de la fundación de la Iglesia. El presidente Spencer W. Kimball seleccionó al El élder Hinckley para leer la proclamación, que fue transmitida en vivo vía satélite desde Fayette, Nueva York.

LLAMADO A LA PRIMERA PRESIDENCIA

Ayudando a Tres Profetas durante Doce Años

Al año siguiente, el 23 de julio de 1981, El presidente Spencer W. Kimball seleccionó a Gordon para ser un tercer consejero en la Primera Presidencia. El élder Hinckley tenía 71 años. El mismo día, El élder Neal A. Maxwell fue ordenado al apostolado. En 1982, el presidente Kimball ya no podía viajar debido a la edad y a la mala salud, y sus dos primeros consejeros también estaban muy enfermos. Así, una carga pesada recayó sobre los hombros del presidente Hinckley durante los próximos 12 años.

Fue consejero de tres presidentes: El presidente Spencer W. Kimball, El presidente Ezra Taft Benson y El presidente Howard W. Hunter. Durante muchos de esos años, literalmente dirigió la Iglesia en nombre de sus presidentes ancianos e incapacitados.

De 1983 a 1985, al servir como segundo consejero en la Primera Presidencia, cumplió responsabilidades en todo el mundo:

1983:

— Salt Lake City	Enero 3	El Templo Salt Lake reabrió después de seis meses de renovación.
	Abr 1	Cambios anunciados en la financiación de la asistencia social.
	Abr 3	Dedicó el Salón de la Asamblea remodelado en la Plaza del Templo
— Atlanta, GA	Junio 1	Dedicó el Templo de Atlanta Georgia.
— Apia, Samoa	Ag 5	Dedicó el Templo de Atlanta Georgia.
— Nuku'alofa, Tonga	Ag 9	Dedicó el Templo de Nuku'alofa Tonga.
— Santiago, Chile	Sep 15	Dedicó el Templo de Santiago Chile.
— Kirtland, OH	Oct 16	Se reorganizó la nueva Estaca de Kirtland Ohio.
— Londres, Inglaterra	Oct 16	Se llevó a cabo la 1ª conferencia multipartita (regional) de la Iglesia.
— Papeete, Tahití	Oct 27	Dedicó el Templo de Papeete Tahiti.
— Ciudad de México	Dic 2	Dedicó el Templo de la Ciudad de México a México.

1984:

— Salt Lake City	Abr 4	Dedicó el nuevo Museo de la Iglesia.
	Abr 7	Anunció Templos para Bogotá, Colombia; San Diego, CA; Portland, OR; Las Vegas, NV; Y Toronto, Ontario.
		Algunos miembros del Primer Quórum de los Setenta sirven 3–5 años.

		Las mujeres líderes comenzaron a hablar regularmente en las conferencias generales
	Abr 12	El élder Russell M. Nelson ordenado al apostolado.
	Mayo 3	El élder Dallin H. Oaks ordenado al apostolado.
— Boise, ID	Mayo 25	Dedicó el Templo de Boise Idaho.
— Salt Lake City	Junio 24	Organizó las Presidencias de Area de los Quórumes de los Setenta.
— Sidney	Sep 20	Dedicó el Templo Sydney Australia.
— Manila	Sep 25	Dedicó el Templo de Manila Filipinas.
— Dallas, TX	Oct 19	Dedicó el Templo de Dallas Texas.
— Taipéi, Taiwán	Nov 17	Dedicó el Templo de Taipei Taiwán.
— Ciudad Guatemala	Dic 14	Dedicó el Templo de la Ciudad de Guatemala.

1985:

— Salt Lake City	En 27	Llamó a un día especial de ayuno a beneficioa de las víctimas de la sequía de África.
— Manti, UT	Junio 14	Volvió a dedicar el Templo de Manti Utah
— Friburgo	Junio 29	Dedicó el Templo de Friburgo Alemania.
— Estocolmo	Julio 2	Dedicó el Templo de Estocolmo Suecia.
— Salt Lake City	Ag 2	Se publicó una nueva edición del libro de himnos.
— Chicago, IL	Ag 9	Dedicó el Templo de Chicago Illinois.
— Johannesburgo	Ag 24	Dedicó el Templo de Johannesburgo Sudáfrica.
— Salt Lake City	Oct 10	El élder M. Russell Ballard ordenado al apostolado.
	Oct 23	Dedicó la Nueva Bibliteca de Historia Familiar.

El 10 de noviembre de 1985, a los 75 años, fue nombrado primer consejero del presidente Ezra Taft Benson. Durante un tiempo, el Presidente Benson pudo viajar y desempeñar sus funciones, por lo que la carga del Presidente Hinckley se redujo.

1985:

| — Seúl, Corea | Diciembre 14 | Dedicó el Templo de Seúl Corea. |

1986:

| — Lima, Perú | Enero 10 | Dedicó el Templo de Lima Perú. |

1989:

| — Portland, OR | Ag 19 | Dedicó el Templo de Portland, OR. |

En noviembre de 1989, cayó el muro de Berlín, señalando el fin del gobierno comunista en Alemania. El verano siguiente (julio de 1990), se abrieron misiones en los países anteriormente comunistas de Polonia, Checoslovaquia y Hungría. En 1990 se crearon 29 nuevas misiones en todo el mundo.

Alrededor de esa época, a principios de los 90, la salud del presidente Ezra Taft Benson empeoró. El Presidente Hinckley, como su Primer Consejero, y el Presidente Monson, como su Segundo Consejero, tuvieron que asumir el liderazgo cotidiano de la Iglesia. El Presidente Benson falleció en 1994 y el 5 de junio de ese año, a los 83 años, el Presidente Hinckley se convirtió en el primer Consejero del presidente Howard W. Hunter.

El Presidente Hunter no estuvo muy bien desde el principio de su Presidencia, y sirvió como Presidente de la Iglesia por sólo 9 meses. Así, el Presidente Hinckley continuó en su papel de facto de liderar la Iglesia. Lo había sido durante casi 12 años.

El presidente Hinckley comentaría más adelante sobre las cargas y los acontecimientos de esos años:

"Cuando acepté el llamado del Presidente Kimball para unirme a [la Primera Presidencia como un tercer consejero], no sabía exactamente cómo iba a funcionar o encajar, y tal vez tampoco ellos lo sabía en ese momento ", dice el Presidente Hinckley. "Pero las circunstancias requerían ayuda adicional y yo estaba más que dispuesto a darla. No sabía si sería por unos días o unos meses.

Como resultó, El presidente Gordon B. Hinckley nunca más abandonaría la Primera Presidencia de la Iglesia. En 1982 falleció el presidente Tanner, con el presidente Romney pasando a primer consejero y el presidente Hinckley siendo sostenido como segundo consejero.

"Esa fue una responsabilidad muy pesada y abrumadora", recuerda. "A veces era una carga casi aterradora. Por supuesto, consulté con nuestros hermanos de los Doce.

"Recuerdo una ocasión particular poniéndome de rodillas ante el Señor y pidiéndole ayuda en medio de esa situación tan difícil. Y vino a mi mente esas palabras tranquilizadoras: "Estad quietos y sabed que yo soy Dios" (D.y C. 101:16). Volví a saber que esta era Su obra, que Él no dejaría que fracasara, que todo lo que tenía que hacer era trabajar en ello y hacer lo mejor de nosotros, y que la obra seguiría adelante sin ningún tipo de impedimento."[19]

PRESIDENTE DE LA IGLESIA

Ordenado y Sostenido

El 12 de marzo de 1995, a la edad de 84 años, El president Gordon B. Hinckley fue nombrado quinto Presidente de la Iglesia, con El president Thomas S. Monson y El president James E. Faust como sus consejeros.

El Presidente Hinckley recordaría más tarde:

"Me puse de rodillas y rogué al Señor. Hablé con Él por fin en oración.… Estoy seguro que por el poder del Espíritu, oí la palabra del Señor, no en voz, sino como un calor que se sentía dentro de mi corazón con respecto a las preguntas que había planteado en la oración."

Después de su tiempo en el templo, el Presidente Hinckley sintió cierta paz sobre lo que tenía por delante. "Me siento mejor, y tengo una seguridad mucho más firme en mi corazón que el Señor está haciendo Su voluntad con referencia a Su causa y reino, que seré sostenido como Presidente de la Iglesia y profeta, vidente y revelador, y así Servir durante el tiempo que el Señor quiera," escribiría después. "Con la confirmación del Espíritu en mi corazón, ahora estoy listo para seguir adelante para hacer el mejor trabajo que sé hacer. Es difícil para mí creer que el Señor está poniendo sobre mi esta altísima y sagrada responsabilidad.… Espero que el Señor me haya entrenado para hacer lo que Él espera de mí. Le daré total lealtad, y ciertamente buscaré su dirección."[20]

ADMINISTRACIÓN DE MEDIOS

Un Comienzo Inusual

Quien haya observado la primera reunión con los medios después de la ordenación del Presidente Hinckley tuvo que haberse quedado impresionado. En lugar del lugar habitual en el antiguo edificio de la Administración de la Iglesia, sentado detrás de una gran mesa, donde se anunciaron la mayoría de los Presidentes anteriores, el evento se celebró en el vestíbulo del edificio conmemorativo José Smith (anteriormente el Hotel

Utah). Y en lugar de sentarse, el Presidente Hinckley se puso de pie y se paró frente a una heroica estatua de José Smith que se alza en ese lugar. Después de breves comentarios, respondió a las preguntas de los medios durante un largo período de tiempo.

Como un profesor de comunicación entrenado yo mismo, estaba emocionado con lo que vi. Me volví hacia mi esposa y dije: "¡Ahora, aquí hay un hombre que sabe manejar los medios! Él es abierto y sonriente y responde a todas sus preguntas. Con toda seguridad la Iglesia está en un período de sus mejores relaciones públicas." Y resultó ser verdad más allá de las expectativas más salvajes de cualquiera en ese entonces.

El Presidente Hinckley fue sostenido en la conferencia general el 1 de abril de 1995. En la misma conferencia, anunció que los representantes regionales serían relevados y reemplazados por los setenta con autoridad de área, comenzando el 15 de agosto de 1995. Del 17 al 23 de junio de 1995, Con miembros en Alaska, la primera vez que un Presidente de la Iglesia lo había hecho.

UNA PROCLAMACIÓN SOBRE LA FAMILIA

El 23 de septiembre de 1995, a los 85 años, el Presidente Hinckley leyó "La familia: una proclamación para el mundo" en una reunión general de la Sociedad de Socorro. Elaborada cuidadosamente bajo la inspiración del cielo, este hermoso documento fue profético y sabio. Se lee como la escritura, y eventualmente puede convertirse en parte del canon oficial de la Iglesia. Pero como una declaración de los Apóstoles y profetas, en cualquier caso tiene la misma fuerza que la escritura.

En un momento en que se estaba cuestionando la necesidad de un compromiso matrimonial formal, la proclama afirmaba que "el matrimonio entre un hombre y una mujer es ordenado por Dios y que la familia es central al plan del Creador para el destino eterno de sus hijos."

La proclamación identificó las claves del éxito de la familia como: "fe, oración, arrepentimiento, perdón, respeto, amor, compasión, trabajo y actividades recreativas sanas."

En contraste con la erosión de las normas morales en el mundo, la proclama declaró: "Dios ha ordenado que los poderes sagrados de la procreación se empleen sólo entre el hombre y la mujer, legítimamente casados como marido y mujer."

La proclamación advirtió que aquellos que violan los convenios sagrados o no cumplen con las responsabilidades familiares "algún día responderán ante Dios."

La proclamación sobre la familia concluyó invitando a los funcionarios gubernamentales en todas partes a promover medidas para fortalecer el hogar y la familia.

Esta fue sólo la quinta proclamación de este tipo publicada en la historia de la Iglesia.

— 1841, Enero 15	Nauvoo, Illinois	Progreso del reino de Dios en la tierra.
— 1845, Abril 6	New York City	Una advertencia a los gobernantes y personas de todas las naciones.
— 1845, Octubre 22	Liverpool, Inglaterra	(La misma proclama fue emitida de NY City.)
— 1865, Octubre 21	Salt Lake City, Utah	Sólo la Primera Presidencia declara / aclara la doctrina
— 1980, Abril 6	Fayette, New York	Conmemorar el 150 aniversario de la Iglesia.
— 1995, Sept. 23	Salt Lake City, Utah	La familia: Una proclama para el mundo.

El 13 de noviembre de 1995, siete semanas después de la proclamación, el Presidente Hinckley se reunió con el Presidente Bill Clinton en la Casa Blanca en Washington, D.C. El Profeta le presentó una copia de la proclamación, que dio lugar a una discusión sobre la familia. El presidente Hinckley dijo en esa ocasión: "Es nuestra sensación que si usted va a arreglar la nación, necesita comenzar arreglando a familias. Ese es el lugar para empezar." Los líderes discutieron" la necesidad de que los padres participen activamente en la vida de sus hijos."[21]

Después de darle copias encuadernadas de las historias familiares suya y de su esposa y describir el programa de las noche de hogar de la familia, el Presidente Hinckley sugirió que el líder de la nación reuniera a su familia y "se sentara con esos libros y tuviera una velada familiar."[22]

En retrospectiva, la visita fue oportuna en la vida del presidente de nuestra nación. Ahora sabemos que el Presidente Clinton, en ese momento, estaba involucrado en un escándalo sexual con Mónica Lewinsky, una pasante de 21 años de la Casa Blanca. Este escándalo, cuyos efectos se prolongaron durante casi 3 años, se habría evitado si el Presidente hubiera prestado atención al consejo del Profeta.

Haciendo Hincapié en Nuestros Valores y Creencias Cristianas

El 20 de diciembre de 1995, se adoptó un nuevo logotipo de la Iglesia que hacía hincapié en nuestros valores y creencias cristianas. Comprendiendo la importancia de tales símbolos, el Presidente Hinckley fue muy activo en la promoción de buenas prácticas de relaciones públicas con los medios de comunicación y con el público. La Iglesia solicitó oficialmente a todos los medios que se refirieran a nosotros por nuestro nombre oficial, La Iglesia de Jesucristo de los Santos de los Últimos Días, y no por nuestros apodos "Mormón" o "SUD."

En febrero de 1996, por primera vez en la historia, más de la mitad de los miembros de la Iglesia vivían fuera de los Estados Unidos.

ATENCIÓN DE LOS MEDIOS NACIONALES

La Iglesia Sale "de la Oscuridad"

Los esfuerzos de la Iglesia por mejorar las relaciones con los medios de comunicación salieron bien cuando, el 7 de abril de 1996, Mike Wallace entrevistó al presidente Hinckley en el programa de televisión CBS "60 Minutos." Wallace era conocido como un reportero duro y sin sentido que lno dudaría en hacer preguntas difíciles sobre poderosas personas e instituciones. No es probable que cualquier Presidente de la Iglesia anterior a El president Gordon B. Hinckley hubiera permitido ser interrogado por un periodista así. Pero el Presidente Hinckley comprendía a los medios de comunicación y cómo trabajar con ellos, y audazmente aceptó la oferta de ser entrevistado.

Mike Wallace llegó a Utah y pasó varios días con el Presidente Hinckley, siguiéndolo a las diversas instituciones de la Iglesia, bienestar, misionero, templo, auxiliares y otros. Luego se sentó con el Presidente Hinckley y le hizo todas las preguntas que le quiso hacer.

En respuesta a una pregunta sobre el papel de la mujer, el Presidente explicó: "Mi esposa es mi compañera. En esta Iglesia el hombre ni camina delante de su esposa ni detrás de su esposa sino a su lado. Son coiguales en esta vida en una gran empresa. Cuando se le preguntó cómo recibió la revelación, el Presidente Hinckley se refirió a la experiencia de Elías con una "voz tranquila de bajo tono." Luego agregó que "las cosas de Dios son entendidas por el Espíritu de Dios, y uno debe tener y buscar y cultivar ese Espíritu, y allí llega el entendimiento y es real."[23]

Mike Wallace comentó: "Francamente, casi todo acerca de esta tarea me sorprendió.… Me sorprendió el humor de Gordon Hinckley y su candor, ninguno de los cuales esperaba. Hemos planteado las cuestiones que estaban en la mente de los escépticos, él estuvo dispuesto a responder a todas las preguntas, y sus respuestas fueron razonables."[24]

Wallace dijo más tarde: "Mis colegas de" 60 Minutos "y yo aprendimos, del momento que pasamos con Gordon Hinckley y su esposa, con su personal y con otros mormones que nos hablaron, que este cálido y pensativo y decente y optimista líder de la Iglesia Mormona merece la admiración casi universal que recibe."[25]

Esa fue una oportunidad para lograr un récord en un escenario nacional, y el presidente Hinckley lo logró con maestría. La transmisión se transmitió el domingo de Pascua, 7 de abril de 1996. Cuando el Presidente Hinckley cerró la conferencia general aquella tarde, compartió algunos de sus sentimientos sobre la experiencia:

> Reconocí que si yo fuera a aparecer, los críticos y detractores de la Iglesia también serían invitados a participar. Sabía que no podíamos esperar que el programa fuera totalmente positivo para nosotros.
>
> Por otra parte, sentí que ofrecía la oportunidad de presentar algunos aspectos afirmativos de nuestra cultura y mensaje a muchos millones de personas. Llegué a la conclusión de que era mejor apoyarse en el viento rígido de la oportunidad que simplemente agacharse y no hacer nada.26

El programa fue recibido bien y generó un gran reconocimiento positivo para la Iglesia. Como resultado, el Presidente Hinckley aceptó otras invitaciones para contarle al mundo acerca de la Iglesia.

Un Templo en China Continental

Del 26 al 28 de mayo de 1996, el Presidente Hinckley dedicó el Templo de Hong Kong China. Al hacerlo, se convirtió en el primer Presidente de la Iglesia en visitar China continental. La construcción y dedicación de este templo se hizo más urgente debido a la inminente entrega de Hong Kong del Commonwealth Británico a la China Comunista, ocurrida el 1 de julio de 1997. Tener un templo detrás de la cortina de bambú era esencial para todos los miembros de la Iglesia que vivían en tierra firme China y también para la promoción de la obra del Señor allí.

El 29 de mayo de 1996, el Presidente Hinckley dedicó Camboya y Vietnam a la predicación del Evangelio.

En la conferencia general de octubre de 1996, el Presidente Hinckley se refirió a una de las prácticas más preocupantes de la sociedad moderna, el abuso de esposas e hijos. Advirtió a los hombres de la Iglesia que tal comportamiento no sería ignorado por Dios o por la Iglesia. El Presidente Hinckley dijo: "Ningún hombre que se involucre en una conducta tan malvada e indigna es digno del sacerdocio de Dios. Ningún hombre que se conduzca así es digno de los privilegios de la casa del Señor.… Si alguno de estos hombres está al alcance de mi voz, como siervo del Señor, le reprendo y le convoco al arrepentimiento."[27]

Más Medios y Eventos Históricos

Los últimos tres años del siglo XX (1997–1999) incluyeron celebraciones históricas, cambios organizacionales, eventos en los medios de comunicación y más templos—un patrón ahora bien establecido bajo el liderazgo de El president Gordon B. Hinckley.

El 6 de marzo de 1997, se dirigió a 2.300 oyentes en el Consejo de Asuntos Mundiales en Los Ángeles.

El 5 de abril de 1997, anunció la creación de Quórums Adicionales de los Setenta, con cinco quórums en total. También nombró nuevos Setenta de Autoridad de Área que fueron asignados a los 3os, 4os y 5os quórums de los Setenta.

El 22 de julio de 1997, el tren conmemorativo pionero del sesquicentenario entró en el Valle del Lago Salado. Este grupo había recreado la caminata pionera al oeste durante el año en un evento que nunca será posible duplicar, dadas modernas restricciones ambientales y de propiedad. Pero fue un eficaz recordatorio y un símbolo de los sacrificios pagados por los pioneros mormones 150 años antes en 1847.

El 14 de septiembre de 1997, apareció ante la convención anual de la Asociación de Redactores de Noticias Religiosas en Albuquerque, Nuevo México.

TEMPLOS MÁS PEQUEÑOS

Antes de convertirse en Presidente de la Iglesia, El presidente Gordon B. Hinckley dedicó más templos que cualquier otro en la presente dispensación. Con respecto a esas dedicatorias anteriores, el Presidente Hinckley se alegró en la conferencia general de octubre de 1985:

> He mirado las caras de decenas de miles de Santos de los Últimos Días. Sus pieles son de diversos colores y tonalidades. Pero sus corazones latían como uno con testimonio y convicción acerca de la verdad de esta gran obra restaurada de Dios. He escuchado sus testimonios hablado con sinceridad. He escuchado sus oraciones. Los he oído levantar sus voces en himnos de alabanza. He visto sus lágrimas de gratitud. He sabido de sus sacrificios hechos en agradecimiento por las bendiciones que les han llegado.[28]

Ahora, en 1997, su atención se volvió hacia aquellos en todo el mundo que aún no tenían acceso a un templo cercano. La membresía de la Iglesia llegó a los 10 millones en noviembre de 1997. Durante su viaje a Colonia Juárez, reflexionó mucho sobre lo que los santos de las colonias habían contribuido a la supervivencia y crecimiento de la Iglesia a lo largo de los años, especialmente en México. A la mañana siguiente, al ser conducido de regreso al aeropuerto de El Paso, el presidente Hinckley recibió lo que luego llamó una "revelación" con respecto a la construcción de templos más pequeños.

> "Mientras viajábamos a El Paso, reflexioné sobre lo que podríamos hacer para ayudar a estas personas en las colonias de la Iglesia en México…. Han sido muy fieles a lo largo de los años.

> Ellos han mantenido la fe. Han ido en misiones en gran número. Estas estacas han producido muchos presidentes de misión que sirvieron fielmente y bienero de Ellos han sido el epítome de la fidelidad. Y sin embargo, tuvieron que viajar todo el camino hasta Mesa, Arizona, para ir a un templo…. Pensaba en estas cosas y en lo que podía hacerse. El concepto de… templos más pequeños vino a mi mente. Concluí que no necesitamos la lavandería. No necesitamos alquilar la vestimenta del templo. No necesitamos instalaciones para comer. Estos han sido añadidos para la comodidad del pueblo, pero no son necesarios [para las ordenanzas del templo]. "El Presidente Hinckley señaló que un templo más pequeño podría ser construido más rápidamente y sin embargo incluyendo todas las instalaciones esenciales necesarias para las ordenanzas del templo. Después de abordar el avión, recordó: "Tomé un pedazo de papel" y "bosquejé el plan [del piso], y se lo entregué a los arquitectos para refinarlo." Concluyó: "El concepto es hermoso. Es un concepto muy práctico."[29]

El 4 de octubre de 1997, durante la conferencia general, el Presidente Hinckley anunció que ahora se construirían templos más pequeños en todo el mundo. Muy pronto después de eso, la Iglesia comenzó la construcción del primero de estos templos más pequeños en Monticello, Utah.

Del 14 al 22 de febrero de 1998, el Presidente Hinckley recorrió cinco naciones africanas: Nigeria, Ghana, Kenia, Zimbabue y Sudáfrica. En total, habló con más de 30.000 personas. Fue el primer Presidente de la Iglesia en visitar África occidental, Kenia y todo el este de África. El 16 de febrero, anunció planes para un templo en Ghana, el primer templo en el oeste de África.

Volviendo a casa, en la conferencia de abril anunció planes para construir 30 templos más pequeños. Dieciséis semanas más tarde, el 26 de julio de 1998, el Presidente Hinckley dedicó la primero de ellos en Monticello, Utah. Había tardado sólo nueve meses en construirlo.

El Templo de Monticello Utah

"Larry King en Vivo"

El 8 de septiembre de 1998, el Presidente Hinckley habló a una audiencia internacional de televisión por cable al aparecer en el programa de televisión "Larry King Live." Durante el show en vivo, el Presidente Hinckley le dijo a Larry King y al mundo: "Mi rol es declarar la doctrina…. mi rol es ser un ejemplo ante la gente. Mi rol es ser una voz en defensa de la verdad. Mi rol es permanecer como un conservador de los valores que son importantes en nuestra civilización y nuestra sociedad. Mi rol es liderar a la gente."[30]

Templos en Palmyra y Nauvoo

El último año del siglo comenzó con anuncios sobre la construcción de los "lugares desperdiciados" de Sión. El 9 de febrero de 1999, el Presidente Hinckley anunció planes para construir el Templo Palmyra New York. Este sería otro "pequeño templo" con enorme significado histórico, asentado como lo está a plena vista de la Arboleda Sagrada. El 21 de febrero, se dirigió por satélite a la reunión más grande de misioneros jamás reunidos en una sola ocasión.

El desarrollo más sorprendente del año se produjo seis semanas después, cuando el 4 de abril, durante su discurso final en la conferencia general, el Presidente Hinckley anunció planes para reconstruir el Templo de Nauvoo:

> Me siento impresionado al anunciar que entre todos los templos que estamos construyendo, planeamos reconstruir el Templo de Nauvoo. Un miembro de la Iglesia y su familia han aportado una contribución muy importante para hacer posible esto. Le estamos agradecidos. Pasará un tiempo antes de que suceda, pero los arquitectos han comenzado su trabajo. Este templo no estará ocupado mucho del tiempo; Será algo aislado. Pero durante los meses de verano, anticipamos que estará muy ocupado. Y el nuevo edificio permanecerá como un monumento a los que construyeron la primera estructura de ese tipo en las orillas del Mississippi.[31]

El anuncio fue recibido por los Santos de todo el mundo con gran alegría. Durrell N. Nelson, Presidente de la Estaca de Nauvoo, dijo: "Hubo un momento de shock, y luego hubo algunos aplausos, aunque fueron durante la sesión final de la conferencia. Entonces todos se sorprendieron rápidamente y durante la mayor parte del resto de la reunión hubo llantos.[32] Yo también lloré cuando lo oí, teniendo dos tatarabuelos que habían trabajado en el templo original para recibir sus dones.

Había visitado el sitio varias veces en mi vida y deseé con todo mi corazón que el templo se pudiera reconstruir nuevamente. De pie en el borde de los rastros del templo de la década de 1960, estaba tratado de imaginarme cómo podría haber sido. Todo lo que quedaba era un desagüe de roca usado para la fuente y una base de ladrillo donde una vez existió escalera espiral. Ahora, todo volvería a levantarse como un monumento al Profeta José Smith y los Santos de Nauvoo.

La Orquesta en la Plaza del Templo

El 22 de mayo de 1999, la Sinfónica de la Juventud Mormona y el Coro dieron su concierto final después de treinta años de actuación. Se disolvieron para dar paso a un nuevo coro llamado Coro de la Plaza del Templo, un coro de entrenamiento para el Coro del Tabernáculo. También se celebraron audiciones para una nueva orquesta llamada Orquesta en la Plaza del Templo. Estos grupos comenzaron a actuar individualmente o en combinaciones según lo asignado. Con los años, se han convertido en una combinación de artes escénicas de renombre que han ido de gira por todo el mundo. También han patrocinado un concierto anual de Navidad en Salt Lake City que atrae a artistas invitados de todo el mundo para presentarse ante audiencias con entradas agotadas. Estos conciertos también son transmitidos cada año por la Televisión Pública. Se han convertido en los más vistos especiales de Navidad en la televisión.

El resto de 1999 incluyó el lanzamiento el 24 de mayo del servicio de genealogía de Internet Búsqueda de la Familia, la dedicación de un monumento para homenajear a los muertos en la Masacre de Mountain Meadows del 11 de septiembre de 1857, la última conferencia general que se celebraría en el antiguo Tabernáculo de la Plaza del Templo (2–3 de octubre), la iniciación de las obras para el Templo de Nauvoo el 24 de octubre y la dedicación de los templos de Halifax Nueva Escocia y Regina Saskatchewan el 14 de noviembre, la primera vez que dos templos se habían dedicado el mismo día. En la víspera de Navidad, el Presidente Hinckley fue entrevistado con respecto a la Navidad en "Larry King en Vivo."

FIN DEL SEGUNDO MILENIO

El final del siglo XX también marcó el final del segundo milenio desde el nacimiento de Cristo. Muchos esperaban que su fin inaugurara la segunda venida de Cristo. Después de todo, razonaban, todavía no habían pasado seis mil años desde que Adán y Eva fueron puestos en el jardín. Seguramente, el Señor vendría ahora y daría paso al tan esperado milenio de la paz. Eso no sucedió el 1 de enero del 2000. Pero ciertamente ocurrirá en algún momento durante este nuevo milenio.

El segundo milenio fue la era de la iluminación y de la Restauración. Las verdades que habían sido tan cruelmente aplastadas durante el primer milenio después de Cristo fueron restauradas, y el reino de Dios nuevamente fue plantado en la tierra. El crecimiento de ese reino desde su restauración hasta el final del siglo XX fue notable. La pequeña piedra que el profeta David previó, realmente rodó de la montaña, cobrando velocidad y tamaño a medida que avanzaba, hasta que, a finales del siglo y el milenio, incluyó 12 millones de almas.

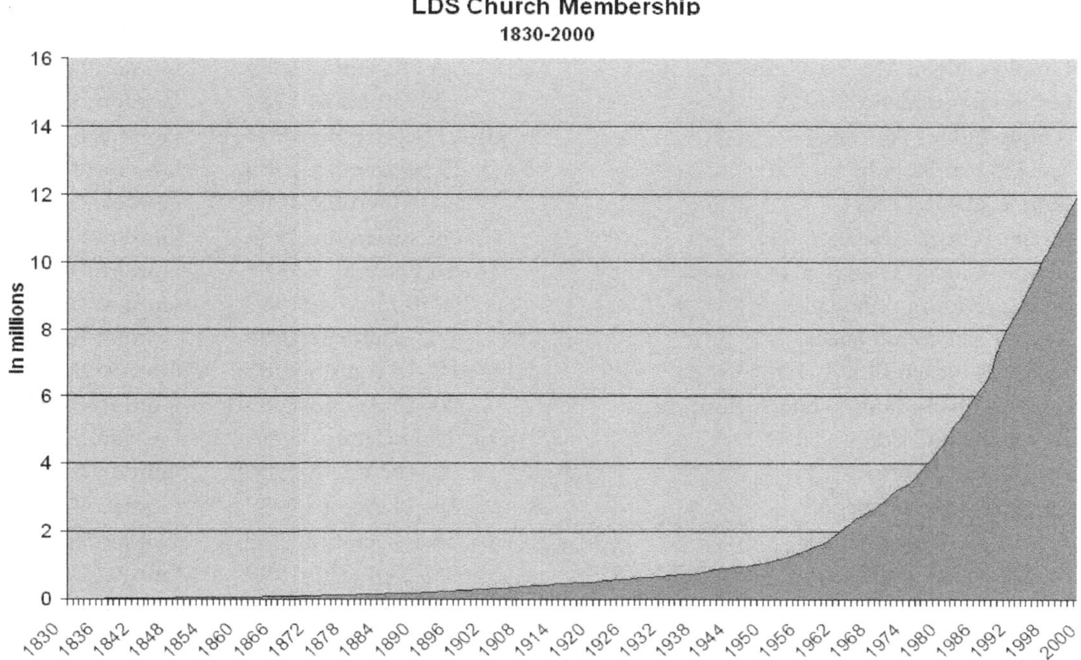

El siglo XX estuvo marcado por guerras mundiales y por grandes trastornos sociales. Abundaron los cambios en la política, la ideología, la economía, la sociedad, la cultura, la ciencia, la tecnología y la medicina. La humanidad aprendió a volar, y luego usó esta habilidad para bombardear ciudades en sumisión. También aprendió a usar la increíble velocidaD. y C.apacidad de la tecnología digital, que se convirtió en un vehículo para distribuir pornografía, genealogía y conferencias mundiales. Todo se hizo más eficiente, más rápido y disponible bajo demanda. Los hombres caminaron sobre la luna y descendieron a las trincheras más profundas del fondo del océano. Los carros de bueyes dieron paso a los trenes y luego a los automóviles, cuyos combustibles fósiles engendraron la competencia mundial por los recursos y un ambiente contaminado. Como dijo Charles Dickens, "Fue el mejor de los tiempos. Fue el peor de los tiempos."[33]

El presidente Gordon B. Hinckley condujo a la Iglesia en esta coyuntura crucial en el mundo y en la historia de la Iglesia. Y con la rápida expansión de la membresía de la Iglesia en todo el mundo, respondió para igualar con un programa de construcción de templos. Ese programa, junto con los muchos otros cambios necesarios para una Iglesia mundial en rápida expansión, se discuten más ampliamente en el capítulo 44b. Pero todo comenzó a finales del siglo XX con la construcción de 48 nuevos templos dedicados por el Presidente Hinckley.

Templos Alrededor del Globo

Tal vez ningún Presidente de la Iglesia esté más asociado con la construcción de templos como El president Gordon B. Hinckley. El presidente Spencer W. Kimball y sus sucesores construyeron muchos templos, pero debido a su edad avanzada y su mala salud se vieron obligados a confiar en el Presidente Hinckley para dedicarlos durante esos años.

Templos Dedicados en Nombre de Presidentes Anteriores

	Templo	Dedicado	Dedicado Por
21	Templo Atlanta Georgia	1–4 Junio 1983	Gordon B. Hinckley
22	Templo Apia Samoa	5–6 Agosto 1983	Gordon B. Hinckley
23	Templo Nuku'alofa Tonga	9–11 Agosto 1983	Gordon B. Hinckley
24	Templo Santiago Chile	15–17 Septiembre 1983	Gordon B. Hinckley
25	Templo Papeete Tahití	27–29 Octubre 1983	Gordon B. Hinckley
26	Templo Ciudad México México	2–4 Diciembre 1983	Gordon B. Hinckley
27	Templo Boise Idaho	25–30 Mayo 1984	Gordon B. Hinckley
28	Templo Sídney Australia	20–23 Septiembre 1984	Gordon B. Hinckley
29	Templo Manila Filipinas	25–27 Septiembre 1984	Gordon B. Hinckley
30	Templo Dallas Texas	19–24 Octubre 1984	Gordon B. Hinckley
31	Templo Taipéi Taiwán	17–18 Noviembre 1984	Gordon B. Hinckley
32	Templo Ciudad Guatemala Guatemala	14–16 Diciembre 1984	Gordon B. Hinckley
33	Templo Friburgo Alemania	29–30 Junio de 1985	Gordon B. Hinckley
34	Templo Estocolmo Suecia	2–4 Julio de 1985	Gordon B. Hinckley
35	Templo Chicago Illinois Temple	9–13 Agosto 1985	Gordon B. Hinckley
36	Templo Johannesburgo Sud África	24–25 Agosto 1985	Gordon B. Hinckley
37	Templo Seúl Corea	14–15 Diciembre 1985	Gordon B. Hinckley
38	Templo Lima Perú	10–12 Enero 1986	Gordon B. Hinckley
42	Templo Portland Oregón	19–21 Agosto 1989	Gordon B. Hinckley
43	Templo Las Vegas Nevada	16–18 Diciembre 1989	Gordon B. Hinckley
44	Templo Toronto Ontario	25–27 Agosto 1990	Gordon B. Hinckley
45	Templo San Diego California	25–30 Abril 1993	Gordon B. Hinckley

Después de ser sostenido como Presidente de la Iglesia en 1995, el Presidente Hinckley continuó llevando los templos al pueblo mientras que él autorizaba y construía otros 20 templos durante los cinco años restantes del vigésimo siglo.

Templos dedicados durante la Presidencia de Hinckley

	Templo	Dedicado	Dedicado Por
48	Templo Hong Kong China	26–27 Mayo 1996	Gordon B. Hinckley
49	Templo Mount Timpanogos Utah	13–19 Octubre 1996	Gordon B. Hinckley
50	Templo St. Louis Misuri	1–5 Junio 1997	Gordon B. Hinckley
51	Templo Vernal Utah	2–4 Noviembre 1997	Gordon B. Hinckley
52	Templo Preston Inglaterra	7–10 Junio 1998	Gordon B. Hinckley
53	Templo Monticello Utah	26–27 Julio 1998	Gordon B. Hinckley
54	Templo Anchorage Alaska	9–10 Enero 1999	Gordon B. Hinckley
55	Templo Colonia Juárez Chihuahua México	6–7 Marzo 1999	Gordon B. Hinckley
56	Templo Madrid España Temple	19–21 Marzo 1999	Gordon B. Hinckley
57	Templo Bogotá Colombia	24–26 Abril 1999	Gordon B. Hinckley
58	Templo Guayaquil Ecuador	1–2 Agosto 1999	Gordon B. Hinckley
59	Templo Spokane Washington	21–23 Agosto 1999	Gordon B. Hinckley
60	Templo Columbus Ohio	4–5 Septiembre 1999	Gordon B. Hinckley
61	Templo Bismarck North Dakota	19 Septiembre 1999	Gordon B. Hinckley
62	Templo Columbia South Carolina	16–17 Octubre 1999	Gordon B. Hinckley
63	Templo Detroit Michigan Temple	23–24 Octubre 1999	Gordon B. Hinckley
64	Templo Halifax Nueva Escocia	14 Noviembre 1999	Gordon B. Hinckley
65	Templo Regina Saskatchewan	14 Noviembre 1999	Boyd K. Packer
66	Templo Billings Montana	20–21 Noviembre 1999	Gordon B. Hinckley
67	Templo Edmonton Alberta	11–12 Diciembre 1999	Gordon B. Hinckley
68	Templo Raleigh North Carolina	18–19 Diciembre 1999	Gordon B. Hinckley

El ministerio del presidente Gordon B. Hinckley continuó en el nuevo siglo XXI. El resto de su mandato será discutido en el primer capítulo de la sección final de este libro, capítulo 44b, que abarca el período 2000–2008.

Notas:

1. Uno de los resúmenes más útiles de la vida de El president Gordon B. Hinckley es Sheri L. Dew, *Avanzad con Fe: La Biografía de Gordon B. Hinckley* (1996). Esta cita es de la página 511. Este capítulo cita y resume mucho de ese libro, así como del Manual del Instituto CES titulado *Historia de la Iglesia en el Cumplimiento de los Tiempos* (2003). Agradezco y reconozco sus contribuciones a este capítulo.

2. Boyd K. Packer, "Presidente El president Gordon B. Hinckley: Primer Consejero", Revista *Liahona*, febrero de 1986, pág. 3.

3. *Avanzad con Fe*, pág. 12.

4. *Avanzad con Fe*, pág. 22.

5. *Avanzad con Fe*, págs. 24–25.

6. En Reporte de La Conferencia, abril de 1993, pág. 71; o revista *Liahona*, mayo de 1993, pág. 54.

7. *Enseñanzas de Gordon B. Hinckley* (1997), págs. 422–23.

8. *Himnos*, no. 27.

9. *Avanzad con Fe*, pág. 35.

10. "Presidente El president Gordon B. Hinckley: Primer Consejero," pág. 5.

11. *Avanzad con Fe*, págs. 46–47.

12. En Reporte de La Conferencia, abril de 1993, pág. 72; o Revista *Liahona*, mayo de 1993, pág. 54.

13. *Avanzad con Fe*, pág.

14. *Avanzad con Fe*, pág. 118.

15. *Noticias de la Iglesia*, 6 de noviembre de 2010; 20 de agosto de 2005.

16. Libro Deseret Biografía de Kathleen Hinckley Barnes Walker, http://deseretbook.com/Kathleen_Hinckley_Barnes_Walker/a/89#q=Kathleen%20Hinckley%20Barnes%20Walker&page=1&sort=score&facets=se acceso 26–01–2013.

17. *Noticias de la Iglesia*, 7 Marzo de 2009.

18. *Avanzad con Fe*, pág. 236.

19. Jeffrey R. Holland, "Presidente El president Gordon B. Hinckley: Incondicional y Denodado Está", Revista *Liahona*, junio de 1995, pág. 12.

20. *Avanzad con Fe*, pág. 508.

21. *Noticias de la Iglesia*, 18 de noviembre de 1995.

22. En Jocelyn Mann Denyer, "Visita a la Casa Blanca", *Noticias de la Iglesia*, 18 de noviembre de 1995, pág. 3.

23. En Reporte de La Conferencia, octubre de 1996, págs. 68, 71; o revista *Liahona*, noviembre de 1996, págs. 49, 51.

24. *Avanzad con Fe*, pág. 543.

25. Gordon B. Hinckley, *De Pie Por Algo* (2000), pág. viii.

26. En Reporte de La Conferencia, abril de 1996, pág. 115; o revista *Liahona*, mayo de 1996, pág. 83.

27. En Reporte de La Conferencia, octubre de 1996, pág. 92; o Revista *Liahona*, noviembre de 1996, pág. 68.

28. En Reporte de La Conferencia, octubre de 1985, pág. 71; o Revista *Liahona*, noviembre de 1985, pág. 54.

29. Dell Van Orden, "La inspiración Vino para los Templos Más Pequeños en Viaje a México", *Noticias de la Iglesia*, 1 de agosto de 1998, págs. 3, 12.

30. "El Presidente Hinckley habla en el programa de televisión en vivo", *Noticias de la Iglesia*, 12 de septiembre de 1998, pág. 13.

31. En el Informe de la Conferencia, abril de 1999, 117; o revista *Liahona*, mayo de 1999, pág. 89

32. En R. Scott Lloyd, "El Templo Histórico de Nauvoo a Reconstruir", *Noticias de la Iglesia*, 10 de abril de 1999.

33. *Un cuento de Dos Ciudades*, (1859).

El Siglo Veintiuno y Más Allá

[2000—]

El siglo XXI marcará la culminación del plan de nuestro Padre para Sus hijos y para esta tierra temporal. Este es el siglo y el milenio en que volverá el Señor. Este es el siglo y el milenio en el que ocurrirá la resurrección. Este es el siglo y el milenio cuando Dios borrará todas las lágrimas y cuando todas nuestras pérdidas nos serán compensadas. Seguramente, es bueno estar vivo durante tal era. Todos somos muy bendecidos.

El liderazgo de la Iglesia durante esta era tendrá que ser tan extraordinario como los eventos profetizados que ocurrirán. Y al igual que con los siglos XIX y XX, Dios ya ha pre-ordenado a aquellos que presidirán sobre Su pueblo. Los dos primeros de estos, El president Gordon B. Hinckley y El president Thomas S. Monson, serán discutidos en la sección final de esta serie de Historia de la Iglesia.

Cronologías Separadas para Cada Profeta

Al igual que en las secciones anteriores de este libro, se proporcionará una cronología separada de eventos clave de la vida para cada profeta al principio de cada capítulo. La cronología del Presidente Hinckley seguirá donde terminó la anterior en el capítulo 44a. Si bien algunas partes de estas cronologías son contemporáneas con las cronologías de los profetas anteriores y posteriores, se los proveeré por separado para que el lector pueda entender la vida y el ministerio de cada hombre en su totalidad.

Gordon B. Hinckley

Nacido: 1910, 23 de junio, en Salt Lake City, Utah.

Bautizado: 1919, 28 de abril, en la piscina del gimnasio Deseret, Salt Lake City, UT.

Asistente
de los Doce: 1958, 6 de abril, apoyado en la conferencia general (47 años).

Apóstol: 1961, 5 de octubre, ordenado por El presidente David O. McKay (51 años).

Consejero: 1981–1985 del presidente Spencer W. Kimball.
1985–1994 del presidente Ezra Taft Benson.
1994–1995 del presidente Ezra Taft Benson.

Presidente: 1994, 5 de junio de 1994, Presidente del Quórum de los Doce (83 años).
1995, 3 de marzo, Apóstol principal la muerte de El president Ezra Taft Benson.
        12 de marzo, Presidente de la Iglesia (84 años).

Murió: 2008, 27 de enero, en Salt Lake City, Utah (97 años).
Sirvió durante casi 13 años como Presidente de la Iglesia.

Templos:	77 nuevos templos dedicados durante su mandato como Presidente de la Iglesia.

Revelaciones	1995, 23 de septiembre. Proclamación sobre la Familia da una advertencia profética al mundo.
	1997, 4 de octubre, una revelación sobre los templos más pequeños para "salpicar la tierra."
	2001, 31 de marzo, establecimiento del Fondo para la Educación Perpetua.
	2002, 27 de junio, declaró la presencia de Dios y Su Hijo en la dedicación del Templo de Nauvoo.

Thomas S. Monson

Nacio:	1927, 21 de agosto, en Salt Lake City, Utah.
Bautizado:	1935, 21 de septiembre, en el baptisterio del Tabernáculo en Salt Lake City.
Apóstol:	1963, 10 de octubre, ordenado por El presidente David O. McKay (36 años).
Consejero:	1985–1994 del presidente Ezra Taft Benson.
	1994–1995 del presidente Ezra Taft Benson.
	1995–2008 del presidente Gordon B. Hinckley.
Presidente:	1995, 12 de marzo, Presidente del Quórum de los Doce (67 años).
	2008, 27 de enero, Apóstol mayor a la muerte de G. B. Hinckley.
	2008, 3 de febrero, Presidente de la Iglesia (80 años).
Murió:	(Todavía viviendo)
	Sirvió 9 años como Presidente de la Iglesia a partir de 2017
Templos:	16 nuevos templos dedicados durante los primeros 9 años de su mandato como Presidente de la Iglesia.
Revelaciones:	2012, 6 de Octubre, anunció el cambio de la edad de elegibilidad para misionar a 18 para los jóvenes y 19 para las jóvenes.

Russell M. Nelson

Born:	1927, August 21, in Salt Lake City, Utah.
Baptized:	1935, September 21, in the Tabernacle baptistry in Salt Lake City.
Apostle:	1963, 10 October, ordained by President David O. McKay (age 36).
Counselor:	1985–1994 to President Ezra Taft Benson.
	1994–1995 to President Howard W. Hunter. 1995–2008 to President Gordon B. Hinckley.
President:	1995, March 12, President of Quorum of the Twelve (age 67).
	2008, January 27, senior Apostle upon G. B. Hinckley's death.
	2018, February 3, President of the Church (age 80).
Died:	Has served 5 years so far as President of the Church.
Temples:	16 new temples dedicated during the fi rst 5 years of his tenure as Church President.
Revelations:	2012 6 Oct. Announced the change of mission eligibility age to 18 for young men and 19 for young women.

El Presidente Gordon B. Hinckley, Parte 2: Templos y Educación Perpetua

[2000–2008]

COMIENZA EL SIGLO XXI

El ministerio del presidente Gordon B. Hinckley duró dos siglos, de 1995 a 2008. La parte de su ministerio que ocurrió en el siglo XX (1995–1999) fue cubierta previamente en el capítulo 44a. Los ocho años finales de su ministerio (2000–2008) serán cubiertos en este capítulo porque ocurrieron a principios del siglo XXI. La cronología de los acontecimientos anteriores también se limita a este período.

Más Exposición en los Medios

El Presidente Hinckley comenzó el siglo XXI siendo el primer Presidente de la Iglesia en dirigirse al Club Nacional de Prensa en Washington, DC, el 27 de marzo de 2000. Allí respondió a preguntas sobre todo, desde la genealogía hasta los esfuerzos humanitarios.[1] Así, continuó su campaña para Sacar a la Iglesia "de la oscuridad" a través de una exposición mediática consistente y positiva.

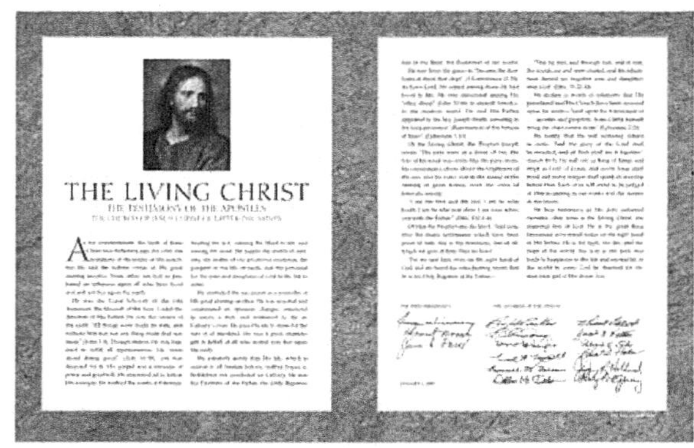

A principios de ese año, el 1° de enero de 2000, la Primera Presidencia y el Quórum de los Doce Apóstoles emitieron otro documento destinado a aclarar nuestro testimonio y culto a Jesucristo. Con el título "El Cristo Viviente: El Testimonio de los Apóstoles", fue acompañado por un video en el que los Apóstoles y los profetas comparten su testimonio personal del Salvador.

El 22 de febrero de 2000, a los 89 años, publicó su libro *De Pie por Algo: Diez Virtudes Descuidadas que Curarán Nuestros Corazones y Hogares* a través de un editor nacional, dirigida a una audiencia no Mormona. El encabezado para el libro fue escrito por su buen amigo de ahora, Mike Wallace, y contenía endosos de William J. Bennett, de Stephen R. Covey, y del senador de Estados Unidos Joseph Leiberman. El libro se convirtió en un éxito de ventas del *New York Times* en 2000 y recibió el Premio Devocional 2000 de la Asociación de Letras Mormonas.

Un Llamamiento al Compañerismo y la Tolerancia

Uno de los temas más consistentes del presidente Hinckley fue la tolerancia hacia las creencias de los demás. Ya había hablado sobre este tema en 1998: "Podemos respetar a otras religiones y debemos hacerlo. Debemos reconocer el gran bien que logran. Debemos enseñar a nuestros hijos a ser tolerantes y amables con aquellos que no son de nuestra fe. Podemos y trabajamos con los de otras religiones en la defensa de aquellos valores que han hecho nuestra civilización grande y nuestra sociedad distintiva...."[2]

A partir del año 2000 volvió a este tema varias veces durante los próximos dos años.

> Somos muy malinterpretados, y me temo que gran parte de ello es de nuestra propia creación. Podemos ser más tolerantes, mejores vecinos, más amistosos, más un ejemplo de lo que hemos sido en el pasado. Enseñemos a nuestros hijos a tratar a los demás con amistad, respeto, amor y admiración. Eso producirá un resultado mucho mejor que una actitud de egoísmo y arrogancia.[3]

> Que bendigamos a la humanidad con un alcance a todos, levantando a aquellos que están agobiados y oprimidos, alimentando y vistiendo a los hambrientos y necesitados, extendiendo amor y vecindad a aquellos que nos rodean que quizás no forman parte de esta Iglesia.[4]

> No debemos ser exclusivistas. Nunca debemos adoptar una actitud más santa que la nuestra. No debemos ser egoístas. Debemos ser magnánimos, abiertos y amistosos. Podemos mantener nuestra fe. Podemos practicar

nuestra religión. Podemos apreciar nuestro método de adoración sin ofender a los demás. Aprovecho esta ocasión para implorar un espíritu de tolerancia y buena vecindad, de amistad y amor hacia los de otras creencias.[5]

El Nuevo Centro de Conferencias

En 2000, la conferencia general de abril se celebró por primera vez en el casi terminado Centro de Conferencias. Este auditorio de 21.000 asientos reemplazó al Tabernáculo, construido en 1867, como el lugar donde se realizarían las conferencias semestrales de la Iglesia SUD y las principales reuniones de la Iglesia. En ese momento fue el auditorio estilo teatro más grande jamás se construyera[6]—lo suficientemente grande como para albergar cómodamente un Boeing 747. Cuenta con una tribuna detrás del púlpito que proporciona asientos para 158 Autoridades Generales y oficiales generales de la Iglesia y 360 voces del Coro Mormón del Tabernáculo. Todos los asientos de la audiencia tienen una vista despejada del púlpito. Detrás del podio hay un órgano de tubos Schoenstein de 7667 tubos y 130 rangos. En el subsuelo está un garaje de estacionamiento que puede contener 1.400 automóviles.

Construido para parecerse a una casa de reunión de los SUD muy grande, el edificio tiene una araña de tres pisos que cuelga de una claraboya en el interior del edificio. Y debido a que se encuentra más bajo que el área de la ciudad del Capitol Hill, su techo está totalmente ajardinado como un hermoso jardín con árboles, arroyos y céspeditado por El edificio fue dedicado en la conferencia celebrada seis meses después el 8 de octubre.

El 6 de abril de 2000, un estimado de 1,3 millones de miembros participó en la dedicación del Templo de Palmyra New York, en vivo por satélite en los centros de estaca en seis zonas horarias.

De abril a octubre de 2000, el Presidente Hinckley se embarcó en una gira mundial, viajando 250,000 millas, visitando 58 países, hablando a 2,2 millones de miembros, y dedicando 24 templos. La explosión literal en el número de templos durante su mandato no es exagerada. Un resumen de esos templos se proporciona al final de este capítulo.

En su noventa cumpleaños, el 23 de junio de 2000, el Presidente Hinckley anunció que el Colegio Universitario Ricks College, un colegio universitario de dos años, se convertiría en una universidad de cuatro años con el nombre de Universidad El president Brigham Young, Idaho.

El Presidente Hinckley dijo:

> "Este cambio de estatus es consistente con la tradición actual de evaluación y progreso que ha llevado al Colegio Universitario Ricks desde sus inicios hasta su actual posición como la institución privada de dos años más grande de educación superior en Estados Unidos." Sigue estando orientados a la enseñanza, con una enseñanza efectiva y aconsejando a los estudiantes la responsabilidad principal de su facultad", que están comprometidos con la excelencia académica. La institución hará hincapié en la educación de postgrado y otorgará títulos de bachillerato."[7]

El 1 de octubre de 2000, el Presidente Hinckley dedicó el Templo de Boston Massachusetts, el 100 ° templo en funcionamiento de la Iglesia.

Una semana después, el 8 de octubre de 2000, durante la conferencia general, dedicó el nuevo Centro de Conferencias en Salt Lake City.

El 12 de noviembre de 2000, habló con más de 21.000 jóvenes adultos en el Centro de Conferencias recientemente dedicado y con miles más en todo el mundo vía satélite—la primera reunión de este tipo.

EL FONDO DE EDUCACIÓN PERPETUA

El 31 de marzo de 2001, en relación con la conferencia de abril, el Presidente Hinckley anunció el Fondo de Educación Perpetua para ayudar a su su educación a los jóvenes miembros de la Iglesia en todo el mundo. La misión del fondo era proporcionarle oportunidades educativas [no ayuda social]a los miembros que vivían en áreas con pobreza generalizada, permitiéndoles y capacitándolos para levantarse y establecer sus vidas futuras sobre la base de la autosuficiencia que puede provenir del entrenamiento en habilidades comerciales.[8]

Dirigido especialmente a los jóvenes que cumplen misiones para la Iglesia, ha demostrado ser una gran bendición para muchos Santos de los últimos días empobrecidos alrededor del mundo. El dinero donado originalmente por los benefactores se utilizó para proporcionar préstamos a los solicitantes dignos para terminar su educación. Luego, después de la graduación, pagan sus préstamos y el dinero se utiliza de nuevo para beneficiar a otros estudiantes.

El programa refleja los valores de la Iglesia con respecto a la importancia de la educación y el deber de ayudar y asistir a los menos afortunados de entre nosotros. Se basa en el Fondo de Emigración Perpetua, el cual otorgó préstamos a más de 40,000 inmigrantes de los Santos de los Últimos Días del siglo XIX que buscaban establecerse en el Valle del Lago Salado, pero carecían de fondos para hacerlo. También es similar a un fondo establecido en 1903 para proveer a los aspirantes a maestros de escuela con préstamos para los gastos escolares.[9]

Este nuevo programa tendrá un gran impacto en las vidas de los jóvenes miembros de la Iglesia en todo el mundo durante las próximas décadas. La respuesta a la pobreza y la lucha es la educación y el evangelio de Jesucristo. Con esta iniciativa, ambas necesidades se abordan de manera significativa. Podemos mirar hacia el futuro y ver a los Santos de los Últimos Días alrededor del mundo con habilidades y carreras sostenibles que bendicen la vida de sus familias y sus comunidades. Todavía podemos vivir para ver que este programa visionario ha tenido un impacto más significativo que cualquier gobierno o programa de bienestar de la Iglesia en el pasado. Considero que es uno de los logros más importantes del Presidente Hinckley.

La Tragedia del 11–S

El 11 de septiembre de 2001, los Estados Unidos fueron atacados por terroristas que requisaron aviones de pasajeros en pleno vuelo y los llevaron a las Torres Gemelas en la ciudad de Nueva York y también al Pentágono en Washington, D. C. Más de 3.000 fueron asesinados en estos ataques, el peor desde Pearl Harbor en términos de vidas perdidas. Una nación muy sorprendida y entristecida se volvió brevemente a Dios en busca de protección y consuelo.

Esa noche, el Coro del Tabernáculo Mormón dio un concierto especial en recuerdo de las víctimas del ataque y para levantar los espíritus de los estadounidenses en todas partes. Un periodista registró lo siguiente en relación con ese concierto

> Al llegar al Tabernáculo, había un ir y venir tranquilo mientras la gente tomaba asiento. No la habitual risa o broma que tendría lugar

en un evento, sino más bien un templado dolor. Eventualmente, el presidente Hinckley se levantó y se presentó. Se disculpó por tomar el control de lo que iba a ser un concierto privado, pero por supuesto nadie se sintió menospreciado. De hecho, todo el mundo se dio cuenta de la seriedad del momento cuando el líder de una iglesia mundial utilizaba un foro al que estábamos asistiendo para hablar de consuelo a la gente de la nación.

Las canciones programadas para el concierto fueron reemplazadas por canciones patrióticas e himnos, y el coro nunca estuvo en forma mejor. Sus voces se elevaron y nuestros espíritus respondieron. Entonces cantaron palabras de consuelo, y lloramos por los que habían muerto. El presidente Hinckley, un orador magistral, dijo palabras inspiradoras de consuelo y resolución. Al finalizar, todos nos erguimos espiritualmente de una manera que nunca había experimentado: la combinación de un gran shock combinado con un maravilloso programa que atrajo a personas de todas las creencias y credos.[10]

El 14 de septiembre de 2001, apenas tres días después del trágico ataque terrorista, el Presidente Hinckley apareció por tercera vez en el programa "Larry King Live" de la CNN, esta vez para entregar un mensaje de esperanza y consuelo. Luego, el 20 de septiembre, el Presidente Hinckley asistió en la Casa Blanca a una reunión privada de oración con otros 27 líderes religiosos.

Los Juegos Olímpicos de Invierno 2002 en Salt Lake City

Los Juegos Olímpicos de Invierno de 2002 se celebraron en febrero de 2002 en Salt Lake City y sus alredededores. Aproximadamente 2.400 atletas de 77 naciones participaron en los juegos. El 7 de febrero, el Presidente Hinckley participó en el relevo de la antorcha. La ceremonia de apertura se celebró el 8 de febrero de 2002 y las competiciones continuaron hasta la ceremonia de clausura el 24 de febrero. Desde los puntos de vista deportivo y comercial, estuvieron entre los Juegos Olímpicos de Invierno más exitosos de la historia, con más de 2 mil millones de espectadores y un superávit de $ 40 Millones al final de los juegos.

Los Juegos de Invierno 2002 también demostraron ser un éxito de relaciones públicas para la Iglesia. El 22 de febrero, se transmitió la entrevista del Presidente Hinckley con Tom Brokaw de la NBC sobre la Iglesia y los Juegos Olímpicos. Y durante todo el curso de los juegos, el Presidente Hinckley fue entrevistado por la NHK, ORF, ARD, NOS y otros medios de comunicación internacionales / nacionales.

Las primeras profecías de la Iglesia pronunciadas cuando Salt Lake City era sólo un puesto de avanzada en el desierto indicaban que llegaría el momento en que reyes, presidentes y magistrados llegarían a Utah. Si bien esas profecías podrían haber parecido demasiado fantásticas como para que las creyeran en ese momento, ciertamente se cumplieron durante los Juegos Olímpicos de Invierno 2002. Consideren la siguiente lista de dignatarios que se reunieron con el Presidente Hinckley durante esas dos semanas y los meses siguientes:

— 8 de febrero   El presidente Bush y la primera dama Laura Bush durante su visita a los Juegos Olímpicos en Salt Lake

— 9 de febrero   Kofi Annan, secretario general de Naciones Unidas, durante su visita a los Juegos Olímpicos.

— 13 de febrero   Susanne Riess—Passer, vicecanciller de Austria, durante su visita olímpica.

— 22 de febrero   La entrevista del presidente Hinckley con Tom Brokaw de NBC fue transmitida.

— 22 de febrero   El presidente alemán Johannes Rau durante su visita a los Juegos Olímpicos.

— Feb 8–24   Entrevistado por NHK, ORF, ARD, NOS y otros medios de comunicación internacionales

— 29 de abril   Vicente Fox, presidente de México, junto con El élder Henry B. Eyring.

— 20 de mayo   Patrick Manning, primer ministro de Trinidad y Tobago, con el Presidente Faust.

En 2002, a los 91 años, el Presidente Hinckley publicó su libro ¡Camino a Ser! Nueve Maneras de Ser Feliz y Hacer Algo de Su Vida. Publicado por Simon y Schuster, éste fueel segundo libro del Presidente Hinckley para ser distribuido a una audiencia nacional.

TEMPLOS ALREDEDOR DEL MUNDO

La visión del presidente Hinckley de templos más pequeños abrió el camino para que los templos fueran llevados a los miembros de la Iglesia alrededor del mundo. Durante los primeros seis años del siglo XXI, se dedicaron 56 nuevos templos, casi duplicando el número de templos ya funcionando. El año 2002 continuó la tendencia.

El 3 de marzo de 2002, el Presidente Hinckley dedicó el 108 ° templo operativo en Snowflake Arizona.

Al mes siguiente, el 21 de abril de 2002, dedicó el Templo de Lubbock Texas y el 28 de abril, el Templo de Monterrey México.

En mayo de 2002, dedicó el Templo de Campinas Brasil el 17 de mayo, y el Templo de Asunción Paraguay el 19 de mayo.

Vuelve el Templo de Nauvoo

Cuando se anunció por primera vez el Templo de Nauvoo el 4 de abril de 1999, El élder Hugh W. Pinnock, presidente del Área Central de América del Norte dijo: "Anticipamos que, si es posible, se construirá sobre la huella original." También explicó que el interior tendría que ser muy diferente del original para acomodar el trabajo del templo como en otros templos modernos. La *Noticias de la Iglesia* mencionó que el templo tendría la misma apariencia externa que el edificio original.[11]

La Iglesia reunió un equipo de arquitectos de diseño para la restauración, y un comité de investigación de historiadores y expertos de Nauvoo. Afortunadamente, en 1948 la Iglesia había obtenido los planos arquitectónicos para el Templo original de Nauvoo hecho por William Weeks. Se dice que el grado de réplica del templo original es 95 por ciento correcto. La única diferencia significativa es la estatua del ángel Moroni encima de la cúpula del edificio. El templo original tenía un ángel boca abajo (acaostado) en forma de una veleta.

Obreros de la construcción y artesanos de Idaho a Illinois ayudaron a crear el edificio de 54,000 pies cuadrados. Más de 2.500 personas trabajaron en el proyecto, incluyendo 150 voluntarios. Más de 24.000 horas fueron donadas a la causa. Una gran contribución de un miembro anónimo de la Iglesia desencadenó el proyecto, y luego también se recibieron donaciones de otros Santos de todo el mundo.

El Nuevo Templo de Nauvoo es Dedicado

El nuevo templo de Nauvoo tardó dos años y medio en completarse. Esto se puede comparar con los casi seis años que tomó construir el original. Muchos miembros de la Iglesia ven la reconstrucción como un monumento a los sacrificios hechos por sus antepasados y también como el cumplimiento de la profecía que los Santos algún día volverían a reconstruir los "lugares perdidos de Sión"—los que habían sido abandonados bajo las presiones de las turbas y la persecución.

— **D. y C. 101:18** Con respecto a Sión, el Señor prometió en 1833 que "Los que permanezcan y sean de corazón puro volverán a sus heredades, ellos y sus hijos, con cantos de gozo sempiterno, para edificar los lugares asolados de Sion."

— **D. y C. 103:11** De nuevo en 1834, el Señor dijo: "De cierto os digo, he decretado que vuestros hermanos que han sido esparcidos vuelvan a las tierras de su herencia y edifiquen los lugares asolados de Sion."

En junio de 2002, durante una casa abierta de seis semanas antes de la dedicación del templo, más de 330.000 personas recorrieron el templo, convirtiéndolo en una de las casas abiertas más grandes que se haya celebrado para un templo. El día del primer servicio dedicatorio, Joyce Shireman de la comunidad de la iglesia de Cristo y la Hermana Marjorie Hinckley colocaron una rosa en las tumbas de José y de Hyrum Smith.

Una audiencia mundial de miembros de la Iglesia en 72 naciones se unieron vía satélite para la primera sesión dedicatoria que se llevó a cabo el jueves 27 de junio de 2002 a las 17:0—la hora aproximada en que el fundador de la Iglesia José Smith y su hermano Hyrum fueron asesinado en la cercana cárcel de Cartago el 27 de junio de 1844. En otro homenaje simbólico a los mártires, la campana del Templo de Nauvoo sonó solemnemente cinco veces al comienzo del servicio.

En sus comentarios, el Presidente Hinckley habló de su gratitud de poder supervisar la reconstrucción del templo que su padre había anhelado ver. Como alguien que asistió a la primera sesión dedicatoria, presencié su emoción cuando tuvo que hacer una pausa varias veces para recuperar su compostura antes de continuar con sus comentarios. Aquellos de nosotros que estuvimos allí ese día, y muchos miles más viendo los procedimientos vía satélite, lloramos abiertamente.

El Presidente Hinckley reconoció la presencia de José y Hyrum Smith, así como del presidente Brigham Young y muchos otros de los Doce originales.

> El Presidente Hinckley dijo que sentía la presencia del Padre y del Hijo, "que se han revelado al Profeta José que dio su vida por esta obra. Creo que él debe alegrarse.
>
> El Presidente Hinckley dijo que sentía también la presencia de su abuelo (Ira N. Hinckley), que vivía en Nauvoo cuando era joven, y de su padre, Bryant S. Hinckley, quien sirvió como presidente de la Misión a los Estados del Norte, que incluía Nauvoo. Expresó su confianza de que "muchos de ustedes sienten que sus antepasados están con nosotros."
>
> Comentó el gran número de personas que asistían al servicio dedicatorio en persona y en las salas de reunión designadas en todo el mundo. Asistiendo al templo había 1.631 miembros; procedimientos se llevaron por satélite a aproximadamente 2.300 lugares en 72 países. De la congregación en el templo, él dijo: "Estoy seguro de que hay una gran audiencia invisible que nos mira, aquellos que se pasaron al otro lado y ven en la estructura que hoy dedicamos al cumplimiento de sus esperanzas, sus sueños y alguna compensación por sus lágrimas y sus sacrificios indescriptibles. Deben tener un profundo amor por nosotros, que hemos podido crear este magnífico edificio que se erige como un monumento conmemorativo.[12]

Durante la oración dedicatoria, el Presidente Hinckley reconoció los sacrificios de los mártires y de los constructores originales y oró para que los Santos de los Últimos Días se comprometan de nuevo al mismo tipo de dedicación que sus antepasados. También reconoció la presencia de los espíritus de muchos miles de Santos que se habían sacrificado para construir el templo original y recibieron sus dotaciones dentro de sus muros. Mis tatarabuelos y tatarabuelas estuvieron entre los Santos. Y como lo eran, tuve el privilegio de ser su descendiente para asistir a la primera sesión y sentarme dentro del templo, cerca de la fuente bautismal, para presenciar los procedimientos.

El Presidente Hinckley dedicó el Templo de Nauvoo en 13 sesiones separadas. La primera y la última sesión fueron transmitidas en directo vía satélite a los centros de estaca de todo el mundo, con la sesión final el domingo, 30 de junio, a las 17:0 horas. CDT. Muchos de estos lugares nunca habían recibido ningún tipo de comunicación directa vía satélite, incluyendo Japón, Corea, Australia, Nueva Zelanda, Samoa, Fiji, Tonga, Filipinas, Hong Kong, Taiwán, Tailandia, Armenia, Bulgaria, Ucrania y Rusia. El presidente Hinckley señaló la participación de aquellos en tierras lejanas, miles de los cuales se habían levantado en medio de la noche, donde vivían para ser testigos de la transmisión en vivo desde Nauvoo.

Europa Oriental y Rusia

El 8 de septiembre de 2002, el Presidente Hinckley dedicó el 114º templo de la Iglesia en La Haya, Países Bajos.

Inmediatamente después, del 9 al 10 de septiembre de 2002, el Presidente Hinckley visitó Kiev, Ucrania y Moscú, Rusia, el primer Presidente de la Iglesia en visitar a estos ex países del bloque comunista.

LOS AÑOS FINALES

El Presidente Hinckley tenía un profundo sentido de la historia y la importancia del pasado para identificar quiénes somos y hacia dónde vamos como Iglesia. Renombró al hotel Utah Edificio Conmemorativo a José Smith, colocando así un imponente monumento al Profeta directamente en el corazón de la ciudad. Todos sus anuncios y actividades tuvieron sentido para una Iglesia creciente a nivel mundial, pero también fueron ricos en significado histórico. Esta tendencia continuó durante sus últimos años.

2003

El 11 de enero de 2003, el primer entrenamiento mundial en liderazgo fue transmitido por satélite a los líderes del sacerdocio en el 97% del mundo.

El 8 de febrero de 2003, en el 125 aniversario de la Escuela Primaria, se dirigió a casi 1 millón de niños SUD alrededor del mundo durante una transmisión histórica por satélite desde el Centro de Conferencias.

El 15 de junio de 2003, dedicó el templo 115° de la iglesia en Brisbane, Australia.

El 14 de septiembre de 2003, dedicó el 116° templo de la iglesia en Redlands, California.

2004

El 11 de enero de 2004, el Presidente Hinckley dedicó el 117° templo de la Iglesia en Accra Ghana, y luego visitó con el presidente de Ghana Kufuor después de la dedicación. Un mes más tarde, del 21 al 22 de febrero, viajó a San Pablo, Brasil, para dedicar un templo a esa ciudad. También asistió a un programa musical de la iglesia en el estadio de Pacaembu, uno de los programas musicales más grandes de la iglesia llevado a cabo fuera de los Estados Unidos.

El 6 de abril de 2004, la esposa del presidente Hinckley, Marjorie Pay Hinckley, falleció de causas fortuitas a la edad de 92 años. Su funeral fue transmitido a una amplia audiencia y muchos recordarán la mirada de dolor que llenó el rostro del Presidente cuando dijo su último adiós Con su conocimiento seguro de la naturaleza eterna de la relación matrimonial, sus lágrimas no nacieron del miedo, sino sólo por la pérdida temporal de su compañera el amor de toda la vida. Fue lo suficientemente amable para permitir que los miembros de la Iglesia participen en lo que ciertamente fue el evento muy personal.

El 23 de mayo de 2004, el Presidente Hinckley dedicó el 118° templo de la Iglesia en Copenhague, Dinamarca. Al mes siguiente, el 13 de junio de 2004, dedicó el 119th templo en Manhattan Nueva York. Este templo siguió el modelo establecido en Kirtland, Nauvoo, y más recientemente en Hong Kong, en ser construido en los pisos superiores de un edificio utilizado para servicios administrativos y de culto en la planta baja.

Diez días después, el 23 de junio de 2004, el Presidente Hinckley recibió la Medalla Presidencial a la Libertad de manos delpresidente George W. Bush en la Casa Blanca.

El 16 de noviembre de 2004, publicó la primera edición comercial del Libro de Mormón, impresa y distribuida por Doubleday, y disponible en todas las librerías.

2005

El 22 de mayo de 2005, el Presidente Hinckley dedicó el templo número 120 de la Iglesia en San Antonio, Texas.

El 23 de junio de 2005, celebró su 95 cumpleaños con una reunión en el Centro de Conferencias. Al igual que con el funeral de su esposa en 2004, fueron invitados los miembros de la Iglesia, al igual que muchos amigos. Entre los invitados especiales estaban Gladys Knight, cuya conversión tuvo mucho que ver con el testimonio y ejemplo del Presidente Hinckley. También estuvo presente el periodista de la CBS, Mike Wallace, quien se había hecho amigo del presidente Hinckley después de su entrevista en 1996. El Coro del Tabernáculo actuó junto con Donny Osmond, Gladys Knight y muchos otros artistas que habían venido a desearle lo mejor. Él fue claramente tocado por el evento, y bromeó al final, "¡Si todavía estoy en unos 5 años, vamos a hacer esto de nuevo!"

Las dedicaciones a los templos continuaron en 2005, con el Templo Aba en Nigeria el 7 de agosto y el Templo de Newport Beach California en agosto.[28]

2006

En enero de 2006, el Presidente Hinckley se sometió a una cirugía laparoscópica para eliminar el cáncer de colon. Luego, fiel a su hábito de toda la vida de trabajar duro, dos meses más tarde en marzo de 2006, voló a Chile para re-dedicar el templo chileno. Durante las ceremonias, aludió a su reciente operación, bromeando que no la recomendaría a ninguna persona.

"El presidente Hinckley estaba en su mejor momento", dijo El élder L. Tom Perry, del Consejo de los Doce, momentos después de la primera sesión de dedicación. "Dirigió toda la sesión, dio la oración dedicatoria, no sabía que alguna vez había estado enfermo, su vigor era absolutamente increíble."[13]

Menos de un mes después de este viaje chileno, estuvo en el podio en la conferencia general y en una rara desviación de sus sermones usuales sobre los temas del evangelio—reflexionó en su vida personal. En retrospectiva, este discurso ha sido ampliamente considerado por los miembros como un adiós personal a la Iglesia. Había mencionado frecuentemente su edad en público durante los últimos cinco años ", casi como una forma de preparar a los miembros de la iglesia para su muerte y asegurarles que estaba en paz con cualquier tiempo que fuera el suyo. Después de la muerte de su esposa, Marjorie, en 2004, periódicamente habló conmovedoramente de su desaparición."[14]

El 11 de junio de 2006, habló en una sala de difusión por satélite en la Ciudad de Iowa, Iowa, en honor a las compañías de carros de mano pioneros mormones.

El 31 de agosto de 2006, el Presidente George W. Bush visitó la Primera Presidencia en Salt Lake City.

Tres días más tarde, el 3 de septiembre de 2006, el Presidente Hinckley dedicó el Templo de Sacramento, California. Al mes siguiente, el 22 de octubre de 2006, él dedicó el templo de Helsinki Finlandia.

El año 2007 resultaría ser el último del Presidente Hinckley. El Presidente de 96 años, cumplió 97 años a mediados de año, y su edad estaba empezando a verse. Sin embargo, siguió el ritmo lo más rápido que pudo y logró una serie de cosas importantes.

El 31 de marzo de 2007, el Tabernáculo de Salt Lake reabrió después de una renovación de 2 años y actualización sísmica. Ha continuado sirviendo desde entonces como un importante lugar de reunión para conciertos y reuniones, y sigue siendo el hogar de las transmisiones del Coro del Tabernáculo Mormón que han estado ocurriendo desde los años treinta.

El 23 de junio de 2007, dedicó el Centro de Antiguos Alumnos y Visitantes El president Gordon Hinckley en la UBY—Provo. Al día siguiente, 24 de junio de 2007, anunció que la membresía de la Iglesia había superado los 13 millones. Y el mismo día anunció la convocatoria del millonésimo de los misioneros desde que la Iglesia fuera organizada en 1830.

El 10 de agosto de 2007, el presidente Hinckley presidió y habló en el funeral de agosto de su amado segundo consejero, El presidente James E. Faust, señalando la tristeza que su muerte significaba para él personalmente.

En octubre de 2007, volvió a hablar públicamente durante la conferencia general semestral de octubre, pero pronunció menos y más cortos discursos de lo que la había hecho anteriormente durante el evento de dos días.

El 14 de octubre de 2007, presidió y ofreció breves comentarios en el funeral de la Hermana Inis Hunter a finales de octubre,

El 2 de diciembre de 2007 habló durante la Devocional de Navidad de la Primera Presidencia en el Centro de Conferencias, en lo que sería su última gran alocución pública. Para la tercera semana de enero, tuvo que enviar un mensaje que fue leído por El presidente Thomas S. Monson, primer consejero en la Primera Presidencia, en el funeral del multimillonario empresario y filántropo James Sorenson.

LA MUERTE DEL PRESIDENTE HINCKLEY

El 27 de enero de 2008, El presidente Gordon B. Hinckley murió en su departamento en el centro de Salt Lake City, a los 97 años.

El presidente Hinckley "murió con las botas puestas", como como reza el viejo dicho occidental. Hasta la última semana de su vida, todavía trabajó en su oficina, según el portavoz de la Iglesia SUD Scott Trotter. Fue incansable en su ministerio, que cumplió la promesa hecha en su bendición patriarcal casi 87 años antes:

> [Tú te] convertirás en un poderoso y valiente líder en medio de Israel…. Siempre serás un mensajero de paz; Las naciones de la tierra oirán tu voz y serán llevadas al conocimiento de la verdad por el maravilloso testimonio que llevarás."[15]

Las naciones de la tierra habían oído su voz. Más familiarizado con los medios de comunicación que cualquier presidente antes o desde entonces, fue un maestro en llevar el mensaje al mundo. Y fue respetado por muchos dentro y fuera de la Iglesia por su influencia humilde pero poderosa.

Michael Otterson, en un artículo escrito para el *Washington Post*, dijo de él:

> El lunes por la mañana, esta semana, 12 horas después del fallecimiento del líder de la Iglesia de Jesucristo de los Santos de los Últimos Días de 97 años, El presidente Gordon B. Hinckley, ocurrió algo extraordinario y espontáneo.

Los jóvenes adolescentes de Salt Lake City comenzaron a presentarse en la escuela ese día, vestidos no con sus habituales vaqueros y ropa de invierno, sino con su "mejor traje dominguero." Los jóvenes estaban sentados en las clases con camisas blancas y corbatas, trajes y abrigos.

Miles de ellos hicieron esto, sin la inspiración de los padres u otros adultos y para la sorpresa de los maestros. La idea, al parecer, comenzó con unos pocos y luego se extendió a una velocidad increíble a través de mensajes de texto, de niño a niño. Esta era su manera de mostrar respeto a un hombre de siete veces su edad y varias generaciones de sus mayores. Tal fue el poder de este líder extraordinario de La Iglesia de Jesucristo de los Santos de los Últimos Días para tocar la vida de la gente común.

Creo que al presidente Hinckley le habría gustado la espontaneidad y la sencillez de ese gesto.

Ya sea en África o América del Sur, el Pacífico Sur o Asia, miles de personas saldrían a saludar al presidente de La Iglesia de Jesucristo de los Santos de los Últimos Días, llenando a menudo los estadios, a veces paseando por las calles, agitando un pañuelo cuando pasaba. Nada le gustaba más que estar entre la gente común, estrechar la mano, mirar a sus rostros, a menudo compartiendo su ingenio legendario y humor en un momento de luz.

Fue un trabajador incansable en nombre de los miembros de su Iglesia, y hasta algunos días antes de morir a a los 97 años, todavía iba a su oficina. Sus logros fueron legión, y parecía el merecedor en 2004 cuando recibió el premio civil más alto de su nación, la Medalla de la Libertad, del presidente George W. Bush.

Sin embargo, el presidente Hinckley probablemente vería sus mayores logros en la forma en que tocó la vida de la gente común. Tenía un sentimiento instintivo por la bondad de la gente, y a menudo instó a sus congregaciones de los Santos de los Últimos Días a que fueran mejores vecinos....

Con el fallecimiento del Presidente Hinckley esta semana, millones de miembros de su Iglesia reflexionarán sobre la vida de este hombre inusual, consumado pero modesto. En cuanto a mí, el mayor homenaje personal que puedo rendirle es ser la causa de un poco más de bondad, un poco más de generosidad de espíritu, un poco más de tolerancia en el mundo.[16]

PRINCIPALES LOGROS DEL PRESIDENTE HINCKLEY

La Proyección Mundial de los Santos

"El Presidente Hinckley priorizó reunirse con los Santos de los Últimos Días en todas partes. "Estoy decidido a que, mientras tenga fuerzas, saldré entre la gente en casa y en el extranjero", dijo durante la conferencia general de abril de 1996. "Deseo mezclarme con la gente que amo."[17] Poco después de ser apoyado como Presidente en 1995, partió en un viaje a las Islas Británicas, y eso fue sólo el comienzo. En 1996 se mezcló con miembros de 22 países de América Central y del Sur, Europa y Asia, y en 13 estados de Estados Unidos. Se convirtió en el primer Presidente de la Iglesia en visitar la China continental.

"En los años siguientes, mantuvo el ritmo. Por ejemplo, en enero de 2000, realizó un viaje de 10.000 kilómetros por el Pacífico, reuniéndose con miembros en Kiribati, Australia, Indonesia, Singapur y Guam. En 2004 dedicó el Templo de Accra Ghana, visitó los Santos de Cabo Verde y viajó por toda Europa. En 2005, el Presidente Hinckley había viajado más de un millón de millas como profeta del Señor, en ese año solo viajó a Rusia, Corea del Sur, Taiwán, Hong Kong, Nigeria y otros países."[18]

Reconociendo que la Iglesia se había convertido en una iglesia mundial, el Presidente Hinckley alentó la expansión de los esfuerzos de los medios en las lenguas nativas de la gente de todo el mundo. La conferencia general fue difundida en más de 80 idiomas, la Revista *Liahona* publicada en 51 idiomas, y el Libro de Mormón o selecciones traducidas a 106 idiomas.

Bajo la dirección del Presidente Hinckley, la Iglesia también se acercó a los necesitados de todo el mundo. Por ejemplo, en 1996, el programa de ayuda humanitaria de la Iglesia contribuyó con ropa para 8,7 millones de personas en 58 países, 450.000 kilogramos de equipo médico y educativo a 70 países y US $ 3.1 millones en alimentos, suministros médicos y productos agrícolas En marzo de 2000 anunció la creación del Fondo para la Educación Perpetua, otorgando préstamos para ayudar a los jóvenes Santos de los Últimos Días en todo el mundo a recibir la educación y la capacitación necesarias para encontrar un empleo adecuado. En 2004–2005, la Iglesia ofreció un tremendo sustento a las víctimas del tsunami del sudeste asiático, el huracán Katrina y numerosos otros desastres naturales en varios países."[19]

Templos Alrededor del Mundo

Tal vez ningún Presidente de la Iglesia esté más asociado con la construcción de templos que El president Gordon B. Hinckley. El presidente Spencer W. Kimball y sus sucesores construyeron muchos templos, pero debido a su edad avanzada y su mala salud se vieron obligados a confiar en el presidente Hinckley para dedicarlos durante esos años. Ningún resumen de su vida y obras estaría completo sin enumerar los templos que él dedicó y construyó en todo el mundo.

Templos Dedicados en Nombre de Presidentes Anteriores

	Templo	Dedicado	Dedicado Por
21	Templo de Atlanta Georgia	1–4 Junio 1983	Gordon B. Hinckley
22	Templo de Apia Samoa	5–6 Agosto 1983	Gordon B. Hinckley
23	Nuku'alofa Templo de Tonga	9–11 Agosto 1983	Gordon B. Hinckley
24	Templo de Santiago Chile	15–17 Septiembre 1983	Gordon B. Hinckley
25	Templo de Papeete Tahití	27–29 Octubre 1983	Gordon B. Hinckley
26	Templo de Ciudad de México	2–4 Diciembre 1983	Gordon B. Hinckley
27	Templo de Boise Idaho	25–30 Mayo 1984	Gordon B. Hinckley
28	Templo de Sídney Australia	20–23 Septiembre 1984	Gordon B. Hinckley
29	Manila Filipinas Templo	25–27 Septiembre 1984	Gordon B. Hinckley
30	Templo de Dallas Texas	19–24 Octubre 1984	Gordon B. Hinckley
31	Templo de Taipéi Taiwán	17–18 Noviembre 1984	Gordon B. Hinckley
32	Templo de Ciudad de Guatemala	14–16 Diciembre 1984	Gordon B. Hinckley
33	Templo de Friburgo Alemania	29–30 Junio de 1985	Gordon B. Hinckley
34	Templo de Estocolmo Suecia	2–4 Julio 1985	Gordon B. Hinckley
35	Templo de Chicago Illinois	9–13 Agosto 1985	Gordon B. Hinckley
36	Johannesburgo Templo de Sudáfrica	24–25 Agosto 1985	Gordon B. Hinckley
37	Templo de Seúl Corea	14–15 Diciembre 1985	Gordon B. Hinckley
38	Templo de Lima Perú	10–12 Enero 1986	Gordon B. Hinckley
42	Templo de Portland Oregón	19–21 Agosto 1989	Gordon B. Hinckley
43	Templo de Las Vegas Nevada	16–18 Diciembre 1989	Gordon B. Hinckley
44	Templo de Toronto Ontario	25–27 Agosto 1990	Gordon B. Hinckley
45	Templo de San Diego California	25–30 Abril 1993	Gordon B. Hinckley

Templos Dedicados Durante la Presidencia de Hinckley

	Templo	Dedicado	Dedicado Por
48	Templo de Hong Kong China	26–27 Mayo 1996	Gordon B. Hinckley
49	Templo de Monte Timpanogos Utah	13–19 Octubre 1996	Gordon B. Hinckley
50	Templo de St. Louis Misuri	1–5 Junio 1997	Gordon B. Hinckley
51	Templo de Vernal Utah	2–4 Noviembre 1997	Gordon B. Hinckley
52	Templo de Preston Inglaterra	7–10 Junio 1998	Gordon B. Hinckley
53	Templo de Monticello Utah	26–27 Julio 1998	Gordon B. Hinckley
54	Templo de Anchorage Alaska	9–10 Enero 1999	Gordon B. Hinckley
55	Templo de Colonia Juárez Chihuahua México	6–7 Marzo 1999	Gordon B. Hinckley
56	Madrid España Templo	19–21 Marzo 1999	Gordon B. Hinckley
57	Bogotá Colombia Templo	24–26 Abril 1999	Gordon B. Hinckley
58	Templo de Guayaquil Ecuador	1–2 Agosto 1999	Gordon B. Hinckley
59	Templo de Spokane Washington	21–23 Agosto 1999	Gordon B. Hinckley
60	Templo de Columbus Ohio	4–5 Septiembre 1999	Gordon B. Hinckley
61	Templo de Bismarck Dakota del Norte	19 Septiembre 1999	Gordon B. Hinckley
62	Templo de Columbia Carolina del Sur	16–17 Octubre 1999	Gordon B. Hinckley
63	Templo de Detroit Michigan	23–24 Octubre 1999	Gordon B. Hinckley
64	Templo de Halifax Nueva Escocia	14 Noviembre 1999	Gordon B. Hinckley
65	Templo de Regina Saskatchewan	14 Noviembre 1999	Boyd K. Packer
66	Templo de Billings Montana	20–21 Noviembre 1999	Gordon B. Hinckley
67	Templo de Edmonton Alberta	11–12 Diciembre 1999	Gordon B. Hinckley
68	Templo de Raleigh Carolina del Norte	18–19 Diciembre 1999	Gordon B. Hinckley
69	Templo de St. Paul Minnesota	9 Enero 2000	Gordon B. Hinckley
70	Templo de Kona Hawái	23–24 Enero 2000	Gordon B. Hinckley
71	Templo de Ciudad Juárez México	26–27 Febrero 2000	Gordon B. Hinckley
72	Templo de Hermosillo Sonora México	27 Febrero 2000	Gordon B. Hinckley
73	Templo de Albuquerque Nuevo México	5 Marzo 2000	Gordon B. Hinckley
74	Templo de Oaxaca México	11 Marzo 2000	James E. Faust
75	Templo de Tuxtla Gutiérrez México	12 Marzo 2000	James E. Faust
76	Templo de Louisville Kentucky	19 Marzo 2000	Thomas S. Monson
77	Templo de Palmyra Nueva York	6 Abril 2000	Gordon B. Hinckley
78	Templo de Fresno California	9 Abril 2000	Gordon B. Hinckley
79	Templo de Medford Oregón	16 Abril 2000	James E. Faust
80	Templo de Memphis Tennessee	23 Abril 2000	James E. Faust
81	Templo de Reno Nevada	23 Abril 2000	Thomas S. Monson
82	Templo de Cochabamba Bolivia	30 Abril 2000	Gordon B. Hinckley
83	Templo de Tampico México	20 Mayo 2000	Thomas S. Monson
84	Templo de Nashville Tennessee	21 Mayo 2000	James E. Faust
85	Templo de Villahermosa México	21 Mayo 2000	Thomas S. Monson
86	Templo de Montreal Quebec	4 Junio de 2000	Gordon B. Hinckley
87	Templo de San José Costa Rica	4 Junio de 2000	James E. Faust
88	Templo de Fukuoka Japón	11 Junio 2000	Gordon B. Hinckley
89	Templo de Adelaide Australia	15 Junio 2000	Gordon B. Hinckley
90	Templo de Melbourne Australia	16 Junio 2000	Gordon B. Hinckley
91	Templo de Suva Fiji	18 Junio 2000	Gordon B. Hinckley
92	Templo de Mérida México	8 Julio 2000	Thomas S. Monson
93	Templo de Veracruz México	9 Julio 2000	Thomas S. Monson

94	Templo de Baton Rouge Louisiana	16 Julio 2000	Gordon B. Hinckley
95	Templo de Oklahoma City Oklahoma	30 Julio 2000	James E. Faust
96	Templo de Caracas Venezuela	20 Agosto 2000	Gordon B. Hinckley
97	Templo de Houston Texas	26–27 Agosto 2000	Gordon B. Hinckley
98	Templo de Birmingham Alabama	3 Septiembre 2000	Gordon B. Hinckley
99	Santo Domingo República Dominicana Templo	17 Septiembre 2000	Gordon B. Hinckley
100	Templo de Boston Massachusetts	1 Octubre 2000	Gordon B. Hinckley
101	Templo de Recife Brasil	15 Diciembre 2000	Gordon B. Hinckley
102	Templo de Porto Alegre Brasil	17 Diciembre 2000	Gordon B. Hinckley
103	Templo de Montevideo Uruguay	18 Marzo 2001	Gordon B. Hinckley
104	Templo de Invierno de Nebraska	22 Abril 2001	Gordon B. Hinckley
105	Templo de Guadalajara México	29 Abril 2001	Gordon B. Hinckley
106	Templo de Perth Australia	20 Mayo 2001	Gordon B. Hinckley
107	Templo de Columbia River Washington	18 Noviembre 2001	Gordon B. Hinckley
108	Templo de Snowflake Arizona nieve	3 Marzo 2002	Gordon B. Hinckley
109	Templo de Lubbock Texas	21 Abril 2002	Gordon B. Hinckley
110	Templo Monterrey México	28 Abril 2002	Gordon B. Hinckley
111	Templo Campinas Brasil	17 Mayo 2002	Gordon B. Hinckley
112	Templo de Asunción Paraguay	19 Mayo 2002	Gordon B. Hinckley
113	Templo de Nauvoo Illinois	27–30 Junio 2002	Gordon B. Hinckley
114	Templo de La Haya	8 Septiembre 2002	Gordon B. Hinckley
115	Templo de Brisbane Australia	15 Junio 2003	Gordon B. Hinckley
116	Templo de Redlands California	14 Septiembre 2003	Gordon B. Hinckley
117	Templo de Accra Ghana	11 Enero 2004	Gordon B. Hinckley
118	Templo de Copenhague Dinamarca	23 Mayo 2004	Gordon B. Hinckley
119	Templo de Manhattan Nueva York	13 Junio 2004	Gordon B. Hinckley
120	Templo de San Antonio Texas	22 Mayo 2005	Gordon B. Hinckley
121	Templo de Aba Nigeria	7 Agosto 2005	Gordon B. Hinckley
122	Templo de Newport Beach California	28 Agosto 2005	Gordon B. Hinckley
123	Templo de Sacramento California	3 Septiembre 2006	Gordon B. Hinckley
124	Templo de Helsinki Finlandia	22 Octubre 2006	Gordon B. Hinckley

TESTIMONIO DE EL PRESIDENT GORDON B. HINCKLEY

El presidente Gordon B. Hinckley compartió el siguiente testimonio:

Esta es mi oportunidad para dejarles mi testimonio del evangelio y el Señor Jesucristo y Dios, mi Padre Eterno. ¿Sé que viven? Por supuesto que sí, y creo que la mayoría de ustedes lo sabenero de Espero que lo hagan. Sé con certeza que Dios es mi Padre Eterno.... No sé cómo oye todas nuestras oraciones, no lo sé. Sólo sé que Él lo hace porque tengo mis oraciones contestadas. Ustedes también. Cuando piensen en ello, creo que dirían que han recibido las suyas. Él es mi Padre Eterno y sé también que llegará el día en que tendré que rendirle cuentas de mi vida y de lo que he hecho con ella, de cómo la he usado, de lo que he logrado, de lo bueno que tengo hecho en este mundo. Los libros serán abiertos y el expediente será claro y seremos juzgados fuera del registro de nuestras vidas, eso lo sé. Sé que Él es misericordioso. Sé que Él es amable. Sé que Él ama a sus hijos e hijas. Sé que Él quiere que todos seamos felices. Sé que Él quiere que hagamos algo bueno en nuestras vidas. Estoy seguro de eso, estoy seguro de eso, lo sé.

Yo sé que Su Unigénito en la carne, Su Hijo Amado, es mi Redentor y mi Salvador y mi Señor Jesucristo, el Hijo de Dios, una vez el gran Jehová, que vino a la tierra, nacido en un pesebre en un estado vasallo entre un pueblo donde había tanto odio y mezquindad. Él fue el gran Príncipe de la Paz que enseñó el amor, la bondad y la tolerancia, que hacía el bien, sanaba a los enfermos, levantaba a los muertos y hacía ver a los ciegos. Él fue mi Salvador que sangró en cada poro mientras hablaba a su Padre en Getsemaní y murió en la cruz por cada uno de nosotros y luego resucitó al tercer día para convertirse en los primeros frutos de los que durmieron. Él es mi Salvador y mi Redentor.

Dios el Padre y el Señor resucitado se le aparecieron al niño José Smith en el bosquecillo de la granja de su padre y allí le dijo que no se uniera a ninguna de las iglesias y que tuviera paciencia y que el Señor lo usaría según su manera de cumplir sus propósitos. Luego vino el Libro de Mormón bajo las manos de Moroni, un ser resucitado. Luego vino el Sacerdocio Aarónico bajo las manos de Juan el Bautista. Luego el Sacerdocio de Melquisedec bajo las manos de Pedro, Santiago y Juan. Otras llaves del sacerdocio fueron restauradas bajo las manos de Moisés, Elías y Elías. Estas cosas son ciertas. Ellos son verdaderos. Dios nos bendiga para ser fieles al gran conocimiento que tenemos para cultivar dentro de nuestros corazones un espíritu de testimonio y dar forma a nuestras vidas en consecuencia y sacar de nuestras vidas esa gran felicidad que será la bendición de cada uno de nosotros es mi humilde oración, En el nombre de Jesucristo, amenero de[20]

Notas:

1. "Presidente Gordon B. Hinckley", Revista *Liahona*, marzo de 2008.
2. En el Informe de la Conferencia, marzo de 2008.
3. En el Informe de la Conferencia, abril de 2000.
4. En el Informe de la Conferencia, octubre de 2001.
5. Discurso en *Conmemoración del Día de los Pioneros*, julio de 2001.
6. "El Coro del Tabernáculo Dando a Conocer Único Centro de Conferencias", *Noticias de la Iglesia*. Obtenido 2009–02–11.
7. "Graduados del Colegio Universitario Ricks a la Escuela de 4 Años", *Noticias de la Iglesia*, 24 de junio de 2000, pág. 13.
8. En Informe de la Conferencia, abril de 2001, pags. 66–70; o revista *Liahona*, mayo de 2001, págs. 51–53.
9. John K. Carmack, "El Fondo de Educación Perpetua: Un Rayo Brillante de Esperanza", Revista *Liahona*, enero de 2004, págs. 36–43.
10. Jerry Borrowman, "9/11 y el Coro del Tabernáculo Mormón", *Noticias de Deseret*, 11 de septiembre de 2011, 5:0 A.M. MDT.
11. En R. Scott Lloyd, "Historia de portada: Templo de Nauvoo para ser reconstruido en el sitio original", *Noticias de la Iglesia*, 17 de abril de 1999.
12. Gerry Avant, "'Coronando el Objetivo de la Vida de José'", *Noticias de la Iglesia*, 29 de junio de 2002, págs. 3–4.
13. "El president de los SUD Gordon B. Hinckley fallece a los 97 años", *Noticias de Deseret*, 28 de enero de 2008.
14. "El president de los SUD Gordon B. Hinckley fallece a los 97 años", *Noticias de Deseret*, 28 de enero de 2008.
15. Citado en El élder Boyd K. Packer, "Presidente El president Gordon B. Hinckley, Primer Consejero," Tambuli, Octubre–Noviembre de 1986, pag 11; Revista *Liahona*, febrero de 1986, pág. 7
16. "El Presidente Gordon B. Hinckley: 1910-2008", *Washington Post*, Septiembre de 29, 2008. El panelista "On Faith", Michael Otterson, ha servido como director de relaciones con los medios de comunicación para La Iglesia de Jesucristo de los Santos de los Últimos Días desde 1997. Como portavoz de la Iglesia, Otterson ha trabajado con la mayoría de las principales publicaciones, redes de televisión y radio y otros medios de comunicación en los Estados Unidos y en el extranjero en temas que van desde los Juegos Olímpicos de Salt Lake City hasta el creciente crecimiento y diversidad internacional de la Iglesia.
17. "Esta madrugada gloriosa de Pascua", Revista *Liahoa*, Mayo de 1996, págs. 65-66.
18. "El presidente Gordon B. Hinckley," Revista *Liahona*, Marzo de 2008.
19. "El presidente Gordon B. Hinckley," Revista *Liahona*, Marzo de 2008.
20. *Las Enseñanzas de El president Gordon B. Hinckley* (1977), págs. 650–651.

El Presidente Thomas S. Monson: Crecimiento de la Iglesia y el Destino de Sión

[2008–2018]

INTRODUCCIÓN

Igual que el Profeta Nefi

De varias maneras, President Thomas S. Monson es como el antiguo Nefi: "sumamente joven" en su ministerio cuando fue llamado primero y "grande en estatura" (1 Nefi 2:16).

Consideren la edad a las que fue llamado a posiciones significativas de liderazgo del sacerdocio en la Iglesia:

— 22 años   Fue llamado como obispo.

— 27 años   Fue llamado como consejero a una presidencia de estaca a los.

— 31 años   Fue llamado como presidente de misión.

— 36 años   Fue ordenado Apóstol (el Apóstol más joven desde 1910.

— 58 años   Fue llamado como consejero en la Primera Presidencia (el consejero más joven en la Primera Presidencia desde 1901).

Presidente Thomas S. Monson

También es un hombre robustoanimado, enérgico que desde su juventud trabajó al lado de su padre en el comercio de impresión.

NACIMIENTO Y NIÑEZ

Nace "un Nuevo Obispo"

"Mientras Gladys Monson yacía en el Hospital San Marcos de Salt Lake City el domingo 21 de agosto de 1927 con su primer hijo, su esposo, G. Spencer Monson, le dijo que ese día un nuevo obispo había sido instalado en el Sexto-Séptimo Distrito de la Estaca Pionera. La respuesta de la madre, "Tengo un nuevo obispo para ti", resultó ser profética.[1]

Una Familia Unida

President Thomas S. Monson nació el 21 de agosto de 1927, en Hospital San Marcos de G. Spencer y Gladys Condie Monson. Era el segundo de seis niños, tenía dos hermanos y tres hermanas. "Por el lado de su padre, es de ascendencia sueca e inglesa, y por el lado de su madre, escocés."[2]

Cuando nació, había poco más de 600,000 Santos de los Últimos Días, la mayoría de ellos viviendo en el oeste americano. En ese momento el Presidente President Heber J. Grant era Presidente de la Iglesia.

Tom creció en una familia mormona muy unida. Muchos de los parientes de su madre vivían en la misma calle, incluyendo abuelos, tías y tíos. Estas familias extendidas a menudo iban de viaje juntos. Con frecuencia, pasaban los veranos en una cabaña en Vivian Park, en el cañón de Provo. Fue allí donde desarrolló un amor para toda la vida por la pesca y la natación.

Un Chico Inusualmente Amable

Su familia no era rica, y más tarde Tom recordaría que su hogar, aunque confortable, estaba expuesto a muchas corrientes de aire en invierno. Sin embargo, la familia Monson era conocida por su generosidad.

Tommy era un niño compasivo. Cuando se enteró de que uno de sus amigos estaba comiendo sólo cereal con agua para la cena de Navidad, les llevó sus dos valiosos conejos y les dijo que si bien no eran pavos, aun así harían una buena cena de Navidad.[3]

El 21 de septiembre de 1935, Tom fue bautizado en la fuente del Tabernáculo de Salt Lake. Ocho días después, el 29 de septiembre, fue confirmado como miembro de la Iglesia

"Tommy" a los 6 años

El Sacerdocio Aarónico

El 5 de noviembre de 1939 recibió el sacerdocio Aarónico y fue ordenado diácono, cargo que se tomó muy en serio. El Presidente Monson siente un gran amor por los jóvenes del sacerdocio aarónico. En las reuniones generales del sacerdocio, a menudo proporciona palabras de aliento a los jóvenes y les inspira a cumplir con sus deberes del sacerdocio.

Recordaría una experiencia que tuvo mientras era diácono:

> Recuerdo la época en que fui ordenado diácono. Nuestro obispado hizo hincapié en nuestra sagrada responsabilidad para pasar el sacramento. Se enfatizó el correcto vestido, un porte digno, y la importancia de estar limpio por dentro y por fuera. Cuando se nos enseñó el procedimiento al pasar el sacramento, nos dijeron que debíamos ayudar a Louis McDonald, un hermano en nuestro barrio en particular que estaba afectado por una parálisis, para que pudiera tener la oportunidad de participar de los emblemas sagrados. Como recuerdo haber sido asignado a pasar el sacramento por la fila donde se sentaba el hermano McDonald. Yo estaba temeroso y vacilante cuando me acerqué a este maravilloso hermano, y entonces vi su sonrisa y la expresión ansiosa de gratitud que mostraba su deseo de participar.
>
> Sosteniendo la bandeja en mi mano izquierda, tomé un pedazo de pan y lo presioné entre sus labios. Más adelante, el agua se sirvió de la misma manera. Sentí que estaba en tierra santa. Y de hecho lo estaba. El privilegio de pasar el sacramento al hermano McDonald hizo de todos nosotros mejores diáconos.[4]

Salva a una Niña de Ahogarse

En el verano de 1940, mientras flotaba por el río Provo en una cámara de aire inflada, Tom Monson que entonces tenía 12 años, vio y oyó una multitud de turistas griegos gritando frenéticamente que una chica de su grupo había caído al río y era probable que se ahogara en los remolinos en los que había caído.

Más tarde el Presidente Monson describiría lo que sucedió:

> Mientras mi cámara inflada se balanceaba de arriba abajo, estaba a punto de entrar en la parte más rápida del río justo en la cabecera del pozo de natación cuando oí frenéticos gritos: "¡Sálvenla! ¡Sálvenla! "Una joven nadadora, acostumbrada a las tranquilas aguas de una piscina de gimnasio, se había caído de la roca en los traicioneros remolinos. Ninguno de la partida podía nadar para salvarla.
>
> De repente aparecí en una escena potencialmente trágica. Vi la parte superior de su cabeza desaparecer bajo el agua por tercera vez, para descender a una tumba acuosa. Extendí mi mano, agarré su cabello, y la levanté por el lado de la cámara y la tomé en mis brazos.
>
> En el extremo inferior del pozo, el agua corría más lenta mientras remaba el tubo, con mi preciosa carga, hacia sus parientes y amigos. Ellos arrojaron

sus brazos alrededor del agua, hacia la empapada niña y la besaron, gritando: "¡Gracias a Dios! ¡Gracias a Dios que estás a salvo! "Entonces se abrazaron y me besaron. Me sentí avergonzado y rápidamente regresé al tubo y continué mi flotada hasta el puente de Vivian Park.

El agua estaba helada, pero yo no sentía frío porque estaba lleno de una cálida sensación. Me di cuenta que había participado en salvar una vida. El Padre Celestial había oído los gritos: "¡Sálvenla! Sálvenla", y me permitió a mí, un diácono, flotar justo en el momento en que me necesitaban. Ese día aprendí que el sentimiento más dulce en la mortalidad es darse cuenta de que Dios, nuestro Padre Celestial, nos conoce a cada uno de nosotros y nos permite generosamente ver y compartir Su poder divino para salvar.[5]

El Obispo H. David Burton escribió

Cuando el Presidente President Thomas S. Monson era joven sus padres le enseñaron el principio del trabajo con sus ejemplos. Su padre, un impresor, trabajaba mucho y duro prácticamente todos los días de su vida. Cuando estaba en casa, no dejaba de trabajar para tomar un merecido descanso. Seguía trabajando prestando servicios tanto a la familia como a los vecinos.[6] Su madre siempre estaba trabajando para prestar algún servicio necesario a un familiar o amigo. Los padres del Presidente Monson a menudo le pedían que los acompañara o les prestara algún servicio, permitiéndole aprender de primera mano sobre cómo trabajar para servir a los demás.

El Presidente Monson aprendió de su padre a trabajar en negocios y comenzó su primer trabajo de tiempo parcial cuando tenía 14 años en la imprenta que manejaba su padre. El Presidente Monson relata que después de los 14 años, no ha habido muchos días en su vida, a excepción de los domingos, cuando no trabajara. "Cuando aprendes a trabajar cuando eres joven, el hábito permanece contigo"[7], dice.[8]

La imprenta donde trabajó con su padre era la Compañía de Registro del Hotel Western. Más tarde en la vida, eligió trabajar en el negocio de imprenta, siguiendo los pasos de su padre.

John R. Burt, un amigo de toda la vida, ex obispo, y que sirvió con el hermano Monson como consejero en la Presidencia de Estaca del Templo View, dijo: "Él era del tipo que lograba lo que la mayoría de los niños no podía. Se reunía con sus consejeros de quórum y removía todo el ambiente, incluso de joven. Por lo general, a los jovencitos hay que estimularlos mucho pero no a Tom. Siempre estaba dispuesto a hacer algo que valiera la pena. Esa habilidad la ha seguido teniendo. Nunca lo he visto tomar el liderazgo de ningún proyecto sin hacerlo bien. Es un gran administrador y un gigante espiritual."[9]

Tom fue estudiante en la Escuela Secundaria Oeste, donde destacó en inglés e historia y fue Presidente del Club Español y sargento en el Cuerpo de Entrenamiento para Oficiales de la Reserva.

A los 16 años, el 15 de marzo de 1944, recibió una bendición patriarcal. Parte de su bendición dice: "Tú serás realmente un líder entre tus compañeros.… Busca al Señor con humildad para que te guíe y dirija n los llamamientos altos y santos a los cuales serás llamado."[10]

El día de su 17 cumpleaños, Tom fue ordenado sacerdote por John R. Burt.

En el otoño de 1944, se matriculó como estudiante de primer año en la Universidad de Utah, y poco después, conoció a Frances Beverly Johnson, la chica con quien se casaría más tarde.

ADULTEZ JOVEN

Reservista Naval en la Segunda Guerra Mundial

En la primavera de 1945, a los 17 años, se unió a las Reservas Navales de Estados Unidos, esperando participar en la Segunda Guerra Mundial en el teatro del Pacífico. Partió a San Diego California el 6 de octubre para el entrenamiento básico.

Había orado acerca de a cual grupo debía unirse: la Reserva Naval (por el tiempo que durara la guerra más seis meses) o la marina regular (durante cuatro años con una promesa fija de baja). Alemania capituló a las pocas semanas de unirse y la guerra en el Pacífico terminó en meses. Por lo tanto, era libre de volver a casa y continuar su educación.

En agosto de 1948, se graduó cum laude en la Universidad de Utah con el título de licenciado en administración de empresas. Se graduó sólo un semestre después que los miembros de su clase que no habían cumplido el servicio militar.[11] Durante un corto tiempo después de su graduación enseñó a tiempo parcial en la Universidad de Utah.

El Dr. O. Preston Robinson, su antiguo jefe de departamento en la universidad, recuerda: "Tom era un estudiante sobresaliente. Conseguía las mejores calificaciones en todo lo que hacía. En ese momento pude ver que el mundo seguramente oiría más sobre él. Comenzó a trabajar para mí en la Universidad; luego enseñó conmigo, después se me unió en *Noticias de Deseret*. Más tarde tuve el privilegio de trabajar para él. No puedo decir lo suficiente de él como hombre y como un verdadero amigo. Lo quiero como a un hijo."[12]

Alistado a los 17 años

El Presidente Monson está fuertemente comprometido con la educación. Cuando era Apóstol, terminó una maestría en Administración de Empresas en la Universidad President Brigham Young en abril de 1974, a los 46 años.

Obtuvo el Premio a Alumnos Distinguidos (1966) de la Universidad de Utah y un Doctorado Honoris Causa en Derecho (abril 1981) de la Universidad President Brigham Young.

Matrimonio y Carrera Temprana

En 1948, aceptó su primer trabajo en Noticias de Deseret, donde más tarde se convirtió en director de publicidad. El 7 de octubre de 1948, se casó con Frances Beverly Johnson en el Templo de Salt Lake. Tienen tres hijos (Thomas Lee, Ann Frances y Clark Spencer) ocho nietos y 12 bisnietos.

IGLESIA Y SERVICIO CIVICO

Poner Primero el Servicio a la Iglesia

Durante un tiempo después de la universidad, Tom se reincorporó a la Reserva de la Marina de los Estados Unidos con el objetivo de convertirse en oficial. Cuando se casó por primera vez, sirvió como secretario de barrio y luego como superintendente de la AMM (Asociación de Mejoramiento Mutuo).

Luego, el 12 de marzo de 1950, a los 22 años, poco después de recibir su carta de comisión de la Marina, fue sostenido como segundo consejero del Obispo John R. Burt de la Sexta-Séptima Sala.

Los conflictos de tiempo con las reuniones episcopales harían imposible el servicio en la Marina. Después de discutir estos asuntos con el élder President Harold B. Lee del Quórum de los Doce (su ex presidente de estaca), Tom declinó la comisión y solicitó una baja. La Marina le otorgó su baja en el último grupo procesado antes de la Guerra de Corea.

Un Obispo a los 22 Años

Apenas dos meses más tarde, el 7 de mayo de 1950, fue apoyado como obispo a los 22 años, uno de los hombres más jóvenes que jamás fueran llamados a esa posición. Durante cinco años presidió la Sexta-Séptima

Sala (su sala de la infancia) en la Estaca del Tempo l View. El élder Lee lo separó para eso y mencionó que probablemente Tom no habría sido llamado como obispo si hubiese aceptado la comisión que la Marina le había ofrecido. El Señor tenía otros planes para Thomas S. Monson.

En el momento del llamado del obispo Monson, la Sala Sexta y Séptima comprendía a unos 1080 miembros, incluyendo a 84 viudas y una de las mayores cargas de bienestar de la Iglesia. Él se tomó especial cuidado en ayudar a los muchos pobres de la Sexta-Séptima Sala y visitaba regularmente a las viudas. Incluso después de su relevo como obispo, continuó visitándolas cada Navidad por el resto de sus vidas, trayéndoles regalos (a menudo aves de corral él mismo criaba y preparaba). Y habló en cada uno de sus funerales, una hazaña notable dada las crecientes demandas de sus designaciones en la Iglesia en años posteriores.

Cuidar de los necesitados era una forma de vida para Thomas Monson. El élder Elder Robert D. Hales observó:

Habiendo crecido durante la Gran Depresión, el Presidente President Thomas S. Monson aprendió a servir a otros. A menudo, su madre le pedía que entregara comida a vecinos necesitados, y daría a los hombres sin hogar un trabajo extra a cambio de comidas caseras. Más tarde, como joven obispo, el Presidente Elder J. Reuben Clark le enseñó: "Sé amable con la viuda y cuida de los pobres."13 El Presidente Monson cuidó de 84 viudas y las cuidó hasta que fallecieron. A través de los años, su servicio a los miembros y vecinos de todo el mundo se ha convertido en el sello distintivo de su ministerio. Estamos agradecidos de tener su ejemplo. Gracias, Presidente Monson.14

Legendarias y numerosas fueron sus visitas a hospitales, centros de atención y hogares para dar amor y consuelo. Una de esas visitas ocurrió en Navidad. El Presidente Monson relataría:

Una noche en Navidad, mi esposa y yo visitamos un asilo en Salt Lake City. Buscamos en vano una viuda de 95 años cuya memoria se había nublado y que no podía hablar una palabra. Una camarera nos guió en nuestra búsqueda, y encontramos a Nell en el comedor. Había comido su comida; Estaba sentada en silencio, mirando al vacío. No nos mostró ninguna señal de reconocimiento. Cuando alcancé a tomar su mano, la retiró. Me di cuenta de que sostenía firmemente a una tarjeta de felicitación de Navidad. La encargada sonrió y dijo: -No sé quién envió esa tarjeta, pero no la dejará a un lado. Ella no habla, pero le da una palmadita a la tarjeta y la sujeta a sus labios y la besa. "Reconocí la tarjeta. Era una de las que mi esposa Frances había enviado a Nell la semana anterior. Nos fuimos de la Residencia Maytime más llenos del espíritu navideño que cuando entramos. Guardamos para nosotros el misterio de esa tarjeta especial y la vida que había alegrado y el corazón que había tocado. El cielo estaba cerca.15

Aun hoy, él visita regularmente hogares de ancianos en Salt Lake City para atender a los ancianos, especialmente aquellos que no tienen a nadie más que los visite. El Presidente Monson dijo acerca de estos miembros: "[Eran] buenas personas que nunca tuvieron muchos medios económicos, pero que amaron al Señor y guardaron sus mandamientos."16

El Presidente Monson realmente se preocupa por uno. Un ejemplo de esto es una experiencia que ocurrió cuando servía como obispo y no era mucho más viejo que los sacerdotes sobre los cuales presidía:

Cuando yo servía como obispo, noté un domingo por la mañana que uno de nuestros sacerdotes no estaba en la reunión del sacerdocio. Dejé el quórum a cargo del asesor y visité la casa de Richard. Su madre dijo que trabajaba en el Garaje del Templo West.

Conduje hasta el garaje en busca de Richard y busqué por todas partes, pero no pude encontrarlo. De repente tuve la inspiración de mirar hacia abajo en el pozo de grasa anticuado situado al lado de la estación. Desde la oscuridad pude ver dos ojos brillantes. Entonces oí a Richard decir: "¡Me has encontrado, Obispo! Voy a subir. "Después de eso rara vez se perdió una reunión del sacerdocio.

La familia se mudó a una estaca cercana. Pasó el tiempo y recibí una llamada telefónica informándome que Richard había sido llamado para cumplir una misión en México, y fui invitado por la familia a hablar en su testimonio de despedida. En la reunión, cuando Richard respondió, mencionó que el punto decisivo en su determinación de cumplir una misión llegó un domingo por la mañana, no en la capilla, sino al mirar hacia arriba desde las profundidades de un pozo de grasa oscuro y encontró la mano extendida de su presidente de quórum.

A través de los años, Richard se ha mantenido en contacto conmigo, contando su testimonio, su familia y su fiel servicio en la Iglesia, incluyendo su llamado como obispo.[17]

Mientras President Thomas S. Monson estaba sirviendo como obispo, su esposa Frances dio a luz a su hijo Thomas Lee (llamado así en honor del élder President Harold B. Lee, un amigo cercano de los Monson) en 1951 y a su hija Ann Frances (llamada así en honor a su madre) en 1954.

Una Carrera Creciente

En 1952, se unió a las operaciones publicitarias de la Corporación de Agencias de Periódicos donde se formó para satisfacer las necesidades tanto del *Tribuno de Salt Lake* como de Noticias de Deseret Al año siguiente, en 1953, se trasladó a la Prensa de Noticias de Deseret, una de las mayores prensas del oeste de Estados Unidos. Allí comenzó como gerente de ventas y finalmente se convirtió en gerente general.

Miembro de la Presidencia de Estaca

El 16 de junio de 1955, a los 27 años, fue llamado para servir como segundo consejero en la presidencia de Estaca del Templo View. El llamado se hizo sobre el púlpito, por lo cual no tenía conocimiento de lo que iba a venir de antemano.

El Presidente Monson recordaría más tarde la experiencia de recibir este nuevo llamamiento:

El valor cuenta. Esta verdad vino a mí de una manera más vívida y dramática hace muchos años. En ese momento estaba sirviendo como obispo. La sesión general de nuestra conferencia de estaca se celebraba en el Salón de la Asamblea en la Plaza del Templo en Salt Lake City. Nuestra presidencia de estaca iba a ser reorganizada. El Sacerdocio Aarónico, incluyendo los miembros de obispados, estaba proporcionando la música para la conferencia. Cuando terminamos de cantar nuestra primera selección, el Presidente Elder Joseph Fielding Smith, nuestro visitante a la conferencia, subió al púlpito y leyó para apoyar la aprobación de los nombres de la nueva presidencia de estaca. Luego mencionó que Percy Fetzer, que se convirtió en nuestro nuevo Presidente de estaca, y John Burt, quien se convirtió en el primer consejero, que habían sido consejeros en la anterior presidencia, habían sido informados de sus nuevos llamamientos antes de que comenzara la conferencia. Sin embargo, indicaron que yo, que había sido llamado para ser el segundo consejero en la nueva presidencia, no tenía ningún conocimiento previo de la vocación y oía por primera vez como leía mi nombre para sostener el voto. Luego anunció: "Si el Hermano Monson está dispuesto a responder a este llamado, estaremos encantados de saberlo ahora."

Mientras me encontraba en el púlpito y contemplaba aquel mar de rostros, recordé la canción que acabábamos de cantar. Se refería a la Palabra de Sabiduría y se titulaba "Ten Coraje, Mi Niño, para Decir No". Ese día elegí como tema de mi aceptación "Ten Coraje, Mi Niño, para Decir Sí". El llamado a la valentía llega constantemente a cada uno de nosotros, el valor de permanecer firmes por nuestras convicciones, el coraje para cumplir nuestras responsabilidades, el coraje para honrar nuestro sacerdocio.[18]

<h1 style="text-align:center">Presidente de la Misión en Canadá</h1>

El 21 de febrero de 1959, a los 31 años, fue llamado para servir como Presidente de la Misión Canadiense. Le pidieron que se preparara para irse con su familia en sólo tres semanas. Presidió la Misión Canadiense de abril de 1959 a enero de 1962.

Mientras estuvo allí, Frances dio a luz a su tercer niño, Clark Spencer, en 1959. Fue llamado Clark en honor del Presidente Elder J. Reuben Clark Hijo, un querido amigo de los Monson.

En el momento en que el Presidente Monson llegó a Canadá, la misión abarcaba una zona geográfica muy grande, sin estacas y pocos edificios adecuados. Pero bajo su dirección, la obra de la Iglesia floreció en el este de Canadá.

Wayne Chamberlain, ex misionero allí, recuerda: "Tuvo un impacto dramático en esa misión. Aquí estaba, más joven que algunos élderes de tiempo completo. Pero en cuanto llegó a Toronto, se hizo cargo. En una rápida visita a la misión ya conocía el nombre de cada misionero y a muchos de sus miembros. Levantaba a todos, dondequiera que fueran, él completamente energizaba a toda la misión."[19]

El Presidente Monson compartió este relato, que no es más que un ejemplo de cómo inspiraba a los misioneros sobre los que presidía:

> A veces las ciudades y las naciones llevan etiquetas especiales de identidad. Esa era una ciudad fría y muy antigua en el este de Canadá. Los misioneros la llamaban "Pedregosa Kingston". En seis años no había habido más que un converso a la Iglesia, a pesar de que los misioneros habían sido continuamente asignados allí durante todo el intervalo. Nadie bautizaba en Kingston. Preguntadle a cualquier misionero que haya trabajado allí. El tiempo en Kingston estaba marcado en el calendario como días en prisión. Un traslado misionero a otro lugar, cualquier lugar, sería en lo más importante de pesar, incluso de soñar.

> Mientras oraba y reflexionaba sobre este triste dilema, por mi responsabilidad como Presidente de la misión, requería que orara y reflexionara sobre tales cosas, mi esposa me llamó la atención sobre un extracto del libro, Una Historia de Niño del Profeta President Brigham Young. Leyó en voz alta que President Brigham Young entró en Kingston, Ontario, en un día frío y lleno de nieve. Trabajó allí unos 30 días y bautizó a 45 almas.20 Allí estaba la respuesta. Si el misionero President Brigham Young pudo lograr esta cosecha, también lo podrían hacer los misioneros de hoy.

Sin dar una explicación, retiré a los misioneros de Kingston, para que se pudiera romper el ciclo de derrota. Luego, difundí cuidadosamente la palabra: "Pronto se abrirá una nueva ciudad para la obra misionera, incluso la ciudad donde President Brigham Young hiciera proselitismo y bautizara a 45 personas en 30 días". Los misioneros especulaban sobre la ubicación. Sus cartas semanales abogaban por la asignación a este Shangri- la. Pasó más tiempo. Entonces cuatro misioneros cuidadosamente escogidos,

El presidente Monson con sus misioneros en 1959

dos de ellos nuevos, dos de ellos experimentados, fueron escogidos para esta gran aventura. Los miembros de la pequeña rama prometieron su apoyo. Los misioneros se comprometieron con sus vidas. El Señor honró a ambos.

En el lapso de tres meses, Kingston se convirtió en la ciudad más productiva de la Misión Canadiense. Los edificios grisáceos de piedra caliza todavía permanecían, la ciudad no había alterado su aspecto, la población permanecía constante. El cambio fue de actitud. La etiqueta de la duda cedió a la etiqueta de la fe.[21]

Cuando regresó a Salt Lake City a los 34 años, fue nombrado Director General de Prensa de Deseret. Esto le hizo responsable de la planta de impresión más grande al oeste del Mississippi.

También durante este tiempo, Tom fue sostenido como un alto concejal en la Estaca Valley View (1 de febrero de 1962) y sirvió en muchos comités de la Iglesia, incluyendo el Comité de Correlación de Adultos y el Comité de Enseñanza del Sacerdocio en el Hogar, donde ayudó a revitalizar el programa de enseñanza de la Iglesia en el hogar.

LLAMADO AL APOSTOLADO

El Apóstol más Joven desde 1910

El 10 de octubre de 1963, a los 36 años, President Thomas S. Monson fue ordenado Apóstol por el Presidente President David O. McKay. Tom fue el Apóstol más joven ordenado desde 1910.

En su primer discurso de la conferencia general que siguió a su llamado a los Doce, dijo Elder Monson:

"Sé que Dios vive, mis hermanos y hermanas. No hay duda en mi mente. Sé que esta es Su obra, y sé que la experiencia más dulce en toda esta vida es sentir sus indicaciones cuando nos dirige en la promoción de Su obra."[22]

A partir de 1965, Eldon Monson fue de signado para supervisar las misiones del Pacífico Sur.

Desarrolló un amor y admiración únicas por la fe de los Santos en esa región.[23]

Con su experiencia empresarial, ayudó a supervisar muchas operaciones de la Iglesia, incluyendo la Radio KSL y la Corporación Internacional Bonneville.

De 1968 a 1985 fue presidente del Comité de Publicaciones de Escrituras que supervisó la publicación de la edición de los Santos de los Últimos Días de la Biblia del Rey Santiago y una edición revisada de la Triple Combinación (Libro de Mormón, Doctrina y Convenios y Perla de Gran Precio), que contiene notas a pie de página y otras extensas ayudas para estudio. Estos fueron publicados en 1979 y 1981, respectivamente.

También presidió el Comité Asesor de Imprenta de la Iglesia, el Comité de Correlación de Adultos, el Comité Ejecutivo Misionero y el Comité Ejecutivo de Bienestar de la Iglesia.

Es el actual Presidente de la Junta de Fideicomisarios para el SEI (Sistema Educativo de la Iglesia).

"Dejad que los Niños Vengan a mí, y no los Prohiban"

En la conferencia general de octubre de 1975, el élder Monson habló de una experiencia sagrada que tuvo en agosto de 1974. President Ezra Taft Benson, en aquel momento, Presidente del Quórum de los Doce había designado originalmente al Élder Monson a visitar El Paso, Texas para manejar una división de estaca. Sin embargo, el Espíritu poco después incitó al Presidente Benson a enviar al Élder Monson a una conferencia de estaca en Shreveport, Luisiana.

Ni el Presidente Benson ni el élder Monson sabían que una niña de 10 años llamada Christal Methvin, que vivía a 80 millas de Shreveport, se estaba muriendo de cáncer y que ella y su familia habían estado orando fervientemente para que el Señor le proporcionara un camino al Elder Monson para darle personalmente una bendición del sacerdocio. Eldon Monson llegó a Shreveport el viernes 23 de agosto de 1974. Al día siguiente su agenda estaba llena de reuniones en el centro de estaca. El Presidente de la Estaca Shreveport informó a Eldon Monson de la enfermedad de Christal y de su deseo de recibir una bendición del sacerdocio de su parte. Eldon Monson examinó su agenda y concluyó que simplemente no tenía suficiente tiempo e para viajar a la casa de los Methvin antes de que tuviera que regresar a Salt Lake City al día siguiente. Como alternativa, los líderes de la estaca y Eldon Monson decidieron orar por Christal durante las reuniones de la conferencia de estaca.[24]

Cuando el élder Monson estaba a punto de hablar en la reunión del sábado por la noche, recibió un aviso especial del Señor.

Dijo:

Estaba ordenando mis notas, preparándome para subir al púlpito, cuando oí una voz hablándome a mi espíritu. El mensaje era breve, las palabras familiares: "Dejad que los niños vengan a mí, y no los prohíban; porque de ellos es el reino de Dios" (Marcos 10:14). Mis notas se convirtieron en un borrón. Mis pensamientos se volvieron hacia una niña pequeña que necesitaba una bendición. La decisión fue tomada. El horario de la reunión fue alterado. Después de todo, la gente es más importante que las reuniones. Me volví hacia el Obispo James Serra y le pedí que saliera de la reunión y aconsejara a los Methvin.

La familia Methvin justo acababa de levantarse de rodillas cuando sonó el teléfono y se transmitió el mensaje que el domingo por la mañana, el día del Señor, en un espíritu de ayuno y oración, viajaríamos para estar al lado de Christal.

Siempre recordaré y nunca olvidaré ese viaje temprano por la mañana a un paraíso al que la familia Methvin llama hogar. He estado en lugares sagrados,. incluso casas santas, pero nunca he sentido más fuertemente la presencia del Señor que en la casa de los Methvin. Christal se veía tan pequeña acostada pacíficamente en una cama tan grande. La habitación era luminosa y alegre. La luz del sol de la ventana del este llenaba el dormitorio con luz mientras el Señor llenaba nuestros corazones de amor.

La familia rodeaba la cama de Christal. Miré hacia abajo a una niña que estaba demasiado enferma para levantarse, casi demasiado débil para hablar. Su enfermedad ahora la había dejado ciega. Tan fuerte fue el espíritu que caí de rodillas, tomé su frágil mano en la mía, y dije simplemente, "Christal, estoy aquí." Ella separó sus labios y susurró, "Hermano Monson, yo sólo sabía que vendrías". Miré alrededor del cuarto. Nadie estaba de pie. Cada uno estaba de rodillas. Se dio una bendición. Una leve sonrisa cruzó el rostro de Christal. Sus susurradas "gracias" proporcionaron una bendición apropiada. Silenciosamente, cada uno salió de la habitación.

Cuatro días más tarde, el jueves, cuando los miembros de la Iglesia en Shreveport unieron su fe con la familia Methvin y el nombre de Christal fue recordado en una oración especial a un bondadoso y amoroso Padre Celestial, el espíritu puro de Christal Methvin abandonó su cuerpo devastado por la enfermedad y entró en el paraíso de Dios....

... Dijo el Maestro: "Yo soy la resurrección y la vida; el que cree en mí, aunque esté muerto, vivirá; y todo aquel que vive y cree en mí, no morirá jamás" (Juan 11:25-26). A vosotros, Jack y Nancy Methvin, él les dice: "La paz os dejo, mi paz os doy; no os la doy como el mundo la da. No se turbe vuestro corazón, ni tenga miedo."(Juan 14:27). Y de vuestra dulce Christal podría llegar la expresión reconfortante: "Voy a preparar un lugar para vosotros.... para que donde yo estoy allí estéis también vosotros "(Juan 14:2-3).

... A los creyentes de todas partes, doy testimonio de que Jesús de Nazaret ama a los niños, que escucha sus oraciones y les responde. El Maestro pronunció estas palabras: "Dejad que los niños vengan a mí, y no los prohíban; porque de ellos es el reino de Dios" (Marcos 10:14).

Yo sé que estas son las palabras que dijo a la multitud reunida en la costa de Judea por las aguas del Jordán, porque las he leído.

Sé que éstas son las palabras que le habló a un apóstol en misión en Shreveport, Luisiana, porque las oí.[25]

Milagros en Europa del Este

Élder President Thomas S. Monson jugó un papel decisivo en el crecimiento de la Iglesia en Europa del Este, donde, de 1968 a 1985, supervisó todo el funcionamiento de la Iglesia. Su manera amistosa y abierta logró el acceso a la Iglesia a los miembros del bloque soviético. Entre los muchos milagros que ocurrieron estuvo la organización de la primera estaca en territorio controlado por los soviéticos -en Friburgo, Alemania, el 29 de agosto de 1982. El 23 de abril de 1983 Monson presidió la inauguración y la dedicación del sitio para el Templo de Friburgo Alemania. Y el 29 de junio de 1985, participó en la dedicación del Templo de Friburgo—un templo detrás de la Cortina de Hierro—en un momento en que tal cosa era considerada imposible.

El presidente Monson se refirió a los milagros que ocurrieron dentro de un período de dos décadas en la República Democrática Alemana:

En 1968, cuando hice mi primera visita a la República Democrática Alemana, las tensiones eran grandes. La confianza y la comprensión no existían. No se habían establecido relaciones diplomáticas. En un día nublado y lluvioso viajé a la ciudad de Görlitz, situada en las profundidades de la República Democrática Alemana cerca de las fronteras polaca y checa. Asistí a mi primera reunión con los Santos. Nos reunimos en un edificio pequeño y antiguo. Mientras los miembros cantaban los himnos de Sión, literalmente llenaban la sala con su fe y devoción.

Mi corazón se llenó de dolor cuando me di cuenta de que los miembros no tenían ningún patriarca, ni barrios ni estacas, sólo ramas. No podían recibir las bendiciones del templo, ya fuera dotación o sellado. Ningún visitante oficial había venido desde la sede de la Iglesia en mucho tiempo. Los miembros no podían salir de su país. Sin embargo, confiaban en el Señor con todo su corazón.

Me paré en el púlpito, y con los ojos llenos de lágrimas y una voz ahogada de emoción, hice una promesa al pueblo: "Si permanecéis fieles a los mandamientos de Dios, toda bendición que disfrutare cualquier miembro de la Iglesia en cualquier otro país será vuestra. "Entonces me di cuenta de lo que había dicho. Esa noche, caí de rodillas y rogué a mi Padre Celestial: "Padre, estoy en tu misión; esta es tu Iglesia. He hablado palabras que no vinieron de mí, sino de Ti y tu Hijo. Tú cumplirás la promesa en las vidas de este noble pueblo." Así concluí mi primera visita a la República Democrática Alemana.[26]

Ese tipo de visión profética sostenía a los miembros de la Iglesia en Europa del Este. Pero antes de que pudiera producirse cualquier cumplimiento, se debían realizar cambios fundamentales en la atmósfera social y política en la que vivían. El comunismo era decididamente ateo, incluso hostil hacia la influencia religiosa. ¿Qué se podría hacer? Eldon Monson se volvió al Señor para recibir respuestas, dedicando la tierra para la prédica del evangelio.

Un domingo por la mañana, 27 de abril de 1975, me paré en un afloramiento de roca situada entre las ciudades de Dresden y Meissen, muy por encima del río Elba, y ofrecí una oración sobre la tierra y su gente. Esa oración evidenció la fe de los miembros. Hice hincapié en los tiernos sentimientos de muchos corazones llenos de un abrumador deseo de obtener las bendiciones del templo. Se expresó un llamamiento a favor de la paz. Se pidió ayuda divina. Pronunció las palabras: "Querido Padre, que esto sea el comienzo de un nuevo día para los miembros de Tu Iglesia en esta tierra."

De repente, desde muy abajo en el valle, una campana en un campanario de la iglesia comenzó a sonar y el grito agudo de un gallo rompió el silencio de la mañana, cada uno anunciando el comienzo de un nuevo día.

Aunque mis ojos estaban cerrados, sentí un calor de los rayos del sol que alcanzaban mi rostro, mis manos, mis brazos. ¿Cómo podía pasar esto? Una lluvia incesante había estado cayendo toda la mañana.

Al concluir la oración, miré hacia el cielo. Noté un rayo de sol que salía de una abertura en las pesadas nubes, un rayo que envolvía el lugar donde se encontraba nuestro pequeño grupo. A partir de ese momento supe que la ayuda divina estaba a mano.[27]

Tales cambios ocurren en etapas. No todas las bendiciones se pueden lograr a la vez. El élder Monson trabajó incansablemente con los funcionarios del gobierno para permitir que los miembros de la Iglesia recibieran sus dotaciones de los templos.

El trabajo avanzaba. La bendición primordial necesaria era el privilegio de nuestros miembros dignos de recibir sus dotaciones y sus sellos.

El Templo de Freiberg Alemania fue dedicado el 29 de junio de 1985

Exploramos todas las posibilidades. ¿Un viaje una vez en la vida al templo en Suiza? No aprobado por el gobierno. Tal vez madre y padre podrían venir a Suiza, dejando a los niños. No está bien. ¿Cómo sellas a los niños a los padres cuando no pueden arrodillarse en un altar? Era una situación trágica. Entonces, mediante el ayuno y las oraciones de muchos miembros, y de una manera más natural, los líderes del gobierno propusieron: En lugar de que tu pueblo vaya a Suiza a visitar un templo, ¿por qué no construyes un templo aquí en la República Democrática Alemana? La propuesta fue aceptada, la elección de una parcela obtenida de una propiedad en Friburgo y un terreno abierto para un hermoso templo de Dios.

El día de la dedicación fue una ocasión histórica. El Presidente President Gordon B. Hinckley ofreció la oración dedicatoria. Ese día el paraíso estuvo cerca.[28]

Pero las ordenanzas del templo eran sólo el principio. Predicar el evangelio en Alemania Oriental había sido imposible durante décadas. La gente fuera de la Iglesia necesitaba oír la verdad y entender su relación con Dios. La salvación es para todos los hijos de Dios. Era necesario encontrar un camino para permitir que los misioneros entraran en Alemania Oriental y permitieran a los miembros de Alemania del Este cumplir misiones en otros lugares.

El Presidente Monson informó:

Tal era el dilema más importante en mi mente cuando mi avión aterrizó en Berlín esa tarde de octubre [1988]. Avanzamos con la misión vital de visitar a los líderes de la República Democrática Alemana. Nuestro objetivo final conseguir el permiso para abrir la puerta a la obra misionera El élder Elder Russell M. Nelson, el élder Hans B. Ringger y yo, junto con los líderes de la Iglesia de la República Democrática Alemana… no reunimos inicialmente con el secretario de Estado de Asuntos Religiosos, Kurt Löffler, mientras organizaba un precioso almuerzo en nuestro honor. Se dirigió a nuestro grupo diciendo: "Queremos ayudaros. Os hemos observado a vos y a vuestra gente durante veinte años. Sabemos que sois lo que profesáis ser: hombres y mujeres honestos.

Los líderes gubernamentales y sus esposas asistieron a la dedicación de un centro de estaca en Dresden y una capilla en Zwickau…. Los Santos cantaron "Dios esté con vosotros hasta que nos volvamos a ver"[29]—"Auf Wiedersehen, Auf Wiedersehen."…

Entonces volvió a Berlín para reuniones cruciales con el jefe de la nación, incluso el Presidente Erich Honecker.

Esa mañana especial la luz del sol bañaba la ciudad de Berlín. Había estado lloviendo toda la noche, pero ahora prevalecía la belleza. Fuimos conducidos a las cámaras de los principales representantes del gobierno.

… Nos recibió el Presidente Honecker. Le presentamos la estatuilla Primer Paso, que representa a una madre ayudando a su hijo a dar el primer paso hacia su padre. Estuvo muy complacido con el regalo. Luego nos acompañó a su habitación privada del consejo. Allí, nos sentamos alrededor de una gran mesa redonda. Otros en la mesa incluían al Presidente Honecker y sus diputados de gobierno.

El Presidente Honecker comenzó, "Sabemos que los miembros de vuestra Iglesia creen en el trabajo; lo habéis probado. Sabemos que vosotros creéis en la familia; o habéis demostrado. Sabemos que sois buenos ciudadanos en cualquier país que reclaméis como hogar; hemos observado que. El piso es vuestro. Háganos saber vuestros deseos."[30]

El Presidente Monson presentó audazmente su petición, pero de la manera bondadosa y respetuosa que siempre caracteriza los discursos de Thomas Monson. Le dijo al Presidente Honecker que la gente estaba asistiendo a nuestras iglesias y visitando el sitio de nuestro templo, y estaban haciendo preguntas. Hizo hincapié en que la Iglesia siempre enseña a sus miembros a honrar y sostener la ley de las tierras en las que viven. No había ningún propósito revolucionario en nuestras peticiones. Simplemente queríamos compartir nuestra fe con los demás. Y queríamos que se permitiera a nuestros miembros en Alemania Oriental a abandonar el país para servir en otras misiones.

El Presidente Monson continuó:

… Por fin, [el Presidente Honecker] sonrió y se dirigió a mí y al grupo, diciendo: "Os conocemos. Confiamos en vosotros. Hemos tenido experiencia con vosotros. Vuestra petición misionera está aprobada."

Mi espíritu se elevó literalmente fuera de la habitación. La reunión concluyó. Cuando dejamos las bellas cámaras gubernamentales, el élder Russell Nelson se volvió hacia mí y me dijo: "Observa cómo la luz del sol penetra en este salón. Es casi como si nuestro Padre Celestial estuviera diciendo: 'Estoy contento.'"

La negra oscuridad de la noche había terminado. La luz brillante del día había amanecido. El evangelio de Jesucristo ahora sería llevado a millones de personas en esa nación. Sus preguntas sobre la Iglesia serán contestadas, y saldrá el Reino de Dios.

… Confieso la mano de Dios en los milagrosos sucesos de la Iglesia en la República Democrática Alemana…. Gracias a Dios.[31]

Erich Honecker

Los milagros en Alemania Oriental continuaron. Una vez que la Iglesia y el Espíritu del Señor habían entrado en esta gran tierra, ocurrieron cambios masivos que fueron mucho más allá de lo imaginado al principio.

- **30 de marzo de 1989**, los misioneros de los Santos de los Últimos Días llegaron a Alemania Oriental por primera vez en 50 años.
- **28 de mayo de 1989**, los primeros diez misioneros de los Santos de los Últimos Días llamados desde Alemania Oriental llegaron al Centro de Entrenamiento Misionero en Provo, Utah.
- **9 de noviembre de 1989**, el Muro de Berlín comenzó a descender, señalando el fin del gobierno comunista en Alemania.
- **3 de octubre de 1990**, Alemania Oriental y Occidental se reunieron formalmente como una nación.

Más Deberes Cívicos

President Thomas S. Monson es ex Presidente de la Industria de Imprenta de Utah, y ex miembro del consejo de la Industria de Imprenta de América.

De 1971 a 1977, sirvió en la Junta Estatal de Educación Superior de Utah y en la Junta Estatal de Regentes de Utah.

El presidente Monson valora el servicio comunitario y es un partidario entusiasta de los Muchachos Exploradores de América, un programa al que la Iglesia se afilió oficialmente en 1913 como parte importante de su organización de Jóvenes Hombres. En noviembre de 1969, fue nombrado miembro del Consejo Ejecutivo Nacional de los Muchachos Exploradores de América y sigue siendo miembro de ese consejo. Ha recibido el Premio Castor de Plata (1971), el Premio Búfalo de Plata (1978, el más alto honor otorgado por los Muchachos Exploradores de América), y en 1993, el Premio Lobo de Bronce, el más alto y único honor concedido por el Comité Mundial de Exploradores. En 2011, recibió el premio Zorro de Plata de los Exploradores de Canadá. Además, el Presidente Monson ha asistido y hablado en muchas Jamborees (grandes campamentos) de Exploradores nacionales e internacionales

En diciembre de 1981, el Presidente Reagan lo nombró en el Equipo de Tareas del Presidente para las Iniciativas del Sector Privado. Permaneció en el cargo hasta que terminó su trabajo en diciembre de 1982.

LLAMADO A LA PRIMERA PRESIDENCIA

Consejero de los Presidentes Benson, Hunter y Hinckley

El 10 de noviembre de 1985, a los 58 años, fue elegido como segundo consejero en la Primera Presidencia por el nuevo Presidente President Ezra Taft Benson. Fue el hombre más joven llamado a la Primera Presidencia desde 1901.

El 17 de enero de 1986, como Segundo Consejero en la Primera Presidencia, dedicó el Templo de Buenos Aires Argentina.

El 5 de junio de 1994, a los 66 años, fue nombrado Segundo Consejero del Presidente President Ezra Taft Benson. Por antigüedad, el Presidente President Gordon B. Hinckley se convirtió en Presidente del Quórum de los Doce en el momento en que fue llamado para ser el Primer Consejero del Presidente Hunter. Debido a que los Presidentes Hinckley y Monson estaban sirviendo en la Primera Presidencia, Elder Boyd K. Packer se convirtió en Presidente Interino del Quórum de los Doce.

El 12 de marzo de 1995, a los 67 años, fue llamado como Primer Consejero de la Primera Presidencia por el Presidente President Gordon B. Hinckley. Por antigüedad, simultáneamente el Presidente Monson se convirtió en Presidente del Quórum de los Doce. Debido a que el presidente Monson todavía estaba sirviendo en la Primera Presidencia, Elder Boyd K. Packer continuó sirviendo como Presidente en Funciones del Quórum de los Doce.

Mientras servía como Primer Consejero del Presidente Hinckley, participó en los Juegos Olímpicos de Invierno de Salt Lake City en febrero de 2002.

En junio de 2002, participó en la dedicación del Templo de Nauvoo. Mi esposa, yo y algunos de nuestros hijos tuvimos la bendición de asistir a la dedicación y también a dar la mano al Presidente Monson. En ese momento, tenía 74 años, pero estaba lleno de energía y vigor. Mientras el Presidente Monson saludaba amablemente a los Santos alineados justo afuera del templo, su cuerpo de guardias literalmente tenía dificultad para mantenerse cerca.

Numerosos Honores

La perspicacia empresarial del Presidente Monson se estableció al principio de su vida. Recibió su licenciatura en administración de empresas a los 21 años. Recibió y supo hacer frente grandes responsabilidades gerenciales a sus veintitantos años. Presidió una misión a los treinta años. Y fue ordenado apóstol a los 36 años, y después de eso presidió sobre toda Europa en nombre de la Iglesia. Por lo tanto, no es ninguna sorpresa que haya sido reconocido muchas veces por sus habilidades y logros.

— **14 de junio de 1996**, a los 68 años, recibió un doctorado honorario en Humanidades del Colegio Universitario de la Comunidad de Salt Lake.

— **25 de junio de 1997**, a los 69 años, recibió el Premio Minuteman (miembro de una clase de milicianos estadounidenses que se ofrecieron para estar listos para el servicio en un minuto de aviso.) de la Guardia Nacional de Utah.

— **24 de octubre de 1997**, a los 70 años, recibió el Premio de hombría ejemplar de la UBY.

— **22 de abril de 1998**, él y su esposa recibieron el Premio al Cuidado Continuo Humanitario de las Hermanas de Caridad en Villa San José.

— **26 de mayo de 2004**, a los 76 años, recibió el Premio a Capítulos Distinguidos de la Sociedad de Gestión de Salt Lake City y del Valle de Utah.

— **20 de enero de 2007**, a los 79 años, recibió el Premio Humanitario Mundial en la Convención International del Rotary de Salt Lake City.

— **Abril de 2007**, recibió el Premio al Servicio Público Distinguido de Washington, D.C. de la Sociedad de Gestión de la Universidad President Brigham Young.

— **Mayo de 2007**, A los 79 años, recibió un doctor Honorario de Negocios de la Universidad de Utah.

— **1° de mayo de 2009**: A los 81 años, él y su esposa Frances recibieron ambos un Doctor Honorario en Comunicación de la Universidad Valley Utah.

— **2 de mayo de 2009:** Al día siguiente, se le otorgó un Doctorado Honorario de Servicio Público por la Universidad Southern Utah.

— **20 de octubre de 2009:** A los 82 años, fue nombrado N° 1 en la lista "80 sobre 80" de Slate.com de los octogenarios más poderosos. El 30 de noviembre de 2010, a los 83 años, recibió el mismo honor por segundo año consecutivo.

— **2 de abril de 2010**: recibió un doctorado honoris causa en Humanidades de la Universidad Estatal Weber.

— **6 de mayo de 2011**, a los 83 años, recibió un doctorado honorario en Humanidades del Colegio Universitario Dixie del Estado de Utah.

— **27 de diciembre de 2011:**, A los 84 años, USA TODAY / Encuesta Gallup anunció la posición del Presidente Monson en la lista de los "10 Hombres Más Admirados". Fue el primer Presidente de la Iglesia en formar parte de la lista.

— **17 de agosto de 2012**, asistió al evento "Celebración de la Vida" en el Centro de Conferencias en honor a su 85 cumpleaños, que fue el 21 de agosto.

Dedicación de Templos

Debido a los muchos nuevos templos que se están construyendo durante la administración del Presidente President Gordon B. Hinckley, no podría dedicar personalmente cada uno de ellos. Por lo tanto, invitó a sus consejeros a ayudarle en esta obra sagrada. El Presidente Monson dedicó los siguientes seis templos mientras servía como Primer Consejero en la Primera Presidencia:

— **19 de marzo de 2000**:   Dedicó el Templo de Louisville Kentucky.
— **23 de abril de 2000**:   Dedicó el Templo de Reno Nevada.
— **20 de mayo de 2000**:   Dedicó el Templo de Tampico México.

— **21 de mayo de 2000**: Dedicó el Templo de Villahermosa México.
— **8 de julio de 2000**: Dedicó el Templo Mérida México.
— **9 de julio de 2000**: Dedicó el Templo Veracruz México.

PRESIDENTE DE LA IGLESIA

Una Nueva Primera Presidencia

Tras la muerte del Presidente President Gordon B. Hinckley el 27 de enero de 2008, President Thomas S. Monson se convirtió en el Apóstol mayor. Fue ordenado y designado como Presidente de la Iglesia el 3 de febrero de 2008, a los 80 años.

Eligió como consejeros a dos miembros relativamente más jóvenes del Quórum de los Doce:

— **Elder Henry B. Eyring**, quien también había servido al Presidente Hinckley como consejero.
— **Dieter F. Uchtdorf**, un ciudadano alemán de gran capacidad y espiritualidad.

El Espíritu de Su Presidencia

Podemos mirar hacia atrás en la vida de President Thomas S. Monson buscando pistas sobre lo que ha hecho hincapié y continuara haciéndolo como Presidente de la Iglesia.

El cuidado de los pobres y los necesitados es un tema constante en su vida.

— Cuando un periodista le preguntó acerca de su propio deseo de llegar a los pobres y necesitados, el Presidente Monson dijo que lo aprendió de su madre. Creció viéndola ayudar a hombres jóvenes, con comidas y aliento, llegando al oeste de los Estados Unidos en busca de empleo durante la Depresión.[32]
— También podemos recordar cómo sirvió a las 85 viudas en su congregación mientras era un joven obispo y durante décadas después. Todos le pidieron que hablara en sus funerales, asignaciones que estaba feliz de aceptar a pesar de los pesados viajes y otros compromisos.[33]

La apertura a los demás es otro tema constante de su vida.

— Respondiendo a la pregunta de un reportero sobre la apertura de la Iglesia a trabajar con otras iglesias y grupos, el Presidente Monson dijo: "No debemos ser secuestrados en una pequeña jaula.-
— Debemos eliminar la debilidad del que está solo y sustituirla por la fuerza de trabajar juntos para hacer de este un mundo mejor". "Creo en ese espíritu", dijo.[34]

Bondad y amabilidad para con todos es otro tema.

— Desde sus primeros años se ha preocupado por la felicidad y el bienestar de los que lo rodean, siempre positivo y alegre.
— Sus dos consejeros reconocieron el compromiso de su nuevo líder con la gente. "He llegado a conocer su bondad", dijo el Presidente Eyring. Y el Presidente Uchtdorf dijo: "Yo sé de su corazón, su alma, su compromiso, su maravilloso amor por el pueblo."[35]

Sus maravillosas historias y discursos seguirán inspirando a quienes lo escuchan hablar en las conferencias generales y en otros escenarios. Tanto los jóvenes como los mayores lo encuentran un maestro y orador comprometido y persuasivo.

Gestión de un Creciente Reino Mundial

Las habilidades de gestión del Presidente Monson han servido a nuestra Iglesia en todo el mundo, ya que ha crecido de aproximadamente 13 millones de miembros al comienzo de su ministerio como profeta en febrero de 2008 a más de 15 millones en abril de 2017, teniendo cada miembro necesidades temporales y espirituales.

"Los destaques en línea incluyen una variedad de videos producidos por la Iglesia, incluyendo la serie de películas que representan momentos clave del Nuevo Testamento".[36] Además, los Hermanos ahora utilizan las redes sociales para compartir el evangelio de Jesucristo. Por ejemplo, los miembros de la Primera Presidencia y el Quórum de los Doce Apóstoles tienen cuentas individuales en Facebook, donde comparten mensajes inspiradores e inspiradores."[37]

"Bajo la dirección del Presidente Monson y de la Primera Presidencia, la Iglesia continúa brindando reuniones anuales de entrenamiento de liderazgo a nivel mundial para ayudar a los auxiliares de líderes locales del sacerdocio y a las familias en sus esfuerzos por servir a los miembros y profundizar la conversión. Las reuniones de entrenamiento permiten a los líderes locales recibir directivas de los miembros de la Primera Presidencia y del Quórum de los Doce Apóstoles y otras Autoridades Generales y líderes auxiliares generales. El entrenamiento en todo el mundo incluía la instrucción en el uso de los nuevos manuales administrativos (introducidos en 2010), entrenamiento en la conducción de consejos de barrio eficaces y fortalecimiento de la familia y la Iglesia a través del sacerdocio."[38]

El 10 de abril de 2008, Elder D. Todd Christofferson fue ordenado al apostolado. Esta ordenación llenó la vacante en el Quórum de los Doce Apóstoles creada por el llamado de Dieter F. Uchtdorf a servir en la Primera Presidencia tras la muerte del Presidente President Gordon B. Hinckley (fallecido el 27 de enero de 2008).

El 9 de abril de 2009, Neil L. Andersen fue ordenado al apostolado. Esta ordenación llenó la vacante en el Quórum de los Doce Apóstoles creada por la muerte del élder Elder Joseph B. Wirthlin (fallecido el 1 de diciembre de 2008).

El 20 de junio de 2009, Presidente Monson dedicó la Biblioteca de Historia de la Iglesia.

El 20 de julio de 2009: Acompañado por el élder Elder Dallin H. Oaks, el presidente Monson se presentó al Presidente de los Estados Unidos Barack Obama con cinco volúmenes encuadernados en cuero de la historia familiar del Presidente Obama.

Y en septiembre de 2009, se publicó la Santa Biblia, la edición SUD de la Biblia en español.

El Presidente Obama le presenta la historia familiar del Presidente Obama

Esfuerzos humanitarios generalizados

"Bajo el liderazgo del presidente Monson, la Iglesia respondió a los desastres en todo el mundo, extendiéndose y ayudando a los necesitados. Algunas de las principales respuestas humanitarias en los [últimos] años incluyen esfuerzos para ayudar después de un terremoto en Haití, un terremoto y un tsunami en Japón, e inundaciones en Tailandia. La Iglesia también respondió a una grave crisis alimentaria en África oriental, ayudó a inmunizar a los niños en muchas naciones y ha proporcionado agua potable a muchas aldeas remotas, además de ayudar en los esfuerzos de recuperación después de los desastres en los Estados Unidos."[39]

COMIENZA UNA NUEVA DÉCADA OCUPADA

"El amor y la preocupación del Presidente Monson por los jóvenes de la Iglesia se estableció durante décadas de servicio. En un esfuerzo por aumentar la responsabilidad y fomentar la actividad de los jóvenes adultos solteros de 18 a 30 años de edad, el Presidente de la Iglesia, a partir de 2010, aprobó la eliminación de los barrios de estudiantes en Utah. Las unidades fueron reemplazadas por barrios y estacas para jóvenes adultos solteros."[40]

En junio de 2010, el Coro del Tabernáculo Mormón lanzó un álbum que celebra los 100 años de excelencia en grabación.

En 2011, "bajo la dirección de la Primera Presidencia, la Iglesia produjo un nuevo libro titulado *Hijas en Mi Reino: La Historia y el Trabajo de la Sociedad de Socorro.* El libro pretende ser un recurso personal y familiar para fortalecer a las mujeres en sus responsabilidades."[41]

El 26 de enero de 2012, Presidente Dieter F. Uchtdorf, Segundo Consejero en la Primera Presidencia, dedicó una nueva instalación de bienestar de 5.000,000 pies cuadrados (53,000 metros cuadrados) en Salt Lake City, Utah.

Un Nuevo Plan de Estudios para Jóvenes

El 12 de septiembre de 2012, la Primera Presidencia anunció en una carta la implementación en 2013 de un nuevo plan de estudios para jóvenes titulado *"Ven, sígueme: Recursos de Aprendizaje para Jóvenes."* Según la Primera Presidencia, este currículo está diseñado para "fortalecer y construir la fe, la conversión y el testimonio" en los jóvenes de la Iglesia. La Primera Presidencia explicó además que el plan de estudios "integra las doctrinas básicas del evangelio, así como los principios para enseñar a la manera del Salvador. Estamos seguros de que bendecirá a la juventud en sus esfuerzos para convertirse completamente al evangelio de Jesucristo." El nuevo plan de estudios permite una enseñanza más interactiva en el Sacerdocio Aarónico, en las Mujeres Jóvenes y en las clases de la Escuela Dominical de los jóvenes modeladas según la forma en que el Salvador enseñó durante Su ministerio en la tierra. Las clases semanales utilizan muchos de los recursos en línea de la Iglesia moderna, permitiendo a los jóvenes disfrutar de una participación y compromiso sin precedentes.[42]

Edades más Jóvenes para los Misioneros

El 6 de octubre de 2012, Presidente Monson anunció el cambio de la edad de elegibilidad de la misión a 18 para los hombres jóvenes y 19 para las mujeres jóvenes. El cambio de la edad mínima a la cual los jóvenes pueden servir en misiones es un cambio monumental con implicancias que se extenderán más en el futuro. Este acto visionario ya ha estado cambiando las vidas de hombres y mujeres jóvenes cuando aún están en la adolescencia. Vemos a Presbíteros y jóvenes que fueron Estrellas asistir a las Clases de Preparación Misionera, a las Clases de Preparación para el Templo y volverse a centrar en las cosas espirituales a una edad mucho más temprana. Demasiados jóvenes estaban a la deriva durante su adolescencia y algunos se perdieron antes de alcanzar la edad del servicio misionero. Ahora vemos a la juventud de Sión elevándose a su máximo potencial, y preparándose para una vida de servicio espiritual antes de que aún salgan de la escuela secundaria. Este cambio llegó por revelación a President Thomas S. Monson y de hecho, demuestra que hoy hay un profeta en Israel.

Escrituras Nuevas y Digitales

En abril de 2013, después de casi ocho años de trabajo, después de casi ocho años de trabajo, La Iglesia de Jesucristo de los Santos de los Últimos Días publicó en formato digital una edición actualizada de sus escrituras en inglés y ayudas de estudio. La edición de 2013 incluye revisiones de materiales de estudio, fotos nuevas, mapas actualizados y ajustes a los títulos de los capítulos y secciones. Las versiones en línea y para móviles de la nueva edición estaban disponiblesen scriptures.lds.org. La Iglesia publicó copias impresas de la nueva edición a partir de agosto de 2013. Los cambios en el texto bíblico incluyen correcciones ortográficas, tipográficas menores y puntuación. En el 2005, los líderes de la Iglesia pidieron que se produjera una edición actualizada en inglés de las escrituras. La intención era hacer ajustes útiles como actualizar algunas ortografías arcaicas, corregir errores en las ayudas de estudio e incorporar hallazgos históricos recientes en los encabezados de sección de Doctrina y Convenios.[43]

Muerte De Frances J. Monson

La hermana Frances J. Monson, amada esposa del presidente Monson durante más de 64 años, falleció el 17 de mayo de 2013 a los 85 años. "Ellafue el amor de mi vida, mi confidente de confianza y mi mejor amiga", dijo el presidente Monson. "Decir que la extraño ni siquiera comienza a transmitir la profundidad de mis sentimientos."[44]

Tres Nuevos Apóstoles

El 8 de octubre de 2015, Ronald A. Rasband, Gary E. Stevenson y Dale G. Renlund fueron ordenados al apostolado. Estas ordenaciones llenaron las vacantes en el Quórum de los Doce Apóstoles creadas por la muerte del élder Elder L. Tom Perry (fallecido en mayo 30 de julio de 2015), del presidente Elder Boyd K. Packer (fallecido el 3 de julio de 2015) y del élder Elder Richard G. Scott (fallecido el 22 de septiembre de 2015).

Enseñanza en el Camino del Salvador

El 1 de mayo de 2016, en el mismo espíritu del plan de estudios juvenil implementado en 2013, se anunció un nuevo esfuerzo para promover la "enseñanza a la manera del Salvador" para los maestros adultos en la Iglesia. El esfuerzo incluye reuniones mensuales del consejo del docente llevadas a cabo durante el bloque de reuniones del domingo, orientación para todos los maestros, existentes y nuevos y un manual titulado Enseñanza a la Manera del Salvador [2016], un recurso que apoya las reuniones del consejo docente y la nueva orientación del maestro. El folleto también puede ser utilizado para el estudio independiente de los principios de la enseñanza de Cristo.[45]

Ayudando a Refugiados y Sin Hogar

En la misma conferencia general, durante la sesión de la Mujer, la Iglesia llamó a todos los miembros de todo el mundo a hacer todo lo posible para ayudar a los refugiados. Esta declaración se produjo en un momento en que todo el mundo occidental ha estado discutiendo acerca de si los países deben admitir a los refugiados de Oriente Medio. La Primera Presidencia, en una carta del 27 de octubre de 2015 que debía leerse en las reuniones sacramentales alrededor del mundo, dijo: "Es con gran preocupación y compasión que observamos la difícil situación de millones de personas en todo el mundo que han huido sus hogares que buscan el alivio de los conflictos civiles y otras dificultades." Los miembros fueron alentados a hacer lo que ellos personalmente, y también a contribuir al Fondo Humanitario de la Iglesia, que ya estaba involucrado en ayudar a estos refugiados.

El Presidente Uchtdorf visita a los refugiados sirios en Atenas, Grecia

El 6 de abril de 2017, la Primera Presidencia también emitió una declaración sobre cómo responder a las necesidades de las personas sin hogar en nuestras comunidades.[46]

CONSTRUCCIÓN Y ANUNCIOS CONTINUADOS DE TEMPLOS

El predecesor del Presidente Monson, el Presidente Hinckley, será recordado para siempre como el profeta que inspiró una explosión de la construcción de templos alrededor del mundo. Pero esa tendencia no ha cesado durante la administración de President Thomas S. Monson. Consideren la siguiente lista de templos que han sido dedicados, que se están construyendo o se han propuesto construir desde que President Thomas S. Monson fuera nombrado Presidente de la Iglesia:

- **2008**
  - **10 de febrero:** El Presidente Monson dedicó el Templo de Rexburg Idaho.
  - **26 de abril:** Anunció templos para el Valle Gila, Arizona y Gilbert, Arizona.
  - **24 de mayo:** Anunció un templo para Phoenix, Arizona.
  - **1 de junio:** Dedicó el Templo de Curitiba Brasil.
  - **10 de agosto:** Dedicó el Templo de Panamá Ciudad de Panamá.
  - **24 de agosto:** Dedicó el Templo Twin Falls Idaho.
  - **4 de octubre:** Anunció templos para Calgary, Alberta; Córdoba, Argentina; Kansas City, Misuri; Filadelfia, Pensilvania; Y Roma, Italia.
  - **16 de noviembre:** Volvió a dedicar el Templo de México Ciudad de México - el templo más grande de la iglesia fuera de los Estados Unidos.
  - **13 de diciembre:** Anunció un templo para Trujillo, Perú.

- **2009**
  - **20 de marzo:** Dedicó el Templo Draper Utah.
  - **21 de agosto:** Dedicó el Templo de Oquirrh Mountain Utah.
  - **3 de octubre:** Anunció templos para Brigham City, Utah; Concepción, Chile; Fortaleza, Brasil; Fort Lauderdale, Florida; Y Sapporo, Japón.

- **2010**
  - **25 de enero:** Anunció un templo para Payson, Utah.
  - **2 de mayo:** Dedicó el Templo de Vancouver Columbia Británica.
  - **23 de mayo:** Dedicó el Templo de Gila Valley Arizona.
  - **13 de junio:** Dedicó el Templo de la Ciudad de Cebu Filipinas.
  - **29 de agosto :** Dedicó el Templo de Kiev Ucrania.

— **2 de octubre:**	Anunció templos para Lisboa, Portugal; Indianápolis, Indiana; Udaneta, Filipinas; Hartford, Connecticut; Y Tijuana, México.
— **23 de octubre:**	Inició las obras para para el Templo de Roma Italia.
— **21 de noviembre:**	Volvió a dedicar el Templo Laie Hawái.

● **2011**

— **2 de abril:**	Anunció templos para Fort Collins, Colorado; Meridian, Idaho y Winnipeg, Manitoba.
— **1 de mayo:**	Volvió a dedicar el Templo de Atlanta Georgia.
— **15 de julio:**	Anunció un templo para París, Francia.
— **21 de agosto:**	El Presidente Elder Henry B. Eyring dedicó el Templo de San Salvador El Salvador.
— **1 de octubre:**	El Presidente Monson anunció templos para Provo City Center, Utah; Barranquilla, Colombia; Durban, Sudáfrica; Kinshasa, República Democrática del Congo; Star Valley, Wyoming; Y París, Francia.
— **11 de diciembre:**	El Presidente Dieter F. Uchtdorf dedicó el Templo de Quetzaltenango Guatemala.

● **2012**

— **6 de mayo:**	El Presidente Monson dedicó el Templo de Kansas City Misuri.
— **10 de junio:**	El Presidente Uchtdorf dedicó el Templo de Manaos Brasil.
— **9 de septiembre:**	El presidente Eyring volvió a dedicar el Templo de Buenos Aires Argentina
— **23 de septiembre:**	El Presidente Elder Boyd K. Packer dedicó el Templo de Brigham City Utah.
— **6 de octubre:**	El Presidente Monson anunció templos para Tucson, Arizona y Arequipa, Perú.
— **28 de octubre:**	Dedicó el Templo Calgary Alberta.
— **18 de noviembre:**	Volvió a dedicar el Templo de Boise Idaho.

● **2013**

— **17 de marzo:**	El presidente Uchtdorf dedicó el Templo de Tegucigalpa Honduras.
— **6 de abril:**	El presidente Monson anunció templos para Cedar City, Utah y Río de Janeiro, Brasil.

● **2014**

— **2 de marzo:**	El presidente Monson dedicó el Templo Gilbert Arizona.
— **4 de mayo:**	El presidente Uchtdorf dedicó el Templo de Fort Lauderdale Florida.
— **21 de septiembre:**	El presidente Monson volvió a dedicarel Templo de Ogden Utah.
— **16 de noviembre:**	Dedicó el Templo de Phoenix Arizona.

● **2015**

— **5 de abril:**	El presidente Monson anunció templos para Abidján, Costa de Marfil; Puerto Príncipe, Haití; Y Bangkok, Tailandia.
— **17 de mayo:**	El Presidente Uchtdorf dedicó el Templo de Córdoba Argentina.
— **7 de junio:**	El presidente Eyring dedicó el Templo de Payson Utah.
— **21 de junio:**	El presidente Uchtdorf dedicó el Templo de Trujillo Perú.
— **23 de agosto:**	El presidente Eyring dedicó el Templo de Indianápolis Indiana.
— **3 de septiembre:**	El presidente Eyring dedicó nuevamente el Templo de Ciudad de México, México.
— **22 de noviembre:**	El presidente Eyring volvió a dedicar el Templo de Montreal Quebec.
— **13 de diciembre:**	El Presidente Uchtdorf dedicó el Templo de Tijuana México.

● **2016**

— **21 de febrero:**	El presidente Eyring volvió a dedicar el templo de Suva Fiji.
— **20 de marzo:**	El élder Elder Dallin H. Oaks dedicó el Templo del Centro de Provo.

— **3 de abril:**	El presidente Monson anunció templos para Quito, Ecuador; Harare, Zimbabwe; Belém, Brasil; Y Lima, Perú (Los Olivos).
— **21 de agosto:**	El presidente Elder Russell M. Nelson dedicó el Templo de Sapporo Japón.
— **4 de septiembre:**	El presidente Uchtdorf volvió a dedicar el Templo de Friburgo Alemania.
— **18 de septiembre:**	El presidente Eyring dedicó el Templo de Filadelfia Pensilvania.
— **16 de octubre:**	El presidente Uchtdorf dedicó el templo de Fort Collins Colorado.
— **30 de octubre:**	El élder David A. Bednar dedicó el Templo de Star Valley Wyoming.
— **20 de noviembre:**	El presidente Eyring dedicó el Templo de Hartford Connecticut.

● **2017**

| — 2 de abril: | El presidente Monson anunció templos para Brasilia, Brasil; Gran Manila, Filipinas; Nairobi, Kenia; Pocatello, Idaho; y Saratoga Springs, UT. |

DECLINAR LA SALUD

Durante la Conferencia de abril de 2017, el Presidente Monson habló dos veces, pero no asistió a todas las sesiones. Luego, poco después de concluida la conferencia, fue brevemente hospitalizado por agotamiento. Regresó a su país y continuó asistiendo a las reuniones de la Primera Presidencia, donde dirigió las discusiones y tomó decisiones como Presidente de la Iglesia. Pero el 23 de mayo la Iglesia anunció que ya no asistiría a las reuniones de la Primera Presidencia. Los miembros de la Primera Presidencia le tomarían asuntos en su casa que requerían su atención, pero de otra manera conducirían a la Iglesia como sus consejeros, en cooperación con el Quórum de los Doce Apóstoles.

TRIBUTOS Y CITAS

Un Gigante Apacible

El élder Bruce R. McConkie llamó al Presidente Monson "un genio en el gobierno de la Iglesia". Pero según su hija, su mayor talento tal vez sea "contarle recuerdos a sus nietos."[47]

Es un administrador dotado, pero también un ministro amante del evangelio de Jesucristo para todos sobre los que ha influido. Hace todas las cosas bien manteniendo un carácter abierto y accesible. Sus Hermanos en la Iglesia y sus amigos lo llaman "Tommy Monson". Es "un finalista, un ganador, un amigo para todos los que conoció."[48]

W. James Mortimer, ex editor de *Noticias de Deseret* y amigo de Tom desde hace mucho tiempo, observó: "He servido en negocios, la iglesia y capacidades personales con el Presidente Monson durante los últimos veinticinco años. Es único en su especie. Su fuerza es evidente, pero siempre mezclada con la humildad. Su intelecto es agudo pero siempre templado con sabiduría. El poder que tiene siempre lo ejerce con criterio. A través del servicio y la lealtad se ha ganado el amor que otros sienten por él."[49]

El Presidente James E. Faust, quién sirvió con el Presidente Monson en el Quórum de los Doce, dijo: "Nadie en este mundo es más leal que Tom Monson. Una vez que eres amigo de Tom, eres su amigo para siempre. Esa mente suya no se olvida de nada, pero tampoco su corazón, especialmente de la gente."[50]

Es conocido por su memoria fotográfica y su capacidad de citar extensamente las escrituras sin ayuda. Una vez fue llamado a visitar a miembros de la Iglesia en Alemania Oriental. Se pensó que los miembros de allí necesitaban un manual que explicara la administración de los deberes de la Iglesia, pero tal manual podría ser confiscado por las autoridades de

Alemania del Este. Élder Monson memorizó todo el manual. Mientras se sentaba para dictarlo de memoria a los líderes de la Iglesia en Alemania Oriental, notó que había una copia del manual en el estante de su oficina.[51]

Un Corazón Compasivo

El élder Neal A. Maxwell le rindió este tributo: "A veces el [Presidente Monson] es mejor conocido por sus proezas de memoria, pero sus actos de bondad son mucho más importantes."[52]

El Presidente Monson tiene un corazón compasivo y una preocupación especial por las viudas, los huérfanos y otros que están en desventaja. Un versículo de la Epístola de Santiago describe con acierto la vida de servicio de caridad del Presidente Monson: "La religión pura y sin mácula delante de Dios el Padre es esta: Visitar a los huérfanos y a las viudas en sus tribulaciones, y guardarse sin mancha del mundo" (Santiago 1:27). Al concluir una conferencia, dijo una vez: "Reconocemos y respondamos a las necesidades de la viuda; el llanto del niño; la situación de los desempleados; la carga de los enfermos, los confinados, los ancianos, los pobres, los hambrientos, los cojos y los olvidados. Ellos son recordados por nuestro Padre Celestial y por Su Hijo Amado, Jesucristo. Que vosotros y yo podamos seguir sus ejemplos divinos. La paz celestial será nuestra bendición."[53]

Un Dotado Orador

Las charlas del Presidente Monson son consideradas únicas y poéticas, y su estilo de decirlas excepcional. Frecuentemente cita poesías y es conocido por su amplio uso de la aliteración y la voz pasiva. Comparte historias sobre las muchas personas que ha conocido a través de los años, a menudo hablando de sus experiencias de su niñez y de la influencia que la gente puede tener uno sobre otro. Todas sus historias relatan de cómo el evangelio de Jesucristo ha ayudado a la gente en su vida.

Durante más de 50 años, los miembros de la Iglesia han sido inspirados, instruidos y entretenidos por los sermones del Presidente Monson en la conferencia general. Aquí hay una pequeña muestra de sus temas y enseñanzas:

"Tres Metas para Guiaros"

"Mis queridas hermanas, que nuestro Padre Celestial bendiga a cada uno de vosotras, casadas o solteras, en vuestras casas, en vuestras familias, en vuestras propias vidas, para que podáis merecer la gloriosa salutación del Salvador del Mundo: "Bien, siervo bueno y fiel' [Mateo 25:21]."[54]

"Un Sacerdocio Real"

"Que podamos tener *visión*. Que podamos hacer *el esfuerzo*. Que podamos ejemplificar *la fe* y *la virtud* y hacer que *la oración* sea parte de nuestras vidas. Entonces seremos verdaderamente un sacerdocio real."[55]

"El Deber Llama"

"Recuerden que esta obra no es de ustedes ni mía solamente. Es la obra del Señor, y cuando estamos en el encargo del Señor, tenemos derecho a la ayuda del Señor. Recuerden que a quien el Señor llama, el Señor califica."[56]

"El Espíritu da Vida"

"Nunca, nunca, nunca pospongan una petición."[57]

"El Constructor de Puentes"

"Nuestro Señor y Salvador, Jesucristo, fue el arquitecto supremo y constructor de puentes para ustedes, para mí, para toda la humanidad. Ha construido los puentes sobre los cuales debemos cruzar si queremos llegar a nuestro hogar celestial."[58]

"Al aprender de [el Salvador], al creer en Él, al seguirlo, existe la posibilidad de ser como Él. El rostro puede cambiar, el corazón puede ablandarse, el paso se puede acelerar, la perspectiva mejorar. La vida se convierte en lo que debe ser."[59]

Reflexionando Sobre 5 Años de Servicio como Presidente de la Iglesia

El 3 de febrero de 2013, marcó cinco años desde que President Thomas S. Monson se convirtiera en Presidente de la Iglesia. El 1 de febrero de 2013 emitió una declaración en la que reflexionaba sobre esos cinco años de servicio y brindó ánimo y consejo a los Santos:

Han pasado cinco años desde que asumí como Presidente de la Iglesia. Este momento me parece apropiado para revisar esos cinco años y mirar hacia el futuro.

A lo largo de mis años como Autoridad General, he hecho hincapié en la necesidad de "rescatar" a nuestros hermanos y hermanas de muchas situaciones diferentes que pueden estar privándolos de todas las bendiciones que el evangelio puede proporcionarles. Desde que asumí el cargo de Presidente de la Iglesia he sentido una urgencia cada vez mayor para que participáramos en este esfuerzo de rescate. Como miembros fieles de la Iglesia hemos alcanzado con amor y comprensión, muchos han vuelto a la actividad completa y están disfrutando de bendiciones añadidas a sus vidas. En este sentido, todavía hay mucho que hacer, y aliento a todos a que sigan buscando el rescate. Dijo el Señor: "Cuando te conviertas, fortalece a tus hermanos" (Lucas 22:32).

Desde que en la conferencia general del pasado octubre se hizo el anuncio que se estaba reduciendo la edad a la cual hombres y mujeres jóvenes podían servir como misioneros de tiempo completo, se han recibido en la sede de la Iglesia miles de solicitudes misioneras adicionales. No sólo el aumento del servicio misionero traerá a los buscadores más honestos de la verdad a un conocimiento del evangelio, sino que nuestros misioneros también serán bendecidos de innumerables maneras, ya que dedican su tiempo y talentos al servicio del Señor. Muchas veces he dicho que una misión proporcionará una base sólida sobre la cual se puede construir la vida futura. No solo los individuos serán bendecidos mientras sirven misiones, sino que también se fortalecerá toda la Iglesia.

Nuestros esfuerzos de construcción de templos continúan sin cesar. Durante los últimos cinco años, se han anunciado 31 nuevos templos. Durante este mismo período, se han dedicado 16 templos, y otros cinco han sido dedicados nuevamente después de extensas renovaciones. Cuando el Templo de Tegucigalpa Honduras esté dedicado en marzo de este año, tendremos 141 templos en funcionamiento en todo el mundo. Estas cifras seguirán aumentando a medida que avancemos en hacer accesibles los templos a todos nuestros miembros, dondequiera que vivan.

Continuamos haciendo hincapié en la necesidad de que nuestros miembros avancen en la obra para nuestros familiares fallecidos. Nuestro mandato es buscar a nuestros muertos y darles la oportunidad de aceptar las ordenanzas y bendiciones del evangelio. Logramos esto asegurando que las ordenanzas se realicen para ellos. El Presidente President Joseph F. Smith, hablando de la obra por los muertos, declaró: "A través de nuestros esfuerzos en su favor, sus cadenas de esclavitud se les caerán, y las tinieblas que los rodean se despejarán, esa luz brillará sobre ellos y oirán en el mundo espiritual de la obra que se ha hecho por sus hijos aquí, y se regocijarán con vosotros en el desempeño de estos deberes."[60]

En esta notable dispensación del cumplimiento de los tiempos, nuestras oportunidades de servir unos a otros son ilimitadas. Estamos rodeados por aquellos que necesitan nuestra atención, nuestro estímulo, nuestro consuelo, nuestro apoyo, nuestra amabilidad, ya sean miembros de la familia, miembros de la sala, amigos, conocidos o incluso extraños. Al servir a nuestro prójimo, servimos al Señor. "En cuanto lo hicisteis a uno de estos… a mí lo hicisteis" (Mateo 25:40). Que podamos ser encontrados realizando dicho servicio.

Felicito a todos los que se ocupan fielmente de los llamamientos y responsabilidades de la Iglesia, cualesquiera que sean. Si actualmente no tienen un llamamiento, esta es la oportunidad de brindar apoyo a aquellos que sí lo tienen. Como somos confiables y responsables en el cumplimiento de nuestros deberes, mucho bien se logra, tanto para nosotros como para los demás. En la medida que todos trabajemos juntos, nos fortaleceremos unos a otros y al hacerlo fortaleceremos a la Iglesia en su conjunto.

Este año marcará 50 años desde que fui llamado para servir en el Quórum de los Doce Apóstoles. Yo tenía 36 años cuando llegó ese llamado. El pasado mes de agosto celebré mi 85 cumpleaños. Algunos de los miembros mayores del Quórum de los Doce tienen algunos años más que yo. La edad finalmente se cobra el peaje en todos nosotros. Sin embargo, nos unimos a nuestras voces con el Rey Benjamín, quien dijo, como se registra en el segundo capítulo del libro de Mosíah, "Yo soy como vosotros mismos, sujeto a toda clase de enfermedades en cuerpo y mente; sin embargo, he sido elegido… y consagrado por mi padre,… y he sido guardado y preservado por el incomparable poder [del Señor], para serviros con todo el poder, la mente y la fuerza que el Señor me ha concedido" (Mosíah 2:11). A pesar de cualquier desafío de salud que pueda venir sobre nosotros, a pesar de cualquier debilidad en cuerpo o mente, servimos lo mejor que podemos. Les aseguro que la Iglesia está en buenas manos. El sistema establecido para el Consejo de la Primera Presidencia y el Quórum de los Doce asegura que siempre estará en buenas manos y que de lo que sea que viniere no hay necesidad de preocuparse o temer. Nuestro Salvador Jesucristo a quien seguimos, a quien adoramos y a quien servimos, está siempre al timón.

Cuando avanzamos, que podamos seguir su ejemplo. Él dejó sus huellas en las arenas de la orilla del mar, pero dejó sus principios de enseñanza en los corazones y en las vidas de todos a los que Él enseñó. Él instruyó a sus discípulos, y a nosotros Él nos dijo las mismas palabras, "Seguidme" (Juan 21:22). Que seamos encontrados haciéndolo.[61]

TESTIMONIOS DEL PRESIDENTE MONSON

"Yo testifico que con Dios, todas las cosas son posibles. Él es nuestro Padre Celestial; Su Hijo es nuestro Redentor. Cuando nos esforzamos por aprender sus verdades y luego vivirlas, nuestras vidas y las vidas de otros serán abundantemente bendecidas."[62]

"Yo testifico que Dios vive que Jesús es el Cristo, nuestro hermano mayor, nuestro Mediador con el Padre, nuestro Señor y nuestro Salvador, nuestro Redentor. Yo sé que Él vive, y yo os doy este solemne testimonio. Que tengáis este mismo testimonio en vuestros corazones para guiaros bien durante vuestra estancia en este planeta en la mortalidad y en los mundos eternos de nuestro Padre Celestial."[63]

Notas:

1. Francis M. Gibbons, "Presidente Thomas S. Monson", *Liahona*, julio de 1995, pág. 7.
2. Jeffrey R. Holland, "Presidente Thomas S. Monson: En las Huellas del Maestro", suplemento de *Insignia* o *Liahona*, junio de 2008, pág. 4.
3. Véase Jeffrey R. Holland, "Presidente Thomas S. Monson: Hombre de Acción, Hombre de Fe, Siempre 'en el Encargo del Señor'", *Insignia*, febrero de 1986, pág. 12.
4. Thomas S. Monson, "Haz Tu Deber-Eso Es Mejor", *Insignia* o *Liahona*, noviembre de 2005, pág. 56
5. Thomas S. Monson, "Quien Honra a Dios, Dios lo Honra ", *Insignia,* noviembre de 1995, pág. 49.

6. Véase Thomas S. Monson, "Características de un Hogar Feliz", *Liahona*, octubre de 2001, pág. 6. *Insignia*, octubre de 2001, pág. 6.

7. Thomas S. Monson, "Amigo a Amigo", *Amigo*, Oct. 1981, pág. 7.

8. H. David Burton, "La Bendición del Trabajo", *Insignia*, diciembre de 2009, págs. 44-45.

9. John R. Burt, en Jeffrey R. Holland, "Presidente Thomas S. Monson: Hombre de Acción, Hombre de Fe, Siempre 'en el Encargo del Señor,'" pág. 13.

10. Citado en Jeffrey R. Holland, "Presidente Thomas S. Monson: Hombre de Acción, Hombre de Fe, Siempre 'en el Encargo del Señor,'" pág. 13.

11. Véase Jeffrey R. Holland, "Presidente Thomas S. Monson: Hombre de Acción, Hombre de Fe, Siempre 'en la Erranda del Señor,'" pág. 13.

12. O. Preston Robinson, en Jeffrey R. Holland, "Presidente Thomas S. Monson: Hombre de Acción, Hombre de Fe, Siempre 'en el Encargo del Señor," pág. 14.

13. J. Reuben Clark Jr., en Thomas S. Monson, "Un Plan de Previsión—Una Preciosa Promesa", *Insignia*, mayo de 1986, pág. 62.

14. Robert D. Hales, "Convertirse en Proveedores Previsores Temporalmente y Espiritualmente", *Insignia*, o *Liahona*, mayo de 2009, pág. 7.

15. Thomas S. Monson, "Los Huérfanos de Padre y las Viudas-Amados de Dios", *Insignia*, noviembre de 1994, pág. 71.

16. Thomas S. Monson, en el "Presidente Thomas S. Monson: Información Biográfica abreviada", http://www.Mormonnewsroom.org/additional-resource/president-thomas-s-monson-abbreviated- biographical-information; acceso el 29 de marzo de 2017.

17. Thomas S. Monson, "Vendán", *Insignia*,, mayo de 1997, pág. 46.

18. Thomas S. Monson, "El Sacerdocio—Un Don Sagrado", *Insignia*, o *Liahona*, mayo de 2007, pág. 57.

19. F. Wayne Chamberlain, en Jeffrey R. Holland, "Presidente Thomas S. Monson: Hombre de Acción, Hombre de Fe, Siempre 'en el Encargo del Señor," pág. 14.

20. Véase Deta Petersen Neeley y Nathan Glen Neeley, *Una Historia de un Niño del Profeta President Brigham Young* (1959), pág. 36.

21. Thomas S. Monson, "Etiquetas", *Insignia*, Sept. 2000, págs. 4-5.

22. Thomas S. Monson, en Informe de la Conferencia, octubre de 1963, pág. 14.

23. Véase "Presidente Thomas S. Monson: Información Biográfica abreviada", http://www.Mormonnewsroom.org/additional-resource/president-thomas-s-monson-abbreviated- biographical-information; acceso el 5 de abril de 2017.

24. Véase Thomas S. Monson, "La fe de un niño", *Insignia*, noviembre de 1975, págs. 20-21.

25. Thomas S. Monson, "La Fe de un Niño", *Insignia*, pág. 22.

26. Thomas S. Monson, "Gracias a Dios", *Insignia*, mayo de 1989, págs. 50-51.

27. Thomas S. Monson, "Gracias a Dios," pág. 51.

28. Thomas S. Monson, "Gracias a Dios", págs. 51-52.

29. "Dios Esté Contigo Hasta que Nos Encontremos de Nuevo", Himnos, no. 152.

30. Thomas S. Monson, "Gracias a Dios," pág. 52.

31. Thomas S. Monson, "Gracias a Dios", págs. 52-53.

32. "President Thomas S. Monson nombrado 16th Presidente de la Iglesia," http://www.Mormonnewsroom.org/article/thomas-s.-monson-named-16th-church-president; acceso el 11 de abril de 2017.

33. Véase "President Thomas S. Monson nombrado 16th Presidente de la Iglesia," http://www.Mormonnewsroom.org/article/thomas-s.-monson-named-16th-church-president; acceso el 11 de abril de 2017.

34. Thomas S. Monson, en "President Thomas S. Monson nombrado 16th Presidente de la Iglesia," http://www.Mormonnewsroom.org/article/ thomas-s-monson-named-16th-church-president; acceso el 11 de abril de 2017.

35. Véase "Thomas S. Monson nombrado 16th Presidente de la Iglesia," http://www.Mormonnewsroom.org/article/thomas-s.-monson-named-16th-church-president; acceso el 11 de abril de 2017.

36. "La Iglesia ha sido Testigo de Cambios Históricos durante el Ministerio del Presidente Monson," *Insignia*, junio de 2013, pág. 75.

37. "La Iglesia ha sido Testigo de Cambios Históricos durante el Ministerio del Presidente Monson.", pág. 75.

38. "La Iglesia ha sido Testigo de Cambios Históricos durante el Ministerio del Presidente Monson," pág. 74.

39. "La Iglesia ha sido Testigo de Cambios Históricos durante el Ministerio del Presidente Monson.", pág. 75.

40. Véase "La Iglesia ha sido Testigo de Cambios Históricos durante el Ministerio del Presidente Monson," https://www.lds.org/church/news/church-witnessed-historical-changes-during-president-monsons- ministry; acceso el 12 de abril de 2017.

41. "La Iglesia ha sido Testigo de Cambios Históricos durante el Ministerio del Presidente Monson," pág. 75.

42. Ver Heather Whittle Wrigley, "La Iglesia Anuncia Nuevo Plan de Estudios Juvenil para 2013", https://www.lds.org/ church / news/church-announces-new-youth-curriculum-for-2013? lang = eng; acceso el 12 de abril de 2007. Véase también "La Iglesia ha sido Testigo de Cambios Históricos durante el Ministerio del Presidente Monson," pág. 74.

43. Ver "La Iglesia Publica una Nueva Edición de las Escrituras en Inglés en Formatos Digitales", *Insignia*, abril de 2013, pág. 77.

44. Thomas S. Monson, "No Te Fallaré, ni Te Dejaré," *Insignia* o *Liahona*, noviembre de 2013, pág. 85.

45. Véase R. Scott Lloyd, "El Nuevo Esfuerzo Tiene Como Objetivo Promover 'Enseñar a la Manera del Salvador," https://www. lds.org/church/news/new-effort-purposes-to-promote-teaching-in-the-saviors- way?lang=eng; acceso el 12 de abril de 2017.

46. Véase "Respondiendo a las Necesidades de la Gente sin Hogar en Nuestras Comunidades," http://www.mormonnewsroom. org/article/responding-needs-homeless-communities; acceso el 14 de abril de 2017.

47. Citado en Jeffrey R. Holland, "Presidente Thomas S. Monson: Finalizando el Curso, Manteniendo la Fe," *Insignia*, Sept. 1994, pág. 17.

48. Jeffrey R. Holland, "Presidente Thomas S. Monson: Finalizando el Curso, Manteniendo la Fe," pág. 17.

49. W. James Mortimer, en Jeffrey R. Holland, "Presidente Thomas S. Monson: Hombre de Acción, Hombre de Fe, Siempre 'en el Encargo del Señor,'" pág. 13.

50. James E. Faust, en Jeffrey R. Holland, "Presidente Thomas S. Monson: Hombre de Acción, Hombre de Fe, Siempre 'en el Encargo del Señor,'" pág. 13.

51. Véase "Pres. Monson: Un Ministerio de Amor y Servicio Vitalicio," *Noticias de Deseret*, 31 de marzo de 2008; http://www. Deseretnews.com/article/705383344/Pres-Monson-A-life-long-ministry-of-love-and- service.html?pg=all; acceso el 1 de abril de 2017.

52. Neal A. Maxwell, "Negad Vosotros Toda Impiedad", *Insignia*, mayo de 1995, pág. 66.

53. Thomas S. Monson, "Tu Viaje Eterno", *Insignia*, mayo de 2000, pág. 48.

54. Thomas S. Monson, "Tres Metas Para Guiarte," *Insignia* o *Liahona*, noviembre de 2007, pág. 121.

55. Thomas S. Monson, "Un Sacerdocio Real", *Insignia*, noviembre de 2007, pág. 61.

56. Thomas S. Monson, "El Deber Llama", *Insignia*, mayo de 1996, pág. 44.

57. Thomas S. Monson, "El espíritu Da Vida", *Insignia*, junio de 1997, pág. 5.

58. Thomas S. Monson, "El Constructor de Puentes", *Insignia* o *Liahona*, noviembre de 2003, pág. 67.

59. Thomas S. Monson, "El Camino del Maestro", *Insignia*, mayo de 1996, pág. 51.

60. En Informe de la Conferencia, octubre de 1916, pág. 6.

61. "Mensaje del Presidente Thomas S. Monson," *Noticias de la Iglesia*, 3 de febrero de 2013, páginas 3, 9; http://www. ldschurchnewsarchive.com/articles/63200/Mensaje-de-Presidente-Thomas-S-Monson.html; acceso el 6 de abril de 2017. Véase también https://www.lds.org/prophets-and-Apostles/unto-all-the- world/monson- incentiva-members-to-reach-out? lang = eng; Accso el 6 de abril de 2017.

62. Thomas S. Monson, "Convertirse en Nuestro Mejor Ser", *Insignia*, noviembre de 1999, pág. 21.

63. *Thomas S. Monson*, en Francis M. Gibbons, "Presidente Thomas S. Monson," pág. 11

Acerca del autor

Randal S. de Chase pasó sus años de infancia en Nefi, Utah, donde su padre era un agricultor de trigo de secano y un hombre de negocios. En 1959 su familia se mudó a Salt Lake City y se instaló en la zona de Holladay. Sirvió en una misión de tiempo completo en la Misión del Centro Británico (Inglaterra central) desde 1968 a 1970 Regresó a su casa y en 1971 se casó con Deborah Johnsen. Ellos son padres de seis hijos, dos hijas y cuatro hijos- y abuelos de un número cada vez mayor de nietos.

Fue llamado a servir como obispo de Estaca a la edad de veintisiete años en el área Sandy Crescent South, en el Valle de Salt Lake. Como tal se desempeñó durante seis años como alto consejero, secretario ejecutivo de diócesis y clérigo, y en muchas otras posiciones de estaca y de barrio. Independientemente de otras funciones desempeñadas a través de los años, una ha sido casi constante: Ha impartido clases de Doctrina del Evangelio en todos aquellos barrios en los cuales vivió desde adulto durante un total de treinta y cinco años.

El Dr. Chase fue una personalidad muy conocida de los medios en las estaciones de radio de la ciudad de Salt Lake, en la década de 1970. Dejó de salir al aire en 1978 para dedicarse a desarrollar y comercializar un sistema de gestión computarizado de ventas, y programación de musical para emisoras de radio y televisión en los Estados Unidos, Canadá, América del Sur y Australia. Después que se vendiera el negocio en 1984, mantuvo a su familia como consultor de negocios y medios de comunicación en el área de Salt Lake City.

Debido a su gran deseo de enseñar a los jóvenes en edad universitaria, a fines de 1980 decidió dedicarse a su doctorado, recibiendo en 1997, el Ph.D. en Comunicación de la Universidad de Utah. Durante 21 años ha impartido cursos de comunicación en esa institución, así como en el Community College de Salt Lake y en el College Estatal Dixie de Utah. Actualmente es profesor titular de tiempo completo y miembro de la facultad, y fue Jefe del Departamento de Comunicación del College Estatal Dixie en St. George, Utah.

Paralelamente a su carrera académica, el Dr. Chase ha servido como voluntario en el Instituto LDS (Santos de los Últimos Días) y como instructor de educación de adultos en el Sistema Educativo de la Iglesia (CES por sus siglas en inglés) a partir de 1994, tanto en la ciudad de Salt Lake como en St. George, donde actualmente enseña una vez a la semana en las clases de Educación de Adultos en tres estacas en el área de Washington. También ha realizado múltiples giras y ha impartido seminarios de Historia de la Iglesia. Durante estos años de la enseñanza del Evangelio, ha desarrollado una amplia biblioteca de planes de lecciones y folletos que son los predecesores de estas guías de estudio.

El Dr. Chase publicó anteriormente una serie de trece volúmenes de guías de estudio sobre el Libro de Mormón, Historia de la Iglesia, el Antiguo Testamento y el Nuevo Testamento. La serie, titulada Haciendo Simples las Cosas Preciosas, junto con cuatro guías de estudio más cortas sobre Isaías, Jeremías, historia de la Natividad, y la última semana del sacrificio expiatorio de nuestro Señor, están diseñadas para ayudar a los maestros y estudiantes del Evangelio, así como para aquellos que simplemente quieran estudiar por su cuenta. Varios de estos libros también están disponibles en idioma español.